An den Rändern der deutschen Hauptstadt

Für Gesa

Ulf Matthiesen (Hrsg.)

An den Rändern der deutschen Hauptstadt

Suburbanisierungsprozesse,
Milieubildungen und biographische
Muster in der Metropolregion
Berlin-Brandenburg

Leske + Budrich, Opladen 2002

Gedruckt mit der finanziellen Unterstützung
des Instituts für Regionalentwicklung und Strukturplanung (IRS),
Erkner (bei Berlin)

Gedruckt auf säurefreiem und alterungsbeständigem Papier.

Die Deutsche Bibliothek – CIP-Einheitsaufnahme
Ein Titeldatensatz für die Publikation ist bei
Der Deutschen Bibliothek erhältlich

ISBN 3-8100-3105-4

© 2002 Leske + Budrich, Opladen

Das Werk einschließlich aller seiner Teile ist urheberrechtlich geschützt. Jede Verwertung außerhalb der engen Grenzen des Urheberrechtsgesetzes ist ohne Zustimmung des Verlages unzulässig und strafbar. Das gilt insbesondere für Vervielfältigungen, Übersetzungen, Mikroverfilmungen und die Einspeicherung und Verarbeitung in elektronischen Systemen.

Druck: DruckPartner Rübelmann, Hemsbach
Printed in Germany

Inhalt

I. **Introduktionen**
  1 Zur Einleitung 9
  2 Einführung: „Das Feld und das Buch" 13

II. **Im Feld**
  0 Feld-Fotos 17
  1 *Ulf Matthiesen*
     Das Feld, die Fallstudien und der *'cultural turn'* in der
     sozialwissenschaftlichen Raumforschung 25
  2 *Ulf Matthiesen und Henning Nuissl*
     Suburbanisierung und Transformation: Zum Stand der
     methodischen und theoretischen Durchdringung gegenwärtiger
     Stadterweiterungen 35
  3 *Henning Nuissl*
     Die *Er-Fahrung* der Ränder der Hauptstadt – Felderkundungen mit
     dem Fahrrad 47
  4 *Henning Nuissl und Christiane Joerk*
     Die Ränder der Hauptstadt – gemessen und kartographiert 61
  5 *Ulf Matthiesen und Henning Nuissl*
     Phasen der Suburbanisierung seit 1989: Stichpunkte zum
     Berlin-Brandenburgischen Verflechtungsprozess 79

III. **LokalpolitikerInnen im metropolitanen Verflechtungsraum**
  1 *Gudrun Prengel*
     Haflinger im märkischen Sand und High-Tech im gespaltenen
     Dorf – Fallstudien zur politischen Dimension der
     Biographien von KommunalpolitikerInnen 93
  2 *Urs Karl*
     Politische Akteure in Otterstedt – Zwei Fallstudien zu
     lokalen Politikern 119

IV. **Neue Selbstständige im Verflechtungsprozess**
  1 *Gesa Gordon*
     Milieu und Genogrammanalyse – Zum Zusammenhang
     von familienmilieuspezifischen Strukturen und
     „neuer Selbstständigkeit" am Stadtrand von Berlin 137
  2 *Guido Leuchtenberg*
     Neue Selbstständige an der Peripherie der Hauptstadt 153

V. **Formen bürgergesellschaftlichen Engagements im Suburbanisierungsprozess**
1 *Ulf Matthiesen*
NIMBY und LULU am Stadtrand – Bürgergesellschaftliche Streitformen um lokale Raumnutzungen und Raumkodierungen im engeren Verflechtungsraum 173
2 *Sabine Wilhelm und Frank Adloff*
Selbstständigkeit und Gleichheit – Eine biographische Fallanalyse zu Milieubindungen einer Schulleiterin 187
3 *Christiane Joerk*
Frauen im Verflechtungsprozess der Metropolregion - Fallanalysen und Ost-West-Vergleiche 209
4 *Heike Ohlbrecht*
Zwischen Transzendenzerwartungen und radikaler Verdiesseitigung: Die Katechetin Katja Weber und die Rationalität relativ geschlossener Sinnwelten 231

VI. **Zwischen Entwicklungsdynamiken und Handlungsblockaden: Akteurskonstellationen in Planung und Wirtschaft**
1 *Henning Nuissl*
Räumliches Planen an den Rändern der Hauptstadt 249
2 *Henning Nuissl, Thomas Arndt und Michael Jäger*
Der 'global player' in Otterstedt – Modernisierungsgefälle und 'Einbettungsprobleme' an den Rändern der Hauptstadt 273

VII. **Jugendkulturen und Szenen, Milieubildungen und raumkulturelle Hybridformen**
1 *Robert Schmidt* und *Christina Schumacher*
Doing Disco – Eine Fallstudie zur Alltagskultur aus dem Laboratorium des Verflechtungsprozesses von Berlin mit Brandenburg 293
2 *Ulf Matthiesen*
Fremdes und Eigenes am Metropolen-Rand – *Postsozialistische Hybridbildungen* in den Verflechtungsmilieus von Berlin mit Brandenburg 327

VIII. **Synthese**
Ulf Matthiesen
Milieuformen und Mentalitäten im engeren Verflechtungsraum von Berlin mit Brandenburg – Zwischen Innovationsdynamiken und alltagskulturellen Schließungstendenzen 353

IX. **Literatur** 361

X. **Zu den Autorinnen und Autoren** 375

Bildnachweis 376

I.
Introduktionen

I.1 Zur Einleitung

Menschen aus Brandenburg kokettieren gegenüber den Einwohnern der neuen bundesrepublikanischen Hauptstadt gerne damit, dass Berlin ja auch nicht viel mehr sei als eine der zahllosen mehr oder weniger großen Kommunen im Märkischen Sand. Die Überheblichkeit der 'Hauptstädter' und der nimmersatte Appetit auf brandenburgische Ressourcen- und Serviceleistungen waren auch zu DDR-Zeiten eine flächendeckende Vorwurfsgröße. Dagegen mokkieren sich Bewohner wie Akteure der mit Abstand größten deutschen Stadt häufig und in dieser Reihenfolge über das extreme Urbanitäts-, Kultur- und Dichtegefälle zwischen neuerlich werdender deutscher Metropole und besonders flachem Umland. Die wenig glückliche Verbindung von postsozialistischen *und* kleinbürgerlichen Habitusformen führe zu provinziellen Weltbildern, vordemokratischen Erziehungsstilen und knallhart 'auf das bloß Materielle' erpichten postsozialistischen „Lebensformen". Von hier aus ist dann die Erklärungsstrecke bis zur ungebrochenen Serie von 'rechten Vorfällen' auch im Umland von Berlin recht kurz.

Die Machart dieser *wechselseitigen Stereotypenbildungen* ist ein Indiz dafür, dass in das Verhältnis von neuer deutscher Hauptstadt und ihrem Umland Spannungen eingelassen sind, die über altbekannte Stadt/Umland-Animositäten weit hinausschießen – und zwar quer zu Schichten-, Generationen- und Milieulagerungen.

Um so erstaunlicher ist, dass von dieser Konfliktchoreographie in den Analysen und Politiken zur Metropolregion Berlin-Brandenburg lange Zeit kaum genauer die Rede war. Zwar ist der erste Länder-Fusionsversuch von Berlin mit Brandenburg 1996 vornehmlich an den konfligierenden „soft structures" unterschiedlicher Mentalitäten, Milieus und Politikstile gescheitert. Sowohl auf der Analyseebene wie im Bereich von Politik und Planung hat man sich gleichwohl schnell wieder auf die Beobachtung und Beplanung *'funktioneller'* Verflechtungsbeziehungen sowie kulturfreier push- und pull-Faktoren zurückgezogen. Indem man die Untersuchungen zur Entwicklung dieser Metropolregion wieder auf den aggregierten Sog sog. 'harter' Verflechtungsstrukturdaten konzentrierte, schien sich das Stadt-Umland-Geschehen *mehr oder minder* nahtlos in die Typik der 'westlichen' Stadterweiterungsprozesse der letzten fünfzig Jahre einzureihen. Lediglich *'verspätet* einsetzende, aber strukturell identische Suburbanisierungsprozesse' und leichte Differenzen in der Abfolge der Randwanderung von Gewerbe, Handel und Wohnfunktionen wurden noch diskutiert.

Seit 1998/99 ist die Diskurslage auffällig umgeschlagen. Neben ersten qualitativen und quantitativen *Lebensstilstudien* haben insbesondere Reportagen auf der Grundlage von journalistischem 'footwork' das schnell umbrechende 'Umland' Berlins nach bürgergesellschaftlichen Eklats, rechtsradikalen Vorfällen und neuen Animositäten zwischen 'Ost' und 'West' abgesucht. Mit dem Fokus auf fundamentalistische Trennungen zwischen dem Eigenen und dem Fremden, zwischen 'Ossis und Wessis' kamen hierbei allerdings die unleugbaren Fortschritte auf der Ebene funktioneller Verflechtungen zu kurz. Die Arbeiten dieses Sammelbandes versuchen, beide Formen von Einäugigkeit zu vermeiden und stattdessen eine Verbindung beider Perspektiven zu erproben. Wir richten also den Blick auf das weite Übergangsfeld *zwischen* 'kulturfrei' konzipierten funktionellen Verflechtungsdynamiken einerseits und andererseits den – neuerdings durch dramatisch aufbereitete Einzelfälle skandalisierten – alltagskulturellen Abschottungen des 'Umlandes' gegenüber der 'Stadt', von 'West' gegen 'Ost', von 'Ost' gegen 'West'.

Die Rahmentexte und Fallanalysen dieses Bandes verwenden komplexe Analyseansätze und gemixte Methoden. Neben standardisierten Strukturdaten werden nun aber auch kulturelle Codierungen der Raumentwicklungen, historische Vorstrukturen und Pfadentwicklungen, Mentalitäten und Habitusformen von Bewohnern und Akteuren des engeren Verflechtungsraums von Berlin mit Brandenburg in die Suburbanisierungsanalyse einbezogen. Absicht dabei ist es, zu überprüfen, wo und wie sich neben den im wesentlichen „nachholenden" Entwicklungen des Stadt-Umland-Verhältnisses weitere, neue Verflechtungsformen bilden: mit kaum übersehbaren erheblichen Differenzen, Disparitäten und Brüchen, aber auch mit neuen *Hybridstrukturen* der sozialräumlichen Verflechtung von Berlin mit Brandenburg. Darin sehen wir ein wichtiges *Orientierungswissen* für zukunftsfähige Governanceformen des Verflechtungsprozesses – insbesondere auch für einen zweiten, zur Zeit zwischen 2006 und 2009 angesiedelten Fusionsversuch.

Mit dem Hinweis auf gegenläufige Verflechtungsdynamiken, auf unübersichtliche Forschungslagen und komplexe Steuerungs- rsp. Planungsprobleme ist knapp das Feld skizziert, in dem sich unsere 'Ränder der Hauptstadt'-Untersuchung entwickelt hat. Einige Etappenhinweise dazu:

- Zunächst wurde mit einem vom Institut für Regionalentwicklung und Strukturplanung in Erkner (b. Berlin) finanzierten Forschungsvorhaben das Feld erschlossen (von 01/1995 bis 06/1998). Dem IRS ist zu danken, dass der Satzungsauftrag einer anwendungsorientierten Grundlagenforschung dabei auch komplexer ansetzende Untersuchungsdesigns zu entwickeln erlaubte. Im Rahmen dieses 'regionalkulturellen' Leitprojektes der Abteilung III wurde dabei zugleich ein sozialräumlicher Milieuansatz profiliert.
- Etwa ein Jahr nach Beginn des Institutsprojektes ist eine Verbindung zur universitären Lehrforschung gesucht worden, zunächst in der Form eines dreisemestrigen Forschungsseminars am Institut für Sozialwissenschaften der Humboldt Universität.
- Im Anschluss daran fand ein zweites, wiederum dreisemestriges Forschungsseminar an der Freien Universität Berlin statt, diesmal im Rahmen des verdienstvollen, von Martin Kohli gegründeten, von Ralf Bohnsack weiterprofilierten Zusatzstudienganges 'Qualitative Methoden'. (Zwischenzeitlich 'ruht' diese beispiellose Ausbildungs- und Forschungsinstitution mangels hinreichender Lehr- und Finanzkapazitäten.) In beiden universitären Projektzusammenhängen haben Studierende mit großem Einsatz kontrastive Fallanalysen erarbeitet und das Projekt in entscheidenden Phasen mitgetragen. Hingabe an die Sache und kontinuierliches Interesse über einen langen Bearbeitungszeitraum sind dabei besonders hervorzuheben. Arbeiten von Studentinnen, Studenten und Postgraduierten bilden deshalb auch zu Recht einen wichtigen Teil dieser Publikation.
- In einer längeren Nachbereitungsphase ab 1999 sind die in solch unterschiedlichen forschungsorganisatorischen Formen entstandenen Texte dann miteinander abgeglichen und integriert, teils mit Nacherhebungen nochmals aktualisiert worden.

Neben inhaltlichen und methodischen Forschungsresultaten möchte dieser Band also auch dokumentieren, dass eine systematische Verknüpfung von außeruniversitärer (grundlagen- wie anwendungsbezogener) Forschung an einem „Leibniz-Institut" (IRS) mit der universitären Lehrforschung nicht nur sinnvoll, sondern äußerst fruchtbar ist, und zwar gerade in schnell sich entwickelnden konflikt- und optionenreichen 'peripheren' Forschungsfeldern. Die offene 'multiparadigmatische' Projektanlage, die Einbeziehung des Mediums Fotografie wie der Methodenmix bei der Bearbeitung bewirken zudem, dass diese Forschung durchaus *Frühwarnfunktionen* übernehmen kann – etwa im Hinblick auf einen kommenden neuen Länderfusionsversuch und die dazu notwendige Sondierung von Kooperationsoptionen wie Verflechtungsbarrieren.

I.1 Einleitung

Ein Wort zu den Individualnamen von Personen, Institutionen und Orten in dieser Studie: Qualitative Verfahren, die einen wichtigen Teil des Methodenbestecks dieser Untersuchung ausmachen, durchstoßen mit ihren ultradetaillierten Datenerhebungs- und Auswertungsverfahren mühelos die ansonsten streng gezogenen Linien von Öffentlichkeit und Privatheit, von Ausgesagtem, Mitgemeintem und unfreiwillig Ausgedrücktem. Das macht einmal die besondere Tiefenschärfe wie die Generalisierungschancen von qualitativen Fallstudien aus. Zugleich wird es damit aber nötig, Individuennamen – auch die der Orte und Umlandgemeinden – durchgängig zu anonymisieren, mit der einen großen Ausnahme der neuen deutschen Hauptstadt, die zugleich die alte war. Sie zu anonymisieren, ist nicht möglich. Statt dessen haben wir die Anonymisierungseffekte großstädtischen Lebens zu nutzen versucht, von denen der Gründer einer kulturtheoretisch reflektierten Stadtforschung, Georg Simmel, so eindrücklich geschrieben hat, um auch hier die personale Ebene zu schützen.

Projekte mit langer Laufzeit haben besonders vielen Menschen zu danken. Wenige Hinweise müssen hier genügen: An erster Stelle stehen natürlich unsere Gesprächs- und Interviewpartner beiderlei Geschlechts – aus stark kontrastierenden Untersuchungsgemeinden kommend, aus problematischen und glücklicheren Lebensumständen, in zivilgesellschaftlichen Kontexten oder formelleren Institutionen und Akteurskonstellationen des engeren Verflechtungsraums tätig. Dann ist den Autorinnen und Autoren zu danken. Sie haben Texte erarbeitet, die einen konkreten und zugleich aufgerauhten Blick auf berlin-brandenburgische Verflechtungsverhältnisse ermöglichen. Ohne beide Gruppen von Menschen wären Forschungsarbeiten wie diese, die material Neues zum Verständnis der alltäglichen Regionalisierungsdynamik zwischen Stadt und Umland beitragen wollen, gar nicht möglich. Wissenschaftlich sei zunächst dem Milieuforscher Karl-Dieter Keim (zugleich Direktor des IRS) gedankt, der eine wichtige Vorgabe zur Profilierung unseres eigenen Milieuansatzes geliefert sowie diesen neugierig und kritisch begleitet hat. Unter den Kollegen am IRS möchte ich Markus Hesse, Manfred Kühn und Christoph Bernhardt besonders erwähnen: der Landschaftsplaner Manfred Kühn hat wichtige weitere Hinweise zum ostdeutschen Suburbanisierungsprozess en Gros und en Detail gegeben. Der Mobilitätsforscher und Geograph Markus Hesse hat sich in einer sehr produktiven Weise an der genaueren Bestimmung der strukturellen Relevanz des „dritten Regelkreises" von sog. *soft structures* (Milieus, Mentalitäten, Lebensstile) beteiligt – und das auf dem ansonsten leicht betonförmig konzipierten Feld der Verkehrs- und Mobilitätsformen von Stadt-Umland-Beziehungen. Christoph Bernhardt hat dann weitere Details zur verwickelten Geschichte der Berliner Stadterweiterungsphasen 'nachgeschoben'. Daneben war Sighard Neckels 'Waldleben'-Studie eine wichtige Quelle der Anregung, etwa deren implizite Losung, genauer und penetranter hinzuschauen *sowie* die theoretische Durchdringung zu forcieren – auch wenn die Anwendungsverpflichtung der IRS-Raumforschung daneben zusätzliche Wege zu gehen angeregt hat. Weiter möchte ich Henning Nuissl danken, der mit seiner Doppelqualifikation als Raumplaner und Soziologe das Institutsprojekt wesentlich mitgetragen hat, und zwar auch in seinen ethnomethodologischeren, also auch die eigene Physis mit ins Spiel bringenden Feldzugängen (Mit dem Fahrrad rund um Berlin! siehe Teil II. 3) Neben einer stattlichen Anzahl von hervorragenden Texten und Textteilen hat Henning Nuissl sich zudem bis zum Schluss um deren Aktualisierung und Verbesserung verdient gemacht. Last but not least möchte ich Monika Köppen danken, deren Umsicht, Präzision und Organisationstalent dieses Buch ganz wesentlich seine äußere Form verdankt.

U. M.
Erkner, im August 2001

I.2 Einführung: „Das Feld und das Buch"

Der Verflechtungsprozess Brandenburgs mit der Metropole Berlin ist weiterhin geprägt von starken Modernisierungsfällen und disparitären Entwicklungen. Zum Teil auf engstem Raum prallen hier Gewinner- und Verlierer-Gemeinden aufeinander, boomende Ortsteile liegen 'Wange an Wange' mit peripherisierten Räumen, die aus der Zeit gefallen zu sein scheinen: Naturschönheiten wetteifern mit Brachflächen und ehemaligen Rieselfeldern, Reste der DDR-Moderne rahmen die neuen High-Tech-Kathedralen im märkischen Sand, überdimensionierte Einzelhandelsflächen legen sich wie ein Kragen an den 'Berliner Ring', ruppige Biotope kontextuieren die Siedlungsräume der Neuen Gentry. Statt eines geschlossenen Speckgürtels finden sich weiterhin eher Speckwürfel im Märkischen Sand (vgl. unten II.0, Feld-Fotos).

Der Verflechtungsprozess von 'Mark mit Metropole' verschränkt dabei ganz unterschiedliche Entwicklungsdynamiken: etwa Transformationseffekte und Globalisierungs-Europäisierungsprozesse. Die Art, *wie* das geschieht, hat für die weitere Stadtentwicklung „östlich der Elbe" hohe seismographische Bedeutung. Insofern lässt sich diesem Verflechtungsprozess durchaus *Laboratoriumsfunktion* attestieren. Beim Auspendeln oder Zuspitzen der dabei auftretenden Ungleichzeitigkeiten, Konflikte und Komplementaritäten spielen lokal- und regionalkulturelle Milieus und Netzwerke, insbesondere in der Form von *Verflechtungsmilieus* eine wichtige Rolle. Gegen die frühen expansiven Entwicklungshoffnungen bilden sie mancherorts ein wichtiges Ferment bei der realistischen Ausbildung eines *neuen entwicklungsoffenen Regionalismus*, der den manifesten Gefahren kultureller Schließungen und Ausgrenzungen in den schnellen sozialräumlichen Veränderungsprozessen entschlossen entgegentritt. Andernorts gelingt das nicht, mit der Folge von *selbstmarginalisierenden Abschottungen* und lokalen Milieustrukturen, die unter dem Druck von neuen Disparitäten und erheblichen Wohnungsleerständen, von struktureller Arbeitslosigkeit auf hohem Niveau und neuem schnellem Reichtum gleich neben dran in Abwärtsdynamiken, Selbstmarginalisierungen und Peripherisierungsprozesse hineinrutschen. Ein schnell sich bewegendes, abrupt umbrechendes Feld also. Statt einer Übernahme andernorts bewährter 'Urteile' zwingt dieses Verflechtungsfeld von Stadt und Umland daher zunächst vor allem zu einem genauen Hinsehen. Dieses Buch dokumentiert also vor allem unsere Versuche, genauer hinzusehen, zu kontrastieren, zu vergleichen – und proaktive Schlüsse zu ziehen:

In dem Feld-öffnenden *Kapitel II* wird der Rahmen für die Analyse der sozialräumlichen Dynamiken „an den Rändern der Hauptstadt" aufgespannt. Dabei werden Arbeiten präsentiert, die in unterschiedlicher Form und zudem mit variierenden Medien und Methoden einen Überblick über den Untersuchungsraum insgesamt geben sowie zentrale Dimensionen der stadtregionalen Umbruchprozesse analysieren.

Ziel dieses Rahmenkapitels ist es, einen möglichst konkreten und plastischen, zugleich aber auch theoretisch-konzeptuell belehrten Überblick über die sozialräumlichen Umbrüche an den Rändern großer Städte und natürlich insbesondere des Metropolraums Berlin-Brandenburg zu geben. Dazu wurden einmal relevante statistische Sekundär-Datenlagen kritisch aufgearbeitet (s. II. 4), zugleich aber auch schon mit 'pedalbewehrten' Feldzugängen sowie dem Medium der Fotografie erfahrungsnähere Primär-Datenformen 'generiert'. (vgl. II.0-Feld-Fotos sowie II.3: „Mit dem Fahrrad rund um Berlin!"). Die größeren Überblicksartikel zum „Feld und den Fallstudien" (II.1) sowie zu Suburbanisierungs- und Stadterweiterungstheorien (II.2) argumentieren dann perspektivisch für eine Erweiterung der traditionellen Suburbanisierungsansätze in Planung und Stadtforschung: sie plädieren vor allem für einen dosierten „cultural turn". Zugleich finden sich hier erste Hinweise darauf, wie wir dieses Vorhaben durch die eigene Untersuchungsanlage einzulösen versucht haben. Den Abschluss dieses Rahmenkapitels bildet ein Gliederungsvorschlag für die *Phasen des berlin-brandenburgischen Suburbanisierungsprozess seit 1990* (II. 5), der möglichst konkret Strukturdaten, ethnomethodologische Feldzugänge und erste Fallanalyseresultate zusammenbringt sowie zugleich die Handlungsspielräume und Alltagspraxen unterschiedlicher Akteursgruppen dieses Regionalisierungsprozesses ausleuchtet.

Mit Kapitel III beginnt dann die Reihe *kontrastierender Fallstudien* aus zwei stark differierenden Umlandgemeinden – wir nennen den einen Ort *Grünow*, die „Gewinnergemeinde" und den anderen *Otterstedt*, die „Verlierergemeinde". Sie bilden das forschungsmateriale Herzstück dieses Bandes (Kap. III bis VII). Fallkonkret werden dabei typische Problem- und Optionenlagen von Akteuren und Akteursgruppen, von formellen wie informellen Institutionen und Milieus in den 'teil-geplanten' Entwicklungsprozessen an den Rändern der Hauptstadt untersucht: von LokalpolitikerInnen über Neue Selbständige und Alte Seilschaften, von PädagogInnen und Katechetinnen über Raumplaner zu 'rechten' Jugendszenen. Sie alle weben an dem *Netz der neuen Verflechtungsmilieus* – zwischen der Mühsal der flachen Sanderflächen und den hochgehenden Entwicklungshoffnungen einer wissens- und technologiebasierten Umlandentwicklung sich schnell hin- und herbewegend. Ein besonderer Reiz dieser Arbeiten liegt darin, dass sie *unterschiedliche* qualitative Verfahren wählen: von sequenzanalytischen Untersuchungen im Stile der Objektiven Hermeneutik über Genogramm-Analysen und Biographieforschungs-Ansätzen zu ethnographischen Verfahren sowie Planungskonfliktanalysen und fallvergleichenden Formen der lokalen Politikforschung. Neben den Fallanalysen selbst sorgt also gerade auch die gemischte Methodenseite für kognitive Beweglichkeiten. Die intensiven Rahmenanalysen in Kap. II sowie Fallgeneralisierende Teile (vgl. V.1 und VII.2) sorgen dafür, dass diese Beweglichkeiten dennoch einen gemeinsamen Fokus behalten: die Entdeckung neuer, auch alt/neuer Formen von suburbanen Milieuverflechtungen.

Alle Kapitel dieses Buches enthalten Zwischenresümees, so dass die zusammenfassende 'Synthese' (Kap. VIII) knapper und wieder allgemeiner ausfallen kann. Die zwischengeschalteten resümierenden Teile haben dabei immer eine doppelte Stoßrichtung: Sie betreffen einmal den *faktischen* Verlauf der Verflechtungsdynamik von Berlin mit Brandenburg, auch die Handlungsoptionen, die sich dabei auftun. Gleichzeitig gilt ein genaues Augenmerk den eingesetzten Begriffen, Methoden und Entwicklungskonzepten. Zulange wurde hier nach 'Schema F' verfahren – mit durchaus 'politischen' Konsequenzen: Denn auch politisch wird sich niemand mehr ein 'unterkomplexes' Verflechtungsdesign zur Vorbereitung eines neuerlichen Fusionsversuches leisten können – es sei denn, mit der absehbaren Folge eines (diesmal letalen) Scheiterns!

U. M.

II:
Im Feld

Ulf Matthiesen

II.0   Feld-Fotos

1.   Speck mit Sand

1.1 Die Nord-Ost-Kante Berlins – mit krassem siedlungsstrukturellem Dichtegefälle und einer aufgefrischten Suburbanisierungs-Variante „Marke DDR": „Platte und Datsche" also. Der postsozialistische Gestaltsprung aber findet im Rücken des Fotographen statt: ein großes Einzelhandels- und Gewerbegebiet auf Brandenburger Seite, der „Kaufpark Eiche" – mit Baumarkt,  Möbel, Elektro, Teppichen, Toys 'R' Us, Autohandel etc. – direkt an die Stadt- und Landesgrenze gesetzt, um die Kaufkraft insbesondere aus den im Bildhintergrund sichtbaren Plattensiedlungen „abzuschöpfen".

1.2 Im Süden Berlins – am Horizont eine Stadtrand-Großsiedlung Marke West (Gropius-Stadt), vormals direkt an die Hemisphären-Grenze Ost/West gesetzt. Wie aus der Zeit gefallen, präsentieren sich vor den Toren der großen Stadt ruppige Biotope, Zwischenräume in der Nähe des alten Mauerstreifens, Stadtrandsiedlungen aus den 20er Jahren (Groß-Ziethen) ... und ziemlich viel Sand.

1.3 Neue Stadtrand-Nutzungen, Marke 'Versuchsweise Gentrifizierung': Reiterhöfe und Golfplätze rücken immer näher an den Stadtrand heran – mit bislang eher labilen Erfolgsaussichten.

1.4 Peripherie, dem Bauhaus Dessau zufolge *das* Thema der 90er Jahre: hier der schwarzromantisch-ästhetisierende Blick eines professionellen Fotographen (Florian Profitlich) auf eine südöstliche Brachenlandschaft bei Gosen. Auf den Zusammenhang von Peripherie, Anästhetik und Ästhetisierung ist zurückzukommen. So manche Brachlandschaften zwischen den florierenden Entwicklungsinseln warten noch darauf, wachgeküsst zu werden – und sei es von einem Developper.

2. Das Naturschöne, lokale Kulturformen und die neuen Kathedralen im märkischen Sand

2.1 Dieses Bild eines Ortseinganges lässt sich zeitlich zunächst kaum 'lokalisieren'; es könnte 1927 sein oder 1957, ist aber aus dem Jahr 1997. Die Siedlungsstrukturen der Suburbanisierungswellen der 20er Jahre haben sich hier im südlichen Umland von Berlin stellenweise wie in Zeitinseln intakt erhalten. Die Sozialmilieus der letzten 40 Jahre teilweise auch. Das hat 'relative' Verspätungen zur Folge, mit erheblichen Konvulsionen für die Verflechtungsmilieus von 'Mark und Metropole'.

II.0   *Feldfotos*

2.2 Blankenfelde im Norden Berlins und die Verkehrserschließung des Umlands durch die S-Bahn: hier ein kommunikativer Nachwende-Ort zur Beobachtung von Ankommenden und Abfahrenden, bei leichtem Niedergang des Umfelds.

2.3 Im südlichen Brandenburger Verflechtungsraum: Eine *Kathedrale aus der DDR-Phase* – die 1985 erbaute „schönste Schule im ganzen Kreis"; der damalige Schulleiter hatte mit Hilfe eines der abenteuerlichen DDR-spezifischen Tauschnetze für seine Schule eine ausrangierte Zeiss-Sternwarte aus Jena ergattert und sie mit Hilfe eines zweiten Tauschnetzes auf das Schuldach hieven lassen. Die Sternwarte ist die kleine runde Kuppel auf dem kantigen, industriell vorgefertigten Baukörper.

2.4 Die *neuen Kathedralen* im märkischen Sand: ein veritabler Global Player (Rolls-Royce) plazierte seine Triebwerksproduktions- und Entwicklungsstätte – wabenförmig erweiterbar, ansonsten kontextfrei implantiert- im Verkehrsknoten-Bereich von südlichem Berliner Autobahnring und B 96. Der – immer noch potentielle – Großflughafen Schönefeld liegt gleich neben dran. Trockener Kommentar eines Anrainers zu dieser High-Tech-Insel: Sie sei „wie ein Ufo im Märkischen Sand gelandet". Wohl wahr.

3. 'Suburbs now'

3.1. Mit der bekannten Planer-Geste „Da geht's lang, und dahinten auch, und dann machen wir da weiter..." erläutert der Chef einer kommunalen Entwicklungsgesellschaft im süd-westlichen Umland sozialverträgliche Ausgleichsbaumaßnahmen, mit denen die massiven *Restitutionsfolgen* in seiner heiß begehrten Kragengemeinde gemildert werden sollen.

3.2. Am oberen Ende der sozialen Rangskala: für die gehobene Senioren-Suburbanisierung gerade jenseits der Stadtgrenze zu Berlin ein medizinisch erstklassig betreutes Wohnstift des höchsten Anspruchsniveaus – mit qualitätsvollem Kulturprogramm, eigenen Veranstaltungsräumen – und einer direkten Busanbindung nach Berlin-Charlottenburg.

II.0   Feldfotos

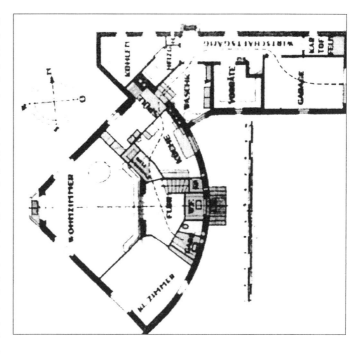

3.3. Eine Bau-Inkunable des bedeutenden Reformarchitekten Bruno Taut aus der großen Suburbanisierungswelle *Ende der zwanziger Jahre*: der Entwurf seines Privathauses, das er sich 1927 an den Rand einer südlichen Umlandgemeinde gebaut hat. Die gerundete hermetische Front weist zur Straße, seit einigen Jahren wieder in der damals schockierenden Originalfarbe *Schwarz*. Die Gegenseite taucht „wie ein Schiff mit seinem Bug in die Landschaft ein". Die Verkehrsanbindungen über die Bahn waren früh schon so exzellent, so dass Terraingesellschaften für diesen Ort mit Fahrtzeiten *von 30 Minuten bis zum Potsdamer Platz*, also bis ins Zentrum Berlins, werben konnten.

Bruno Taut, wichtiger Architekt des mit den Gewerkschaften eng verbundenen 'sozialen Bauens', entwarf einige der besten suburban/vorstädtischen Siedlungen – in der Regel für gemeinnützige Baugesellschaften in der Nähe von Vorort-Bahnhöfen auf unbebautem Terrain und ganz gemäß der 1908 gegründeten Deutschen Gartenstadtgesellschaft: so die Gartenvorstadt Falkensee (1913-1915), Onkel Toms Hütte (1926-1931) sowie sein Meisterstück, die Hufeisensiedlung (1925-1927).

3.4 Ein in den begehrteren Verflechtungsgemeinden häufig inkriminiertes Suburbanisierungsobjekt: die sogenannte *Stadtvilla*. An die Stelle von teilweise einfachen solitären Häusern auf großen Grundstücken halten mit der Stadtvilla auf radikal geteilten Parzellen sechs bis acht Parteien Einzug, mit der Folge einer drastischen Erhöhung der lokalen Verkehrsströme etc.

Bauherren waren zur Hochzeit der Sonder-AFA insbesondere Fonds und institutionelle Anleger „aus dem Westen"; Leerstandsrate schon damals 30 – 50 Prozent.

4. Das Auge des kleinen Homuth'schen Zeppelins*

* Die folgenden Aufnahmen sind mit Hilfe eines kleinen, etwa 2,5 m langen unbemannten Zeppelins gemacht worden. Dieser Flugkörper schwebt an einem 60-80 m langen Stahlseil und ist mit einer ferngesteuerten, 360° schwenkbaren Kamera bestückt. Diese sinnvolle schwebende Apparatur gehört dem Berliner Fotografen Jörg Homuth.

4.1 Der Mauerstreifen im Süden der Metropole – hier auf der ehemaligen Trasse von Preußens erster Eisenbahnstrecke, der 'Stammbahn', verlaufend. Die Bewohner der Brandenburgischen Siedlungsseite (links) haben inzwischen ihre Gärten wieder in Besitz genommen; und nicht einmal mehr die Größe, sondern nur noch das Alter der Swimmingpools lässt erahnen, dass rechterhand der früher unerreichbare Westteil Berlins beginnt.

4.2 Brandenburgs teuerste Wohngrundstücke finden sich in einer Wald- und Villensiedlung direkt hinter der südwestlichen Stadtgrenze Berlins. Sie wecken die Begehrlichkeiten von mancherlei Arten von Investoren, die hier eine Zeit lang besonders gern auch Stadtvillen (vgl. Foto 3.4) „implantierten". Pioniere der gehobenen Nachwende-Wohnsuburbanisierung, die sich

hier in den ersten Jahren nach 1989 eingekauft haben, organisieren inzwischen maßgeblich den Widerstand gegen eine weitere „Nachverdichtung", die den ortstypischen Charakter zu zerstören drohe (vgl. V.1 zu „NIMBY und LULU am Stadtrand").

II.0   Feldfotos

4.3 Ein Dorf am Stadtrand, dessen drei – säuberlich voneinander geschiedene – „Gesichter" dem märkischen Sand den Charakter des fragmentierten Metropolenrandes verleihen: im Vordergrund die Wiederaufbereitung von metropolitanem 'Mobilität und Moderne'-Müll – als Inbegriff einer der Funktionen städtischer Peripherien; in der Bildmitte die im Laufe der Jahrzehnte nur sparsam arrondierte Dorfstraße; und im Hintergrund ein neues, florierendes Gewerbegebiet mit echtem Global Player.

4.4 Märkisches Angerdorf im suburbanen Raum. Aber Vorsicht: Die Idylle trügt! Der Ort ist durch krasse Modernisierungsgefälle und tiefreichende soziale Spaltungen geprägt.

4.5 Drei große Modernisierungsschübe haben das Berliner Umland ereilt: Mit den Vorortbahnhöfen (Bildrand unten links) kamen seit der Jahrhundertwende die ersten „Wohnsuburbaniten". Die DDR wuchtete dann – gerade auch rund um Berlin – industrielle Komplexe in den ländlichen Raum (im Mittelteil des Bildes ein auch heute noch erfolgreich produzierendes Backwarenkombinat) und verlieh damit ihrem Programm einer industrialistisch-sozialistischen Modernisierung nachwirkende Gestalt. Seit der Wende schließlich finden sich in der Berliner Metropolenregion zunehmend Zeugen einer High-Tech- und Dienstleistungs-dominierten, weltweit vernetzten Ökonomie: Im Hintergrund rechts ragen als weiße Bleistiftstummel „Adam" und „Eva", die beiden Motorenprüfstände eines Global Players über den märkischen Birken- und Kiefernwald.

„Alles soll so einfach wie möglich gemacht werden. Aber nicht einfacher!"
Albert Einstein

Ulf Matthiesen

II.1 Das Feld, die Fallstudien und der *'cultural turn'* in der sozialwissenschaftlichen Raumforschung

a. Der 'engere Verflechtungsraum' der Metropolregion Berlin: *hard structures/soft structures*

In das räumliche Verhältnis von „Mark und Metropole" sowie in die Zonen ihrer Interferenz bleiben die weltgeschichtlichen Desaster des letzten Jahrhunderts auf viele Arten eingeschrieben. 1989, dieses auch 'raumkulturell' kaum schon ganz begriffene „annus mirabilis der Europäischen Nachkriegsgesellschaft" (Wolf Lepenies, 1987, S. 15) gilt zugleich als Startknall für lange rückgestaute 'Suburbanisierungswellen' in der Hauptstadtregion. Für die hyperkritische Stadtgrenze des Berliner Westteils gingen diese 'Wellen' von weltrekordverdächtigen nullkommanull Zentimetern Stadterweiterung für die letzten 40 Jahre aus. Allerdings blieb die faktische Dynamik dieser 'Wellen' dann trotz steuerrechtlicher Sondergratifikationen *weit* hinter den anfänglichen Wachstumsprognosen und expansiven Erwartungen zurück. Um präsent zu machen, wie viel sich an den Rändern der Hauptstadt gleichwohl verändert hat, haben wir systematisch Fotografien gemacht (s. die Auswahl in II.0 und II.3). Sehr viel opulenter wurden *foto-topographische Informationen* zu den schnellen und langsamen Verflechtungsräumen in zwei von Ulrich Eckardt herausgegebenen Bänden zum *'Berliner Ring'* dokumentiert (Eckhardt, 1990, 2000). Mit dem Berliner Ring ist der Raum beiderseits des äußeren Autobahnringes, der A10, rund um Berlin gemeint. Im Abstand von 10 Jahren publiziert, sind diese beiden Foto-Text-Collagen sowohl lehrreich in dem was sie zeigen, als auch in dem, was sie verbergen oder nicht zeigen können: Sie zeigen zunächst plastisch, wie viel – und wie schnell – sich die baulich-siedlungsstrukturelle Gestalt des suburbanen Raums verändert hat. Sie verbergen aber eher, wie gerade die 'soft structures' der Mentalitäten, Habitus-Formen und Milieus nicht selten eine erstaunliche, eigensinnige Persistenz an den Tag legen. Der schwarzromantische Blick der Fotografin Elke Nord konzentrierte sich 1990 noch auf Zeitinseln innerhalb der bröckelnden DDR-Moderne, in die der Charme der kleinen Umlandgemeinden und ihrer vorsozialistischen Behausungsformen eingelassen blieb. Der notwendige strukturelle Gegenblick fehlte dabei – etwa auf die desaströsen Folgen einer planvoll-flächendeckenden „sozialistischen" Aufhebung der Strukturdifferenz von Stadt und Land. Damit hatten sich ja Bullenmaststationen, Backwarenkombinate und Plattenbauten rund um den Berliner Ring tief in die fragilen Netze der märkischen Angerdörfer hineingeschoben. Zehn Jahre später, im Jahr 2000, wählt Elke Nord ein dramatisierendes Vorher-Nachher-Schema, um den neuesten Veränderungsschub festzuhalten: Sie kontrastiert ausschnittidentisch Schwarzweiß-Aufnahmen von Sujets aus den fast-noch-sozialistischen Sozialräumen um 1989/90 mit leicht rotstichigen Farbfotografien „Ten Years After": Die Ausschnitte aus der „Wirklichkeit" identisch haltend, wird über das so gewendete Vorher-Nachher-Schema die These einer 'totalen Transformation' bebildert – mit leichten antikapitalistischen Ridikülisierungen. Auch hier verschwindet die Persistenz der 'soft structures' von Mentalitäten, Habitusformen, Milieus und alten Netzwerken, diesmal hinter der stilisierenden Kraft des Vorher-Nachher-

Verfallsschemas. Eine weitere systematische Schwäche dieses Vorher-Nachher-Schemas tritt hinzu: brandneue Groß-Strukturen fehlen, etwa die lückenlose Perlenkette überdimensionierter Einzelhandels- und Erlebniskonsum-Zentren, die inzwischen entlang des Berliner Rings in den sandigen Verflechtungsraum gehechtet worden sind. Auch dieses zweite Manko ist gravierend, weil die extern induzierte Randwanderung sehr großer Einzelhandelsflächen sowohl für den Suburbanisierungstypus wie für das Verflechtungsmuster von Berlin mit Brandenburg hohe signifikative Kraft haben. Stattdessen also herrscht eher kleinteilige Idyllik nach dem Muster „vor-sozialistisch/schwarz-weiß vs. neokapitalistisch/mit Rotstrich" vor.

Dieses Zugleich von Zeigen und Zudecken, von Entbergen und Verbergen zentraler Strukturmuster und Regelkreise der Suburbanisierung ist nun keinesfalls oder auch nur in erster Linie dem fotografischen Zugang zu den temporeichen, ungleichmäßigen, z.T. gegenläufigen Veränderungsprozessen am Berliner Metropolenrand eigen. Selbstredend gilt dieses Zugleich von „Fort und Da" auch für unsere eigenen, zudem meist amateurhaften fotografischen Versuche (s. II.0 sowie II.3). Es betrifft darüber hinaus aber grundsätzlicher alle Beschreibungs- und Erklärungsansätze, die sich einseitig entweder auf die sog. *harten Strukturen* (Infrastrukturen, funktionelle Verflechtungen, Siedlungsstrukturentwicklungen, Verkehrstrassen etc.) oder auf die *'soft structures'* der biographischen Verläufe, der Mentalitäten, der lokalen Wissens- und Lebensformen beschränken. Ein Weiteres kommt hinzu: Die Gleichzeitigkeit von sehr schnellen und sehr langsamen sozialräumlichen Transformationsdynamiken im Prozess der Stadtrandentwicklung wirft zusätzliche Probleme der Fokussierung des Blicks auf. Auch das lässt sich besonders prägnant, aber keinesfalls exklusiv am 'fotografischen Weltzugang' belegen. Eine kurze Zeit hatten wir in unserem Projektzusammenhang die schöne Gelegenheit, mit einem kleinen, unbemannten Zeppelin den fotografischen Blick aus der Beschränkung der Bodenhaftung zu befreien, ohne sie gegen die technologisch dominierte Adlerperspektive der Beobachtungssatelliten etc. eintauschen zu müssen. Der Ostberliner Fotograf Jörg Homuth hat für uns an mehreren Standorten der Berliner Peripherie seinen an einem Drahtseil geführten *Flugapparat* auf Kirchturmhöhe gebracht, um mit einer ferngesteuerten, 360 Grad schwenkbaren Kamera Rundumaufnahmen zu machen (vgl. II.0 Teil 3). Plötzlich und mit hoher Brillanz wurde eine sozialräumliche Textur von teilgeplanten bis ungeplanten Siedlungsstrukturen lesbar, die weder auf Karten noch aus der 'Flaneursperspektive' sichtbar ist, mit 'informellen' Erweiterungsbauten und nicht-genehmigten Anbauten, mit Umbauten und expansiven oder zurückhaltenden Nutzungsformen der sozialen Verflechtungsräume – gleichsam als unintendierte, aber sehr reale Ausdrucksgestalt von Formen der 'Zwischenstadt/Zwischenlandschaft' (Thomas Sieverts).

Damit wurde für uns das *Verhältnis von Fokussierung und Ausgeblendetem* noch einmal besonders sinnfällig. Diese Relation von Sichtbarem und Verdecktem hat die Ränder-Studien von Anfang an begleitet, natürlich auch da, wo sie für mikrologische Studien und Strukturgeneralisierungen an Kontrastfällen optiert. Das zwang uns zu einer Dauerbeobachtung der eigenen Beobachtung, einer Operation, die bekanntlich Niklas Luhmann und seine Schüler völlig zu Recht zum zentralen methodischen Besteck gegenwärtiger Gesellschafts- und Raumanalysen erkoren haben (s. Dirk Baecker 2001).

Für schnelle 'transformationelle' Suburbanisierungsprozesse gilt also in besonderer Weise, dass sich hier unterschiedliche Prozesse, Wirklichkeitsebenen und Akteurskonstellationen überlagern und zudem die jeweilige Logik dieser sozialräumlichen Überlagerungen unterschiedlich 'sichtbar' oder 'verdeckt/latent' ist. Um die wichtigsten hier einschlägigen Entwicklungsprozesse und Regelkreise (samt den dazu gehörigen Optionen und Krisen) hier einleitend zumindest zu nennen:

II.1 Das Feld, die Fallstudien und der 'cultural turn' 27

1. *Prozesse*:
Einmal erzählen „die Stadtränder ... immer von den aktuellsten, noch ungefestigten Prozessen der gesamten Stadt" (Ipsen 1993, 6 f.). In diesem Sinne sind gerade auch die Ränder der Hauptstadt *seismographische Räume*. Die Zentrum-Fixierung des dominanten 'urbanistischen' Berlin-Diskurses sowie die relativ schwache Politik- und Medienpräsenz der wesentlich 'anonym prozessierenden' randstädtischen Entwicklungsprozesse deuten schon an, wie stark die Blindheit gegenüber den erheblichen transformationellen Verwerfungen am Stadtrand und in ihren *hybriden* 'Zwischen'-Strukturen ist. Allerdings ist zugleich davon auszugehen, dass sich die Stadtränder mit ihren (auch informellen) Institutionen und Milieus in Zukunft stärker bemerkbar machen werden – und zwar nicht nur auf dem Wege der Reportagen von Footwork-Journalisten zu „rechtsradikalen Vorfällen". Der jetzt für die Jahre 2006 bis 2009 angesetzte zweite Fusionsversuch von Berlin mit Brandenburg etwa wird wesentlich im 'engeren Verflechtungsraum' entschieden, in dem rund 36 Prozent der 2.6 Millionen Brandenburger leben. 1996 stimmten auch hier ca. 60 Prozent *gegen* eine Fusion. Ohne eine systematische Rücksicht auf die komplexeren, z.T. gegenläufigen Entwicklungszusammenhänge zwischen 'hard' und 'soft' structures in diesem stadtregionalen Raum droht auch der zweite und vermutlich letzte Fusionsversuch zu scheitern. Insofern sind die physiognomischen Veränderungen an den Stadträndern politisch brisante 'Messpunkte' für Strukturveränderungen im Zentrum-Peripherie-Verhältnis.

2. *Krisen*:
Der Suburbanisierungs- und Verflechtungsprozess Berlins mit Brandenburg ist geprägt durch die Überlagerung von (mindestens) drei krisenhaften Entwicklungsprozessen (wobei Krise hier immer auch als raumzeitliche Entstehungskonstellation für *neue* Strukturmuster begriffen wird):
- ein längst nicht abgeschlossener *Systemwechsel* (postsozialistische Transformation – politisch/ökonomisch/sozial/kulturell –), wobei im Osten Deutschlands der transfergestützte, von überlokalem Elitenwechsel flankierte Transformationspfad erkennbar andere Verlaufsformen ausgebildet hat, als die Pfade im östlichen Europa.
Die Neu-Arrangements der *lokalen* Eliten in den Umlandgemeinden zeigen dagegen eher eine Verstärkung alter ostdeutscher „strong ties" – mit dosierten Beimischungen durch 'Westimporten';
- eine tiefreichende ökonomische *Strukturkrise* (Stichworte: Globalisierung/Europäisierung, Neue Dienstleistungen und Expertensysteme, erste Tendenzen zur Wissensgesellschaft und gleichzeitige drastische Schrumpfungsprozesse;
- nicht zuletzt eine tiefreichende *Kulturkrise*, mittels derer Transformationseffekte und Folgen der Strukturkrise konfliktreich in die umbrechenden Alltagskulturen zurückgespielt und über die Verflechtungsmilieus 'rückgebettet' werden (typischerweise wird dieser wichtige Krisentyp in regionalökonomischen Krisen-Diagnosen weiterhin schlicht 'vergessen'; s. dafür etwa beispielhaft Helmut Seitz 1997).

3. *Regelkreise*:
Prozesse (1.) und Krisen (2.) zeigen, dass die Verflechtungsdynamiken durch mehrere sich überlappende Regelkreise strukturiert werden. Sieben dieser Regelkreise sollen hier knapp skizziert werden:
1. Die *Umwelt* (Natur & Landschaft) als durch mehrere Modernephasen 'prekäre' und knappe Ressource (u.a. auch erheblich vorgeschädigt durch die Folgen des sog. Ostfordismus).
2. Das *politische Funktionssystem* Berlins und Brandenburgs (u.a. transfergestützte postsozialistische Transformationspfade), in das mit den Vorbereitungen für die EU-Osterweiterung neue metropolitane Konkurrenzen, neue Akteurskonstellationen in

Auseinandersetzung mit alten 'strong ties', einsickern, teilweise flankiert durch neue Policy- und Governanceformen.

3. Das *ökonomische Funktionssystem* der (weiterhin relativ schwachen) stadt- und regionalwirtschaftlichen Netz- und Clusterbildungen – im Antlitz der Globalisierung und angesichts eines sich schnell verschärfenden Wettbewerbs zwischen regionalkulturell ausgeflaggten 'innovativen' Produktionsmilieus.

4. Der Regelkreis der *Siedlungsstrukturen und Raumplanungen*, mit der Folge von teilgeplanten Formen eines 'urban sprawl' – mit eigenen Persistenzen und zunehmend widersprüchlichen Entwicklungsdynamiken (etwa der Gleichzeitigkeit von Bevölkerungsschrumpfungen und weiterlaufenden Ausdehnungen der Siedlungsfläche).

5. Der Regelkreis der *Lebensstile* mit ihren 'modischen', d.h. begründungsentlasteten Alteritätsmustern von 'IN' und 'OUT' sowie den alltagskulturellen Realisierungsformen, etwa einer spezifisch *suburbanen* „Baumarkt-Moderne".

6. *Netzwerke und Milieus* als biographisch grundierte Sozialformen der 'Produktion und Konsumtion von Raum-Zeit-Strukturen' – sich hin und her bewegend zwischen Öffnung und Schließung.

7. Schließlich *Formen der Alltagskultur*, die die Prozesse 1. bis 6. 'reflexiv' aufheben und zusammenschließen, um sie dann in die Form von lokal bedeutsamen Selbstbeschreibungen und räumlichen In-Wert-Setzungen, von Handlungsnormen und Wertbezügen distinkt zu integrieren ('Ost'-'West' etc).

Prozesse (1.), *Krisendimensionen* (2.) und *Regelkreise* (3.) überlagern sich dabei auf *hybride Weise* in den regionalspezifischen Zentrum-Peripherie-Problemen. Auch auf diesem Weg lässt sich noch einmal belegen, inwiefern *alle* Zugänge zur Verflechtungsdynamik notwendigerweise an dem Problem der Komplexität, damit der Sichtbarmachung von Prozessen und dem gleichzeitigen Unsichtbarwerden komplementärer Bewegungen herumlaborieren: Nicht nur die Amateurfotografen des Projekts also oder die professionelle Stadtrandfotografie, sondern gerade auch die irritationslos sich auf Strukturdaten stützenden Verflechtungsanalysen, die die bisherigen Metropolraumpolitiken unterfuttert haben, operieren vor dem Hintergrund des Zusammenhanges von 'Fokussierung und Ausblendung'. Damit werden jeweils zentrale Dimensionen der 'krisenhaften' Entwicklungsprozesse an den Rändern der Hauptstadt systematisch 'unsichtbar' gemacht.

Dem ist nun nicht in erster Linie durch eine Erweiterung der Variablen-Sets beizukommen, sondern durch zweierlei: einmal über die methodische Daueraufgabe der Beobachtung der Beobachtung, und zweitens durch eine Verkopplung der Analysen von *'soft'* und *'hard structures'*. Nur auf diese doppelt 'reflexive' Weise lassen sich unserer Meinung nach die systematischen Verkürzungen im Falle des schnellen, ungleichmäßig prozessierenden Verflechtungsprozesses von Berlin mit Brandenburg entdramatisieren. Die in methodologischer Perspektive keinesfalls 'berlin-spezifischen' Komplexitätsprobleme scheinen hier durchaus *auch* neue Forschungs- und Sichtbarkeitsprobleme zu erzeugen, weil sie durch postsozialistische Hybridformen (s. VII.2; VIII) zusätzlich 'aufgemischt' werden und inzwischen auch politisch eine erhebliche Brisanz erlangt haben.

Ein englischer, aus Indien stammender Kulturanthropologe, der zur Zeit in US-Amerika arbeitet, *Arjun Appadurai*, hat für ähnlich komplizierte Verhältnisse das Bild der „Moving Targets" herangezogen (Appadurai/Breckenridge 1989). Appadurai zufolge müssen wir unsere gegenwartsbezogenen zeit- und raumdiagnostischen Analysen einmal auf den Umstand hin neu justieren, dass unsere Forschungsgegenstände sich immer schneller verändern und bewegen. Gleichzeitig und mindestens ebenso wichtig aber gehen unsere Interpretationen und Erklärungen selbst 'auf die Reise', über translokale Diskurszusammenhänge etwa, die zu 'globalokalen' Stadtrand-Entwicklungskonzepten, zu 'Suburbanisierungstheorien' und Governanceformen zusammengefasst und auf diese dekontextuierte Weise politikfähig gemacht werden (Ulf Hannerz 1995, Gisela Weltz 1998).

Das schiere Tempo der Entwicklungsdynamiken an den Stadträndern, das komplexe Ineinandergreifen der Regelkreise sowie die 'reflexive' Statur des Beobachtungsproblems dabei haben eine weitere Folge: Sie erzwingen für die Ebene der Analyse und des Orientierungswissens *'multiparadigmatische'* Ansätze, so wie sie die Rücksicht auf 'Datensätze' erzwingen, die mindestens rudimentär *'harte' wie 'weiche' Strukturdaten zugleich* berücksichtigen. Auch für die Steuerungs- und Implementierungsseite werden damit Verfahren die erste Wahl, die *'hard and soft structures'* in ihren 'proaktiven' Analysen zu integrieren vermögen. Das geschieht nun nicht, um einfache Verhältnisse komplexer zu machen, sondern eingedenk des treffenden Apperçues von Albert Einstein, das für diesen Teil des Buches das Motto liefert: „Alles soll so einfach wie möglich gemacht werden. Aber nicht einfacher!"

Traditionellerweise werden von den sieben obengenannten Regelkreisen die Ziffern 1. bis 4. den *'harten Strukturen'*, die Ziffern 5. bis 7. den *'weichen Strukturen'* zugerechnet. Auch hier zeigen sich allerdings seit etwa 10 Jahren spannende neue – und zugleich für die Raumentwicklung äußerst relevante – Übergangszonen, etwa zwischen Ökonomie und Kultur (Stichwort Wissensgesellschaft, Lernende Regionen, Tourismus, neue Expertensysteme) sowie zwischen Planungs-, Steuerungs- und zivilgesellschaftlichen Governance-Ansätzen. Damit dringen u.a. argumentative Verfahren in die Phalanx traditioneller Planungsverfahren ein oder kontextuieren diese neu (vgl. Patsy Healey's „Collaborative Planning", 1997). Weitere neue Übergangszonen bilden sich im Umkreis neuer institutionen- und akteurszentrierter Forschungs- und Umsetzungsstrategien, die quer zu den akademischen Disziplinen, Verwaltungsressorts und sektoralen Ökonomieformen den neuen 'kumulativen' Entwicklungsdynamiken in den sozialen Räumen und zwischen ihren Akteuren auf die Spuren zu kommen versuchen - auch das mit erheblicher Relevanz für neue Stadt-Umland-Politiken (vgl. Scharpf 1997 - sowie aktuelle Debatten zu den 'Schrumpfungsszenarien für ostdeutscher Städte', siehe etwa Keim 2001, Rietdorf 2001, Bürkner, Dürrschmidt 2001).

Für die überwiegende Zahl der bisherigen Suburbanisierungsansätze – und zwar sowohl auf der wissenschaftlich-analytischen – wie auf der Planungs- und Umsetzungsseite – scheinen diese *neuen Übergangszonen* bislang kaum vorhanden (s. dazu im Einzelnen Kap. II.2). Hier dominieren weiterhin relativ irritationslos Erklärungs- und Implementationsstrategien, die sich auf die sog. 'objektiven' Strukturdaten der Verflechtung von Stadt und Umland, auf die 'kulturfreie' Schematisierung von Push- und Pull-Faktoren der Stadt-Umlandwanderung von Gewerbe, Einzelhandel und Personen kaprizieren. Nicht besser steht es bisher leider auch um das Gros der bisherigen Suburbanisierungsstudien im Berlin-Brandenburgischen Verflechtungsraum selbst. Gegen die dominante Ausblendung der sog. 'soft structures' ist der Untersuchungsrahmen, der mit diesem Band vorgestellt wird, mit Bedacht multiparadigmatisch angelegt und versucht zugleich, qualitative und quantitative Methoden zu mixen (s. unten b.; vgl. insbesondere II. 4). In diesem Sinne auch wollen wir mit dem forschungsleitenden Konzept der *Verflechtungsmilieus,* das wir mit diesem Band vorstellen, eine kleine, aber folgenreiche perspektivische Drehung in die Suburbanisierungsforschung einführen: Neben den wichtigen funktionellen flows, also den *systemischen Austauschbeziehungen* zwischen Stadt und Umland sowie den Siedlungsstrukturentwicklungsdaten erhalten Lebensstile, biographische Entwürfe, Mentalitäten, alltagskulturelle Netzwerke, Szenen und Milieus ein genaues Augenmerk. Der Hauptgrund für diese Fokussierung der *'soft structures'* sind die Schlagschatten und Erklärungsdefizite, die herkömmliche Suburbanisierungsanalyse angesichts der transformationellen Überlagerung von Prozessen innerhalb von postsozialistischen Entwicklungspfaden zeitigen. Ein solcher Perspektivenwechsel kann hier nur exemplarisch eingeführt und durch die Forschungsresultate plausibel gemacht werden. Er stützt sich auf die forschungsleitende Hypothese, dass die *weichen Strukturen* des transformationellen Verflechtungsprozesses eine wesentliche Dimension des Verflechtungsprozesses insgesamt ausmachen, mit eigenständigen Entwicklungslogiken und einer zentralen, auch politisch brisanten Bedeutung für die reflexiven Selbstbeschreibungen der den Suburbanisierungsprozess tragenden Akteure. Keinesfalls mehr lässt sich diese Ebene aus den systematischen Verflechtungsprozessen in Ökonomie und Verwaltung deduzieren oder über deterministische Erklärungsmuster ableiten. Jeder Blick auf die Wahlausgänge seit 1990 belegt schlagend, dass gerade im berlin-brandenburgischen Verflechtungsprozess die Eigenlogik von Mentalitäten, Milieus und Lebensstilen in den unterschiedlichen Sozialräumen systematisch Ernst zu nehmen ist. Anderenfalls drohen Überraschungen wie das erste Fusionsdebakel. Um so frappierender ist, dass die bisherige – nach dem Vorbild der Verkehrsflows und ihren pushs und pulls schematisierte – Suburbanisierungsforschung trotz steigenden Datenauswertungsraffinesses sich von dem Regel- und Wirkungszusammenhang dieser 'soft structures' nicht groß hat beeindrucken lassen.

Natürlich gibt es Ausnahmen zu diesem Befund. Ich nenne hier gerne die wichtigsten: etwa Heinz Kleger 1996, Markus Hesse 1999f und Wilhelm Hinrichs 1999 zum Verflechtungsraum selbst. Daneben gibt es eine ganze Reihe weiterer Arbeiten, in denen dieses Manko einer auf funktionell-systemische Dynamiken beschränkten Raumforschung konzeptuell und empirisch schon in die richtige Richtung geöffnet wird – *auf dem Weg zu einem „cultural turn" in der sozialwissenschaftlichen Raumforschung*: Nach Georg Simmel's Fanal 'Die Großstädte und das Geistesleben', mit dem schon zu Anfang des letzten Jahrhunderts (1903) das Analyseprogramm einer kultursoziologisch reflektierten Stadtforschung entworfen wurde, seien hier – vornehmlich aus dem deutsch-sprachigen Raum – nur genannt: Wohl/Strauss 1958, dann Lindner 1990/1998/1999, Herlyn 1990, Helbrecht/Pohl 1995, Woderich 1996, Keim 1997, Werlen 1997, Götz et al 1997, Neckel 1999, Danielzyk 1998, Wardenga/Miggelbrink 1998, Bittner 1998, Berking 1998/2000, Noller 1999/2000, Hesse 1999a/1999b, Scheiner 1999, Thomas 2000, Göschel 1999, Dürrschmidt 1997/2000. Gegenüber dem weiterhin vorherrschenden 'objektivistischen' Paradigma in der Stadt- und Regionalforschung belegen diese Ansätze, dass inzwischen genügend Diskursmasse vorliegt, um einen nächsten konzeptuellen Schritt zu tun (s. auch Noller 1999/2000). Dazu will unser Band einen weiteren Beitrag liefern.

Bislang zumindest dominieren in der metropolitanen Verflechtungsregion weiter planungsorientierte und politische Steuerungsansätze, die die „soft structures" als Kulturfragen ressortmäßig departementalisieren und an formelle Institutionen andocken. Ein weiteres Beispiel dafür gibt die neue BerlinStudie (Der Regierende Bürgermeister (Hrsg.) 2001), die das komplexe Leitbild der „Wissensstadt" etwa auf IuK-Technologie-Förderung abgemagert und dann dem Wirtschaftssektor zugeschlägt. Das oben skizzierte 'Übergangsfeld' von Ökonomie und Kultur wird also überhaupt nicht 'gesehen'. Dass sich gerade in dem auch für die Stadterweiterung hochrelevanten Bereich von wissensbasierten gesellschaftlichen Entwicklungen neue Übergangsfelder von Ökonomie und Kultur, allerdings auch neue Disparitätenmuster von „access" oder Ausschluss von den neuen Wissensdynamiken zeigen, wird unter der Ägide des älteren 'objektivistischen' Informationstechnologie-Paradigmas unsichtbar gehalten.

Soviel ganz kurz zu einigen Motiven für einen *dosierten* 'cultural turn', den wir mit diesem Band in die Stadt- und insbesondere die Stadtrand-Forschung einführen wollen. *Dosiert* nennen wir diesen cultural turn, weil er kulturalistische „fallacies" und Überfolgerungen vermeidet, wie sie in Teile der Postmoderne- und Poststrukturalimus-Debatten eingelassen sind. Durch das pure Spiel der Signifikanten werden dabei genretypisch Bedeutung, Erzählung und Wahrheit dekonstruiert (vgl. Scott Lash 1996, 348) – unter anderem mit der Folge, dass die Eigenlogiken von Ökonomie und Politik 'kulturalistisch' aufgelöst werden. Davon kann hier

II.1 Das Feld, die Fallstudien und der 'cultural turn'

keine Rede sein. Gleichwohl ist auch unser kulturalistischer 'Dreh' begründet durch die weltweite Verstärkung von (*teilweise* technisch-medial flankierten) Kulturalisierungsprozessen, die sich *gleichzeitig* mit dem 'neuen Primat' einer globalisierten Ökonomie entfalten. Dieses neue Verhältnis von Ökonomie und Kultur folgt nicht mehr den unidirektoralen Ableitungsregeln des alten Basis-Überbauschemas, sondern den Gleichzeitigkeiten struktureller Homologien – mit einem größeren Spielraum von wechselseitigen Dominanz-, Regulations- und Beeinflussungsformen, worüber das Primat der Ökonomie sich keinesfalls 'relativiert', aber tiefgreifend 'umstrukturiert'. Zum gesellschaftlichen Hintergrund dieses cultural turn müssen hier einige Stichworte genügen: Lebensstile und neue Raumbedarfe; zunehmende Wissensbasierung gesellschaftlicher Entwicklungen; Renaissance der 'weichen' Standortfaktoren; Hybridisierung von Kulturen durch Migration und lokal-regionales 're-embedding'; neue Medien und die Virtualisierungen der Weltverhältnisse; Konkurrenz der Bilder von Städten im transnationalen Standortwettbewerb. Flankiert wird dieser realgesellschaftliche „*cultural turn*" durch eine Zunahme 'gespreizter Entwicklungen', etwa durch eine Verschärfung von Disparitätenentwicklungen, durch Polarisierungen und neue Peripherisierungsschübe. Jane Jacobs' knappes hellsichtiges Fazit (1993) zur weltverändernden Kraft dieser neuen Gleichzeitigkeiten: „The boundary between social reality and representations of the reality has collapsed."

In diesem Sinne also wandern kulturelle Kodierungen von Stadträumen und Zwischenstadt/Zwischenlandschafts-Formen in die neuen Raumbedarfe und In-Wert-Setzungen rsp. Entwertungen von randstädtischen Räumen ein. Das, was man etwas lax 'Agglomerationensuppen' nennen kann (Matthiesen 1998b), zeigt sich also bei näherem Hinsehen als Rhizom-artiges Geflecht von soft und hard structures, die bei der Lokalisierung und Regionalisierung sozialer Räume zusammenspielen. Gegen die bisherige heimliche Orthodoxie von Raumforschung, Raumplanung und Raumpolitik versucht die mit diesem Band vorgestellte *neue* Suburbanisierungsforschung deshalb, in relevanten Kontrast-Ausschnitten soziale Raumkulturen und ihre milieuartigen Vernetzungsstrukturen zu rekonstruieren und in Wert zu setzen. Neben den baulich-siedlungsstrukturellen Entwicklungen und funktionellen flows erhalten damit 'weichere' Strukturmuster die ihnen gebührende Aufmerksamkeit: Alltagskulturen, Familienmilieus und biographische Verlaufsmuster, Jugendszenen und NIMBY-Protest-Gruppen, raumrelevante Unternehmensgründungen und ihre Verflechtungsmilieus, Modernisierungsmentalitäten und Weltbilder Marke „Nationalpark DDR", Planungskulturen sowie lokalkulturelle Einbettungsversuche von global players in den Märkischen Sand. Die Suburbanisierungsdynamik erhält damit vieles von ihrer Farbigkeit zurück, die ihr unter der Ägide der funktionalen push- und pull-Faktoren-Forschung ausgetrieben worden ist. Unsere Hoffnung ist also, dass wir mit diesem Band auch einen Beitrag zur Fokuserweiterung der Suburbanisierungsforschung liefern können.

b. Fallgestützte Strukturgeneralisierungen – *eine methodische Zwischenbemerkung*

Die großen theoretischen Erzählungen über gegenwärtige Globalisierungsprozesse, von den postfordistischen Regulationssystem-Ansätzen bis zu 'Global-City-Analysen', bringen häufig eine erstaunliche explanative Ordnung in die exponentiell 'unordentlicher' sich entwickelnden Weltläufe und Raumentwicklungen. Zumindest für die differentiell wuchernden Metropolenrand-Entwicklungen werden wir dagegen zu zeigen versuchen, dass hier die *globalocal* verflochtenen Entwicklungsstränge Züge hybrider, chaotischer Wucherungsprozesse annehmen: Als Gesamtprozess von keinem noch so organisierten Akteur mehr steuerbar, prozessieren sie als nicht intendierte, teilgeplante, gleichwohl immer hochstrukturierte, komplex überlagerte Ereignis- und Prozessreihen, in denen es zu neuen, frappierenden Komplementaritäten zwischen den Aggregierungsniveaus kommt: von globalen und europäischen Strukturknoten über gesamtgesellschaftliche Makroprozesse und Transformationspfade zu den regionalen Mesostrukturen und lokalen Mikrostrukturierungen ausgreifend – und wieder retour. Forschungsstrategisch ergeben sich daraus – für manche möglicherweise überraschend – starke Argumente für rekonstruierende, streng sequentiell verfahrende *Fallanalysen*. Genau diese Option wollen wir mit den Beiträgen dieses Bandes erproben. Leitende These dabei ist, dass sich gerade mit 'qualitativen Fallanalysen' die neuen, gerade erst emergierenden Strukturierungsregeln' des jeweiligen 'Wucherungsmixes' rekonstruieren und auf neue Typusformen hin generalisieren lassen. Fälle und Fallstrukturen lassen sich damit also nicht mehr unter das neukantianische Dual von 'idiographisch vs. nomothetisch', von 'subjektiv vs. objektiv' subsumieren. Ganz im Gegenteil: personale und organisierte Akteure, Milieus und Institutionen, Ordnungsämter und global player, Planungsakteure und Planungsbetroffene, bürgerschaftliche Protestgruppen gegen 'maßlose' Bauvorhaben im Umland und lokale PDS-nahe pressure groups: Sie alle treten unter den falsifikationistischen Hypothesenprüfverfahren der *Sequenzanalyse* als Träger *allgemeinerer Strukturierungsprozesse* auf, wie sie für die Verflechtungsdynamik im Berlin-Brandenburgischen Metropolenraum einschlägig sind (vgl. U. Matthiesen 1998c138 ff.). Fallkonkretion und Fallgeneralisierung operieren dabei im Rahmen der Analyseperspektive eines 'heuristischen' Milieuansatzes (s. Matthiesen 1998a).

Daneben haben wir umfängliche *quanitative Strukturdatenanalysen* zu räumlichen Entwicklungsdynamiken in einer Zone von 15 Kilometern beiderseits der Berliner Stadtgrenze unternommen (vgl. II.4). Diese Analysen lieferten die Basis für die systematische Auswahl von *zwei maximal kontrastierenden Gemeinden* innerhalb des sich besonders drastisch entwickelnden süd-südwestlichen suburbanen Raumes:

- Die erste Gemeinde gehört zu den dynamischsten 'Speckwürfeln' des Verflechtungsraumes, mit einer fähigen lokalen Elite, interessanten NIMBY-artigen Reaktionsformen der Bürgerschaft auf die *faktischen* örtlichen Raumentwicklungen, einer vehement streitenden Öffentlichkeit sowie mit komplexen Entwicklungsdynamiken auf der Ebene sowohl der Siedlungs- wie der Gewerbeansiedlungen. Wir haben diesen Ort **Grünow** genannt.
- Die Kontrastgemeinde **Otterstedt** dagegen, einstmals eine typische märkische Angergemeinde, ist mit mehreren gravierenden Strukturproblemen gleichzeitig konfrontiert: mit siedlungsstrukturellen und politischen, lokalkulturellen und mentalitätsbezogenen Entwicklungsblockaden einerseits, andererseits mit einem krassen Modernisierungsgefälle zwischen der darbenden Gemeinde sowie einem nach 1991 mit erheblichen öffentlichen Fördermitteln aus dem Märkischen Sand hochgezogenen Gewerbegebiet. Ein veritabler global player hatte hier 1992 eine weltmarktfähige Hightech-Produktionsstätte errichtet, zunächst absolut kontextfrei, insbesondere ohne lokale Bezüge. Spät und konfliktreich versucht dieser global player nun, lokale und regionale Einbettungen nachzuerfinden, etwa auf kultureller, historischer, siedlungsstruktureller, ökonomischer und nicht zu vergessen sportiver Ebene. Am problematischen Fall Otterstedt und „seines" global players lässt sich besonders eindrücklich die von Anthony Giddens (1995) für gegenwärtige Raumentwicklungsdynamiken hervorgehobene "Dialektik" von struktureller *Einbettung* über die Herauslösung aus Strukturzusammenhängen (*dis-embedding*) zu 'nach- traditionalen' Versuchen der Wieder-Einbettung (*re-embedding*) in Milieus und lokale Kontexte untersuchen. Die Einzelfallanalysen werden belegen müssen, inwieweit der dialektische Dreitakt von embedding, dis-embedding und re-embedding auch für andere sozialräumliche Entwicklungsdynamiken der berlin-brandenburgischen Suburbanisierungsprozesse einschlägig ist.

c. Zur Frage von *Ästhetik* oder *Anästhetik* des Peripherieraumes zwischen Berlin und Brandenburg

Bruno Taut, einer der wichtigsten Baukünstler der großen Berliner Stadterweiterungswellen vor 1933, der sich zugleich eine veritable Bau-Inkunable an den Stadtrand baute (s.o. I.0, Foto 3.), hat 1927 in dem Abschlusskapitel seines Begleitbuches zu diesem Bauvorhaben („Ein Wohnhaus") von überlegener Warte aus noch so formulieren mögen: „Alle Anhäufungen von Einzelhäusern aber, wie sie in den Vororten der Großstädte und manchmal auf dem Lande zu sehen sind, bilden in ihrer Gesamtheit nichts anderes als einen fürchterlichen Schutthaufen." Lassen wir die geschmäcklerischen Selbstüberhebungen des Baukünstlers und die völlige Nichtzurkenntnisnahme der faktischen Wirkkräfte der siedlungsstrukturellen Entwicklungsdynamiken außer Betracht: Die „planerischen Wildschweingebiete", die die teilgeplante 20er und 30er Jahre – Suburbanisierung hinterlassen hat, wurden durch den real existierenden Sozialismus mit einer weiteren breiten Spur von *Anästhetik* überlagert. Seit 1989 haben sich in einer neuerlichen, und zunehmend noch penetranter wuchernden Schichtung die suburbanen Großstrukturen von autogerechten Einzelhandelsarealen, Fun-orientierten Erlebniskonsumflächen, Baumärkten und Logistikzentren darüber ergossen (zur genaueren Phasierung s. II.5). Besonders heftige Bautätigkeiten sind dabei vor allem *zwischen* den planungsbehördlich genehmigten Entwicklungsachsen zu vermelden. Das Naturschöne von stadtbezogenen Brachflächen und Rieselfeldern, die ruppigen Biotope als ungeplante Nebenfolge der vier Jahrzehnte sorgsam bewachten Hemisphärengrenze tauchen zunehmend unter – trotz einer Reihe mehr oder weniger erfolgreicher Regionalpark-Gründungen rund um Berlin (s. dazu Kühn 1998). Insofern nähert sich die Raumgestalt dieser Metropolen-Peripherie partienweise und zunehmend der vielberufenen *Anästhetik von Transiträumen und passageren Durchgangsorten* an. Allerdings sind diese suburbanen Transitzonen zugleich auch *Heimat* für immerhin 32 Prozent der Brandenburgerinnen und Brandenburger, mit neuen Formen von 'Zwischenidentitäten' und einer 'virtualisierten' Sässigkeit, und sei es in der Form einer starken positiven Besetzung von Debatten um die Trassenführung für nächste A10-Autobahnzufahrten.

Krasse Modernisierungsgefälle, wie sie in den Peripheriebildern von Elke Nord (s.o.) aufscheinen, sind nur eine kleine Drehung entfernt von der *postmodern-heterologen Feier dieses Peripheren, Transitiven, Passageren* als der *eigentlichen Signatur der postmodernen Stadtlandschaft* (s. dazu den ebenso schönen wie einschlägigen Sammelband von Walter Prigge 1998).

Krasse Modernisierungsgefälle an den Rändern der Hauptstadt großer Städte laden insofern auch zur ästhetisierenden Feier 'des' Peripheren ein. Nachdem der deutsche Nachwuchsfilm erfolgreich die neuen innerstädtischen Peripherien von Berlin entdeckte („Das Leben ist eine Baustelle" – Wolfgang Becker) und längst schon die peripherisierten, leerlaufenden Gebiete Ostbrandenburgs besingt (mit Jan Reiskes schwarz-weißem Ostmovie „Not a Lovesong" etwa), kann man Wetten darauf abschließen, wann die Modernisierungsgefälle im berlin-brandenburgischen Verflechtungsraum entdeckt werden, mit dem 'Fringe'-typischen Personal von Goldgräbern und alten Seilschaften, weißrussischer Mafia und ehemaligen Bullenmästern, Restitutionsopfern und „Nestbeschmutzern", mit jugendlichen Crash-Automobilisten und einer gehörigen Portion Rechtsradikalismus sowie Ben Becker als Suburbanisierungs-Cowboy. Die Vorbilder sind bekannt. Die skizzierten Modernisierungsdisparitäten an den Rändern der neuen deutschen Hauptstadt legen es der ästhetischen Post-Moderne nahe, das Peripheriethema mit der Lasur eines schwarz-romantischen Gegen-Diskurses zu überziehen. Dieser Diskurstyp forciert typischerweise die Erfahrung von „Peripherem" zum letzten Reservat für das „ganze Andere", für die große oder eher groß aufgepumpte zivilisatorische Differenz: als deren inverse Wahrheit, natürlich! Inzwischen häufig mit chaos-theoretischer Metaphorik unterlegt, werden dabei die Wucherungsprozesse an den existentiell gedeuteten Rändern, an „der" Peripherie der Metropolen, als Chiffren einer endzeitlichen „absoluten Modernität" „gelesen". Die kultförmigen Vorbilder dafür sind in der Tat verehrungswürdig. Um zwei zu nennen: Marcel Carne's „Le Jour se léve", dessen „realistische" Darstellung der Pariser Banlieu – wie die Franzosen sagen – die Rigorosität eines Poems erreicht oder aber Pier Paolo Pasolini's „ragazzi di vita" an der Peripherie Roms, im Dickicht ihrer ungeplanten Auswülstungen, im Wald der Hochspannungsmasten und in den Neu-Savannen der Industriebrachen, mit ihren Bindungslosigkeit verheißenden „Nicht-Orten", mit den genretypischen Asphalt-Drohnen der Borgate. In Dahlwitz-Hoppegarten und Mahlsdorf, Klein-Machnow, Bernau oder Erkner scheint für den, der so zu sehen gelernt hat, die 'kulturelle Wegstrecke' hin zu einer transformationsgestützten Ästhetik des Peripheren nicht mehr sehr weit. Diese strukturelle Affinität zwischen neuer 'Berliner Peripherie' und hochmodischer Ästhetisierbarkeit belegt auf anderen, eher indirekten Wegen noch einmal, wie zentral *kulturelle Kodierungen in den faktischen Peripheriebildungsprozess eingeschrieben sind*, wie wichtig also ein dosierter 'cultural turn' der Stadtregionsanalysen ist. Sie zeigt aber auch, wie jungfräulich das Bewusstsein davon im Falle von Berlin-Brandenburg gerade eben noch ist.

An der unprognostizierbaren Bearbeitung der krassen Modernisierungsdisparitäten in den alltäglichen Kulturformen der Verflechtungsgemeinden des Metropolenraumes lässt sich die zentrale Rolle der Milieus, Szenen, Lokal- und Regionalkulturen besonders eindringlich zeigen – vor allem als Einbettungs- oder Dramatisierungsfolien für die jeweiligen Peripherisierungsprozesse. Von dem Typenreichtum dieser 'neuen Peripherie'-Formen singen die Lehrbücher der 'nachholenden' Suburbanisierungs- und Metropolentwicklung kein Lied, von den tatsächlichen Optionen, Restriktionen und Gefährdungen daher auch nicht. Die Kulturschocks der Nachwende-Transformationsprozesse und ihre Einarbeitung in die Alltagskulturen der metropolitanen Peripherien entscheiden aber wesentlich mit darüber, zu welchen Suburbanisierungspfadungen es hier im Verflechtungsraum faktisch kommt. Eine systematische Berücksichtigung der Ebene regional- und lokalkultureller Strukturierungsprozesse ist schließlich auch nötig, um die 'neuen Determinationsverhältnisse' zwischen Ökonomie und gebauten Räumen, zwischen sozialräumlichen Peripherisierungen und faktischem Verhalten gegenstandsangemessener zu rekonstruieren. Auch von dieser Seite aus ist die Stadt- und Regionalforschung also genötigt, 'reflexiver' zu werden. Für einen (dosierten) „cultural turn" der Suburbanisierungs- und Regionalisierungsanalysen sprechen also gleich mehrere gute Gründe. Die konkreten Fallanalysen und Fallgeneralisierungen, die das Zentrum dieses Bandes bilden, werden den facettenreichen Ertrag eines solchen „cultural turn" zu belegen versuchen.

Ulf Matthiesen und Henning Nuissl

II.2 Suburbanisierung und Transformation: Zum Stand der methodischen und theoretischen Durchdringung gegenwärtiger Stadterweiterungen

1. Zur zeitdiagnostischen Aktualität postsozialistischer Suburbanisierungsprozesse[1]

Zeitreihenvergleiche von 'Schwarzplänen', mit denen sich die Ausdehnung von Siedlungsstrukturen visualisieren lassen, belegen beinahe weltweit, wie rasant die großen Städte in das Umland hinein 'ausfransen'. Auch die europäischen Städte dehnen sich längst über ihre traditionellen stadträumlichen Dichtegefälle hinweg aus. Sie erweitern sich strukturell wie funktional zu Stadtregionen. Allerdings tun sie das mit unterschiedlicher Rasanz und offenkundig auch auf unterschiedlichen Entwicklungspfaden. Zwar sind die konkreten 'push- und pull-Faktoren' der Suburbanisierung immer auch von lokalen und regionalen Sonderbedingungen mitstrukturiert. Gleichwohl erscheinen insbesondere die westeuropäischen Städte inzwischen häufig eher als (nicht nur finanzielle) Verlierer gegenüber ihrem Umland und den Entwicklungsdynamiken in den Umlandgemeinden. Selbst für Stadtregionen, in denen es parallel zur Randwanderung von wichtigen Wachstumskräften komplementäre Konzentrationen von 'tertiären' Entwicklungsdynamiken im Bereich der inneren Cities gibt, trifft das häufig zu (van den Berg 1982, A. G. Champion 1989a, 1989b).

Der zeitgenössische Urbanitätsdiskurs hat diese Tendenzen entschlossen bis zu der These vom „*Verschwinden der Städte*" in den magmatisch wuchernden 'Agglomerationssuppen' der Metropolenräume ausgezogen. Ende der neunziger Jahre sind diese Suburbanisierungstendenzen in dem analytischen Befund der „*Zwischenstadt*" (Thomas Sieverts) dramatisch gebündelt und zeitdiagnostisch verallgemeinert worden, als „internationales Phänomen, (als) ein Raum ohne Namen und Anschauung", der inzwischen „Lebensraum der Mehrheit der Menschheit" (T. Sieverts 1998) sei.

Für die postsozialistische Stadtentwicklung *östlich* der Elbe allerdings legen es *hybride* Dynamiken im Prozess der *transformationellen* Stadtrandentwicklungen nahe, urbanistische

---

1 *Terminologische Vorbemerkung*: Die Komplexität der Entwicklungen an den Rändern der europäischen Großstädte spiegelt sich in terminologischen Suchbewegungen, die jeweils nur bestimmte Aspekte der differenzierten Ausdehnungsprozesse städtischer Sozialräume ins Umland hinein thematisieren. Der *Peripheriebegriff* etwa (Burdack, Herfert 1998, Prigge 1998) unterschätzt konzeptuell einmal die neuen Funktionszuwächse und Eigendynamiken an den Stadträndern; zudem trennt er nur ungenügend zwischen innerstädtischen, randstädtischen und regionalen Peripheriebildungen. Der *Regionalisierungsbegriff* (Stadtregionen) überzeichnet in der Gegenrichtung. Zudem unterschätzt er die – inzwischen 'stadtkulturell' ausgeflaggten – neuen Attraktionspotentiale der „inner cities" – zumindest in der oberen Liga eines transnationalen Konkurrenzkampfs der Städte untereinander. Der Begriff der *Suburbanisierung* hält schließlich nur einen – allerdings weiterhin wichtigen Aspekt am Prozess der Stadtentwicklungen fest, auf dem Weg zu großräumigeren Stadt-Land-Verflechtungen. Der Suburbanisierungsbegriff wird im Folgenden verwendet als Platzhalter für die mehrschichtigen Erweiterungs- und Umstrukturierungsprozesse der Städte insgesamt. Nur dort, wo es nötig ist, wird er weiter spezifiziert, etwa um spezielle Strukturmuster innerhalb der zunehmend gleichzeitig prozessierenden Stadtentwicklungsdimensionen näher zu kennzeichnen.

Deutungsangebote, die in der Hauptsache an westeuropäischen Referenzstädten gebildet und von dort aus – etwa regulationstheoretisch oder postfordistisch – nach Osten hin generalisiert werden, zunächst einzuklammern. Gegen die postmodernen Analysechiffren vom „Verschwinden der Städte" ist zudem im Falle der Metropolen des östlichen Europas gerade von einer veritablen „*Wiederkehr der Städte*" gesprochen worden, als den entscheidenden Impulsgebern für die osteuropäischen Transformationsprozesse (Schlögel 1998; Gzell 1997). Dieser kurze Blick auf die Unentschiedenheiten in der aktuellen Suburbanisierungsdebatte zeigt auch, dass dabei notwendigerweise immer zugleich allgemeinere Fragen der Gesellschaftsentwicklung mit verhandelt werden.

Ein zweites Moment tritt hinzu: Insbesondere die zwischen 'nachholenden' und 'eigenständigen' Entwicklungsdynamiken pendelnden Stadtrandentwicklungen im Kontext von postsozialistischen Suburbanisierungsprozessen legen es nahe, auch die *kategorialen Mittel der bisherigen Suburbanisierungsstudien* der Stadt- und Regionalforschung kritisch ins Visier zu nehmen. Bislang zumindest haben sie sich ganz überwiegend auf die sog. 'funktionalen flows' zwischen Stadt und Umland beschränkt, etwa auf Verkehrsströme, Pendlerbewegungen, wirtschaftliche und verwaltungstechnische Austauschbeziehungen. Auch die Stadt- und Regionalplanung hat sich bislang nahezu ausschließlich auf Datenextrapolationen und Trendanalysen dieser 'funktionalen flows' gestützt. Inzwischen allerdings ist ein neuer 'Regelkreis' unabweisbar ins Visier der Stadtforschung getreten: Lebensstile, Weltbilder als kulturelle Kodierungsfolien von Raumbedarfen, Netzwerke und Milieus als wichtige soziale Bildungsformen und Verbreitungsmuster für 'neue' Raumbedarfe. (Matthiesen 1998b, 1998c, Hinrichs 1999, M. Hesse 1999a, 1999b)

Die Wahl des Untersuchungsraumes „Ränder der Hauptstadt" hat noch aus einem weiteren Grund eine *systematische* Berücksichtigung alltagskulturell kodierter Raumansprüche nahe gelegt: die unter der verkürzten Konfliktchoreographie von „Ost" vs. „West" im Verflechtungsprozess zusammenprallenden sozialräumlichen Kulturformen und unterschiedlichen Raumansprüche waren von Beginn unserer Studien an kaum übersehbar (auch wenn sie in den offiziellen Datensätzen zumeist nicht 'existierten'). Daran änderte auch nichts, dass seit nunmehr 10 Jahren in regelmäßigen Rhythmen im öffentlichen wie im politischen Diskurs immer wieder fast schon eingelöste Verflechtungs- und Verschwisterungshoffnungen von 'Mark und Metropole' dargeboten werden: zu einer 'rezenten' Welle derartiger 'Normalisierungshoffnungen' sei hier nur Claus-Dieter Steyers Vereinigungsvollzug meldender Titel „Im Umland gedeiht (!) der Berlinbrandenburger" zitiert (Tagesspiegel 19.03.01). Auf der selben Seite dieser Zeitungsausgabe resümiert dagegen Frank Janssen die Rechtsextremismus-Bilanz der vorausgehenden Woche: „Mehr als ein rechter Vorfall pro Tag – Schläge, Tritte, Geröle und ein Ministerpräsident Stolpe in Sorge". Genau um diesen gespannten Zusammenhang von Verflechtungsdynamiken, Fusionierungsbeschwörungen, weiterwirkenden Differenzkodierungen und Sozialräume strukturierenden Alltagspraktiken aber geht es.

Unsere Fallanalysen zum berlin-brandenburgischen Suburbanisierungsprozess zeigen nun mikroskopisch diesen Spiel- und Spiegelraum von Verflechtungshoffnungen und Schließungspraktiken, von faktischen Kooperationserfolgen und Distanzmarkierungen, die sich allesamt aus dem komplexen Widerspiel unterscheidbarer Verflechtungsdynamiken zwischen Berlin und Brandenburg speisen. Wir begreifen diesen Suburbanisierungsprozess deshalb:

a. als transformationelles Quasi-Experiment und
b. als zeitdiagnostisch einschlägige Sonde für den faktischen Integrationsprozess von 'West' und 'Ost'.
c. Auf der analytischen Ebene verstehen wir diesen Suburbanisierungsprozess zugleich als Testfall für die Erprobung von 'neuen' Suburbanisierungsstudien, die neben den funktionalen flows die sozialen und alltagskulturellen Öffnungs- und Schließungsprozesse systematisch ernst nehmen.

Eine forschungsleitende These dabei ist, dass erst mit einem solchermaßen komplexeren Untersuchungsansatz sich die für den Regionalisierungsprozess von Berlin-Brandenburg insgesamt einschlägige Frage beantworten lässt, ob wir es hier im wesentlichen mit 'nachholenden' oder mit relativ 'eigenständigen' Suburbanisierungspfaden zu tun haben.

2. Suburbanisierung und Stadterweiterung

Vorbemerkung:
Leider ist eine extensivere Einbettung der im Folgenden skizzierten Diskussionen in den internationalen, insbesondere in den angelsächsischen Kontext hier nicht möglich. Immerhin handelt es sich bei den USA um das Ursprungsland der im spezifischen Sinne 'modernen' Suburbanisierungsdynamiken. Daher haben viele Facetten der Suburbanisierungsfrage, die die mitteleuropäischen Debatten umtreiben, angelsächsische Vorläufer, ja Vorbilder – *allerdings* mit Ausnahme der spezifisch postsozialistischen Transformations- und Suburbanisierungsdynamiken. Auch hier sind natürlich systematischere Vergleiche mit den Veränderungsprozessen in den westeuropäischen suburbs der 50er/60er/70er Jahren nötig. Um zumindest einige wichtige Ansätze und Autoren zu nennen:

Apologeten der 'Auflösung der Städte'-These finden ein manch-Kritisches-vorwegnehmendes Hauptwerk in Robert Fishmans 'Bourgeois Utopias' (1987); eine profunde, zumeist makrogesellschaftlich argumentierende systematische Beschreibung der einschlägigen Suburbanisierungsprozesse liefert Kenneth T. Jacksons 'Crabgrass Frontier' (1985); s. auch das aktuelle Standard-Werk von Harris/Lavkham (eds.), Changing Suburbs (2000); ein wichtiger Anreger für Thomas Sieverts' Zwischenstadt-These war Peter G. Rowe: Making the Middle Landscape (1991); ein wichtiger Vorläufer des sozial-kulturellen „turn" in der Suburbanisierungsforschung ist Robert C. Woods: Suburbia: Its people and their politics (1985); nicht zuletzt gibt es eine Reihe neuer synthetisch orientierter Versuche der Rekonstruktion historischer Suburbanisierungsetappen, etwa von R. Harris/R. Lewis: The geography of North American cities and suburbs, 1900-1950: A new synthesis (2001).

Die Randwanderung von Bevölkerung, Handel und Gewerbe gehört ohne Zweifel zu den quantitativ bedeutsamsten Stadtentwicklungstendenzen in den westeuropäischen Industriegesellschaften seit der Nachkriegszeit (vgl. zusammenfassend Burdack, Herfert 1998). Der Prozessverlauf dieser Expansion der Stadtränder sowie die 'Kausalwirkungen' der einschlägigen Bestimmungsfaktoren waren auch im deutschsprachigen Raum Gegenstand zahlreicher Suburbanisierungsstudien seit den 60er und 70er Jahren (ARL 1975, Friedrichs 1977, 1995). Die raumwissenschaftliche Theoriebildung hat dabei unterschiedliche Phasen des Stadtentwicklungszyklus zu modellieren versucht. Eine der einflussreichsten Phasen-Theorien ist von Leo van den Berg et al. (1982) entwickelt worden: Urbanisierung, Suburbanisierung, Ex-rsp. Desurbanisierung, Reurbanisierung. Zur Veranschaulichung dieser vier Entwicklungsphasen wird neuerdings die von C. Price vorgeschlagene Metapher „The City as an Egg" (C. Price, 1998, 331) herangezogen. Stadterweiterungsdynamiken werden damit – mehr oder minder plausibel – parallel geführt mit vier Aggregatzuständen von Hühnereiern:

- *Urbanisierung* (= *gekochtes Ei*): die wachsende Stadt saugt Bevölkerungsreserven des Umlandes auf;
- *Suburbanisierung* (= *Spiegelei*): das Umland wächst, da der Kern der Stadt zum Engpass geworden ist;
- *Ex- resp. Desurbanisierung* (= *Rührei*): das Hinterland wächst auf Kosten des Ballungsraums – vor allem wegen dessen kumulierenden Agglomerationsnachteilen;

- *Re-Urbanisierung* (= *Omelett*): eine Revitalisierung der Innenstädte setzt ein, flankiert von einer Integration des 'Hinterlandes'. Maßstabsvergrößerung zum nächsten Zyklus.
- Inzwischen wird als eine 5. Phase der sog. „*Post-Suburbanismus*" dargeboten, begrifflich und konzeptuell noch einmal auf der abebbenden Welle des „Postismus" schwimmend. Als dazu passende Ei-Form bietet sich Tortilla-Chorizo an (s. etwa Fishmans Technoburbs als Chorizo-artige Verschärfer von Innovationsdynamiken; vgl. jetzt auch die anregende, gut gegliederte 'State-of the Art'-Analyse von Manfred Kühn, 2001.

Trotz seiner Anschaulichkeit ist der weitgehend pfad- und kontextfreie Zyklen-Determinismus dieses Phasenmodells allerdings heftig umstritten. Insbesondere 'nachholende' Suburbanisierungsmodelle für Stadtentwicklungen im östlichen Europa geraten damit schnell auf eine 'zu einfache' Spur, um die faktischen Prozessüberlagerungen entschlüsseln zu können. Als Konsequenz kommt es zur lediglich plausibilisierenden Projektion von Sonderbedingungen der Wachstums- und Verteilungsdynamiken des westeuropäischen Städtesystems auf die *hybriden* 'postsozialistischen' Entwicklungspfade (zum Hybridisierungskonzept s. genauer VII.2).

Für *westeuropäische* Stadtentwicklungsprozesse gilt zunehmend als unstrittig, dass die Gravitationszentren der Verstädterung sich tendenziell eher nach außen verlagern (Müller, Rohr-Zänker 1997) und zugleich immer weitere 'ländliche' Gebiete erfassen (Sieverts, 2. Auflage 1998; Hesse, Schmitz 1998). Mit der *Suburbanisierung des Gewerbes* entwickeln sich die Peripherien der großen Städte zunehmend zu – auch ökonomisch – eigendynamischen Räumen, die zwar mit den Kernstädten – als Sitzen von sogenannten 'front offices' und unternehmensbezogenen Dienstleistern etwa – funktional verflochten sind, in denen sich aber ökonomische und sozialräumliche Prozesse abspielen, die längst nicht mehr als Funktion der im räumlichen Zentrum der Stadtregionen lokalisierbaren Dynamiken verstanden werden können.[2] Im suburbanen Raum bilden sich in der Folge zunehmend ökonomische, politische und/ oder soziale Beziehungen und Netzwerke, die kaum noch Verbindungen in die Kernstädte aufweisen (vgl. Bahrenberg 1997; Ronneberger 1995; Brückner/Schmitt 1988; Häußermann/ Siebel 1987). Ihren räumlich-morphologischen Niederschlag findet diese Entwicklung typischerweise in einer dispersen Mischung aus Wohnanlagen und Einzelhäusern, aus Gewerbegebieten und einzelnen Industriestandorten, aus Bürogebäuden und Hotels – sowie vermehrt aus Einkaufszentren und anderen haushaltsbezogenen und 'erlebnisgesellschaftsadressierten' Dienstleistungsstandorten (Großkinos und Freizeitparks). In urbanistischen Diskurskontexten heften sich daran mancherorts 'schwarz-romantische' Ästhetisierungsversuche (s.o. im letzten Teil von II.1 unter c. den Exkurs zur *An-Ästhetik des suburbanen Raums*.)

Die *Stadtränder* als Überlappungs- und Verflechtungszonen von 'Stadt' und 'Land' gewinnen in dieser Perspektive funktional an Gewicht, ein Prozess, der von einer tiefreichenden Transformation der Zentrumsstrukturen flankiert wird (Sieverts 1998). Bei manchen Autoren kehrt sich darüber gar die Wertigkeit zwischen Zentren und Peripherien um (vgl. beispielhaft große Teile

---

2 Es darf allerdings nicht übersehen werden, dass Industriebetriebe – aufgrund ihres hohen Flächenbedarfs – ihre Standorte *immer schon* am Rande der Städte suchten. So gehen die heutigen häufig traditionsreichen Innenstadtstandorte etablierter Unternehmen in aller Regel darauf zurück, dass in der Industrialisierungsphase der zweiten Hälfte des neunzehnten Jahrhunderts – z.T. bis zum ersten Weltkrieg – am Rande oder auch außerhalb des damals überbauten städtischen Raumes große Produktionsanlagen errichtet wurden – nicht selten in unmittelbarer Nachbarschaft der 'dazugehörigen' oder hinzugebauten Arbeiterwohnquartiere. Insofern kann die neuerliche Tendenz einer Randwanderung des Gewerbes in der zweiten Hälfte des zwanzigsten Jahrhunderts teilweise auch als weiterer Schritt im Zuge eines kontinuierlichen Prozesses der Modernisierung von Fertigungstechnologien bzw. der immer weitergehenden Inanspruchnahme von Flächen durch den gewerblichen Sektor (einschließlich der ihn tragenden Infrastrukturen) gesehen werden.

des Sammelbandes von Prigge 1998, sowie Ipsen 1995). Zusammenfassend lässt sich festhalten: Die Stadtrand-Peripherien, einige Jahrzehnte chronisch mit Strukturschwäche und minderer Wertigkeit konnotiert, erleben einmal durch die faktische Dynamik von Entwicklungsprozessen, dann durch neue, Stadtränder „in Wert setzende" *Diskursformen* eine überraschende Aufwertung sowie ein zunehmendes Intcresse (vgl. Matthiesen, Joerk, Nuissl 1995).

Trotz dieser *allgemeinen* Um- und Aufwertungstendenzen entwickeln sich die *konkreten* Stadtränder bei genauerer vergleichender Betrachtung äußerst unterschiedlich. Manches deutet darauf hin, dass es zu einer differentiellen Zunahme von Entwicklungsspreizungen zwischen Gewinner-Verlierer-Räumen kommt. Zudem verlaufen die Prozesse der funktionalen, siedlungsstrukturellen und der regionalkulturellen Verflechtung von 'Stadt' und 'Umland' keinesfalls immer parallel. Für den Fall Berlins etwa lassen sich, wie wir genauer zeigen werden, eher Gegenläufigkeiten nachweisen – mit der Folge von Steuerungsparadoxien und Integrationsproblemen (Matthiesen 1998b). Den Takt der Entwicklung von randstädtischen Zwischenzonen geben dabei häufig Ansiedlungen von Logistik-, Erlebniskonsum- und Gewerbegebieten an. Diese stehen aber zugleich in einer *zwischenlandschaftlichen* Konstellierung mit brachfallenden Siedlungsstrukturen und ruppigen Biotopen. Sie bilden somit ungeplante Zwischenräume sowie 'fragmentiert' anmutende Formen von 'Zwischenstädten' (Th. Sieverts, 1997) aus, ohne darüber aber ihre Qualität als 'Heimat' für seine Bewohner einzubüßen (vgl. VII.2).

Stadtrandentwicklungen im östlichen Europa

Stadtränder unterscheiden sich in ihrer sozialen Bedeutung und räumlichen Gestalt zunächst danach, ob sie eher durch *zentrifugale* Wanderungsverluste oder durch *zentripetale Kräfte* (Migration) geprägt sind. Sie werden dabei entscheidend mitstrukturiert durch sozioökonomisch/politische Rahmenbedingungen (Europäisierung/Globalisierung etc., Sozialismus/ postsozialistische Transformationspfade) sowie entsprechende Raumentwicklungsdynamiken. Diese 'Triebkräfte' unterstützen die Entwicklung einer „spezifischen Topographie" (Ipsen 1998) von Peripherien, mit besonderen Siedlungsstrukturen, Archipelen von Lebensstilen sowie unterscheidbaren Stadtrandentwicklungspfaden.

Studien zur *postsozialistischen Stadtrandentwicklung* können dabei mit Gewinn an vergleichende Forschungsergebnisse der 80er Jahre anschließen. Ein materialreiches Standardwerk zur vergleichenden Entwicklung west- und osteuropäischer Hauptstädte haben Jürgen Friedrichs und andere 1986 vorgelegt, mit informativen Materialstudien zu ausgewählten Hauptstädten.[3] Zugleich lässt sich im Kontrast zu diesen Studien auch der Epochenbruch deutlicher kennzeichnen, den die postsozialistischen Transformationsprozesse seit 1989 sowohl gegenüber der „Sozialistischen Stadt"-Ära wie gegenüber westlichen Stadtraumentwicklungen markieren.

In einer Zwischendiagnose zur Entwicklung der „Cities after Socialism" hat Ivan Szelenyi schon 1996 erhebliche Unterschiede zu westeuropäischen Stadtentwicklungen zusammengefasst: Danach gebe es weitreichende Veränderungen in drei entscheidenden Stadtentwicklungsdimensionen, die vormals als typisch 'sozialistisch' gehandelt worden sind: Erstens im Bereich

---

3 Siehe etwa im selben Band die vorzügliche Warschau-Studie von Jens Dangschat. Dangschat sieht die Vororte Warschaus als typische Durchgangsstationen für die Einwanderung nach Warschau selbst. Die harten offiziellen Zuzugsverbote ins Zentrum hätten dabei nicht verhindern können, dass die Kernstadt in den 70er und 80er Jahren sehr viel rasanter als geplant gewachsen sei. Ähnliches gilt für Moskau, Budapest, Prag etc.; zu Prag s. jetzt Max Welch Guerra 2001 – mit dem etwas vollmundigen Titel: Ein neuer Typ von Suburbanisierung.

der *Stadt-Land-Beziehungen*, die auf einem kritischen Umschlagpunkt angelangt seien. Zweitens habe es innerhalb des *'Urbanismus'* der postkommunistischen Stadt dramatische Veränderungen gegeben. Drittens behauptet Szelenyi erhebliche Umbrüche auch in den selber, etwa belegbar an der krassen Zunahme des Ausmaßes wie an der *Formen der Stadtentwicklung* Verschärfung der Muster sozialer Segregation in den Städten. Bezogen auf die sozialistische Variante von suburbaner Stadtentwicklung durch Großwohnsiedlungen kommt Szelenyi zu einer pechschwarzen Prognose. Diese 'Vorhersage' nimmt einmal wesentliche Momente der gegenwärtigen „Schrumpfungsdiskussion" in der ostdeutschen Stadtentwicklung vorweg und kann zugleich als Zusatzhypothese für die konkrete Analyse von 'postsozialistisch' gerahmten Suburbanisierungsprozessen dienen. Szelenyi's These ist es, dass die großen Neubaugebiete an den Stadträndern, in denen vormals die sozialistischen Mittelklassen wohnten (Bevölkerungsgruppen, die dann den Innenstädten zu einer dynamischeren Entwicklung gefehlt hätten), aller Wahrscheinlichkeit nach „the slums of the early 21th century" werden. Diese *Slumthese der Suburbanisierung* ist zugleich ein gutes Indiz für die enorme Brisanz suburbaner Entwicklungen 'östlich der Elbe' wie im östlichen Europa. Insofern betrifft sie gerade auch die spät und widerstrebend sich nach Osten öffnenden Diskurse zur Zukunft der 'Europäischen Stadt'.

Gegen die umstandslose Übertragung von Stadtentwicklungsmodellen, die von einem bloßen *Nachholen* der Phasentakte der Suburbanisierung durch die großstädtischen Peripherien in den postsozialistischen Transformationsländern ausgehen, haben Burdack, Herfert (1998) weitere einschlägige Argumente aufgeboten. Insbesondere haben sie für den Fall Ostdeutschlands *Gründe gegen 'nachholende' Interpretationsmuster* zusammengetragen. Einen wichtigen Motor für die ostdeutschen Suburbanisierungswellen sehen sie beispielsweise in steuerlichen Sonderabschreibungen. Die bisherigen Suburbanisierungsformen wären danach 'künstlich' induzierte temporäre Entwicklungen, die inzwischen an ihr Ende gekommen seien. Daneben betonen sie für die postsozialistische Stadtentwicklung erhebliche Unterschiede im konkreten Phasen-Prozess des Umschlagens von Urbanisierungs- in Suburbanisierungstendenzen: Damit ist der Umschlag von einer eher kompakten 'sozialistischen' Neu-Stadt-Entwicklung (häufig mit klaren Stadtkanten-Bildungen und den Komplementär-Formen von Datschen-Räumen sowie zweiten Sommer-Wohnsitzen vor der Stadt) zu eher dezentralen, 'wuchernden' Raumentwicklungen nach 1989 gemeint. Hauptursache für derartige Gestaltsprünge in der Stadtentwicklung ist danach die jeweilige Form der Privatisierung des Boden-, Grundstücks- und Immobilienmarktes, die sich zudem jeweils in der Spur von national stark unterschiedlichen „Transformationspfaden" entwickelte (aa.O., 34ff). Angesichts des chronischen Finanzmangels der meisten Munizipalitäten wirken diese neuen Rahmenbedingungen hoch selektiv, mit der Folge einer Verstärkung krasser Entwicklungsunterschiede zwischen Städten und Regionen, zwischen Stadtrand-Zonen und dem Umland. Generell ergibt sich aus den Stadtentwicklungsforschungen im östlichen Europa bislang der Eindruck, dass viele der großen, dynamisch wachsenden Städte sich eher noch stärker als zu sozialistischen Zeiten auf Kosten des näheren und weiteren Umlandes entwickeln. Von Tendenzen einer Ausuferung der Städte und des Überschwappens von stadtinternen Entwicklungsdynamiken über die ursprünglichen Stadt-Land-Dichtegefälle kann nur in wenigen Fällen, und auch dort nur zumeist archipel- und inselförmig, die Rede sein. Die Annahme einer 'nachholenden Eintaktung' in die vier (bis fünf) Phasen der Stadtentwicklung nach *van den Berg* ist also eher unwahrscheinlich. Mehr noch: vermutlich sind 'nachholende' Suburbanisierungsmodelle nicht nur empirisch falsch, sondern auch konzeptuell mangelhaft, insbesondere weil sie die im Zusammenhang mit postsozialistischen Transformationsstudien weiterentwickelten *Pfadtheorien der Entwicklung* und damit zugleich pfadspezifische Überlagerungen von formellen und informellen Prozessen nicht oder nur ungenügend berücksichtigen. Auch insofern lassen 'nachholende Suburbanisierungstheoreme' kaum wirklichkeitsnahe Analyseperspektiven und -typologien erwarten (vgl. Grabher, Stark 1997).

3. Besonderheiten des berlin-brandenburgischen Suburbanisierungs- und Verflechtungsprozesses

a. Pfadstrukturelle Besonderheiten der ostdeutschen Stadtentwicklung im Allgemeinen
Ein breites Spektrum von Erklärungsansätzen interpretiert die räumlichen Entwicklungen im Osten Deutschlands gleichwohl weiterhin mindestens implizit als im Kern „nachholende Entwicklung". (Ob die aktuell hoch gehenden 'Schrumpfungsdebatten' daran konzeptuell etwas zu ändern vermögen, muss sich erst noch zeigen. Hier ist Skepsis angebracht.) Vom Postfordismus über 'Nachholende Moderne'-Ansätze bis zu den Phasenmodellen der Stadterweiterung (s. o. van den Berg et al.) wird ein *verspätetes* Einsetzen von identischen Prozessdynamiken deduziert, wobei letztere vielfach als unter 'demokratisch-kapitalistischen' Bedingungen universal prozessierend angesetzt werden. Empirische Untersuchungen, die sich konkret und unvoreingenommen auf die Pfadstrukturen der Stadtentwicklung in den neuen Bundesländern (nach 1990) einlassen, zwingen dagegen mindestens zu entscheidenden Relativierungen dieser Deutung. Sie heben die historischen Vorstrukturen wie die spezifischen Rahmenbedingungen, Ursachen und Verlaufsmuster des Wandels räumlicher Strukturen im Osten Deutschlands hervor. Das betrifft gerade auch die Entwicklungen an den Rändern der größeren Städte, insbesondere dort, wo massive Suburbanisierungstendenzen inzwischen unverkennbar sind (vgl. überblicksweise z.B. Häußermann/Neef (Hg.) 1995; IÖR (Hg.) 1993; Strubelt et al. (Hg.) 1996; Prigge (Hg.) 1998). Um nur die wichtigsten Unterschiede zu nennen: Die Restitutionsdynamik in den städtischen Zentren wie an den Rändern; die völlige Restrukturierung des Verwaltungsapparates in Ostdeutschland in den frühen neunziger Jahren, damit zeitweise eine Paralyse der Planungsinstitutionen (vgl. II.5, VI.1); ein erheblicher Elitentransfer – vor allem auf überlokaler und regionaler Ebene -; einmalige steuerliche Vergünstigungen. Im Zusammenspiel mit der Entwicklungslogik privatisierter Boden-, Grundstücks- und Immobilienmärkte haben diese unterschiedlichen Ausgangsbedingungen zeitweise zu kaum wiederholbaren, günstigen Voraussetzungen für eine massive Bautätigkeit auf der sogenannten 'grünen Wiese' geführt, mit einer *temporär* hohen Eigendynamik (vgl. z.B. Gans 1997: insbes. 33ff.; Häußermann 1997: insbes. 95ff.; Herfert 1997). Aktuelle Zahlen zur Suburbanisierungsentwicklung belegen inzwischen denn auch ein deutliches Abflauen der Progressionsdynamik – nicht nur im Fall Berlins (vgl. II.5, Phase IV). Das stützt Vermutungen, wonach bisherige Post-89-Suburbanisierungsformen 'künstliche', durch steuerpolitische Maßnahmen mit-induzierte Entwicklungen sind und insofern an ihr Ende kommen. Die physischsiedlungsstukturellen Raumwirkungen dieser künstlich induzierten Entwicklungen erweisen sich allerdings leider als sehr viel 'persistenter'.

Auf der anderen Seite bleibt der spezifisch ostdeutsche Weg *ökonomischer Transformationen* ein dominanter Einflussfaktor für die räumliche Entwicklung in den neuen Bundesländern, mit der Folge, dass hier zunächst der Sonderfall einer 'Suburbanisierung ohne Wachstum' zu beobachten war, der sich in vielen Teilen inzwischen zu einer Suburbanisierungsform *unter Schrumpfungsbedingungen* „weiterentwickelt" hat (s. den Kommissionsbericht „Wohnungswirtschaftlicher Strukturwandel in den neuen Bundesländern", 11/2000). Gemeinsam ist diesen Tendenzen, dass sie sich gegen eine Subsumption unter die 'klassischen' Ansätze zur Beschreibung und Erklärung von Suburbanisierung sperren, die Suburbanisierung in einen engen konzeptuellen und empirischen Zusammenhang mit – wenn auch seit längerem nicht mehr zwangsläufig demographischem, so doch wenigstens ökonomischem – Wachstum stellen (vgl. z.B. ARL (Hg.) 1975 und 1978). Vor diesem Hintergrund ist es kaum überraschend, dass die faktischen Suburbanisierungsprozesse im Osten Deutschlands zahlreiche Eigenheiten aufweisen: Sie laufen zwar phasenweise mit enormer Geschwindigkeit ab, müssen aber häufig als intraregionale Umverteilungsprozesse charakterisiert werden; sie zeichnet eine 'ungewöhnliche' Reihenfolge der 'Inbesitznahme' des Umlandes durch unterschiedliche städtebauliche Funktionen aus – tendenziell folgt dem Einzelhandel das Gewerbe und zuletzt erst das Wohnen; und was das Wohnen am Stadtrand selbst betrifft, überwiegen nicht selten große Grundstücksgesellschaften als Bauherren; dementsprechend ist das Einfamilienhaus als periphere Bauform bislang weit weniger bestimmend als in Westdeutschland; das hat natürlich Folgen für die demographische Struktur der 'Suburbanitinnen und Suburbaniten', die hier in geringerem Maße von Personen in der 'Familienphase' dominiert wird (vgl. z.B. Franz 1995; Gatzweiler/Irmen 1997: insbes. 50ff.; Häußermann 1995; Herfert 1997; Maretzke 1997; Sahner 1996; Usbeck 1996). Dort, wo die Forschungsdesigns der Suburbanisierungsstudien den Regelkreis der Lebensstile und Milieus systematisch Ernst nehmen, fallen diese Differenzen eher noch deutlicher aus (Hinrichs 1998).

b. Befunde von den Rändern der Hauptstadt (vgl. hierzu detaillierter II.5):
Die in den Alten Bundesländern seit langem beobachtbare Randwanderung von Industrie, Gewerbe und Teilen der Dienstleistungsfunktionen konnte in den Neuen Bundesländern bekanntlich erst nach dem Fall der Mauer einsetzen. Um so vehementer fiel sie dann häufig aus, allerdings unter Verkehrung des 'westlichen Normalmodells'. Vielfach lief also die Suburbanisierung von Industrie, Gewerbe und Dienstleistungen der bald nach der Wende aufkeimenden Tendenz 'saturierter' städtischer Bevölkerungsgruppen zur 'Stadtflucht' voraus (vgl. Gatzweiler, Irmen 1997; Herfert 1997; Usbeck 1996). In der Berliner Metropolenregion kommt hinzu, dass auch auswärtige Unternehmen verstärkt die Nähe der Bundeshauptstadt suchen und sich daher häufig nach einem Standort im brandenburgischen Umland Berlins umsehen (wenngleich nicht im zunächst erwarteten und weiterhin vor Ort erhofften Ausmaß). Gleichsam aus dem Stand heraus und ohne an eine vorauslaufende Suburbanisierung der Arbeitskräfte anknüpfen zu können, erhielten die wendigsten Umlandgemeinden, die zuvor jahrzehntelang im Schatten der 'Großberliner Entwicklungen' standen, die Extra-Chance, kapitalintensives Gewerbe mit 'zukunftsträchtigen' Arbeitsplätzen für die Ansiedlung und für Investitionen vor Ort zu gewinnen. Solche 'Gewinner-Gemeinden' waren schnell auch in der Lage, die jeweilige kommunale Finanzlage ins Lot zu bringen.[4]

Zusammenfassend lassen sich die Besonderheiten im berlin-brandenburgischen Suburbanisierungs- und Verflechtungsgeschehen einmal dadurch erklären, dass sie Ausdruck einer Überlagerung unterschiedlicher allgemeinerer Prozessdynamiken sind, die einander zum Teil sogar zuwiderlaufen (Globalisierungs-/Europäisierungseffekte (Strukturbruch), Transformationseffekte (Systembruch); hinzu tritt ein tiefreichender Kulturbruch; zum gespannten Verhältnis von funktionaler Verflechtung und alltagskultureller Differenzkodierung s. Matthiesen 1998b sowie jetzt II.1). Andererseits verlaufen die sozialräumlichen Veränderungsprozesse hier in einer spezifisch berlin-brandenburgischen Variante (vgl. Kleger 1996; Scherf 1997; Wessling 2000). Zum Beispiel lassen sich die auch an den Rändern der Hauptstadt zu beobachtenden starken Disparitäten – im Gegensatz zu intraregionalen Ungleichheiten andernorts – nicht in erster Linie als Ausdruck präzise zu bestimmender Rahmenbedingungen bzw. Entwicklungen interpretieren – etwa als Resultante der sozialen Segregation, der Aufwertung bzw. des Niedergangs von Stadtrand-Quartieren, des 'Alterns' von Neubaugebieten. Eher sind sie

---

4 Dass auch im berlin-brandenburgischen Verflechtungsraum erst mit der deutschen Einheit eine *massive* Suburbanisierung im gewerblichen Bereich einsetzte, sollte allerdings nirgendwo verdecken, dass es zeitlich vorauslaufend vielfältige 'DDR-typische' Formen der Suburbanisierung gab, die sich zwar nicht als Dekonzentration, wohl aber als 'sozialistisch' kodierte Verstädterung des Umlandes beschreiben lassen (s. jetzt dazu ausführlicher II.5, Vorphase 2).

primär Ausdruck einer weiterlaufenden postsozialistischen Transformation, mit gesellschaftlichen, sozialen, ökonomischen, 'rechts- und planungsinstitutionellen' *sowie nicht zuletzt alltagskulturellen* Umbrüchen. Zwar hat sich die Richtung einzelner Prozessdynamiken an den Rändern der Hauptstadt binnen der letzten acht Jahre immer wieder auch verändert. Deshalb auf eine 'Normalisierung' der neueren Suburbanisierungsprozesse in und um Berlin, auf ein 'Eintakten' Berlins in die als typisch für die Entwicklung westlicher Metropolen beschriebene Abfolge von Stadien der städtischen Entwicklung resp. der Suburbanisierung zu schließen, wäre aber zumindest verfrüht (zur materialen Phasenstruktur dieses konkreten Prozesses s. detailliert II.5 in diesem Band).

4. Planungsprobleme mit der Suburbanisierung

Dass Planungskonflikte sehr häufig und vielfach am sichtbarsten *zwischen verschiedenen Planungsinstanzen* auftreten, die miteinander unvereinbare Zielhorizonte für die Entwicklung von Teilräumen formulieren, ist ein ostdeutsches Spezifikum, das sich zunächst als Folge des *kontextfreien* West-Ost-Institutionentransfer im Zuge des deutschen Einigungsprozesses erklären lässt. Mit der wiedererlangten kommunalen Planungshoheit waren die Gemeinden plötzlich in die Lage versetzt *und* verpflichtet, eigenständig mittel- und langfristige Entwicklungsziele zu formulieren und diese (vor allem mit dem Instrument des Flächennutzungsplans) planungsrechtlich festzuschreiben. Insbesondere in unmittelbarer Nähe der Berliner Stadtgrenze haben Kommunen ihre neuen Freiheiten vielfach schnell und entschieden genutzt. Getragen von den anfänglichen flottierenden Erwartungen eines exorbitanten Wachstums der neuen Hauptstadtregion, wurden schnell große, zum Teil gar *hypertrophe* Planungen und Projekte vorangetrieben (vgl. z.B. GIESE 1994). Dabei stießen derartige Großplanungs-Coups zunächst kaum auf Widerstand: denn weder hatte sich in den Gemeinden bereits eine streitbare Öffentlichkeit gebildet, noch konnte die Institutionalisierung der Brandenburgischen Regional- und Landesplanung mit dem hohen Tempo Schritt halten, in dem die kommunale Planungshoheit unter dem Druck von Goldgräbern und Groß-Developpern 'mit Leben erfüllt wurde' (vgl. II.5 Phase 1: „Der wilde Osten im suburbanen Raum"). Das betrifft insbesondere diejenigen Bereiche des sogenannten *engeren Verflechtungsraums*, die sich in den letzten Jahren durch eine besondere Dynamik ausgezeichnet haben und denen auch weiterhin gute Entwicklungschancen attestiert werden. Die beiden von uns vorrangig untersuchten Gemeinden *Otterstedt* und *Grünow* gehören beide zu solchen Verflechtungsbereichen – allerdings rangieren sie an unterschiedlichen Enden des möglichen Gemeindespektrums – als 'Gewinner' oder 'Verlierer' (s. II.1 zur Gemeindekurzcharakteristik und IV.2 Leuchtenberg). Damit ist auch schon ein 'strukturprägender' manifester Planungskonflikt zwischen einer Vielzahl von Gemeinden und den mittlerweile etablierten überkommunalen Planungsinstitutionen vorgezeichnet. Das Gros der Planungskonflikte und öffentlichen Auseinandersetzungen kreist um das Problem, in welchem Umfang eine Gemeinde jeweils faktisch wachsen soll/will. Hauptkonfliktparteien sind die für die kommunale Planung zuständigen Akteure auf der einen Seite und die für die übergeordnete, größerräumige Planung zuständigen Instanzen auf der anderen Seite (die von Berlin und Brandenburg gemeinsam gegründete GL/Gemeinsame Landesplanung etwa). Zu den herausragenden Charakteristika des Planungsgeschehens an den Rändern der Hauptstadt gehört danach der scharfe Gegensatz zwischen den tendenziell *restriktiven*, rsp. an Verteilungsgerechtigkeit orientierten Zielen der Landes- und Regionalplanung und den *expansiven* Planungen und Projekten einzelner Gemeinden.

Einige weitere virulente Konfliktlagen und Friktionen, die den Planungsprozess an der metropolitanen Peripherie auszeichnen, seien kurz skizziert:
- Zunächst eine Erinnerung: Eine sehr schöne, dichte und noch immer aufschlussreiche Beschreibung der Prozesse, die durch den 'kulturellen Zusammenstoß' von 'Suburbaniten' und Alteingesessenen gerade in kleineren Vororten großer Städte ausgelöst werden, bietet schon die Gemeindestudie von Hansjürg Beck (1952). Sie zeigt eindrücklich, dass die Wirkungen der Suburbanisierung auf kulturelle Muster und Ausdrucksgestalten wohl nie einsinnig waren (im Sinne einer bloßen Urbanisierung). Stets finden Prozesse der Wechselwirkung zwischen 'Suburban-Autochthonem' und neu hinzukommendem 'Urbanen' statt, die immer auch neue kulturelle Muster und Ausdrucksgestalten hervorbringen (vgl. Boustedt 1975).
- Nicht selten herrschen zwischen den vielfach recht 'gnadenlos' miteinander wetteifernden *Nachbargemeinden* Unstimmigkeiten aufgrund inkompatibler Flächennutzungsplanungen und konkurrierender Projekte zur Erschließung von Wohn- und Gewerbegebieten.
- In vielen Fällen prägen vehemente Auseinandersetzungen zwischen Interessengruppen aus der lokalen Bevölkerung und der kommunalen Administration über die 'richtige' Entwicklungsstrategie für einen Ort das lokale Planungsgeschehen. Als eine der Ursachen solcher Auseinandersetzungen spielten bis etwa 1999 Restitution und 'Bevölkerungsumschlag', also der Austausch und/oder die Verdrängung einer großen Zahl früherer Einwohnerinnen und Einwohner durch Neu-Zuzügler, der in vielen Gemeinden seit 1989 stattgefunden hat, eine maßgebliche Rolle (vgl. II. 4 Nuissl/Joerk in diesem Band sowie Matthiesen im Teil V.1. zu NIMBY- und LULU-Koalitionen). Darüber haben sich vielerorts artikulationsstarke Bevölkerungsgruppen gefunden und beginnen stellenweise *innerhalb* der Gemeinden, aber gewissermaßen *neben* den bestehenden älteren Gemeindemilieuformationen 'Zuzüglermilieus' zu installieren, die eigene Interessen auch kommunalpolitisch vertreten. Dabei spielen kulturelle Schließungsprozesse entlang der Kodierungslinie 'Ost' – 'West' weiterhin eine große Rolle – immer häufiger aber in raffinierteren 'reflexiven' Anschlussgestalten (zu deren 'hybriden' Mischungsformen vgl. wieder V.1).
- Der Anteil *restitutionsbelasteter* Grundstücke erreichte in manchen Kommunen zunächst über 70 Prozent. Die Rückgabe von Häusern und Grundstücken an Alteigentümer und -eigentümerinnen war gerade in günstig gelegenen Gemeinden in der Regel mit massiven Mietpreissteigerungen oder Kündigungen verbunden. Daher wurde auf lokaler Ebene vielfach intensiv diskutiert, in welchem Umfang Ersatzwohnraum geschaffen werden kann oder muss und inwieweit die Gemeinde in ihren Planungen darüber hinaus auf den Gegensatz von Alteingesessenen und Zugezogenen reagieren soll. Nicht eben überraschend, dass damit häufig die Konfliktchoreographie Ost/West um weitere Drehungen eskalierte. Mit der juristischen Erledigung des Gros der Restitutionsfälle sind die *subkutanen* Wirkungen auf die Orts- und Planungsstruktur also auch heute keinesfalls behoben.
- Die rasant gestiegene Motorisierung in den Neuen Bundesländern, die Möglichkeit, ehemals undurchlässige Grenzen im Auto zu passieren, sowie die Mobilitätseffekte der bereits erfolgten Wohn- und Gewerbesuburbanisierung haben in den letzten Jahren enorme 'automobile' Verkehrsströme neu entstehen lassen, die von der Straßeninfrastruktur an den Rändern der Hauptstadt trotz aller Investitionen bei weitem (noch?) nicht problemlos bewältigt werden. Die Organisation des fließenden, zuweilen auch des ruhenden *Verkehrs* gehört daher rund um Berlin zu einem der prominentesten Planungs- und Planungskonfliktthemen.
- Aufgrund der relativen Attraktivität des Berliner Umlandes (für Gewerbeansiedlungen bzw. Gewerbeverlagerungen, für den Wohnungsbau, wegen der vielerorts verfügbaren Flächenpotentiale) kann das *Management einzelner Groß-Projekte* und Ansiedlungswünsche

II.2 Suburbanisierung und Transformation

als 'eigenständiges Thema' der räumlichen Planung (nicht zuletzt auf kommunaler Ebene) behandelt werden. An den Rändern der Hauptstadt hat dieses Thema entsprechend einen überaus hohen Stellenwert bekommen – das zeigt sich nicht zuletzt an den zu Beginn der neunziger Jahre rund um Berlin aus dem Boden geschossenen Einkaufszentren, Gewerbe- und Industriegebieten sowie Wohnparks (vgl. z.B. Giese 1994, Wessling 2000).

- Dem extremen Dichtegefälle, das *weiterhin* (!) zwischen Berlin und seinem Umland insgesamt herrscht, entspricht eine lockere, stellenweise disperse Bebauung auch innerhalb der Siedlungsbereiche im Berliner Umland. Das 'Thema' „*Nachverdichtung*" beherrscht daher vor allem auf kommunaler Berliner Ebene nicht selten die planerische Agenda.
- Ein besonderes Problem bilden schließlich Wirkungen und ungeplante Nebenfolgen der Gebietsreform, die nach der Wiedergründung des Landes Brandenburg *nur auf der Kreisebene* durchgeführt wurde. *Gemeindezusammenschlüsse* blieben freiwillig und sind nicht im auf Landesebene erwünschten Umfang erfolgt, so dass gerade auch das Berliner Umland nach wie vor von kommunalen Einheiten geprägt ist, deren Größe Verwaltungsfachleute als krass suboptimal einschätzen. Obwohl die rein administrativen Funktionen in der Regel an zuständige Amtsverwaltungen delegiert sind: Den verbleibenden kommunalen Pflichtaufgaben wie Bauleitplanung etc. können die vielen Klein- und Kleinstgemeinden vielfach nur unter großen Schwierigkeiten nachzukommen versuchen – trotz des großen bürgerschaftlichen Engagements einiger lokaler Akteursgruppen. Die Frage der Kooperation und mittelfristig der Zusammenschluss von Nachbargemeinden beschäftigt die Akteure der räumlichen Planung an den Rändern der Hauptstadt deshalb in hohem Maße: Beide sind nicht selten Anlass heftiger Auseinandersetzungen zwischen 'unten' und 'oben', zwischen 'Eigenem' und 'Fremdem' (s. VII.2).

5. Konsequenzen für die Untersuchung der Ränder der Hauptstadt

Für die Untersuchung des Suburbanisierungsprozesses an den Rändern der Hauptstadt haben wir aus den so weit rekonstruierten Suburbanisierungs- und Transformationsprozessen insbesondere zwei Schlussfolgerungen gezogen (vgl. die sytematischere Entwicklung von forschungsstrategischen Konsequenzen in Teil II.1): a. Zum einen müssen generelle Trendprognosen zur Zukunft der Hauptstadtregion vor dem Hintergrund der spezifischen Gegebenheiten an unterschiedlichen konkreten Orten kleinteilig justiert werden. b. Zum anderen scheinen die sozialräumlichen Entwicklungen *zwischen* Mark und Metropole kaum verstehbar und noch weniger erklärbar zu sein, wenn deren *gesellschaftlicher*, *regionaler* und *kultureller Kontext* nicht systematisch mitberücksichtigt wird. Insbesondere die *soft structures* der Lebensstile, Mentalitäten und Milieus lassen sich dabei nicht länger ausblenden. Die Suburbanisierungsforschung wird deshalb mit den Arbeiten dieses Bandes einem *'cultural turn'* unterzogen, ohne aber in die bereitstehenden „postmodernen" Überfolgerungen des Kulturalismus abzudriften. In diesem Sinne zwingt die Verflechtung von Mark und Metropole dazu, neben der Gegenstandsanalyse auch die dabei eingesetzten Untersuchungs- und Planungsinstrumente kritisch zu hinterfragen (zu den Beschreibungs- und Rekonstruktionsmethoden der Milieu-Analyse s. Matthiesen 2001; zur Planungsanalyse s. Teil VI von Henning Nuissl sowie Nuissl 2000). Schließlich hat es sich für den 'schwierigen' Prozess der „Ränder-der-Hauptstadt-Dynamiken" als sinnvoll erwiesen, die habituellen 'urbanistischen' Gewissheiten über räumliche und soziale Entwicklungen in 'europäischen' Großstadtregionen zunächst vorläufig einzuklammern.

Und nicht zuletzt: Die faktische Vielfalt von inzwischen zu beobachtenden Suburbanisierungs- und Peripherieformen legt es nahe, neben und zum Teil in Überlagerung mit den relevanten Phasenmodellen der Stadtentwicklung (s. o. das van den Berg-Phasenschema sowie unseren eigenen Phasierungsversuch in II.5) einige der für Stadterweiterungsprozesse bislang nicht hinreichend beachteten *'Regelkreise'* stärker herauszuheben und analytisch zu stärken: Neben den siedlungsstrukturellen, planungsbezogenen und teilweise auch stadtökonomischen Analysen kontrastiver Randzonen (Gewinner-Verlierer-Räume) als 'objektiven' Kontextstrukturen legen die Fallanalysen dieses Bandes mit ihrer *Stadtrand-Milieuperspektive* ein besonderes Gewicht auf die Untersuchung von Lebensformen und Weltbilder kontrastierender Verflechtungsmilieus. Die informellen Netzbildungen und kulturellen Kodierungen, in die 'objektive und funktionale' Suburbanisierungsprozesse eingebettet sind, bilden weiterhin ein erhebliches Desiderat in der Erforschung der europäischen Stadt. Für die Stadtrandentwicklungsprozesse im postsozialistischen Transformationsprozess gilt das in gesteigertem Maß.

Die Beiträge des vorliegenden Bandes werden konkret, das heißt *an Fällen*, zentrale 'regional kulturelle' *Eigenheiten* von Suburbanisierungsprozessen an der Peripherie der (neuen) Hauptstadtregion rekonstruieren. Aber nicht nur dies: Darüber hinaus sollen auch besondere Strukturmuster und Entwicklungsverläufe herausgearbeitet werden, für die sich in westlichen Stadterweiterungsprozessen und anderen 'Transformationskontexten' nicht ohne weiteres Parallelen finden lassen. Damit verbindet sich aber keinesfalls die 'idiographische' These der unvergleichlichen Einzigartigkeit des Falles der Hauptstadtregion. Vielmehr soll gezeigt werden, wie diese konflikt- und optionenreichen Verflechtungsprozesse allgemeineren Experimentcharakter haben und insofern auch für Suburbanisierungstheorien im Allgemeinen Relevanz haben. Beispielsweise werden die alltagskulturellen Konfliktlagen ('Ost'-'West' plus 'Stadt'-'Umland'), die hier sehr viel manifester, teilweise auch rabbiater, auf der Tagesordnung des Verflechtungsskriptes stehen, nicht etwa unter dem Label 'Lokalkolorit' verhandelt, sondern sie werden systematisch Ernst genommen: Durch die Fallanalysen hindurch wollen wir den Nachweis führen, dass ohne eine systematische Einbeziehung des „*dritten Regelkreises*" *der Lebensstile, Milieus, Mentalitäten und alltagskulturellen Kodierungen* Suburbanisierungsforschung und neue Governance-Formen explanativ und steuerungspraktisch nur noch wenig ausrichten werden. Neben *Erklärungsstrategien*, die diesen *'weichen Regelkreis'* als notwendige Bedingung für realitätsnähere Suburbanisierungstheorien Ernst nehmen, sind damit auch *Verflechtungs- und Fusionierungspolitiken* neu herausgefordert. Unsere Prognose: Ohne genaue Kenntnis der Milieus und Mentalitäten wird auch ein neuer Fusionsanlauf scheitern. Mit den kontrastiven Fallanalysen dieses Bandes bewegen wir uns insofern konzeptuell wie stadt- und regionalpolitisch auf brisantem Terrain.

Henning Nuissl

II.3 Die *Er-Fahrung* der Ränder der Hauptstadt – Felderkundungen mit dem Fahrrad[1]

Die *Ränder der Hauptstadt* lassen sich als Gegenstand eines Forschungsvorhabens vorweg nur über den Akt der Eingrenzung bestimmen. Dazu können z.B. soziale, ökonomische, politische, kulturelle, aber auch geographische Kriterien gewählt werden. Wir haben uns für einen *räumlichen Zugang* zum Ränderphänomen entschieden. Er liegt im Fall der Metropolenregion Berlin-Brandenburg nahe; denn der raumpolitisch gezogene Rand der Stadt ist zugleich ein historisch gewachsener und gesellschaftlicher, ein politischer, sozialer und ökonomischer – sowie nicht zuletzt ein kultureller Rand. Wir vermuten also, den komplexen Prozessen, die sich am Rand von Berlin abspielen, am besten entlang der administrativen Grenze Berlins, die die Hauptstadt vom märkischen Flächenland Brandburg scheidet, nachgehen zu können. Existiert aber entlang dieser Grenze tatsächlich ein spezifisch peripherer 'konjunktiver Lebens- und Erfahrungsraum' oder gibt es gleich – wie wir schon zu Beginn vermuteten – mehrere solcher 'Räume', die sich mehr oder weniger unmittelbar diesseits und jenseits der zunächst zweidimensionalen Berliner Stadtgrenze konstituieren? Oder zeigt dieser Raum die Eigenart, sich gerade nicht messtischblattgenau abgrenzen zu lassen, sondern seinen eigentümlichen Charakter im Spiel mit dem Phänomen der Grenze selbst auszubilden, mit Überschreitungen, dem Aufeinanderstoßen und dem Widerspruch gegen strichförmige Begrenzungsarten? Damit würde dieser Raum sich als 'echter' Grenzraum gerade nicht dem Modell der – aus der Humanökologie bekannten und dort, wo es in der raumbezogenen Forschung um die Bestimmung sozialer Räume geht, nicht selten noch immer hypostasierten – 'natural areas' und Zonierungen zuordnen lassen. Wenn er sich erkennen lässt, ist ein solchermaßen konstituierter Raum auch der individuellen Erfahrung zugänglich; anhand materialer Zeugnisse von Architektur und Infrastruktur ebenso wie anhand bestimmter sozialer Praktiken und Verhaltensweisen oder anhand im öffentlichen Raum wahrnehmbarer Zeichen und Symbole sowie Codierungen könnte er sich z.B. als Raum der Gegensätzlichkeiten und Entgrenzungen, des Wandels und der Hybridbildungen, der unterschiedlichen Geschwindigkeiten wie der Hypertrophie erweisen.

Zum Auftakt des Projektes *An den Rändern der Hauptstadt* haben wir deshalb versucht, unsere Ausgangsvermutung, dass es entlang der berlin-brandenburgischen Grenze gleich mehrere spezifisch 'stadtrandische Erfahrungs- und Lebensräume' gibt, zu prüfen. Um der gesellschaftlichen Realität entlang der Berliner Stadtgrenze möglichst nahe zu kommen, um die Ränder der Hauptstadt zu 'er-fahren', sind wir mit dem Fahrrad 'ins Feld' gestartet. Für die Erkundung der großräumigen, ephemeren, durch andauernden und raschen Wandel gekennzeichneten Strukturen der metropolitanen Peripherie erschien das Fahrrad das angemessene Fortbewegungsmittel zu sein.

---

1 Dieser Beitrag versucht einige zentrale Einsichten, die im Zuge der 'fahrradgestützen' Felderkundung an den Rändern der Hauptstadt gewonnen wurden, möglichst 'nahe' an der Erhebungsmethode komprimiert darzustellen. Maßgeblich inspiriert wurde er von Nicole Hoffmann und Ulf Matthiesen.

Wir haben also (getreu dem – nur leicht modifizierten – Motto der Chicago school 'Go and get your wheels dirty!') als 'radelnde Feldforscher' eine ca. 400 km lange Route zurückgelegt, die im Zick-Zack, die Berlin-brandenburgische Landesgrenze mehrfach schneidend einmal rund um die deutsche Hauptstadt führte.

Dabei ging es darum, die Mannigfaltigkeit der 'peripheren' Entwicklungen möglichst auch sinnlich aufzunehmen und so einen Zugang zum Feld zu gewinnen; es sollte auf die Sinnfälligkeit der Grenze, auf identische und kontrastierende Phänomene diesseits und jenseits der Grenze geachtet werden.

Abb.: Die „Radel-Route"

Die Protokollierung

Die auf den einzelnen Etappen der 'Umrundung' gewonnenen Eindrücke, Erfahrungen und Informationen wurden sowohl fotografisch als auch in Protokollen festgehalten. So ergab sich eine relativ dichte Beschreibung der *Ränder der Hauptstadt*, die für die Präzisierung von Untersuchungsfragen hilfreich war und die im weiteren Verlauf der Untersuchung immer wieder auch als Falsifikationsinstanz und Quelle von Hintergrundinformationen Bedeutung erlangte. Beide Aufzeichnungsverfahren lassen sich – collagenhaft – gemeinsam darstellen, – wobei auf eine 'impressionistische' Entsprechung von Text und Bildern geachtet wird, nicht darauf, dass sie am selben Ort und zur selben Zeit entstanden sind:

II. 3   Die Er-Fahrung der Ränder der Hauptstadt

... Vorortstimmung am S-Bahnhof in Westberlin: saturierter Villenvorort; Anlage nach der Jahrhundertwende; Platzanlage, Springbrunnen, offene Bebauung, Ein- und Mehrfamilienhäuser, kleinere Stadtvillen (verschiedenen Baualters), altes Straßenpflaster, Geschäfte für den gehobenen Bedarf ...

... viel Grün, gepflegte Seitenstraßen ...

... Direkt hinter der Berliner Stadtgrenze: Dorf mit schätzungsweise 100 Einwohnern, „Stagnationsinsel", keine Veränderung gegenüber „DDR-Zustand" wahrnehmbar. Ein Zeilenbau in Blockbauweise mit fünf Aufgängen, sonst fast nur alte Höfe (z.T. verfallen); gerade sind fahrbare Kaufläden (Bäcker, Metzger aus Luckau!) im Ort. Außerdem zwei offensichtlich Ortsfremde: Mann und Frau zwischen 30 und 40, er mit „Szene-outfit": Lederklamotten, Bürstenschnitt, Tattoo, die sich die Häuser anschauen ...

... 30er-Jahre-Siedlung: einheitliche Zeilenbebauung, 2-geschossig, verputzt. Mehrere Straßen sind bereits auf „Weststandard" gebracht worden: verkehrsberuhigt, Knochensteine auf dem Bürgersteig etc. An anderen Ecken hat sich noch nichts getan. An der zentralen Achse der Siedlung, der Märkischen Allee, steht eine sehr kümmerliche Bank mit Hakenkreuz ...

... Jugendtreffpunkt an einer zentralen Kreuzung vor dem ehemaligen Kulturhaus, das jetzt noch als Jugendzentrum und gelegentlich für Veranstaltungen genutzt wird; in der Nähe 'intakte' soziale Infrastruktur: Grundschule, Kindertagesstätte ...

II.3 Die Er-Fahrung der Ränder der Hauptstadt

... Müllberg mit lohnender Aussicht: Flughafen, Siedlung, Klärwerkgroßbaustelle, Großsiedlung, verschiedene Neubaugebiete an hellroten Dächern auf brandenburgischer Seite erkennbar, überdeutliche Stadtkante ...

... Landstraße: landschaftlich sehr reizvoll, leicht hügelig, Waldstücke wechseln ab mit freier Landschaft (Felder). An der Straße im Wald: Hundesportanlage, wo offenbar im Vereinsheim bzw. unter den davor befindlichen weißen Kleingartenzelten gerade ein Samstagmittagstreffen stattfindet ...

... Markt am Ortseingang: keine Lebensmittel, statt dessen billige Konsumartikel, u.a. Teppiche und Spielsachen, daneben Bratwurststände. Der Markt gemahnt an archaische Formen des Handels; mit den fahrbaren Verkaufsständen, dem sandigen Untergrund, den bunten Auslagen, der bedächtigen Stimmung und der peripheren Lage zur Ortschaft er-

innert er *ein wenig* an maghrebinische Wüstenorte. An der zentralen Kreuzung des Ortes hingegen herrscht überhaupt keine Bewegung; die Zeit scheint hier stehen geblieben ...

... am Stadteingang gigantisches neues Wohnungsbauprojekt (Wohnpark) mit weiß verputzten Viergeschossern, um ein kleines Biotop herum arrangiert und von diesem zentralen 'Square' abgehende Stichstraßen. Mittelklasseautos, Sonntagsnachmittagsstimmung – unmittelbar angrenzend, nur durch eine Bodenschwelle abgegrenzt, Siedlung ähnlicher Ausdehnung mit WBS 70 und ungepflegten Freiflächen, aber mit Versorgungsinfrastruktur (Kaufhalle und Imbiss) ...

II. 3   Die Er-Fahrung der Ränder der Hauptstadt
53

... Das Stadtzentrum ist sehr 'heruntergekommen', mit lückenhafter, in Teilen nur rudimentärer Bebauung; uraltem Straßenpflaster, überhaupt keine neuen Geschäfte oder auch nur Anzeichen für Investitionen in jüngerer Zeit; etwas abseits immerhin eine *Kaufhalle* ...

... Vor dem Stadtausgang in Richtung Süden beiderseits der Straße umfangreiche Industrieflächen mit mehreren größeren Betrieben – nach kurzem Waldstück unmittelbar vor der Gemarkungsgrenze dann östlich der Straße ein ganz neu erschlossener, anspruchsvoll angelegter Gewerbepark für nicht emittierendes Gewerbe mit viel Grün, geschwungenen Straßen und erkennbar hohen Ambitionen. Mehrere 'sehr' postmoderne Industriegebäude sind bereits zu sehen; viele Baufelder sind allerdings noch frei ...

... Erkennbar sind Reste dörflicher Strukturen, der vorstädtische Siedlungscharakter ist aber dominant geworden, die Einfamilienhäuser stammen in der Mehrheit aus DDR-Zeiten; deutliche Zeichen neu eingebrochenen Reichtums oder eine verstärkte Neubautätigkeit sind nicht auszumachen. Geschäfte sind kaum vorhanden. Aber an der zentralen, völlig unbelebten, kopfsteingepflasterten Kreuzung 'irren' drei VW-Busse mit dänischen Touristen umher ...

... die Landesstraße zeigt sich hier als eine der *berühmten märkischen Alleen*; Nebenstraße ins Landschaftsschutzgebiet, in den Wald hinein und über eine neu errichtete Brücke über die Autobahn. Hinter der Brücke hört die Straße auf und geht in einen kaum identifizierbaren Trampelpfad über; es begegnen uns noch

II. 3   Die Er-Fahrung der Ränder der Hauptstadt   55

zwei Menschen (eine Person im Elektro-Rollstuhl) – wo kommen die her? –, dann nur noch Natur: Wiesen, Wald und Stille ...

... gesamte Umgebung außer von reizvoller Seen- und Fließlandschaft von großflächigen Industriebrachen geprägt; unverwechselbarer Geruch ...

... weitläufiger Bahnhofsvorplatz mit viel Kopfsteinpflaster; gemeindeauswärts entlang der Ausfallstraße mit unbefestigten, durch Grün von der Fahrbahn abgetrennten Seitenstreifen, die vielfältige Bebauung (Bungalows, Siedlungshäuser, gründerzeitliche Wohnhäuser, Gewerbehallen, modernisierte Gehöfte, bäuerliche Wohnhäuser) dominiert noch immer das „Einheitsgrau", wenn auch schon häu-

figer unterbrochen von bunten 'West-Farben', Neubauten und obligatorischen Supermärkten samt ihren gewaltigen Parkplatzanlagen. An den alten und neuen Ein- und Zweifamilienhäusern finden sich Firmenschilder von neu eröffneten Dienstleistungsunternehmen: vor allem in den Sparten 'Klein- und Kleinstgastronomie', Kosmetik, Handwerk. Am Ortsausgang ist ein ziemlich disparates Gewerbegebiet neu entstanden: In der Landschaft verstreut liegen hier einige Gewerbe- und auch Wohnneubauten, neue Straßenlaternen im Feld ca. 10 m neben der Landstraße ...

II. 3   Die Er-Fahrung der Ränder der Hauptstadt   57

... Als Nächstes wird ein typisches, angesichts der Nähe zu Berlin überaus beschauliches Angerdorf erreicht, das sichtlich keine großen Expansionsgelüste verspürt. Auffällig ist hier allein der vergleichsweise desolate Zustand des öffentlichen Raums; der Kirchhof ist weitgehend zugewachsen, die Gemeinde offenbar nicht in der Lage, die ohnehin wenigen Mülleimer zu entleeren, so dass ziemlich viel Müll herumliegt.

... Die Landstraße nach Berlin ist hinter der Autobahnauffahrt außerordentlich stark befahren; es tauchen links die „Skyline" von Hellerdorf, rechts, hinter einer äußerst unansehnlichen Kreuzung mit einer Unzahl von (Tag- und Nacht geöffneten) Imbissen und Grillbuden, die gewaltige Hochhaussilhouette Marzahns auf. Jetzt verläuft die Straße genau auf der Landesgrenze; links Großsiedlung, rechts märkische Landschaft, die aber mit dem neuen, mit Hilfe einiger postmoderner Architektur-Reminiszenzen mühsam um Ansehnlichkeit ringenden Einkaufszentrum jäh abbricht. Hier sind auch Fußgänger unterwegs! Nach rechts zweigt eine leicht ansteigende Straße ab, von der aus das Wohnneubaugebiet, das hinter dem Einkaufszentrum angelegt wurde, eingesehen werden kann. Im weiteren Verlauf gewährt die Strecke immer wieder bizarre Ausblicke auf die hinter den Feldern sich abzeichnende Stadtkante. Dahinter ist im Dunst sogar schemenhaft der Fernsehturm am Alexanderplatz zu sehen. Nach Überquerung einer Bundesstraße geht's durch eine sehr grüne Siedlung auf höchstem „Ost-Standard", die Patina angesetzt hat und in der viele Sonntagsnachmittagsspaziergänger unterwegs sind, dann vorbei an einem riesigen Friedhof (offenbar eine Berliner Begräbnisstätte), wobei eine Eisenbahnstrecke zu überqueren ist, weiter auf mit Betonplatten versehenen oder

II. 3   Die Er-Fahrung der Ränder der Hauptstadt 59

gänzlich unbefestigten und dann sehr holprigen Wegen. Die freie Landschaft ist hier von Hochspannungsleitungen, einem kleinen Kraftwerk und zahlreichen anderen Betriebsgeländen durchsetzt ...

Kurzes Zwischenresümee nach 400 km radelnder Feld-Forschung

Vom Fahrrad aus erschließt sich das Typische des Stadtrandes in erster Linie visuell – dann auch olfaktorisch, akustisch etc. Unmittelbar – und mit der im Feld zurückgelegten Strecke zunehmend deutlicher werdend – verstärkt sich folgender Erfahrungskern: Wie in einem Reagenzglas verbinden sich im Verflechtungsprozess von 'Mark und Metropole' ganz unterschiedliche Entwicklungsmuster europäischer Metropolenregionen zu einer *neuen Form des 'Zwischen'*. Physisch wahrnehmbar zeigt sich, dass die Ränder der Hauptstadt von extremen Modernisierungsgefällen und disparitären Entwicklungen geprägt sind. Zum Teil auf engstem Raum prallen Gewinner- und Verlierer-Gemeinden, boomende Ortsteile und peripherisierte Gebiete zusammen, die aus der Zeit gefallen zu sein scheinen. Naturschönheiten kontrastieren mit Brachflächen, Reste der DDR-Moderne rahmen die neuen High-Tech-Kathedralen im märkischen Sand. Statt eines geschlossenen Speckgürtels finden sich also eher Speckwürfel auf Sanderflächen (U. Matthiesen 1997b) sowie starke Entwicklungsunterschiede auf engstem Raum (siehe dazu genauer II. 4). Gleichwohl finden die Entwicklungsinseln und ihre besonderen Verflechtungsdynamiken allmählich zu einer eigenständigen Form ohne Namen: der offizielle Begriff 'engerer Verflechtungsraum' verbirgt eher, was hier alles 'abgeht'.

Radelnder (partienweise auch schon mal das Rad tragender) Feldforscher

Henning Nuissl und Christiane Joerk

II.4 Die Ränder der Hauptstadt – gemessen und kartographiert

1. Einleitung

Stadtentwicklungsprozesse in Ostdeutschland zeichnen sich durch besondere Pfadstrukturen aus, die sich teilweise auch an den Rändern der Hauptstadt beobachten lassen (vgl. II.2). In mancher Hinsicht handelt es sich beim Verflechtungsprozess von Berlin mit Brandenburg dagegen eher um eine idiosynkratische Variante dieses Entwicklungspfades. Hieraus lassen sich zwei Thesen ableiten:
- Erstens kann die Entwicklung der Berliner Peripherie *nicht umstandslos* bestimmten Erklärungsmustern subsumiert werden – und zwar weder solchen, die in der Suburbanisierungsforschung seit Jahrzehnten diskutiert werden, noch solchen, die während der vergangenen Dekade am Beispiel anderer ostdeutscher Städte gewonnen wurden.
- Aus dem gleichen Grunde sollte man zweitens mit generalisierenden Aussagen oder gar Prognosen zur aktuellen und zur künftigen Entwicklung der Ränder der Hauptstadt noch vorsichtiger sein, als ohnehin angezeigt ist.

Diese Thesen gilt es im Folgenden zu erhärten. Dazu wird die Entwicklung im Verflechtungsbereich von Brandenburg mit Berlin anhand solcher Parameter beschrieben, die in den meist eher geographisch angelegten 'klassischen' Analysen von Suburbanisierungsprozessen typischerweise herangezogen werden (vgl. z.B. die Beiträge in ARL 1975 sowie Herfert 1997; IÖR 1993; Neubauer 1979; Schwanzer 1987)[1]. Denn mit Hilfe dieser Strukturdaten lässt sich nicht nur zeigen, dass die peripheren Bereiche der (neuen) Hauptstadtregion tendenziell an Bedeutung gewinnen, sondern es werden auch Besonderheiten der berlin-brandenburgischen Suburbanisierungsvariante deutlich[2].

---

1 Die folgenden Ausführungen beruhen im wesentlichen auf der *Fortschreibung* einer umfangreicheren Datenanalyse, die zwischen 1995 und 1997 durchgeführt wurde. Weitere Ergebnisse dieser Analyse sind andernorts bereits beschrieben worden (Nuissl/Joerk 1997; Nuissl 1997; Nuissl 1999).

2 Der vorliegende Beitrag verfolgt im Kontext des gesamten Ränder-Projekts neben den quantitativ-empirischen auch zwei untersuchungssystematische Absichten: Zum einen und vor allem liefern die an den Rändern der Hauptstadt 'quantitativ messbaren' Strukturen und Entwicklungen wichtige Hintergrundinformationen für die Einzelfallanalysen (Auswahlkriterien, Lesarten-Generierung). Zum anderen können sie zusätzlich plausibel machen, warum für die Untersuchung der Ränder der Hauptstadt hier ein heuristischer Milieuansatz, und zwar in Verbindung mit einem 'cultural turn' in der Suburbanisierungsforschung (II.1) eingesetzt wird. Denn schon die quantifizierbaren Spezifika der Stadt-Umland-Entwicklungen in der Region Berlin/Brandenburg erzwingen eine differenzierte Analyse dessen, was an den Rändern der Hauptstadt vor sich geht – sowohl auf der Ebene der 'soft structures' wie der 'hard structures'. Eingedenk der Tatsache, dass gerade die Entwicklungen an den Rändern der Städte Ausdruck der Wechselwirkungen zwischen globalen Prozessen und lokalen Antworten auf die mit ersteren verbundenen Herausforderungen sind, dass also die „Zwischenstadt" zwischen Ort und Welt vermittelt (Sieverts 1997) – muss diese Analyse gerade auch die *vermittelnde Ebene* der Lokal- und Regionalkulturen an zentraler Stelle berücksichtigen.

2. Das Untersuchungsgebiet

Schon seit längerem wird für einen Perspektivenwechsel in der Auseinandersetzung mit Stadt-Umland-Prozessen votiert, um der Eigenlogik peripherer Entwicklungen gerecht zu werden (vgl. z.B. Müller/Rohr-Zänker 1997). Denn die Entwicklungen an der Peripherie großer Städte können heute fast nirgendwo mehr allein als Effekt solcher Prozesse gelten, die sich in den Kernstädten abspielen. Vielmehr entfaltet sich im Umland selbst eine eigenständige Dynamik, die von der Kernstadt weitgehend unabhängig ist (vgl. z.B. Ronneberger 1995). Nicht wenige Untersuchungen kommen sogar zu dem Schluss, dass sich eigenständige suburbane Funktionsräume herausbilden (vgl. z.B. Bahrenberg 1997; Brückner/Schmitt 1988)[3]. Bei der Analyse quantitativer Daten zu Strukturen und Prozessen an den Rändern der Hauptstadt optieren wir folglich für eine Verfahrensweise, die bereits im Ansatz erkennen lässt, dass die städtische Peripherie als eigenständiger Raum mit spezifischen Qualitäten behandelt wird: Für einen Streifen von *ca. 15 km Breite diesseits und jenseits der berlin-brandenburgischen Landesgrenze*, eine räumliche Einheit ohne Namen, ohne administrative oder planerische Entsprechung und ohne politische Lobby[4], wurden Strukturdaten gesammelt, aggregiert und ausgewertet, um Tendenzen, Kontraste und Ungleichzeitigkeiten der räumlichen Entwicklung zu untersuchen und darzustellen (vgl. hierzu auch Eckey 1978). Insgesamt umfasst dieses Untersuchungsgebiet eine Fläche von 2.254 qkm. Sein Anteil an der Fläche des gesamten engeren Verflechtungsraums beträgt 42,0 Prozent an der Fläche der beiden Bundesländer zusammen 7,4 Prozent. Im Untersuchungsgebiet waren am 31.12.1996 mit 2.605.762 Personen über 43 Prozent der Gesamtbevölkerung (am Hauptwohnsitz) der Bundesländer Berlin und Brandenburg amtlich gemeldet. Die Bevölkerungszahl im Berliner Teil des Untersuchungsgebietes betrug zu diesem Zeitpunkt 2.065.101, im Brandenburgischen Teil 540.661. Knapp 80 Prozent der Bevölkerung des Untersuchungsgebietes leben also (ähnlich wie im gesamten engeren Verflechtungsraum) in Berlin; nur knapp jede/r Fünfte ist BrandenburgerIn. Als Untersuchungseinheiten innerhalb des Untersuchungsgebietes dienen auf Brandenburgischer Seite Gemeinden, auf Berliner – etwas problematischer – die Bezirke (in ihren Grenzen vor der 1998 beschlossenen Bezirksreform). *Karte 1 (Brandenburg und Berlin)* zeigt die Lage des Untersuchungsgebietes und dessen Gliederung in die einzelnen – administrativen – Untersuchungseinheiten[5]. Diese Untersuchungseinheiten zugrunde legend, wird im folgenden nun die kleinräumige Ausprägung aussagekräftiger Variablen analysiert.

---

3 Vor allem in der Geographie wird die schrittweise Verselbstständigung des städtischen Umlandes häufig in Phasenmodelle der städtischen Entwicklung eingebettet (vgl. z.B. Schwanzer 1987); besonders beliebt ist nach wie vor der Drei- bzw. Viertakt von 'Urbanisierung', 'Suburbanisierung', 'Desurbanisierung' und – in manchen Fällen – 'Reurbanisierung' (vgl. Friedrichs 1995: 33ff.; siehe ausführlicher II. 2).

4 Die Berliner Peripherie ist nirgends als eigenständige Einheit repräsentiert. Sie wird – weil die Berliner Stadtgrenze, anders als die Demarkationslinien vieler anderer Millionenstädte, seit dem Groß-Berlin-Gesetz von 1920 auch große Bereiche umschließt, die bis heute als städtische Peripherie zu bezeichnen sind – nicht nur von einer Landesgrenze geteilt, sondern sie wird auch weder in Berlin noch in Brandenburg als räumliche Einheit mit eigenständiger Problematik behandelt. Der 'engere Verflechtungsraum' – als räumliche Einheit, für die sich die Länder Berlin und Brandenburg auf eine gemeinsame Landesplanung geeinigt haben, um der faktischen Umlandverflechtung der deutschen Hauptstadt gerecht zu werden -, dessen 'planerische Bearbeitung' am ehesten eine Berücksichtigung 'peripherieorientierter Positionen' nahelegte, reicht zum einen über den als Metropolenrand zu verstehenden Raum weit hinaus und umfasst zum anderen das gesamte Berliner Stadtgebiet, also auch die innerstädtischen Bereiche. Außerdem verfügt der engere Verflechtungsraum nicht über einen rechtlichen Status, der ihm als Gebietskörperschaft bestimmte Kompetenzen einräumen würde; bei ihm handelt es sich zunächst ausschließlich um eine regionalplanerische Kategorie.

5 Gemeinden und Bezirke sind die kleinsten Gebietseinheiten, für die einigermaßen gehaltvolles Datenmaterial erhältlich ist. Diese Untersuchungseinheiten sind jedoch zum Teil noch immer recht groß und

II.4 Die Ränder der Hauptstadt – gemessen und kartographiert

Karte 1

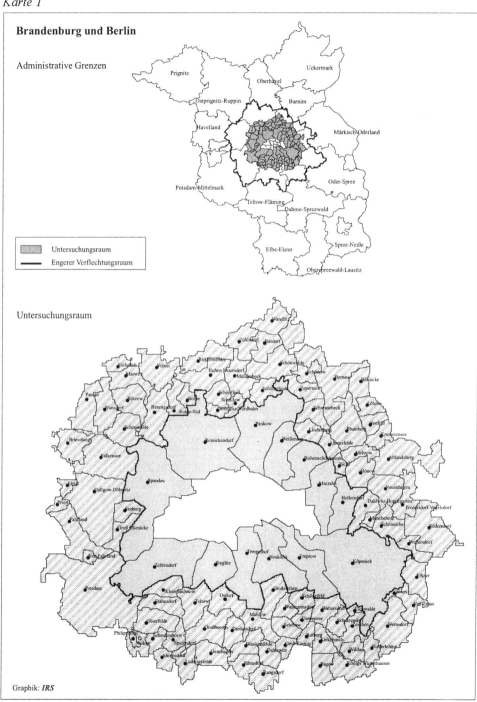

Karte 2

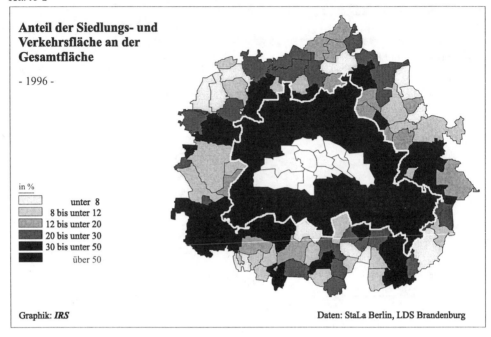

3. Räumliche Struktur und siedlungsstrukturelles Wandlungspotential

Die Größe sowie die regionale Bedeutung der ausgewählten Untersuchungseinheiten – Gemeinden in Brandenburg und Bezirke in Berlin – variieren außerordentlich stark. Im brandenburgischen Teil des Untersuchungsgebietes weist nur die Landeshauptstadt Potsdam eine mit den Berliner Bezirken vergleichbare Größe auf. Zwar sind auch die übrigen dort liegenden Gemeinden im Mittel noch deutlich größer als im Landesdurchschnitt; die Hälfte von ihnen hat jedoch eine Bevölkerungszahl von unter 1.950 (Median). Auch zum Untersuchungsgebiet zählen also sehr viele Klein- und Kleinstgemeinden. So schwankt die Einwohnerzahl der Untersuchungseinheiten zwischen 170 (Philippsthal) und 312.166 (Berlin-Neukölln). Diese enormen Größenunterschiede sind bereits Ausdruck der uneinheitlichen, disparitären räumlichen Struktur der Ränder der Hauptstadt[6]. Zugleich zeigen sie an, dass an der Berliner Peripherie ganz unterschiedliche Voraussetzungen für die künftige Entwicklung einzelner Orte

---

oft sehr heterogen. Trotz der Grobmaschigkeit der Unterschungsanlage sind die Datensätze für die drei Teilbereiche des Untersuchungsgebiets (West-Berlin, Ost-Berlin und Brandenburg), die von der amtlichen Statistik bereitgehalten werden, insbesondere was die ersten Jahre nach 1989 angeht nur in Teilen kompatibel. Hinzu kommt, dass manche für die räumliche Entwicklung zentrale Parameter auf einer hinreichend kleinräumigen Ebene (etwa Gemeinden und Bezirken) gar nicht erfasst werden; das betrifft insbesondere die Wirtschafts- und Sozialstatistik.

6 Die Dominanz von kleinen und sehr kleinen Gemeinden im unmittelbaren Berliner Umland darf freilich nicht darüber hinwegsehen lassen, dass auch dort die Verstädterung schon weit vorangeschritten ist (vgl. dazu II.2 sowie II.5).

II.4 Die Ränder der Hauptstadt – gemessen und kartographiert 65

Karte 3

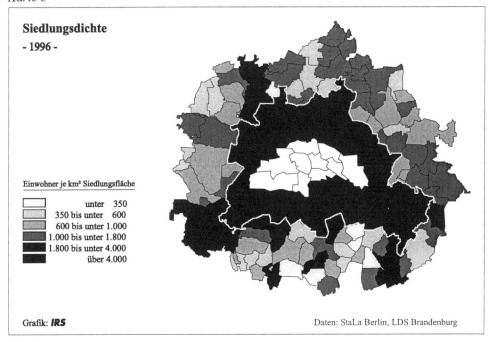

herrschen. Dies vermögen die auf dem Datum der Siedlungs- und Verkehrsfläche basierenden Karten 2 und 3 näher zu veranschaulichen.

Insgesamt umfasst die Siedlungs- und Verkehrsfläche im Untersuchungsgebiet über 78.000 ha (1996). Diese Fläche verteilt sich aber nicht gleichmäßig. *Karte 2 (Anteil der Siedlungs- und Verkehrsfläche an der Gesamtfläche)* zeigt, wie hoch der Siedlungs- und Verkehrsflächenanteil innerhalb der einzelnen Untersuchungseinheiten ist. Damit wird zugleich die Relation sichtbar, in der die Bevölkerungsdichten in den einzelnen Untersuchungseinheiten zueinander stehen, denn die Bevölkerungsdichte korreliert erwartungsgemäß sehr hoch mit dem Siedlungs- und Verkehrsflächenanteil. (Der Korrelationskoeffizient zwischen beiden Variablen beträgt .84). Vor allem aber demonstriert Karte 2 zweierlei: Dass der Siedlungs- und Verkehrsflächenanteil in den Städten und Gemeinden des Brandenburgischen Teilbereiches des Untersuchungsgebietes (mit einer Ausnahme) unter demjenigen in 12 der 13 Berliner Randbezirke liegt, belegt zum einen, dass die vielerorts nach wie vor deutliche (mit der Stadtgrenze zusammenfallende) Berliner Stadtkante auch einen strukturellen Bruch indiziert. Der Raum außerhalb von Berlin ist noch überwiegend von Freiflächen geprägt – und birgt damit enorme Potentiale zur Neuerschließung von Siedlungsgebieten, was ökonomisch und planerisch durchaus kritisch bewertet werden kann.

Zum anderen lässt sich ein axiales Verteilungsmuster der Gemeinden mit vergleichsweise höherem Siedlungs- und Verkehrsflächenanteil wenigstens ansatzweise erkennen. Das deutet darauf hin, dass die bereits in der ersten Hälfte dieses Jahrhunderts im suburbanen Raum (entlang der Eisenbahntrassen) entstandenen Siedlungsachsen bis heute stukturbildend sind. Mehrere aus den frühen neunziger Jahren stammende räumliche Entwicklungskonzeptionen für die Hauptstadtregion wollen die zu erwartenden Suburbanisierungsprozesse auf diesen Achsen bündeln (vgl. Provisorischer Regionalausschuss/Planungsgruppe Potsdam 1990, Senatsverwaltung für Stadtentwicklung und Umweltschutz 1990, Institut für Regionalentwicklung und Strukturplanung 1992).

Karte 3 (Siedlungsdichte) stellt dar, wie dicht die Siedlungs- und Verkehrsfläche der Untersuchungseinheiten – im Durchschnitt – besiedelt ist. Auffällig ist zunächst ihre große Ähnlichkeit mit Karte 2. (Dementsprechend stark ist – bei einem Korrelationskoeffizienten von .79 – der Zusammenhang zwischen den beiden Variablen Siedlungsdichte und Siedlungs- und Verkehrsflächenanteil). In denjenigen Gemeinden, deren Territorium ohnehin zu einem überdurchschnittlich großen Teil baulich genutzt ist, liegt also auch die Bebauungsdichte tendenziell deutlich höher als in den von großen Freiflächen geprägten Gemeinden. Damit erweist sich nicht nur die Verteilung der bebauten Fläche, sondern auch die Siedlungsdichte auf Brandenburgischer Seite als *überraschend diskontinuierlich*. Allerdings ist zu beachten, dass sich der Siedlungsdichtewert insbesondere größerer Gemeinden als arithmetisches Mittel der Bevölkerungsdichte in sehr unterschiedlich bebauten Teilgebieten ergibt (was die Aussagekraft dieses Wertes insbesondere im Fall der Berliner Randbezirke einschränkt). Es kann aber dennoch festgehalten werden, dass sich die Funktion und die Bedeutung von (nicht zwangsläufig als administrative Einheiten zu verstehenden) Orten in der Berliner Peripherie in den jeweiligen gestaltprägenden baulichen Strukturen niederschlägt, denn die Siedlungsdichte (ebenso wie der Siedlungs- und Verkehrsflächenanteil) dieser Orte hängt signifikant mit deren Bevölkerungszahl zusammen. Darüber hinaus lässt die höhere Siedlungsdichte gerade in den größeren Gemeinden entlang der Verkehrsachsen den 'Umkehrschluss' zu, dass sich die größten und am leichtesten zu aktivierenden Nachverdichtungspotentiale vorwiegend in den kleineren, eher ungünstig gelegenen Kommunen befinden.

4. Bevölkerungsentwicklung

Als einfacher, aber für die Messung von räumlichen Entwicklungsprozessen zentraler Parameter kann die Veränderung der Einwohnerzahlen administrativer Einheiten gelten. Das Untersuchungsgebiet weist seit 1990 eine positive Bevölkerungsentwicklung auf. In den sechs Jahren von 1991 bis 1996 nahm die Bevölkerung, bezogen auf den Bevölkerungsstand am 31.12.1990, um deutlich mehr als zwei Prozent zu, wobei das Wachstum zwischen 1994 und 1996 (bezogen auf den Bevölkerungsstand am 31.12.1993) etwas höher lag als in den drei Jahren zuvor. Damit 'wuchs' das Untersuchungsgebiet etwas stärker als die aus den Ländern Berlin und Brandenburg bestehende Gesamtregion, deren Bevölkerung in den frühen neunziger Jahren zunächst sogar abnahm. Dieser relative Zuwachs kann als Anzeichen eines Bedeutungsgewinns der hauptstädtischen Peripherie interpretiert werden. Des weiteren findet sich ein Beleg für eine zentrale Diagnose zu den Suburbanisierungsprozessen in Ostdeutschland: Diese Prozesse sind nicht Ausdruck von Wachstum, sondern von Umverteilung (vgl. Häußermann 1997; Maretzke 1997; Sahner 1996). Allerdings müssen sie im hier betrachteten Fall aber nicht – wie in vielen anderen Stadtregionen – als besondere Form des Schrumpfens von Städten verstanden werden.

Karte 4 (Bevölkerungsentwicklung) stellt die Veränderung der Einwohnerzahlen im Untersuchungsgebiet zwischen 1991 und 1996 dar. Sichtbar wird, dass die Bevölkerungsentwicklung in den Berliner Randbezirken – von vier Ausnahmen abgesehen – sehr moderat verlaufen ist; in einem Fall war sie sogar rückläufig. Drei der Ausnahmen (Treptow, Weißensee und Pankow) sind auf größere Neubaugebiete zurückzuführen, die auf das ehrgeizige Wohnungsbauprogramm zurückgehen, das in Berlin bald nach der Vereinigung aufgelegt wurde (vgl. Senatsverwaltung für Bauen und Wohnen 1991); die starke Bevölkerungszunahme im Bezirk Hellersdorf ist mit der erst in den neunziger Jahren erfolgten Fertigstellung der hier befindlichen (schon vor 1989 in Angriff genommenen) Großwohngebiete in Plattenbauweise

II.4 Die Ränder der Hauptstadt – gemessen und kartographiert   67

Karte 4

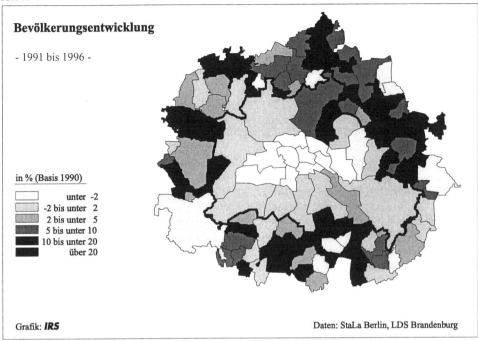

zu erklären. Im Berliner Umland hingegen wechseln wachsende und schrumpfende Gemeinden einander kleinräumig ab, ohne dass ein homogenes Muster erkennbar wäre.

Eine Längsschnittbetrachtung der kleinräumigen Bevölkerungsentwicklung an den Rändern der Hauptstadt zeigt nicht nur, dass dort nach 1990 sehr unterschiedliche Entwicklungen abgelaufen sind, sondern auch, dass die von Ort zu Ort jeweils eingeschlagenen 'Entwicklungspfade' nicht geradlinig verlaufen. So besteht zwischen der Bevölkerungsentwicklung, die in den einzelnen Untersuchungseinheiten von 1991 bis 1993 stattfand und derjenigen, die sich dort von 1994 bis 1996 beobachten ließ, keinerlei statistischer Zusammenhang. Veränderungen der Einwohnerzahl von administrativen Einheiten in der Berliner Peripherie erlauben es demnach nicht, deren künftiges Schrumpfen oder Wachsen zu extrapolieren. Diese Feststellung lässt sich durch die Gegenüberstellung der beiden Teilbereiche des Untersuchungsgebietes spezifizieren. Während nämlich die leichte Zunahme der Bevölkerung des gesamten Untersuchungsgebietes in den frühen neunziger Jahren allein von der Mehrheit der Berliner Randbezirke getragen wurde – auf Brandenburgischer Seite ging zu dieser Zeit die Bevölkerung sogar zurück – basiert sie nunmehr in erster Linie auf einem Wachstum der Umlandgemeinden. Die Einwohnerzahl der meisten Berliner Randbezirke hingegen stagniert – von den genannten Ausnahmen abgesehen – nach 1993 weitgehend. Die Bevölkerungsentwicklung in den Umlandgemeinden ist allerdings 'von Anfang an' sehr uneinheitlich gewesen und lässt in den meisten Fällen keine eindeutige Entwicklungsrichtung erkennen. Zwar gibt es Mitte der neunziger Jahre deutlich mehr expandierende Gemeinden als in der ersten Zeit nach dem Fall der Mauer. Dabei lässt sich der Bereich nordöstlich von Berlin nach wie vor als homogenster Wachstumsraum erkennen (vgl. Nowossadeck 1997: 33). Aber noch immer gibt es selbst dort Gemeinden, die schrumpfen. Nur sehr wenige von ihnen hatten allerdings zwischen 1991 und 1993 eine Phase des Wachstums erlebt. Auf der anderen Seite hat die Bevölkerung vieler Gemeinden, die nach dem Fall der Mauer zunächst geschrumpft waren, nach 1993 deutlich zugenommen. Viele derjenigen Gemeinden, die schon zwischen 1991 und 1993 (in der Regel aufgrund frühzeitig in Angriff genommener größerer Wohnungsbauprojekte) Einwohner hinzugewonnen hatten, weisen hingegen seither nur noch ein geringes Wachstum auf oder stagnieren. So lässt sich in der Tendenz konstatieren, dass eine größere Gruppe von Gemeinden in einer zweiten 'Nachwende-Phase' mit den Wachstumsgemeinden der ersten 'Nachwende-Phase' gleichzieht, nachdem diese Gemeinden zunächst 'Startschwierigkeiten' hatten. Das ändert allerdings nichts am Gesamtbild einer disparitären Bevölkerungsentwicklung an den Rändern der Hauptstadt.

Einen sensiblen Indikator für demographische Veränderungsprozesse liefert häufig die Betrachtung der Bevölkerungsentwicklung für nur eine bestimmte Bevölkerungsgruppe. So ist im Fall der Neuen Bundesländer die Zu- oder Abnahme der Zahl der jungen Frauen an bestimmten Orten besonders aufschlussreich. Denn die jüngeren Ostdeutschen, insbesondere die jungen Frauen, haben nach dem Fall der Mauer besonders schnell auf die mit der gesellschaftlichen Transformation verbundenen Schwierigkeiten reagiert: Sie waren an den Fortzügen, von denen alle Kommunen der Neuen Bundesländer in beträchtlichem Umfang betroffen sind, in weit höherem Maße beteiligt, als es ihrem Anteil an der Gesamtbevölkerung entsprochen hätte. Dies zeigt sich auch im Untersuchungsgebiet: Während die Zahl der in den West-Berliner Randbezirken lebenden jungen Frauen (bis zu einem Alter von 30 Jahren) zunahm, ging sie in den ehemals zur DDR gehörigen Teilen des Untersuchungsgebietes überwiegend (und insgesamt in höherem Maße als die Zahl der gleichaltrigen Männer) zurück. Für den Zeitraum von 1994 bis 1996 ergibt sich nun ein völlig anderes Bild. Zunächst ist in diesem Zeitraum der Anteil der jungen Frauen an der Bevölkerung des Untersuchungsgebietes noch stärker rückläufig als zuvor. Während deren Zahl im gesamten Untersuchungsgebiet zwischen 1991 und 1993 'nur' um gut 10 Prozent abnahm, verringerte sie sich zwischen 1994 und 1996 sogar um über 14 Prozent (und damit auch in diesem Zeitraum stärker als die Zahl der jungen Männer). Aufmerksamkeit verdient jedoch vor allem die in den beiden Perioden völlig unterschiedliche kleinräumige Verteilung von Orten der Zu- bzw. der Abnahme der Zahl junger Frauen. Die Berliner Randbezirke, nicht zuletzt die westlichen, verzeichnen Mitte der neunziger Jahre sogar überproportionale Abnahmen bei den jungen Frauen, während die Brandenburgischen Gemeinden im Untersuchungsgebiet offenbar an (relativer) Attraktivität für diese Bevölkerungsgruppe gewonnen haben[7]. Diese Konstellation bringt *Karte 5 (Entwicklung der weiblichen Bevölkerung zwischen 20 und 30 Jahren)* deutlich zum Ausdruck. Sie zeigt für den Zeitraum von 1994 bis 1996, wie stark die Zahl der jungen Frauen in den einzelnen Untersuchungseinheiten zu- oder abgenommen hat. Dabei wird unter anderem auch sichtbar, dass Gemeinden, in denen die Zahl der jungen Frauen, entgegen dem allgemeinen Trend im Untersuchungsgebiet wie in der gesamten Region, nicht deutlich zurückgegangen ist, vor allem südlich, nordöstlich und zum Teil westlich von Berlin liegen. Anders als in den ersten Jahren nach dem Fall der Mauer scheint sich die (relative) Zu- oder Abnahme der Zahl der

---

7 Es ist einzuräumen, dass die über- bzw. unterdurchschnittliche Abnahme der Zahl junger Frauen in einzelnen Untersuchungseinheiten zum Teil auch auf die natürliche Bevölkerungsentwicklung in unterschiedlich aufgebauten 'kommunalen Alterspyramiden' zurückgeht. Damit kann aber nicht die gesamte Varianz erklärt werden, die die Untersuchungseinheiten im Hinblick auf die Variable 'Entwicklung der weiblichen Bevölkerung zwischen 20 und 30 Jahren' aufweisen.

II.4 Die Ränder der Hauptstadt – gemessen und kartographiert   69

Karte 5

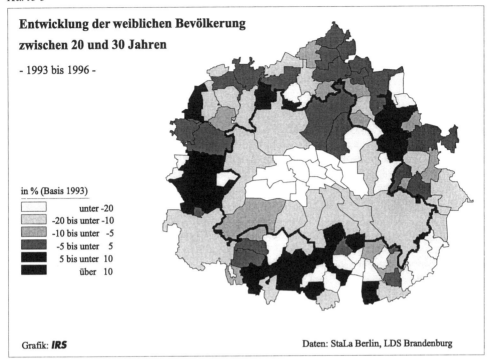

jungen Frauen an verschiedenen Orten in der Berliner Peripherie also nicht mehr als Indikator (für das Ausmaß und die Richtung) der Transformationsprozesse interpretieren zu lassen – ein Indiz dafür, dass die erste Phase drastischer demographischer Effekte der gesellschaftlichen Transformation in Ostdeutschland etwa 1996 abgeschlossen ist. Sie mag zudem als Datum gelten, das die Anziehungskraft anzeigt, die einzelne Orte auf junge 'Suburbanitinnen' (und sicherlich auch 'Suburbaniten') ausüben, die sich nicht unbedingt mehrheitlich – auch hier besteht eine 'ostdeutschlandtypische' Differenz zu den 'klassischen' westlichen Suburbanisierungsmustern – in der Familienphase – sei es als Kinder oder als Eltern – befinden müssen (vgl. insbes. Herfert 1997).

5. Wanderungsbewegungen

Die Umzüge von und nach bzw. innerhalb einer Metropolenregion sind sowohl ein entscheidender Bedingungsfaktor als auch ein Ergebnis der Entstehung, Vermischung und Distinktion von sozialen Milieus an bestimmten Orten innerhalb dieser Region (vgl. z.B. Weiss 1993) – ganz abgesehen davon, dass sie – gemeinsam mit Geburten- und Sterbeziffern – den zu beobachtenden Bevölkerungsentwicklungen zugrunde liegen. Für die Analyse der sozialräumlichen Entwicklung an den Rändern der Hauptstadt sind Migrationszahlen daher ein außerordentlich bedeutsames quantitatives Datum.

Die gängigen Modelle zur Beschreibung und Erklärung von Suburbanisierung schenken vor allem den Stadt-Umland-Wanderungen Aufmerksamkeit (vgl. z.B. ARL 1975). Deren jährliche Zuwachsraten sind im Untersuchungsgebiet seit dem Fall der Mauer in der Tat sehr beachtlich, weil zum einen Umzüge von Berlin ins Umland vor 1990 teils unmöglich (West-Berlin) waren, und weil zum anderen die Mobilitätsrate in der „konsolidierten" DDR generell sehr niedrig lag, was – zumindest, was die stadtauswärtige Richtung angeht – auch für die „Hauptstadt der DDR" galt. Allerdings haben die Stadt-Umland-Wanderungen in der Metropolenregion Berlin trotz des bestehenden eklatanten und Suburbanisierungsprozesse tendenziell begünstigenden Funktions- und Dichtegefälles zwischen Kernstadt und Umland erst Mitte der neunziger Jahre eine Größenordnung erreicht, die den gleichzeitigen Entwicklungen in westdeutschen Großstadtregionen ungefähr entspricht. So hat z.B. das negative Wanderungssaldo der Kernstadt gegenüber dem Umland in Berlin erst 1994 die gleiche (absolute) Höhe erreicht wie im nur halb so großen Hamburg (das obendrein schon viele Suburbanisierungswellen durchlaufen hat und deshalb bereits in viel höherem Maße 'dekonzentriert' ist als Berlin); und erst 1996 entsprach der Berliner Wert auch bezogen auf die Einwohnerzahl dem Hamburgischen (vgl. Jähnke/Wolke 1998). Ob aber die Zahl der Stadt-Umland-Wanderungen weiter stetig ansteigen wird, was die Voraussetzung dafür wäre, dass es binnen der nächsten Jahre oder wenigstens Jahrzehnte an den Rändern der Hauptstadt tatsächlich zu einer weitgehend amorphen und siedlungsstrukturelle Gegensätze einebnenden Verstädterung kommt, wie sie sich in den Peripherien der westdeutschen und vieler westeuropäischer Großstädte in den letzten rund fünfzig Jahren eingestellt hat, lässt sich schwerlich prognostizieren. Das gilt unbenommen der Tatsache, dass an einigen Stellen die markante Berliner Stadtkante stellenweise bereits 'aufgeweicht' ist. *Karte 6 (Wanderungssaldo)* dokumentiert die (Summe der) Wanderungssalden an den Rändern der Hauptstadt (in den Jahren 1991 bis 1995) in Relation zur Bevölkerungszahl. Erkennbar wird, dass der größere Teil der Gemeinden rund um Berlin deutliche Zuzugsüberschüsse aufweist, die in den meisten Fällen auf den Erstbezug der zahlreichen rund um Berlin entstandenen 'Wohnparks' zurückzu-

Karte 6

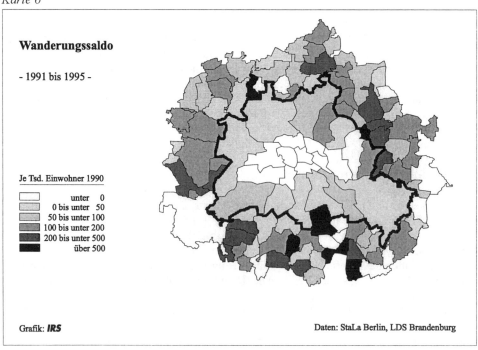

II.4 *Die Ränder der Hauptstadt – gemessen und kartographiert* 71

führen sind, während die Berliner Randbezirke kaum Wanderungsgewinne erzielen. Allerdings verteilen sich die Wanderungsgewinne des Berliner Umlandes sehr ungleichmäßig: Nach wie vor profitieren viele Gemeinden *nicht* von ihnen, und nicht wenige Gemeinden haben sogar *deutlich negative* Wanderungsbilanzen. Es fällt aber auf, dass solche Gemeinden gerade im Osten und Nordosten des Untersuchungsgebietes *kaum* zu finden sind. Damit bestätigt sich, dass die Stadt-Umland-Wanderungen, die im betrachteten Zeitraum in der Metropolenregion Berlin stattgefunden haben, in überdurchschnittlichem Maße von den Ost-Berlinerinnen und -Berlinern getragen wurden, die bei der Wahl ihres neuen Wohnortes darauf Wert legen, dass dieser nicht zu weit von ihrer ehemaligen innerstädtischen Wohnung entfernt liegt (vgl. AGePlan 1996). Inzwischen dominieren aber auch in anderen Sektoren des Umlandes die Gemeinden mit Zuzugsgewinnen. Dies ist vor allem darauf zurückzuführen, dass auch die Zahl der Zuzüge aus den westlichen Bezirken Berlins kontinuierlich zugenommen hat. Insgesamt lässt sich aber – auch was die Wanderungsbewegungen an den Rändern der Hauptstadt angeht – kein einheitliches Bild eines steten Stroms von Zuzügen in die Berliner Randgemeinden zeichnen. Ein Blick auf die im Datum des Wanderungssaldos ja gegeneinander aufgerechneten Zu- und Fortzüge im Untersuchungsgebiet untermauert diesen Befund. *Karte 7 (Zuzüge 1991 bis 1995)* stellt die Zahl der Zuzüge, *Karte 8 (Fortzüge 1991 bis 1995)* die der Fortzüge (zwischen 1991 und 1995) in den einzelnen Untersuchungseinheiten (wiederum) in Relation zur jeweiligen Bevölkerungszahl dar. (Umzüge innerhalb der Untersuchungseinheiten sind nicht berücksichtigt.) Karte 7 belegt, dass auch die Berliner Randbezirke ein begehrtes Wanderungsziel sind. Zwar werden ihre Wanderungsgewinne durch Fortzüge wieder aufgehoben (vgl. Karte 8); zweifelsohne sind sie jedoch nicht nur eines von vielen Zielen 'klassischer Suburbanisierungswanderungen', sondern – in absoluten Zahlen – sogar die neue Heimat der großen Mehrheit von Personen, die aus

Karte 7

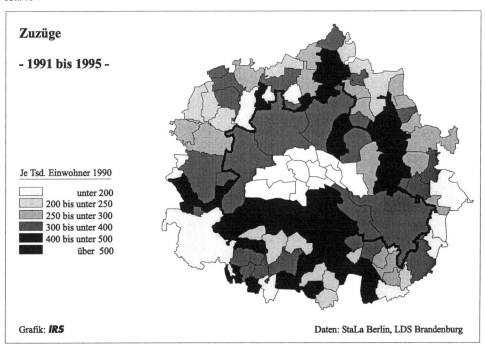

Karte 8

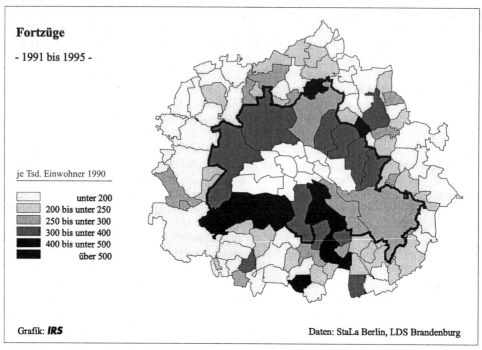

innerstädtischen Gebieten in die metropolitane Peripherie ziehen. Ein bedeutender Teil der Suburbanisierung an den Rändern der Hauptstadt vollzieht sich damit innerhalb der Berliner Stadtgrenzen (vgl. Guerrazzi 1997). Das darf allerdings nicht darüber hinwegtäuschen, dass Wanderungsbewegungen auf der Seite des dünn besiedelten Brandenburgischen Umlandes (insbesondere in den vielen sehr kleinen Gemeinden) nicht selten geradezu als 'Transgression' wahrnehmbar sind. So war eine jährliche 'Zuzugsquote' von bis zu 40 Personen auf 100 Einwohner in den Gemeinden rund um Berlin in den vergangenen Jahren keine Seltenheit (vgl. Jähnke/ Wolke 1998). Wenn eine solche Quote mit erheblichen Fortzügen zusammenfällt, wie es, das zeigt der Vergleich der Karten 7 und 8, in nicht wenigen Gemeinden der Fall war, so indiziert dies – unter der Oberfläche eines wenig auffälligen Wanderungssaldos – gewaltige Umschichtungsprozesse, die um so tiefer gehen, je geringer die Bevölkerungszahl und je homogener die sozialräumliche Struktur einer Gemeinde ursprünglich sind (vgl. Wolke 1998: 73ff.).

6. Wohnungsbau und Haushaltsgrößen

Auch physische Effekte der Suburbanisierung lassen sich mit Hilfe statistischer Daten erfassen und verfolgen. Außer auf die Statistiken zu Baugenehmigungen und zu Vorhaben der verbindlichen Bauleitplanung kann hierzu insbesondere auf die Erfassung von Wohnungszahlen zurückgegriffen werden. *Karte 9 (Wohnungssaldo 1990 bis 1996)* gibt Auskunft darüber, wie sich zwischen 1990 und 1996 der Wohnungsbestand in den einzelnen Untersuchungseinheiten verändert hat und lässt damit zugleich räumliche Schwerpunkte der Bautätigkeit in der Berliner Peripherie erkennen. Deutlich wird sichtbar, dass die – mit weitem Abstand – absolut größte Zunahme der Wohnungszahlen innerhalb der Berliner Stadtgrenze zu beobachten war. Die

II.4 *Die Ränder der Hauptstadt – gemessen und kartographiert*

Karte 9

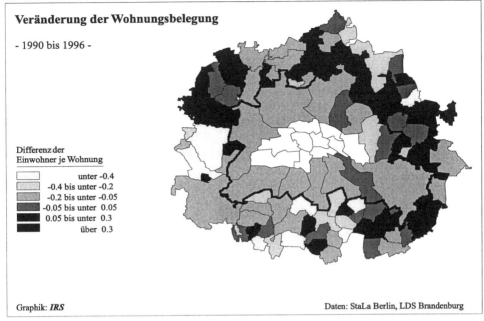

meisten der im Untersuchungsgebiet nach 1989 neu bezogenen Wohnungen liegt also auf Berliner Stadtgebiet. Allerdings vermag Karte 9 nichts über die relative Zunahme von Wohnraum auszusagen (denn die Größe der Untersuchungseinheiten geht in sie nicht ein). Gemessen an der jeweiligen Einwohnerzahl hat die Zahl der Wohnungen in den Gemeinden rund um Berlin in sehr viel höherem Maße zugenommen als in den Berliner Randbezirken. Im brandenburgischen Teil des Untersuchungsgebietes kam zwischen 1990 und 1996 auf weniger als 5 Einwohner (1990), in den Berliner Randbezirken lediglich auf über 30 Einwohner (1990) eine zusätzlich errichtete Wohnung. In der Tendenz bestätigt sich somit die Annahme der – zumindest relativ gesehen – größten Entwicklungsdynamik im sogenannten 'Speckgürtel'. Dabei ist dort der 'anfängliche' Vorsprung des Nordostens bei den Wohnungsbauzahlen inzwischen weitgehend kompensiert worden. Auch südlich und westlich von Berlin, den Bereichen also, denen ohnehin gleich 1990 eine besonders dynamische Entwicklung prophezeit worden war, finden sich nun zahlreiche Gemeinden mit einem deutlichen Zuwachs an Wohneinheiten. Gleichwohl existieren auch innerhalb des brandenburgischen Teils des Untersuchungsgebietes nach wie vor enorme Unterschiede beim Wohnungsbau. Erwartungsgemäß fällt der Wohnungszuwachs in den größeren Gemeinden in der Regel zwar höher aus als in den kleinen. Der jeweilige Zuwachs an Wohnraum steht aber keineswegs in einem linearen Zusammenhang mit der Größe einer Gemeinde, genausowenig übrigens wie mit den regional- und landesplanerisch getroffenen Festlegungen von Entwicklungs- und Wohnungsbauschwerpunkten (vgl. auch VI.1). Damit illustriert Karte 9 nicht nur die gegenwärtigen Entwicklungsdynamiken, sondern auch die Probleme ihrer Steuerung. Vor allem aber zeigt sich erneut, dass der differenzierende Blick auf die Ränder der Hauptstadt schon auf der Ebene quantitativer Daten erhebliche Ungleichheiten freilegt. So finden sich im Brandenburgischen Umland Berlins neben den vielen Gemeinden, in denen die Zahl der Wohnungen zunimmt, auch solche, in denen sie stagniert oder sogar zurückgeht. Das ist ein Indiz für eine Verschärfung, nicht eine Abnahme räumlicher Disparitäten.

Karte 10

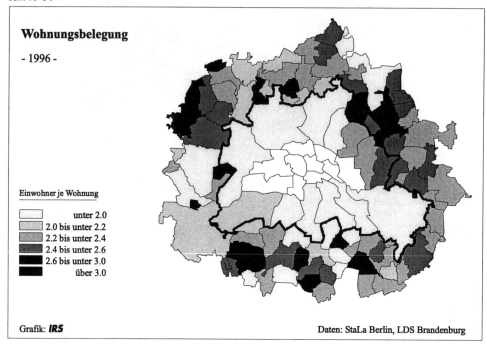

Eine Relativierung erfährt die anhand einer diachronen Betrachtung des Wohnungsbestandes nachweisbare Entwicklungsdynamik an den Rändern der Hauptstadt dadurch, dass zumindest ein Teil des dortigen Wohnungsbaus auf den sogenannten Eigenbedarf der Gemeinden und Bezirke zurückzuführen ist. Diesen Eigenbedarf dokumentiert *Karte 10 (Wohnungsbelegung 1996)*. Sie zeigt, wie viele Personen im Durchschnitt in den Wohnungen der einzelnen Untersuchungseinheiten leben. Die deutlich höheren Werte im Umland sowie in den drei Ost-Berliner 'Plattenbaubezirken' (Marzahn, Hohenschönhausen und Hellersdorf) gehen zunächst auf einen höheren Anteil der Familien unter den Haushalten sowie auf eine höhere durchschnittliche Wohnungsgröße zurück. Darüber hinaus haben sie aber, was den Brandenburgischen Teil des Untersuchungsgebietes betrifft, eine weitere Ursache: Die durchschnittliche Wohnfläche pro Person liegt in den Neuen Bundesländern noch immer niedriger als in den Alten (einschließlich West-Berlin), aber auch als in der ehemaligen „Hauptstadt der DDR". Hieraus lässt sich ein beträchtlicher Bedarf an Wohnraum für die ansässige Bevölkerung ableiten, den die meist expansionswilligen Gemeinden in der Regel unbedingt zu decken sich bemühen. Hinzu kommt noch die Aufgabe, für *restitutionsbetroffene* Mitbürgerinnen und Mitbürger Ersatzwohnraum zu schaffen, mit der in einer Reihe von Gemeinden die Erschließung zusätzlicher Siedlungsflächen begründet wird. Auffällig ist aber auch, dass gerade im südlichen Umland einige auch kleinere Gemeinden mit 'städtischen' Haushaltsgrößen aufwarten – möglicherweise ein Indiz für die Effekte der industriegesellschaftlichen Modernisierung in der DDR, die in diesem Bereich des Umlandes in besonderem Maße wirksam war.

II.4 Die Ränder der Hauptstadt – gemessen und kartographiert

Karte 11

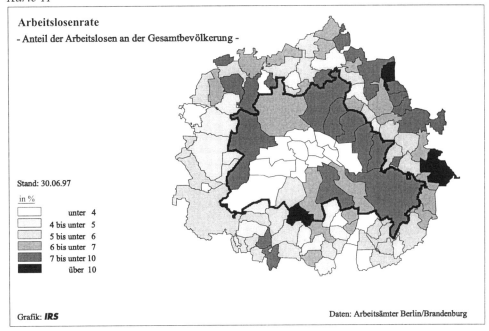

Karte 12

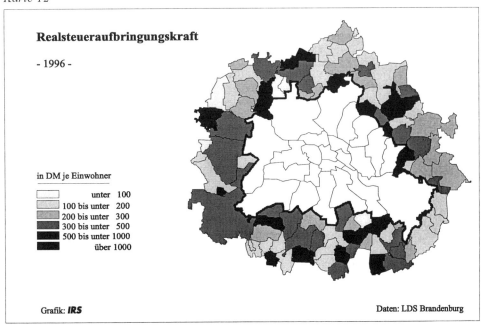

7. Arbeitsmarkt und Gemeindefinanzen

Ökonomische Strukturdaten stehen auf der Ebene von Gemeinden und Bezirken leider nicht zur Verfügung. Es lassen sich aber Indikatoren für die kleinräumigen Effekte ökonomischer Entwicklungen finden. Zwei von ihnen, die Zahl der Arbeitslosen und die gemeindliche Steuerkraft, seien herangezogen, um die Beschreibung von Strukturen und Entwicklungstendenzen an den Rändern der Hauptstadt abzurunden.

Karte 11 (Arbeitslosenrate – Anteil der Arbeitslosen an der Gesamtbevölkerung, Stand: 30.06.97) zeigt, wie hoch in den einzelnen Untersuchungseinheiten der – im Folgenden als Arbeitslosenrate bezeichnete – Anteil der Arbeitslosen an der Gesamtbevölkerung ist[8]. Sie verdeutlicht vor allem zweierlei: Zum einen hat sich die Situation innerhalb Berlins wieder zugunsten des Westens verschoben, nachdem Mitte der neunziger Jahre die Arbeitslosigkeit im Ostteil der Stadt nicht nur im Vergleich zu den übrigen Neuen Bundesländern ausgesprochen niedrig lag, sondern sogar geringer war als im Westteil. Zum anderen gibt das Kartenbild interessanterweise nicht mehr die früheren politischen Hemisphärengrenzen wieder. Eine räumliche Schieflage lässt sich aber dennoch deutlich erkennen: Nicht nur die West-Berliner Randbezirke Zehlendorf und Steglitz, sondern vor allem auch die südlich und westlich von Berlin im Brandenburgischen Umland gelegenen Gemeinden haben nun Anteil daran, dass die Arbeitsmarktlage in den westlichen und südlichen Bereichen der metropolitanen Peripherie offensichtlich entspannter ist, als in den östlichen und nördlichen. Die 'vielbeschworenen' besonderen Standortvorteile des 'Süd-West-Sektors' der Metropolenregion scheinen sich damit zuerst auf dem Arbeitsmarkt niederzuschlagen (vgl. Nowossadeck 1997: 32). Zwar kann von der Zahl der Arbeitsplätze an einem Ort nicht auf die lokalen Arbeitslosenzahlen geschlossen werden. So hat die Anwesenheit großer Arbeitgeber (wie etwa in Hennigsdorf, Teltow, Dahlewitz oder Ludwigsfelde) offenbar kaum Einfluss auf die lokale Arbeitslosenrate. Die Verteilung von Arbeitsplätzen führt innerhalb der Metropolenregion aber zweifelsohne zu Disparitäten, die – wenn auch nicht auf der (zu kleinteiligen) Ebene der Gemeinden – auf teilregionaler Ebene deutlich nachweisbar sind. Unabhängig davon bestätigen die beachtlichen Differenzen zwischen den Arbeitslosenraten einzelner Orte an den Rändern der Hauptstadt (die teils weniger als vier, teils aber auch mehr als zehn Prozent betragen) das bereits anhand anderer Variablen gewonnene Bild einer sehr heterogenen sozialräumlichen Struktur des Metropolenrandes.

Die aus dem Vergleich der Arbeitslosenraten gezogenen Schlüsse vermag *Karte 12 (Realsteueraufbringungskraft 1996)* – wenn auch nicht ganz in der zu erwartenden Deutlichkeit – zu belegen. Sie gibt – nur für die Kommunen im Brandenburgischen Teil des Untersuchungsgebietes, da für die Berliner Randbezirke eine entsprechende Statistik nicht geführt wird – Auskunft über die vor allem auf der Steuerkraft der örtlichen Gewerbebetriebe beruhende Realsteueraufbringungskraft je Einwohner[9]. Das Kartenbild lässt in der Tendenz eine 'jenseits' des westlichen Berliner Stadtrandes leicht überdurchschnittliche Steuerkraft erken-

---

8 Dargestellt wird nicht die Arbeitslosenquote, wie sie die amtliche Statistik ausweist, denn auf der Ebene von Kommunen und Bezirken wird die Zahl der Erwerbspersonen (auf deren Grundlage die Arbeitslosenquote errechnet wird) nicht ermittelt. Ebenso gut wie die jeweilige Arbeitslosenquote vermag aber die örtliche Arbeitslosenrate auf das Ausmaß hinzuweisen, in dem lokale Milieus von Arbeitslosigkeit betroffen sind.

9 Die Realsteuer ergibt sich aus Grund- und Gewerbesteuer. Der Gemeindeanteil an der Einkommensteuer geht nicht in sie ein. Sie gibt damit in erster Linie Auskunft über die gewerbliche Entwicklung in einer Gemeinde.

nen und widerspricht damit der verbreiteten Vermutung, die südlich Berlins gelegenen Gemeinden erzielten die höchsten Steuereinnahmen in der Region (vgl. Nowossadeck 1997: 33). Zugleich spiegelt Karte 12 die Verteilung von (größeren) Gewerbetrieben, nicht zuletzt auch die erfolgreichen Gewerbeansiedlungen der jüngeren Zeit wider[10]. Sie verdeutlicht damit, dass die einzelnen Gemeinden rund um Berlin sehr unterschiedlich erfolgreich in der Anwerbung von Investoren und Investitionen waren.

8. Resümee

Die Analyse quantitativer Daten für den engeren Verflechtungsbereich zwischen Berlin und Brandenburg weist zunächst nach, dass seit 1989 an den Rändern der Hauptstadt eine spürbare Entwicklungsdynamik in Gang gekommen ist, die die hauptstädtische Peripherie bereits erheblich verändert hat. Diese Dynamik einschließlich der mit ihr verbundenen Suburbanisierungsprozesse haben allerdings nicht das vor allem unmittelbar nach der Wende vielerorts erwartete, zum Teil auch erwünschte Ausmaß erreicht. So sind die Ränder der Hauptstadt nach wie vor von einem enormen und zumindest im westeuropäischen Maßstab einzigartigen Funktions- und Dichtegefälle zwischen Kernstadt und Umland gekennzeichnet. Sie stellen damit auch innerhalb der Neuen Bundesländer einen Sonderfall dar. Denn in den meisten ostdeutschen Stadtregionen war in den neunziger Jahren eine – relativ gesehen – noch viel stärkere und auch rapidere Dekonzentration (von Menschen und Kapital) zu beobachten, als in dem hier betrachteten Fall (vgl. z.B. Christ 1998).

Die nach einzelnen Orten differenzierende Betrachtung der 'messbaren' Entwicklungen an den Rändern der Hauptstadt zeigt, dass diese geradezu als das Gegenteil eines homogenen Raumes gelten können, in dem überall mehr oder weniger gleichartige Prozesse ablaufen. Die hauptstädtische Peripherie erweist sich vielmehr als von höchst differenten Prozessen gekennzeichnet – als Flickenteppich mit Aktivitätszentren, wo tiefgreifende Veränderungen und drastische Umbrüche unverkennbar sind, sowie mit Orten, an denen relative Ruhe herrscht – wobei ein genaueres Hinsehen auch Differenzen innerhalb der Gruppen derjenigen Orte zutage fördert, die von gegenwärtigen Entwicklungen mehr bzw. weniger profitieren oder 'betroffen' sind. Zwar lassen sich 'Umland-interne' Differenzen auch in anderen Stadtregionen in Ost- (vgl. z.B. FRANZ 1995; Ott 1997) wie auch in Westdeutschland (vgl. z.B. Bahrenberg 1997; Ronneberger o.J.) feststellen. Die Disparitäten im berlin-brandenburgischen Verflechtungsraum scheinen allerdings über eine 'eigene' Qualität zu verfügen, die mit den anderswo zu beobachtenden Schieflagen kaum vergleichbar ist. So lassen sich auch Ansätze einer 'Clusterung' von Merkmalsausprägungen bislang nur überraschend undeutlich erkennen, die darauf hindeuten würden, dass größere Bereiche der Berliner Peripherie zumindest hinsichtlich einzelner Variablen eine einheitliche Entwicklung einschlagen, die sie von anderen peripheren Teilräumen unterscheidet. Immerhin finden sich – wenigstens was die ökonomische Entwicklung angeht – Anzeichen für eine vergleichsweise größere Dynamik im südlichen und west-

---

10 Wie in den alten Bundesländern ist auch im Fall von Berlin und Brandenburg die gewerbliche Entwicklung im städtischen Umland freilich nur in eingeschränktem Maße eine Folge von Stadt-Umland-Wanderungen (vgl. Brückner/Schmitt 1988: insbes. 257ff.). Sie ist vielmehr auch Ausdruck einer ökonomischen Eigendynamik des Umlandes und geht zu großen Teilen auf 'exogene Investitionen' zurück (vgl. Nowossadeck 1997: 32), die nicht ursächlich mit dem Stellenabbau im produzierenden Sektor in der Kernstadt in Zusammenhang stehen, gemeinsam mit diesem aber die zu beobachtenden markanten Suburbanisierungseffekte hervorbringen (siehe auch II.2).

lichen Berliner Umland. Schon die demographischen Entwicklungen, die sich seit 1989 an den Rändern der Hauptstadt feststellen lassen, zeigen aber ein Muster, dass die Annahme einer höheren Dynamik im Süden und Westen des Metropolenraums in keiner Weise generell stützt. Und auch eine Sonderstellung der West-Berliner Randbezirke ist – anders als noch vor kurzem belegbar schien (vgl. Nuissl/Joerk 1997; Nuissl 1997) – statistisch kaum mehr nachweisbar. Diese Besonderheiten lassen sich am ehesten als Indiz für die kaum prognostizierbaren Zusammenhangsgestalten zwischen gesellschaftlicher Transformation, globalem Strukturwandel und lokalen/regionalen Reaktionen hierauf interpretieren, die die rezenten Entwicklungen an den Rändern der Hauptstadt maßgeblich bestimmen. Festhalten lässt sich damit nicht zuletzt, dass im Moment wenig dafür spricht, dass die Berliner Peripherie in näherer Zukunft eine ähnliche Gestalt annehmen wird, wie etwa das Umland von Hamburg oder München oder gar die Pariser 'Banlieue'.

Ulf Matthiesen und Henning Nuissl

II.5 Phasen der Suburbanisierung seit 1989: Stichpunkte zum Berlin-Brandenburgischen Verflechtungsprozess

Zum Abschluss dieses Kapitels, das neben Hintergrundinformationen zum Feld auch theoretische Zugänge und Phasenmodelle der Suburbanisierung reflektiert, wollen wir ein eigenes Phasenmodell skizzieren – stichpunktartig und versuchsweise. Grundlage für diesen Versuch sind die eigenen Daten- und Fallanalysen sowie die in der einschlägigen Literatur diskutierten Stadterweiterungsprozesse. Gegen den subsumtionslogischen Zwangstakt der meisten bisherigen Phasen-Schematiken (s. oben II.2) versucht unser fallbezogenes Modell, neben den 'systemischen' Verflechtungen und historischen Vorstrukturen insbesondere auch die Pfadwirkungen der postsozialistischen Transformation sowie kulturelle und milieuseitige Kodierungen von Raumansprüchen angemessen zu berücksichtigen. Damit sollen insbesondere auch hybride Überlagerungen und gleichzeitig prozessierende Entwicklungsdynamiken berücksichtigt werden.

Die abrupt einsetzenden Verflechtungsprozesse von Berlin mit Brandenburg, von 'Mark und Metropole', setzten 1989 keinesfalls bei Null ein. Allerdings unterschieden sich die einschlägigen Vor-Strukturen im Westen und Osten Berlins stark voneinander. Im Westteil der Stadt haben epochale Sonderbedingungen der Stadtentwicklung im Zusammenhang mit der harten Hemisphären- und System-Grenze über 40 Jahre hinweg zu einer gleichsam hyperkritischen äußeren Stadtgrenze geführt, ohne jedwede *direkte* Suburbanisierung. Gleichwohl konnte der Suburbanisierungsprozess ab 1989 auch hier an vorauslaufende präsozialistische Stadterweiterungsformen sowie an teilweise abgebrochene, teils um den westlichen Stadtteil 'herumgeleitete' Stadterweiterungsformen anschließen. Die für die 'Hauptstadt der DDR' typischen Suburbanisierungsformen im Osten Berlins und im Umland dagegen sollten sich von diesen älteren Vorstrukturen 'prinzipialistisch-sozialistisch' und radikal absetzen. Daher lassen sich zwei größere Zeiträume als 'vorauslaufende' Phasen unterscheiden:

Vorphase 1: Suburbanisierung und Vorortbildung bis 1945
Seit Beginn der Hochindustrialisierung Berlins ab 1871 kommt es – zunehmend entlang der neugebauten Verkehrswege und schließlich entlang der S-Bahn-Trassen – zu einer relativ planmäßigen Erschließung und Entwicklung von Siedlungsgebieten durch private Terraingesellschaft, Auffanggesellschaften etc. (siehe Bernhardt 1998; zur Planungsseite dieser Entwicklung siehe jetzt Wessling 2000). Deutliche Entwicklungsschübe zeigen sich dabei im Jahrzehnt vor dem ersten Weltkrieg sowie in den 20er und 30er Jahren.
Weitere Stichworte dazu:
- 1920 Bildung von Groß-Berlin; durch Eingemeindung bislang selbstständiger Kommunen erreicht die Stadt ihre bis heute gültigen Grenzen; durch diesen enormen physisch-räumlichen wie verwaltungstechnischen Erweiterungsprozess gehören nun auch innerstädtisch große, baulich interessante Freiflächen/Peripherien zum Stadtteil.
- Außerhalb von Groß-Berlin: Zuzug von Berlinern in die Umlandgemeinden; damit verlieren diese Gemeinden ihren Charakter als Dörfer im klassischen Sinne (siehe II.0, Foto 3.3, dort Anmerkungen zu Gartenvorstädten etc.). Auf diese Weise entstehen 'nichtdörfliche' Zuzügler-Milieus in den neuen Siedlungsbereichen außerhalb der alten Ortslage. Diese Randwanderung erstreckt sich über die Periode der Weimarer Republik wie der NS-Zeit hinweg und wird unter beiden politischen Regimen mit einer Reihe von Programmen (z.B. „vorstäd-

tische Kleinsiedlung", „Reichsheimstätten") öffentlich gefördert. Häufig genannte Gründe für die Wahl eines Lebens an der Peripherie bzw. in den jeweiligen Zuzügler-Milieus: „Luft und Licht" sowie Schutz vor „großstädtischer Unsicherheit". Neben die von den einzelnen Reformbewegungen auf jeweils unterschiedliche Weise wiederaufgeladene Stadt-Land-Dichotomie treten damit neue Unterscheidungen, etwa die siedlungsstrukturelle Gegensatz-Kodierung 'unsichere Stadt' – 'sicherer Vorort', Schmutz und hektisches Tempo versus saubere Luft und eigengeprägte Lebensrhythmen (vgl. die Familien-Biographie Anna Ulrike Kern in III.1). An diese symbolischen Gegensatz-Kodierungen, die der 'sozialistischen' Phase vorausliegen und die an 'reale' soziale Segregationstendenzen andocken („Armutslagen", Wildes Siedeln, Villenvororte etc.), schließen viele Nachwende-Suburbanisierungen wieder an (besonders deutlich in *Grünow*, unserer 'Gewinner-Gemeinde').

Vorphase 2: Entwicklung des Berliner Umlandes in der Phase des real existierenden Sozialismus (1949-1989)
Die DDR-Phase der Stadtentwicklung ist durch einen eigenständigen *'sozialistischen' Suburbanisierungstypus geprägt*, der verkürzt und etwas lax durch das 'Goldene Dreieck von Arbeit, Platte, Datsche' gekennzeichnet wird. Rund um Berlin greifen aber noch weitere und darüber hinausgehende Veränderungen der ökonomischen, sozialen und räumlichen Strukturen in das 'vorsozialistische' Siedlungsgefüge ein (vgl. Zimm 1990, Scherf 1997, Burdak, Herfert 1998). Damit einher gehen starke Veränderungen der Bevölkerungsstrukturen sowie der lokalen ländlich-vorstädtischen Milieus.

Zunächst zum allgemeinen *'raumpolitischen' Impuls der real 'sozialistischen' Stadterweiterungskonzepte:* Die generelle DDR-Strukturpolitik für ländliche Räume erfasst auch das Umland des gespaltenen Berlin: Städtische Bau- und Siedlungsformen schieben sich – top down durch die Territorialplanung implementiert – in die Dorf-Vorort-Gemeinden hinein, unter der Forschritts-Ägide einer typisch *restlosen* Aufhebung der Strukturdifferenz von Stadt und Land (L. Kühne 1985). Neben dem Ausbau der sozialen und technischen Infrastrukturen kommt es zur flächendeckenden Implantierung des „komplexen" Wohnungsbaus (Plattenbauten) – wo immer möglich bis in die Ortskerne hinein. Ziel: Befreiung der ländlichen Siedlungen aus ihrem vormodern-vorindustrialistischen 'Schicksal'.

Nach einer frühen Phase der Enteignung und der Landverteilung an Neubauern (so in Otterstedt) im Zuge von 'Bodenreform' und 'Kollektivierung' nimmt die Zahl der bäuerlichen Betriebe während der 50er/60er Jahre im Umland drastisch ab. Etwa 1970 ist die politisch exekutierte Umstellung auf industrielle Agrarproduktion abgeschlossen. Traditionelles bäuerliches Leben ist tiefgreifend überformt, wo nicht ganz verschwunden; dagegen sind die kompetenzgeschwächten Gemeinden ungefragt um Bullenmaststationen, Traktorausleihstationen sowie industrielle Implantate reicher (s. etwa II.0, Foto 4.5, dort das großdimensionierte Backwarenkombinat in Otterstedt). Daneben bilden sich im suburban-sozialistischen Raum der geteilten Stadt neue nicht-dörfliche Siedlungsstrukturen – etwa der „DDR-Hightech"-Ring im südwestlichen Berliner Umland um Teltow und Potsdam. Obwohl Wohnungsbauprojekte für Werktätige aus Berlin außerhalb der „Hauptstadt der DDR" kaum ausgewiesen werden, nimmt die Zahl der Berlin-Pendler in den Umlandgemeinden (wenngleich immer noch auf recht niedrigem Niveau bleibend), über die vier Jahrzehnte Sozialismus kontinuierlich zu; damit halten städtische resp. suburbane Lebensweisen verstärkten Einzug ins Umland (vgl. Zimm 1990). Weiter wird das Berliner Umland massiv für 'stadtbezogene Funktionen' vor allem der Ver- und Entsorgung in Anspruch genommen, sicherlich zunächst für Ost-Berlin, aber teilweise auch zu Zwecken der Devisen-Beschaffung für West-Berlin (Trinkwasserbevorratung; Abwasserbeseitigung; Müllhalden; Umspannwerke; Lagerkapazitäten für Großbaustellen in Berlin (vgl. Apolinarski, im Erscheinen). Daneben sind einmal Erholungsbereiche zu nennen, dann insbesondere große, teilweise betriebs- und kombinatsbezogene Datschensiedlungen, Kleinsiedlungs- sowie Kleingarten-Gebiete. Diese Siedlungsformen gelten „als spezifische Ersatzform der Wohnsuburbanisierung im Realsozialismus ... insbesondere für Bewohner der *Geschosswohnungs- und Großwohnsiedlungen*" (Kühn 2001). Nicht selten waren sie saisonal durchgehend, teilweise sogar dauerbewohnt. Seit Anfang der 80er Jahre setzen lokal-kulturelle Versuche ein, dem ruppigen „ostfordistischen" Wandel der Umlandgemeinden unter der Ägide eines anspruchsvolleren sozialistischen Suburbanismus Widerstand entgegenzusetzen. Allerdings wird diese zunächst vorstaatlich-bürgergesellschaftlich initiierte Rückbesinnung auf 'Heimat' und erhaltenswerte konkrete Orte schon seit den frühen 1980er Jahren staatlich absorbiert und damit systematisch eingebunden. (Beispielhaft kann dafür die Otterstedter Geschichtswerkstatt einstehen, die lange vor 1989 unter der Ägide einer tatkräftigen und kundigen Frau bürgergesellschaftliche Aktionen zur Stärkung der 'lokalen Identität' organisierte – und das nach der Wende mit gesteigertem entwicklungskritischen Elan fortführt.)

In dieser relativ komplexen Weise kann die Vorphase 2 insgesamt als *spezifischer Suburbanisierungstypus* der staatssozialistischen Variante der industriegesellschaftlichen Moderne beschrieben werden, hier nochmals profiliert durch die Sonderbedingung des gespannten Verhältnisses von „Hauptstadt der DDR" zu den Umlandgemeinden Berlins (die etwa hälftig den Bezirken Potsdam und Frankfurt/Oder zugeordnet waren). Dieser besondere Suburbanisierungstypus zeichnet sich also insbesondere durch eine „realsozialistische" 'Urbanisierung' des Umlandes aus, die aber nicht mit einer Dekonzentration der Städte einhergeht.

Auch innerhalb der Berliner Stadtgrenzen sind in dieser Phase entsprechende Veränderungen zu beobachten, die man vielleicht als „Quasi-Suburbanisierungstendenzen" bezeichnen könnte. Für *Ostberlin*: Ausbau der Kleinsiedlungsgebiete; später kommt – besonders markant – die Errichtung der riesigen Großwohnsiedlungen vor allem am nordöstlichen Rand Ostberlins hinzu. Ähnliches geschieht in *Westberlin*, teilweise sogar früher als in Ostberlin: Großsiedlungsbau an der innerstädtischen Peripherie sowie – angesichts der welthistorisch induzierten Zwangsbeschränkung auf das Stadtgebiet und einer zunehmenden Verbesserung privater Einkommensverhältnisse – besonders dichte und 'chaotisch' wuchernde Einfamilienhaussiedlungen in den Randgegenden West-Berlins. Enervierte Stadtplaner haben für diese randstädtischen Räume die Labels 'planerische Wildschweingebiete' und 'Rudowisierung' (nach dem Stadtteil Rudow im äußeren Teil von Neu-Köln) gefunden. Bei den Bewohnern erfreuen sich diese relativ peripheren Gegenden übrigens sehr hoher Wertschätzung.

Phase 0: Die Krise der Wende – „Alles scheint möglich" (1989-1990)
Chaos und Krise, Euphorie und Verzweiflung auf lokaler und regionaler Ebene: „Alles scheint möglich" – Absturz und Wende zum Besseren. Runde Tische auf lokaler Ebene bereiten 'endogene' Formen des Eliten-Austausches vor. Die Verflüssigung „aller" sklerotisierten sozialen Strukturen scheint auf der weltgeschichtlichen, nationalen und lokalen Tagesordnung zu stehen: Radikaler Umbruch ist das Fanal, aber keine Revolution. Gegen diese allgemeine Verflüssigung der Verhältnisse steht die relative Persistenz der baulich-siedlungsstrukturellen Muster und ihrer Infrastrukturdefizite. Manche Versuche eines lokalen Elitenwechsels werden gekontert mit der Reaktivierung alter strong ties auf Gemeindeebene sowie der (teilweise windungsreichen) Etablierung von politischen Parteien auch vor Ort. Andernorts (Grünow) profilieren sich findige Eliten von Technikern und Ingenieurinnen in bürgerschaftlichen Foren.

Phase 1: Der wilde Osten im suburbanen Raum (1990-1992/93)
Einige Rahmenbedingungen:
- Rechtsunsicherheit – bis hin zu rechtsfreien Räumen, Paralyse der Verwaltungen; Institutionentransfer West-Ost; Akteurssubsitution insbesondere auf der überlokalen Ebene

der neu gebildeten Administrationen; Bildung neuer lokaler Eliten und zugleich Regeneration alter Seilschaften. *Restitution* als sozialräumliches Groß-Problem; fehlender planerischer Konsens und fehlende 'Planungskultur' (s. VI.1 sowie Matthiesen 1998b, Nuissl 2000); hochgehende Wellen einer plötzlich möglichen postsozialistisch- konsumistischen Alltagskultur.

Suburbanisierungsmuster:
Erster massiver, dabei marktwirtschaftlichen 'Regeln' folgender Suburbanisierungsschub;
zuerst entstehen die am schnellsten realisierbaren, renditeträchtigsten Projekte:
etwa die sattsam bekannten und vielbeklagten Einkaufszentren auf der 'grünen Wiese'; mit etwas längerem planerischem Vorlauf dann Gewerbeareale (s. Immissionsschutz; kompliziertere Investitionsentscheidungen, längere Abschreibungsdauer); am schnellsten geht es hier bei reinen Verlagerungen innerstädtischer (West-Berliner) Betriebe;
planerische Vorbereitung von größeren Wohnungsbauprojekten außerhalb des bisherigen Siedlungsbereiches; deren Realisierung läuft aber in dieser Phase erst an.

Dieser erste größere Nachwende-Suburbanisierungsschub ist fast ausschließlich 'westlich induziert': Großunternehmen, anlagesuchendes Kapital und 'Glücksritter' aus den Alten Bundesländern ergreifen überall in den Neuen Bundesländern resolut die Entwicklungschancen; besonders beliebt sind dabei die großstädtischen Peripherien. Anders als in den Stadtzentren herrschen dort in der Regel schon klare Eigentumsverhältnisse, zudem sind riesige Flächenpotentiale verfügbar. Insofern kann hier kurzfristig sowie mit geringem architektonisch/städtebaulichem Aufwand gebaut werden. Dabei ist immerhin schon mit einer gewissen Transfer-gespeisten 'Ware-suchenden' Kaufkraft zu rechnen. Diese westinduzierte Suburbanisierung unter „postsozialistischen Pfadbedingungen" (II.1, II.2) entfaltet sich in proaktivem Zusammenspiel mit Rearrangements auf der 'östlichen' Akteursebene (vgl. hierzu die Fallanalysen sowohl zu Grünow wie Otterstedt – insbesondere III.1; III.2, VI.1; s. auch Matthiesen 1998b, Nuissl 2000): die vielfältigen Optionen der neu institutionalisierten kommunalen Selbstverwaltung werden in lokal sehr unterschiedlichen Akteurskonstellationen durch gleichfalls neu sich bildende kommunale Eliten 'geschultert'.

Aus unseren Gemeindemilieustudien heraus werden dabei insbesondere *vier Typen von Akteuren rsp. Akteursgruppen* erkennbar, die aber von Ort zu Ort unterschiedlichen Einfluss gewinnen (Gewinner-Verlierer-Gemeinden-Differenz):

1) Früher Einstieg von *Bürgerbewegungsakteuren* in die Lokalpolitik; in den teilweise sehr kleinen Gemeinden des Berliner Umlandes spielt diese Gruppe allerdings nur da eine wichtigere Rolle, wo das einbettende Milieu die erforderliche kritische Masse erreicht (s. etwa Grünow, vgl. auch S. Neckels Waldlebenstudie).
2) Beinahe flächendeckend spielen gut ausgebildete und ambitionierte Mitglieder der 'technischen Intelligenz', insbesondere IngenieurInnen etc. eine wichtige Rolle auf der lokalen Akteursebene; diese Gruppe hat größtenteils während der letzten Jahre der DDR demotiviert in Nischenexistenzen überwintert (s. für Grünow die Fälle Behr, Dimitroff, für Ottersberg s. III.1).
3) Zugleich regenerieren sich alte Seilschaften aus der zweiten Reihe heraus – teils im Zusammenspiel mit 'Wendehälsen' und 'Goldgräbern' aus dem Westen (so in Otterstedt).
4) Hinzu treten bodenständige, gebildete, „gelernte DDR-Bürger" mit Partei- (PDS-) Nähe, die in der Kommunalpolitik der Umlandgemeinden ein fruchtbares Tätigkeitsfeld entdecken, in dem – mehr oder weniger reformorientiert – hohes politisches Engagement gefordert ist. Mit großem Einsatz arbeiten sie sich in die neuen Rechtsgrundlagen ein (nicht selten Konzentration auf Bau- und Planungsrecht) und führen – häufig über die Verrentungs-

II.5 Phasen der Suburbanisierung seit 1989

schwelle hinweg – ein tätiges, prinzipienfestes und ortsbezogen – bürgerschaftlich orientiertes Leben – was Sklerotisierungen der Weltsicht nicht ausschließt (III.2, V.1, V.4, VII.2).

Teilweise ohne Vorerfahrung werden diese Gruppen mit den faktischen Interessendynamiken auf lokaler Ebene konfrontiert. Dabei optieren die Akteursgruppen 2) und 3), also TechnikerInnen und alte gewendete Seilschaften zumeist für *stark expansive* Entwicklungspolitiken (VI.1); in Kooperation mit westlichen Investoren werden in dieser Phase mit hohem Tempo Projekte planungsrechtlich auf den Weg gebracht und ohne große öffentliche Debatten entschieden (erleichtert durch rechtliche Lücken insbesondere vor dem 3.10.90); kennzeichnend für diese Phase ist zugleich eine mangelnde politische Kontrolle der Entscheidungsträger (deutlich in Otterstedt, Anzeichen dafür aber auch in Grünow – vgl. Ausführungen von Seiten der Regionalen Planungsgemeinschaften zur Genehmigungspraxis in VI.1 – sowie Hinweise zur „Rationalität kurz- und mittelfristiger Ziele" in III.2).

Zur Bevölkerungssuburbanisierung:
Außerhalb der Berliner Stadtgrenze verläuft die Randwanderung der Bevölkerung in Phase 1 noch ausgesprochen verhalten; der Wohnungsbau läuft erst an und die Restitutionsfälle sind zum allergrößten Teil noch ungeklärt; ostdeutschlandtypischer Bevölkerungsschwund (durch Abwanderung in die 'alten Bundesländer' – sowie durch einen wendebedingten – insbesondere von den Ostdeutschen aber als exorbitant rsp. epochal interpretierten – Einbruch bei den Geburtenraten). So schrumpft die Bevölkerung in den meisten Umlandgemeinden; kennzeichnend ist dabei vor allem eine überdurchschnittliche Abwanderung der 'dynamischsten' Bevölkerungsgruppen (am stärksten weg zieht es junge Frauen! vgl. II.4).

Andere, teils gegenläufige Tendenzen zeigen sich *innerhalb* der Berliner Stadtgrenzen: Erst jetzt erfolgt hier die Fertigstellung der letzten „komplexen" Großwohnsiedlungen im Osten; anhaltende Nachfrage nach Einfamilienhäusern in den Randbezirken Westberlins; der Berliner Senat legt in den frühen neunziger Jahren ein ehrgeiziges Wohnungsbauprogramm auf – in Erwartung enormer Zuwanderungen aus anderen Bundesländern und dem Ausland – aber auch, um den *prognostizierten* existenzbedrohenden Abwanderungstendenzen aus Berlin etwas entgegensetzen zu können (in der politischen Diskussion wurde dies allerdings nicht in den Mittelpunkt gestellt). Im Flächennutzungsplan 1994 weist der Senat große, vorwiegend in den Randbezirken gelegene 'Reserve-Flächen' als Wohngebiete (z.T. auch als Gewerbegebiete) aus. Auch hier gilt aber, dass die Realisierung in Phase 1 erst anläuft. Unterhalb der Ebenen von objektiven Strukturdaten mit zunächst noch verhaltenen faktischen Veränderungsdynamiken zeigen sich auf der Ebene der *Alltagskulturen* auf lokaler und regionaler Ebene schon jetzt massive Veränderungen (Frühwarnfunktionen!):

- Zunahme der 'Berlin-Pendler', weil zahlreiche Ostdeutsche Arbeitsplätze in Westberlin finden; damit im Zusammenhang drastische Änderungen im Verkehrsbereich: Die rasante Automobilisierung des Ostens führt fast von heute auf morgen zu einer nicht mehr primär ÖPNV-gestützten 'Pendlerkultur' in den Berliner Umlandgemeinden; dadurch keine 'Vermischung der Vorstadtmilieus in der Bahn' mehr – wie zu DDR-Zentren mit ihren „Sputniks" etc. Folge: Separierung und Entöfflichung/Individualisierung der Verkehrsformen; Beispiel.: Der Otterstedter Bahnhof verliert damit seine Funktion als Kulminationspunkt des Gemeindemilieus. Zunehmend werden stattdessen Tankstellen zu 'Szene-Treffs' der automobilen Jugendkulturen.
- Rund um Berlin tauchen an Wochenenden Westberliner in ihren größeren West-Autos auf und erkunden 'ihr' neues Umland; auf Umland-Automärkten werden Gebrauchtwagen zu überhöhten Preisen verhökert, Imbissbuden („Bei Gaby") vermehren sich stünd-

lich und schaffen die erste Infrastruktur für eine *stehende Form der Nachwende-Verköstigung* etc.

Phase 2: Suburbanisierung und 'Abgrenzung' (1992/93-1996)
Nach der ersten, offenen und chaotischen Phase mit eher luftigen Zukunftsprospektionen für die Metropolenregion insgesamt werden in dieser zweiten Phase die prägenden Prozess-Strukturen und Kontextvariablen deutlicher erkennbar. Teilweise differenzieren sich auch jetzt erst zentrale Bestimmungsfaktoren und Akteurskonstellationen aus, die den Suburbanisierungs- und Verflechtungsprozess an den Rändern der Hauptstadt seither wesentlich prägen.

baulich-räumlich, siedlungsstrukturell/demographisch:
Etwa drei Jahre nach der Wende kommt eine massive 'Wohnsuburbanisierung' in Gang (vgl. hierzu auch Herfert 1997): Erst im Jahr 1993 werden im engeren Verflechtungsraum mehr Baugenehmigungen für Wohngebäude erteilt, als im Bundesdurchschnitt; 1994 sind es dann bereits dreimal so viele (Heinrich 1996: 34). Die politisch gewollte steuersubventionsgestützte ostdeutsche Wohnungsbautätigkeit beginnt in dieser Phase also – zumindest temporär – zu greifen.

Erst jetzt auch gibt es erwähnenswerte Wanderungsverluste Berlins gegenüber dem Umland, die von nun an zunächst von Jahr zu Jahr exponentiell zunehmen. Hintergrund: Erste 'Wohnparks', weiter neue, seit 1990 in privater Regie geplante und errichtete Einfamilienhäuser sowie „Stadtvillen" für das höhere Einkommenssegment (II.0, Foto 3.4) werden bezugsfertig. Dabei gewinnen – etwas überraschend – zunächst vor allem die östlich und nordöstlich gelegenen Umlandbereiche Einwohner aus Berlin („Boomtown Bernau"). Eigentlich war diesen Verflechtungszonen eine eher magere Entwicklungsperspektive prognostiziert worden (im Gegensatz zum südlichen und westlichen Verflechtungsraum).

ökonomisch:
Die Startentscheidungen für erste große gewerbliche Investitionen im Umland sind inzwischen zu wesentlichen Teilen realisiert; die planerische Ausweisung von gewerblichen Flächen wurde ja bereits in Phase 1 weitgehend abgeschlossen. Ab jetzt geht es vornehmlich darum, vorbereitete und erschlossene Flächen voll zu bekommen. 'Nachzügler' in dieser hektischen Szenerie haben es insbesondere im gewerblichen Bereich dementsprechend schwer – und zwar unabhängig von der Lage. Beispiel: Der 'Europark' Kleinmachnow bekommt – trotz großer Lagegunst – sein Gelände über Jahre hinweg nicht voll und muss sein 'anspruchsvolles' Ansiedlungskonzept abspecken.

Bei Gründungen von Klein- und Kleinstunternehmern im Umland kommt erst jetzt eine gewisse Dynamik in Gang. Damit tritt ein wichtiges potentielles Ferment künftiger Gemeindemilieubildungen an den Rändern der Hauptstadt auf den Plan. Der 'dynamische' Teil ostdeutscher Unternehmensgründer musste sich (häufig in enger Vernetzung oder personeller Identität mit den kommunalpolitischen Akteursgruppen 2 ('technische Intelligenz') und 3 ('alte Seilschaften, siehe oben die vier Akteurstypen in Phase 1) in den ersten Jahren nach der 'Wende' zunächst an die neuen Gegebenheiten, institutionellen Arrangements und rechtlichen Normierungen assimilieren/akkomodieren. Dazu gehörte immer auch ein Schnelldurchgang durch neue, umsetzungsnahe Wissensgebiete. Den 'findigsten' Gründern gelingt es typischerweise in diesem Zeitraum, ihre Unternehmung, die bereits in Phase 1 konzipiert und vororganisiert wurde, am Markt des Umlandes und darüber hinaus zu etablieren. (Die Fallanalysen dieses Bandes enthalten dazu beispielhafte Gründungsverläufe: so etwa zu einer schnell überregional marktführenden Solartechnologie-Firma (IV.2), einem Fitness-Klub (IV.2), einem Fachgeschäft für 'bewusstere Ernährungsformen' (IV.1) sowie zu einer erfolgreichen Umland-Diskothek (VII.1).) Die beruflichen Karrieren zeigen zudem häufig ein strukturähnlich gearbei-

II.5 Phasen der Suburbanisierung seit 1989

tetes Erfolgsskript: In der Phase des 'Wilden Ostens' durchdenken und erproben die dynamisch/innovativen 'Kleinunternehmer' zunächst einmal neugierig unterschiedliche Optionen. In Phase 2 'schlagen sie dann zu' und besetzen eine 'Umland-Nische', die sich in dieser Form typischerweise nur unter den transformationsgesellschaftlichen Bedingungen der neuen Bundesländer auftun konnte ('Extra-Chancen'). Wichtige Voraussetzung für den unternehmerischen Erfolg dabei: strukturelle Neugierde, „bewegliche Bodenständigkeit und Autonomiebestreben" (Gordon in IV.1).

Ein zentrales Erfolgsgeheimnis dieses Typs von Unternehmensgründungen im Umland besteht schließlich darin, dass strukturelle Probleme der Transformationslandschaft selbst bzw. die Ost-West-Polarität auf der Ebene von Mentalitäten, Lebensstilen, Milieus mit in das Unternehmensdesign integriert werden. Dabei wird teilweise „Auseinanderstrebendes und Widersprüchliches auf z.T. bizarre Weise synthetisiert" (VII.1; zur 'Logik' solch *postsozialistischer Hybridbildungen* siehe genauer VII.2). Der sozialräumlichen Lage an der Peripherie des Berliner Metropolenraumes kommt dabei häufig eine 'katalytische' Bedeutung zu: Disparitäre Entwicklungen im engeren Verflechtungsraum sind zudem ständig ko-präsent; ja, häufig produzieren gerade sie Problemlagen, die wiederum Chancen eröffnen für Unternehmensgründungen und marktfähige Lösungsangebote (vgl. IV.1 sowie Matthiesen 1998a). In den innovativen Netzen der Umlandgemeinden verstärken sich auf diese Weise sowohl die Bedarfe wie die Kompetenzen für eine zielgenaue taktische Bearbeitung von Transformationsfolgen. Damit wird *neues 'lokales' Wissen* generiert, das in seinen besseren Exemplaren Anschlussformen und Ost-West-Mixe ermöglicht, also auch neue 'Brückenschläge' begünstigt. In dieser Phase bildet sich also der *Typus eines findigen, spezifisch berlin-brandenburgischen suburbanen 'Kleinunternehmertums'* aus, – hochgradig vernetzt und rund um die Stadt 'auf Achse'. Unseren Fallanalysen zufolge ist dieser neue Unternehmertyp von zentraler Bedeutung in zweierlei Hinsicht: a. für die Bewältigung von Transformationsfolgen im Allgemeinen, b. für das handling von Problemlagen, die für diesen metropolitanen Verflechtungspfad spezifisch sind. Wichtig dabei scheinen insbesondere lokales Wissen, Bodenhaftung, eine 'gewitzte' Kalkulation von Chancen und Optionen im Rahmen der (sich mit den Suburbanisierungspfaden neu öffnenden) Handlungsfelder sowie nicht zuletzt eine hohe Lernbereitschaft zu sein. Diese situationsspezifischen Kompetenzen verdichten sich zu neuen, flexiblen *„Zwischenidentitäten"* (IV.1, IV.2, V.1, VIII).

planerisch:
Planung und Verwaltung sind – insbesondere auch auf kommunaler Ebene – in Phase zwei zunehmend damit befasst, Altlasten aus der Phase des 'Wilden-Ostens' abzuarbeiten und insofern 'aufzuräumen'. (Überregional bekanntestes Beispiel für hypertrophe Fehlentscheidungen aus der unmittelbaren Nach-Wende-Zeit sind die Klärwerksskandale, die viele Gemeindehaushalte an den Rand des Bankrotts (und manchmal darüber hinaus) brachten. Bekannter geworden sind auch die 'beleuchteten Schafswiesen', also 'auf Verdacht' schon mal mit teilsubventionierter Infrastruktur bestückte 'Gewerbe-Industrieparks'; es gibt aber eine ganze Reihe weiterer, häufig mit kräftigem Lokalkolorit aufgemischter Beispiele dafür. Charakteristischerweise geschieht die Aufräumarbeit vor dem Hintergrund neuer Akteurskonstellationen: Integre und unbelastete Personen (der o.g. Akteursgruppen 1 – (ehemalige Bürgerbewegungsakteure) – und vor allem der Gruppe 4 – (gelernte DDR-Bürger, häufig PDS-nah), die in Phase 1 gegenüber den an kurzfristigen ökonomischen Kriterien orientierten 'Machern' und 'Expansionisten' vielfach noch das kommunalpolitische Nachsehen hatten, werden nun – 'zu spät fast' – in die entscheidenden lokalen Funktionen gewählt. Diese Akteursgruppen versuchen dann mit hohem persönlichem Einsatz, die lokale Entwicklung wieder in geordnete Bahnen zu bringen. An der Aufgabe, „die Folgeprobleme früherer, fragwürdiger Entscheidungen kleinzuarbeiten", reiben sich diese Ak-

teure mancherorts regelrecht auf (so in Otterstedt, s. III.2, III.1). Nicht selten suchen diese lokalen Akteure nun die Kooperation mit nachweislich 'seriösen' Westlern und 'anständigen' Planern (s. die Figur des 'Therapeuten' in VI.1); zeitgleich vertiefen sich aber auch generalisierte Vorbehalte gegenüber dem 'asozialen, unmoralischen' Kapitalismus' zu einem Gegenerfahrungsresistenten Grundsentiment („Summton der Unzufriedenheit"). Dieses Grundsentiment entwickelt zwei typische Ausgänge: a. die Haltung eines späten, hyperkritischen Radikaldemokratentums – weitgehend begründungsentlastet; oder b. die Kult-Form der Wiedererfindung der top down verplanten DDR als Diskurs- und Solidargemeinschaft (Summenformel: „Es war doch nicht alles schlecht, oder?"; jeweils mit lokalen Sonderformen, wie in Otterstedt; vgl. VII.2).

(kommunal-) politisch:
Auch auf kommunaler Ebene kommt es in dieser Phase zur Konsolidierung der (westdeutschen) Parteienlandschaft – aber eben *plus PDS*. Diese alt/neue Partei ist gerade lokal enorm bedeutsam und darf keineswegs nur als in alten Netzen zappelnde, 'ewig gestrige' politische Gruppierung 'gelabelt' werden. Während in Phase 1 Kommunalpolitiker tendenziell stärker nach 'Persönlichkeitsmerkmalen' und 'Kompetenzprofilen' gewählt wurden, also eher danach, ob ihnen zuzutrauen war, 'etwas zu bewegen', spielt nun die Parteizugehörigkeit, der Rückhalt durch eine starke Partei und ihre translokalen Netze die dominierende Rolle. Dieser kleine parteiendemokratische Politikstil-Wechsel wird vor Ort häufig zu einer vehementen und generalisierten Parteien-Kritik verbreitet. Beispiele.: gleich mehrere unserer 'Fälle', die von der NDPD zur FDP gegangen sind, ziehen sich enttäuscht über ortsfremde Politik-Imperative aus der Kommunalpolitik zurück (etwa weil sie die Angleichung der ostdeutschen FDP an die Dominanz der 'wirtschaftsliberalen' Hauptströmung in der westdeutschen FDP nicht mitragen wollen (vgl. III.1, V.2, s. a. V.1). Die in Brandenburg mit starkem NRW-Input aufgebaute SPD setzt sich in dieser Phase zumeist auch in den Umland-Kommunen mit ihren 'translokalen' Relevanzsetzungen durch. Andere 'Fälle', die kommunalpolitisch aktiv sein wollen, entschließen sich zur Mitarbeit in der SPD trotz - wie sie selbst einräumen – nur mäßiger programmatischer Nähe zu den Sozialdemokraten. Das gilt für die Führungselite sowohl in Grünow wie in Otterstedt.

lokal- und regionalkulturelle Verflechtungsmilieus:
Innerhalb der Gemeindemilieus zeigen sich in Phase 2 eindeutige Tendenzen der Ausdifferenzierung sowie der gegenseitigen Abgrenzung von Teilmilieus (zu den 'Neuen Selbstständigen' als wichtigen Inkubatoren der Verflechtungsmilieus s. o. den Ökonomie-Teil). Ein wesentlicher Hintergrund hierfür ist der nun auch alltagskulturell wahrnehmbare Zuzug von (westlichen) Neubürgern. Damit lässt sich auch vor Ort eine Begegnung/Konfrontation mit dem in Gestalt von Personen auftretenden 'Fremden', der Konflikt zwischen 'eigenen' und 'fremden' Lebensformen, vor allem auch die Auseinandersetzung zwischen unterschiedlichen *Erziehungsstilen*, nicht mehr 'distanzieren' (s. V.1; insbes. VII.2). Aber auch innerhalb der Alteingesessenen kommt es angesichts veränderter Rahmenbedingungen, neuer Aufgaben und zunehmender Entwicklungsspreizungen zu neuen Gruppierungen, Spaltungen, Assoziationen.

Der strukturelle Schockzustand als Folge von überehrgeizigen kommunalpolitischen Entscheidungen in Phase 1 wirkt jetzt als Katalysator für ein Auseinanderdriften von eher bewahrenden, invers orientierten Teilmilieus gegenüber den härteren 'Modernisierern' der o.g. Akteursgruppen 2 (Technische Intelligenz) und 3 (Alte Seilschaften). In Otterstedt etwa hatte sich die Akteursgruppe 2 in Phase 1 gründlich diskreditiert, in Grünow dagegen hat die Akteursgruppe 3 mit klügeren Governanceformen und einer weitaus optimaleren Ressourcenausstattung etwas vorsichtiger – und sehr viel erfolgreicher agiert. (Diese 'kontextsensitiven' Modernisierer zeichnen sich durch eine hohe 'Ladung' auf der Dimension 're-embedding', da-

gegen durch eine niedrige Ladung auf der Dimension 'Kulturelle Schließung' aus; vgl. dazu das Generalisierungsschema für die Fallanalysen in: Matthiesen 2001b.)
Darüber hinaus scheinen jetzt neue 'Milieu-Mischungen' zu entstehen, die sich an neue, über Lebensstile symbolisch ausgeflaggte Örtlichkeiten (places) binden: etwa die sozialen Räumlichkeiten der ostdeutschen Jungunternehmer Beer (IV.1) und Rasch (IV.2). Besonders sinnfällig werden diese Prozesse etwa im Geschichten-durchsotteten Sozialraum der 'Glatzen-Disco' Farfalla (vgl. VII.1): Letzte DDR-Nutzung durch die FDJ; nach zweijährigem Leerstand in den tumultuarischen frühen neunziger Jahren wird hier der spezifische 'Sozialraum' Farfalla erfunden, mit neuen Formen des Anschlusses an DDR-Traditionen sowie einem 'innovativen' Ost-West-Mix von Konsumismus, kultureller Schließung und 'rechter' Öffnung (s. genauer dazu VII.1, VII.2). Mit der marktfähigen Entwicklung von Sozialräumen wie dem Farfalla wird dabei eine offensichtlich den generationentypischen Transformationszeitgeist treffende Dienstleistung angeboten. Gleichzeitig bieten diese Räume Gelegenheit, die persönlichen Folgen der Transformation in unterschiedlicher Weise über Netzwerkbildungen zu bearbeiten. Schließlich zeigen sich innerhalb dieser 'szeneartigen' Milieubildungsprozesse auch deutliche Anzeichen der gegenseitigen Abschottung suburbaner Teilmilieus (am frühesten und ausgeprägtesten im Rasch-Klub – vgl. IV.2 –, der schon etwa ab 1995 kaum noch offen ist für 'Fremde' als 'neue' Mitglieder).

Unter-Phase 2b: Akzeleration und 'Schließung' (1996)
Die in Phase 2 deutlich werdenden Strukturen suburbaner Entwicklung erfahren seit Mitte der neunziger Jahre eine politische wie alltagskulturelle Zuspitzung; diese Beobachtung lässt sich anhand der *gescheiterten Fusion von Berlin mit Brandenburg* (parallele Volksentscheide in beiden Ländern am 5. Mai 1996) zeitlich einordnen. Die Ablehnung insbesondere auf brandenburger (aber auch (wenngleich schwächer) auf ostberliner) Seite kann als öffentlichkeitswirksames Fanal dieser Tendenzen gesehen werden. Was für die eingeborene politische Elite Brandenburgs (etwa für Ministerpräsident Stolpe und seinen inneren Kreis) 'völlig' überraschend kam, haben wir sehr deutlich schon vor den Wahlen in ersten feldöffnenden unstandisierten Kontrast-Interviews sehen können: lokale und regionalkulturelle Schließungstendenzen gerade gegenüber Berlin, nahmen spürbar zu (s. Matthiesen 1998a).
Zeitgleich entwickeln die Suburbanisierungsdynamiken in dieser Phase eine neue Qualität – wenigstens was den öffentlich am meisten beachteten Aspekt, die Abwanderung der Bevölkerung aus der Kernstadt, angeht. So wird erst 1996 – in relativen Zahlen – die negative Wanderungsbilanz der (bereits von vielen Suburbanisierungswellen 'überrollten') Kernstadt Hamburg erreicht und kann *nun erstmals nicht mehr als eher moderat* bezeichnet werden. Zugleich lässt sich wiederum erstmals seit der Wende erkennen, dass rund um Berlin soziale Polarisierungen zunehmen. Zeitgleich nähern sich die funktionellen Suburbanisierungs- und Wachstumsdynamiken in den verschiedenen Umland-Gemeinden in ihren Gradienten einander an (s. II.4). Strukturbrüche und kleinräumige Modernisierungsgefälle bleiben dabei nach wie vor strukturbestimmend. Zudem lässt sich nun tatsächlich die länger prognostizierte, vergleichsweise größere Dynamik der ökonomischen Entwicklung des Südens und Südwestens von Berlin nachweisen. Für die demographische Entwicklung dagegen gilt dies nach wie vor nicht.
Parallel zur Verstetigung und Beschleunigung von Suburbanisierungs- und funktionellen Verflechtungsprozessen nehmen rund um Berlin auch die lokal- und regionalkulturell flankierten Vorbehalte gegen die rasche Transformation von räumlichen, ökonomischen und sozialen Strukturen und Lebenswelten zu; die Motive des Bewahrens, der Verlangsamung des Wandels, mancherorts auch die „Wiedererfindung der DDR als Solidargemeinschaft" (M. Rutschky, 1995; zum Deutungskomplex „Nationalpark DDR" s. Matthiesen 1998b sowie VII.2) gewinnt an Priorität. In der Brandenburgischen Ablehnung der Fusion mit Berlin (die an den

Rändern der Hauptstadt kaum anders ausfiel als im Landesdurchschnitt und das, obgleich vor allem 'der Rand' eindeutiger Gewinner einer Fusion gewesen wäre) findet diese Entwicklung ihren sichtbarsten Ausdruck. Die symbolische Abgrenzung von den Härten der Transformation, der Zumutung rascher Veränderungen, auch die Ablehnung einer weiteren 'Hauptstadtdominierten „Verstädterung von Otterstedt"etwa (vgl. III.2) wird deutlich. Die kontrastiv angelegten Fallanalysen zeigen zudem unterschiedliche Typen von 'Schließung' und lokalen Wieder-Einbettungsversuchen von Teil-Milieus. Diese postsozialistischen re-embedding-Strategien sind dabei durch den räumlichen Kontext der Peripherie des Metropolenraums Berlin, durch seine spezifischen Konflikt- und Optionenlagen mitstrukturiert:

- Insbesondere in den 'Verlierergemeinden' wie *Otterstedt* wird die Gemeindepolitik nun sehr viel 'vorsichtiger' gehandhabt. Nach dem Elitenwechsel und der Diskreditierung der Akteure der 'wilden' expansionistischen ersten Nach-Wende-Phase nimmt die lokale Raumpolitik alle Züge eines verzweifelten Abarbeitens der Folgeprobleme der maßsprengenden ersten Planungsrealisierungen an. Das verstärkt die ohnehin vorhandene Tendenz einer Abkapselung von den als Bedrohung erfahrenen Einbrüchen durch eine 'gobalisierte Modernisierung': Der lokale Umgang mit dem global player 'Engines' bietet dafür eindrückliches Belegmaterial (vgl. VI.2: zu ortstypischen Formen des Protestes siehe den LULU-Teil in V.1).
- In *Grünow*, der 'Gewinner'-Gemeinde, kommt es in dieser Phase dagegen zu öffentlichen Debatten um maßvolle oder maßlose Erweiterungsplanungen, um Restitutionskonflikte etc. Darüber bilden sich spezifische, ost-west-gemixte pionierhafte NIMBY-Milieus heraus, die (spätestens) in Phase 2b kommunalpolitisches Gewicht erlangen und dann zur Professionalisierung und 'Intellektualisierung' der lokalen Auseinandersetzungen ('Neue Qualität von Streitkultur') maßgeblich beitragen (s. V.4). Voraussetzung dafür ist allerdings ein aufgeschlossenes, streitbares und dezidiert *suburbanes* Gemeindemilieu, das Traditionslinien bis in die Zeit vor 1949 *und* 1989 für sich in Anspruch nimmt (vgl. die beiden Fälle in V.2). Nun auch kommt es zu deutlicheren Tendenzen der Ausdifferenzierung eines 'neuen suburbanen Mittelstandes', seiner angelagerten Teilmilieus sowie ihrer suburbanen 'behavorial settings'. Bürgerschaftliche und lebensstil-zentrierte kommerzielle Räume entstehen, in denen sich neue und neu/alte Zugehörigkeitsregeln entwickeln können – bis an den rechten Rand. Nicht nur der Klub von Herrn Rasch (IV.2), auch das Farfalla (VII.a) und der Beer'sche Naturkostladen (IV.1) entwickeln sich in Phase 2b zu Orten der Entfaltung neuer, lebensstilzentrierter 'in-out-Schematisierungen'. 'Fine Dining' – Etablissements erreichen zumindest die Planungsreife.

Phase 3: Konsolidierungsversuche (1997-1999)
Das Auslaufen der steuerlichen Sonderabschreibung des Wohnungsbaus in den Neuen Bundesländern markiert einen Einschnitt in der Suburbanisierungsdynamik rund um Berlin. Eine abschließende Beschreibung dieser Suburbanisierungsphase ist erst in Umrissen möglich. Auf jeden Fall aber hat die Planungsaktivität rund um Berlin merklich nachgelassen; ganz neue Erschließungsvorhaben werden kaum noch auf den Weg gebracht. Auch das Wohnungsbauvolumen ist seit dem Auslaufen der Sonder-AfA rückläufig. Die Abwanderungen aus der Kernstadt ins Umland steigen bis zur Phase 4 zwar immer noch an, aber mit geringeren Wachstumsraten. Während dieser Phase scheint es so, als könne sich bei einer Angleichung der Wohnungsteilmärkte innerhalb und außerhalb Berlins das negative Wanderungssaldo der Kernstadt in etwa auf dem gegenwärtigen Niveau stabilisieren.

Die Tendenz zur Angleichung der Entwicklungsdynamiken an den Rändern der Hauptstadt hält an – wobei zu beachten ist, dass durch die sehr unterschiedlichen lokalen 'Entwicklungspfade', die von Ort zu Ort gleich nach der 'Wende' eingeschlagen wurden und die wir mit unserer *Gewin-*

ner-*Verlierer-Gemeinden-Auswahl* abzubilden versucht haben, mit anhaltenden markanten Ungleichgewichten und Schieflagen zu rechnen ist. So hat sich nun auch die statistische Sonderrolle der Westberliner Randbezirke an den Rändern der Hauptstadt weitgehend verflüchtigt.
Auf Seiten der Verflechtungsmilieus an den Rändern der Hauptstadt lässt sich nicht erkennen, dass die zuvor zu beobachtenden Differenzierungs- und Schließungstendenzen eine Umkehrung erfahren. Im Gegenteil scheinen sich differenzierte Teilmilieus in den drei Dimensionen *Alltagskulturen* (Öffnung-Schließung), Sozialräume (embedding-disembedding-reembedding) und Lebensstile (Konsumismus-Askese) zu stabilisieren (vgl. Matthiesen 2001). In den Sozialmilieus ist die Gegenläufigkeit von funktioneller Verflechtung und alltagskulturellen Differenzkodierungen 'voll' angekommen, mit generationen-übergreifenden „Wir"-Sentimenten – und zwar sowohl bei den 'alten Einheimischen', den 'Zugezogenen neuen Einheimischen', sowie örtlichen Hybridformen in Richtung lokale Zwischen-Identitäten. Unabweisbar prägt der *dritte Regelkreis* der Lebensstile, Mentalitäten und Teil-Milieus (vgl. II.1) zunehmend die sich transformierenden Umlandgemeinden – wobei die Pfadwirkungen der ersten beiden Suburbanisierungsphasen weiterhin erheblich bleiben. Also ist der *'cultural turn'* (vgl. II.2) inzwischen auch auf der lokalen Ebene der Sässigkeitsformen, Zuzugsregulierungen und Vernetzungen angekommen. Der hellhörige sächsische CDU-Politiker und gelernte DDR-Bürger Armin Vaatz hat für diese Phase als Grundstimmung seiner Kompatrioten einen „Summton der Unzufriedenheit" ausgemacht – der sich mit den Stimmungssignalen unserer Fallanalysen weitgehend deckt. Über den Grund für die Transformationsmalaisen scheint Einigkeit zu bestehen: Die Malaise wird 'weiter oben' vermutet ('Treuhand', 'Kohl', 'Kapitalismus', 'der Westen'); weiterhin aber wird auch die Rettung hauptsächlich 'von oben' erwartet.

Phase 4: Wachstum UND Schrumpfung (2000-2001)
Kaum schon hinreichend charakterisieren lässt sich, wie die von Wolfgang Thierse und anderen inzwischen auch im politischen Raum thematisierten 'neuen' Abkopplungstendenzen ostdeutscher Städte von den westdeutschen Wachstumsdynamiken innerhalb des berlin-brandenburgischen Verflechtungsraums wirken. In diesem wieder schwieriger werdenden regionalen Kontext einer *peripheren Metropole* gehört der engere Verflechtungsraum dennoch zu den relativen Gewinnern – mit Zuzügen aus den ländlichen Peripherien Brandenburgs sowie aus Berlin (obgleich in den ersten sechs Monaten des Jahres 2000 die Bevölkerungsverluste Berlins an das Umland um 30 Prozent zurückgingen – mit zunehmender Tendenz). Die unter dem Label *„Schrumpfende Städte in Ostdeutschland"* thematisierten neuen Zusammenhangsformen von demographischer Schrumpfung, wirtschaftlicher Stagnation, sozialen Krisenlagen und erheblichen Leerständen vornehmlich im industriell gefertigten Geschosswohnungsbau (Plattenbauten) reichen teilweise auch in die Umlandgemeinden Berlins hinein (s. Rietdorf 2001, Keim 2001, Bürkner/Dürrschmidt 2001). Der siedlungsstrukturelle Grund sind hier nicht so sehr die „ostfordistischen" Monostrukturen, wie sie etwa für das Oder-Neisse-Band typisch sind, sondern die baulichen Hinterlassenschaften der sozialistischen Suburbanisierungsphase (vgl. oben Vorphase 2.). Unsere Hypothese ist daher, dass die von uns mit Fallanalysen und Strukturdaten belegten kleinteiligen Differenzen zwischen Gewinner- und Verlierergemeinden, zwischen „Speckwürfeln" und „märkischem Sand" durch diese sich zur Zeit zumindest verstärkenden 'Schrumpfungstendenzen' eher wieder an Brisanz zulegen werden: und zwar sowohl auf den Ebenen der Verflechtungsmilieus, der Alltagskulturen wie der ökonomischen Entwicklung.
Interessanterweise ist in Sachen eines neuerlichen Fusionsversuchs (bis 2010) auf der regionalpolitischen Ebene eine regelrechte 'Konversion' zu beobachten – und zwar trotz der erheblichen finanziellen Turbulenzen in beiden Länderhaushalten: Die PDS, in vielen Umlandgemeinden eine aktive Größe und vehementer Gegner des ersten Fusionsversuchs von

1996, hat sich für den nächsten Anlauf zu einer 'vorsichtigen' Fürsprecherin einer 'Vereinigung unter Gleichen' gemacht. Sie drückt sogar stellenweise aufs Tempo und will die Fusion schon 2006. Gründe dafür sind die unabsehbaren strukturellen Defizit-Entwicklungen in den peripheren Regionsteilen sowie möglicherweise auch schon die 'differentielle" faktische Wachstumsdynamik im berlin-brandenburgischen Metropolenraum selbst.

Die neue *Gleichzeitigkeit von Schrumpfungsprozessen, differenziellem Wachstum und tendenziell gebremst weiterlaufendem Suburbanisierungsdruck* konfrontiert die 'Nicht-Gewinner'-Umlandgemeinden in der Regel infrastrukturell mit weiter wachsenden Problemen. Steuerungsversuche von Schrumpfungs- *und* Wachstumsprozessen treffen inzwischen auf *reale Fragmatisierungsprozesse* mit teils spannenden, teils ruppigen, teils aufgewerteten, nicht selten aber auch eher anästhetischen suburbanen „Zwischen-Landschaften" (vgl. Teil c von II.1). Diese „anästhetisch-urbanisierten" Landschaften werden inzwischen in Planspielen mit neuen, Wohnen und Arbeiten integrierenden Siedlungsformen virtuell überformt; den Hintergrund bilden häufig wissens- und informationsgesellschaftiche Tendenzannahmen – etwa unter den Stichworten „Wissensstadt", „Collegepark" etc. Perspektivisch sollen diese neuen Entwicklungskonzepte für den suburbanen Raum auch mit realen oder virtuellen Regionalparks (siehe Kühn 1998) integriert werden. Neben der drängenden ökonomischen ist auch die emotionale und alltagskulturelle Bewältigung der neuen, unübersichtlichen Schrumpfungs-Wachstums-Dynamiken bislang völlig unklar. Die in den bisherigen Phasen erreichten Lokalformen von *suburbanen Zwischenidentitäten* (vgl. VIII) geraten dadurch unter einen erheblichen zusätzlichen Bewährungsdruck. Vor dem Hintergrund der 'relativ günstigen' Entwicklungschancen im engeren Verflechtungsraum könnten sich dadurch einerseits die Chancen für streitbare Formen der öffentlichen Auseinandersetzung über die Perspektiven des 'suburbanen Raumes' über die Ortsgrenzen hinweg vergrößern. Allerdings sind bisher für diesen 'regionalen' Entwicklungsdiskurs andererseits noch kaum irgendwo sachhaltige Ansätze erkennbar. Wir vermuten daher, dass es zunächst zu Verstärkungen von lokalen NIMBY-Gruppierungen (Not-In-My-Backyard) kommen wird, die in der Form eines postmodernen Sankt-Florianprinzips die knallharte Durchsetzung von Eigeninteressen unter dem Wertehimmel von Nachhaltigkeit, Zivilgesellschaft und Generationenvertrag versuchen (zur Diskurs- und Aushandlungslogik von NIMBY-Gruppen s. V.1). Gleichzeitig ist nicht auszuschließen, dass sich trotz zunehmenden Verfolgungsdrucks der suburbane Verflechtungsraum auch auf der Ebene automotorisierter *'rechter' Netze* weiterentwickelt – und sich insofern gegenüber der Hauptstadt 'reaktionär' und unter kulturellen Schließungen 'autonomisiert' (vgl. V.4).

Als vorsichtiges Resümee für diese von Schrumpfung *und* Wachstum geprägte neue Phase der Suburbanisierung im Berlin-Brandenburgischen Metropolenraum lässt sich also festhalten: Verteilungskonflikte und Disparitäten, Ansiedlungskonkurrenzen und neue Entwicklungsspreizungen, relatives Wachstum und differenzierte Schrumpfungen prägen diese neueste Phase der Verflechtungsdynamik von 'Mark und Metropole'. Das öffnet weite Felder für neue Governance-Formen und lokale wie regionale Lernprozesse. Es erzwingt zugleich neuerliche Überlegungen zu top down-bottom up gemixten lokalen Praxisformen, die jetzt allerdings lokale Wissensformen, neue 'unternehmende' Akteursformen und sich konsolidierende Zwischenidentitäten Ernst nehmen müssen.

III.
LokalpolitikerInnen im metropolitanen Verflechtungsraum

Gudrun Prengel

III.1 Haflinger im märkischen Sand und High-Tech im gespaltenen Dorf – Fallstudien zur politischen Dimension der Biographien von KommunalpolitikerInnen[1]

1. Frageansatz. Kontrastierende Fallstudien von KommunalpolitikerInnen

Die folgenden Fallanalysen zweier kommunalpolitischer Funktionsträger in Otterstedt fokussieren die politische Dimension von Biographien, indem sie nach der Pass- und Wandlungsfähigkeit lebensgeschichtlich erworbener sozialer Kompetenzen in neuen lokalen und regionalen Kontexten fragen. Dabei ist die Reformulierung des Lokalen/Regionalen nicht nur nachholend. Vielmehr geht es im jetzt gesamtdeutschen Reformprozess um individuelle und überindividuelle, um lokale wie überlokale Lernprozesse als Quellen von Beweglichkeit überhaupt. Die 'Neupolitiker'[2] sind dabei gezwungen, unter starkem Handlungsdruck und innerhalb eines zunächst eher nicht-innovativen Milieus lokale Kompetenzen zu profilieren und zugleich soziale Innovationen anzustoßen. Mit der Umbildung bzw. Ausdifferenzierung der Akteurssysteme entwickeln sich dabei auf kommunaler Ebene neue Problemsichten, Operationsspielräume und Handlungskoalitionen. Die generativen Muster der alltagspraktischen und strategischen Handlungsorientierungen funktionaler Eliten, ihre Erfahrungsaufschichtungen und das Interaktionswissen im Vollzug erfassend, soll der Zusammenhang von persönlicher Geschichte und Gesellschaftsbildung ein Stück weit erhellt werden. Im Zusammenführen von biographischer Analyse, offenen Handlungskonzepten und konkreten Vergesellschaftungsformen in Transformationsmilieus[3] werden Beharrungstendenzen, aber auch Destruktion und eigensinnige Neukonstitution sozialer Zusammenhangsgestalten sichtbar. Über die Analyse der sozialen Formbestimmtheit des Handelns (Verkehrsformen, bis hin zu Formen der Gesellung) kommen wir der Elastizität von Vergesellschaftungsformen als strukturbildenden auf die Spur.

---

1 Die beiden – hier verkürzt präsentierten – Portraits sind Teil einer längeren Studie der Verfasserin „SPD, CDU, PDS und FDP auf dem Dorfe" (1999), in der sechs kontrastierende Fallstudien in den beiden Kontrastgemeinden *Otterstedt* und *Grünow* durchgeführt worden sind.
2 Nach der Wende übernahmen in ostdeutschen Landtagen und Kommunalvertretungen überwiegend „Seiteneinsteiger" erstmals politische Funktionen. Die Politikneulinge, gestandene Fachleute oft aus ingenieur-technischen oder Human-Berufen waren zwar politisch glaubwürdig, hatten jedoch Professionalitätsdefizite. In der ersten Legislaturperiode waren es zu rund drei Vierteln Neupolitiker, in der zweiten fast zu zwei Dritteln. Auch die Landes- und Kommunalverwaltungen setzten sich mehrheitlich aus Verwaltungsneulingen zusammen: da es in der sozialistischen Kaderverwaltung keine regelrechte Verwaltungsausbildung gab und juristische Ausbildungsgänge klein gehalten wurden, verfügten Führungspersonen wie das Personal vor 1989 über heterogene Ausbildungsprofile (vgl. u. a. Wollmann 1996: S. 141 ff; siehe in diesem Band die Akteurstypologien in II.5 und V.1).
3 Ulf Matthiesen fasst Milieus als strukturelle Orte der Entstehung des Neuen, womit auch die noch scheinbar ruhig dahinströmenden „routineartigen" Kontinuierungen von Akteurs- und Erfahrungskonstellationen unter der analytischen Perspektive einer *potenziellen Krise* analysiert werden (vgl. U. Matthiesen 1998a).

Ferner können damit unterkomplexe oder fremdbestimmte Deutungen ein Stück weit überwunden und ambivalente Erfahrungen gelebten Lebens von Individuen verschiedener Provenienz und Generationszugehörigkeit anschlussfähig werden für einen Dialog der Mitlebenden. Authentisches historisches (kollektives) Gedächtnis kann Selbstvergewisserungen (Identitäten) vermitteln, die jeder Einsicht in gesellschaftliches Veränderungsbemühen vorausgesetzt sind. Über Gedächtnisarbeit transportiert, kann der bekannte (die Subjekte passivisierende) Hiatus zwischen Fremddeutung (oktroy), objektivierender Forschung (history) und eigener Erfahrung /Erinnerung (memory) verringert werden.

Typischerweise kamen auch in unserem Fall vorwiegend gestandene Fachleute aus politikfernen Bereichen mit technisch zentrierter Ausbildung in die Lokalpolitik hinein. Bei der aktiven Suche energetisch aufgeladener Akteure nach neuen Wirkungsräumen eröffneten sich gerade in Kommunen Tätigkeitsfelder, die von auswärtigen Eliten kaum begehrt oder besetzt wurden. Zu den Personen: *Frau Kerns (Jahrgang 1954)* Hintergrund ist eine eher „sozialistische Normalbiographie" mit starker Orientierung auf Gemeinschaftsethos und kommunikativ-kooperatives Handeln. *Herr Peters (Jahrgang 1944)* hingegen fand sich frühzeitig gesellschaftlich stigmatisiert. Auf sich selbst gestellt, vermochte er gleichwohl, seine Existenz als selbständiger Gewerbetreibender in den periodischen Sturzkampfflügen der DDR-Ökonomie zu behaupten. Damit nimmt er auch in der Gemeindevertretung eine in der kommunalen Selbstverwaltungs-Demokratie der neuen Bundesländer unterrepräsentierte soziale Position ein.[4]

1.1 *Die Bürgermeisterin* – Fürsorgliche Umsicht (Phronesis) als alltägliche Lebensform

Anna Ulrike Kern ist seit Dezember 1993 ehrenamtliche Bürgermeisterin in der 1.700-Seelen-Gemeinde Otterstedt. Freundlich und doch verhalten tritt sie uns entgegen, die warmen Erdtöne der Kleidung harmonieren mit der frischen, hellen Haut der molligen Rothaarigen mittleren Alters. In ihrer sachlichen, unprätentiösen, ungeschützten (spontanen, nicht formalisierten oder elitengruppen-abgestimmten) Redeweise entsteht vor uns eine für ihre Generation[5] nicht untypische DDR-Biographie. Diese ließ eher einen durchinstitutionalisierten denn selbstgesteuerten Lebenslauf erwarten. Im September 1954 in Berlin geboren, wuchs sie zunächst im Hause der Großeltern in Otterstedt auf (die wie ihre Mutter aus Stettin stammten) und bleibt dem Ort über die Zeit verbunden, als die Eltern mit den Töchtern nach Berlin zogen. Die Eltern pendelten täglich zur Arbeit in die Hauptstadt, hatten kaum Zeit für sie und

---

4   Zu den folgenreichsten Basisdefiziten des DDR-Systems gehören das Zurückdrängen und die voluntaristischen Destruktionsversuche des für entwickelte Demokratien konstitutiven Bürgertums „als Klasse". Zum Beispiel wurde bereits 1949 die nicht auf den Sozialismus eingeschworene geisteswissenschaftlich-kulturelle Intelligenz per Einpeitschen des Stalinismus repressiert mit den Shdanowschen Feldzügen gegen „Modernismus, Kosmopolitismus, Formalismus" (Höhepunkt der Kampagne war 1950/ 51, siehe auch die Kulturzeitschrift „Sonntag"). Gleichsam als „finaler Enthauptungsschlag" gegen Privateigentum an Produktionsmitteln sollte 1972 mit einer Verstaatlichungskampagne das Produktiveigentum von privaten und halbstaatlichen Kleinunternehmern administrativ beseitigt werden. Am 6. und 7. Juli 1972 gab das ZK der SED Vollzugsmeldung. Am 13. Juli 1972 schrieb Erich Honecker an Breschnew, dass in der DDR „die Arbeit von den letzten Erscheinungen der Ausbeutung" befreit sei.

5   Diese Generation wuchs in einer Zeit auf, wo sich die Utopien einer kommunistischen Gesellschaft verbraucht hatten und die staatstragende Partei nicht mehr eine antifaschistisch-stalinistische Erziehungsdiktatur aufprägen konnte, sondern auf „real-existierenden Sozialismus" in einer Fürsorgediktatur orientierte (vgl. Meuschel 1991: S. 15- 27. Die gesellschaftliche Aufwertung von Ingenieuren und Technikern aus den 60er Jahren (Neues ökonomisches System) wirkte als 'technokratische Orientierung' etwa noch ein Jahrzehnt weiter.

III.1   Haflinger im märkischen Sand und High-Tech im gespaltenen Dorf   95

ihre vier Jahre jüngere Schwester. Die Mutter, 1930 geboren, nutzte die Aufstiegsmöglichkeiten der frühen DDR-Jahre und arbeitete bis zu ihrem Krebstod im Außenhandel, einem vielbegehrten Ressort mit Auslandsreise-Optionen. Der Vater, Jahrgang 1934, war und blieb bis zu seiner Berentung Zahntechniker. Da die hochsubventionierte DDR-Hauptstadt der Heranwachsenden nie als Option erschien, stehen die Jugendjahre bis zum Abitur als Leerstelle in ihrer biographischen Erzählung. Jedoch steht der Topos „DAS HAUS" an Anfang und Ende des Lebensberichts von Frau Kern.

Also: Ich bin in Otterstedt groß geworden bei den Großeltern. Die Eltern sind beide jeden Morgen mit der S-Bahn nach Berlin reingefahren und abends wiedergekommen... Die Großeltern wohnen seit 35 hier im Ort, haben das Haus auch gebaut (.), ein Haus der Firma, und unter sehr vielen Entbehrungen haben sie das auch abbezahlt als kleine Angestellte. Ich erinnere mich so an Erzählungen ... meine Mutter ist mit ihrer Mutter von Kreuzberg bis hier rausgelaufen, weil sie den Groschen für die Bahn sparen musste... Ja und ich bin von klein an von meinem Großvater so erzogen worden und es ist mir eingeredet worden: „Du musst einmal das Haus übernehmen". Es ist kein Junge da in der Familie, der das mal fortführt, meine Mutter war ein Einzelkind, (...) tschja (.) und ich hab mich am liebsten im Garten und in der Werkstatt aufgehalten und ich sollte doch eigentlich ein Junge, ein Axel werden" (Interview v. 11.9. 1997 S. 5-6).

Das unter dem Eindruck der Grundverunsicherung durch die Weltwirtschaftskrise vom Großvater erworbene Haus sollte von einem Sohn übernommen werden („Hoferbe", was auf bäuerliche Traditionsverhaftung verweist). Das Mädchen tummelte sich im großen Garten, am liebsten in der Werkstatt des Großvaters (er arbeitete als Kalfaktor in der Berliner Großmarkthalle), wo unentwegt getüftelt wurde. Diese Heimstatt wird zum Angelpunkt ihres Lebens, zum Ort der Zugehörigkeit,[6] aber nicht zum Kokon. Zwar steht das Haus für Sicherheit eines Urvertrauens, jedoch nicht vorrangig für Besitzstand (Immobilie). Während ihre Eltern aus der Verpflichtung ausscheren, wird bei Frau Kern das unwidersprechliche Gewicht des Erhalts des schwer Errungenen auch darin dezidiert deutlich, dass sie das Diktat des Großvaters: „Du musst einmal das Haus übernehmen", in direkter Rede wiedergibt. Wie ein Block in ihrem Lebensbericht, ohne evaluiert oder nachträglich relativiert zu werden, sind sowohl mögliche Belastungen des Vermächtnisses angesprochen, als auch das Haus als eine Quelle der Kraft, die sie mit Geschichte und Gegenwart ihrer Familie, mit Land und Leuten in der märkischen Kulturlandschaft verbindet. Die Macht dieses Imperativs für ihr späteres Leben spiegelt sich gleichsam doppelt wider: im sprachlichen Ausdruck und lebenspraktisch. Mit ihrer Entscheidung, von dem Moment an, wo sie ökonomisch selbständig wird, dorthin zurückzukehren, vollzieht sie mehr als den einfachen Zirkelschluss einer Rückkehr in der dritten Generation: nach dem Studium, bringt sie 1977 DEN MANN ins HAUS. Bewusst die ländlich-vorstädtische Lebensweise jenseits großstädtischer Wohnfabriken wählend, veranlasst sie ihren Studienfreund, mit ihr aus seiner Heimatstadt Dresden, wo „auch ich mich sehr heimisch fühlte", nach Otterstedt zu ziehen. Entsprechend dem „Generationenvertrag" bindet sich das Paar auf Dauer an ein Leben mit ihren Großeltern, im Wortsinne unter einem Dach. Die Kinder (im Dezember 1977 wird Tochter Jenny und im Januar 1980 Sohn Robert geboren) sind dort in guten Händen. Das Ingenieurehepaar kann von der grünen Oase aus Arbeitsplatzangebote der Hauptstadt-Peripherie nutzen. Beide sind voll berufstätig: „So haben wir das eigentlich immer gepackt, deshalb war auch zu Hause immer viel von der Arbeit die Rede" (S. 10). Darüber klagen die Kinder gelegentlich. Das gesellschaftlich organisierte,

---
6   „Die Heimat ist ein Ort, an den man zurückkehren kann. Man soll sie deshalb nicht polemisch attackieren, nur weil man nicht mehr weiß, welche Katastrophe Heimatlosigkeit für die Menschen bedeutet. Das alltägliche Leben, wie es einem begegnet und wie man es kennt, ist vielmehr von einer unermesslichen Vielfalt, insofern man sie nur wahrnimmt und nicht auf die braune Provinz reduziert. Diese Vielfalt geht über jeden politischen Pluralismus hinaus" (Kleger 1996: S. 4).

wohlfeile soziale Versorgungsangebot bewusst nicht annehmend, pflegt man nach dem Tode des Großvaters 1979 gemeinsam die Großmutter. Dass hierfür nicht nur das Haus umgebaut wird (mit einer Einliegerwohnung, Altenteil neuen Typs), sondern Frau Kern auch zeitweilig ihren Beruf aufgibt (1986), erscheint ihr so selbstverständlich, dass dies in der Spontanerzählung unerwähnt bleibt. Frau Kern thematisiert jedoch auch konfliktreiche Hausgeschichten[7], wo neben regionalem Eingebettetsein und Milieuverhaftung auch historisches Interesse und soziale Reflektiertheit aufscheinen.

„Aber meinen anderen Großvater kenne ich nicht. Er ist 1947 in Sachsenhausen verstorben, im Lager". // I: Ach!// „Direkt von der Straße mitgenommen. Mein Vater hatte Glück, dass er nicht dabei war, an dem Tag. Der war 15 gerade. Da war meine Großmutter dann alleine mit den beiden Kindern. Und die hat dann 1968 das Haus verkauft und ist ausgezogen, als die Kinder aus dem Haus waren. Weil sie allein das Haus mit den Mietern nicht mehr bewältigen konnte, und ihre die Tochter und mein Vater haben ja dann auch in Berlin gearbeitet, da sind sie also dann nach Berlin gezogen. Heute weiß ich, dass es Taut-Häuser sind, wo wir zuerst eingezogen sind, in der Ostseestraße." (S. 7).

Das tragische Ende des Großvaters erscheint als schrecklicher Zufall in tumultarischer Nachkriegszeit. Die Kurzform der apolitischen Diktion eines „Reden wir nicht davon" spart die Schuldfrage aus und deutet auf deutsche Verdrängungstraditionen hin, insofern in den Herkunftsfamilien über die NS-Zeit kaum gesprochen wurde. Generell kann diese aussparende Weise auf Verständnis rechnen, da trotz des Tabus in der DDR faktisch jeder um die Existenz solcher Lager wusste (am gleichen Ort, wo die Konzentrationslager gewesen waren). Frau Kern tradiert hier ein DDR-typisches Muster des Beschweigens (Sowjetsoldaten sind Befreier, historisch im Recht, betreiben keine mörderischen Institutionen). Aber sie benennt Folgen: eine alleinstehende Mutter, permanent überfordert mit der Instandhaltung des Miethauses, sowie das Familientrauma des Unbehaustseins.

In dem Lebensbericht der Frau Kern scheint eine dauerhafte Verwurzelung in sozialen Bezügen auf, wobei ein ausgeprägtes Bedürfnis nach Nähe und Vertrautheit sich mit Heimat, dem konkreten sozialen Ort und historischem Gedächtnis verbindet.[8] Aus einem scheinbar traditionalen, ans Haus gebundenen Lebensmuster schält sich dann der Bedeutungskern eines Habitus von Verantwortung „fürs Ganze" heraus. Das Großvaterkind hatte seinen Aktionsradius über Haus und Hof hinaus auf Abenteuerspiele in Dorf und Landschaft erweitert. Ausgehend vom oikos, erstreckte sich ihre fürsorgliche Umsicht im Lebensnahbereich auf ein größeres Umfeld (erst auf ihre Studiengruppe, dann über ihre Großfamilie hinaus auf den Ar-

---

7 Für das Standesamt im Kreis, wo 1977 ihre Trauung stattfand (sie war hochschwanger, mit der Hochzeit musste es schnell gehen), hält sie auch heute noch mit Abscheu fest, dass es sich um eine ehemalige SS-Kaserne handelte. Der Widerspruch von Ort und Ereignis ist ihr so gegenwärtig, dass sie sich unter Argumentationszwang fühlt, das ihr Widerstrebende nicht verdrängend. Die minimale Passage, in der überhaupt von Berlin die Rede ist, bezieht sich bezeichnenderweise auf bauhistorische Schichtungen der Orte des Erinnerns: auf die in ihrem Miethaus vergegenständlichte Zeit der 20er Jahre (später war sie an einer Ausstellung über Bruno Taut in Otterstedt beteiligt). Ferner erwähnt sie ihre Schule, die im Stil der Stalinallee erbaut wurde.

8 „Sehen wir mal vom mythischen Gehalt des Begriffes (Heimat, Vertrautheit) ab, haben wir es mit einem übersichtlichen Gebiet zu tun, dessen wesentlichstes Merkmal darin besteht, dass nichts uns fremd ist und alles vertraut. Wer und was einem begegnen mag, man kennt es längst, und diese nahtlose, distanzlose Bekanntschaft mit Menschen und Dingen erzeugt jene Selbstsicherheit, jene Selbstgewissheit, deren Verlust die Kassen der Sekten füllt und die konträrsten Ideologien giftige Früchte treiben lässt ... am Heimatort könnte man im Dunkeln ausgesetzt werden und wüsste doch sofort, wo man sich befindet. Aus den Berichten von Heimatvertriebenen, Flüchtlingen und Emigranten kennen wir die überwältigende Macht von Heimat, ohne welche jeder, der sie verlor, sich als schwach erfährt, als anlehnungsbedürftig, ergo: als verführbar" (vgl. Kunert 1994: S. 18 ff.; vgl. auch unten VII.2).

beitsbereich). Schon zu DDR-Zeiten war sie in der Geschichtswerkstatt des Ortes aktiv[9] und in einer Umweltgruppe engagiert gewesen (ersteres als regionales Bindemittel von DDR-Identität erwünscht, letzteres vom Apparat misstrauisch beäugt). Seit 1977 erweiterte sie ihren tatkräftigen Eigensinn ohne zu kurz greifenden Eigennutz auf die Gemeinde. Von langer Hand in der traditionell armen Region geübter schonender Umgang mit Ressourcen wird bei Frau Kern pragmatisch handlungsleitend und mündet strategisch in kommunalpolitische Präferenzen für nachhaltige Entwicklung ein. Auch über die Wende hinaus erscheint ihr Weg erstaunlich geradlinig. Umweltengagement betreibt sie jetzt in größerem Stil. Scheinbar bruchlos finden sich neue Organisationsformen (Grüne Liga) und bei der ersten sich bietenden Gelegenheit professionalisiert sie ihr bürgerbewegtes Tun. Eine kurzzeitige Phase der Arbeitslosigkeit deutet sie als Gelegenheitsstruktur und durchläuft gezielt eine *„sehr fundierte Ausbildung als Fachberaterin und Planerin für Umweltschutz"* (1991-Sept. 1992, vgl. S. 16). Schließlich begründet sie auf dem Hobby eine neue Berufskarriere im Landesumweltamt (seit Januar 1993). Dort hatte sie sich bereits mit Umweltverträglichkeitsstudien in bürgerbewegter Zeit einen Namen gemacht. Bürgerschaftliches Engagement und Professionalisierung werden gleichsam doppelt besiegelt, nachdem sie zu Ende desselben Jahres das Bürgermeisteramt antritt. Ihr Mann, jetzt Teilhaber einer kleinen Firma für Solartechnik, steht ihr wiederum zur Seite, in seiner ruhigen und besonnenen Art. Alle Veränderungen ihres Wirkungsraums resümiert sie mit einer starken Kontinuitätsbehauptung. Keinen Erklärungsdruck empfindet sie für die Professionalisierung ihres Umweltengagements und den Wechsel grüner Bürgerbewegtheit zu DDR- und Wendezeiten in ein Verwaltungsamt des Landes. Vielmehr hätten sich basisdemokratisches Engagement, Umweltschutzausbildung, schließlich die Tätigkeit in der Landesinstitution und ihr Mandat/Krisenmanagement in der Gemeinde *„gegenseitig befruchtet"*. Überraschend aber ist ihre generalisierende Grundaussage, dass die Wende für sie im Grunde *keine* grundstürzende Neuorientierung gewesen sei. Vielmehr hätte man („wir" es früher auch nicht wesentlich anders gemacht. Ihre lange Bindung an den heimischen Sozialraum brachte den Komfort verlässlicher sozialer Bezüge und Beziehungsnetze. Auch für die neuen Handlungsanforderungen erscheinen ihr diese tragfähig und die überkommenen Gemeinschaftsformen geeignet, neue Inhalte zu transportieren, Probleme des lokalen Gemeinwesens zu bewältigen. Hintergrundkonstruktionen, Detaillierungen und argumentative Passagen zeigen jedoch an, dass Frau Kern sich veranlasst sieht, „weiträumig" zu plausibilisieren, wieso sie so umstandslos an Handlungsformen der DDR-Zeit anschließen konnte.

1.2 Konfliktscheu, Harmonieperspektive und Konfliktmanagement

Die dem Lebensbericht zugrundeliegenden Deutungsmuster und Harmonieperspektiven legen nahe, Konflikte und deren Verarbeitungsmuster zu identifizieren. Bei der Wahl des Studienfachs schien Frau Kern Risiken bzw. Konfrontationen zu meiden. Für ein Kunststudium[10] fand sie sich nicht hinreichend begabt (ihre Tochter zeigt ebenfalls solche Neigungen, will aber, zeitgemäß, in die Werbebranche gehen). Als die Eltern auf ihren Berufswunsch konventionell reagieren („Mädchen auf'm Bau, das ist nicht das Rechte", wobei sich vor allem der Vater vehement gegen die Rauheit des hier vermuteten Unterschichtmilieus abgrenzt),

---
9 Geschichtswerkstätten waren angesagt und als Organisationsform vom Kulturbund „zu Ehren des 35. Jahrestages der DDR 1984 initiiert worden. Vielerorts emanzipierte man sich (wie in Otterstedt) tendenziell eher selbstbestimmt von DDR-offiziellen Zielen. Denen ging es nicht darum, selbstbewussten Bürgersinn zu fördern, vielmehr sollten integrative Wirkungen erzeugt werden, man wollte vor allem die Landflucht Jugendlicher eindämmen. Nicht zuletzt wollte man kompensatorisch ökonomische Ressourcen sparen.

geht die 18jährige den Weg des geringsten Widerstands. Mit einem Studium an der Technischen Universität Dresden (Fahrzeugtechnik) schließt sie mehr an den praktischen Erwerbssinn des Großvaters und ihr Kindheitsmuster an, als an die in der DDR verbreitete Technikgläubigkeit. Eine möglicherweise für sie heikle Fragesituation entlastend (ich wusste zu dieser Zeit nicht, dass sie nie eine Parteifunktion innehatte, sondern sich faktisch ihr ganzes DDR-Berufsleben lang als Gewerkschaftsvertrauensfrau vehement für die Interessen ihrer Kollegen einsetzte), biete ich ihr im emphatischen Interviewstil für ihre frühe SED – Mitgliedschaft (sie war 19 Jahre alt) die Interpretation einer „fremdbestimmten Jugendsünde" an. Auch heute verspürt sie weder übermäßigen Begründungszwang noch Rechtfertigungsdruck. Im Interview macht sie für sich die Anziehungskraft einer Gesellschaft geltend, die ihr um Solidaritäten und gleiche Chancen herum organisiert schien, problematisiert jedoch an keiner das Freiheitsmoment. Die Frage, ob sie zum Eintritt in die SED gedrängt worden sei, verneint sie ebenso lakonisch – gelassen, wie sie die spätere Rückgabe eines PDS-Mandats im Kreis vermerkt, aufgrund ihrer Erfahrungen mit „unerträglichen Betonköpfen":

neenee, „... eigentlich ganz bewusst. Ich bin da ganz bewusst eingetreten. Etwas auch zu erreichen, in Ordnung zu bringen. Während des Studiums schon. Ja, mein Mann auch. Nein, hab' da keine Probleme (da)mit. Eingetreten bin ich 1973 und war dann auch in der PDS, war sogar im Kreis. (S. 12). Aber diese alten Verbissenen... nichts gelernt, wollen auch nicht lernen; altes Denken"(S. 19).''

Bereits während des Studiums interveniert sie zivilcouragiert, auch letztlich mit Erfolg, z.B. als ein Studienkollege aus politischen Gründen relegiert werden soll. In einigen Passagen ist von „Auseinandersetzungen", „vielen Diskussionen", „ersten Diskrepanzen", „Ärger" die Rede – aber auch von „Engagement" (S. 12-15) mit z.T. positivem Ausgang. Ungerechtigkeiten bringen sie auf, sie wirft sich in die Bresche, vorzugsweise in „Einzelfallhilfe". Dabei konfrontiert sie die „Sonntagsideologie" der guten sozialistischen Gesellschaft mit ihrem Widerspruch in Gestalt der Alltagspraxis. Wenn sie auf verbrauchte, als Legitimationsformeln durchschaute Phrasen abhebt, meidet sie jeden Parteijargon (wie z.B. „sozialistische Prinzipien des Umgangs mit unseren Menschen"). Schlagwortbeziehungen zur Wirklichkeit bleiben ihr fremd. Gängige Ideologeme führt sie auf grundlegende humanistische Prinzipien zurück und klagt deren Geltung unmittelbar lebenspraktisch ein. Dabei stellt sie sich naiv auf den Parteistandpunkt (in der Partei sind bekanntlich alle gleich), gibt sich aber nie mit ideologiekritischem Schattenboxen ab. Wenn es sein muss, wendet sie leergelaufene Ideologeme funktionell gegen einen sklerotisierten Parteiapparat: „Arbeiterklasse als herrschende Klasse (lacht) – auch falsches Bewusstsein verpflichtet". Zwänge einer bürokratisch-zentralistischen Parteiherrschaft deutet sie alltagspraktisch um. Wo vitale Punkte berührt sind – etwa: Sinn und Möglichkeit produktiver Arbeit und sozialer Komfort („Offen reden über Gott und die Welt"), was unter DDR-Bedingungen von intakten kollegialen Beziehungen abhängt, – betreibt sie Schadensbegrenzung und fordert mit allen ihr zu Gebote stehenden Mitteln die Berücksichtigung von Interessen der nominell „herrschenden Arbeiterklasse" auf eine schwer zu widersprechende Weise ein. Sie selbst und die Kollegen machen ihre Zugehörigkeit zur Ebene der Arbeit geltend:

„...die Arbeiterklasse" (lacht) ... Und die sollte ja wohl die führende Rolle haben, unsere Abteilung – wir waren Techniker und Ingenieure -... also die Arbeiterklasse (lacht), haben wir immer gesagt (lacht). die aufmüpfigen Leute ... auch die Handwerker bei uns in der Werkstatt, die fühlten sich auch nie so einig mit dem wissenschaftlichen Gehabe, wir waren schon ein wenig anders (...). Ja, da gab es auch ein paar Sachen, wo wir uns auseinandergesetzt haben (...)" // I: Ich nehme an, Sie waren Arbeitsgruppenleiterin // K: „Nee immer normale Mitarbeiterin (...) Zum Beispiel die Zeit, wo man die Rechentechnik eingeführt hat (...). Klappte erst mal hinten und vorne nicht. Dort sollten geschlossene Bereiche eingeführt werden. Auf einmal warn wa janz jeheime Forschung, da gabs dann Auseinandersetzungen (...) sollten wir auch unterschreiben: keine Westverwandtschaft, keine Kontakte, jeden melden, Geheimnisverpflichtung und so was, das hätte uns fast zersprengt. Und dann haben wir den Leiter abgelöst. (Ähm ...) Der ist dann zwar die Leiter hochgefallen – aber wir waren den los (lacht). Ja (.) und (.) die Auseinandersetzungen (...) diese Tschernenko-Geschichte, ...das war ja die reine Farce, bewegungslos alles, dann Sputnik (...) Glasnost...Wir hatten bei uns schon vorher eine sehr offene Atmosphäre. Wir waren ja eine Abteilung für uns selber. Ein buntes Spektrum von Kollegen, sehr innovativ, muss ich sagen (...) und das Vertrauen war da, und über Gott und die Welt wurde geredet (...).(S.13,14)

Hier nostrifiziert sie stark, grenzt sich dabei aber mit dem ihr eigenen Positionsgefühl von politischen Leitungsebenen ab (Sphärenabgrenzung). Als international längst gängige Rechentechnik in geschlossenen Abteilungen eingeführt und eine höhere Geheimhaltungsstufe verordnet werden soll, droht eine Spaltung in insider und outsider. Frau Kern ironisiert per Dialektfärbung („*janz jeheime Forschung*"). Für sie besteht der Konflikt darin, dass per Unterordnung von Arbeitsgruppenstrukturen unter „kaderpolitische" Erwägungen kollegialer Zusammenhalt mit produktiven Kommunikationsmustern zerstört worden wäre. Das erfährt sie als Krise, in der sie selbst gefordert ist. Ihre Interventionen richten sich darauf, durch Courage und List zumindest partiell/temporär eine gewisse Vernunft auf der Ebene der Arbeit durchzusetzen. Das war möglich, weil auch im Interesse der Leitungen, die in aller Regel innerhalb der Planvorhaben betriebswirtschaftlich zu agieren versuchten.[11] Dabei baut sie darauf, dass die Zusammenarbeit zwischen Facharbeitern und Ingenieuren, in der täglichen Arbeit kaum irritiert durch formale Hierarchien, nicht zuletzt über einen gemeinsam geteilten Begriff anspruchsvoller „deutscher Qualitätsarbeit" (aus handwerklicher Tradition herkommend) selbst in einem „System organisierter Verantwortungslosigkeit" (Andras Hegedüs) nicht völlig verkommen war, sondern in Teilen überlebt hatte (Lüdtke 1993: S. 283 ff.). Das Hierarchiensystem selbst aber stellt sie nicht infrage. Es ficht sie anscheinend nicht an, dass der politisch stramme Chef auf der Karriereleiter weiter nach oben steigt. Nur indem Frau Kern die „höhere" Sphäre konsequent ausblendet und sich in ihrer kleinen Welt bescheidet, kann sie eine im Ganzen positive Bilanz ziehen. Wie Herr Peters, ihr Kontrahent in der Gemeindevertretung, macht sie den Gegensatz zu denen „da oben", zu abgehobenen, kontraproduktiven Apparatschik-Interessen, ideologischem Leerlauf und „hochtrabendem Getue" geltend.

Im Kern geht es um Aushandlungsprozesse als gesellschaftliche Lernprozesse. Ständig musste die Ingenieurin im betrieblichen Alltag zwischen Wissenschaft und praktischer Anwendung vermitteln – zwischen verschiedenen Rationalitäten und Sphären. Gerade dieses Zwischenfeld, die Vermittlungsebene, die beruflich geforderte Mittlerposition, veranlasst sie von der Sache her, einen lebenspraktischen Ausgleich zwischen unterschiedlichen Ebenen und Interessenlagen zu suchen. Dass sie gegenüber ideologischen Leerlauf bzw. Legitimationsformeln auf der Lösung von Sachproblemen, auf handfesten Ergebnissen besteht (als Messlatte

---

10 Höhere-Töchter-Attitüden könnten vermutet werden, treffen aber nicht zu. Wer mit wachen Augen kritisch die kleine DDR-Welt ansah, stellte Fragen an Gesellschaft und System häufig auf dem Wege einer Verständigung über Literatur und Kunst. Frau Kern folgt diesem Verarbeitungsmuster. Literatur als Diskussionsbühne war auch Ersatz für fehlende (mediale) Öffentlichkeit und soziologische Analyse. Sie nennt u.a. den Roman „Kippenberg" von Dieter Noll, ihrer Meinung nach „ein Schlüsselbuch – genau wie in unserer Forschungsabteilung"). Sicher dominiert Stoffliches, das Ästhetische ist von geringerem Interesse; spielerische Elemente, Formfragen kommen allemal zu kurz. Aber auch Frau Kern hält es für nicht zufällig, dass von dem Moment an, wo Literatur im Würgegriff nachhaltig beschädigt wurde und unliebsame Literaten (Bierman) ausgebürgert wurden, der Niedergang des Systems unaufhaltsam war.

11 Im „Planerfüllungspakt" hatten die Belegschaften in Produktionsbetrieben der DDR eine relativ starke Stellung gegenüber den Betriebsleitungen. Daher waren mitunter partiell rationale Problemlösungen über informelle Beziehungen und Stillhalteabkommen zwischen Betriebsleitungen und Belegschaften durchsetzbar. Das aber belegt ebenso wenig die Existenz einer Solidargemeinschaft, wie das Grundübel innovationsfeindlicher Strukturen beseitigt werden konnte. Mangels rationaler Herrschaft gründeten solche im bürokratisch-zentralistischen Staatswesen auf persönlich-sachlich vermittelten Abhängigkeitsbeziehungen, Notgemeinschaften. Klientelismus (nicht nur zu Zwecken der individuellen Beschaffung von Konsumgütern) in der Gesellschaft permanenten Mangels.

führt sie die Werkstatt des Großvaters lebenslang mit), heißt nicht, dass sie technizistisch fixiert wäre. Sie weiß, dass Problemlösungen nur zustande kommen, wenn Kommunikation/ Kooperation zwischen differenten Partnern und Rationalitäten funktionieren. Just an dieser Scharnierstelle ist sie tätig, dies ist ihr eigentliches Element, ihr „soziales Kapital". Auch bei technischen Prozeduren geht es ihr um Lebensqualität (nicht privatistisch oder hedonistisch verstanden). Das Lebendige steht für sie obenan, als Ziel und Sinn aller Bemühungen.

„Eine Klemmstelle war, die Anforderungen aus der Praxis mit den technischen Möglichkeiten und verschiedenen Leuten und beruflichen Anforderungen in Einklang zu bringen. Und das war der Nährboden für Auseinandersetzungen und wir steckten mittendrin. Da gabs viel Gespräche, immer Diskussionen. Als Ingenieure waren wir darauf angewiesen, mit der Technik zusammenzuarbeiten. Immer vermitteln ... Ja, ganz besonders die Jungpflanzen, wenn die durch die Technik durch sind, die müssen ja irgendwie weiterwachsen" (Lacht, dann lachen wir beide, vgl. S. 15).

Diese Passagen lassen nicht nur erkennen, wie situative Flexibilitäten im Rahmen eines staatsbürokratisch-zentralistischen Systems partiell gewonnen werden konnten, in dem Variabilität strukturell nicht zu verankern war. Präferenz und tätiger Einsatz für kooperative Handlungsformen, Aktivieren endogenen Potenzials durch interaktive Problemlösungsmuster auf der Ebene der Arbeit gehören zur Kerngestalt dieses Falls.

Dennoch gilt Frau Kern im Betrieb als Unruhestifterin. Als sie sich hartnäckig der Zivilverteidigung verweigert und ihr Engagement in ihrer Umweltgruppe Missfallen erregt, setzt man ihr so lange zu, bis sie erwägt, „aus dem Ganzen auszusteigen". Diese Stelle bringt nun die Interpreten in eine Situation „präzisen Unverständnisses" (Lutz Niethammer) und damit auf einen prägnanten Punkt. Denn ein „exit" findet nicht statt, Frau Kern gibt weder die berufliche Arbeit noch ihr gesellschaftliches Engagement auf (obwohl sie eine „Auszeit" nötig hätte). Vielmehr deklariert sie als „Ausstieg", ihre kritischen Interventionen („voice") auf das in der DDR übliche Normalmaß beschränken zu wollen und ihre Prioritäten ein wenig anders, kinderfreundlicher zu setzen. Also: keine heroischen individuellen Anstrengungen mehr, sondern das den realen Verhältnissen entsprechende massenhafte Alltagsverhalten. In einer resignativen Phase lässt Frau Kern, ihr selbst wohl kaum bewusst, hier die Endzeit des Systems aufscheinen. Das „hidden transcript" dieser Sequenz ist der kategorische Imperativ, dass dieses System nur zu halten wäre, wenn man außerordentliche Mühen bzw. Risiken auf sich nähme. D.h. sich entgegen den tatsächlichen Verhältnissen zu verhalten und dem System gegenüber -unerwünscht- kritische Solidarität, bei Strafe von Repressionen, zu üben. „Unglücklich das Volk, das Helden braucht", sagt Brecht im Galilei. Unter solchen Bedingungen wird sie von Folgeproblemen einer starken Entdifferenzierung von Arbeit und Freizeit, von öffentlicher und Privatsphäre, immer wieder eingeholt. Ihr Körper reagiert mit Erschöpfung. Krankheit als Notbremse gegenüber den Aporien anhaltender Stagnation des Systems und den Zumutungen „heroischen" Wider-den-Stachel-Löckens. Dieses Muster der Verarbeitung von Rückschlägen wiederholt sich. In den Wendeturbulenzen geht ihr die Abwicklung ihres Betriebes im Wortsinne „an die Nieren". Sie verbringt 1989/90 längere Zeit im Krankenhaus. Zugleich der Hinweis, dass auch die Dimension des Schmerzes, des Scheiterns, des Rückzugs in Krankheit zu einem tätig-humanen Leben gehören.[12] Sie kommt jedoch nicht in eine „Verlaufskurve" hinein (Schütze 1996: S. 116 ff.), sondern kann auch diese Lebenskrise für

---

12 Der Leidensdruck spiegelt sich in sprachlich adäquater Form wider. Obwohl ich sie bitte, möglichst genau ihre Wendeerfahrungen wiederzugeben, bleiben diese Passagen ihrer Erzählung diffus und sprunghaft, sie vermag auch nicht, erlebte Wendeturbulenzen in der zeitlichen Abfolge zu strukturieren. Hierbei fällt auf, dass sie wiederum nostrifiziert („wir", „unsere") und polarisiert („die", wobei hier Investoren bzw. Entwicklungshelfer aus dem Westteil des Landes gemeint sind, die sich dann als Liquidatoren entpuppen).

sich produktiv wenden, indem sie vor ihrer eigenen Entlassung (Juni 1991) für die Kolleginnen günstige Einstufungen durchsetzt, sich zügig in Arbeitsrecht, BAT und Sozialrecht einarbeitet und dann im ehemaligen Betrieb zeitweilig eine ABM-Gruppe von 27 Personen leitet. Durch die politische Krise in der Gemeinde, (der erste CDU-Bürgermeister kam über seine Stasi-Akte zu Fall und hinterließ der Gemeinde durch unsachgemäß geschlossene Verträge Schulden in Höhe von etwa 8 Mio. DM), kommt sie schließlich in eine exponierte kommunalpolitische Position. Eher reaktiv ließ sie sich in die Pflicht nehmen: *„Wir wollten in Ordnung bringen, was da schief gelaufen war"*. Nachdem sie sich mit anderen umwelt- und lokalgeschichtlich Engagierten zeitverschoben (1993) in einer basisdemokratischen Konstellation zusammengefunden hatte, kandidiert die Parteilose dann doch für die SPD; ein pragmatischer Ausweg aus den Aporien wendebewegter Bürgerbündnisse.[13] Über vier Jahre konzentriert sie Kraft und Zeit auf die Planung eines für den Ort überlebenswichtigen Wohnungsbauprojektes, das der problemgeladenen Gemeinde gleichermaßen Perspektiven für Restitutionsbetroffene (über 60 % der Ortsbewohner), neue Arbeitsplätze, dringend benötigte Infrastruktureinrichtungen und Dienstleistungsangebote schaffen sollte.[14] Hierbei erwirbt Frau Kern hohe Sachkompetenz und baut mit der für sie typischen sachlichen Gründlichkeit Brücken fachorientierter Ost-West-Kooperation mit seriösen Partnern aus dem Westteil der Stadt. Sie kommt damit nicht nur ihrem primären Berufswunsch (Bauingenieurin zu werden) nahe, sondern schafft es, alle Fraktionen auf dieses Projekt einzuschwören. Aber dem Planungsversagen ihres Projekts durch die Landesbehörden (im Zusammenhang mit dem geplanten Ausbau des Großflughafens Berlin-Schönefeld) kann die Gemeindevertretung nur noch ohnmächtig die Faust hinterher schütteln. Mit der Ablehnung des Bauprojekts gerät Frau Kern in eine mit gesundheitlichen Einbrüchen verbundene Krise. Die Situation in Otterstedt scheint festgefahren.

1.3 Geht die Mobilität einer offeneren Gesellschaft am gespaltenen Dorf vorbei?

Auch hier sind gegenwärtige, implizit weiterwirkende, unabgeschlossene Vergangenheiten aufgeschichtet. Der Ort, dem Frau Kern als Bürgermeisterin vorsteht, ist schon lange kein Dorf im eigentlichen Sinne mehr.[15] Strukturprägend war u.a., dass der Erwerb der Bewohner überwiegend in Berlin und in den umliegenden mittleren Städten gesucht wurde. Das Gros der Otterstedter pendelte täglich zur Arbeit. *„Der Ort fand auf dem Bahnhof statt"*. Für das integrative Binnenleben eines kommunalen Gemeinwesens dürfte diese Mobilitätsstruktur

---

13 Nicht nur Frau Kern und Herr Peters, sondern das Gros der in meinen Forschungsarbeiten seit 1990 befragten Kommunalpolitiker sahen ihre Parteizugehörigkeiten weitgehend unter pragmatischem Aspekt.
14 Das kommunale Bauvorhaben erscheint als Lebensfrage des Ortes, der ohnehin eine „kritische Größe" hat. Denn bis zum Frühjahr 1996 war hier keine neue Wohnung, kein neues Haus und 1997 nur wenige Ein- bzw. Mehrfamilienhäuser auf privater Basis gebaut worden. (Vgl. auch die Planungsanalysen zu Otterstedt von H. Nuissl in VI.1).
15 Schon vor 1961 hatten faktisch alle größeren Bauern den Ort in Richtung Westen verlassen, nur fünf der angestammten Bauernfamilien verblieben dort. Zwar hatten die für Berlin seit dem Ersten Weltkrieg typischen Randwanderungen und auch das Einströmen vom Umsiedlern nach dem Zweiten Weltkrieg zur sozialen Durchmischung beigetragen. Seit den 70er Jahren wurde Landwirtschaft in Otterstedt – wie in der ganzen DDR- industriemäßig betrieben. Übergroße Einheiten, vom Pflanzenbau örtlich getrennte Tierzucht, Chemisierung u.a. hatten zugleich ruinöse Folgen für die Umwelt. Heute ist die landwirtschaftliche Produktion faktisch abgewickelt. Hier wird nur noch ein wenig kleine Nebenlandwirtschaft betrieben, ein Ortsbewohner hält sich Pferde.

prekär gewesen sein. Immerhin war in der Gleichzeitigkeit von örtlicher Bewegung und der Refugien von Einfamilienhäuser ein Nebeneinander von permanenter Informationsbörse und Rückzugsmöglichkeit/Schutzraum entstanden, d.h. ein relativ zuträgliches Verhältnis von Öffentlichkeit und Privatheit. Ein Verbot grenzüberschreitender Reisemöglichkeiten war gesetzt. Wenigstens „auf der Bahn" gab es eine gewisse Beweglichkeit, insofern sich hier differente Milieus mischen und verschiedene Erfahrungswelten zeitlich begrenzt austauschen konnten.[16] Damit schlugen wendebedingte Effekte von Entöffentlichung der alltäglichen Lebensführung im Ort besonders durch, seit auch hier Pendelbewegungen zur Arbeit und ausgedehnte Einkaufsfahrten per PKW bewältigt werden. Alle Versuche Frau Kerns, neue oder kompensatorische Kommunikations-Formen zu installieren (durch einmalige „events", wie Ortsfeste, einen – auch hier sehr selektiv genutzten – Seniorentreff etc. und ein Lesecafe) hatten kaum temporären Erfolg. *„Jeder hat mit sich zu tun jetzt"*. Die veränderten Formen der (jetzt höheren) individuellen Mobilität bringen nicht nur Umweltbelastungen, wenn der Verkehr das langgestreckte Straßendorf durchbraust (oder sich staut). Der geplante Transrapid wird Otterstedt durcheilen und der Großflughafen (Frau Kern ist im Vorstand der Bürgerbewegung gegen den Flughafenbau aktiv) Überflieger in großer Dichte bescheren. Die Frage ist, ob die Mobilität einer offenen Gesellschaft an Otterstedt vorbeigeht? Hat der Ort nach dem Stop des Bauprojekts, das gemeinsame Anstrengungen im Ort mobilisierte und Interessen bündelte, keine Zukunft mehr?[17] Frau Kern resümiert:

„Wenn unsere Kinder wegziehen, weil sie nicht mehr hier wohnen können, hat der Ort keine Zukunft mehr". Krisen treten nicht zuletzt als Kommunikationskrisen in Erscheinung:

„Der Baustopp des Wohnprojekts ist den Ortsbewohnern nicht vermittelbar. Es gibt Leute, die wechseln schnell die Straßenseite bzw. grüßen mich nicht mehr".

Im gespaltenen Dorf kommt es zu einer Krise der politischen Öffentlichkeit. Da sich nach dem Empfinden vieler Ortsbewohner nichts bewegt und Resignation sich breit macht, wird Stellvertreterpolitik in Otterstedt in besonderem Maße zum Problem. Der Gemeindevertretung kommt eine engagierte bürgerschaftliche Basis abhanden. Unproduktive Dichotomien prägen das Bild. Dabei gibt es gerade in der schwierigen Situation der Gemeinde Handlungsaufforderungen zuhauf! Restitutionsfolgen und Bevölkerungsverluste wirken sich aus, der Ausbau des Großflughafens wird die Lebensqualität des Ortes mindern, andererseits jedoch investitionsfördernd wirken. Zwar überspringen die Geschäftsbeziehungen des ortsansässigen internationalen Hochtechnologie-Unternehmens die Region. Aber schon aufgrund seiner Forschungs- u. Entwicklungsabteilung am Ort (mehr als nur eine verlängerte Werkbank) wären Möglichkeiten einer interessanten sozialen Durchmischung eingesessener Bewohner mit Neubürgern denkbar. Mangels ansprechender Wohnungen aber (umliegende Orte hingegen verzeichnen einen Bauboom) und aufgrund fehlender Bildungsangebote für die überwiegend englischsprachigen Kinder der hier tätigen Ingenieure, Konstrukteure, Forscher und

---

16 Beziehungen wurden gepflegt, auf dem kleinen Nachrichtenwege einschlägige Informationen über Erwerbsmöglichkeiten knapper Güter, über besonders begehrte Lehrstellen für die Kinder (Automechaniker z.B.), den Zustand der Betriebe und andere Realitäten des Lebens ausgetauscht (jenseits der „Hofberichterstattung" der Medien). Das Fehlen größerer sozialer Differenzierungen wirkte kommunikationsfördernd. Außenseiter waren hier jene, die beruflich oder altersbedingt an den Ort gebunden waren. Da es aber in jeder Familie Pendler gab, wurden auch älteren Familienmitgliedern die Informationen ins Haus gebracht.

17 Die Beteiligung der Gemeinde am Modell Märkisches Wohnen (EG-Gelder waren zugesagt) mit einer von der GV gefundenen intelligenten Konstruktion (kostengünstige Konditionen: Erbpacht mit Ablösemöglichkeiten) hätte faktisch eine Verdoppelung der Einwohnerzahl ermöglicht. Jetzt setzt sich die Abwanderung aus O. fort.

III.1 *Haflinger im märkischen Sand und High-Tech im gespaltenen Dorf*

Entwickler, können diese nicht an den Ort gebunden werden. An der ortsansässigen Schule mit vormals kreisweitem Einzugsbereich hat das Lehrerkollegium die Entwicklung zur gymnasialen Oberstufe glatt verschlafen. Ganz im alten Trott, auf Befehl von oben wartend, bewegte sich dort nichts. Die Spaltung des Dorfes ist sowohl eine geographische (das internationale Unternehmen steht wie ein UFO im märkischen Sand (vgl. VI.2), auch ein großes Tagungshotel erscheint als Exklave) als auch eine positionelle. Auch in der Gemeindevertretung verfestigen Grabenkämpfe um zerstrittene Positionen das Bild von Unbeweglichkeit.

2. Ein selbstständiger Gewerbetreibender und die Zirkularität seines marktwirtschaftlichen Credos im gespaltenen Dorf: Herr Klaus Peters

2.1 Grundmuster: Beweger und Beweglichkeiten

Der heute 57jährige Diplomingenieur und Kleinunternehmer Klaus Peters, der schon zu DDR-Zeiten den Sprung in die Selbstständigkeit wagte und diese Existenzform in den Unwägbarkeiten und der Unbeweglichkeit zentralistischer Planwirtschaft listen- und erfolgreich behauptete, repräsentiert noch heute in der Gemeindevertretung Otterstedts (analog in den neuen Bundesländern) sozialstrukturell und politisch eine Minorität. Der für Ostdeutschland typische und folgenreiche „political lag" fehlender kommunaler Selbstverwaltung[18] schien zunächst nach der Wende im entschlossenen Spurt beschleunigt aufholbar. Als die alten Kräfte abserviert wurden und eine komplett neue Mannschaft (Seiteneinsteiger, ehemalige Blockparteimitglieder) in Otterstedt das Sagen hatten, legte auch Herr Peters richtig los: Er fügte seiner ökonomischen Position am Ort entschlossen die Dimension eines politischen Akteurs hinzu. Endlich kam mit ihm der für jedes Gemeinwesen unverzichtbare Sozialtyp eines sozial eingebetteten kleinen/mittleren Unternehmers zum Zuge. Im Takt mit der beschleunigten sozialen Zeit hatte sich die erste Gemeindevertretung nach der Wende zielsicher auf Flächensicherung und Planung raumstruktureller Veränderungen konzentriert. Das vermittelte einen Eindruck von Aufstiegsdynamik, die in der Deutung eines großen Teils der Ortsbewohner in Kontrast zur heutigen Unbeweglichkeit steht (s. Fallanalyse Kern). Selbstbewusst stellt der Inhaber einer Elektro-GmbH den Habitus eines tatkräftigen self-made-Mannes heraus. Er präsentiert eine Erfolgsgeschichte. Als Gemeindevertreter nach seiner Sicht auf die politischen Verhältnisse in Otterstedt und nach seiner persönlichen Motivation befragt, sich gesellschaftlich zu engagieren und zu exponieren, antwortet er sofort mit lebensbiographischen Informationen zur Person, ohne dass solche Fragen vereinbart gewesen wären. Das Postulat eines Expertenstatus (per Geburt) stellt er definitiv voran:

---

18 In der DDR waren Kommunen faktisch ein „Ausfall im System". Als lokale Organe der Staatsmacht im System der doppelten Unterstellung (rechenschaftspflichtig ihren Wählern und Gemeindemitgliedern) waren sie weisungsabhängig vom Rat der Bezirke und zugleich dem permanenten Hineinregieren der SED-Kreisleitungen unterworfen. Selbstverwaltung war sowohl personell aufgehoben (keine freien Wahlen, Abstimmungsmaschinerie subalterner Gemeindeparlamente, Nomenklaturkader wurden oktroyiert) als auch finanziell (keine Steuer- und Finanzhoheit, zentrale Zuweisungen, mangelnde Baukapazitäten). Die VEB waren aufgrund ihrer materiellen Ressourcen wichtigere Akteure auf der lokalen Ebene als die Kommunalpolitiker, jedoch eingebunden in vertikale Strukturen und Entscheidungen der Zentralen Plankommission. Sozial schlug vor allem die Destruktion des mittleren produktiven Eigentums zu Buche, bilden doch Mittelstand, Bildungsbürgertum und Honoratioren den engagierten Kern kommunaler Selbstverwaltung (vgl. u.a. Häußermann 1995: S. 8).

„Also ich bin im Prinzip ein ganz alter Otterstedter. Ich bin seit '44 hier in Otterstedt ansässig. Bin 44 auch geboren worden (...) und habe also die gesamte Entwicklung hier im Ort verfolgt (..) (Interview mit Herrn Peters vom 20.11.1997, S. 1)

Schon mit der Eingangssequenz weist er sich als unverzichtbaren Gesprächspartner für den Erwerb von Insiderwissen aus. Dass er *„die gesamte Entwicklung hier im Ort"* von Kindesbeinen an *„verfolgt"* hat, soll die Perspektive eines objektiven Beobachters unterstreichen. Ferner deutet die Wortwahl auf eine spezifische Aktivitätskonfiguration. Das Bewegungsmoment stellt sich in der Folge als Basistext und strukturgenerierendes Element eines Lebens dar, das auf eigentümliche Weise mit dem Dilemma eines gespaltenen Dorfes bzw. stagnierender Ortsentwicklung teils kontrastiert, teils korrespondiert. Schon als er im Schnelldurchgang seine Lebensgeschichte überfliegt, beiläufig und scheinbar detachiert Schicksalsschläge benennt (die 1944 geborene Kriegswaise hat den Vater nie kennengelernt, die Mutter verstarb 1945 an Typhus), kommt die Bewegungsfigur ins Spiel. Wegen seiner Herkunft marginalisiert, unter komplizierten Bedingungen aufgewachsen, hat er sich durchbeißen müssen. Er kam gar nicht erst in Versuchung, sich der größten Volksbewegung der DDR, „bis zur Rente keinen Ärger mehr", anzuschließen.

„ ... Ick bin bei meinen Großeltern groß geworden (.) und, eh, muss dazusagen, dass mein Großvater, also der vor '45 der Bewegung beigetreten ist, also ein janz alter Beweger jewesen is (.) und ... hat die militärische Laufbahn eingeschlagen. Hat im Kaiserreich praktisch als Offizier gedient und dann in' ner Weimarer Republik war er dann, is ja genauso wie et heute ist: wenn se det Bund verlassen haben, dann komm se in (Lachen)// hier rin in //(Lachen)// hier in ne Verwaltungslaufbahn und dann hat er sich, eh, eh, im Laufe des, eh, wie 33 det losging, hat er sich beim Hermann Göring bei der Luftwaffe gemeldet und hat im Luftfahrtministerium in der Leipziger Straße, eh, wees ick, so'ne Abteilung jeleitet, oder wat. Und war hier auch wahrscheinlich in ner NS, in ner NSDAP och sehr aktiv drinne – dit habe ich jetzt aus meinen Stasiunterlagen (Lachen): Die hab ick abgefordert. Und, naja jedenfalls, eh is er im Prinzip 58 hier, da bin ich ja schon etwas bewusst jewesen, is er 58 als Nazi-Kriegsverbrecher enttarnt worden, weil icke mit dem Stahlhelm hier durch die Gegend jelofen bin und mit nem Revolver rumjerannt bin, also. Hat ihn der Nachbar angeschissen und dann ist er im Prinzip mit 80 noch in Knast gekommen, also in Untersuchungshaft. Dit haben se dann eingestellt, dit Verfahren, isser dann aber bald verstorben. Na ja, jedenfalls habe ick im Prinzip eine sehr, eh, rechtsradikale eh, eh, (Interviewer: Verwandschaft?) nee, nee, Erziehung gehabt. Dit hat man in den Stasiunterlagen auch geschrieben." (20.11.97,S.1).

Gegenüber den durchgängig wertend-resümierenden Statements, mit denen Herr Peters – bei aller sprachlichen Largesse – im gesamten Interview seine Kontrollkompetenz zu wahren sucht, nimmt allein diese Passage die Form einer biographischen Spontanerzählung an. Hier wird die Erzählgestalt dichter, detaillierter, die eigene Involviertheit kommt direkt ins Spiel. Der Großvater ist mehr als Bezugsperson, er ist Identifikationsfigur. Dass dieser von Anfang an dabei war (als höherer Offizier im Ersten Weltkrieg), ist ihm wichtig. Dann, als *„33 det los ging, hat er sich beim Hermann Göring bei der Luftwaffe gemeldet ... ".* Die Typisierung des Großvaters als eines *„janz alten Bewegers"* verweist – neben immunisierender Ironie und genuinem Insidertum – zugleich auf eine zeitübergreifende Perspektive seines eigenen Kindheitsmusters. Er hebt ganz auf die Bewegungsseite des Nationalsozialismus ab, wiewohl es für DDR-Verhältnisse außen vor war, vom NS als „der Bewegung" zu sprechen. Er übernimmt nicht nur blanco diesen Begriff, ohne taktische Rücksichten, sondern konnotiert ihn mit positiver Spannung und gesellschaftlicher Dynamik (1933 – da ging etwas los!; ein politisches Periodisierungsschema). Vor interpretativen Fallen deterministischer Stereotypie sei jedoch gewarnt. Wiewohl Formulierungen quasi-familiärer Vertrautheit *„beim Hermann Göring"* auf Wertschichten hindeuten, die unberührt blieben von den Zeitläufen, von einer Aufarbeitung der Geschichte und auch von den ideologisch eingefärbten Auseinandersetzungen in der DDR mit dem NS nur insoweit erreicht wurden, als sie in betonter Opposition zu dieser Art antifaschistischem Kanon stehen, ist der Basistext hinter dem Oberflächenphänomen zu erschließen. Nach Alfred Schütz ist das Konkordanzproblem zwischen Binnenperspektive des Biographen und der Außenperspektive des Forschers nur lösbar, wenn durch die Sinnschichten der Binnenperspektive hindurch im Anschluss an subjektive Deutungs- und Handlungsmuster, über die Explikation gegebener, bzw. möglicher oder der „Chance" nach geltender Sinnverhältnisse/Handlungsorientierungen die Konstitution dieser Gestaltstrukturen qua Konstruktbildung rekonstruktiv erschlossen wird (vgl. Kellner, Heuberger 1988: S. 257 ff.). Der Basistext sagt, dass hier ein „umständehalber" zu Beweglichkeit Gezwungener[19] weder an die systembedingt „angehaltene" soziale Eigenzeit der DDR noch an scheinbar als unbeweglich empfundene Strukturen der Gegenwart anschließen kann, sondern auf eine Zeit zurückgreift, der er genuine gesellschaftliche Beweglichkeiten zuordnet. Auch den Status des Großvaters als Abteilungsleiter im Luftfahrtministerium (einer ersten Adresse), an exponierter Stelle in der Staatsbürokratie (kein Bürohengst) legitimiert er durch dessen Herkommen aus dem aktiven Kriegsdienst („zu Kaisers Zeiten") und einem „Bewegungsmilieu" (NS-Zeit). Nach dem Krieg wird das jugendlich-rebellische „gefährliche Leben" seines Enkels zum Stein des Anstoßes: In eigentümlicher Verknüpfung von Nähe zum Großvater und schuldhafter Verstrickung greift ihn die sowjetische Militärpolizei beim Abenteuerspiel auf. Damals endete seine Kindheit abrupt in einem Waisenhaus. Nur die Vormundschaft der Schwester bewahrt den spät geborenen Nachkömmling der Familie, jetzt Vollwaise, vor der Einweisung in einen Jugendwerkhof.[20]

2.2 Ein pragmatischer Selbsthelfer: Potenziale taktisch bastelnder Kreativität

Herr Peters findet sich schon in früher Jugend in Distanz zum politischen System und ins Einzelgängertum gedrängt. Statt eigenbrötlerischer Verbitterung oder Lamentos über Repressionen aber lässt er das Bild eines aus eigener Kraft Aufgestiegenen entstehen. Der „alte Haudegen"[21] erweist sich als Überlebensstratege und Meister von Copingstrategien. Als ein Zweckbündnis zwischen Reformern und Technokraten des „Neuen Ökonomischen Systems" (1963-1967) in der DDR Reformhoffnungen nährte, nutzt er zunächst seine Chance im zweiten Bildungsweg. Als schon gestandener Fachmann nimmt er ein Studium auf. Als dann Versorgungsengpässe und deren absehbare politische Auswirkungen den DDR-Apparat nach der voluntaristischen Verstaatlichungskampagne wider das produktive Kleineigentum (1972) zum Umsteuern zwangen, ergriff Herr Peters wiederum die Gelegenheit. Den Sprung in die Selbständigkeit wagt er, als nach 1975 private Handwerksbetriebe und Läden wieder zugelassen werden. Unter DDR-Verhältnissen kommt dies einer Statuserhöhung für den diplomierten Ingenieur gleich.

---

19 Gegen die Stagnation der DDR und die Unbeweglichkeiten der heutigen Bundesrepublik setzt sich der tatkräftige Selbsthelfer ab, der an den unternehmerischen Idealtypus Schumpeters erinnert. Für diesen ist der Unternehmer verbunden mit dem Zwang zu „schöpferischer Zerstörung" überkommener Strukturen und Handlungsmuster. Seine definitive Funktion ist Innovation „entrepreneurship as the creation of opportunities for surplus profit through new combinations or innovation". Innovation/Neukombination sind hier wesentlich unterschieden von Interventionen (organisatorisch-technischen Verbesserungen) (vgl. Schumpeter 1964).

20 Damit sind die familiären Bindungen für das gesamte weitere Interview fast abgearbeitet. Beiläufig erwähnt er an zwei Stellen seine Frau und auch die Tochter, welcher er seine Firma überschrieb. Letztere ist jetzt Geschäftsführerin, er ihr Mitarbeiter.

21 Seine Urteile sind gleichermaßen dezidiert und unbekümmert um political correctness, hemdsärmelig, stark personalisierend, mit Ortsklatsch vermischt, sprachlich leger, mit Dialektfärbung. Aber seine Darstellungsweise ist durchgängig evaluativ, er gibt die Kontrolle über Ereignisse und deren Bewertung nicht aus der Hand. Der Populist versucht mehrfach, den Interviewpartner als Eingeweihten zu vereinnahmen. Er nutzt die Interviewsituation als Bühne der Selbstdarstellung.

„Wissen se, aber ick sage mir mal wieder: Unsereins hat sich sein Weltanschauungsbild alleine, eh, zusammenjezimmert und, na, was muss ich ihnen weiter erzählen? Ich habe also praktisch zwee Berufe. Habe also Elektrotechik, eh, richtig von der Pike auf gelernt. Habe dann im Prinzip das Abitur gemacht und dann zur Hochschule ... Mir kann keiner vorschreiben, wat ick denke ... Ick hab mich also nich zentralisieren lassen." (20.11.97, S. 2).

Interessant das Aneinanderreihen von selbst zusammengezimmertem Weltanschauungsbild und zweier erlernter Berufe im Redefluss eines Menschen, der als Selbständiger sein eigener Herr ist. In der Philosophie eines autochthonen Randständigen, der sich nur auf sich selbst verlassen kann, steckt eine Art aus Erfahrung erhärtetem Kleineleutemachiavellismus. Sicher hat er das Bild einer rebellischen Jugend überzeichnet. Jedoch stehen sein Herkommen und seine Umtriebigkeit zu DDR-Zeiten in deutlichem Widerspruch zur verordneten räumlichen Immobilität und zum Erlahmen vertikaler Mobilität seit Mitte der 60er Jahre.[22] Sein Gespür für kontextoffene Handlungsfelder als Freiräume selbstbestimmten Handelns schärfte sich unter Bedingungen der (Mauer-) geschlossenen DDR-Gesellschaft. Zum Märtyrer nicht geboren, will er jetzt und heute leben. Die Unwägbarkeiten sozialistischer Planwirtschaft zwingen ihn zu situativer Lernfähigkeit und operationaler Flexibilität. Die Erfahrungsgeschichte gibt den Blick auf Paradoxien der DDR-Planwirtschaft frei, die er mit einer Mischung von strategischem Durchhaltevermögen und taktischem Geschick nicht ohne Lustgewinn für sich zu nutzen weiß:

„In der DDR da is das so gewesen, dass hier im Prinzip die ganze Wirtschaft fast ist. Also die ganze Dienstleistung lag total am Boden ...Und dann hat der, der ehemalige DDR-Staat, im Prinzip son' ne Verfügung rausgegeben, dass Betriebe sich wieder gründen können ... Habe mich ooch beworben... In Otterstedt war das abgelehnt worden, weil ich ein Hochschulstudium hatte. Ingenieure waren ja keene Arbeiterklasse (Lachen), die wurden nicht zugelassen und, eh, und, na ja da hat hier jemand anderes, eh, auch beworben gehabt, hat det bekommen, det Jewerbe, und dieser Herr hat aber keine Arbeiten ausgeführt, sondern, der hat die Trabants, die Sie auch noch kennen, in Schönefeld entwendet, vom Parkplatz und dann Ersatzteile draus gemacht (Lachen) ... Dit is dann aber aufgeflogen und da hab ick dann das Ohr an der Basis jehabt und habe im Prinzip noch mal noch, nachträglich eingereicht ...dass ich hier'n Jewerbe errichten wollte. Und dann habe ick in meinem Wohnhaus in ner Garage ein Büro aufgemacht. Erst mal privat. Es gab kein Auto, ja, es gab also keine Fahrzeuge für Handwerker. Die mussten se vom Schrottplatz holen, mussten se aufbauen, dass sie überhaupt losarbeiten konnten ... Ick habe also praktisch mein Telefon, musste mit zwee'n halb tausen Mark, habe ick die Post jeschmiert, und dann hab ick een Telefon jekricht. Und da haben se gleech een ranjehangen, der ooch, der mich im Prinzip immer an der Strippe hatte."(20.11.1997, S. 2)

Sein pragmatischer Umgang mit dem System und dessen Defiziten, immer den eigenen Vorteil im Auge, Barrieren gewitzt umgehend, improvisierend – aber mit langem Atem, sind typisch für eine sich unter solchen Bedingungen ausprägende operationale Mobilität und Flexibilität für eine DDR-spezifische „Kultur der Selbständigkeit". Dabei erweist sich ein landläufiges Stereotyp auch für die DDR-Entwicklung als unhaltbar, dass Zeit dynamisch, Raum aber wesentlich statisch (Hintergrundfolie) sei. Der Fall erhellt, dass sich Räume wesentlich durch Austauschbezüge auf einer Vielzahl von Ebenen relational, dynamisch, prozessual als

---

22 DDR-Bildungsforscher wiesen dies in den 70er Jahren nach. Z.B. kamen laut Max-Planck-Institut für Bildungsforschung in den 50er Jahren 80 Prozent der Studierenden aus der Arbeiterklasse, in den 80er Jahren jedoch nur noch 10 Prozent. Diese Analysen verweigerten sich dem üblichen Statistikschwindel (nach dem Offiziers- und Staatsfunktionärskinder ihrer sozialen Herkunft nach zur Arbeiterklasse zählten). Die „sozialistische Dienstklasse" rekrutierte sich zunehmend nur noch aus sich selbst. Es gibt, im Unterschied zur Aufbruchphase keine meritokratisch begründete Funktionszuweisung mehr (Verdienste als Antifaschisten). Jetzt entscheidet die Herkunft aus politisch korrekten oder Nomenklatura-Elternhäusern (Kaderpolitik als quasi feudalstrukturelles Kastenkonstrukt). Die bislang für soziale Mobilität faktisch am meisten offene Klasse verzeichnet jetzt die stärksten Mobilitätsdefizite. Kooptationen werden üblich. Ein markanter Aspekt der zunehmenden Gerontokratie ist schließlich die Vergreisung der Nomenklatura schon im jugendlichen Alter.

Handlungsräume darstellten. Die konfliktiven Aushandlungen über Raumnutzung und Raumpräsenz[23] laufen auch bei Herrn Peters fast ausschließlich über Face-to-Face-Interaktionen. Gebundenheit an den Ort ist eines der Elemente sozialer Dynamik.

Weil ihm in der stillgestellten sozialen Zeit der DDR die elementare Geschäftsgrundlage Mobilität versagt ist und ein Geschäftsmann, *„mit Material und Kapazität überhaupt eng gehalten wird"*, kann er seinen Aktionsradius nur erweitern, indem er eben nicht nur im Rahmen seiner eingespielten sozialen Netze operiert, sondern sein Milieu überschreitet. Seine situativen Arrangements, Zweckbündnisse, berufsspezifischen Übersetzungsprozesse bilden „kreative Stornierungen universeller Anspruchsbestände einer Herrschaftsideologie" (Matthiesen 1985: S. 147) auf dem Rücken vielgestaltiger sozialer Beziehungsnetze. Damit gründete er Bewegungskoalitionen, mit denen sich Elemente gesellschaftlicher Beweglichkeit in festgefahrene Strukturen und provinzielle Enge einspeisen ließen, Faktoren der vielbeschworenen Lernfähigkeit von Regionen.[24] Der „Private" Herr Peters, der seine Stärke explizit auch aus dem Gestus einer Sicht von unten bezieht, mobilisiert für seinen Lebensplan (die Firma) vornehmlich außerökonomische Faktoren. Das könnte auch den verblüffenden Befund erklären, dass Herr Peters – in auffälligem Kontrast zu allen anderen politischen Akteuren unseres Samples – gerade die politischen Aspekte seiner Biographie hervorhebt. Der Umtriebige Außenseiter war schon während der Studienzeit kalkuliert einer Blockpartei beigetreten. In der Ortsgruppe der Liberaldemokratischen Partei Deutschlands fand er eine Kombination von Informationsbörse, Rückhalt für seine Interessen als Gewerbetreibender und intaktem Vereinsleben mit ihn ansprechenden quasi-bündischen Gesellungsformen. Das gibt dem „dynamischen Gelegenheitssucher" auch Hintergrundsicherheit, Bezüge zu ihm fremden und eigentlich widerstrebenden Milieus aufzubauen. Da er „Nägel mit Köpfen" machen will, arrangiert er sich, engagiert sich zu DDR-Zeiten z.B. über Jahre im Klassenelternaktiv der Schule, installiert im trickreichen Zusammenspiel mit der NVA (Nationalen Volksarmee) 1984 eine Straßenbeleuchtung am Ort, welche eigentlich zur Installation im Bereich Staatsgrenze bestimmt war. Im wohlabgewogenen Verhältnis von „surrender und catch" *„immer das Ohr an der Basis"* und *„etwas für den Ort tun"*; *„wir haben ja relativ viel so für die Allgemeinheit getan"*, geht er auf jene zu, die im Ort das Sagen haben. Im Gegenzug findet er Rückhalt bei der damaligen SED-Bürgermeisterin, als er z.B. wegen mehrfacher Preisverstöße beim Staatssekretariat für Arbeit und Löhne in Potsdam (der Bezirkshauptstadt) vorgeladen wird und Gefahr läuft, seine Lizenz zu verlieren.

„Ick kann nich sagen, dass ick hier drangsaliert worden bin, ... bin ick zur Bürgermeisterin jegangen, hab also hier in der Kommune mit der Bürgermeisterin, die ja von der, aus der SED war, eh, hab ich ein relativ gutes Verhältnis jehabt ... Na, so'n Mädel", kommt aus der FDJ-Ecke, son Mädel eben, was soll sein ..." (20.11.97, S. 3).

Er konnte sogar 1986/87, zwecks Erweiterung seiner Firma, Bodenreformland im Siedlungsbereich pachten: *„wie jesacht, in der DDR war ebent allet möglich"*... Die originelle Lesart – DDR als ein „Land der unbegrenzten Möglichkeiten" (Aushandlungsgesellschaft) findet sich bei dem Umtriebigen als ein Schranken seines Handlungsraumes hinausschiebendes,

---

23 Das Bourdieusche Verständnis von Räumen als Handlungsräumen mit dem Faktor Verfügung über Raum per Raumdefinitionsmacht, Ausschlussmöglichkeit anderer von der Raumnutzung, erscheint noch zu statisch. Zum analytischen Ausgangspunkt scheinen die Formbestimmtheit im Wandel der Nutzungen und die Vielfalt der Nutzenspraxen besser geeignet.

24 Vgl. die breite Diskussion über „learning regions" in den Regionalwissenschaften (s. etwa Storper 1997). Bei aller Unterschiedlichkeit der Ansätze werden als Kriterien Interaktionen lernender Akteure, historisch gewachsene Kompetenzen, Vernetzung, Neu-Kombinationen von Strukturformen und Akteurskoalitionen in lokalen Sozialräumen, Formen der interkommunalen Zusammenarbeit in neuen Aushandlungsprozeduren sowie Verfahrensgerechtigkeit genannt.

inkrementalistisches Handlungsmuster. Dies bloß am Kriterium seiner Geschäftsbilanzen zu messen oder an den Ausstattungsinvestitionen für seinen Lebensstil, ginge aber am Springpunkt vorbei. Bei dem falltypischen Zugewinn an Persönlichkeitsprofil geht es um Beziehungen zwischen Struktur und Handlung (Subjektstatus) und zwischen ökonomischen und sozialkulturellen Strukturierungsmodi und Handlungskontexten (Beweglichkeiten gesellschaftlicher Handlungsräume). Der prozessuale Zusammenhang von Kapazitätserweiterung der Persönlichkeit und der Handlungsfähigkeit der Kommune ist über die Formbestimmtheit seines Agierens im flexiblen Umgang mit Risiken und Möglichkeiten im Sozialraum zu fassen. Dieser Akteur spielt im Umgang auch mit repressiven Momenten je nach Gelegenheit im lokalen Sozialraum den Vorteil der Nähe und der sozialen Dichte in Kommunikation mit der sozialen Umwelt aus.

Die Wende versteht Herr Peters als veritable Befreiung. Jetzt fühlt er sich auf Seiten der Sieger der Geschichte, da endlich freie Bahn für freies Unternehmertum propagiert und klein- und mittelständischen Unternehmen eine Schlüsselrolle für den „Aufschwung Ost" zugeschrieben wird. In Erwartung, jetzt zu den dominierenden Eliten zu gehören, steigt er in die Politik ein. In einem Alter, wo mancher schon an die Rente denkt, zeigt er neben seiner Wirtschaftsaktivität Präsenz auf mehreren Politikebenen zugleich: In der Gemeindevertretung, als stellvertretender Kreisvorsitzender der FDP und als Mitglied des Wirtschaftsausschusses auf Landesebene. Hier ist er in relevante Informations- und Entscheidungsprozesse einbezogen.

2.3 Dynamik des Raums versus bleierne Zeit? Anatomie einer strukturellen Blockade. Suche nach den Schuldigen

Als die mauerbrechende Dynamik der Anfangszeit ein starkes Prozessieren des Raums auslöst, hatten die „ruling managers" in der CDU-dominierten Gemeindevertretung unter Bürgermeister König[25] ein Bündnis mit der rasenden Zeit geschlossen. Mit lebhaftem (bis abenteuerlichem) Grundstückspoker[26] hinter verschlossenen Türen schaffen sie vollendete Tatsachen. Man präsentiert sich als Erfolgsgarant. Die Kommune ausschließlich als ökonomische Entwicklungsagentur verstehend, war extensiver Flächenverbrauch (auch von Ackerland) angesagt, überdimensionierte Bauvorhaben wurden geplant, Investoren gewonnen, Aufstiegshoffnungen genährt. Die Bewegungsfigur, in Wachstumsgeschwindigkeit gemessen, wurde zum bestimmenden Maß. Das Zielverständnis wirtschaftliche Dynamik/Verfahrensbeschleunigung lässt die erste Gemeindevertretung als Agens dynamischer Entwicklung erscheinen, während der Gradualismus der nachfolgenden die Optionen zu hindern scheint.

---

25 Herr König, ehemals aus dem Westen zugewandert (wo er sich verspekuliert haben soll), in der DDR Leitungskader in einem Betrieb und informeller Mitarbeiter der Staatssicherheit, war erst kurz vor den Kommunalwahlen 1990 in die CDU eingetreten. Er stand für kurz- und mittelfristig realisierbare Ziele, Imperative extensiven Flächenverbrauchs, Ausblenden sozialer und ökologischer Aspekte.

26 Bei Herrn Peters kommt kein Gedanke daran auf, dass Gemeindevertreter eine Kontrollfunktion haben. Allerdings erhöhte es die Intransparenz der Vorgänge, dass Verwaltungen und Politiker in den neuen Bundesländern im Umgang mit dem komplizierten Baurecht kaum Erfahrung hatten. Jedoch kam zu den damals vehement ausgenutzten juristischen Grauzonen noch der vorauseilende Gehorsam regionaler Bauämtern und Landesbehörden gegenüber Investoren. Laut Gesprächen im Landesbauministerium waren in dieser Zeit Gefälligkeits-Baugenehmigungen die Regel. Absprachen zwischen Planungsbürokratien und privaten Investoren auch in den neuen Ländern taten ein Übriges. Sicher erschwerten komplizierte Verfahrens und auch Instrumente wie der § 34 BGB die öffentliche Kontrolle. Zum Teil öffnete auch die interkommunale Konkurrenz unseriösen Geschäftemachern Tür und Tor. In Otterstedt herrschen jedoch immer noch moralisch aufgeladene Debatten vor („Bereicherung"). (vgl. auch den Beitrag von Nuissl, Arndt, Jäger unten VI.2).

III.1 Haflinger im märkischen Sand und High-Tech im gespaltenen Dorf 109

„*dis is en Verdienst dieser, eh ersten Gemeindevertretung, dass se mal Augen zu und durch!*" (S.14)

Da rasch vorzeigbare Ergebnisse Entschlossenheit, Kompetenz und Leistungskraft der politischen Entscheidungsträger visibilisieren sollten, erschienen verkürzte Verfahren „unter Brüdern" als rationales Handeln selbst dann, wenn aufgrund sozialer Ausschlussprozesse in der Gemeindevertretung und überhastet wie unprofessionell abgeschlossener Verträge beträchtliche Nachfolgeprobleme für die Kommune entstanden. Mit der darauf folgenden Gemeindevertretung (vgl. Fallanalyse Kern; heute stellt die PDS den dritten Bürgermeister) scheint seiner Deutung nach ein Aufschwung rapide abzubrechen bzw. der Entwicklungsvorsprung Otterstedts verloren.

„*Die ham natürlich mehr Papier erzeugt als wie allet andere*" (S. 6, 13).

Wechselseitige Handlungsblockaden am Ort interpretiert Herr Peters als gewollte Verhinderungsstrategie der Gemeindevertretung. Diese habe die Entwicklungsdynamik durch Bremsen des Baugeschehens bewusst zum Erliegen gebracht, verschanzt hinter einer von neuen bürokratischen Prozeduren sanktionierten Bedenkenträgerschaft. Bewegungslosigkeit, Atemstille und „grüne Wiese" würden bewusst angestrebt. Denn nur, wenn der Ort sich nicht verändere, habe die PDS noch eine gewisse politische Überlebenschance. Durchgängig verwandte Vokabeln wie *Investorenschreck* (S. 17), *Verhinderungsstrategen, SED-Bonzen, Verbrecherpartei* (S. 13) deuten hier auf stark personalisierende[27] Zuschreibungen hin. Herr Peters beklagt den Rückzug seiner Gewährsleute aus dem Basisgremium. Allerdings könnte er selbst als Verhinderer erscheinen, da er inzwischen gegen nahezu jede Beschlussvorlage der von SPD und PDS majorisierten Gemeindevertretung stimmt, demonstrierend, dass er jede Verantwortung ablehnt. Das Einzelgängertum, das kaum Einarbeitungszeit des Laienpolitikers in jeweils anstehende Sachfragen beansprucht, macht jedoch bei kleinstem Aufwand demonstrativen politischen Effekt. Er bleibt zwar als Platzhalter der Opposition mit Hoffnung auf die nächsten Wahlen in der Gemeindevertretung („*auf der Grundebene*"; S. 6), zieht sich jedoch weitgehend vom politischen Getriebe zurück. Damit entspricht sein Aktivitätsmuster dem von „shifting involvements"[28]. Wendebewegte Mobilisierung hatte auch in diesem Falle gesellschaftspolitische Abstinenz (aus den Zeiten offizieller Überpolitisierung in der DDR) nur kurzzeitig unterbrochen. Er sieht die „Geschäftsgrundlage" seines parteipolitischen Engagements aufgehoben, indem er mit Blick auf die höhere Ebene seiner Partei resümiert: „*Die bewejen ooch nüscht*". Mit der Bewegungsfigur grenzt er sich definitiv von „denen da oben" ab und stellt die Haltung eines „Mannes des Volkes" aus. Enttäuscht von einer Parteiführung, die seinem Milieu fremd und abgehoben ist, reagiert er misstrauisch auf Zielproklamationen, die er für bloß vorgegebene bzw. für Sonntagspredigten hält und vermutet dahinter Selbstversorgungsinteressen einer höheren Politikerkaste. Fast karikierend beschreibt er Ost-West-

---

27 Personalisierung fanden wir ausgeprägt bei kommunalpolitischen Akteuren der neuen Bundesländer überhaupt. Der Otterstädter Befund wird von einer reichhaltigen empirischen Verwaltungs- und lokalen Politikforschung bestätigt. (vgl. Berg, Nagelschmidt, Wollmann 1996; Wollmann et. al. 1996).
28 „Shifting envolvements" nannte Albert O. Hirschmann dieses Mobilisierungsmuster, wo innengeleitete, informationshungrige „insight depositers" bei der Ablösung von Bedingungen, „unter denen die Revolution nur im Kopf stattfinden konnte", in neuen Konstellationen und sozialen Kreisen für einige Zeit öffentlich aktiv werden, um danach wieder in Privatheit zurückzukehren. Vgl. Hirschmann, Albert O., Engagement und Enttäuschung. Über das Schwanken der Bürger zwischen Privatwohl und Gemeinwohl (zit. nach Berking, Neckel, 1991: S. 287).

Begegnungen, wie z.B. sein Bundesparteivorsitzender sich mit dem Hubschrauber auf das harrende Volk herablässt: hochmobil, aber nichts bewegend.[29]

„Ick habe da ooch keene Verbindung mehr, ja" ...(zur Landesebene der FDP) „Weil die uns ooch nich mehr unterstützen" „Mensch, der Möllemann ... kam der mit dem Hubschrauber da,... mit seiner Sänfte rinjeschwebt und ...der kann ja ... jut reden, der Möllemann, wa? ... Aber von der Sache jesehen, eh wat bewecht der denn? Er bewecht doch nüscht... (S. 16/17)

Seine Hoffnungen auf die offene Gesellschaft findet Herr Peters gründlich enttäuscht. Er vermisst nicht zuletzt die gewohnten lokalen Solidarformen („*Wissen Se, dat menschliche war da noch mehr da*", S. 15), die Dichte und den Komfort informeller Kontakte, in denen er erfolgreich agierte und die immer wieder neu zu findenden Arrangements, die ihn in produktiver Spannung hielten. In einer Wirtschaft und Gesellschaft, die freies Spiel der Kräfte verhieß, findet er sich auf neue Weise beschränkt. Paradoxerweise verengt sich in der offeneren Gesellschaft sein Aktionsradius. Das daraus folgende Identitätsdilemma versucht er mit Feindbildern und Fremdzuschreibungen abzuarbeiten. Dabei richtet er Schuldzuweisungen nach Ost und West, auf „*jut durchorganisierte alte Strategen ... SED-Bonzen ... alten Filz*" (S. 18, S. 11, S. 6, S. 14 u. a.).[30]

Eine Verhinderungskoalition (SPD=PDS) in der Gemeindevertretung sei bestrebt, die Zeit still zu stellen, um das Hineinkommen sozialer und politischer Vielfalt in den Ort zu blockieren. In der neuen Bundesrepublik meint er zugleich eine strategische Koalition mit dem „alten Klüngel" (S. 6 u.a.) bis hin zu einer Art Verschwörung von Treuhand und Altkadern zu erkennen.[31] Ohne jede Rücksicht auf gebotene „political correctness", ungehindert von funktionsgerechten Stilisierungen bzw. eliteüblichen ritualisierten Darstellungsmustern redet er sich mit Rundumschlägen den Frust von der Leber.

---

29 Hans Georg Soeffner kennzeichnet diese Selbststilisierung zum einfachen, aufrechten Menschen, das Herauskehren eines bodenständigen Lokalmatadors, welcher die besondere Nähe zur Mentalität der Bevölkerung sucht und mit mehrheitsfähigen Normen operiert, als „simple folk" (vgl. 1992: S. 194).

30 Er thematisiert nicht nur die antikapitalistischen Vorbehalte der Gemeindevertretung. Bei dem Aufsteiger scheint auch ein Horror vor „unteren Schichten" und Sozialmilieus auf („det is eben Arbeitermilieu") (S. 18). Sein Stereotyp greift auf Kindheitsbilder aus der Bodenreformzeit zurück, wo dieses sich in zertrümmerndem Vandalismus ausgetobt hätte. Im Sinne des Blickes auf die Geschichte „von unten" deutet er die im Kindesalter erlebte Bodenreform als pöbelhafte Zerstörung überkommener Werte: „Alle erst mal exmittiert. Und denn habe ick als kleener Piepel ooch mitgekriegt, dass man im Prinzip die janzen Möbel raus, schöne alte Möbel. So wie ick det hier zu stehen habe. Dit ham se aus dem Fenster jeschmissen." Die „Herrschaften", die sich dann reingesetzt hätten, saßen zur Wendezeit 1989 noch immer in diesen Häusern drin und dies sei „das größte Wählerpotenzial hier, das sehr weitgehend PDS-mäßig wählt" (S. 5).

31 „Die SED haben sich ooch mehr oder weniger bereichert und in ihrem Klüngel, die Sachen zugeschachert ... und da leiden wir ja drunter, wa? Und dann unsere neuen Raubritter, die hier alle gekommen sind, (.) die sich mit den Alten verbündet haben" ... „der ganze Staatssicherheitsapparat, der ist in keinster Weise zerschlagen. Es sind Koffer geflossen, in der Wendezeit ... dass man von der bundesrepublikanischen Seite eh, sich mit den Herrschaften weit, weit, eh, liiert ... hat ... Man hat sich also nicht davon distanziert. Man hätte also diesen janzen Machtapparat erst mal zerschlagen müssen. ...Und dieses Treuhandvermögen ist dann im Prinzip in dunkle Kanäle geflossen. Dit brauch ick Ihnen nicht näher zu erklären. Und dit ist hier auch in Otterstedt passiert."(S. 7).

3. Kohärentes und Kontrastives in der politischen Kultur einer Gemeinde

3.1 Vereinen sich die konträren Positionen in kommunalpolitischer Ohnmacht? Zeitstrukturen als Demiurgen – Intervention statt Innovation?

Im Komplex von Ursachen und Wirkungen war der Zeitfaktor stark determinierend. Polarisierende Entwicklungsdifferenzen in sozialen Räumen bedeuten Gleichzeitigkeit von Ungleichzeitigem und stellen die Verarbeitungsfähigkeit der hier gefundenen Milieukonfigurationen vor große Probleme. Die Probleme Otterstedts sind eher typisch für Entwicklungsprobleme in den neuen Bundesländern. Um so mehr ist lokale Handlungsfähigkeit gefragt. Wie gehen lokale Entscheidungsträger mit den Friktionen um? Als die neue Gemeindevertretung ihre Arbeit aufnahm, hatten sich „Gelegenheitsfenster" der ersten Nachwendephase bereits geschlossen. In der Überlagerung der aus DDR-Zeiten überkommenen Problemstaus mit den Folgewirkungen von interkommunaler Konkurrenz und Wild-Ost-Gebaren der ersten Gemeindevertretung blieben den neuen Funktionsträgern der Gemeindevertretung – außer Schadensbegrenzung – nur geringe Optionen. Dennoch hätten die Nachhaltigkeitsbestrebungen der aktuellen Gemeindevertretung im Ort Rückhalt finden können, da in unübersichtlichen und rapiden Zeitverläufen ein gewisser Gradualismus durchaus im Interesse vor allem mittlerer und höherer Altersgruppen liegt, um soziale Kosten und Veränderungsschocks zu minimieren. Dennoch nimmt wohl ein Gutteil der Bewohner des „gespaltenen Dorfes" das labelling eines eher intellektuellen Mitglieds der lokalen Führungselite, in Ottersberg werde die Etablierung eines „Nationalparks DDR" geprobt, zustimmend auf (siehe dazu Matthiesen 1998c, S. 245 ff.; vgl. V.1). Gegen die amtierende Gemeindevertretung gewandt, werden dieser z.T. bewusste Verhinderungsstrategien unterstellt. Tatsächlich erscheint es so, als könnten nur jene kommunalpolitische Erfolge verbuchen, welche Grauzonen der Gesetzlichkeit der ersten Transformationsperiode ausnutzten und nach dem Windhundprinzip als rigoros vollendete Tatsachen schufen. Ohne Probleme der Abwägung von Ökonomie und Ökologie zu simplifizieren, die aus bloß lokaler Perspektive nicht zu bewerkstelligen sind, verwundert doch die Haltung der sonst tatkräftigen Bürgermeisterin zu den Erweiterungsplänen des ortsansässigen Großunternehmens: „*Aufhalten können wir nicht, nur verzögern*"...(S.25). Dies brachte immerhin die „Weltzeit" und Arbeitsplätze in den Ort. Auch wenn die Innovationen noch als Implantat erscheinen, die Ortsbewohner sehen Entwicklungschancen und setzen andere Prioritäten als ihre Gemeindevertretung. Dass diese isoliert ist, zeigt sich nicht zuletzt am durchschlagenden Scheitern eines von Frau Kern initiierten Bürgerbegehrens gegen den weiteren Ausbau des „Global players", wo nur 85 Unterschriften zusammenkamen. Annäherungen der Gemeinde an das forschungsintensive Unternehmen müssen, da sie sich nicht naturwüchsig ergeben, aktiv hergestellt werden. Präferenzen für personelle Kontinuität und Verharren im Frau Kern vertrauten Milieu hemmen produktive Grenzüberschreitungen. Das Kultivieren des Gartens aber kann die Organisation des Chaos nicht ersetzen. In ihrer Profession als Ingenieurin ist sie fasziniert vom ortsansässigen High-tech-Unternehmen:

> „...unheimlich fasziniert, was dort konstruiert, geforscht wird, von den flachen Hierarchien, den Planungsbüros, den kurzen Wegen...was da wissenschaftlich-technisch läuft, das team-work. Abgesehen davon, dass das auch unheimlich interessante Leute sind." (S. 27)

Als Bürgermeisterin aber beschränkt sie sich auf formelle Routinekontakte. Mit dem Unternehmen, das für sie eine „fremde Großmacht" bleibt, tauscht sie etwa vierteljährlich Informationen aus. Dass sie die gegebenen Potenziale des ortsansässigen Großunternehmens nicht für ihre Gemeinde nutzt, erscheint angesichts der dringend erforderlichen Lobby z.B. für das kommunale Schlüsselprojekt unverständlich. Vom Land kam nur Gegenwind, vom Kreis kein Rückenwind[32] für die Wohnungsbauplanungen. Paradoxerweise definiert Frau Kern ihr eigenes Interesse am Betrieb rein quantitativ. Sie hat allenfalls künftige Steuereinnahmen und Sponsoring im Blick, aber noch nicht einmal andeutungsweise qualitative Optionen, auch hinsichtlich möglicher gemeindeüberschreitender Allianzbildungen. Kompetenzen vernetzen sich hier nicht, strategische Allianzen werden nicht angestrebt.

So sehr die beiden Fälle der kommunalpolitischen Kontrahenten, (Bürgermeisterin Kern und des lokalen Oppositionsführers Peters) kontrastieren, beide stellen fast gleichlautend Alleingelassensein in ihrem Engagement fest. Im Unterschied zu Herrn Peters, der dies nicht moralisch bewertet, äußert Frau Kern mit der ihr eigenen Verletzbarkeit Unverständnis und moralische Betroffenheit. Namentlich gegenüber der Passivität der Gemeindebewohner. Kommunalpolitische Arbeit wird an die Gemeindevertretung delegiert, Entwicklungen hochgradig personalisierend zugerechnet. Wie das Booming der Kontrastgemeinde Grünow unter anderem der administrativen Kompetenz des dortigen Bürgermeisters und der Gemeindevertretung zugeschrieben wird, erlitt umgekehrt die Gemeindevertretung in Otterstedt drastische Reputationsverluste. Dazu kommen Mangel an Lobby und fehlender Rückhalt bei den eigenen Parteien auf höherer Ebene: *„Wir sitzen hier allein auf unserm Trog" (Peters)*. Beide belegen ihre Skepsis hinsichtlich einer lebendigen demokratischen Selbstverwaltung mit einschlägigen Erfahrungen. Die Aufforderung „Regiert euch selbst!" könne – so äußern sich beide – auch deshalb nicht funktionieren, weil man auf der unteren Ebene per Kreisgebietsreform *„alle gewachsenen Strukturen total zerrissen hat"* (Peters 20.11.97, S. 4). Die Erfahrung und Enttäuschung über eng gezogene Grenzen kommunaler Selbstverwaltung fanden wir – mit einer Ausnahme – bei allen befragten Kommunalpolitikern des Samples. Frau Kerns Resümee:

„Ich habe das Scheitern von Kommunalpolitik erlebt. 4-5 Jahre Arbeit sind zunichte gemacht worden ... Zu erleben, dass Kommunalpolitik umsonst ist, entmachtet wird, einfach beiseite geschoben werden die Interessen der Bewohner ... Ich weiß noch nicht, ob ich das Handtuch werfe" (Protokoll eines Gesprächs ohne Tonband. 11.9. 97; 22.00 Uhr).

Die Rückzugstendenz ist in mehrfacher Hinsicht problematisch. Kandidaten für politische Ämter (zumal in ehrenamtlicher Funktion) sind in den neuen Bundesländern jetzt fast so schwer zu finden wie Autoersatzteile zu DDR-Zeiten. So verständlich nach permanenter Überpolitisierung und Durchideologisierung jetzt Entlastungsstrategien sind, Entkopplung der Gemeindebewohner von Gemeindepolitik führt zu Stellvertreterpolitik und vice versa. Es gelang der neuen Gemeindevertretung in Otterstedt nicht, einen gegenläufigen Prozess in Gang zu bringen, eingefahrene Politikabstinenz zu durchbrechen. Mit bürgerbewegtem Impetus hatte sich die neue Gemeindevertretung als Gegenöffentlichkeit konstituiert. Aber ihre faktische Position als Alleinkämpfer verfestigt die ohnehin vorhandene Partizipationsdistanz der Ortsbewohner zu demokratischen Institutionen. Die nachhaltige Verankerung sozialen Wandels und demokratischer politischer Kultur in realen Lebenswelten aber sind angewiesen auf die

---

32 Während die Bürgermeisterin ihr zuständiges Kreisamt als ineffizient, als bürokratische Bremse und als Bedenkenträger klassifiziert: „Die Verwaltung ist überwiegend mit sich selbst beschäftigt" (S. 23), versucht sie gar nicht erst, auf andere Ansprechpartner zuzugehen, nachdem ihre Bezugsperson (der Betriebsratsvorsitzende) aus dem Werk wieder in die westdeutsche Firmenzentrale zurückkehrte. Die Interaktionsbemühungen des Hochtechnologiebetriebes, der Offenheit demonstriert (und sei es nur um der Demonstration einer modernen Firmenphilosophie willen), stehen dazu in positivem Kontrast.

eigene Erfahrung und Praxis demokratischer Selbstverwaltung. Opposition und alternative Sichten werden in Otterstedt nicht produktiv, da sie gemeindepolitisch entkoppelt bleiben. Positionelle Grenzüberschreitungen scheinen fast nur noch in Form wechselseitiger Schuldzuweisungen (Grabenkämpfe) stattzufinden. Die überkommenen Milieus werden nicht zum Tanzen gebracht. Zum anderen ist die Gemeindevertretung von einer (zeitlich bedingt) verminderten Entscheidungssouveränität und verminderten Legitimation (durch den Planungsstopp: „ein Kampf gegen Windmühlenflügel") um so mehr betroffen, als sie kaum über Außenbezüge verfügt und ohne Rückhalt bei Entscheidungsträgern auf übergemeindlichen Ebenen bleibt. Am Ende beider Interviews steht ein ideeller Fluchtpunkt. Bei Frau Kern ist es die Projektion des möglichen Aufgebens der lebensbiographischen Kerngestalt „DAS HAUS":
„Oder ich ziehe hier ganz weg von Otterstedt, wir verlassen das Haus, dann muss ich das nicht mit ansehen" (S. 28).

Im Kontrast zu dieser eher „tragischen Figur" scheint bei Herrn Peters eher ironisch eine kolonisatorisch-paradoxe Pionierphantasie auf (Geschäftsinitiative des Kleinunternehmers in einem „Negerstaat"). Er sieht die Dringlichkeit von Veränderungen:

„Hoffentlich nich in die andere Richtung. Also, wenn diese Truppenteile (PDS) an die eh, Regierung kommen, dit habe ich mir jesacht, jeschworen, „dann verpinkel ick mich hier. Dann verkoofen wa allet wat wa haben und hauen ab in irgend ... so een Negerstaat ..." (S. 8)

Trotz lokaler sozialer Verankerung und ebenfalls vorhandener starker Bindung an Grund und Boden, nicht zuletzt, weil er über die Jahre hier extensiv Kraft und Ideen investierte, zeigt sich sogar hier noch ein Gestus von Wendigkeit und Mobilität. Mit der herausfordernden Haltung eines *„Wir können auch anders!"* insistiert er auf Bewegung.

Praktisch aber zieht er sich eher auf einen Minimalbestand überkommener Netzwerke im Privatbereich zurück. Soziale Grenzen überschreitet er nur noch selten. Während in Wendezeiten sein Sozialprestige erst recht hoch war, da jedermann ihn aufsuchte, um in ihm die „Stimme des Volkes" zu vernehmen, scheint sich jetzt sein Handlungsrum zu verengen.

Während in der DDR seine Dienstleistungen konkurrenzlos gefragt waren *„ wurde dit jetzt jeschäftlich für mich sehr kompliziert"* (S. 11). Seine Kundschaft am Ort ist jetzt ebenso positionell gespalten wie die Gemeindevertretung. Immerhin sichert ihm seine Präsenz dort Zugang zu Informationen. Mehr oder weniger reduziert er allerdings sein kommunalpolitisches Engagement auf für seine Kleinstfirma förderlichen Geschäftsbedingungen. Findig und investigativ versucht er, im Bauausschuss lukrative Aufträge der öffentlichen Hand zu akquirieren.[33] In wohlverstandenem Eigeninteresse bringt er Beschlussvorlagen ein. Sein Versprecher „*Eingabe(en) ... ähhem Beschlussvorlagen*" (S. 19) könnte andeuten, dass eingelebte Handlungsmuster (nicht zuletzt wegen Kontinuitäten der kommunalen Ebene und der Persistenz von Milieus), wenn auch in veränderter Form, stärker formalisiert-institutionalisiert, unter neuen Titeln, umfunktioniert werden können.

Es wäre allerdings denkbar, dass sich die Position dieses umtriebigen Bewegungsmenschen in der Entwicklung einer Gemeinde nicht im Abgreifen von Firmenaufträgen erschöpfte. Bewegungspotenzial ist vorhanden. Zunächst jedoch ergab sich im vorliegenden Fall eine zirkuläre Bewegung, Intervention statt Innovation. Wieder findet sich Herr Peters auf sich

---
33 Durch den 1984er Coup der Straßenbeleuchtung hat er heute noch ein jährliches Fixum berechenbarer Einnahmen. Da das nicht zureicht, will er sich jetzt ein zweites geschäftliches Standbein schaffen. Er will den lukrativen Auftrag für die Straßenreinigung von der öffentlichen Hand akquirieren und strebt dabei eine Private-Public-Partnership an. Dabei setzt er schon mal seine Kamera ein, um lässige „Zivis und Gemeindearbeiter", denen diese Arbeiten bisher oblagen, per nachsozialistischer Wachsamkeit bilddokumentarisch der Faulheit zu überführen. „Wenn se die nich kontrollieren ... Und da habe ich immer ne Polaroid-Kamera bei, wa." (S. 19).

allein gestellt. Das provokative und produktive Potenzial eines in früher Jugend Stigmatisierten, der sich durchkämpfen und vielfach arrangieren musste, bleibt im gegebenen kommunalpolitischen Milieu auffällig ungenutzt. Seine Biographie scheint ihrer gesellschaftlich-politischen Dimension beraubt, zur reinen Privatsache geworden. Ihre Widerspruchsbewegung im gemeindlichen Kontext, d.h. Potenziale individueller und kommunaler Kapazitätserweiterung, bleiben im Reproduktiven stecken, die Bewegung wird zirkulär. Das Einbinden in regionale Entwicklungsprojekte, die über Zielbestimmungen eines zu eng gefassten, weil nur kurzzeitigen Nutzenkalküls hinausgreifen, läge durchaus in der Fluchtlinie des tatkräftigen Unternehmertyps. Im politischen Milieu dieser Gemeinde scheinen aber die spezifischen Erfahrungswelten und Möglichkeitsfelder der Sozialfigur eines bodenständigen Unternehmers, welche bekanntlich ein Rückgrat gemeindepolitischen Engagements bilden, weitgehend außen vor zu bleiben. In Otterstedt liegt Potenzial brach, das für die Ausprägung einer Kultur kommunaler Selbstverwaltung und deren Tiefenhaftung unverzichtbar ist.

3.2 Typisierung der kommunalpolitischen Akteure

Ausgehend vom Topos „Das Haus" als konstitutivem Erfahrungsinhalt erschloss sich uns im Falle Anna Elrike Kern eine Strukturgestalt, die traditionale und emanzipatorische Lebensformen symbiotisch kombiniert und mit lebbaren Ansätzen alternativer Entwicklung verbindet. So linear und geradlinig das erscheinen mag; hier amalgamieren widersprüchliche Sozialformen, die sich in neuen Handlungskontexten betätigen und behaupten müssen. So ist die Frage nach der Wirklichkeit „nachhaltiger Entwicklung" [34] jenseits eines bloß konsumistisch-stofflichen Mehrverbrauchs zugleich eine Frage nach konkreten 'autopoietischen' Sozialformen in denen sich alternative Praxen entwickeln lassen, die sich dann ggf. verallgemeinern. Bei der Suche nach von lokalen Akteuren lebenspraktisch erprobten und getragenen nachhaltigen Entwicklungsstrategien wären allerdings auch hier die viel beschworenen Eigenkräfte schnell überfordert, wenn sie provinziell-isoliert bleiben.

Obwohl beide lokalpolitischen Kontrahenten in der DDR sozialisiert wurden, waren maximale Kontraste zu vermuten. Für beide hatte sich der Aufstieg in und die Spezifik naturwissenschaftlich-technischer Intelligenzberufe als prägend erwiesen. Beide stellen selbstbewusst die Anschlussfähigkeit des in langjähriger Berufstätigkeit erworbenen Interaktionswissens heraus. Beide zeichnen sich durch eine „eigensinnige" Selbststeuerung ihrer Biographie aus, beide reagierten auf die Wendeturbulenzen mit besonders aktiven Suchprozessen. Aber ihre Deutungsmuster, Handlungsorientierungen und Aktionsweisen sind vergleichsweise konträr. Im Falle Anna Ulrike Kerns fanden wir eine wenig konfliktive Entwicklung mit intakten intergenerationellen Familienzusammenhängen, im Falle Klaus Peters eine tragisch zerstörte Herkunftsfamilie und gesellschaftliche Ausgrenzung. Beide erobern sich ihre Welt am Rand der Hauptstadt der DDR zunächst vom Refugium eines Hauses und dem Vermächtnis ihrer Groß-

---

34 Namentlich im Bereich der Politikwissenschaft und Praxis scheint ein funktionalistisch-verkürzendes Verständnis von sozialem Potenzial noch nicht überwunden. Wenn in dem Maße, wie der finanzielle Spielraum der öffentlichen Hand abnimmt, regionseigene Fähigkeiten, Ressourcen und Qualitäten genutzt werden sollen, bleiben die Konstrukte häufig eher beschwörend. Gleichwohl geht ohne sie gar nichts. „Endogene Potenziale sind identifizierbare wirtschaftliche, soziokulturelle, ökologische und organisatorische Faktoren, die in einem raumzeitlichen Kontext aktiviert werden können" (Keim, Grymer 1995). Auch Problemdiagnose und -analyse gelingen meist noch schlüssig. Aber im Bereich der Handlungsempfehlungen und Instrumentenvorschläge ist oft nur Hoffnung und Glaube möglich, von wirkungsmächtigen endogenen Strategien in strukturschwachen Gebieten Brandenburgs etwa kann bisher noch nicht die Rede sein (vgl. u.a. Blaffert, Claussen, Kneisel 1994; vgl. auch Prengel 1996).

väter aus. Beide sind stark lokal fixiert und in ihre spezifischen Milieus eingebettet, wobei sich traditionsverhaftete Muster (der Topos Das HAUS) mit Elementen ganz anderer Provenienz kombinieren und zu neuen Vergemeinschaftungsformen von z.T. bemerkenswerter Elastizität und Reichweite amalgamieren. Frau Kern erweitert ihre fürsorgliche Umsicht auf die ganze Gemeinde. Herr Peters ist der pragmatische Selbsthelfer par excellence und ein Populist. Frau Kerns eher unpolitisches jedoch ganzheitliches Ordnungskonzept ist human zentriert. Ihre Handlungsmaxime ist die des Bewahrens mit historischem Gedächtnis, die ihres Kontrahenten in der Gemeindevertretung hingegen so etwas wie ein Bewegungsimperativ. Beide Grundmuster haben mit Aktivität, Engagement und Auseinandersetzung zu tun. Frau Kerns stark anthropozentrisch geleitete Handlungsorientierung bleibt trotz (kritischer) Loyalität zur DDR und frühem Eintritt in die SED weitgehend unbeschädigt von ideologischer Dogmatik. Säkularisierte preußisch-protestantische Verantwortungsethik flüchtet sich auch angesichts von Krisen bzw. Repressionen nicht in Innerlichkeit. Ihr solidarisches Eintreten für Kommilitonen und für Kollegen (gegen einen sklerotisierten Apparat und seine willigen Adepten) ist vornehmlich von einem starken Gerechtigkeitsgefühl motiviert. Davon ausgehend, dass lebenswerte Problemlösungen nur von Menschen in Gemeinschaft kommen können, ist sie bemüht um Vermittlung zwischen dem unter den je konkreten gesellschaftlichen Bedingungen in ihrem (beruflichen) Umfeld Möglichen und dem Vernünftigen, zwischen dem Die-Dinge-am-Laufen-Halten und dem menschlich Zuträglichen. Durch ihre funktionelle Zwischenposition erwirbt sie Vermittlungskompetenz und Verhandlungsgeschick. Ihr Verhältnis zur Macht und zu den Mächtigen ist durch Sphärenabgrenzung gekennzeichnet. Bewusst verbleibt sie auf der Ebene der Arbeit, wo sie sich auskennt. Dort hält sie Widersprüche aus und trägt sie aus, wiewohl sie nicht über die unbefangene Kämpferstatur des Herrn Peters verfügt. Allerdings ist ihre Verhandlungsführung in Augenhöhe, wie die des Herrn Peters, auf Face-to-Face-Interaktion und soziale Nähe angewiesen. Nur partiell vermag sie Milieuschranken zu übersteigen und Barrieren ost-westdeutscher Kooperation zu überwinden. Dahinter stehen Berührungsängste eines DDR-Provinzialismus. Die PDS-Fraktion kann sie auch deshalb in sachorientierte Gemeindepolitik einbinden, weil ihr dieses Milieu ordnungspolitischen Denkens vertraut ist. „Kader aus der zweiten Reihe" stellen hier ihre eingeübte Loyalität gegenüber der Spitze, Organisationsvermögen, altgewohnte Disziplin zeitextensiv als kommunalpolitische Mitstreiter in den Dienst des Kleinarbeitens sozialer Folgeprobleme der deutschen Einigung. Die einzige Funktion übrigens, die Herr Peters der PDS zuweist, quasi als „Wiedergutmachung".[35]

Dass Frau Kern an überkommenem Gemeinschaftsethos bzw. Kollektivkonstrukten scheinbar unbeirrt festhält (siehe Kontinuitätsbehauptungen) und ein Politikmodell der Konkordanz mit dem Leitbild unpolitischer Kooperation handlungsleitend wird, trägt kaum zur erweiterten Reproduktion des Horizonts und Aktionsradius der Gemeindevertretung bei. Zweifellos sind kommunikative Dichte und eine nicht auf verfahrensmäßig bürokratisch-formalisierte Ressortschranken abhebende Sachpolitik zukunftsträchtige Potenziale. Diese Implikationen werden jedoch handlungspraktisch ausgedünnt durch positionelle Homogenisierungs-Tendenzen unter nacheinander sich ablösenden CDU-, dann SPD- und (nach den letzten Kommunalwahlen) PDS-dominierten Gemeindevertretungen. In Otterstedt führte die lokalpolitische

---

[35] Er klassifiziert die PDS als „Ein-Punkt-Partei" in alltäglich-sozial-kompensatorischer Kleinarbeit: „Die hängen sich ooch sehr in die soziale Ecke, ja. Also hier sind ja ooch jede Menge Veteranen hier, die ehemaligen Kämpfer ... die kümmern sich ooch um die Alten ... hab ick ooch nischt dajegen. Dieses Feld bestreich ich ooch nich. Dis Soziale haben die sich an Land jezogen und dit soll'n se ooch weiter machen." (S. 11) „Wenn et um dit Soziale geht, oder so wat, da lasse ick so, da lasse ick freiet Spiel" (S. 13).

Konstitution des jeweils abrupten, starken Elitetauschs zu Ausgrenzung und wechselseitigen Handlungs-Blockaden lokaler Akteure.[36] So kam es zum weitgehenden Ausschluss der jeweils opponierenden Positionen, was sich letztlich als Defizit politischer Willensbildung, Ressourcenmobilisierung und lokaler Steuerungsfähigkeit auswirkt. Liegen doch gerade in der „antagonistischen Kooperation" einer Vielfalt von Individualitäten, konkurrierenden Interessen, im Nebeneinander eines „multiple self" (Wiesenthal, Keim) differenter Akteure, in der Offenheit von Prozessen, wo Routinen versagen, bei versuchendem Tun, dem das Umfeld Möglichkeiten eröffnet und Grenzen setzt, Chancen, neue Wege zu bahnen. Frau Kern versucht die Politik der Gemeindevertretung auf Entschleunigung, von langer Hand eingeübten schonenden Umgang mit Ressourcen und Abwägung von Ökonomie und Ökologie zu orientieren. Dies steht im scharfen Kontrast zum „Windhundprinzip" des Vorgängers. In Adaption und beschleunigtem Vollzug externer Bedingungen orientierte sich dagegen die lokale Machtgruppe, der Herr Peters angehört, exekutiv an der Materialität sichtbarer Ergebnisse und messbarer Erträge („Augen zu und durch"). Leistungsfähigkeit von Demokratie wird hier am kurzfristigen materiellen output gemessen bzw. im raschen Zugriff auf zunächst unerschöpflich scheinende monetäre West-Ost-Transferleistungen. Das Bürgerbündnis hatte sich demgegenüber eher als Reparaturbrigade mit moralischem und sozialen Impetus verstanden. Strategische Handlungsfähigkeit in turbulenten Umwelten schließt aber eine reflexive Orientierung der Akteure ein (hier betrachteten wir individuelle Akteure mit einem Blick auf Dispositionen für kollektives Agieren), die sowohl KOMPLEXITÄT als auch DYNAMIK beachten müssen. Voraussetzung der Bewältigung von Komplexität ist einerseits Komplexitätsreduktion durch Routinisierung und Operationalisierung. Andererseits jedoch schließt die Mobilisierung und Kombination von multiplen Akteuren und Ressourcen verschiedene Ebenen in verschiedenen Zeithorizonten des Handelns ein. Frau Kern hat antagonistische Kooperation, Politische Professionalität[37] und ein konfliktbewussteres Verhältnis zu Machtfragen strukturell in den oben beschriebenen Lebenszusammenhängen und Erfahrungswelten nur in einem eingeschränkten Sinne erwerben können. Die integere und engagierte, auf politische Auseinandersetzungen persönlich empfindlich reagierende Bürgermeisterin konnte mit dem Scheitern des großen kommunalen Planungsprojektes keine über die Ortsperspektive hinausgehende strategische Sicht entwickeln. Ihr Handlungsraum bleibt letztlich Provinz. Heute noch lehnt die sonst differenziert Denkende z.B. die Länderfusion ab und steht einer weitergehenden Zusammenarbeit von Berlin und Brandenburg skeptisch gegenüber.

Dynamik bedeutet für kommunalpolitische Entscheidungsträger, Kontinuität und Diskontinuität zugleich zu beachten (Einbettung, historisches Gedächtnis, Anschlussfähigkeit gegebener Netzwerke; aber auch: neues Wissen über neue Prozesse zu generieren, soziale Verwerfungen zu reflektieren, neue Akteure einzubeziehen und nicht auszuschließen). Bezogen auf das Generalisierungsschema lässt sich am Fall Kern zeigen, wie sie den dialektischen Dreitakt von embedding, disembedding und reembedding verfehlt – und im Zweifel – trotz manifester disembedding und reembedding Tendenzen in der Gemeinde für das schlichte „An sich" des feinen embedding optiert. In unserem Fall behindern vor allem die Hemmschwellen vor Grenzüberschreitungen den Dialog konkurrierender Interessen, die Einbeziehung pluraler Positionen. Die Gemeinwesen, selbst „gespalten" in widersprüchliche Identitäten (sie sind

---

36 Ein Befund, den eine reiche empirische Verwaltungsforschung in vielen Kommunen der neuen Bundesländer bestätigt. Im Falle vermittelterer Übergänge, mit denen in der Regel integrativere Praxen einhergehen, treten viel weniger Handlungsblockaden auf. Vgl. u.a. Berg, Nagelschmidt, Wollmann 1996).
37 Nach Emile Durkheim ist der Zugang zu der Frage, wie in einer mechanisch integrierten Gesellschaft ohne organischen Zusammenhang die Sprengkräfte auseinanderstrebender Interessen gebändigt werden und integrative Zusammenhänge normativ hergestellt werden können, u.a. Professionalisierung.

III.1 Haflinger im märkischen Sand und High-Tech im gespaltenen Dorf

zugleich Agens demokratischer Selbstverwaltung, Adressat staatlicher Steuerungsentscheidungen und Promotor wirtschaftlicher Aktivitäten), bedürfen jedoch eines Horizonts vielfältiger Deutungen,[38] die bei der Wahrname von Optionen, der Definition von Entwicklungsmöglichkeiten und Handlungsvarianten zu Buche schlagen wie auch bei einer Neukombinationen relevanter Akteure.

Für den pragmatischen Selbsthelfer Klaus Peters ist das Haus vor allem materielle Produktionsstätte, die er mit einer größeren Reichweite widersprüchlicher sozialer Bezüge und kreativer Arrangements durch die Sturzkampfflüge sozialistischer Planwirtschaft hindurch erhält. Der tatkräftige Bewegungsmensch speist bis zur Wende in seine Gemeinde ein bemerkenswertes Potenzial operationaler Beweglichkeit ein, indem er ohne Berührungsangst mit einem „multiple self" heteronomer Ebenen und Partner interagiert (SED-Bürgermeisterin, Blockpartei, NVA etc.) und ständig neue Arrangements erprobt. Nur im Tun überwand er Engführungen von Deutungsmustern, ging lebenspraktisch über sein an sich dichotomes Weltbild hinaus, das sich auch seiner aufgezwungenen Außenseiterposition verdankt. Die gesellschaftlichen Wirkungen seines eigensinnig-selbstbestimmten Lebens mit sozialer Flexibilität bleiben jedoch unter den Bedingungen DDR-systemischer Unbeweglichkeit nur situativ und inselförmig. *Nach der Wende* legt er richtig los, in einem Alter, wo sich mancher schon zur Ruhe setzt: er erweitert seinen Wirkraum in die Landes- und Kommunalpolitik. Als in der für die erste Nachwendewahl (Vergeltungswahl) typischen Orientierung der Wähler an Parteien die CDU in der Gemeinde das Mandat erhält, geschieht der erste radikale personelle Bruch in der Gemeindevertretung. Dass andere Fraktionen dabei ausgegrenzt werden, nehmen die Ortsbewohner, die sich weitgehend aus der Gemeindepolitik heraushalten, widerspruchslos hin. Von seinem Herkommen auf messbare Materialität geeicht, überträgt Herr Peters Ertragsmaßstäbe unvermittelt auf sein exekutiv-selbsthelferisches politisches Ordnungsmodell. Seine Erwartung, dass sich Wirtschaftsliberalismus (sein credo, dass er in der DDR weder praktizieren und durch praktische Erfahrung qualifizieren konnte) auch für Kleinunternehmer auszahlt, wird enttäuscht. Angewiesen auf informellen Austausch und grenzüberschreitendes Handeln auf der Basis unpolitischer Kooperation und Gegenseitigkeit, scheinen seine eingelebten Operationsweisen in den neuen Kontexten (zunächst) aufzulaufen. Da die Koordinationen zwischen unterschiedlichen Parteiebenen und auch von West nach Ost hierarchisch geprägt und formell erscheinen, fallen seine Handlungsgründe für aktive politische Partizipation weg. Jedoch laboriert er an der Einengung des Wirkraums. Er sieht dringende Reformnotwendigkeiten, jedoch keine Reformer am Werk. So neigt er zu Verhängnisprophethien für den gespaltenen Ort – wie für den Standort Deutschland überhaupt[39] - *„jute Nacht, Deutschland"* (S.8).

Angesichts eines für den vitalen Macher schwer erträglichen Mangels an gesellschaftlicher Beweglichkeit greift er auf die Figur des Großvaters durch, eines „alten Bewegers". Scheint in diesem Rückgriff die Gestalt eines möglichen Protestwählers auf, der auf Bewegungsregie aus starker „rechter" Hand setzt? Nochmals sei vor Oberflächendeutungen gewarnt. Einem verlorenen Haufen würde sich Herr Peters wohl kaum anschließen. Zeigte sich jedoch „Stärke" als eine strukturell konsistente Alternative, wären die Bilanzen von ihm neu aufzumachen.

---

38 Nicht durch Einheit und Geschlossenheit, sondern gerade durch widersprüchliche Teilidentitäten und unvermittelte Deutungen können strategische Akteure handlungsfähig werden (vgl. Keim/Grymer 1995: S. 38).

39 „Dit System stinkt hier ooch vorne und hinten, ja? ... Ick habe immer dat Jefühl, dis ist nicht auf die breite Masse ausjelegt ... Dis, da haben wir wieder det Selbe, bloß umjekehrt, wie es bei der SED, in dem Staat jewesen is, ja? Dit, dit kapitalistische System, sprich: die Marxwirtschaft (!) sach ick immer, dit is nich dit Richtige ... det wird ooch auf die Dauer nich so weiter gehen, hier, ja? Ändern können wir sowieso an der janzen Sache nischt ... Lässte das sein, lässte s' loofen: irgendwann bricht, und irgendwann bricht det ooch zusammen. Dann gute Nacht, Deutschland ..." (S. 8).

Urs Karl

III.2 Politische Akteure in Otterstedt – Zwei Fallstudien zu lokalen Politikern

Einleitung

Die gesellschaftlichen Veränderungen in Ostdeutschland seit dem Systembruch von 1989 haben auch zu einer veränderten Struktur der Verteilung von Chancen und Risiken geführt. Damit sehen sich die Betroffenen vor vielfache persönliche Entscheidungen gestellt, auf die neuen Verhältnisse zu reagieren. In dieser krisenhaften Situation werden gewohnte Handlungsmuster in Frage gestellt, aber auch neue Optionen eröffnet, um die individuelle Lebensplanung und darüber hinaus auch die sozial-räumlichen und ökonomischen Verhältnisse im (näheren) Umfeld – wenn auch nur im Rahmen strukturell gesetzter Grenzen – neu zu gestalten. Eigentümlich gesteigert finden sich die Re-Orientierungen in den Umlandgemeinden Berlins, wo sich Systembruch und Suburbanisierungseffekte überlagern. Im Spannungsfeld von 'Krise' und 'Routine' (Oevermann 1996) zeigen sich disparitäre Entwicklungen, die eine Spannbreite von radikaler Modernisierung bis zur Bewahrung vertrauter Strukturen einnehmen. Der Regelfall aber sind eigentümliche Mischungen beider Momente (vgl. Matthiesen 1998a). Das Feld lokaler Politik, als Aushandlungsort und Vermittlungsebene zwischen individuellen und gesellschaftlichen Interessen, bietet einen prägnanten Schauplatz für eine darauf fokussierte Analyse gesellschaftlicher Konflikte und deren Reflexion durch seine Akteure.

Die Frage, vor welchem biographischen Hintergrund sich Akteure im engeren Verflechtungsraum politisch engagieren und wie sie die Arbeit in der Gemeindevertretung bewältigen, war das Thema zweier 'offener' Interviews mit lokalen Politikern, die Ende 1997 in Otterstedt durchgeführt wurden. Die zwei Politiker wurden ausgewählt, da sie sich sowohl im Jahrgang als auch in ihren Biographien stark unterscheiden und innerhalb der DDR-Gesellschaft gegensätzliche Positionen gegenüber dem System vertreten haben. Während die erste Person zu dem Kreis der 'Etablierten' des DDR-Systems gerechnet werden kann, gehört die zweite Person – zumindest in ihrem Selbstverständnis – zu den 'Außenseitern' dieser implodierten Gesellschaftsformation (vgl. Neckel 1997). Die soziale Einbettung beider Fälle in unterschiedliche Milieus innerhalb eines geographischen Raumes und eines politischen Arbeitsbereiches eröffnet zwei fokussierte Perspektiven auf die politische, gesellschaftliche und ökonomische Entwicklung in der Gemeinde Otterstedt vor als auch nach der Wende. Die aus verschiedenen Erfahrungshorizonten heraus entwickelten Handlungs- und Deutungsmuster der untersuchten Akteure lassen auf je spezifische Bewältigungsstrategien in der Auseinandersetzung mit den gesellschaftlichen Umbrüchen und Entwicklungen schließen[1]. Wie diese Handlungsstrategien von den Akteuren reflektiert und in den lokalen Sozialräumen umgesetzt werden und inwieweit sie anschlussfähig sind an die gesellschaftlichen Veränderungen in der Gemeinde, d.h. sich auf politischer Ebene als erfolgreich erweisen, soll in der Fallanalyse behandelt werden.

---

1 Vgl. zu den politischen Phasen der DDR und ihrer Bedeutung für die jeweiligen 'Generationen' Meuschel, 1991. Im Herbst ist die PDS als Sieger aus den Kommunalwahlen hervorgegangen und hat Herrn Falk zum Bürgermeister gewählt.

Fall 1

Falk[2] ist Fraktionsvorsitzender der PDS und zum Zeitpunkt des Interviews stellvertretender Bürgermeister. Mit 65 Jahren zählt er zu den Alten in der Gemeindevertretung. Er gehört zu dem kleinen Kreis der Gemeindevertreter, die sich durch häufige Redebeiträge hervorheben. Seine Beiträge zeugen von intensiver Vorbereitung zu den Themen und besonderen Kenntnissen über formale Abläufe in Entscheidungsgremien und rechtliche Fragen. Auffallend ist sein Vortragsstil, der die gesamte Spannbreite von leisen bis scharfen Tönen ausschöpft und auf eine rhetorische Schulung und langjährige Diskurspraxis schließen lässt.

Anfang der 30er Jahre im Vogtland geboren, erfährt Falk in seiner Kindheit und Jugend den Niedergang und den Wiederaufbau von Gesellschaftsordnung und Staat. Auch wenn Falk im Interview kaum auf diese Zeit eingeht, sich fast ausschließlich auf biographische Daten beschränkt, muss sie sehr prägend für seine Entwicklung gewesen sein. Durch den Krieg bedingt, endet seine Schulzeit nach der 6. Klasse mit einer Schulbildung, die einer 4. Klasse entspricht. In der Aufbauphase der DDR verfolgt Falk die ehrgeizigen Ziele, Bildung nachzuholen und beruflich aufzusteigen. Dies ist für Falk – trotz guter Aufstiegschancen seiner Generation (vgl. Engler 1992: S. 91ff.) – ein langer Weg, der durch einige Umwege geprägt ist. Er besucht die Volkshochschule, absolviert den Schulabschluss der 10. Klasse und erlernt den Beruf des Gärtners. Über einen weiteren Schulbesuch erlangt er die Sonderreife, die ihm den Zugang zum Studium ermöglicht. Das ursprüngliche Vorhaben, auf diesem Gebiet zu studieren, wird durch eine „private Geschichte" durchkreuzt, auf die Falk nicht näher eingeht. Falk geht daraufhin zur freiwilligen Feuerwehr und wird dann von der Berufsfeuerwehr in ein festes Anstellungsverhältnis übernommen. Während dieser Zeit besucht Falk, neben seiner Berufstätigkeit, nicht näher bezeichnete Lehrgänge und Schulen. Mitte der 50er Jahre geht Falk zur Volkspolizei. Diesen Vorgang beschreibt Falk mit dem vieldeutigen Satz: „Und dann wurde ich umgestrickt, nach der letzten Schule. Ja, da bin ich zu den Grünen gegangen. Zur Polizei". Die Formulierung „umgestrickt" kann so gedeutet werden, dass diese Entscheidung im erheblichen Maße 'fremdbestimmt' gewesen sein dürfte. Nach einer 10jährigen Tätigkeit bei der Volkspolizei beginnt Falk das Studium „Staat und Recht", das er gegen Ende der 60er Jahre mit einem Diplom abschließt. Daraufhin erhält er eine Stelle an der Polizeihochschule, an der er bis zum Eintritt in den Ruhestand als Lehrer tätig ist. In die Zeit seiner Tätigkeit an der Polizeihochschule fällt auch seine Promotion, die er in einem Alter von über 50 Jahren erfolgreich abschließt.

Falks Einstieg in die lokale Politik beginnt nicht erst, wie bei den meisten anderen Gemeindevertretern in Otterstedt mit der politischen Wende. Schon in den 60er Jahren wirkt Falk in der Gemeindevertretung und in Ausschüssen mit. Er scheint aber keine politische Karriere in der Partei anzustreben. Ob es für Falk einst Ambitionen gab, in der Partei aufzusteigen, bleibt offen. Das einzige Amt, das Falk in der SED wahrgenommen hat, ist die Funktion des Parteigruppenorganisators in einer kleinen Gruppe von 15 Personen. In der Phase des politischen Umbruchs, 1989/1990, engagiert sich Falk beratend im Gemeinderat, den er in rechtlichen Fragen unterstützt.

Auffallend ist bei Falk, dass er auf die Frage, wie er die politische Wende erlebt habe, sich auf die Problematik rechtlicher Fragen beschränkt. Die politischen Auseinandersetzungen zwischen oppositionellen Kräften und Vertretern der SED werden von ihm nicht thematisiert. Zweifellos wird es aber gerade in einer überschaubaren Gemeinde wie Otterstedt Auseinandersetzungen gegeben haben. Schließlich kennt man sich untereinander und weiß genau, wie sich die einzelnen Personen zu DDR-Zeiten verhalten haben.

---

2 Name geändert

III.2 Politische Akteure in Otterstedt

Falk lenkt seine Kraft darauf, sich die Gesetzgebung der Bundesrepublik Deutschland anzueignen. Dabei beschränkt er sich nicht nur auf die Verfassung, sondern setzt sich auch mit Strafrecht, Strafprozessordnung, Verwaltungsrecht, Verwaltungsgerichtsordnung, Baugesetz und Wirtschaftsrecht auseinander. Zur Aneignung dieses Wissens nutzt Falk das Angebot von Schulungen verschiedener Organisationen, und Parteistiftungen unterschiedlicher politischer Couleur. Eine weitere Aktivität Falks ist die Mitgründung des Kommunalpolitischen Forums, eine PDS-nahe Stiftung, die zwischen 1990 und 1991 entsteht. In dieser Stiftung ist Falk auch heute noch aktiv. Falk fasst sein Wirken in der Phase des politisch – gesellschaftlichen Umbruchs mit folgenden Worten zusammen: „Mein Werdegang in der Kommunalpolitik nach der Wende: also konkret aktiv". Falk flüchtet nicht, wie viele seiner (ehemaliger) Genossen, in das Privatleben bzw. in die Wirtschaft, wo kompetente Personen gute Chancen haben, eine zweite Karriere zu beginnen. Er stellt sich vielmehr der politischen Auseinandersetzung, indem er weiter in der Partei und für die Partei politisch wirkt.

In der ersten frei gewählten Gemeindevertretung 1990 vertritt Falk die PDS. Unter einem CDU-Bürgermeister und gegen die Koalition von CDU und FDP hat die PDS-Fraktion einen schweren Stand in der Opposition (vgl. die Fallanalysen in III.1). Die politische Auseinandersetzung mit der DDR-Vergangenheit drängt ehemalige Funktionsträger des alten Systems – zumindest vorübergehend – in die politische Defensive. Die Problematik des Rechtfertigungsdruckes auf ehemalige Funktionsträger der DDR wird von Falk nicht thematisiert. Es ist aber anzunehmen, dass sich die Vertreter der SED-Nachfolgepartei in der ersten Legislaturperiode – unter einem CDU-Bürgermeister – damit auseinandersetzen mussten. Nur am Rande und zwischen den Zeiten sich verheddernd lässt Falk anklingen, dass es einige Vorbehalte gegen seine Fraktion gegeben hat: „(...) und man nutzt natürlich auch so einen Zustand, der nun hier damals hier in der DDR friedlich vor sich ging, nutzt man in dieser Periode, auch politische Indoktrination gegen einen Opponenten, der dann erst mal Anklang findet. Auch in der Bevölkerung, wohlgemerkt, das darf man also nicht unterschätzen"[3].

Die lokale Politik der ersten Legislaturperiode in Otterstedt ist stark durch das Regime des Bürgermeisters König[4] bestimmt, der mit dem populistischen Versprechen, radikal mit den alten SED-Seilschaften aufräumen zu wollen, antritt. Als ehemaliger Prokurist und ökonomischer Direktor in DDR-Betrieben ist König mit wirtschaftlichen Fragen sehr vertraut. Dieses Wissen scheint König nicht nur für die Gemeinde, sondern auch im erheblichen Maße für eigene Interessen zu nutzen. Falk geht auf die Person König nicht näher ein, spricht aber von „erheblichen Schwierigkeiten", die es mit diesem Bürgermeister gegeben hätte. Die finanziellen Folgen seiner Politik würden wahrscheinlich bis in die dritte Legislaturperiode reichen. Man versuche jetzt, das Beste daraus zu machen. Dass Falk es vermeidet, ins Detail zu gehen, mag daran liegen, dass es schon einige Prozesse gegeben hat, die z.T. für König entschieden wurden. Weitere Prozesse sind anhängig. Falk schildert diverse Versuche, über Rechtsaufsichtsbeschwerden gegen den Bürgermeister vorzugehen, was aber – trotz positiver Bescheide – nicht zu Konsequenzen geführt habe.

"Wir haben also mehrere Rechtsaufsichtsbeschwerden an den Landrat gemacht. Teilweise solche Wälzer. Die wurden alle positiv beschieden. Aber nicht mit der Konsequenz durchgesetzt, wie man's heute machen würde. (...) Aber auch bedingt und das ist nun im gesellschaftlichen Leben oder in jedem Gesellschaftssystem wenn ein Umbruch vorhanden ist. Dann spült's also von unten welche an die Oberfläche. (...) Man ist dann nicht darauf aus und sagt: das ist ein Rechtsstaat. Sondern, was der sagt, ist richtig. Das ging alles bis 1993 relativ ... Also bis 92 war das ganz ausgeprägt. Mitte 92, zwote Hälfte 92 setzten wir uns mit unseren

---
3 Interview am 18.12.1997 im Bürgermeisteramt, Transkription S. 3.
4 Name geändert.

Standpunkten, die auch reichlich fundiert waren, immer stärker durch und 93 platzte dann die Bombe: mit der Abwahl des anderen Bürgermeisters [König]. Wir hatten vorher Misstrauensanträge, Misstrauensantrag gestellt um auf die Probleme aufmerksam zu machen. Aber auch die übergeordneten, konkret die Kommunalaufsicht hat also die Übersicht verloren. Der Landrat hat dann in der Presse, vom Kreis ..., da werden ja Anfragen gestellt. Kleine Anfragen am Land ..., über Landtagsfraktion im Landtag. Wir hatten im Kreistag Anfragen gestellt über die Fraktion. Landrat erklärt: jawohl, in Otterstedt wird die Demokratie mit Füßen getreten und ... Also, es war schlimmer die Diktatur als zu DDR- Zeiten. (...) Es wurde beraten, es wurde beschlossen. Aber hier regierte nur einer. Er hat auch öffentlich bekundet: die Gemeinde bin ich."[5]

König scheint also ganz offensichtlich einen recht autokratischen Regierungsstil gehabt zu haben, der von der Mehrheit der Gemeindevertretung, wenn nicht unterstützt, so doch zunächst geduldet worden zu sein scheint. Königs schnelle sichtbare Erfolge durch über Kredite finanzierte Bereitstellung von Infrastruktur, die Gründung eines florierenden Gewerbeparks sowie die erfolgreiche Werbung der Investoren haben den Bürgermeister auch bei der Bevölkerung gut aussehen lassen. Für die Opposition in der Gemeindevertretung, die zu dieser Zeit nur aus der PDS-Fraktion besteht und die wohl weitgehend von der Beteiligung an lokalen Entscheidungen ausgegrenzt wird, muss die Aufdeckung politischer Verfehlungen ein wesentliches Betätigungsfeld gewesen sein, um die eigene Position zu stärken. Dem Gemeindevertreter Falk ist dabei wohl aufgrund seines Sachwissens in Rechtsfragen eine wesentliche Rolle zugekommen. Pikant daran ist, und dies verschweigt Falk, dass König nicht wegen seiner politischen Praxis gehen muss, sondern an der 'Stasi-Überprüfung' scheiterte[6]. Die Nicht-Thematisierung der Staatssicherheit-Problematik könnte bei Falk zu einer konsequent durchgehaltenen Vermeidungsstrategie gehören, ideologische und politisch brisante Fragen im Interview überhaupt anzusprechen.

Das Versagen der politischen Kontrollinstanzen im Fall König lastet Falk weder bestimmten Personen, noch dem System an. Falk erklärt seine detachierte Sicht, wie es zu der problematischen Lage gekommen ist, mit folgenden Worten:

„(...) in dieser Zeit des Umbruchs kamen ja sehr viele Interessenten aus den alten Bundesländern mit guten Absichten und auch mit egoistischen Absichten. (...) Es ging im Grundsatz nur ums Eigentum. (...) Also um Grund, Boden und Immobilien. Das überforderte natürlich die damaligen Verwaltungsmitarbeiter in der Kreisverwaltung. (...) Geld spielte zu diesem Zeitpunkt wenig eine Rolle. Man forderte an und kriegte. Und je besser man auf die Pauke hauen konnte, also beim Land – und das konnte der damalige Bürgermeister – um so mehr Anklang fand man. Man sagte dann 1993 (...): Ja, der hat uns erpresst"[7].

Mit dem Fall des Bürgermeisters König erleidet die Regierungsfraktion einen erheblichen Reputationsverlust, was für die Opposition neue Chancen für die nächste Legislaturperiode eröffnet. Neben der PDS bildet sich um eine sehr engagierte Frau der Gemeinde ein Kreis von Personen, die der lokalen Politik eine neue Richtung geben wollen. Auch wenn dieser Kreis nicht mit der PDS-Fraktion koalieren will, verbindet beide Fraktionen das Ziel, eine konstruktive Politik für die Gemeinde anzustreben, d.h. unter anderem politische Fehlentwicklungen der ersten Legislaturperiode zu korrigieren.

Zur zweiten Kommunalwahl kandidiert Falk für das Bürgermeisteramt, unterliegt aber einer Kandidatin der SPD-Liste (vgl. dazu die Fallanalyse von Anna Ulrike Kern in III.1)[8]. Dies wird von Falk nicht angesprochen. Falk wird stellvertretender Bürgermeister und übernimmt in dieser Funktion auch einige Aufgaben, wie Bürgersprechstunden, Termine in Gremien sowie die gelegentliche Vertretung des Gemeindeoberhauptes. In der politischen Kons-

---

5 ebd.
6 Auf eine mögliche 'Stasi-Tätigkeit' wurden alle Politiker im Land Brandenburg überprüft.
7 Information aus einem Interview vom 15.12.1997, Transkription S. 8.
8 Information aus einem Interview vom 15.12.1997, Transkription S. 8.

III.2 Politische Akteure in Otterstedt

tellation der zweiten Legislaturperiode mit einer starken SPD-Fraktion und einer CDU/FDP-Minderheit, die eine konstruktive Mitarbeit weitgehend verweigert (vgl. dazu die Fallanalyse Klaus Peters in III.1), gewinnt die PDS in der Gemeindevertretung wieder an Bedeutung. Die Akzeptanz der PDS auf lokaler Ebene ist nicht zuletzt dem Leitbild der Partei geschuldet, das sie für die Kommunalpolitik verfolgt: kompetente Sachpolitik zu betreiben statt sich über Weltanschauungen zu streiten und die sozialen Belange Ernst nehmen. Falk formuliert sein politisches Leitbild für die Kommunalpolitik wie folgt:

„Ich möchte so, aus meiner Sicht es darlegen. In dieser Größenordnung, also bei Gemeinden bis zu 5000 Einwohnern, oder sagen wir auch ein bisschen darunter, eh, Parteienhickhack zu betreiben geht immer zu Lasten der Bürger. (...) Das soll nicht heißen, dass die Standpunkte unterschiedlich sind. Aber man muss sie ausdiskutieren. Ob der nun von der CDU, SPD, PDS, parteilos ist: es hat jeder ein Kopf zum Denken. Und die Argumente müssen im Mittelpunkt stehen. Keine Wunschvorstellungen, denn dann kommst du beim Bürger nicht an, sondern man muss gemeinsam um die Sache ringen. Nun gut, man kann es mit der Abstimmung dann zum Ausdruck bringen: mit dem bin ich nicht einverstanden, mit dem bin ich nicht einverstanden, da enthalte ich mich oder gebe eine Erklärung ab oder stimme dagegen. Aber es soll sachlich bleiben. Nicht allgemeine politische Polemik. Das kannst du im Bundestag machen. Im Landtag auch noch. Aber in der Kommune geht das nicht. Aus meiner Sicht. (...) Da sollen die Bürgerinteressen im Mittelpunkt stehen. Aber nicht als der gute Onkel, sondern das was machbar ist. (...) Also keine Versprechungen abgeben, die man nicht realisieren kann, sondern man muss solche Probleme aus meiner Sicht mit dem Bürger gemeinsam versuchen, eh, zu realisieren."[9]

Die Thematisierung der politischen Kämpfe zielt auf die Situation der ersten Legislaturperiode ab, in der die PDS in der Gemeindevertretung politisch ausgegrenzt wurde. Das hat sich in der zweiten Legislaturperiode für die PDS- Fraktion grundlegend geändert. Die lokale Politik ist in erster Linie Sachpolitik und Schadenbegrenzungspolitik geworden, hinter der die parteipolitische Kämpfe zurücktreten. In diesem Punkt findet das Leitbild seine reale Entsprechung in der Gemeindevertretung in Otterstedt. Die Einbindung der Bürger in die lokale Politik ist von der jetzigen Gemeindevertretung gewollt und wird auch gefördert[10], sie scheint aber an der Mentalität der Bürger wie den sklerotisierten Formen der örtlichen Streitkultur zu scheitern (vgl. Punkt 3 der Fallanalysen in III.1 sowie V.1). Falk ist der Ansicht, dass in der Gemeinde Otterstedt das Engagement der Bürger schon immer schwächer gewesen sei als in den Nachbargemeinden. Und er fügt hinzu, dass man zu DDR-Zeiten leichter Bürger für Gemeindevorhaben mobilisieren konnte, als es heute der Fall sei.

„Der Bürger kommt jetzt nur, oder vor allem, wenn's um seine sozialen Probleme geht. Und zu DDR- Zeiten hattest du die Möglichkeit, unmittelbar über die Kommunalpolitik oder staatliche Politik darauf Einfluss zu nehmen. Heute hast du das nicht mehr. Ob das Wohnungsfragen, Wohnungstausch, sonst der gleichen. Ob das Handel und Versorgung war: überall hat sich, ja, der Staat und damit auch die Kommune, das war ja auch ... damals hieß das nicht Gemeindeordnung, Gesetz über die örtlichen Organe, war das ja festgelegt. Es gab die Selbstverwaltung nicht in dem Sinne, wie sie heute ist. Die Gemeinden haben also ihre finanziellen Mittel über'n Kreis erhalten. Und ja, wenn du am Jahresende, das war in den Perioden unterschiedlich, wie die Lage war. Die große Wirtschafts- und politische Lage, am Jahresende kein Geld mehr hattest, dann bist du zum Kreis gegangen und hast gesagt: ich hab noch das und das Vorhaben. Baumaterial hab ich. Arbeitskräfte hab ich. Aber das Geld fehlt mir. Das Geld (reicht) nicht. Da war weder Baukapazität. Na gut, da hast eben mit der LPG verhandelt. Mit den Kumpels hier, die eben auch Feierabendarbeit hier gemacht haben. Na gut, da wurde ein Kasten Bier hingestellt. Paar Schrippen und da wurden mal am Sonnabend durchgezogen für die Kommune was zu machen. Die größte Schwierigkeit war ja der Materialmangel. Ob das Steine waren, oder Zement, oder Holz. Und so wurde eben auf diese Art und Weise, ich kann mich noch entsinnen, 1980, als wir Wasserleitungen gelegt haben, na gut, da hat jeder vor seinem Grundstück seine zwanzig Meter selber ausgebuddelt. Die, die BWA, die hat die Leitungen verlegt, hat die Hausanschlüsse gemacht. Bei einer

---

9 ebd. S. 5
10 Bürgerberatung im Bürgermeisteramt, Bürgerfragestunden in der Gemeindevertretung und Einbeziehung von Bürgern in den Ausschüssen.

Rentnerin hast du mitgeholfen, weil sie in die Gemeinschaft sollte. Du kannst ja nicht ein Grundstück offen lassen. Hast keine Technik gehabt zum Durchhub und nischt. Es ging alles mit Spaten und Hacke. Und gut, das festigte auch das Kollektiv. Und als es fertig war hast Du ein Straßenfest gemacht. Gegrillt. Fass Bier. Wurden Anekdoten erzählt. Das kannst du heute nicht mehr. Du kannst also betteln und betteln wie du willst. Schon wenn du ein Fahrzeug haben willst: alles geht nur noch über den Kommerz. Das ist eigentlich schade. Das ist wirklich eigentlich schade. Aber es geht nun mal nicht anders. Ja, und bewegen, bewegen kannst du in der Kommunalpolitik dich nur, oder nur etwas, wenn du Geld hast."[11]

Falk spricht den Handlungsspielraum bei der Verwirklichung kommunaler Vorhaben über Eigeninitiative an, der in der Praxis der DDR erheblich größer gewesen sei als heute. Er betont in beinahe euphorischen Tönen, dass von staatlicher, bzw. kommunaler Seite die Möglichkeit bestand, auf die Mitarbeit der Bürger Einfluss nehmen zu können. Falk thematisiert den Aspekt der Gemeinschaft und der 'Kollektiv-Bildung', nicht aber die Seite der Individuen und die top-down exekutierten Vorgaben für die Gemeindeentwicklung. Der soziale Druck auf die Individuen, sich an Gemeinschaftsaufgaben zu beteiligen, wird von Falk ausgeblendet oder nicht wahrgenommen. Dies wird erklärlich durch ein Gesellschaftsideal, in dem Gemeinschaftsinteressen – und hier müsste natürlich auch die Frage nach der Definitionsmacht solcher Interessen thematisch werden – den Individualinteressen übergeordnet werden. Hier zeigt sich ein Konflikt eines Gesellschaftsideals, das nur schwer in die neuen gesellschaftlichen Verhältnisse transformiert werden kann und das in der PDS und ihrer örtlichen Sacharbeit eine neue Heimstädte findet. Vor dem Hintergrund eines solchen idealisierten solidarischen Gesellschaftsideals werden gerade Vergemeinschaftungsprozesse vermisst – die das Kollektiv gestärkt haben. An deren Stelle scheinen die abstrakten Kapital- und Geldverhältnisse getreten zu sein. Falk vermeidet aber, die neuen Verhältnisse zur Disposition zu stellen. Er zieht sich – nach Durchgang durch Rücktraum und Kapitalismuskritik – auf eine pragmatische Position zurück, wenn er mit der Bemerkung schließt: „Aber es geht nun mal nicht anders"[12].

Die politischen Erfolge der Gemeindevertretung sind, trotz großem Einsatz der Bürgermeisterin und einiger Gemeindevertreter, begrenzt. Zu viele Probleme, die z.T. aus der ersten Legislaturperiode resultieren, hemmen die Entwicklung der Gemeinde. Falk nennt in diesem Zusammenhang u.a. die Schulden aus der ersten Legislaturperiode, die den Etat der Gemeinde schmälern, Probleme mit der Wasser/Abwasser-Gesellschaft und der halb gemeindeeigenen, halb privaten Entwicklungsgesellschaft für den Gewerbe- und Industriepark. In der Verwaltung sieht Falk Nachholbedarf in der Schulung der Angestellten, was unter dem ersten Amtsdirektor vernachlässigt wurde. Die längeren Zeiten für Genehmigungsverfahren bei Bauvorhaben und der Rückgang von Fördermitteln stellt ein weiteres die Entwicklung hemmendes Problem dar. Das größte Problem besteht aber in der Blockierung des Bebauungsplans und damit diverser Vorhaben, die in Abhängigkeit mit dem Ausbau des Großflughafens stehen. Damit ist nicht nur die Arbeit der Gemeindevertreter an der langjährigen Planung in Frage gestellt. Fast alle Entwicklungsvorhaben der Gemeinde stagnieren z. Z. bis auf unbestimmte Zeit. Diese Entwicklungshemmnisse hinterlassen zunehmend Frustrationen bei den Gemeindevertretern (vgl. III.1 sowie für den Planungsbereich IV.1).

Falk arbeitet in seiner ehrenamtlichen Tätigkeit als Gemeindevertreter 30 bis 40 Stunden in der Woche für die Gemeinde. Dieser Einsatz wird nur von wenigen wahrgenommen. Auf die Frage, ob sein Einsatz im Ort gesehen wird, antwortet Falk: „Nein, nein. Vom Einzelnen ja, aber nicht von der breiten Masse. Das kann auch nicht gesehen werden, denn du bist Hein-

---

11 Interview-Transkription S. 5-6.
12 ebd. S. 6

zelmännchen hinter der Kulisse"[13]. Programmatisch fügt Falk hinzu: „Sie (die Bürger) merken es dann und da findest du auch das Echo, wenn du eben sachkundig bist, und das ist meiner Auffassung das Primäre in der Kommunalpolitik: du musst sachkundig arbeiten, sachkundig Politik machen. Nicht allgemeine Politik. Das kann jeder. Sachkundig Politik, auch wenn du manch einem oder dem Einzelnen weh tun musst dabei, dass du seinen (...) Interessen oder seinem Drang nicht nachgeben kannst, weil das Gemeinwohl drüber steht (a.a.O.)."

Die auf die persönliche Intention zielende Frage, woher das Engagement für die politische Arbeit kommt, wird von Falk mit einer politischen Losung beantwortet: „Im Interesse der Bürger". Eine typische Reaktion auf persönliche Fragen ist bei Falk der Rückzug auf politische Formeln, die der Semantik von Leitbildern entsprechen. Dies soll aber nicht in Abrede stellen, dass hinter diesen Leitbildern Überzeugungen stehen. Es scheint zudem nicht ungewöhnlich für jemanden, der in der Tradition 'realsozialistischer' Rhetorik steht, die persönliche Meinung hinter politischen Formeln verschwinden zu lassen. Es mag auch sein, dass hinter den biographisch-persönlichen Fragen des Interviewers oft Fangfragen vermutet werden. Falk fügt seiner Aussage noch hinzu: „Also in die eigene Tasche fließt nichts. Das ist der große Unterschied gegenüber früher (a.a.O.)." Worauf sich das „früher" bezieht, bleibt vieldeutig. Es kann als eine Anspielung auf bestimmte Lokalpolitiker der ersten Legislaturperiode gelesen werden, von denen vermutet wird, dass sie aus ihrem Amt finanzielle Vorteile gezogen haben könnten. Anderseits betont diese Aussage auch das eigene Engagement für die Gesellschaft – jenseits ökonomischer Interessen.

Falk ist es gelungen, dem gesellschaftlichen Umbruch mit einem eingeübten Handlungsmuster – Bewältigung von Krisen über Wissensaneignung und über Sachdominanz – zu begegnen. Mit der Orientierung auf die institutionellen Strukturen des politischen Systems hat sich Falk in diesem Bereich Handlungswissen erworben, das in seinem politischen Umfeld überdurchschnittlich ist und in der Gemeinde Anerkennung findet. Die Frage nach politischen Grundüberzeugungen verschwindet hinter einer betont rational orientierter Sachpolitik mit Schwerpunkt auf sozialen Themen. Die mentale Bindung an realsozialistische Vergesellschaftungsstrukturen tritt jedoch immer wieder bei der Retrospektive der DDR-Gesellschaft hervor: gerade dann, wenn es um solidarisches Handeln für das Gemeinwohl geht. Die Verpflichtung gegenüber dem Gemeinwohl ist für Falk – auch nach dem Zusammenbruch der DDR – wesentliches Motiv, sich politisch zu engagieren. Im impliziten Rückblick gerät die DDR in die Nähe einer 'wahren Solidargemeinschaft'.

Fall 2

Becker[14], Mitte 40, gehört in der Gemeindevertretung von Otterstedt zu den jüngeren Lokalpolitikern. Parteilos, politisch eher 'grün' orientiert als SPD-nah, gehört er zu der Fraktion, die über die SPD-Liste in die Gemeindevertretung gewählt wurde. Obwohl in seinem Wesen etwas zurückhaltend, leitet er einen Ausschuss und kann zum Kreis der aktiven Personen in der Gemeindevertretung gerechnet werden.

Becker begründet seinen Zugang zur Politik unter Rekurs auf seine Biographie, die durch eine gewisse Distanz zum politischen System geprägt ist. Er wird Anfang der 50er Jahre in einer Nachbargemeinde von Otterstedt geboren. Sein Vater, wie auch sein Großvater waren Ingenieure. Seine Herkunft, die er als „in der DDR vielleicht bürgerliches Elternhaus" wer-

---

13 ebd. S. 16
14 Name geändert.

tet, vermittelt ihm schon als Kind eine distanzierte Sicht auf die Gesellschaft. Ideologisch ungebunden und ein „bisschen christlich" geht man in dieser Familie einen Mittelweg zwischen Anpassung an die politischen Verhältnisse und Bewahrung tradierter Werthaltungen. Dies zeigt sich in der Erziehung seines Elternhauses: neben der christlichen Orientierung mit Konfirmandenunterricht und Konfirmation nimmt Becker auch an der Jugendweihe teil. Obwohl die Eltern den Parteiorganisationen kritisch gegenüber stehen, verwehren sie Becker nicht den Beitritt in die Jugendorganisationen der Partei: „(...) irgendwann in der vierten Klasse haben die Eltern gesagt, na ja, was soll's, also irgendwie muss man mit dem Strom schwimmen sozusagen"[15]. Nach einer Phase der Teilnahme an den Aktivitäten der Jungen Pioniere geht Becker auch in die FDJ. Auf der anderen Seite ist Becker gleichzeitig bei der Jungen Gemeinde, einer Jugendorganisation der Kirche, eingebunden.

Für Becker ergaben sich aus dieser Situation, mit zwei verschiedenen Weltbildern konfrontiert zu werden, keine Konflikte. Er „konnte damit leben, ohne anzuecken. Man hat sozusagen dem Kaiser gegeben, was der Kaiser wollte und wenn man dann ansonsten nicht besonders auffällig war, hatte man eigentlich (...) zu mindestens in den 60er, 70er Jahren seine Ruhe":
- Ruhe vor Bevormundungsebene
- was für einen Jugendlichen zugleich Freiräume der Entfaltung eigener Interessen bedeuteten.

Als Schlüsselerlebnis für den Beginn seiner Zweifel am Staat der DDR nennt Becker den Einmarsch der Warschauer Truppen in die CSSR 1968. Für ihn war „ziemlich klar, dass das nicht so das Richtige war, was da abläuft". Dies „durfte man in der Schule nicht so offen sagen (...)", stellt Becker fest. Für den Oberschüler Becker beginnt in dieser Zeit die theoretische Auseinandersetzung mit Politik. In der Schule muss er sich mit Marxismus-Leninismus auseinandersetzen, was er theoretisch sehr interessant findet, auch wenn er dem System gegenüber „eigentlich distanziert bis dagegen" eingestellt ist. Becker kann aber nicht nachvollziehen, warum im Westen im Gefolge von 68 viele Leute für sozialistische Systeme auf die Straße gehen. Aus der kritischen Haltung gegenüber den Doktrinen der DDR, die er damals einnahm, erwägt Becker den Gedanken, er könne „in gewisser Weise vielleicht auch ein Alt-68er aus dem Osten" sein. Damit sind wohl weniger die politischen Inhalte dieser Bewegung gemeint als eine oppositionelle Haltung gegenüber der Gesellschaft[16] und dem Staat.

Beckers Retrospektive auf die Schulzeit ergibt ein ambivalentes Bild von Meinungsfreiheit und ideologischer Überformung den Unterrichtes: „Also ich habe immer gesagt, was ich gedacht habe. Klar, ich meine, Lernstoff musste man halt wissen und wenn Kommunistisches Manifest abgefragt wurde, dann wusste ich eben, was da drin steht. Aber ich musste ja nicht sagen, ob ich das gut oder schlecht finde. Also da hatte ich keine Probleme, dass ich mich verstellen muss" (a.a.O). Man kann das Zitat dahingehend interpretieren, dass in der Schule zwar Kenntnis, aber kein Bekenntnis zur Staatsideologie eingefordert wurde, Kritik aber auch nicht ratsam war. Dieser – wenn auch beschränkte – Freiraum dürfte der Grund dafür gewesen sein, dass Becker in der Schule keine Probleme hatte.

Auch an anderer Stelle betont Becker, dass man nicht alles in der Schule sagen konnte, wenn es der offiziellen Linie widersprach. Er führt ein Beispiel aus dem Staatskundeunterricht an, in dem es um „ideologische Diversion" und die Gefahr des Westfernsehens ging. Becker schlägt dem Lehrer vor, die Tagesschau gemeinsam zu sehen und dann darüber zu sprechen, was aber der Lehrer ablehnen muss, da das Sehen von Westfernsehen zu dieser Zeit noch

---

15 Interview am 15.12.1997 im Bürgermeisteramt, Transkription S. 2.
16 Becker schildert in diesem Zusammenhang die Auseinandersetzung in der damaligen DDR, die es um die Haarlänge bei den Abiturienten gegeben hat.

offiziell verboten ist. Becker nennt noch weitere Beispiele für Einschränkungen der freien Meinungsäußerung an der Schule, führt aber keine Beispiele für einschneidende Repressalien gegen ihn oder andere Schüler an. Becker will seine Erfahrung mit der Schule nicht generalisieren. Er schließt nicht aus, dass er „vielleicht auch Glück (gehabt habe), dass (er) halbwegs vernünftige Lehrer hatte". Dies lässt darauf schießen, dass er für sich ein befriedigendes Arrangement mit dem System Schule gefunden hat, mit dem er gut leben konnte.

Das Selbstbild eines Oppositionellen, das an einigen Stellen des Interviews erscheint, wird in Beckers Reflexion immer wieder dahingehend relativiert, dass er ein pragmatisches Gespür für das Machbare entwickelte, ohne aber zu resignieren: „Ich bin gegen jede Mauer gerannt, wo ich gedacht habe, da könnte sich was bewegen. Aber wenn klar ist, dass nichts zu machen ist, dann wende ich meine Energie wo anders hin". Auffallend ist gleichwohl, dass in der Erzählung der Biographie keine realen „Mauern" erscheinen. Trotz der, nach eigener Einschätzung kritischen Haltung zum System und der Nähe zur Kirche (Junge Gemeinde) muss Becker auch nach dem Schulabschluss mit Abitur keine einschneidenden Repressalien erleiden. Mit der Nationalen Volksarmee kommt Becker nicht näher in Berührung, da er wegen einer Krankheit ausgemustert wird. Bis zum Studienbeginn arbeitet Becker ein halbes Jahr in einem halbstaatlichen Betrieb als Laborhilfskraft, wo er einen Delegierungsvertrag für eine weitere Beschäftigung für die Zeit nach dem Studium erhält. Nach dem Physikstudium kehrt er 1977 in den Betrieb zurück, der aber in der Zwischenzeit verstaatlicht worden ist. Becker ist innerhalb dieser Institution im Entwicklungsbüro beschäftigt.

Auch während seiner Studienzeit wird Becker, ganz gegen die Regel, nicht dazu genötigt, seine Position zur Partei offenzulegen. Die übliche Vereinnahmung der Studenten durch die SED, mit der Aufforderung in die Partei einzutreten, unterbleibt bei Becker. Er formuliert diesen Umstand mit dem vieldeutigen Satz: „In der Partei wollte man mich nicht" und fügt hinzu, „war ich auch nicht böse drüber"[17]. Diese Ausnahme erklärt Becker aus seiner Biographie: „Aber ich nehme mal an, durch diese Geschichten, Junge Gemeinde und Studentengemeinde und was noch so war, wird man gesagt haben, den braucht man nicht unbedingt dafür." Ob vielleicht latent doch eine gewisse Enttäuschung da war, gar nicht erst gefragt zu werden ob er in die Partei wolle, bleibt offen. Vielleicht wäre diese Situation für Becker eine Herausforderung gewesen, sich mit der Partei und ihren Mechanismen auseinandersetzen zu müssen.

Becker sucht sich keine „Nische" in der Gesellschaft, um völlig unbehelligt vom System sein Privat- und Berufsleben führen zu können. Offensichtlich gibt es auch keine Veranlassung dafür. Er engagiert sich in der Gewerkschaft, was er mit dem lapidaren Satz in das Interview einführt: „Ich bin dann gefahren in der Gewerkschaft." Eine Lesart wäre, das „Fahren" als Vorankommen zu interpretieren. Becker wird in seinem Betrieb als Vertrauensmann gewählt. Als Motivation für dieses Amt nennt Becker die Möglichkeit, etwas dafür machen zu können, dass „mit den Leuten vernünftig umgegangen wird". Es gibt in der Einheitsgewerkschaft natürlich auch Vorgaben für politische Schulungen, die Pflicht zur Erstellung von Rechenschaftsberichten über den Organisiertheitsgrad des Betriebes u.ä. Aber diese von der Führung vorgegebenen Verpflichtungen werden von Becker nicht sehr ernst genommen und auf das Nötigste beschränkt. Diese laxe Handhabung der Vorgaben scheinen Becker in keine ernsthaften Konflikte mit der Gewerkschaftsführung oder den SED Genossen zu bringen. Die Strategie, den eigenen Hand-

---

17 Die Formulierung, „da bin ich nicht böse drüber" findet sich auch an einer anderen Stelle im Interview wieder, wo diese Formel eindeutig nicht als grundsätzliche Ablehnung gelesen werden muss: Becker ist anfangs in keinem Ausschuss der Gemeindeversammlung mit einem Vorsitz betraut, worüber er „nicht böse ist". Nach dem Ausscheiden der ursprünglichen Vorsitzenden übernimmt er aber diesen Ausschuss. Die Lesart, Becker wäre vielleicht in die SED gegangen, wenn er nur gefragt worden wäre, ist problematisch, da nicht hinreichend belegt.

lungsraum nicht über die vom Staat geduldeten Grenzen zu erweitern, scheint für Becker ein 'Sich-Einrichten' in dem System der DDR zu erlauben, ohne das Gefühl zu haben, die eigenen Positionen gänzlich aufgeben zu müssen. Doch dieser Status Quo bleibt unbefriedigend, da täglich erkannt wird, dass es eigentlich nicht so weiter gehen kann. Die entwicklungshemmenden Strukturen des Systems wurden gerade im technisch-wissenschaftlichen Bereich zunehmend deutlich, da hier der Konflikt zwischen Rationalität und Ideologie kaum zu überspielen ist.

„ ... Also es gab, in der DDR ja kein Ansatz grundlegend etwas zu verändern. Also man konnte zwar sich ganz quer stellen. Das führte dann zwangsläufig dazu, dass man mit dem Kopf an die Wand rennt und die Wand sich daran wenig stört. (Lachen) Nur der Kopf bisschen blutig wird. Und wenn man zwischenzeitlich Familie hat und Kinder usw. eh, überlegt man sich das natürlich, wie weit man da irgend etwas tut, was letztlich nichts bewirkt. Ansonsten, aber unter diesem Level ... Also ick hab in meiner betrieblichen Tätigkeit ... Wir haben im Kollegenkreis immer sehr offen diskutiert. Wir hatten auch, klar, wie überall SED- Genossen dabei. Die waren überwiegend auch nicht unvernünftig. Und hat auch sehr politisch diskutiert, dass das irgendwo so nicht weitergeht usw. Bloß es hatte ja keiner (...) einen Ansatz, was zu machen. Und man musste sich ja auch ... Man war eigentlich auch darauf eingerichtet, dass das bis zur Rente auch so bleibt."[18]

Die Phase der politischen Wende ist für Becker stark durch die Gewerkschaftsarbeit geprägt. Die Gewerkschaft soll umgestaltet werden. Man ist bestrebt, die Organisation „auf eine vernünftige Basis zu stellen und die Gewerkschaft nun endlich das tun zu lassen, für das sie da ist" (a.a.O.). Dazu gehört die Lohnpolitik, die zuvor nicht von der Gewerkschaft, sondern von der Partei aus gemacht wurde. Becker wird von seinen Kollegen wieder zum Vertrauensmann gewählt. Er nennt die Tätigkeit in der Gewerkschaft als seinen ersten „Schritt nach 90 in die Politik". Es drängt sich die Lesart auf, dass die vorherige Tätigkeit in der Gewerkschaft als eher unpolitisch empfunden wird. Diese Wahrnehmung steht im Widerspruch zum Selbstverständnis der Gewerkschaft in der DDR, nicht aber in Beckers Verständnis seiner Tätigkeit in dieser Organisation: war er doch immer bemüht, eine möglichst 'ideologiefreie' Basisarbeit zu leisten. Die Erwartungen an die neue Zeit wird bald durch die politische Entwicklung getrübt:

„'89 bis Anfang '90 hatte man ja noch ein bisschen Flausen im Kopf, dass vielleicht noch etwas Vernünftiges möglich ist, aber... Also ein vernünftiger Übergang, wo nicht alles kaputt geht. Aber das war ja '90 abzusehen, (...) dass es nur noch in eine Richtung geht" (a.a.O.).

Es ist in Beckers Interpretation der Mangel an Vernunft, der zu einer ungewollten Entwicklung führt: die anfangs noch vielfältigen Optionen, die DDR-Gesellschaft neu zu gestalten, werden einer einseitigen und fremdbestimmten Entwicklung geopfert, die die bestehenden Strukturen zu missachten scheint und so in eine Krise führt, die als vermeidbar angesehen wird. Wesentliches Moment der Enttäuschung dürfte bei Becker der wahrgenommene Verlust an Gestaltungsoptionen sein. Diese Sicht auf die Entwicklung hat Becker nicht nur im Zusammenhang mit der Gewerkschaftsarbeit. Auch die allgemeine politische Entwicklung in Richtung Anschluss an den Westen enttäuscht seine politischen Erwartungen:

„Alles nur aus dem Westen zu übernehmen war eigentlich nicht meine politische Überzeugung. Ich stand zwar der DDR immer ganz kritisch gegenüber, hab allerdings auch keine Illusion gehabt über die Bundesrepublik (...) Und das ist nicht, dass das ne sozusagen die Hölle und das andere das Paradies ist, oder so. Sondern, dass es da sicherlich auch Probleme gibt. (...) dieser Anschluss der sozusagen erfolgt ist, der entsprach eigentlich nicht meinen Vorstellungen. Und die Leute, die sich dafür eingesetzt haben noch viel weniger."[19]

Mit der Ablehnung der politischen Entwicklung nach der „friedlichen Revolution" und dem populistischen Auftreten einiger politischer Akteure begründet Becker seinen Entschluss, 1990

---

18 ebd. S. 5
19 ebd. S. 7

III.2 Politische Akteure in Otterstedt

bei der ersten freien Kommunalwahl als Einzelkandidat anzutreten. Er erhofft sich, als Gegengewicht zu den „Karrieristen" in der lokalen Politik Einfluss auf Entscheidungen nehmen zu können. Becker wird aber bei der Kommunalwahl 1990 nicht gewählt. Statt dessen bestimmen in der ersten Legislaturperiode gerade diejenigen Personen die lokale Politik, die Becker als Karrieristen bezeichnet. Becker befürchtet vor allem, dass durch eine einseitige Orientierung auf Wachstum der Ort 'verstädtert':

> „Also es hat im Wesentlichen eine Person dann entschieden, was passiert und (...) nach meinen Vorstellungen auch nicht im Interesse der Bürger entschieden. Also, ich denke mal, die meisten haben hier draußen gewohnt weil sie irgend wo im Grünen wohnen wollten. Ansonsten hätten sie jederzeit tauschen können in eine Neubauwohnung, irgendwo nach Berlin oder, was weiß ich, in die Innenstadt. Und wenn die Zielstellung damals sozusagen war, hier also jeden Fleck zu bebauen und so hoch und so groß wie möglich sozusagen, bloß dass wir damit letztlich möglicher Weise ein Kino und eine Einkaufsstraße hier her haben und die Stadt dann immer weiter raus wächst. Und dass Otterstedt dann nachher aussieht wie Köpenick oder, weiß ich nicht, wie Tempelhof oder so was. Das war eigentlich so der Beweggrund, eh, also vom Inhaltlichen, dass man gesagt hat, das kann eigentlich nicht der Sinn der Sache sein."[20]

Becker stört sich nicht nur an der befürchteten Strukturveränderung der Gemeinde, die er mit 'Verstädterung' und unaufhaltsamer Suburbanisierung charakterisiert (- wobei anzumerken ist, dass ja gerade in der DDR-Phase Otterstedt mit stadttypischen Strukturen verändert worden ist: einem großen Backwarenkombinat, Plattenbauten, industrialisierten Landwirtschaftsformen, Maschinen-Ausleih-Stationen (vgl. dazu II.2 und II.5). Um so auffälliger bleibt das Selbstinterpretament „irgendwo im Grünen wohnen" (zu) wollen. Auch mit der Person König hat Becker erhebliche Probleme, der als Bürgermeister von Otterstedt einen autokratischen Regierungsstil pflegte. Nur ein kleiner Kreis von politischen Freunden scheint in Entscheidungen mit einbezogen worden zu sein. Für den Rest der Gemeinde bleiben die Aktivitäten des Bürgermeisters undurchsichtig. Damit werden die Entscheidungen mittelfristig zunehmend angreifbar.

> „Er war ja unentbehrlich, hat ja einiges gemacht. Hat ja 70 Stunden gearbeitet. (...) Also Land aufgekauft, mit Investoren geklüngelt und Verträge gemacht usw. Die meisten anderen waren ja nur Laienspieler und haben dann genickt und waren dafür, dass es jetzt richtig los geht und haben ihm freie Hand gelassen und Blankovollmachten erteilt (...)"[21]

Eine Entwicklungsgesellschaft, von König ins Leben gerufen, scheint schnell zu einer Versorgungsgesellschaft eines „Klüngels" um den Bürgermeister zu verkommen. Die wirtschaftliche Entwicklung der Gemeinde, die von König rapide vorangetrieben wird, ist neben öffentlichen Fördermitteln insbesondere auch durch hohe Kredite finanziert. Trotz der negativen Bewertung der Aktivitäten des Bürgermeisters meint Becker: „Wenn er ein bisschen Maß gehalten hätte mit seinen Aktionen und ein bisschen mehr Leute einbezogen hätte, dann hätte er hier wirklich ein vernünftiger König sein können. Aber er ist dann maßlos ausgeglitten dabei".

Es scheint so, als klänge trotz aller Kritik auch Anerkennung für den Bürgermeister heraus. Schließlich sind die gegenständlich sichtbaren positiven Entwicklungen in der Gemeinde beinahe durch die Bank auf die Ära des ersten Bürgermeisters zurückzuführen. Die Aussage über den Bürgermeister, er hätte ein „vernünftiger König" sein können, muss noch aus einem anderen Grund verwundern: selbst ein vernünftiger König passt natürlich schlecht zu einer demokratischen Gesellschaftsordnung. Die Lesart, dass es eine latente Bereitschaft in Otterstedt gab und vielleicht noch gibt, auch einen König in der lokalen Politik zu akzeptieren, ist nicht völlig abwegig, wenn er denn nur vernünftige Maßhaltegesten und Einbindungspraktiken be-

---

20 ebd. S. 8
21 ebd. S. 18

herrschte. Es liegt nahe, diese Ordnungsvorstellungen mit den paternalistischen Zügen am zentralistischen Staatsaufbau der DDR zu verknüpfen: auch wenn es die Möglichkeit gab, über Eingaben auf politische Entscheidungen Einfluss zu nehmen, bestand gegenüber der Führung nicht das Recht, etwas einfordern zu können, d.h. der Bürger blieb Bittsteller, nicht Mitglied einer zivilen Gesellschaftsform. Andererseits stabilisierte sich aus dieser Situation zunehmend die Erwartungshaltung, dass der Staat schon alles regeln werde. Wenn Bürgermeister König demokratische Regeln missachtet haben sollte, dürfte es – außer den Lokalpolitikern – kaum jemanden aufgefallen sein. Dass Demokratie dem Bürger durch politische Praxis vermittelt werden muss, wird von Becker gesehen und thematisiert.

„Also Demokratie ist nicht sehr einfach und muss auch sicherlich wachsen in irgend einer Weise. Und wenn die Leute die Erfahrung nicht machen können, dass das in irgend einer Weise auch vernünftig funktioniert, dann fügt man auch der Sache einen relativ großen Schaden zu. Und das ist, denke ich, nach 1990 hier passiert."[22]

Die Ablehnung der Politik der Mehrheitsfraktion aus CDU und FDP, insbesondere aber des Bürgermeisters, wird für Becker ein wesentliches Motiv, bei der zweiten Wahl zur Gemeindevertretung die Bürgermeisterkandidatin – eine Person, „die sich so'n bisschen grün hat" – zu unterstützen (vgl. die Fallanalysen Kern von G. Prengel in III.1).

„Ich hab damals nur ja gesagt, weil die (Kern), eh … Hab sie gefragt: machst du den Bürgermeister? Also denkst, traust dir das zu, oder schaffst du sozusagen, eh … Ich würde es nicht schaffen, rein zeitlich. Und, na ja, wenn (du) das machst, dann mach ich auch mit sozusagen. Also ich hab nur mitgemacht, um die anderen nicht im Stich zu lassen. Weil man sich vorher darüber unterhalten hat. Hat gesagt, so kann es nicht weiter gehen. Und dann wäre es natürlich bisschen unredlich gewesen zu sagen, mach, macht, nun macht ihr mal, oder so."[23]

Becker, der zu diesem Zeitpunkt noch eine volle Arbeitsstelle hat, ist zeitlich stark eingebunden. Sein Engagement in der Gemeindevertretung macht er im Wesentlichen an einer Person fest, gegenüber der er sich verpflichtet fühlt. Die Wertschätzung politischer Überzeugungen dürfte ein wesentliches Motiv zu dieser Haltung sein. Hierfür sprechen Beckers Stellungnahmen zu den alten „Stalinisten" in der Gemeinde, die ihren politischen Überzeugungen treu geblieben sind. Es handelt sich um zwei Akteure, die zu DDR-Zeiten Einfluss auf das Geschehen in der Gemeinde hatten und zweifellos 'staatstragende' Persönlichkeiten waren. Ihre Reputation beziehen diese Personen nicht durch ihre Parteizugehörigkeit, sondern durch ihre Kompetenz in bestimmten Sachfragen. Beide Personen sind heute in der Gemeindevertretung, in der ihre Arbeit von der Mehrheit der Gemeindevertreter anerkannt wird: „(...) die Kompetenz ist schon da und auf die würde ich auch nicht gerne verzichten" betont Becker und fügt hinzu: „Also es ist schlimmer, wenn man Leute hat, die immer von der Hand in den Mund reden, aber wo keine Substanz da ist". Die Bedeutung solcher Personen in der lokalen Politik leitet Becker von der personellen Situation in den 'neuen Ländern' ab. Im Gegensatz zu Gemeindevertretungen in den alten Ländern, wo Ruhestandsbeamten und Lehrer die Gemeindearbeit machten, seien es in den neuen Ländern die „staatsnahen, ehemaligen Funktionäre". „Das sind dann meistens die Überzeugungstäter. Wie man auch immer die Überzeugung wertet. Aber ich kann sehr gut mit den Leuten umgehen, die überhaupt Überzeugungen haben. Besser als mit Leuten, die sozusagen nur immer kucken, wo sie ihren Vorteil kriegen, oder so was (a.a.O.)."

---

22 ebd. S. 9
23 ebd. S. 29
24 Die Wählerorientierung an Parteien – für kleine Gemeinden sonst ungewöhnlich – ist in den Neuen Ländern der einst geringen Bedeutung der Kommunen im System der ehemaligen DDR geschuldet (vgl. Neckel 1992).

III.2 Politische Akteure in Otterstedt

Obwohl Becker sich keiner Partei angeschlossen hat und auch der SPD kritisch gegenüber steht, kandidiert er – wie die Bürgermeisterkandidatin – auf der SPD-Liste für die Gemeindevertretung. Dahinter steht bei ihm, und vielleicht auch bei den anderen Personen, die einen politischen Wechsel herbeiführen wollen, ein taktisches Kalkül: die erste freie Wahl hatte gezeigt, dass die Wähler in erster Linie Parteien wählen und weniger auf die Personen schauen[24]. Diese Tendenz wird auch bei der zweiten Kommunalwahl nach der Wende bestätigt.

Die Arbeitsbelastung für die Gemeindevertreter ist sehr hoch, da jetzt bewusst alles öffentlich verhandelt wird. Neben der Arbeit in den Ausschüssen, Beratungsterminen mit Investoren usw. stellt die Papierflut die Gemeindevertreter vor ein Zeitproblem. Eine gründliche Beschäftigung mit allen Schriftstücken ist selbst für die nicht berufstätigen Gemeindevertreter kaum zu bewältigen.

„Da kriegen sie immer so schöne Umschläge mit Papier, voll Beschlussvorlagen. Na ja, wenn se ... Da kommt im Durchschnitt einer oder zwei in der Woche. Die müssen gelesen werden. Manches überfliegt man ja bloß, oder man kommt auch nicht zu allem, aber wenn man's wirklich ernstlich betreiben muss, muss man ja wirklich ... Sind ja vielfach so ... Gesetzestexte oder Satzungen lesen sich schlecht. Also das kostet Zeit, wenn man es wirklich macht. Viele machen es ja nicht. Also was heißt viele, viele. Von vielen kann man ja nicht mehr reden. (Person 1) macht mit Sicherheit, (Person 2). Die (Person 3) macht's. Ich versuch's auch. Bei der Opposition macht man sich vielfach nicht die Mühe."[25]

Eine befriedigende Arbeit ist in der Gemeindeversammlung nur bedingt zu leisten. Der unterschiedliche Informationsstand der Gemeindevertreter verzögert häufig eine zügige Bearbeitung der Tagesordnungspunkte. Ohne engagierte Rentner ist die lokale Politik in den 'neuen Ländern' praktisch nicht zu schaffen. Beckers Resümee dieser Situation ist, dass diese Arbeit „eigentlich auch ehrenamtlich nicht zu machen (ist)". Becker führt zu dieser Problematik noch an, dass eigentlich die Verwaltung auch „Ambitionen entwickeln" sollte, d.h. Vorlagen liefern könne. Genau dies scheint aber in der für Otterstedt zuständigen Amtsgemeinde nicht zu funktionieren, da zumindest der erste Amtsdirektor nicht über die nötige Sachkenntnis zu verfügen schien und die Fortbildung des Personals vernachlässigte[26].

Beruflich ergeben sich für Becker nach 1990 einige Veränderungen. Nach der Abwicklung seines Arbeitsplatzes Ende 1991 wird Becker von einer Nachfolge-GmbH übernommen, die aber 1996 in den Konkurs geht. In dem Nachfolgebetrieb findet keine Gewerkschaftsarbeit mehr statt, da viele Kollegen der Ansicht sind, dass man eine gewerkschaftliche Vertretung nicht mehr brauche. Erst mit dem Konkurs des Betriebes ändert sich die Meinung der Kollegen zur Bedeutung gewerkschaftlicher Vertretung der Arbeitnehmer. Nach der Schließung des Betriebes und der folgenden halbjährlichen Arbeitslosigkeit, beginnt Becker eine Umschulung im Computerbereich, die er bis Ende 1997 abschließt. Er hofft, anschließend in diesem Bereich tätig werden zu können.

Auf eine weitere Kandidatur nach dieser Legislaturperiode möchte sich Becker noch nicht festlegen. Er kommt zu dem Schluss, dass er es eigentlich aus zeitlichen Gründen nicht mehr machen dürfe. Die Frage nach einer erneuten Kandidatur macht Becker in erster Linie von Personen abhängig. „Also wenn sich was Interessantes zusammenfindet und es dann wieder die Frage ist, ob man die Leute alleine lässt oder nicht, würde ich es vielleicht noch mal machen, obwohl ich es nicht noch mal machen dürfte. Weil auch in der Zeit viel liegen geblieben ist"

---

25 Interview am 15.12.1997, Transkript S. 31
26 Auch Falk hatte ja in seinem Interview darauf aufmerksam gemacht, dass es z.T. an Sachwissen in der Verwaltung fehle. Diese Sicht entspricht auch meinen eigenen ethnographischen Feldbeobachtungen, Wahrnehmungen, die anlässlich einiger Auftritte der Verwaltung in der Gemeindevertretung von Otterstedt entstanden.

(a.a.O.). Mit der liegengebliebenen Arbeit meint Becker vor allen Dingen die Vorbereitung auf die angestrebte Berufstätigkeit in einem für ihn neuen Arbeitsbereich.

Für Becker sind es wieder nahestehende Personen, und deren personengebundene Überzeugungen, denen er sich verpflichtet fühlt und nicht, wie man bei einem Politiker auch annehmen könnte, un-persönliche politische Ziele oder Werte, die er für oder gegen seine Entscheidung für ein politisches Amt vorbringt. Neben dieser Orientierung an Personen ist gleichwohl ein sachliches Motiv handlungsleitend: Ohne gleichgesinnte Personen in der Gemeindevertretung besteht wenig Aussicht auf politischen Erfolg.

Zwei Lokalpolitiker – Zusammenfassung und Ausblick

Die in den beiden Fallanalysen behandelten Akteure in einer von starken Strukturverwerfungen geprägten Umlandgemeinde zeigen unterschiedliche biographische Verläufe, aus denen sehr ungleiche Bindungen an das Gesellschaftssystem der DDR und unterschiedliche Wege in die Transformationspfade der Metropolenrandgemeinde resultieren. Während der berufliche Aufstieg von Falk stark an die Loyalität zum System gebunden ist, kann Becker eine distanzierte Haltung zum Staat aufrechterhalten, ohne dadurch gravierende Nachteile für seine Person erfahren zu müssen.

Becker muss sich weder mit der Ideologie der Partei identifizieren, noch gerät er in die Rolle des Oppositionellen – mit all den damit verbundenen repressiven Folgen. Er entwickelt einen fast mühelos erscheinenden Kompromiss, mit dem er sein politisches Handeln auf die Grenzen des Machbaren zu beschränken und sich so in dem System der DDR einzurichten weiß. Vor diesem Hintergrund ist verständlich, dass Becker die politische Wende weder als Erlösung aus der „Hölle", noch als Eintritt in den „Himmel" empfindet. Das bundesrepublikanische Gesellschaftsmodell sieht Becker von Anfang an durchaus kritisch mit vielen Problemen behaftet, weshalb er zu Beginn der politischen Wende auf eine eigenständige Entwicklung der DDR hofft. Die Folgen der Wiedervereinigung beider deutscher Staaten sind für Becker z.T. desillusionierend. Die Enttäuschung basiert im Wesentlichen auf der Wahrnehmung, dass „viel kaputt gemacht wurde"- sowohl auf wirtschaftlicher, wie auch auf politischer Ebene. Es sind aber nicht die alten DDR-Strukturen, die Becker vermisst, sondern die verlorenen Gestaltungschancen, die er sich 1989 mit der 'Wende' erhoffte. Die neue Gesellschaftsordnung zeigt nun ihre Strukturzwänge, die sich einerseits für Becker in einer beruflichen Degradierung vom Physiker zum Umschüler mit unsicherer Berufsperspektive äußern, andererseits sich für den Lokalpolitiker in der Begrenzung politischer Handlungschancen zeigten. Um so wichtiger scheint der Fokus der Gemeindeentwicklung 'im Grünen' zu werden, gegen die Verstädterung und ihre Suburbanisierungsselbstläufe, gegen die 'Ver-Tempelhofisierung' und ihre ambivalenten Gratifikationen.

Für die Gemeinde Otterstedt sieht Becker die Chance weitgehend vertan, Demokratie der Bevölkerung positiv vermitteln zu können, nicht zuletzt durch die politische Praxis der ersten Legislaturperiode. Er hat die Befürchtung, dass sich die lokale Politik auch heute nicht positiv vermitteln kann, da die sichtbaren Erfolge weitgehend ausbleiben. Becker nennt als Motiv für seine politische Tätigkeit in der Gemeindevertretung in erster Linie das Gefühl, bestimmten politischen Akteuren persönlich verpflichtet zu sein und Schlimmeres zu verhindern. Er hat sich in der lokalen Politik weitgehend auf eine solche tätige 'Unterstützerrolle' zurückgezogen.

Für Falk kann angenommen werden, dass seine politische Einstellung stark mit einem sich durchhaltenden sozialistischen Gesellschaftsbild konvergiert. Er vermeidet ideologische Bekenntnisse im Interview, was sich auf ein strategisches Kalkül zurückführen lassen mag und der Darstellung seiner Partei in der Öffentlichkeit entspricht. So bleibt eine Aussage zu Falks politischer Einstellung eher thesenhaft. Der Zusammenbruch des SED-Regimes muss

III.2 Politische Akteure in Otterstedt

für Falk ein krisenhaftes Erlebnis gewesen sein, zumal seine 'staatsnahe' Tätigkeit ihn in eine exponierte Position in der politischen Auseinandersetzung versetzt haben wird. Von den verschiedenen Handlungsoptionen zur Bewältigung dieser Krise, wählt Falk die Option Bildung in seinem Fachgebiet Recht. Eine weitere mögliche Option wäre für Falk gewesen, mit seinen Führungserfahrungen eine Stellung in der Wirtschaft anzustreben. Dem stehen aber seine politischen Grundsätze entgegen. Der Weg in den vorzeitigen Ruhestand entlastet Falk von ökonomischen Zwängen. Er wählt aber nicht den Rückzug in das Privatleben oder einen Ortswechsel, sondern engagiert sich in der lokalen Politik. Die politischen Auseinandersetzungen zwischen 'alten' und 'neuen' Kräften machen diese Entscheidung bestimmt nicht leicht, d.h. verlangen ein hohes Maß an politischer Überzeugung. Falk begründet seinen politischen Einsatz mit der Formel, im Interesse der Bürger zu handeln – ein Motiv, das nicht ohne Widersprüche ist. Schließlich sind es gerade die Bürger, die das SED-Regime zu Fall gebracht haben und sich bei der Wahl zur ersten Legislaturperiode nach der Wende in Otterstedt relativ eindeutig für die CDU entscheiden. Insofern steckt in den angegebenen Motiv darüber hinaus, dass Falk sich der Partei verpflichtet fühlt, die ihm in der DDR den beruflichen Aufstieg ermöglicht hat und die sich jetzt als Sachwalterin der kleinen Leute profiliert. Ein weiteres Moment dürfte für die politische Betätigung ausschlaggebend sein: Falk ist ein Kämpfer mit erheblichen Durchhaltevermögen, der eine Deklassierung durch den politischen Gegner nicht kampflos hinnimmt und keinesfalls nach der ersten Runde ausscheidet. Dafür spricht seine systematische Arbeit bei der Entmachtung des ersten Bürgermeisters, aber auch der Versuch, zum Bürgermeister der Gemeinde gewählt zu werden, was er im ersten Durchgang knapp verfehlt hat, 1998 aber erreicht.

Beide Lokalpolitiker waren sich zum Zeitpunkt des Interviews nicht sicher, ob sie noch einmal für die Gemeindevertretung kandidieren werden. Falk führt gesundheitliche Gründe an, die eine weitere politische Arbeit – auf dem seinen Ansprüchen genügenden Niveau – eigentlich nicht mehr zulassen. Becker verweist auf das Problem des hohen Zeitaufwandes für das politische Amt. Neben diesen Gründen sind es aber auch die Enttäuschungen in der politischen Praxis, die die Frage aufkommen lassen, ob sich diese Tätigkeit überhaupt noch lohnt. Die Probleme der lokalen Politik sind zum großen Teil struktureller Art und damit auf kommunaler Ebene nur bedingt zu beeinflussen. Wie in der Fallbeschreibung schon erwähnt, führt die hohe Arbeitsbelastung in der Gemeindevertretung dazu, dass nur wenige Gemeindevertreter zu den verschiedenen Themenbereichen gut informiert sind. Nachfragen schlecht vorbereiteter Mitglieder belasten die Geduld der gut informierten Gemeindevertreter und verzögern den Ablauf der Sitzungen. Die Hauptarbeit wird von einer knappen Handvoll Personen geleistet, die wenig oder keine beruflichen Verpflichtungen haben. Auch mit der Verwaltung gibt es oft Probleme, da es hier – bedingt durch eine Vernachlässigung[27] der Mitarbeiterschulungen in den ersten 'Nachwendejahren'- oft an der nötigen Kompetenz fehlt. Neben den genannten Problemen innerhalb der Gemeindevertretung sind es vor allem die ökonomischen Sachzwänge, die den politischen Handlungsspielraum begrenzen. Problematische Entscheidungen der ersten Legislaturperiode sind zu jungen Altlasten geworden, deren Auswirkungen noch einige Jahre die Lokalpolitiker beschäftigen wird. Die Tilgung hoher Kredite, Streit mit der Abwassergesellschaft und der Entwicklungsgesellschaft sind Beispiele für diese Problematik. Aber auch die Abhängigkeit von der Landes- und Bundesplanung hem-

---

27 Die versäumten Schulungen wurden beispielsweise inzwischen nachgeholt.

men die Entwicklung vor Ort. Der geplante Ausbau eines Großflughafens verhindert z.Z. das Inkrafttreten des Bebauungsplanes und damit die Bauvorhaben in der Gemeinde. Für die Formulierung alternativer Entwicklungsoptionen scheint die politische Elite der Gemeinde zu disparat und zu schwach. Das Gefühl von – und das bedeutet faktisch des Abgekoppeltwerdens einer Umlandgemeinde mit hoher Lagegunst macht sich nicht nur unter den Gemeindevertretern breit, sondern bestimmt zunehmend auch die Wahrnehmung der Bürger.

Da der hohe Arbeitsaufwand in der Gemeindevertretung in Otterstedt kaum noch sichtbare Erfolge hervorbringt, stellt sich für die politischen Akteure zunehmend die Sinnfrage. Bezogen auf die behandelten Fälle wird sich in dieser Situation eher der Typus des sich politisch-moralisch einer Partei verpflichtet fühlenden und darüber an 'höheren' Idealen partizipierenden Politikers die ehrenamtliche Arbeit für die Gemeinde auferlegen[28], als ein ideologisch ungebundener, tendenziell individualistisch handelnder Akteur. Im Fall Becker (siehe auch die Fallanalyse 'Peters' in III.1) gibt es, trotz der tendenziell individualistischen Orientierung mit eher rational abwägenden Handlungsmustern, gleichwohl auch eine starke soziale Komponente als Motiv für die ehrenamtliche Tätigkeit: a) etwas für seine Gemeinde, seinen Wohnort zu erreichen, dem man sich mental verbunden fühlt und dessen nicht-verstädterte Struktur es zu erhalten gilt und b) dieses innerhalb eines sozialen Kontextes mit und für Gleichgesinnte zu tun. Während im Fall Falk die Partei ein soziales Netz bietet, fehlt bei Becker (siehe wieder Fallanalyse 'Peters' in III.1) der Rückhalt durch ein Parteileben. Mit dem Fehlen von belastbaren politischen Organisationsstrukturen aber gewinnen unter den politischen Akteuren Individuen an Bedeutung. Das 'Eingebundensein' in einen sozialen Kontext (Milieu) bildet dann den mentalen Rückhalt in der krisenhaften Situation von zugleich hoher Arbeitsbelastung und unklaren Erfolgsaussichten der politischen Tätigkeit. Erweist sich dieses politische-kulturelle Milieu als stabil – und das dürfte sich in der Gemeindevertretung von Otterstedt stark an einem 'Kopf' festmachen (vgl. Fallanalyse 'Anna-Ulrike Kern' in III.1) – können Kräfte gebunden und versammelt werden, die sich ohne diesen milieubildenden Rückhalt in der Krise der lokalen Politik zurückziehen würden.

---

28 Nicht zufällig stehen in vielen Gemeinden der Neuen Länder gerade die 'alten Kräfte' für Kontinuität in der politischen Arbeit, während in anderen Fraktionen oft erhebliche Schwierigkeiten bestehen, politische Akteure zu binden.

IV.
Neue Selbstständige
im Verflechtungsprozess

Gesa Gordon

IV.1 Milieu und Genogrammanalyse - Zum Zusammenhang von familienmilieuspezifischen Strukturen und 'neuer Selbstständigkeit' am Stadtrand von Berlin

Von der forschungleitenden Annahme ausgehend, dass neue Milieus sich gerade an den Schnittstellen zwischen routinierten Habitualisierungen und der Emergenz des Neuen bilden (Matthiesen 1998: 66), wird im folgenden mit Hilfe der Genogrammanalyse[1] einer neuen Selbstständigen sowie anhand ausgesuchter Interviewsequenzen gezeigt, auf welche Weise hier Habitualisierungen, die Entstehung von Neuem sowie die Bildung von einbettenden Milieustrukturen ineinandergreifen. Diese Perspektive scheint interessant, da es gilt, unterschiedliche Zugänge zur Struktur sozialer Räume vorzustellen, wobei sich eine konkrete Ausformung an Familienmilieus veranschaulichen lässt. Hierzu wird kurz die Genogrammanalyse als Verfahrensweise skizziert, die uns für eine falladäquate Rekonstruktion von Familienmilieus unumgänglich erscheint (vgl. Hildenbrand 1983). Steht doch die Rekonstruktion der alltagspraktischen Logik formeller und informeller Interaktionsstrukturen, die sich auch in Familienstrukturen manifestieren, im Mittelpunkt von Milieuanalysen. Also müssen Analyseverfahren herangezogen werden, die – wie die Genogrammanalyse – den Verweisungszusammenhang von informellen und formellen, von vieldimensionalen und einander überlappenden Zusammenhangsstrukturen auf der Spur zu bleiben vermögen (vgl. Matthiesen 1998: 76).

Ein Familienmilieu nun lässt sich als Lebenszusammenhang betrachten, der durch die spezifischen Biographien von Einzelnen strukturiert ist, als System habitualisierten Wissens fungiert und in der Selbstverständlichkeit des alltäglichen Ablaufs beschrieben werden kann. Zugleich ist es als Resultat der Konstruktion handelnder Individuen aufzufassen, in dem die einzelnen Teile in ihrer Summe mehr als das Ganze darstellen. So entspinnt sich nachgerade wie von selbst aus der Familie aufgrund ihrer individuellen 'Teilnehmer' und spezifischen Perspektive auf das Milieu hin eine Vieldimensionalität. In der 'Biographie' der Familie entwickelt sich hierbei einerseits ein System von Selbstverständlichkeiten, ein ruhiges Dahinströmen routineartiger Kontinuierungen von Akteurs- und Erfahrungskonstellationen, das andererseits jedoch potentiell ständig Transformationsprozessen und damit verbundenen Krisen durch die einzelnen Teilnehmer und ihre optionalen transformationellen Strukturanpassungen oder -verweigerungen an das Milieu unterliegen.

Insofern lässt sich auch sagen, dass jedes fokussierte Milieu im Sinne einer „gebrochenen Ganzheit" (ebd.: 78) fungiert. Diese „gebrochene Ganzheit" lässt sich auf der Ebene von Familienmilieus, sowie auf einer individuellen Ebene in ihren spezifischen Ausformungen der Biographien der einzelnen Familienmitglieder mit Hilfe der Genogrammanalyse auf ihre vieldimensionalen, sich überlappenden Zusammenhangsgestalten hin untersuchen.

Mit der Genogrammanalyse ist dabei der Anspruch systematischer Ableitbarkeit familienspezifischer Milieustrukturen sowie die Aufnahme einer sinnbezogenen Konstitution

---

1 Ein Genogramm ist der Stammbaum einer Familie. Bei der Genogrammanalyse geht es dabei nicht primär um die Genauigkeit und genealogische Tiefe des von den Interviewten gewussten, sondern um das im Familiengedächtnis präsente.

sozialer Objekte in den Verstehens- und Erklärenshorizont verbunden. Insofern ist wissenschaftliches Verstehen und Erklären in Anlehnung an Max Weber auch nicht nur als zurechnend konstruktive Tätigkeit zur Herstellung logisch geschlossener Ordnung darzustellen, sondern vor allem als eine rekonstruktive, die gültig Anschluss an die in der historischen Lebenswelt verlaufenden Zurechnungsformen findet (vgl. hierzu genauer: Kellner, Heuberger 1988). Hierfür gilt es bei der sozialwissenschaftlichen Modellbildung, also auch der Milieurekonstruktion, stets die sinnorientierten Akte der lebensweltlichen Subjekte mit in Rechnung zu stellen. Genau dies gewährleistet das Verfahren der Genogrammanalyse. Geht diese doch heuristisch von der Annahme aus, dass bereits in grundlegenden biographischen Strukturdaten implizit wichtige Indizien für die Fallstruktur, und somit auch für ihre Verwobenheit mit dem jeweiligen Milieu, vorliegen. Allgemein sei festgehalten, dass soziale Akteure in ihren immer schon intersubjektiven Orientierungen und interaktiven Wechselbezügen auf Verstehens- und Deutungsleistungen angewiesen sind, die nur durch spezifische Konstruktbildungen nachgeahmt werden können.[2] Insofern gelingt der Zugang zum sozialen Akteur allein über den Rekurs auf Manifestationen, Zeugnisse, Objektivationen etc., die sich in unserem Fall in den Daten der Genogramme widerspiegeln.

Die Genogrammanalyse erlaubt es also, familienmilieutypische Strukturen zu generieren, die in der Form von Arbeitshypothesen an auszuwählenden Sequenzstellen des Interviews zu falsifizieren oder verifizieren sind.[3] Ziel dieses Vorgehens ist es, mit der Fallrekonstruktion Strukturgesetzlichkeiten des Falls herauszuarbeiten und diesen in theoriebildender Absicht mit weiteren Fällen 'Milieu'-typenbildend vergleichbar zu machen.

Hierfür wird entlang der Daten in einem ersten Schritt ein Handlungsrahmen bestimmt, dann überprüft, wie sich die einzelnen Familienmitglieder in diesem Handlungsrahmen eingerichtet haben und schließlich geschaut wie sich durch spezifische Entscheidungen eine individuelle Lebenspraxis konstituiert hat. Daneben werden sozialstrukturelle Gegebenheiten sowie relevantes historisches Wissen an die Falldaten herangetragen. An einschneidenden Sequenzstellen werden fiktive Weltbezüge ersonnen, die in der erzählten historischen Situation hätten eintreten können, um die Chance abwägen zu können, mit der die Kontextmöglichkeiten empirisch eintreten oder nicht: „Dabei entwerfen wir für die mit den Daten (Zeit- und Ortsangaben zur Lebensgeschichte, Berufe, Bildungsstationen, Daten über Geburt, Heirat und Tod, besondere Lebensereignisse) bezeichneten Situationen der Entwicklungsgeschichte der Familie Entscheidungsspielräume und vergleichen diese mit tatsächlich getroffenen Entscheidungen. Wir erhalten so ein Entscheidungsmuster über die Generationen hinweg, welches auf der Folie der Entscheidungsmöglichkeiten die Besonderheit des Falls als spezifischem Selektionsprozess erkennen lässt" (vgl. Bohler, Jahn, Hildenbrand, Schmitt o. J.: 15). Für die Rekonstruktion einer spezifischen Wirklichkeit im Kontext allgemeiner Bedingungen scheint es weiter sinnvoll zu sein, zwischen vier Strukturierungsebenen zu unterscheiden: erstens eine allgemeine gesellschaftliche Ebene, in der sich die historisch objektiven Möglichkeiten widerspiegeln, zweitens eine regionale, eine dritte familiäre sowie eine vierte individuelle Ebene (vgl. ebd., 10f.). Auf diese Weise wird die fallspezifisch regelhaft-habituelle Weise die Welt zu deuten, sowie die sich über mehrere Generationen hinweg entwickelnden Verhaltensmuster sichtbar.

---

2   Vgl. hierzu A. Schütz' Konzept der constructs of constructs.
3   Da im Rahmen dieses Aufsatzes das Augenmerk vor allem auf die Genogrammanalyse und ihre Bedeutung für milieutheoretische Überlegungen gewendet wird, können hier nur zwei Sequenzen aus der Interviewanalyse vorgestellt werden. Die vollständige Analyse unter einer etwas verschobenen Perspektive ist nachzulesen in: Gordon 1998.

IV. 1   Milieu und Genogrammanalyse

Kurz, es geht um ein Explizitmachen des historischen Wissens, das mit dem 'wie' des vom Interviewten erzählten ins Benehmen gesetzt wird. In diesem Ineinandergreifen des Eingebettetwerdens, den sozio-historisch feststehenden Daten und dem sich selber individuell Einbettens, der Art und Weise 'wie' sich in konkreten Handlungsrahmen eingerichtet und durch spezifische Entscheidungen eine individuell fallspezifische Lebenspraxis konstituiert werden, manifestiert sich die jeweilige Milieugestalt. Die biographischen Momente sind dabei unerlässlich, um kontrastreiche Realtypen lebensweltlich nah ausbuchstabieren zu können.

Für uns ist jedoch nicht nur die Rekonstruktion des Familienmilieus der Interviewten von Interesse sondern ebenso die strukturelle Beziehung, die sich zwischen ihrer milieuhaften Einbettung einerseits und ihrer Selbstständigkeit andererseits eingestellt hat.[4] Insofern dient uns das Genogramm auch dazu, Arbeitshypothesen über Handlungsstrukturelemente und Sinnstrukturen zu erarbeiten. Es erlaubt uns, eine sozio-historische, und somit immer auch milieuhafte Einbettung der jeweiligen Bildungsgeschichten zu generieren. So wird im Verlauf der Analyse die jeweils fallspezifische Form einer 'individuellen Allgemeinheit' sichtbar, die sich einer eigenständigen Auseinandersetzung mit Optionen und Restriktionen eines Lebenslaufes verdankt und sich in der gebrochenen Ganzheit einer Fallstruktur widerspiegelt. Im Prozess der krisenhaften Aushandlung mit lebenspraktischen Erfordernissen entwickelt sich also eine Grundstruktur, die einer ständigen Reproduktion oder Transformation unterliegt und sich

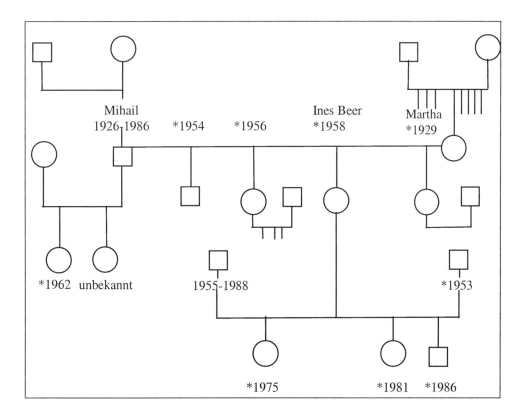

---

4   Neben biographischen Fragen lag das Augenmerk des Interviews auf der Frage, wie die Interviewpartnerin zu ihrem Geschäft kam und sich heute mit diesem verortet.

zugleich auf der Mesoebene zu Milieugestalten zusammenfügt. Wie dieser Prozess konkret aussehen kann, soll, nachdem das Genogramm analysiert wurde, am Beispiel zweier Sequenzen aus dem Interview mit Frau Beer verdeutlicht werden.

Genogrammanalyse Frau Beer

Frau Beers Familie väterlicherseits stammt aus Rumänien. Aber nur ihr Vater, 1926 geboren und einer von vielen Kindern, kam nach Deutschland. War er im Krieg und kam in Kriegsgefangenschaft, nach der er nicht mehr zurück wollte und in Deutschland geblieben ist?[5] Oder war er ein rumäniendeutscher Flüchtling? In diesem Fall wäre wohl die ganze Familie aus Rumänien weggegangen. Denkbar ist auch, dass er zwischen die politischen Fronten in Rumänien kam und sich nach Deutschland absetzte. Bekannt jedoch ist nur, dass er spätestens seit Anfang der 50er Jahre in Lüdenscheid war und dort Frau Beers Mutter, Martha, kennenlernte.

Marthas Familie stammt aus Königsberg und ging gegen Ende der 20er oder Anfang der 30er Jahre mit mindestens drei Kindern nach Teltow.[6] Grund hierfür könnte die Hoffnung auf eine bessere Zukunft gewesen sein, um sich den miserablen Lebensbedingungen, möglicherweise auch der Arbeitslosigkeit, nicht nur einfach auszuliefern. Die Beweglichkeit der Familie deutet darauf hin, dass sie keine Subsistenzwirtschaft betrieb, sondern eine städtische Arbeiterfamilie war. Vielleicht bekam der Vater auch eine Arbeit in Teltow angeboten, hatte verwandtschaft-liche oder freundschaftliche Kontakte hierher mit Aussicht auf Arbeit. Festzuhalten ist, dass die Familie traditionellen Autonomievorstellungen folgt. Denn die Eheleute begeben sich mit schon ungefähr drei Kindern auf Wanderschaft und bekommen in der neuen Heimat trotz einer wahrscheinlich relativ offenen Erwartungssicherheit noch weitere Kinder hinzu. Somit liefert sich die Familie nicht denkbarer Not in Königsberg aus, sondern bewegt sich fort. Ebenso lässt sie sich nicht von ihrem Reproduktionsprogramm abhalten. Wider die Umstände der Weltwirtschaftskrise zieht die Familie um, was zudem auf eine recht organisierte Familienstruktur verweist, die klare Grenzen ziehen kann und mit einem gesunden Selbstvertrauen ausgestattet ist. In Teltow wird der Vater in einer großen Fabrik Maschinenschlosser; seine Frau bleibt zu Hause und versorgt die Kinder. Dass er Facharbeiter ist und sie zu Hause bleibt ist ein Hinweis auf ein traditionelles Arbeitermilieu in dem es die Frau nicht 'nötig' hat, neben dem Mann noch Geld zu verdienen. Die vielen Kinder, sieben oder neun, können als eine Art 'Sonderleistung' verstanden werden. Sie sind als Indiz für eine erhebliche Familienorientierung zu lesen, die sich für jeden nach außen sichtbar in der Kinderzahl ausdrückt. Kurz, die hohe Kinderzahl der Familie weist auf Familienorientierung, Verantwortungsbewusstsein und Solidarität als einem traditionellen Autonomiekonzept hin. Denn würde die hohe Kinderzahl als Indiz für eine Lumpenproletarierfamilie gelesen werden, wäre der Umzug nach Teltow schwerlich erklärbar.

In dieser Umgebung kommt Martha als Drittgeborene, entweder noch in Königsberg oder bereits in Teltow, 1929 zur Welt. Ob der Vater später in den Krieg musste, wissen wir nicht. Auch nicht, ob die Mutter mit den Kindern evakuiert wurde. Erst über die Ausbildung von Martha ist wieder etwas bekannt. Was für einen Beruf wird sie ergreifen? Nach dem Krieg herrschen prekäre Arbeitsverhältnisse und qualifizierte Ausbildungen gibt es erst wieder Ende der 40er Jahre. So könnte sie einen Pflegeberuf ergreifen oder in Krankenhäusern mitarbeiten. Oder sie wird Verkäuferin, wogegen die Nachkriegswirren sprechen. Auch könnte sie am Wiederaufbau mitgeholfen haben, immerhin war sie 1945 bereits 16 Jahre alt. Tatsächlich

---

5 Der Lesekonvention folgend wird auch ein Genogramm von links oben nach rechts unten gelesen, wobei auf der linken Seite der väterliche, und auf der rechten Seite der mütterliche Zweig aufgeführt wird.
6 Gemeinde am südwestlichen Rande Berlins.

geht Martha nach Lüdenscheid und absolviert dort eine Altenpflegeausbildung. Möglicherweise ist die Familie ins Sauerland evakuiert worden und sie blieb dort, um eine Ausbildung zu machen. Zumindest gibt es dort einige Pflegeheime für Invaliden aus dem Ruhrgebiet. Ebenso ist denkbar, dass sie in einem von Nonnen geführten Pflegeheim gelernt hat was für sie den Vorteil gehabt haben könnte, nicht ganz alleine in der Fremde zu sein. Darüber hinaus ist ihre Berufswahl für die damalige Zeit typisch für frühe Schulabgängerinnen sowie frauenspezifisch und ehevorbereitend. Allerdings wird sie zu Hause schon genügend mitgeholfen haben müssen, so dass dies wohl kein Grund für ihre Berufswahl war. Denkbar wäre auch, dass Martha aus Teltow wegging, um von ihrer Familie loszukommen und einen Mann zu finden. Immerhin waren Männer Ende der 40er Jahre aufgrund des Krieges immer noch relativ „knapp". Möglich ist auch, dass das Arbeitsamt ihr in Lüdenscheid eine Stelle anbot und sie die Möglichkeit ergriff, um überhaupt eine feste Arbeit zu bekommen. Zumindest scheint ihr Weg nach Lüdenscheid auf eine gewisse Unabhängigkeit und Selbstständigkeit zu verweisen. Ist doch anzunehmen, dass sie dort auf sich alleine gestellt war.

Was macht sie nun in Lüdenscheid? Benutzt sie die Stadt als Sprungbrett, um weiter in eine andere, größere Stadt, zum Beispiel im Ruhrgebiet zu gelangen? Geht sie nach ihrer Ausbildung zurück in die Nähe ihrer Familie, oder bleibt sie in Lüdenscheid? Wenn letzteres der Fall ist, wird es wohl wegen eines Mannes sein. Aber was für ein Mann könnte das sein? Als protestantische Preußin wird sie höchstwahrscheinlich nicht von einem katholischen Sauerländer im traditionell kleinstädtischen Milieu von Lüdenscheid geehelicht werden. Darüber hinaus hatten Männer damals eine sehr viel größere Auswahl als Frauen, so dass solch eine 'prekäre' Wahl noch unwahrscheinlicher wird. Denkbar wäre ein Flüchtling oder früherer, dagebliebener Kriegsgefangener bzw. hängengebliebener Soldat.

Wie ihr späterer Mann nach Lüdenscheid kam ist unbekannt. Wir wissen nur, dass er ein gebürtiger Rumäne war, Mihail. Anfang der 50er Jahre heiraten die beiden. Mihail hat ebenso wie Martha seine geographische und familiäre Heimat verlassen, wobei er dazu noch beruflich nicht festgelegt war. Er hat überall mal gearbeitet, war vom 'Zahntechniker bis Kneipier' alles. Mit Blick auf ihre Eltern wird Martha wohl von einer Vertrauensehe, die durch dick und dünn gehen kann, ausgegangen sein. Ihre eigene Berufswahl unterstreicht zudem ihre Fürsorgepflicht und Hilfsbereitschaft. Denkbar wäre nun, dass sie Mihail mit ihrem Familiensinn ein neues zu Hause bieten konnte, selber nicht mehr alleine war, vielleicht auch aus ihrer isolierten Situation herauskam, wobei Mihail weiter seinen Geschäften nachging. Es wird wohl Martha gewesen sein, die die Hauptpflichten der Familie übernahm. 1954 kam ein Sohn auf die Welt und 1956, 1958 und 1961 drei Töchter. Ihnen allen wird sie einen ihr von zu Hause her bekannten, geschützten Rahmen für die ersten eigenen Schritte geboten haben. 1960 jedoch trennen sich Mihail und Martha, die hochschwanger mit ihren Kindern zurück nach Teltow in die Nähe ihrer Eltern zieht. Der Grund hierfür ist, dass sich Mihail eine andere Frau gesucht hat, diese bereits 1962 heiratet und sie ihm noch im selben Jahr eine Tochter gebiert.

Der Fremdgang ihres Mannes mag Martha die Lebensgrundlage in Lüdenscheid entzogen haben. Womöglich ist sie bis heute traumatisiert, da sie nie mehr mit einem Mann zusammen leben wollte. Hieraus ist weiter abzulesen, dass Marthas Bande zu den Eltern nicht schlecht gewesen sein können. Andernfalls hätte sie nicht solch ein Gewicht in ihre eigene Ehe gelegt und wäre auch nicht zurück in die Nähe ihrer Eltern gezogen. Oder ihr Weg zurück zur Mutter, wie es im Interview heißt, ist ein Hinweis auf ihre mögliche Nichtabgelöstheit von dieser. Gestaltet sich die Ablösung von den Eltern doch immerhin über ein ganz Fremdes, den rumänischen Gatten sowie einen fremden Ort. Es handelt sich wohl nicht um einen organisierten Ablöseprozess in der Dialektik von Zugehörigkeit und Fremdheit, sondern eher um einen radikal erzwungenen Prozess durch ganz Fremdes. Vielleicht haben die Eltern den Schwiegersohn sogar gar nicht akzeptiert.

Da Martha zu einer Zeit zurück in den Osten ging, als der Kalte Krieg fast an seinem Höhepunkt angelangt war und die Menschenbewegung in der DDR genau in entgegengesetzte Richtung verlief war ihr Schritt zurück zu den Eltern politisch wahrscheinlich völlig unüberlegt. Dies alles spielte für sie momentan keine große Rolle. Vielmehr schien sie nur möglichst weit weg von den alten Geschichten sein zu wollen. Insofern bewegt sich Martha in einer Schwebe zwischen Bezogenheit und Autonomie, pendelt zwischen beiden Extremen hin und her. Den Lebensunterhalt für ihre Familie verdient sie sich nun im selben Betrieb wie ihr Vater. Dies könnte auf eine gewisse Arbeiteraristokratie der Familie hinweisen. Andererseits war der Betrieb der größte Arbeitgeber am Ort, so dass die Chance sowieso relativ groß war, im selben Betrieb unterzukommen wie der Vater. Da sie von nun an alleine bleibt war das Geld knapp. Nebenher arbeitete sie noch als Verkäuferin und besuchte eine Schulung zur Disponentin. Die Existenzsicherung ihrer Familie scheint zu einer Art Selbstläufer geworden zu sein. Zugleich ist über ihre Weiterbildung eine Aufstiegstendenz im Rahmen der Möglichkeiten in der DDR nicht zu übersehen. Wichtig ist auch, dass sie sich von ihrer Verwandtschaft nur begrenzt hat helfen lassen. Dies kann sowohl ein Hinweis auf ihre Autonomie sein, als auch ihre protestantisch geprägte Pflichterfüllung unterstreichen. Zumindest zeichnet sie ein Frauenbild vor, das sich Selbstständig 'durchschlagen' kann. Gemeinsam mit dem vorher Gesagten könnte dies allerdings ebenso als Hinweis auf ihre Pendelexistenz zwischen Bezogenheit und Autonomie gelesen werden.

Was bedeutet dies nun für die Kinder? Uns interessiert vor allem die mittlere Tochter, Ines. In der Geschwisterkonstellation ist sie die einzige ohne eine „spezielle" Position. Sie ist weder das erste Kind, noch die erste oder jüngste Tochter. Von ihrem Vater wird sie mit zwei Jahren, während des ersten Individuierungsprozesses verlassen. Also in jener Phase, in der die Bildung des Ich beginnt und damit auch die Herausbildung der Triade einsetzt (vgl. hierzu LACAN 1980: S. 39-100). Die Familie brach für Ines somit genau dann zusammen, als ein besonders stabiles Vertrauen für sie nötig gewesen wäre, um sich in einem allerersten Schritt von den Eltern individuieren zu können. Dies wird sie wahrscheinlich zu gewaltigen Verlassenheitsängsten geführt haben.

Und auf welche Weise hat sich das Geschwistersystem mit der Abwesenheit des Vaters arrangiert? Ist der älteste Bruder an die Stelle des Vaters gerückt und haben die Geschwister als eigene Einheit die für alle prekäre Situation der Vaterlosigkeit und oft abwesenden Mutter überlebt, oder hat jeder für sich in der Verschiedenheit 'überlebt'? Musste jeder für sich um Zuwendung ringen oder gab es Konkurrenzen um die Zuwendung der Mutter? Es hat wohl jeder in der Vereinzelung, für sich versucht das beste aus seiner Situation zu machen. Denn bis heute besteht so gut wie kein Kontakt zwischen den Geschwistern.

Wie gestaltet sich nun Ines vor diesem Hintergrund ihr Leben? Da es wenig Ansätze für eine positive Identifizierung mit Männern gibt ist nicht zu erwarten, dass sie so schnell eine eigene Familie gründet. Zugleich ist dies jedoch der einfachste Weg, um aus der eigenen Familie herauszukommen, und sich Selbstständig zu machen. Aber welche Optionen gäbe es bei der Männerwahl? Ein erheblich älterer Mann, der gleichzeitig für sie eine Art Ersatzvater darstellen könnte, würde nicht in das durch ihre Mutter geprägte Bewältigungsmuster des sich alleine durchschlagen Könnens, insbesondere ohne die Hilfe von Männern, hineinpassen. Bleibt ein Gleichaltriger, mit dem sie ihrer Mutter ein gelungenes Modell von Partnerschaft vorleben möchte. Tatsächlich wird sie 1974 von einem ungarischen Maschinenschlosser schwanger. Sie sucht sich einen ungefähr gleichaltrigen Partner,[7] der ihre väterliche und mütterliche Linie zusammenbringt – den osteuropäischen Vater sowie den Maschinenschlossergroßvater

---

7   Er lebte von 1955-1988.

IV. 1 Milieu und Genogrammanalyse   143

mütterlicherseits. Ebenso wie ihre Mutter, versucht sie sich über 'Fremdheit' von der eigenen
Familie zu lösen. Sie sucht sich einen maximalen Kontrast für die Ablösung, der auf Widerspruch in ihrer Familie gestoßen sein mag, insbesondere bei der Mutter und ihren eigenen
'Erfahrungen'. Darüber hinaus war von Beginn an klar, dass ihr Partner nur für drei Jahre in
der DDR bleiben konnte, bevor er zurück nach Ungarn musste. Damit bestanden jedoch auch
für Ines beste Voraussetzungen, um aus dem bisherigen Kontext herauszukommen. Noch
während der 10. Klasse verlässt sie aufgrund ihrer Schwangerschaft die Schule und stellt einen
Ausreiseantrag nach Ungarn. Da sie vor der Volljährigkeit nur als verheiratete Person einen
Ausreiseantrag stellen darf, heiratet sie noch 1975, im Jahr der Geburt ihrer Tochter. Die Geburt
war das letzte Mal, dass Frau Beer von ihrem Vater Post bekam, überhaupt etwas von ihm
hörte. Da er zu diesem Anlass in ihrer Erzählung noch ebenso auf sie reagierte wie zu jenem
Zeitpunkt, als sie sich das letzte Mal gesehen haben, Ines war damals ungefähr sieben Jahre
alt, kann darauf geschlossen werden, dass er aus einem traditionell statischen Kontext entstammt: Nachdem der face-to-face Kontakt abgebrochen war, hat auch kein abstrakter Nachvollzug ihrer Entwicklung mehr stattgefunden. Statt dessen wird sie konstant auf die Position
der Siebenjährigen festgelegt. Da keine abstrakt vollzogene Reziprozität mehr stattfindet, kann
auf einen dörflich traditionellen Hintergrund der Herkunft des Vaters geschlossen werden.
   Eine Woche vor ihrem 18. Geburtstag, der Ausreiseantrag ist zugesagt, macht Ines alles
rückgängig. Im Jahr zuvor hatte sie sich trotz ihrer Minderjährigkeit und des gestellten Ausreiseantrages das Sorgerecht für ihre Tochter, eine eigene Wohnung sowie einen Arbeitsplatz
erkämpft. Diesen gab ihr, einer Schwangeren, zuvor niemand. Das bedeutete für sie, dass sie
vor der Geburt der Tochter so gut wie kein Geld hatte und die ersten drei Monate nach der
Geburt von 175 Mark, die ihr als Mutter vom Staat zustanden, leben musste. Die Wohnung
war deshalb so wichtig, weil ihre Mutter nicht wollte, dass sie, erst schwanger und dann mit
dem Kind, bei ihr wohnte. Noch vor der Entbindung hat sie Ines aus dem Haus geworfen.
Grund hierfür könnte sein, dass die Mutter aufgrund ihrer eigenen Enttäuschung mit Männern diese nun durchgängig disqualifizierte und Ines vor die Wahl stellte, entweder mit ihr
gegen die Männer zu sein, oder aber sich für die Männer und damit gegen die Mutter zu entscheiden – mit den daraus resultierenden Konsequenzen für Ines und ihre Situation. Da Ines
jedoch als Minderjährige und in Folge der Wohnungsknappheit in der DDR keine Unterkunft
finden konnte, musste ihre Mutter sie nach der Entbindung wieder aufnehmen. Zuvor wohnte
sie bei Freunden oder heimlich bei ihrem späteren Gatten, der als Ausländer und nur im Austausch in der DDR, in einem Ausländerwohnheim wohnen musste. Die Mutter brachte Ines
und deren Tochter in einem 2 x 2,20m großen, nicht beheizbaren Raum unter. Hier wohnten
die beiden so lange, bis Ines mit Hilfe eines Briefes an Honecker schließlich doch eine eigene
Wohnung zugeteilt bekam. Zwar wussten zuvor schon das Jugendamt wie der Bürgermeister
von ihrer Lage, aber sie konnten, in Frau Beers Worten, nichts für sie tun.
   Nach einer Abfolge von Krisensituationen und 'auferlegten' Entscheidungen wie denen,
ob sie sich für oder gegen das Kind entscheiden soll, heiratet oder nicht, und wie sie ihr Kind,
ohne staatliche Einrichtungen wie die Kinderkrippe in Anspruch nehmen zu müssen, großziehen kann, trifft sie nun ihren ersten einschneidenden, nicht auferlegten, sondern selbstgewählten Lebensentscheid. Diesmal ist es keine auferlegte Zwangssituation die sie dazu
verurteilte, sich zwischen zwei Übeln entscheiden zu müssen. Mit dem Entschluss nicht nach
Ungarn auszureisen, und damit auch der Tochter nicht die ungarische Staatsbürgerschaft geben zu müssen, und als Folge dessen nicht mehr nach Deutschland zurück zu dürfen, bekommt
sie ihr Leben in den Griff. Waren die bisher zu treffenden Entscheidungen nicht Handlungsräume eröffnend, sondern eine Wahl zwischen dieser oder jener Konsequenz, so schlägt sie
nun selber und in eigener Regie die alten Handlungskettenmuster durch. Sie 'gerät' nicht mehr
in Situationen, in denen sie sich nur noch zwischen zwei Übeln entscheiden kann, sondern

wechselt die Fronten. Von jetzt an wird sie nicht mehr aus einer passiven, ihr mehr oder minder 'zugestoßenen' Position heraus gezwungen sein zu handeln, sondern ergreift selber Initiative. Sie bezieht sich auf eine neue, selbstständige Handlungslogik und wird damit zu einer autonom handlungsfähigen Person, die aus eigenen Entschlüssen heraus aktiv beginnt zu agieren und sich somit von ihrem passiv-erleidenden Handlungsmuster verabschiedet. Sie unterstreicht diesen Prozess, indem sie sich von ihrem Mann scheiden lässt. Damit ist sie nun gänzlich auf sich und ihr Kind gestellt. Auf gewisse Weise wiederholt Frau Beer zudem die Geschichte ihrer Mutter. Fast in letzter Minute bleibt sie doch noch in Deutschland, auch wenn sie nicht zu ihrer Mutter zurückkehrt, bzw. nur gezwungenermaßen und vorübergehend.

1978 beginnt Ines an ihrem bisherigen Arbeitsplatz eine Ausbildung zur EDV-Facharbeiterin, die sie 1981 abschließt. Zuvor arbeitete sie im selben Betrieb als ungelernte Kraft. Ende der 70er Jahre lernt sie hier ihren heutigen Mann kennen. Er ist Wissenschaftler in der Entwicklungsabteilung und die ersten Jahre seines Lebens in der Sowjetunion groß geworden. 1982 heiraten die beiden, für Frau Beer ein erheblicher sozialer Aufstieg. Wieder geht sie eine Verbindung mit einem ihr maximal Fremden ein, diesmal zwar nicht bezüglich der Nationalität, aber der sozialen Herkunft. Beiden gemeinsam ist, dass sie in ihrer Kindheit zurück in die elterliche Heimat, für sie aber in die 'Fremde' DDR kamen. 1981 kommt eine Tochter zur Welt. Seit dieser Geburt arbeitet Frau Beer nicht mehr regelmäßig, da sie ganz für ihre Kinder da sein möchte. 1986 kommt ein Sohn zur Welt. Indem sie sich so intensiv um ihre junge Familie kümmert, konnte sie sich wohl auch noch weiter von ihrer eigenen Herkunftsfamilie, insbesondere von ihrer Mutter lösen. Frau Beer gelingt es, sich von ihrer Herkunftsfamilie abzulösen, indem sie in eine große Familie einheiratet. Zugleich bleibt sie jedoch in deren räumlicher Nähe. Mit der Mutter vergleichbar, zeichnet sich folglich auch Frau Beer durch ein auffälliges Pendeln zwischen Bezogenheit und Autonomie aus.

Dass Frau Beer nur noch sporadisch arbeitet, ist in der DDR nicht gerne gesehen. Zeitweise arbeitet sie als Aushilfe bei der Post, hilft im örtlichen Kulturhaus oder im Geschäft einer Freundin. Ihr unregelmäßiges Arbeiten sowie ihr Misstrauen gegenüber staatlichen Kindertagesstätten lassen sich als Indizien dafür lesen, dass sich die Familie in der DDR auf eine privatistische Ebene zurückzog.

Nach dem Fall der Mauer war Frau Beers erster Gang in den Westen sogleich von der Suche nach ihren Wurzeln bestimmt. Sie fährt so schnell wie möglich nach Westdeutschland, um ihren Vater wiederzusehen, von dem sie ja zur Geburt ihrer ältesten Tochter das letzte Mal etwas gehört hatte. In der Hauptpost von Köln wird sie nach einigem Suchen in den Telefonbüchern in und um Lüdenscheid herum fündig. Sie wählt die Nummer ihres Vaters. Von seiner zweiten Frau kann sie jedoch nur noch erfahren, dass er drei Jahre zuvor verstorben ist.

Interviewanalyse Frau Beer

Nach Hause zurückgekehrt reift nun in ihr die Idee „mit Ernährung was machen" (S. 3) zu wollen. Sie erkundet alle Möglichkeiten der DDR, fährt auch nach West-Berlin um zu schauen, was dort auf diesem Gebiet angeboten wird. Von den Öko-Läden zwar ganz angetan nutzt sie jedoch ihre eigene Mangelerfahrung als Sortierhilfe und befindet, dass die Zeit für so etwas noch lange nicht reif sei:

„gefielen die Naturkostläden sehr gut ... hab gedacht das funktioniert noch nicht (.) weil erstens ist alles noch teurer (.) und man musste auch so'n Feeling haben für die Leute, und die wollten im Moment erstmal ne bunte Verpackung und im Naturkostladen war ja nun eigentlich alles so wie wir's hatten" (S. 4).

In Wilmersdorf findet sie schließlich ein Reformhaus, für das sie großes Interesse entwickelt. Nachdem sie dort ein erstes Praktikum machte beginnt sie im Juni 1990 in Oberursel eine

Reformhausleiterausbildung. Mit Hilfe von Sonderregelungen bekommt sie die Erlaubnis, bereits nach drei Monaten, anstelle eines halben Jahres, einen eigenen Laden zu eröffnen. In diesen drei Monaten macht sie auf drei Termine verteilt insgesamt sieben Wochen lang den Ausbildungslehrgang in Oberursel, das dazugehörige Praktikum in Berlin und sucht sich einen Laden, den sie auch noch selber renoviert und einrichtet. Während ihres Praktikums wählt sie bereits die ersten Produkte für ihren Laden aus. Dazu sagt sie:

„wichtig diese Volontairzeit, ich musste ja erstmal (.) rausfinden von den vielen vielen Produkten (.) was wollen die Leute, was nehm ich überhaupt ... ja dann hatte ich halt immer an meiner Kitteltasche hatte ich immer schon nen Stift und dann hab ich immer, das ist nen Produkt was gut geht das geht gut (..) und ... naja dann musste ich auch preislich vergleichen (S. 6 f.).[8]

Es ist ihr offensichtlich gelungen, die Lebensmodelle ihrer Mutter und Großmutter miteinander zu verbinden: erst bleibt sie, solange es notwendig ist, nach dem Modell der Großmutter familien-orientiert bei ihren Kindern, dann aber macht sie sich Selbstständig und geht wie ihre Mutter arbeiten. Beide Frauen konnten nur das eine oder das andere 'wirklich' leisten, hatten nicht die Möglichkeit, beides miteinander zu verbinden. Erst Frau Beer gelingt im doppelten Sinne ein Verknüpfen von Bodenständigkeit und Mobilität: sowohl auf der familiären, als auch auf der Beschäftigungsseite.

Die biographischen Daten zeigen, dass sich das Ehepaar Beer in der DDR als Überlebensstrategie auf eine private Facon der Lebensführung zurückgezogen hatte, da ihnen der öffentliche Raum wohl zu stark von der damaligen Politik kontaminiert erschien. Aufgrund ihrer Herkunft waren beide, er wegen seines bürgerlichen Familienhintergrundes und sie von der Elternbeziehung initiiert, nur oberflächlich mit den Systemprinzipien der DDR verwurzelt. Sie sind eher als eine Art 'Fremdkörper' im sozialistischen Staatssystem zu betrachten und zogen sich in eine der Nischen der DDR-Gesellschaft, in eine Form von 'innerer Emigration' zurück.

Aufgrund der strukturellen Lage ihrer persönlichen Randposition besitzt Frau Beer somit günstige Voraussetzungen, um im Gefolge des Transformationsprozesses mit der Wende als Motor für die Entwicklung von Neuem zu fungieren. Diese Ausgangslage, gepaart mit ihrem persönlichen, autonom durch Krisen hindurch entfalteten 'Humankapital' – zum einen die Heirat in eine stabile Familie, zum anderen ihr systematisch weiter entwickeltes, vehementes Autonomiestreben – scheinen zentrale Voraussetzungen dafür zu sein, auch als Selbstständige im Rahmen eines neuen ökonomisch-sozialen Systems überleben und reüssieren zu können.

Weil sie von den Traditionen der DDR nicht 'gefesselt' war ist sie in der Lage, gleich mit der Wende als Agentin neuer Lebensbedürfnisse zu operieren. Zudem gelingt ihr die organisatorische Hochleistung, Familienpflichten und Selbstständigentätigkeit miteinander systematisch zu kombinieren. Damit verbindet sie zwei Haupttriebfedern ihrer Biographie, eine bewegliche Bodenständigkeit sowie ein unstillbares Autonomiestreben, und zwar sowohl auf der Familien-, wie auf der Geschäftsseite ihrer Existenz. Sie hält an ihrer Familie und ihren Pflichten fest, ohne darüber ihre persönlichen, familienüberschreitenden Interessen zu vernachlässigen.

Durch die beiden zentralen Entscheidungsfaktoren eigenes Interesse und selbstständiger Handel hindurch verbindet Frau Beer nun sofort mit der Wende ihr persönliches Interesse mit einer ökonomischen Grundlage, die ihrerseits sogleich wieder an der gewählten Mittel- und Güterwahl gebrochen wird: umweltgerecht und – schonend angebaute und behandelte Produkte sowie Heilmittel auf pflanzlicher Basis. Ihren Schritt in die Selbstständigkeit begleitet dabei noch eine weitere Überlegung, nämlich Menschen mit Ernährungsfragen zu beraten und zu versuchen, gesundheitliche Probleme auch über Ernährungsfragen zu heilen oder zumindest zu lindern.

---

8 Die zitierten Interviewpassagen sind Originalzitate aus dem Interview vom 25.10.1995.

So schafft sie es, auf lokaler Ebene eine den Privatbereich überschreitende, öffentliche Existenzform einzuschlagen. Dies wiederum legt die Hypothese nahe, dass ihr Rückzug in die Privatheit während der DDR-Zeit nicht als Immunisierungsstrategie gegen die Öffentlichkeit zu lesen, sondern tatsächlich als Überlebensstrategie zu betrachten ist. Denn sofort mit den sich verändernden Bedingungen legt sie eindrückliche Belege für aktives Handeln vor. Die private Basis wird somit genutzt, um sich von dieser aus beinahe explosionsartig das kommunale Umfeld zu erschließen, wobei der aktive Aktionsradius stets in face-to-face-Beziehungen eingebettet bleibt. Auf der Mesoebene, am Rande von Berlin, verbindet sie mit ihrem kriterienbewährten Auswahlverfahren das Beste und Probateste sowohl aus der DDR, als auch der neuen Zeit zu einem eigenen Neuen. Wie dies etwas genauer betrachtet aussieht, soll nun an zwei kurzen Interviewsequenzen verdeutlicht werden.

Fürsorge

B.: verbrachte unwahrscheinlich viel Zeit mich mit den Leuten zu unterhalten
I.: Mhm
B.: Und wo die dann ihre Sorgen abgelassen ... und (...) ja da hab ich mich nebenbei noch gekümmert Volkshochschule dort Weiterbildung dies und jenes dass ich den Leuten immer was anbieten konnte, es machte mir auch irgendwie Spaß (S. 7 f.)

Recht schnell wurde Frau Beer mit ihrem Laden zu einer multifunktionalen Problemanlaufstelle, – aufgrund privater als auch medizinischer Probleme –, wobei sie bis heute eng mit dem nahen Ärztehaus zusammenarbeitet und die dortigen Ärzte bei Ernährungsfragen berät. Möglich ist dies, weil sie sich 'unwahrscheinlich viel Zeit' nimmt. Ein in der DDR selbstverständliches nimmt sie ganz natürlich mit hinüber in die 'neue', schnelle Zeit. Trotz ihrer Randposition in der DDR-Gesellschaft bewahrt sie sich somit Elemente, die ihr bewahrenswert erscheinen und setzt sie unter veränderten Bedingungen weiter ein. Im Zeitelement manifestiert sich dabei auch ihr Autonomiestreben, das sich seinerseits einer Wandlung unterzogen hat. Denn heute besucht sie keine Fortbildungen mehr, um ihre Kundschaft besser beraten zu können,[9] sondern nimmt sich Zeit, um ihr Warensortiment beständig um jene Dinge zu erweitern, die ihre persönliche Neugierde wecken und ihr Freude bereiten, wie z.B. Aromen und Heilsteine.

Zugleich stellt sie ihr rationales Kalkül niemals in Frage und beobachtet sehr genau, was um sie herum alles geschieht. So klagt sie beispielsweise über die ihr immer wieder begegnende Unentschlossenheit, Starrheit und Rückgewandtheit der Bürger, die sich nach vielen Seiten hin lähmend auswirke.

Und dennoch sagt Frau Beer, dass sie den Leuten immer was anbieten konnte. In was für Situationen bietet man aber 'immer etwas an'? Wenn man sich ununterbrochen herausgefordert fühlt oder gegen andere durchsetzen muss, gar unter Zugzwang steht etwas leisten zu müssen? Oder wenn man aus eigener Initiative, aus Fürsorge heraus seiner Kundschaft immer Neues bieten möchte? Letzteres scheint auf Frau Beer zuzutreffen. Stattet sie sich doch nicht mit Zusatzleistungen aus, um besser als die Konkurrenz zu sein, sondern vielmehr, um dem eigenen Anspruch, informiert zu sein, gerecht zu werden und vor allem deshalb, weil es ihr „irgendwie Spaß" bereitet. Da sie sich immer mehr Wissen aneignet und folglich auch immer mehr weiß, braucht sie natürlich auch immer mehr Zeit für Beratungen, die ihrerseits wieder Freude bereiten. So drückt sich ihre Fürsorglichkeit zum einen darin aus, ihren Kun-

---

9   Vielleicht auch deshalb, weil sie alle Fortbildungsmöglichkeiten zu ihrem Thema ausgeschöpft hat.

den so gut wie möglich helfen zu wollen, zum anderen fühlt sie sich aber auch dazu aufgefordert, diese Leistung in ihrer Position zu erbringen. Nimmt sie doch vor Ort auf dem Ernährungsgebiet eine Vorreiterrolle ein. Sie hat sich ihr Wissen also weder angeeignet, um es nur privat einzusetzen, noch um auf einem erreichten Examensniveau zu verharren. Statt dessen versteht sie es fast schon als ihre Pflicht, sich fortlaufend weiterzubilden. Zugleich weiß sie sehr genau, dass viele ihrer Kunden nur bei ihr die für sie adäquaten Produkte kaufen können, vergisst sie nicht ihre Position als Selbstständige. Zur oben bereits angedeuteten eigenen Freude stellt sie weiter fest:

Pflichtlektion und Kürwille

B.: es hat sich inzwischen so entwickelt dass viele (.) dieses Bewusstsein entwickeln, für ne gesunde Ernährung
I.: Mhm
B.: Und hab dann eigentlich auch noch andere Sortimente mit reingenommen die mir selber unheimlich viel Spaß machen ... und das ist eigentlich auch so'n Anlaufpunkt für sehr viele junge Leute
I.: Mhm
B.: Also es ist so manchmal auch schon so nen Treff halt ne ((lacht)) (S. 9 f.)

Frau Beer spricht mit einer gewissen Genugtuung davon, dass sich die Zeiten offenkundig geändert haben und gesunde Ernährung in den vergangenen Jahren zum Thema geworden ist – und das nicht nur für Kranke. War gesunde Ernährung in der DDR höchstens innerhalb von Familienmilieus, auf einer Mikroebene thematisch, lässt sie sich heute nicht nur auf der Mesoebene in Form von auf diese Interessen ausgerichteten Läden ablesen, sondern kann natürlich auch auf einer makrosozialen Ebene die globale Umwelt- und Gesundheitsfrage unter dieses Thema gefasst werden. An dieser Problematik wird aber auch ein implizites Entwicklungsmuster deutlich, nämlich auf welche Weise, durch die unterschiedlichen Phasen hindurch, sich eine Struktur variierend weiterentwickelt: Hat Frau Beer zu DDR-Zeiten für ihre Familie aus Hühnerfutter Brot gebacken, weil sie sich nicht nur auf das DDR-Brot 'verlassen' wollte und versuchte sie bereits ihrer kranken Schwiegermutter über eine besondere Ernährung zu helfen, hat sie sich schließlich sofort mit der Wende genauestens auf diesem Gebiet kundig gemacht und schließlich ein Geschäft auf dem Heil- und Ernährungssektor eröffnet.

In der ersten Zeile ist allerdings noch eine weitere Veränderung angesprochen: „dann eigentlich auch noch andere Sortimente mit reingenommen" bedeutet doch zum einen, dass sie ihr Warensortiment zu Anfang wahrscheinlich vornehmlich auf Ernährungsfragen für Kranke eingerichtet hatte. Wohl auch, weil sie ihre Aufmerksamkeit erst einmal nur auf ein ihr bisher in vielem noch verschlossenes Gebiet beschränkte, und sich nicht gleichzeitig auf alles ihr neue richtete. Zum anderen ist das „eigentlich" ebenso ein Verweis darauf, dass die 'Freude' am eigenen Tun auf irgendeine Weise schon immer eine nicht unerhebliche Rolle spielte. So wird ein ludisches Moment mitangesprochen, das sich heute jedoch anders gestaltet als zu Beginn des Ladens. Bestand die Freude am Anfang in der Möglichkeit als solcher, sich auf einem selbstgewählten Sektor Selbstständig machen zu können, also in der äußeren Form, wird heute der Freude als inhaltlichem Moment ein immer größeres Gewicht beigemessen, wofür die soziale Bedeutung ihres Ladens als 'Treff' am Ende der Sequenz spricht.

Ebenso verschiebt sich ihre Fürsorglichkeit im Laufe der Zeit von der fürsorglichen Mutter innerhalb des Familienmilieus, zur sich für andere weiterbildenden nun dahingehend, die vermehrte Aufmerksamkeit heute auf jene Dinge zu richten, die sie selber neugierig machen. Diese Aufmerksamkeitsverschiebung zeichnet sich auch in ihrem Geschäft ab, das sich in zwei

Teile aufteilen lässt: zum einen in einen Pflichtpart, und zum anderen in einen Kürpart. Die 'Pflicht' manifestiert sich darin, dass sie sich für die Gemeinschaft der Kranken beständig weitergebildet hat. Ausgehend von der 'Pflicht' Kranken Heilalternativen anzubieten entsteht jedoch fast wie von selbst auch noch die 'Kür', der eigenen Neugierde zu folgen.

Beide Komponenten zusammengenommen haben offenbar solch eine Anziehungskraft auf ihre Umgebung, dass sich mittlerweile eine eigene 'Gemeinschaft' in Form eines Treffs um diese Möglichkeiten herumgruppiert hat, die es so zu DDR-Zeiten nicht gab. So können auch erst beide Momente zusammengenommen einen befriedigenden Orientierungskern eines – auch mit Distinktionsspielen aufgeladenen – neuen Lebensstils am Rande einer Metropole bilden. Insofern entpuppt sich der Laden immer mehr zu einem Bildungskern von neuen, anschlussfähigen Raumbedürfnissen: Standen zu Beginn die ortsspezifischen Bedürfnisse wie das Preis-Leistungsverhältnis, Ernährungsberatung im allgemeinen sowie die grundsätzliche Möglichkeit, Reformhausprodukte kaufen zu können im Vordergrund, kommt heute nun in der gesunden Ernährung als eine Art 'Lebensstil', der sich in ihrem Laden als Treff manifestiert, ein weiteres Moment hinzu. Hat Frau Beer in der ersten Phase entsprechend ökonomischer Anforderungen eine pragmatische Mittel-Ziel-Verfolgung aus Vernunftgründen in den Mittelpunkt ihres Handelns gestellt – wobei sie sich von Anbeginn an ihrem Interesse orientiert hat -, so geht sie nun, ohne das Pragma je ganz aus den Augen zu verlieren, noch einer weiteren Spur nach, der 'Kür'. Sie erweitert ihre Aufmerksamkeitsausrichtung dahingehend, dass eine Form von ludischer Neugierde sowie damit verbundene Neudeutungen möglich werden. Unabhängig von einer Krisensituation oder der Aufrechterhaltung des Alltäglichen begibt sie sich handlungsentlastet auf ein Gebiet, das schulmedizinisch handlungsleitende Routineerwartungen außer Kraft setzt: Heilsteine und Aromatherapie. Ohne den Gesundheitsaspekt zu vergessen, tritt neben das Vernunft-Pragma eine ludisch ausgerichtete Neugierde auf Dinge, die ihr persönlich immer mehr Freude bereiten in den Vordergrund. Nachdem sie auf dem Gebiet der Weiterbildungen so gut wie alle Möglichkeiten ausgeschöpft und ihr Laden einen festen Platz im Ort eingenommen hat, folgt sie somit erst einmal ihrer Neugierde. Auf diese Weise gelingt es Frau Beer in ihrem 'Raum' Reformhaus ganz unterschiedliche Problemlagen immer wieder bestandskritisch zuzuspitzen, worin sich auch die steigenden Selbstorganisationskapazitäten milieutypischer Strukturierungen in ihren beständigen Veränderungsprozessen zeigen. Hierbei ist wesentlich, dass es sich offenbar nicht um einen Prozess handelt, der sich bewusst an westlichen Strukturmustern orientiert und sich diesen angleichen möchte, sondern vielmehr um einen Prozess, der sich aus den eigenen ortsspezifischen Bedürfnissen heraus entwickelt. Dieses Moment war bereits während der allerersten Wendezeit bestimmend, als sie sich zuerst vor Ort – im Osten – informierte, und den Westen zwar als Ideenlieferant für Neues benutzte, aber nicht als etwas, an dem es sich unbesehen zu orientieren gilt. Ihre Verbindung von beweglicher Bodenständigkeit und Autonomiestreben drückt sich somit auch auf der Ebene des Ortes aus, den sie nicht etwa verlässt, sondern mit ihrem Geschäft vor Ort eine Öffnung hin zu neuen Chancen und Möglichkeiten vorlebt. So kann sich mit der Zeit über ihr wachsendes Bewusstsein für eine gesunde Ernährung und die daraus resultierende Beachtung der Ganzheitlichkeit des Körpers und seiner Sinne aus ihrem Laden ein Treff, ein von viel-dimensionalen Interessen geleiteter Kundenstamm entpuppen.

Ein Ort für Gemeinschaft

Im Mittelpunkt von Frau Beers Selbstständigkeitsentwurf stehen ihre Autonomie sowie die Menschen um sie herum, ihre Familie einerseits und ihre Kundschaft andererseits. Mit dem von ihr gegründeten und konzipierten Laden hat sie einen sozialen Raum geschaffen, der zwar durch Familienumstände mit initiiert wurde, der sich aber inzwischen zu einem Ort weiter-

IV.1 Milieu und Genogrammanalyse

entwickelt hat, an dem sie einerseits ihre persönlichen Wünsche, Ideen und Vorstellungen verwirklichen kann und der zugleich ein sich regendes öffentliches Interesse unterstützt. Es ist Frau Beer dabei gelungen, das 'System' des geschäftsmäßigen Verkaufs mit der 'Lebenswelt' der Solidarhandlungen zu vermitteln, wobei das technokratische, marktwirtschaftlich orientierte Prinzip gleichsam in ein solidarisches eingebettet wird. In dieser Multifunktionalität stiftet ihr Laden danach also auch eine lokal eingebettete Kulturform der Begegnung: der formelle Verkaufsort wird um die Funktion eines halböffentlichen, informellen Gesellungsortes angereichert. Zumindest implizit richtet sich diese Doppelfunktion auch gegen die Monofunktionalität der westlichen 'Geldkultur'. Denn neben der zweckrationalen Komponente ihres Geschäftes, der Rentabilität, ist für sie die kommunikative Ebene der Gespräche von gleichrangigem Interesse. So lässt sie sich denn eher als *geistig-gesellige Selbstständige*, denn als allein *materiell erfolgsorientierte Unternehmerin* betrachten.

Frau Beer operiert damit zugleich als (wie immer selbst asketisch und bescheiden auftretendes) 'Bollwerk' gegen zu einseitige formale Rationalisierungstendenzen im Prozess der postsozialistischen Transformation. Ihr Umgang mit der Zeit etwa veranschaulicht das sehr deutlich (s.u.). Aus dieser Konstellation entfaltet sich in und um in ihren Laden eine Vergemeinschaftungsform, die auf den Komponenten „Nahrung" und „Gesundheit" aufruht. Dabei verstärkt sich zugleich eine gewisse Resistenz ihrer Lebenspraxis gegenüber inadäquat erscheinenden wendebedingten Veränderungen überhaupt. Diese prinzipiellere Form von Resistenz/Renitenz folgt klaren Angemessenheitsurteilen, die ihr aus ihren persönlichen und gesellschaftlichen Erfahrungen biographisch zugewachsen sind. Beispielsweise bedient sich Frau Beer weiterhin ausgewählter und ihr weiter adäquat erscheinender Handlungsmuster aus DDR-Zeiten, etwa dem Improvisieren, dem Selbermachen, und vor allem dem 'Zeit haben' – bzw. heute: dem 'sich Zeit nehmen'. Sie kombiniert diese Muster mit den für sie neu hinzugekommenen und für gut befundenen Handlungsmöglichkeiten des 'Postsozialismus' auf eigenständige Weise.

Ihre deutliche Authentizitätsorientierung hat also einen doppelten Grund: einmal ein ausgeprägtes Autonomiestreben, andererseits eine intensive Fürsorglichkeit, die bestimmte solidarische Handlungspraxen und Gesellungsformen mit einschließt. So betrachtet bleibt ihre Selbstständigkeit in ein zugrundeliegendes solidarisches Handlungsmotiv eingebettet. Dieses ist aber keinesfalls 'fix', sondern transformiert sich seinerseits und findet in den beiden komplementären Teilen ihres Ladens einen neuen, prägnanten Ausdruck.

Die gemeinschaftsstiftende Qualität ihres Ladens lässt sich wiederum unter zwei Aspekten betrachten: einmal unter der Form eines Werbens für bewusstere Lebensstile, dann unter einer eher gesundheitsorientierten Form als Interessengemeinschaft mit den Kranken. Damit wird der Gemeinschaftsbegriff zugleich *formal* wie *material* aufgeladen: Frau Beers Fürsorglichkeit entwickelt sich nämlich in eine eher formal geprägte Dimension für die 'Kranken', und eine material geprägte in Verbindung mit einem bestimmten körperbewussteren Lebensstil und seinem Vergemeinschaftungstypus. Während der DDR-Phase hatte sich ihre Fürsorglichkeit vor dem Hintergrund eines privaten bis privatistischen Zusammenhaltens material auf das Familien- und Freundesmilieu hin ausgeformt. Heute öffnet und erweitert sich diese Fürsorglichkeit hin zur formalen Fürsorge für ihre Kundschaft. Sie 'erfindet' und strukturiert einen Laden, der die Möglichkeit bietet, jedem Rat zu geben, der ihn wünscht. Dabei lebt zugleich die nun nach außen hin geöffnete, materiale Seite ihrer Fürsorglichkeit im sog. „Treff" (s.o.) weiter fort.

Warum versammelt sich bei Frau Beer Unterschiedliches nun aber so, wie es sich faktisch rund um ihren Laden zu einer neuen formal-materialen Sozialform zusammenfügt? Eine mögliche Antwort ist, dass ihre Form von Gemeinschaftlichkeit wesentlich über eine leibzentrierte Annäherung und körperbezogene Formen von Direktheit verläuft. (Zur Figur des

Leibes als Orientierungsnullpunkt sozialer Räume s. auch VII.2, dort die Anmerkungen zum 'Zwiebelmodell'.) Das unterstreicht noch einmal, dass es ihr mit dem Laden nicht nur um Kundschaft unter marktwirtschaftlichen Gesichtspunkten geht, sondern auch um persönliche Obhut. Aus dieser Perspektive betrachtet fungiert Frau Beer auf gewisse Weise auch als Fels in der Brandung der vielen 'hybriden' postsozialistischen Veränderungen vor Ort, als Schutzgewährende, die zugleich Orientierung in unübersichtlichen Zeitläufen anbietet. Allerdings beinhaltet ihr Besorgtsein oder Mitgehen mit den Menschen immer eine Form der Gemeinschaftlichkeit, die die üblichen Entlastungsroutinen eines 'Kollektivs' zu vermeiden sucht. Ihr Konzept von Gemeinschaftlichkeit enthält vielmehr den starken Anspruch, gleichzeitig Autonomie und Verantwortung der Einzelnen zu profilieren.

Eine wichtige Rolle spielt hierbei die örtliche Lage ihres Ladens am Stadtrand von Berlin: Hier wird immer zugleich auch die Differenz zwischen der „kleinen" und der „großen" Welt, zwischen Vor-Ort und Metropole, zwischen Ost und West vergegenwärtigt. Muss doch das 'größere' Umfeld – Berlin einerseits und das Land Brandenburg andererseits – stets gerade auch bei 'rein lokalen' Fragen der Lebensorganisation mit in Betracht gezogen werden. Das bedeutet zugleich, dass sich Frau Beer etwa die vor Ort virulente Form der Ost-West-Problematik aktiv zu eigen machen muss, wenn sie die Leute wirklich ernst nehmen und ihre Probleme nachvollziehen können möchte. Dies gelingt ihr, indem sie sich selbst gleich mit dem Fall der Mauer entschlossen den neuen Möglichkeiten gegenüber öffnet. Selbstständig und selbsttätig begibt sie sich aus ihrer 'privatistischen' DDR-Situation heraus. Sie erweist sich dabei als hoch modulationsfähig, weil sie die neuen, teils verstörenden Dinge miteinander auf produktive, andere Personen anregende Form ins Benehmen zu setzen vermag. Frau Beer ist also in der Lage, auf Neues als Neues einzugehen und es zugleich produktiv zu adressieren, es also nicht nur als Abweichung vom Bekannten zu 'labeln': 'Altes' wird damit auf einer höher aggregierten Ebene re-thematisiert und nicht-sklerotisch zu neuen Handlungsmöglichkeiten hin geöffnet. Statt sich durch den geballten Problemdruck der Wende in Lethargie fallen zu lassen („Summton der Unzufriedenheit"), tut sie etwas, wird vor Ort und für den Ort aktiv. Dafür muss sie nicht aus dem Altbekannten fort, sondern wird an Ort und Stelle initiativ. Dies ist in etwa mit ihrer früheren Entscheidung strukturell vergleichbar, nicht vor den Problemen weg nach Ungarn auszureisen, sondern in der DDR einen alleinig selbstgewählten, neuen Weg finden zu wollen. Es gelingt ihr also, einen *personalen Innovationsstil* zu entwickeln, der von der Vergangenheit in die Gegenwart reicht und gleichzeitig Veränderungen mit Zukunftsladung ermöglicht. Kurz: Sie besitzt die seltene Bereitschaft zu schauen, was heute gefragt ist, kann inne halten und zugleich sich verändernde Perspektiven wahrnehmen. Dabei verharrt Frau Beer nicht in ihrem einmal *etablierten Wissensvorrat*, sondern ist sich weiterer, mannigfaltiger Möglichkeiten bewusst, die sie sich möglichst umfänglich zu erschließen beginnt. Beschützergefühl und der Gemeinschaftsentwurf einer freien Solidarität autonomer Personen stehen sich dabei häufig gegenüber, müssen also immer neu austariert werden. Autonomiestreben, Fürsorglichkeit und Gemeinschaftsorientierung finden dabei zu einer interessanten neuen Mischung. Diese Mixtur wiederum in das Verhältnis zwischen Alt und Neu einzuspannen, gelingt nur dann, wenn die alten Schutzsolidaritäten transzendiert werden, um auf diesem Wege Neues mit einbringen zu können. So wird ein innovatives Parallelogramm der Kräfte geschaffen, in dem sie selber mit initiativ ist, autonom agiert und als sich veränderndes Subjekt auftritt: Kollektivität, Fürsorglichkeit und eigene Standards gehen also auf diese Weise eine glückliche Mischung ein.

Ihre auf diese Weise in Solidarhandlungen eingebettete Unternehmensgründung reagiert dabei hochsensibel auf die Entwicklung ortsspezifischer Bedürfnis- und Bedarfslagen. 'Wie von selbst' und parallel zu Frau Beers wachsendem Bewusstsein für eine gesunde Ernährung und die daraus resultierende Beachtung der Ganzheitlichkeit des Körpers und seiner Sinne wird schließlich aus ihrem Laden ein „Treff": Kein Ort mehr vornehmlich für Kranke und Krankheitsprophylaktiker, sondern ein von vieldimensionalen Interessen durchzogener öffentlicher Raum für ein lokales, neugieriges Publikum. In diesem institutionellen Gründungs- und Veränderungsprozess kommt die implizite, nachhaltige Entwicklungskonzeption der neuen Selbstständigen besonders deutlich zum Ausdruck. Der Ladenraum wird zugleich zum Ort für die Bildung einer neuen Milieuform – zunächst in Form eines Treffs für alle Fragen um eine 'gesunde Ernährung' herum. Gleichzeitig entwickelt sich dieser Ort zu einem Raum für eine Art ganzheitlichere 'Gesundung' der suburbanen Lebensformen, wie sie Frau Beer hier am Stadtrand von Berlin besonders nötig und naheliegend erscheint.

Dieser Fall macht insofern auch deutlich, wie sich Milieus gerade durch Krisensituationen hindurch restrukturieren können. Ist es Frau Beer doch gelungen, mit der Wende aus ihrer 'inneren Emigration' herauszutreten, sich selbstständig zu machen und sich in ihrer Selbstständigkeit beständig weiterzuentfalten. Dies ist möglich, weil sie Probleme (konkret hier: die Ernährungsfrage) immer wieder bestandskritisch zuspitzt, so dass sich ihre Aufmerksamkeitsausrichtung vom Essen zur Gesundheit, vom Laden und zu einer fokussierten, milieubildenden Lebensform („Kür") weiterentwickelt. Dabei bleibt die tiefenstrukturelle Kontinuierung ihres Autonomiestrebens als Grundmuster ihrer Lebensführung stets handlungsleitend, wenngleich auch die lebensstil-adressierte Oberflächentransformation ihres Ladens vom reinen Reformhaus als Versorgungsort für leibbezogene Gesundheitsutensilien unübersehbar ist. Schließlich verdeutlicht sich so die falltypisch spezifische Form der Zusammenhangsgestalten von einbettender und eingebetteter Struktur im Verhältnis der Bedeutung ihrer Familie und der Selbstständigkeit.

Die Nachhaltigkeit dieses Entwicklungsmusters lässt sich biographisch an folgendem Dreischritt nachvollziehen: Beginnend mit der Entscheidung, *nicht* auszuwandern, begibt sie sich auf einen autonomen Lebenspfad, der sich mit der Wende und ihren neuen Handlungsoptionen verdeutlicht und schließlich in der Gründung einer eigenen kleinen Unternehmung mündet. Damit aber nicht genug, die Selbständigkeit wird konzeptuell und mit hohem Einsatz ständig weiterentwickelt – etwa mit dem Kürteil ihrer Angebotspalette und der Restrukturierung eines 'bloßen' Landes zum – auch bürgerschaftlich wichtigen – 'Treff'. So wird am Stadtrand mit dem zunächst unscheinbar wirkenden Fall der Gründung eines kleinen Geschäftes ein eigenständiges, komplexes Suburbanisierungsmuster deutlich, das zwei zunächst auseinander weisende Strukturtypiken erfolgreich integriert: marktorientierte Zweckrationalität und die Entwicklung eines gemeinschaftsorientierten öffentlichen Raums, in dem neue, ganzheitliche Lebensformen diskutiert, erprobt und auch kritisiert werden können. Frau Beers 'Laden' steht insofern auch für neue postsozialistische Raum- und Lebensbedürfnisse, wie sie sich hier im suburbanen Raum der Metropole bilden – und zwar ohne die eigenen biographisch bewährten Autonomiekriterien auf dem Altar einer kulturellen Globalisierung durch marktförmige Lebensstile zu opfern.

Guido Leuchtenberg

IV.2 Neue Selbstständige an der Peripherie der Hauptstadt

1 Einleitung

Die im Verflechtungsraum von Berlin und Brandenburg stattfindenden komplexen und tiefgreifenden Umbruch- und Suburbanisierungsprozesse werden im Folgenden mit einem besonderen Fokus untersucht: Neue Selbstständige, die im Transformationsprozess eine wichtige Position als *Innovationsagenten* einnehmen, sollen als potentielle Kerne sich bildender Verflechtungsmilieus analysiert werden.[1] Sie müssen ja einerseits mehr oder minder 'findig' die Makro-Bedingungen des Wirtschaftssystems in Rechnung stellen; zugleich werden ihre Handlungen immer auch von lokalen Chancenprofilen sowie individuellen (Berufs-) Biographien, Netzwerken und Deutungsmustern beeinflusst. An zwei exemplarischen Unternehmensgründern, je einem aus der 'Gewinner'- und einem aus der 'Verlierer'-Gemeinde, sollen konkrete Handlungs- und Deutungsmuster neuer Selbstständiger rekonstruiert werden. Durch die Fallstruktur-Rekonstruktionen hindurch werden zugleich die von ihnen stimulierten Einbettungs- und Milieubildungsformen fokussiert. Diese wiederum tragen wesentlich zur Dynamik des ungleichmäßigen metropolregionalen Verflechtungsprozesses bei.

Zwei kontrastierende Unternehmen und ihre lokalen / überlokalen Netze sollen also untersucht werden: das von dem Ehepaar Inga Kühr und Klaus-Dieter Rasch betriebene *Fitness-Studio* in Grünow sowie Gido Stanniecks dynamisch sich entwickelndes *Unternehmen aus der Solarbranche* in Otterstedt. Mit Frau Kühr und Herrn Rasch wurden unstandardisierte Interviews durchgeführt, wobei ihre Berufsbiographie ein wesentlicher Fokus war. Mit Herrn Stannieck wurde ein Experteninterview geführt, in das biographische Daten nur am Rande eingeflossen sind. Für die Interpretation sind aus den Transkriptionen biographische Daten und objektive Strukturprobleme extrahiert worden. Diese wurden extensiv und sequenzanalytisch interpretiert und zu fallaufschließenden Strukturhypothesen verdichtet. In einem zweiten Schritt wurden dann zentrale Interviewstellen analysiert und die Strukturhypothesen falsifikatorisch weiterentwickelt.[2]

Die Falldarstellungen (2.) folgen diesem Vorgehen, indem sie mit der Interpretation der biographischen Daten beginnen. Anschließend werden ökonomische Aspekte der Unternehmen analysiert (3.) und schließlich werden die Unternehmen in den Kontext der Gemeindeentwicklung eingebettet (4.).

---

1 Siehe Matthiesen 1998b: Milieus in Transformationen. Positionen und Anschlüsse.
2 Die Fallanalyse folgt weitgehend den von Ulrich Oevermann entwickelten forschungspraktischen Regeln der 'Objektiven Hermeneutik'. Zitate aus den Transkriptionen sind leicht geglättet, um sie lesbarer zu machen. Die Interviews werden folgendermaßen abgekürzt: Vorinterview mit Herrn Rasch: ViR, Interview mit ihm: IR, Interview mit Frau Kühr: IK und das Interview mit Herrn Stannieck: IS. Die extensive Interpretation der Fälle sowie detaillierte Angaben zur Methode können nachgelesen werden in: Leuchtenberg 1998.

2 Fallanalysen

2.1 Zur Gründung eines Fitness-Centers im 'Speckgürtel' Klaus-Dieter Rasch

1955 kommt Klaus-Dieter Rasch als ältestes Kind eines Lehrers und einer Lohnbuchhalterin zur Welt. Bei der turnusmäßigen Sichtung der Schüler im Sportunterricht wird ein Trainer auf den Neunjährigen aufmerksam und lädt ihn zum Training in eine „Sportgemeinschaft, die Leichtathletik gemacht hat" (ViR, 3) ein. Erst nach einem Spartakiadesieg wechselt er mit 17 Jahren auf eine Kinder- und Jugendsportschule. Er wird Sprinter und stellt einen Europarekord auf, der viele Jahre gültig sein sollte. Der Höhepunkt seiner Karriere ist der Gewinn der Silbermedaille mit der Staffel bei Olympischen Spielen.

In der ausgesprochenen Individualsportart Leichtathletik erringt Rasch seinen größten Erfolg im Staffellauf, der einzigen Mannschaftsdisziplin der Leichtathletik. Beim Staffellauf bedingen sich persönlicher Erfolg und Erfolg der Mannschaft (des Teams) wechselseitig, denn die individuelle Leistung eines Läufers führt dabei nur zum Erfolg, wenn auch die Teamkollegen gute Zeiten laufen und keinem beim Wechsel ein Fehler unterläuft. Sport ist für Herrn Rasch daher wesentlich ein Gemeinschaftserlebnis. Er beginnt in einer „Sportgemeinschaft" und er erringt seinen größten Erfolg in einem Team.

Herr Rasch studiert, wird Diplom-Sportlehrer und macht ergänzend die Ausbildungen zum Bademeister und Masseur. Als Trainer von Jugendlichen und Junioren im Leistungsbereich schwenkt Klaus-Dieter Rasch in eine typische Sportlerkarriere im Rahmen des weltberühmten DDR-Sportsystems ein. Dabei standen die Trainer unter enormem Erfolgsdruck:

"Man hatte ja kaum noch Zeit 'n gutes Talent methodisch vernünftig so zu entwickeln, dass man sagen konnte weißte, den bereit ich jetzt auf ... die Weltmeisterschaft vor oder auf diese Problematik vor, konnte man ja nicht, weil man ja auch ... als Trainer ... mit 'nem Spartakiadesieg irgendwo sein eigenes Gehalt retten musste. Denn det war ja nun mal so: man hatte 'ne Zielvorgabe wieviel die Truppe zu bringen hat, meinetwegen zwei Gold zwei Silber zwei Bronze bei dem Wettkampf, und denn entwickelte sich das immer so weiter und wenn man das auf Dauer nicht bringt, denn klemmt man auf seinem Grundgehalt von tausend Mark und dafür ... lohnt sich det nicht, es ist also einfach Blödsinn, ja. Mein es warn sowieso alles Enthusiasten die so was gemacht haben." (ViR, 7).

Herr Rasch hat dann als Trainer eine erfolgreiche zweite Karriere begonnen und eine relativ sichere Position erreicht. (Die Rolle des systematischen Dopings wurde dabei stark heruntergespielt.) Die Familie konnte sich ein Haus kaufen und sich ihr Leben einrichten, „bloß dass dann eben die Wende kam" (ViR, 6). Er schätzt die Situation sofort richtig ein. Seine Erwartung ist, dass der Leistungssport der DDR nicht bestehen bleiben würde und es für ihn in Zukunft kaum einen adäquaten Arbeitsplatz geben werde. Damit sah er alles gefährdet, was er sich in den letzten Jahren aufgebaut hatte. „Tja, wie gesagt, ne, kam die Wende und da musste man sich eben neu orientieren; wat macht man denn?" (ViR, 6). Das Ende der DDR, des Staates, für dessen internationale Reputation er gekämpft hatte, wurde als tiefer (berufs-) biographischer Bruch erlebt.

Knapp zehn Jahre nach dem Ende seiner Sportlerkarriere befindet sich Klaus-Dieter Rasch also ein zweites Mal in einer veritablen Krise. Diese Situation bewältigen Herr Rasch und seine Frau, gemeinsam indem sie versuchen, sich einen alten Traum zu erfüllen: „Wir haben gesagt na gut wir versuchen da mal 'ne Variante mit Fitness-Studio, weil det ist eigentlich det, was wir immer machen wollten" (ViR, 8).

Für Herrn Rasch wird folgende Fallstruktur deutlich: Die Sportlerkarriere von Klaus-Dieter

Rasch ist zunächst von äußeren Impulsen initiiert. Erfolgreich und konsequent beschreitet er eine sportliche Laufbahn vom Athleten zum Trainer. Von Jugend an ist er in ein hochgradig leistungsorientiertes Komplementär-Milieu zum dominanten realsozialistischen Gesellschaftssystem eingebunden. Leistung wird dabei durch finanzielle Gratifikationen und durch Reputation belohnt. Ein weiteres Strukturmerkmal dieses Milieus war das besondere Konkurrenzverhältnis zwischen den Teams der DDR und der BRD.[3] Zudem kam es Herrn Rasch zu Gute, dass er sich in Krisensituationen schnell und gewandt auf die neue Situation einstellen und sich in ihr orientieren kann. Fast aus dem Stand heraus, zudem unter Revitalisierung eines alten Ost-West-Traums, finden seine Frau und er eine Lösung. Mit einem Fitness-Studio im potentiell boomenden metropolitanen Verflechtungsraum und einer Hoffnung auf die Verbreitung von sportiven Lebensstilen bleibt er seiner sportlichen Laufbahn treu „und det soll 'n bisschen Spaß machen und man möchte damit sein Geld verdienen" (ViR, 8). Dabei versucht er, sein Ideal vom Sport als Gemeinschaftserlebnis, so wie er ihn in seiner Jugend erlebt hatte, wieder aufleben zu lassen und zu verwirklichen. Er plaziert sich damit als Pionier in einer Marktnische, in der sich verschiedene Struktur- und Raumbrüche überlagern und neue Lebensformen entstehen.

2.2 Inga Kühr, die Gattin von Klaus-Dieter Rasch

Inga Kühr wird 1958 geboren. Ihre Mutter ist eine talentierte Turnerin, deren Karriere allerdings endet, als sie mit 16 Jahren schwanger wird. Ihr Vater ist Trainer. Ihre Mutter holt nie einen Schulabschluss nach, sondern widmet sich als Hausfrau ganz der Familie und ihren vier Kindern.

Von klein an hat Inga Kühr Berührung mit Sport: „Ich bin im Prinzip in der Turnhalle aufgewachsen" (IK, 1). Ohne von den Eltern gedrängt zu werden, entwickelt sie den Wunsch, Turnerin zu werden. Dies verursacht eine Familienkrise, aber letztlich setzt sie sich gegen die großen Widerstände ihres Vaters durch. „Wobei mein Vater eigentlich es nicht wollte, dass ich da so ganz groß raus komme, weil er kannte schon die Härte und wie sich alles entwickeln wird. Meine Mutter hatte da wohl mehr den Ehrgeiz" (IK, 2). Mit der Entscheidung, professionell zu turnen, ist es für sie selbstverständlich, nach Welthöchstleistungen zu streben. Diese extrem forcierte und körperlich gebundene Leistungsorientierung ist damit ein Charakteristikum beider Gatten. Frau Kühr wechselt früh auf eine Kinder- und Jugendsportschule und wird mit 15 Jahren die Jüngste in der Weltspitze. Einer ihrer größten Erfolge ist der Gewinn der Bronzemedaille mit der Turnmannschaft bei Olympischen Spielen. Mit dem von ihr favorisierten tänzerischen Turnstil ist sie dabei ihrer Zeit voraus. „Man sagte damals noch im Fernsehen Tingeltangel und Kinkerlitzchen, aber es wurde dann der Trend" (IK, 3). Vom Verband wird zwar Akrobatik gefordert, doch sie verteidigt ihren Stil, der Kreativität, Ästhetik und Grazie des Turnens betont. Als Konsequenz aus dieser Paradigmen-Krise bricht sie mit 19 Jahren ihre Karriere ab. Sie holt ihr Abitur nach und schließt sich in dieser Zeit der Sportwerbegruppe an, die Shows für den Osten darbietet – ähnlich wie Holiday on Ice für Ex-EiskunstläuferInnen im Westen. Hier findet sie genau die Verbindung von Sport, künstlerischem Ausdruck und Show, die ihr als Ideal immer vorgeschwebt hat. Anschließend beginnt sie am Theater Choreographie zu studieren mit dem Ziel, als Verbandschoreographin wieder ins

---
3 Er wusste, dass in der DDR „Sport irgendwo 'n Mittel war, internationales Anerkennen und Anerkennung zu erringen" (ViR, 1) und er ein Aushängeschild dieses Staates war. Sport kann, und das war in der DDR geschehen, „unter dem Aspekt seiner Innen- und Außenpolitischen Nebenwirkungen zum vorrangigen Staatsziel erklärt werden" (Weiss 1995: S. 492).

Frauenturnen zurückzukehren. Der Spagat zwischen ihren Aufgaben als praktisch alleinerziehende Mutter und dem künstlerischen Studium gelingt ihr nur mit Mühe, da sie ihre Mutterrolle anspruchsvoll an der vorbildlichen eigenen Mutter bemisst.

Mit 21 Jahren trifft sie dann bereits zum dritten Mal eine wichtige, über den weiteren Lebensweg bestimmende Entscheidung. Auch in dieser Situation beweist sie Handlungsautonomie und Risikobereitschaft. Sie verzichtet auf ihre Traumkarriere und verlässt ihre Heimatstadt – für den Gatten:

„Ich hatte 'n Namen in ..., ich war da jemand, ich hatte meinen Vater im Hintergrund, und das hab' ich eben alles aufgegeben. Auch das Studium. Hab' ich ewig bereut, dass ich das Studium aufgegeben habe ... Leider, leider. Das hat mir sehr viel gegeben, aber wie gesagt, ich hatte mich für ihn entschieden, so nach dem Motto, ich habe Erfolg gehabt im Leben und jetzt kommt einfach der Abschnitt privat."(IK, 7).

Sie erhält eine Stelle als Trainerin im Verein ihres Mannes, ist dort allerdings sehr unglücklich. Berufsbegleitend schließt sie ein ungeliebtes Studium der Sportwissenschaft ab, um einen Berufsabschluss zu erlangen. In ihrer Freizeit bietet sie Gymnastikkurse für Frauen an, bei denen sportliche Aktivität und geselliges Beisammensein gleichermaßen wichtig sind, und tritt als Showtänzerin auf.[4] Sie verlagert ihre Leidenschaft für das Tanzen und ihre kreativen und künstlerischen Ambitionen als Choreographin in private Aktivitäten. 1988 wird sie noch einmal Mutter und flieht ins Privatleben, indem sie den längstmöglichen Erziehungsurlaub nimmt: „So mehr aus, mit dem Gedanken beruflich hatte ich sowieso keine Zukunft. Woanders hat man mich nicht genommen" (IK, 10). Ein Teil dieses dreijährigen Erziehungsurlaubs war unbezahlt. „In der Zeit kam die Wende" (IK, 11) und sie wurde „einfach entlassen" (ViR, 8).

Die Wende führte die Familie in eine finanziell prekäre Lage mit ungewisser Zukunft. Andererseits eröffneten sich für Frau Kühr plötzlich und unverhofft eine Vielzahl von Optionen, Chancen für einen beruflichen Wiedereinstieg und sie konnte hoffen, ihren Traum, eine Arbeit zu finden, in der sie kreativ sein kann, verwirklichen zu können. Eine solche Arbeit schafft sie sich schließlich selbst, indem sie mit ihrem Mann die Wendekrise nutzt und das Fitness-Studio gründet. „Und dass wir 'n Fitness-Center machen wollten, das war schon immer unser Traum" (IK, 11).

Die Fallstruktur zeigt eine ehrgeizige und durchsetzungsfähige Frau. Ihr Weg in den Leistungssport – sie muss ihren Willen durchsetzen – ist dem von Klaus-Dieter Rasch – ihm wird die Sportlerkarriere nahegelegt – diametral entgegengesetzt. Sie verfolgt zielstrebig, kreativ und selbstbestimmt ihren Weg, für den sie nicht davor zurückschreckt, Konflikte einzugehen und folgenreiche Entscheidungen zu treffen. Ihre Karriere wird, anders als die von Klaus-Dieter Rasch, eher durch eigene Entscheidungen gelenkt. So lässt sich vermuten, dass ihr Einfluss auf die Entscheidung, ein eigenes Fitness-Studio aufzubauen, erheblich ist.

2.3 Der Solartechnologie-Betrieb Gido Stannieck

1965 wird Gido Stannieck geboren. Er beendet seine Schullaufbahn mit dem Abitur. Zunächst steht der 18monatige Militärdienst an. Wer den Dienst an der Waffe aus religiösen Gründen verweigerte, wurde als sogenannter Spatensoldat zur Armee eingezogen, Totalverweigerung zog fast sicher eine Verurteilung und Gefängnisstrafe sowie Studienverbot nach sich. Nur wenige junge Männer wählten diese Option. „Doch auch hier schlug der Wertewandel durch: Die Zahl der Verweigerer lag seit den 80er Jahren mit geschätzten 2.000 bis 3.000 jährlich

---

4 Dadurch war sie in „Substrukturen" eingebunden, die „erhebliche Freiräume boten und nach quasi-marktförmigen Regeln organisiert waren" (siehe Woderich 1997).

(von denen allerdings nur etwa 1000 eingezogen wurden) um das Doppelte über dem Niveau der vergangenen Jahrzehnte" (Staritz 1996: S. 336). Die Verweigerer gehörten vielfach der Friedensbewegung und Kirchengruppen an. Gido Stannieck geht nicht zur Truppe, geht aber nicht die Risiken einer (Total-) Verweigerung ein. Er macht Rückenprobleme geltend und erreicht nach einigem Hin und Her schließlich seine Ausmusterung. Handlungsleitend scheint ein Kalkül nach dem Muster zu sein: Wenn es klappt, ist es gut; sollte ich nicht durchkommen, so ist auch nichts verloren. Stannieck hat also die kleine Chance gesehen und bei relativ niedrigem Risiko ausprobiert.

Gido Stannieck nimmt erst einmal eine Stelle als Stationshelfer in einem katholischen Krankenhaus an. Nach Beendigung dieser halbjährigen Tätigkeit zieht er nach Berlin, wo er eine Stelle als Hilfspfleger in einem Krankenhaus antritt. Zwei Jahre arbeitet er dort wie ein voll ausgebildeter Krankenpfleger, hält Nachtwachen und setzt Spritzen. Er rutscht also, ohne dafür ausgebildet zu sein, in eine verantwortungsvolle Arbeit im Pflegebereich hinein. Dabei verzichtet er nicht nur auf sein Privileg, ein Studium beginnen zu können, sondern verweigert sich jeglicher weiterführenden Berufsausbildung. Damit optiert Stannieck auch hier für einen individuellen berufsbiographischen Weg wider die gesellschaftliche Norm, begannen doch „seit 1980 nahezu alle Schulabgänger mit einer Berufsausbildung".[5] Nicht nur dass dies schon die zweite Anstellung in einem Krankenhaus ist, hebt seine Tätigkeit über einen 'bloßen Job' hinaus. Die Einstellung zu einem Job ist typischerweise instrumentiell distanziert. Jobs 'macht man' hauptsächlich, um Geld zu verdienen. Mit Pflegeberufen dagegen lässt sich nicht viel Geld verdienen; sie lassen sich nur mit großem Engagement und intrinsischer Motivation durchhalten. Anschließend arbeitet er als Erzieher in einem Behindertenheim. Wieder sucht er sich eine Aufgabe im sozialen Bereich, diesmal am Rande der Gesellschaft, denn dahin waren Behinderte in der DDR abgedrängt. Sie wurden den Kirchen zur Betreuung zugeschoben.

Gido Stannieck ist nicht in der Friedensbewegung engagiert und gehört keinen kirchlichen oder anderen subkulturellen Gruppen an, doch gibt es strukturelle Nähen in diese Richtungen an einigen Gelenkstellen seiner Biographie: bei der Verweigerung des Militärdienstes und der Berufsausbildung sowie dem beruflichen Engagement im sozialen Bereich. Sein Lebenslauf zeigt ein Profil, das der Pflichtethik und Askesetradition des protestantischen Pfarrhausmilieus ähnelt – und zugleich Entsprechungen zu sozialfürsorgerisch – alternativen Lebensformen in Westdeutschland zeigt.

Die Geburt des ersten Kindes wird zum Wendepunkt in seinem Leben. Die Familie zieht von Berlin nach Otterstedt, also in die langsam sich verstädternde Peripherie der 'Hauptstadt der DDR'. Hier nimmt er in der örtlichen LPG eine Stelle als „Tierpfleger" (in der Bullenmast) an, denn in diesem Job ist der „Verdienst sehr gut". Er steuert also aus 'familiären Gründen' das Motiv seiner Berufstätigkeit radikal um, weg von einem erfüllenden sozialen Beruf mit pflichtethischen Prinzipien hin zum Geldverdienen. Gemessen an den durch das Abitur geöffneten Optionen und seinem Bildungskapital bedeutet seine Lebenssituation und -perspektive einen deutlichen sozialen Abstieg. Zwei Jahre, „bis zur Wende", arbeitet er in der industrialisierten Bullenmast.

Wie gesehen war seine Vaterschaft ein bedeutsames Ereignis in seinem Leben. Wie für viele Angehörige seiner Generation fiel dagegen, „der gesellschaftliche Umbruch nicht mit biographischen Brüchen im Range eines Wendepunktes" zusammen (Woderich 1997: S. 151). Mit der Wende sieht er gleichwohl sofort die Chance, aus seiner beruflichen Sackgasse herauszukommen und kündigt nach der Einführung der D-Mark in der LPG: „Hab' mich dort auch *selber* rausgelöst, bin nicht gekündigt worden" (IS, 1). Die halbjährige Arbeitslosigkeit

---

[5] Ebd. S. 285

nutzt Gido Stannieck clever als berufliche Auszeit, um sich neu zu orientieren, Chancen und Risiken abzuwägen, Optionen zu sortieren, etc. Er bekommt eine Stelle als Sozialarbeiter und beginnt berufsbegleitend ein Sozialpädagogikstudium. Damit startet er fast aus dem Stand eine rasante Karriere, die in einer solchen Rasanz nur kurz nach der Wende möglich war: vom ungelernten Arbeiter im Groß-Stall wird er innerhalb eines Jahres zum Leiter eines Obdachlosenasyls (ohne eine Berufsausbildung oder das Studium abgeschlossen zu haben). Es scheint, als ob er jetzt mit seiner Berufskarriere glücklich auf einem ersten Zielplateau angelangt sei. Doch nach einigen Monaten kündigt er diesen Statussprung auf und bricht sein Studium ab. Die Widersprüche zwischen den praktisch beschränkten Möglichkeiten und seiner idealistischen Auffassung von Sozialarbeit sind der Hauptgrund dafür. Den Weg in die Arbeitslosigkeit wählt er auch diesmal ganz bewusst, denn er hat: „die Zeit aktiv genutzt, um ein Gewerbe vorzubereiten" (IS, 1).

Herr Stannieck gehört den 60er Geburtsjahrgängen in der DDR an, die durch folgende *generationsspezifische Konstellation* charakterisiert sind. Die „Differenz zwischen den Versprechen gleicher Bildungs- und Aufstiegschancen und den immer schärfer hervortretenden *Schließungstendenzen* des Systems (wird) erstmalig als ein basaler Konflikt wahrgenommen und erfahren" (Woderich 1997: S. 141). Die Art, in der sich Gido Stannieck allem Offiziellen verweigert, kann als typisch für Teile seiner Generation angesehen werden: „Von relevanten Segmenten (Milieueliten) der jüngeren Generation wurden die Schließungen z.T. mit *Selbstausschluss* aus höheren akademischen Laufbahnen und Karrieren beantwortet" (Woderich 1997: S. 148). In seiner Distanziertheit scheint eine strukturelle Parallele in seiner Biographie zu den Lebensmustern in subkulturellen (bis subversiven) Milieus auf.

Strukturell betrachtet zeigt dieser Fall eine eigentümliche Kombination zwischen den Konsequenzen bewussten Auspendelns von äußeren Zwängen und der konsequenten Verfolgung der eigenen Interessen und Vorstellungen. Er schreckt nicht davor zurück, Erreichtes aufzugeben und ohne äußere Notwendigkeit einen risikoreichen Neuanfang zu wagen. Er nimmt sich 'einfach' Zeiten zur Exploration und Reflektion, um eine (berufs-) biographische Kehre vorzubereiten.[6] In Bereichen des Mangels findet er Nischen, in denen er auch ohne Ausbildung verantwortungsvoll und relativ autonom arbeiten kann. Von der ersten Tätigkeit im Krankenhaus bis hin zur Selbstständigkeit scheint zunächst zwar Statusorientierung das grundlegende Muster abzugeben – allerdings bleiben die auffälligen 'objektiven' Inkonsistenzen unter der Regie eines zunehmend sich klärenden Anspruchs an die eigene Lebensführung. Dieser Fall stützt also die These, dass „gerade die Differenz zwischen kulturellem Kapital und beglaubigten Bildungstiteln eine Disposition schafft, welche die Akteure veranlasst, den Weg in die Selbstständigkeit zu wählen" (Woderich 1993: S. 63). Dieser Lebenslauf hätte in seiner Struktur auch im Westen gelebt werden können, ihm eignet also eine gewisse 'Systemtranszendenz'.

Maximal kontrastieren die Fälle des Ehepaars Rasch und Kühr und der Fall Stannieck in zwei Dimensionen: a) ermöglichte der Staat Rasch und Kühr eine glanzvolle Karriere und sie fühlten sich als Repräsentanten der DDR und dieser verpflichtet. Stannieck dagegen entzieht sich allem Offiziellen. Er erlebte Stagnation und Schließungsprozesse, wohingegen die DDR für Kühr und Rasch leistungsfähig, zukunftsorientiert war; b) bei Rasch geht der Systembruch mit einer berufsbiographischen und persönlichen Krise einher, bei Kühr nur mit letzterer. Stannieck dagegen erfährt die Wende nicht als krisenhaften Bruch, sondern eher als gesteigerte Chancensituation. Gemeinsam ist Inga Kühr und Gido Stannieck die Art und Weise, in der sie ihre (Berufs-) Biographie selbstbestimmt gestalten, wobei Frau Kühr allerdings ihren

---

6 Siehe die Ähnlichkeit mit dem von Gesa Gordon in diesem Band dargestellten Fall der Frau Beer (IV.1).

Weg innerhalb des Systems suchte, während Stannieck Nischen am Rand der Gesellschaft besetzt. Beide haben in der DDR keine ihren beruflichen Wünschen entsprechende Perspektive finden können und verstehen die Wende (auch) als eine Chance. Dass sie ihre Unternehmungen im engeren Verflechtungsraum ansiedeln, ist zunächst von berufsbiographischen 'Zufällen' abhängig; mit der Wende allerdings nutzen sie die Verflechtungsprozesse von 'Mark und Metropole' entschlossen als neuen Möglichkeitsraum – für Kunden, für Marktbeziehungen, für die Erweiterung sozialer Netzwerke.

3   Die neuen Unternehmen

An die Analysen der biographischen Strukturmomente der Fallstrukturen anschließend und auf diesen aufbauend sollen nun die Gründungsphase sowie Charakteristika und Strukturen der Unternehmen analysiert werden.

3.1   Wege in die Selbstständigkeit

3.1.   Die Gründungsphase des Fitness-Studios

Inga Kühr und Klaus-Dieter Rasch wurden nach der Wende arbeitslos und konnten keine große Hoffnung haben, einen ihren Qualifikationen adäquaten Arbeitsplatz zu finden. Frau Kühr hatte schon vor der Wende versucht, ein Ost-Aquivalent für Fitness-Studios zu schaffen, einen Raum für Jugendliche,[7] in dem diese hätten Sport und Spiel treiben können: „Da hätte ich das so hergerichtet, wäre dann vielleicht bei der Stadt angestellt gewesen, so war mein Traum. Und, die ham immer gesagt ich hab' 'n Spleen, ne" (IK, 12). Die Wende machte diesem verbindenden Vorhaben, in dem sich die Kommune als staatlicher Arbeitgeber und eigene Initiative mischen sollten, ein Ende. Statt dessen eröffnete sich nun die sehr viel riskantere Chance, völlig auf eigene Rechnung eine weiterentwickelte 'Studio-Idee' zu realisieren. Völlig unklar aber ist ihnen zunächst, wie und wo das gelingen kann: „und dann 'n Objekt finden in dieser wüsten Zeit, weil Geld hatten wir ja nicht" (ViR, 8).[8] Gerade diese turbulente Zeit zwischen Grenzöffnung und Vereinigungsvertrag war bei allen praktischen Schwierigkeiten aber auch ein geschichtlicher Moment, in dem die Chancen für außergewöhnliche Unternehmungen am größten waren. Als Frau Kühr der Job der Betreuung einer Kegelbahn angeboten wird, erkennt sie die Gelegenheit und die in dieser Situation eröffneten Handlungsspielräume.[9] Sie nimmt die Stelle an und kann erreichen, dass auch ihr Mann angestellt wird. Nur leider: Die Zeit der Brigadefeste etc. ist vorüber und niemand kommt mehr zum Kegeln. „Und so haben wir versucht, Raum für Raum für unsere Interessen zu mieten" (IK, 13). Sie richten ein größeres Fitness-Studio her, entfernen die Kegelbahn und bauen einen der Räume zu einem

---

[7] Ihr Engagement für Jugendarbeit ist auch als Ausdruck ihres Familismus lesbar. Darin drückt sich gleichermaßen eine Sehnsucht nach Jugend aus, die sie selbst nicht ausleben konnte, wie auch das schlechte Gewissen, für ihre Kinder nicht genug Zeit (gehabt) zu haben.

[8] Auch Rasch/Kühr haben mit den typischen Problemen neuer Selbstständiger zu kämpfen: keine Immobilien als Sicherheiten einsetzen zu können und daher Kredite nur mit Schwierigkeiten zu bekommen, nur über eine unzureichende Eigenkapitalausstattung zu verfügen, keine oder nur geringe betriebswirtschaftliche Kenntnisse zu besitzen, von Restitutionsansprüchen betroffen zu sein, etc. Diese Defizite wurden typischerweise durch hohen persönlichen Einsatz und ein Übermaß an Findigkeit ausgeglichen (vgl. die Fallanalyse in IV.1 B).

[9] Für Thomas gehört dieses „'besondere Gespür' schon zum Habitus eines Selbstständigen" (Thomas 1996: S. 29).

Ballettsaal um. Das Fitness-Studio traf sofort auf guten Zuspruch: „Die waren froh, dass sie was hatten, dass es uns gab" (IK, 13) – wobei zunächst unklar bleibt, welche Bevölkerungsgruppen des Verflechtungsraums mit „die" als erste Kunden in den Blick genommen wurden. Nach einem Jahr machten Kühr/Rasch den Sprung von Angestellten zu Selbstständigen: „Also privat wurden wir nach einem Jahr. Da hat man das einfach los werden wollen. Ich hab' nicht gesagt ich möchte privat werden, sondern man ... wollte es einfach los werden" (IK, 14). Der Übergang in die Selbstständigkeit war gleitend.

Frau Kühr hatte zwar die Idee des Fitness-Studios und sie hat die Realisierungschance erkannt und ergriffen. Längst ist das Studio aber ohne den Einsatz von Herrn Rasch nicht mehr denkbar. Überspitzt dargestellt ist es Herr Rasch, der alle Räder im Studio am Laufen hält, und Frau Kühr kann sich ganz ihrer Leidenschaft, dem sportästhetisch gewendeten Tanz und der Bildung von Tanzgruppen, hingeben.

Die Gründung des Studios erscheint dem neuen Unternehmerpaar nachträglich nur in einer Euphoriephase möglich, als die Strapazen noch nicht absehbar waren. „Also hätte ich gewusst, wie hart es ist, ich weiß nicht, ob ich's dann gemacht hätte" (IK, 17). Jetzt wird die Selbstständigkeit ambivalent erlebt, doch die positiven Aspekte, wie die Gestaltungsfreiheit, die Möglichkeit selbstbestimmt arbeiten und die eigenen Ziele verfolgen zu können, überwiegen. „Also diese 70 Stunden ... in der Woche und jeder so zwei, drei Berufe auf einmal, das, glaube ich, würde ich nicht noch einmal schaffen" (IK, 20). Das Arbeitspensum ist zwar enorm, letztlich aber erträglich, „weil man seinen Rhythmus auch selber bestimmen kann. Wer kann das schon heutzutage?" (IR, 19). Ihre neue Existenz resümiert Klaus-Dieter Rasch mit einem knappen Bonmot: „Selbständig sagt ja schon der Name: selbst und ständig" (IR, 17).

3.1.2 Die Gründungsphase der Solarfirma

Mit einem hochgradig riskanten Schritt in ein 'selbstbestimmtes Leben' hinein gibt Gido Stannieck seine Stelle als Heimleiter auf. Er möchte etwas *ganz Neues* beginnen, sich in einer Branche, die die Zukunft für sich hat und die weiter Bedeutung gewinnen wird, selbständig machen. „Das sollte 'ne Branche sein, die sich entwickelt ... Um die Sache dann auch längerfristig zu betreiben. Äh, Umwelttechnik war schon wichtig. Geldverdienen." (IS, 10). Mit dieser vagen Idee, also gewissermaßen hemdsärmelig, fährt er zur Leipziger Messe. Dort bekommt er das Gefühl vermittelt, mit seinem vagen Vorhaben offene Türen einzurennen, denn die Aussteller nennen ihm sofort eine ganze Reihe von Problemen bei der Anwendung der Solarenergie, die dringend gelöst werden müssten und für die insofern erheblicher Innovationsbedarf bestände. „Es gab durchaus Firmen, ... die äh der Meinung waren, et müsse unbedingt auf dieser Strecke was passieren, und das war eigentlich der Einstieg" (IS, 3). Nach dem Messebesuch ist sich Herr Stannieck also auf informiertere Weise sicher, dass der Bereich Solartechnik große Chancen bietet. Er wagt sich deshalb auf völlig fremdes Terrain und traut sich zu, ohne eine ingenieurwissenschaftliche Ausbildung oder ähnliches ein technologieorientiertes Unternehmen zu gründen – mit dem Schwerpunkt Photovoltaik (s.u.). Da die Photovoltaik in der DDR unbekannt war, hatte er zumindest gegenüber ostdeutschen Ingenieuren keine Qualifikationsnachteile.

Der Fokus auf Umwelttechnik kann zunächst auch als Indiz für seine Nähe zu alternativen Ökonomie- und Milieuformen gelesen werden. Doch Gido Stannieck verfolgt mit seinem unternehmerischen Engagement keine ökologischen Ziele, sondern hauptsächlich monetäre Ziele, ohne dass darüber aber die Eigenverantwortung und längerfristige Berufspläne vernachlässigt werden sollten.

In der Anfangszeit noch als Arbeitsloser tüftelt Gido Stannieck also in seiner Garage und erfindet tatsächlich ein 'missing-link' in der Anwendung der Solartechnik, das er sich sofort

IV.2 Neue Selbstständige an der Peripherie der Hauptstadt

als Patent schützen lässt. Es „ist eigentlich nur 'ne Zusammenstellung von bekannten Dingen, die auf die Solartechnik abgestimmt wurden ... Kein High-Tech" (IS, 5).[10] Er ist sich der Grenzen seines technischen Rafinesses dabei also wohl bewusst und vertraut gleichzeitig auf seine Fähigkeiten, Verfahrensnischen zu entdecken. „Da muss man nicht äh sechs Jahre Studium hinter sich haben. Da reicht auch mitunter jesunder Menschenverstand" (IS, 34). In der Entwicklungszeit pflegt er seine Messekontakte, knüpft neue Netze und beginnt mit der Akquisition. Den Prototyp seiner Konstruktion baut Herr Stannieck für den ersten Auftrag, mit dem er auch sein Unternehmen offiziell gründet: „Und habe dann mit dem ersten Auftrag mein Gewerbe angemeldet" (IS, 2). Das Unternehmen von Herrn Stannieck ist nahezu konkurrenzlos, denn es bietet nicht nur die spezielle Technik an, sondern die Anlagen werden auch von eigenen Monteuren installiert. „Wir haben diese Sachen gezielt angeboten und die sind auch sehr dankbar angenommen worden. ... Und da es offensichtlich für große Firmen noch nicht *so* interessant ist, bewegen wir uns da auch ziemlich alleine auf dem Markt" (IS, 7).

Für die erfolgreiche Unternehmensgründung wurde also die Fähigkeit Gido Stanniecks ausschlaggebend, eine Nische – hier eine Marktlücke – zu finden, diese zu besetzen und sich in ihr auf findige Weise 'unverzichtbar' zu machen.

Vergleichen wir in einem Zwischenresümee die Passagen in die Selbstständigkeit von Herrn Stannieck und dem Ehepaar Kühr und Rasch, so wird deutlich, dass sie sich signifikant unterscheiden. Bei letzteren transformiert sich das Arbeitsverhältnis eher ungewollt, schrittweise, 'organisch' von Angestellten zu Selbstständigen. Gido Stannieck dagegen bricht eine rasant begonnene Nachwendekarriere ab, gibt einen sicheren Arbeitsplatz auf und macht sich in einer ihm völlig fremden Branche selbständig.

Die Analyse dieser beiden Fälle resp. Fallpaare zeigt maximal kontrastierende Wege in die Selbstständigkeit. Beide Fallpaare lassen sich nicht den Motiven „Gründung aus Not" oder „Gründung zur Selbstverwirklichung" zuordnen (vgl. Bögenhold 1985). Ebensowenig sind die in der Transformationsforschung entwickelten Kategorien „Anschlusstransformation" oder „*kreative Öffnungen* der Transformationssituation" trennscharf,[11] wie insbesondere das Beispiel des Fitness-Studios zeigt: Weitergeführt wird zwar eine Trainertätigkeit, doch diese wird in dem neuen Rahmen der Selbstständigkeit ausgeübt und an die veränderten Bedingungen angepasst. Diese Kategorien sind zu grob, um der Vielfalt der Statuspassagen[12] in die Selbstständigkeit gerecht werden zu können. Sie 'vergessen' zudem die sozialen Räume, deren Chancen- und Optionenprofil für den Schritt in die Selbstständigkeit wesentlich ist: In unseren Fällen also den engeren Verflechtungsraum – entweder als neuer Markt für Service- und Kommunikationsangebote an sportive Nachwende-Lebensstile, oder als ursprünglicher Vernetzungsraum von Kooperations- und Informationspraktiken. Der inzwischen ins Visier genommene Produktmarkt für sportive Lebensstile allerdings hat längst die Limitierungen des Metropolenraumes überschritten. Genauer wirkt er als ein zentrales Einfallstor für kulturelle Globalisierung 'vor Ort'.

---

10 Das Wesen des Unternehmers liegt nach Schumpeter bekanntlich im Erkennen und der Durchsetzung von „neuen Kombinationen" der Produktivkräfte. Schumpeter sieht den reinen Unternehmer im „Typus des Gründers" verkörpert. Insofern könnte man Gido Stannieck durchaus als Unternehmer im schumpeterschen Sinne beschreiben (vgl. Schumpeter 1928: S. 483 und S. 485).
11 Auch Thomas selbst weist darauf hin, dass detaillierte Analysen vielfältige Mischformen dieser kontrastierenden Idealtypen zu Tage fördern (vgl. Thomas 1996: S. 30 f.).
12 Glaser/Strauss (1971): Status Passage.

3.2 Die Beziehungsräume des Fitness-Klubs

In diesem Abschnitt sollen prägnante Strukturmerkmale des 'post-sozialistischen' Fitness-Centers analysiert werden, das strategisch günstig in einem „Speckwürfel" des engeren Verflechtungsraums[13] gelegen ist. Es hatte daher eine Zeit lang gute Voraussetzungen, eine Vorreiterrolle bei der Verbreitung sportiver Lebensstile in einer brandenburgischen Hauptzone der Suburbanisierung zu spielen. Als Kunden kommen neben den Aufsteigern unter den 'gelernten DDR-Bürgern' zunächst auch die mobilen Ex-Berliner in Betracht, die sich jüngst in Grünow angesiedelt und dort erhebliche Gentrifizierungsprozesse ausgelöst haben. Zunächst aber ein Blick zurück: Welche Ziele verbanden Herr Rasch und Frau Kühr mit ihrem Fitness-Studio?

Für Herrn Rasch besteht das Ziel darin, „normales Fitness-Training, Kommunikation an der Theke und auch so 'n Treffpunkt ... hier zu organisieren. Das war eigentlich die Zielstellung, die ... wir verfolgen" (IR, 14). Frau Kühr möchte als Choreographin eine Tanzgruppe aufbauen: „Das ist eigentlich das, was ich mir im Leben jetzt noch hier vorgenommen habe. Also das ist mein großes Ziel, noch so was aufzubauen mit normalen Jugendlichen, die zwar nicht die Leistungen haben werden, aber ... 'ne Gruppe zu sammeln ... die wegfährt und Shows hat und Spaß hat, Jugendarbeit im Prinzip" (IK, 6). Und so profilieren sie ihr Fitness-Studio, das inzwischen eines von vielen in der Region ist, mit starken interaktiv-kommunikativen Bezügen und einer stattlichen Tanzabteilung. Es fällt sofort auf, dass das Fitness-Training nur ein Ziel von vielen ist und finanzielle Motive bei den mit der Existenzgründung verbundenen Zielen nur am Rande erwähnt werden.

Und dieses Konzept scheint sofort aufzugehen, d.h. die Neuunternehmer haben offenkundig wende- und verflechtungstypische Markt- und Betätigungsnischen entdeckt:. „Weil die wenigsten Leute, das ist ja nu auch kurios, kommen ... um Sport zu treiben. 60 % wollen ja eigentlich gar keinen Sport machen" (IR, 27). Das Fitness-Center fungiert damit auch als von Sonderbezügen geprägter Rückzugsraum gegen die Kosten der schnellen Veränderungen im transformationellen Verflechtungsprozess. Hier haben die Gäste die Möglichkeit, in Gesprächen und lockerer Atmosphäre an der Bar die Vereinigungskrise und alltägliche Probleme gemeinsam zu bewältigen. „Im Prinzip quatsche ich mit den Frauen über ihre Probleme; oder er bei der Massage. Das ist eigentlich auch das, was die Leute brauchen. Der Sport ist nur Alibi. Eigentlich kommen sie wegen der Kommunikation" (IK, 22 f.). Aktuelle politische Ereignisse werden diskutiert, Gefahren und Chancen von Nachwende-Projekten werden ausgelotet, Geschäftsverbindungen geknüpft, Geschäfte abgeschlossen und regelmäßig werden rauschende Feste gefeiert. „Wir sind denn hier so mehr Klubcharakter, wie 'ne große Familie" (IR, 5). Über einen 'ungewollten' sozialen und kulturellen Schließungsprozess hat sich das Fitness-Studio dabei von einem alle Interessierten ansprechenden Studio zu einem Klub (mit K!) entwickelt.

Geselligkeit ist also die dominierende Sozialform in dem Studio von Frau Kühr und Herrn Rasch. An der Stelle von Barhockern, die als Indikatoren sozialer Distanz und Individualisierung gelesen werden können, ist hier die Bar mit Langpferden aus dem Geräteturnen bestückt, was ein enges auch geschlechtübergreifendes Zusammenrücken nahelegt.[14] Es herrscht also eher eine familiäre, intime Geselligkeit und keine unverbindliche Single-Geselligkeit, wie sie

---

13 Siehe zu dem Verhältnis von Ortsentwicklung und Unternehmensentwicklung das Phasenschema in II.5.
14 Diese Beobachtung machte Matthiesen (1997: S. 257), der diesen Fall zudem in einer methodologischen Argumentation für eine Verschränkung von Weltbild- und Lebensstilanalysen heranzieht.

mit „westlichen" Vorerwartungen bei einem Sportstudio angenommen werden könnte. Zugezogene Westdeutsche resp. Westberliner befremdet genau diese Re-Kodierung des Fitness-Studios als Raum großer sozialer und familiärer Nähe.[15] Herr Rasch ist sich der daraus resultierenden und ein zusätzliches Kundenpotential abschreckenden Außenwirkung des Studios durchaus bewusst: „Da gibt's schon Hemmschwellen, zumindest in meinem Laden" (ViR, 17). In die Intimität der Interaktions- und Kommunikationskreise, die vielfach eine langjährige Vorgeschichte haben und gesteigert wird durch gemeinsame Nachwende-Transformations- und Suburbanisierungsproblem-Erfahrungen, können potentielle neue 'Klubaspiranten' nur noch schwerlich eindringen. Die Stabilisierung des Klubs geht nach innen in einen Vergemeinschaftungs-Prozess über, der ökonomisch gleichzeitig als Abschließung gegenüber der Außenwelt wirkt – was natürlich wirtschaftlich gesehen nicht ganz unriskant ist.

Das Fitness-Studio erweist sich also in erster Linie als Ort der Begegnung und des geselligen Beisammenseins,[16] weniger des Sports. Frau Kühr und Herr Rasch bedienen mit ihrem Klub die Nachfrage nach Vertrautheit und solidarischen Gesellungsformen (zum Komplex Vertrautheit/Fremdheit im Suburbanisierungsprozess s. VII.2). Die Besonderheit dieses Fitness-Studios besteht darin, dass es Funktionen übernommen hat, die üblicherweise von anderen Institutionen ausgeübt werden.

Das Verhältnis von Ost- und Westdeutschen spielt durch die Zusammensetzung der Kundschaft eine wichtige Rolle im 'Sportstudio'. Auch das Studio und die Betreiber selbst können unter dem Aspekt untersucht werden, wie sie in diesem Verhältnis positioniert sind. Frau Kühr und Herr Rasch betonen die Ost-West-Differenz sehr stark: „Der Schnitt geht jetzt nicht zwischen Berlin und Brandenburg, sondern der geht generell durch Ost und West" (IR, 43). Mitbedingt mag diese Einschätzung dadurch sein, dass sie als Athleten sowohl die beiden deutschen Staaten in einem besonderen Konkurrenzverhältnis wahrnahmen, als auch in besonderer Weise der DDR verbunden waren. „Unsere Illusion war sowieso, dass man das Gute von Ost und West zusammennimmt und da das beste draus macht; ist Quatsch, es geht nicht auf. Von uns ist nichts übrig geblieben. Nichts. Ja, das ist schade" (IK, 19). Das westliche Gesellschaftsmodell wird also keinesfalls fraglos übernommen, eher gerät es stellenweise häufig in die Kritik. Da ist die Hypokrise nicht immer weit. Dabei wird den Neuen Selbstständigen im Allgemeinen ja zunächst gerne die Rolle der Modernisierer zugedacht. Sie sollen das ökonomische Fundament des selbsttragenden Aufschwungs in Ostdeutschland bereiten und dem Mittelstand wird „über die rein ökonomische Funktion hinaus *Kulturbedeutsamkeit* für die gesamte gesellschaftliche Entwicklung" zugesprochen (Heuberger, Tänzler 1996: S. 37). Bei Inga Kühr und Klaus-Dieter Rasch ist auf der Ebene der Einstellungen und Deutungsmuster dagegen eine manifeste *und* latente Doppeldistanz zum westdeutschen Gesellschafts- und Wirtschaftssystem auszumachen. Das Fitness-Center hat also zwar auf der Ebene von Moden und der Verbreitung sportiver Lebensstile die Position eines kulturellen Pionierklubs, das westliche Modell wird aber nicht einfach kopiert, sondern 'systematisch' rekodiert. Sie etablieren eine transformierte Version von Fitness-Studio, die teilweise als Gegenentwurf zum

---

15 Vgl. die Analyse von Matthiesen im Berliner Journal (Matthiesen 1998b). Nach der Analyse von Honer ist der Kontakt in West-Fitness-Studios sehr beschränkt. „Der Kontakt des 'unechten Bodybuilders' (und in dem Studio von Kühr und Rasch gibt es nur Mitglieder, die kein ernsthaftes Bodybuilding machen, g. l.) zu anderen Mitgliedern des Studios beschränkt sich einerseits auf den Kreis derer, die er 'schon vorher' kannte, und andererseits auf ein Minimum": (Honer 1995: S. 133).

16 Auch das Geschäft von Frau Beer (in der Fallanalyse IV.1) wird als kommunikativer, klubähnlicher Treffpunkt genutzt. Für diesen Typus von 'multifunktionalen' marktgestützten Solidar-Orten scheint ein erheblicher Bedarf zu bestehen (vgl. Matthiesen 1998b).

westlichen Typus gelesen werden muss. Ihr Studio steht für eine ambivalente Modernisierung, für ein Zugleich von Leistungsorientierung und 'strong ties', für die Orientierung an globalen Moden sowie dem Festhalten an Werten der Volkssolidarität, wie sie rückblickend den lebensweltlichen Netzen der DDR 'en bloc' zugeschrieben werden. Genau diese hyperkritische Messlatte scheint eine wesentliche Grundbedingung für den Erfolg des Klubs zu sein – zwischen Solidargemeinde und kultureller Schließung.

3.3 Typen der Unternehmensführung

3.3.1 Das Sportstudio

Im Folgenden werden die Wechselwirkungen dieser besonderen Gestalt des Sportstudios mit den ökonomischen Perspektiven untersucht.

Hinsichtlich ihres ökonomischen Erfolgs sind Frau Kühr und Herr Rasch verhalten optimistisch. Ihr Studio wird gemäß seinen Erwartungen „immer 'n realer Anlaufpunkt für Leute sein. Und deshalb hab' ich eigentlich auch gar keine Probleme, sagen wir mal keine Existenzangst oder so was" (IR, 28). Frau Kühr ist da skeptischer: „Ja, wenn ich jetzt noch so richtiges äh Konzept durchziehen könnte, wie das so üblich ist in der Fitness-Wirtschaft, dann wär' ich natürlich etwas beruhigter" (IK, 17). Sie ist in einem Dilemma, denn aus ökonomischen Gründen würde sie das Fitness-Studio gerne gemäß betriebswirtschaftlichen Rationalitätskriterien führen. Doch Sport als „Industriezweig, Fitness-Wirtschaft" zu betrachten und zu behandeln, „das will so einfach nicht in meinen Kopf rein" (IK, 17). Für sie war Sport immer auch mit immateriellen[17] und idealistischen Zielen aufgeladen und diese kann sie nicht 'ausverkaufen'. Eine Sozialisation, in der Leistungsorientierung und Konkurrenz dominiert, ist eine wichtige Ressource, die ökonomisches Handeln in der Marktwirtschaft erleichtert. In ihrem Fall werden jedoch statt rein ökonomischer Kalkulationen die für die DDR-Mangelökonomie typischen Tauschbeziehungen, solange sie irgend ökonomisch tragbar sind, weiter gepflegt: „Na ja denn bringt die eine mir hier zum Fußbodenversiegeln was mit, dafür kriegt sie 'ne Massage frei. Solche Sachen wie wir 's zu Ostzeiten noch hatten, die eigentlich auch noch freundschaftliche Basis haben oder so, das passt schlecht in die Gesellschaft heute ... Wir versuchen's noch so lange es geht, und so lange es sich auch rechnet, zu halten" (IK, 17). Gemeinschaft und Geselligkeit sind also nicht nur die Charakteristika, die ihrem Fitness-Center die spezifische Ausprägung als „Klub" geben, sondern flankieren als zentrale Kategorien noch das ökonomische Handeln von Inga Kühr und Klaus-Dieter Rasch. Sie erhoffen mit der so gemixten „Ware Klub", mit dem Anbieten von Solidar-Ambiente und Gemeinschaftsgefühl ein unbelegtes Marktsegment erfolgreich zu besetzen. Anderseits sind sie dadurch allerdings beständig der Gefahr ausgeliefert, als vermeintlich besonders perfide Kapitalisten dargestellt zu werden, die Kapital noch aus einem hochgradig emotional-solidarisch aufgeladenen Bedürfnis schlagen.

Frau Kühr und Herr Rasch passen sich nur soweit an unternehmerisches Handeln an, wie es zum ökonomischen Überleben notwendig ist. Trotzdem, ob „gewollt oder ungewollt, fungieren sie als wirtschaftsstrukturelle Pioniere, ohne dass der diese Rolle tragende Habitus bereits zu voller Entfaltung gelangt wäre" (Heuberger, Tänzler 1996: S. 34). Die Betreiber des Fitness-Studios macht sie dadurch zu Pionieren, dass sie eine eigene, widersprüchlich schei-

---

17 Auch wenn sie als SportlerInnen und TrainerInnen Prämien für Erfolge bekamen, so kann doch von einer Monetarisierung des Sports in sozialistischen Ländern nicht gesprochen werden. Zum allgemeineren Verhältnis von Sport und Geld s. Matthiesen 1995.

nende Form unternehmerischen Handelns entwickeln und nicht versuchen, einem klassischen Unternehmerhabitus gerecht zu werden. Letztlich bestimmt aber natürlich auch in diesem Fall die harte Logik ökonomischer Vernunft ihr Handeln, schließlich dient das Studio zur Existenzsicherung. Das Unternehmertum und wirtschaftlicher Erfolg sind gleichwohl für sie nicht Selbstzweck, sondern Mittel zur Erreichung anderer Ziele. Allerdings: Dadurch, dass das Studio nicht mehr wie in der Gründungsphase nach außen geöffnet ist, sondern sich als „Klub mit K" zunehmend gegenüber der Außenwelt verschließt, verschenken Frau Kühr und Herr Rasch das Kundenpotential der Neu-Grünower und gefährden langfristig das wirtschaftliche Überleben ihres Studios. Ob diese 'postsozialistisch-DDR-affive Wirtschaftsform' überleben kann, hängt davon ab, ob die Wirtschaftlichkeit gewahrt bleibt, ob weiterhin eine Nachfrage nach so einem Sozialraum besteht und sich die Schließungstendenzen nicht verstärken.

Die Analyse des Sportstudios von Inga Kühr und Klaus-Dieter Rasch fördert eine eigene postsozialistische Typik der kulturellen Codierung eines Fitness-Studios und eines Unternehmerhabitus zu Tage. Der vorliegende Fall zeigt eine besondere Zusammenhangsgestalt der Mobilisierung und Bewahrung lebensweltlicher Ressourcen und Solidaritäten und deren Einpassung in den neuen und konträren Funktionszusammenhang der Selbstständigkeit im Verflechtungsprozess. In einer paradoxen Konstellation werden dabei Solidarformen ideell aufgeladen und gegen die Ökonomie verteidigt; andererseits wird mit ihnen Geld verdient. Wird das *Sportstudio westlichen Typs* als relativ anonymes Dienstleistungsangebot unverbindlich und (nahezu) ausschließlich zur – mehr oder minder erfolgreichen – Körpermodellierung und zum Training genutzt, so wird hier ein sehr persönlicher Stil gepflegt. Nicht der Sport ist der Grund für einen Besuch im Studio, sondern die kommunikative, kontaktdichte Atmosphäre. Die kulturelle Codierung dieses Fitness-Studios ist derjenigen westlicher Prägung also entgegengesetzt. Kälte wird der Wärme entgegengestellt, Atmosphäre und Kumpelhaftigkeit der Coolness, Individualismus, Konkurrenz und Distanz werden Gemeinschaft, Solidarität und Nähe entgegengehalten. Insofern ist dieses Sportstudio ein Rückzugs- und möglicher Regenerationsraum, in dem solidarische Sozialformen der sozialistischen Vergangenheit kultiviert, verteidigt und rekodiert (re-embedded!) werden. Im Fitness-Center wird die „DDR als Kultur, als Erfahrungs- und Erzählgemeinschaft, in der sich überlieferte Elemente, Spolien der untergegangenen DDR erhalten und umbilden, in der Elemente entstehen, indem sie sich mit solchen Spolien verbinden" (vgl. Rutschky 1995: S. 856), re-vitalisiert, synthetisch natürlich, aber unter dem Schein von ontologischer Realität. Im Fitness-Studio blüht damit nicht alleine rückwärtsgewandte 'Ostalgie', sondern über die komplexen Re-Kodierungen werden regionalkulturell interessante und an transformationelle Suburbanisierungserfahrungen anschließend neue hybride Sozialformen kreiert (vgl. VII.2). Gemeinsam und in Abgrenzung vom Westen werden Antworten auf aktuelle Fragen und neue Situationen gesucht, werden Optionen getestet und Handlungsalternativen durchgespielt.

In der Analyse des Fitness-Centers wird deutlich, dass es, obwohl dafür zunächst prädestiniert, nicht in erster Linie ein Ort der Modernisierung ist oder der Verbreitung globaler sportlicher Lebensstile dient – das auch –, sondern vornehmlich als 'Klub' Rückzugs-, Regenerations- und Planungsraum ist. Auch die neuen Selbstständigen Inga Kühr und Klaus-Dieter Rasch sind nicht Modernisierer im Sinne knallharter Kapitalisten, sondern formen einen neuen Verflechtungsraum-typischen Unternehmertyp, der mit Hilfe von Re-Kodierungen DDR-typischer Verhaltens- und Deutungsmuster zwar Geschäfte macht, aber diese unter dem Mantel von Solidarleistungen betreibt. Das ist ein neuer, interessanter transformationsgestützter Modernisierungstypus. Wir sehen keine abrupte Modernisierung, sondern einen langsam verlaufenden Transformationsprozess, der durch die Re-Kodierung von DDR-Erfahrungen allererst möglich wird, zugleich aber auch sich selbst zu hemmen droht.

3.3.2 Die Solarfirma

Ein Sparguthaben in Höhe von 6000 DM dient Herrn Stannieck als Startkapital seines Unternehmens. Staatliche Fördergelder für Existenzgründer nimmt er bewusst nicht in Anspruch, doch auch so gelingt der Start in die Selbstständigkeit und im ersten Jahr geht es „eigentlich *sehr rasant* bergauf" (IS, 5). Eine Krise der Branche übersteht die Firma, da durch die Beschäftigung von ABM-Kräften Kosten und Risiken minimiert werden. Darüber hinaus nutzt Gido Stannieck diese Krisenzeit optimal für die Weiterentwicklung und Verbesserung der Produkte. Als die Nachfrage wieder steigt, kann das Unternehmen sofort expandieren. Die Anzahl der Angestellten steigt auf 27, womit das Unternehmen in Deutschland zu den Großen im Photovoltaikbereich zählt. Der lokale Markt allein kann das Überleben der Firma nicht mehr gewährleisten, so dass nicht nur für die Unternehmensexpansion Aufträge auf den globalen Märkten akquiriert werden: Stannieck prosaisch knapp: „Also wir haben ganz klar den Weltmarkt im Visier. Hört sich zwar im Moment 'n bisschen global vielleicht an, aber äh ist die einzige Möglichkeit, um zu wachsen" (IS, 28). Natürlich hat auch Herr Stannieck mit seinem prosperierenden und expandierenden Unternehmen mit dem für ostdeutsche Existenzgründer typischen Problem der zu niedrigen Eigenkapitalausstattung zu kämpfen. Konkret heißt das, dass große Aufträge nicht angenommen werden können, da sie aus eigenen Mitteln nicht (vor-) finanziert werden können und Banken das Risiko einer Zwischenfinanzierung häufig noch scheuen.

Trotz allen Erfolges, trotz des Erreichten sieht Herr Stannieck die jetzige Tätigkeit in der Firma jedoch auch wieder nicht als seine Lebensaufgabe an, sondern sucht schon wieder neue (unternehmerische) Herausforderungen: „Denke mal den Betrieb in der Form den werde ich also noch maximal zwei, drei Jahre führen. Dann muss 'n anderer weiter machen. Dann müssen einfach auch neue Uffgaben her. So 'n bisschen Reiz und Kribbeln muss schon da sein" (IS, 31). Er will „*auf jeden Fall*" Eigentümer seiner Firma bleiben und auf dieser finanziellen Basis zukünftig seine Lebensträume verwirklichen. Das „ganz große Ziel ist eigentlich, dass der Laden sehr gut läuft und äh ick andere Dinge [Unterbrechung der Aufnahme] Ja das man sich einfach Dingen widmet die einem *sinnvoller* erscheinen als die reine Existenzsicherung" (IS, 30 f.). Das Ziel von Gido Stannieck scheint also weiterhin so etwas wie Selbstverwirklichung zu sein. Die findet er nicht in seiner Unternehmertätigkeit und auch der ökonomische Erfolg kann sie nicht ersetzen.[18] Selbstverwirklichung finden könnte er in einem Entwicklungsprojekt oder in der „Arbeit mit Behinderten; vielleicht kommt man ja dahin zurück" (IS, 31). Mit seinen Zukunftsüberlegungen schließt er also an seine sozial motivierte Berufskarriere an und trennt wiederum die Existenzsicherung von der Selbstverwirklichung im sozialen Engagement.

Resümierend lässt sich also festhalten: Gido Stannieck macht eine beinahe traumhafte Selbstständigen-Karriere im Verflechtungsraum, wurde von einem Aussteiger zu einem global agierenden, enorm erfolgreichen Existenzgründer. Als Unternehmer handelt und entscheidet er strikt nach ökonomischen Kalkülen, setzt auf Expansion, Wettbewerbsfähigkeit und Marktorientierung; doch gleichzeitig wertet er die Unternehmertätigkeit zur „reinen Existenzsicherung" herab und verweigert sich einer lebenslang geltenden Unternehmeridentität (Heuberger, Tänzler a.a.O.). Viel eher bleibt er strukturell neugierig auf „neue Aufgaben" auch jenseits der Marktrationalität.

Die beiden Fälle zeigen zwei stark differierende Unternehmertypen im Verflechtungsraum. Der eine ist geprägt durch die Unfreiwilligkeit des Selbstständig-Werdens sowie kon-

---

18 Vergleiche wiederum den Artikel von Gordon in IV.1.

tinuierliche Schwierigkeiten, sich als „reiner Unternehmer" zu verhalten und sich als ein solcher zu begreifen. Das Unternehmen „Fitness-Klub" prozessiert dabei eine paradoxe Mixtur zwischen Solidarressourcen „Marke DDR", dem beharrlichen Beibehalten von ökonomisch kontraproduktiven Verhaltensweisen, einer initiierenden Rolle bei der Verbreitung moderner Lebensstile und zugleich der Entwicklung eines durchaus markfähigen Kommunikationsraumes, der diese Ingredienzien für den berlin-brandenburgischen Verflechtungsraum in einer neuen Gestalt zusammenführt. Dass diese hybride Konstruktion der Zeit angemessen ist, zeigt das wirtschaftliche Überleben.

Im zweiten Fall handelt es sich um einen großen Neugierigen, der temporär die Rolle des „klassischen Unternehmers" übernimmt. Das Unternehmen nutzt zunächst die personalen und strategischen Netze des Verflechtungsraums und wird dann, gemäß den Erfordernissen eines globalisierten Marktes, ausgeweitet. Die Selbstständigenexistenz wird dabei zu einer unter mehreren Lebensphasen zurückgenommen, zu einer Station in einer Berufsbiographie neben anderen. Interessant sind die markttranszendierenden Motivationslagen, die zur Sozialfigur des klassischen erfolgsorientierten Unternehmers nicht so recht passen wollen, aber möglicherweise einen neuen Selbstständigen-Typus der postsozialistischen Transformation ankündigen. Auch hier spielen Hybridisierungsprozesse eine zentrale Rolle (s. VII.2).

4 Die lokale Verankerung der neuen Selbstständigen

4.1 Strukturwandel in Grünow und das Fitness-Studio

Die Wende riss Grünow aus einem Dornröschenschlaf, die zweifelhafte Idylle und die Ruhe im Schatten der Mauer sind nun nicht mehr. „Dass wir vor der Wende hier gewohnt haben wie auf 'm Dorf, ja, das merkt jetzt keiner mehr, 30 Minuten vom Kurfürstendamm weg" (IK, 31). Grünow ist ein inzwischen auch medial stark ausgeflaggter „Speckwürfel" im engeren Verflechtungsraum und zudem einem erheblichem Veränderungsdruck ausgesetzt.[19] 80 Prozent der Flurstücke sind von Restitutionsansprüchen betroffen. Dies vor allem hat zur Verunsicherung der Bewohner geführt und ist zugleich eine Ursache für den enormen Bevölkerungsaustausch in der Gemeinde (vgl. II.5). Frau Kühr und Herr Rasch sind gleich doppelt von Restitutionsansprüchen betroffen. Das Gebäude, in dem sie das Fitness-Studio eingerichtet haben, ist inzwischen rückübertragen. Der neue Eigentümer hat noch kein Nutzungskonzept für das Haus entwickelt, so dass unklar ist, wie lange das Studio an diesem Ort bestehen kann. Auf das Wohnhaus der Familie, das sie vor zwölf Jahren gekauft hat, sind gleich fünf Restitutionsansprüche erhoben worden, über die noch nicht endgültig entschieden wurde. Restitutionsanträge wirken bekanntermaßen als Investitionshemmnisse. In diesem Falle hätten sie beinahe die Gründung des Studios verhindert, denn unter Verweis auf das unsichere Mietverhältnis und da zudem das restitutionsbelastete Wohnhaus selbst keine Sicherheit darstellte, hatte das Ehepaar kaum einen Kredit bekommen können. Auch wird das Haus nicht renoviert, denn dies könnten verlorene Investitionen werden. Die Restitutionsanträge für ihr Wohnhaus führen bei Frau Kühr immer mal wieder zu depressiven Zuständen: „Wenn ich daran denke, da bin ich einfach fertig für den Tag" (IK, 27). Trotz konkreter existentieller Ängste schlug Frau Kühr mehrfach Angebote aus, mit dem Studio umzuziehen, da es auch von der speziellen Atmosphäre der Räumlichkeiten lebt. Diese Unsicherheitserfahrungen lassen Inga

---

19 Siehe die detaillierte Analyse zu Suburbanisierungsdynamiken in II.2, II.5 sowie die Strukturdatenanalyse von Nuissl, Joerk in II.4.

Kühr generell und prinzipiell an der Legitimität und Überlegenheit der demokratischen und marktwirtschaftlich organisierten Gesellschaft zweifeln: „Aber die Grundprinzipien Arbeit und Wohnung, also wenn das nicht mehr stimmt, dann können die mir mit ihrer Gesellschaftsordnung egal welcher Form und wo kommen. Dann hab' ich nämlich Angst, wie ich ganz einfach meine Familie über die Runden kriege" (IK, 55). Darin zeigt sich noch einmal die weiter bestehende erhebliche Distanz zu demokratischen und marktwirtschaftlichen Verfahrensregeln, die schon bei der Ausfüllung der Unternehmerrolle deutlich wurde. Sie ist ein weiteres Indiz für eine sich herausbildende spezifisch (ostdeutsche) Unternehmenskultur, die die westlichen Mittelstandsideologien nur in Teilen übernommen hat und nicht als deren 'einfacher' Promotor in Ostdeutschland fungiert.

Herr Rasch sieht die Veränderungen in Grünow als unvermeidlich an: „Es gibt 'n paar, die möchten ihre Insel hier retten. Die begreifen überhaupt nicht, dass diese Insel nicht zu retten ist" (ViR, 22). Obwohl selbst von Restitutionsansprüchen betroffen, betrachtet er diese emotionslos: „Und die meisten Leute, die hierher neu nach Grünow kommen, die sind also erstemal irgendwo äh betrachtet man gerade in Grünow solche Leute immer 'n bisschen mit Abstand. Es sind eben zugezogene Wessis, die irgendwo 'n Ossi aus ihrem[20] Haus verdrängt haben" (ViR, 17). Auch er verortet sich in Distanz zu Westdeutschen und erwartet durch die Restitutionen eine Spaltung der Einwohner in besitzergreifende Westdeutsche und wenige verbleibende Ostdeutsche: „Es wird nicht mehr sein wie früher: Alteingesessene, es sind klare Strukturen, der hat schon immer da gewohnt. Das, das ist weg. Es sind mehr Fremde, ja. Und man kapselt sich ab" (IR, 48). Doch er lässt sich dadurch seinen Optimismus nicht rauben und schätzt das Entwicklungspotential Grünows als langfristig sehr gut ein: „Was so die strukturelle Gesamtentwicklung hier angeht, ich denke dass es mal sehr gut hier werden kann" (IR, 38). Klaus-Dieter Rasch erwartet einerseits die Spaltung der Gemeinde, andererseits auch Kontinuität, denn trotz der angestrebten Verdoppelung der Einwohnerzahl würde sich der Charakter des Ortes doch nicht grundlegend verändern: „Sicherlich wird man hier jede Ecke noch bebauen in Grünow, aber man wird eben immer auch versuchen, das als ruhige Wohnstadt zu belassen ohne Industriestandort, ohne Dienstleistungsstandort .... Dass man eben einfach nur hier in exklusiver Wohnlage ruhig lebt und wohnt. So wie es eigentlich schon immer hier war" (IR, 39). Angesichts der Expansionspläne der Gemeinde beklagt er Entscheidungs- und Vollzugsdefizite beim Infrastrukturausbau. Das Studio hat ein Viertel seiner Kunden verloren, da diesen durch die jahrelange Sperrung einer Brücke – Renovierung oder Neubau sind nicht absehbar – der Weg versperrt war. Er kritisiert, dass Grünow gegenüber den Nachbargemeinden einen harten Einzelkurs fährt und damit versucht, beispielsweise Verkehrsprobleme auf diese abzuwälzen.[21]

Das Verhältnis von Inga Kühr zu den Veränderungen der Gemeinde ist noch ambivalenter. Einerseits befürwortet und unterstützt sie die Wachstumspolitik, andererseits kritisiert sie die Veränderungen und fürchtet um den Charakter Grünows als Waldstadt. Diese Sorge teilt sie mit vielen Alteingesessenen. Zugezogene und eingesessene Grünower engagieren sich gemeinsam in einer Bürgerinitiative, die sich die Bewahrung der Lebensqualität und des Ortscharakters zum Ziel gesetzt hat. Ost- und Westdeutsche, Neu- und Altgrünower verstehen darunter zuerst den Schutz ihrer nächsten Nachbarschaft vor Neubauprojekten.[22]

---

20 Das kann nur heißen, dass Herr Rasch die Rechtmäßigkeit der Restitutionen anerkennt, denn andernfalls müsste er sagen: 'Wessis, die irgendwo 'n Ossi aus *seinem* Haus verdrängt haben'.
21 Siehe die Planungsanalyse von Henning Nuissl in diesem Band in V.I.
22 Vgl. dazu genauer den Beitrag von Matthiesen zu den örtlichen NIMBY-Gruppierungen in VI.1.

Eine strukturelle Ähnlichkeit des Entwicklungspfades der Gemeinde wie des Sportstudios besteht darin, dass beide als Bewahrer, Re-Kodierer und Modernisierer zugleich agieren. Trotz enormen Wachstums soll ja der Ortscharakter nicht verändert werden; das Fitness-Studio, selbst schon Ausdruck der Modernisierung der Lebensstile, profiliert sich geradezu am Markt durch die Re-Konstruktion von DDR-typischen Geselligkeits- und Solidarformen (re-embedding). In solchen hybriden Zusammenhangsgestalten drücken sich eigenständige Modernisierungspfade aus, die nicht unter das Label nachholende Modernisierung subsumiert werden können.

4.2 Strukturwandel in Otterstedt und das Umweltunternehmen

Der Strukturwandel im stagnierenden und von Entwicklungsblockaden geprägten Otterstedt wird maßgeblich geprägt durch Restitution, durch strukturelle Folgen aus der Suburbanisierungsphase 1 („Der wilde Osten" vgl. II.5) sowie durch das große Gewerbegebiet und den Bau- und Planungsstopp, der die Entwicklung von Wohngebieten in der Gemeinde verhindert (vgl. die Planungsanalysen von Nuissl in VI.1).

In Otterstedt sind ca. 70 Prozent der Flurstücke mit Restitutionsanträgen belastet. Nach Meinung des erfolgreichen Jung-Unternehmers Stannieck akzeptieren die Betroffenen in der Regel die Rückgabe des Eigentums, solange sie eine neue Wohnung finden. Er sieht durch die Restitution auch keine prinzipiellen Konflikte zwischen Ost- und Westdeutschen entstehen. Der Austausch von (nach seinen Angaben) 60 Prozent der Bevölkerung sei in Otterstedt eher unspektakulär verlaufen und im Gegensatz zu Grünow ohne öffentlichkeits- und medienwirksame Protestaktionen.

Das Büro der Solarfirma befindet sich in einem ehemaligen Schuppen auf Stanniecks eigenem Grundstück. Herr Stannieck hatte aus Kostengründen nie in Erwägung gezogen, seine Firma in dem nahegelegenen boomenden Gewerbegebiet anzusiedeln und unterhält auch keine geschäftlichen Verbindungen zu dort angesiedelten Unternehmen. Insofern verhält er sich, wie die Otterstedter insgesamt, die nahezu keine Beziehung zu dem Gewerbegebiet entwickelt haben, das von einem hermetisch abgeriegelten Global Player dominiert wird[23].

Das mittelständische Unternehmen und der Global-Player ähneln sich darin, dass beide in Otterstedt forschen und produzieren, beide mit innovativen Produkten erfolgreich die Weltmärkte erobern. Neben der krassen Differenz in der Unternehmensgröße ist eine wesentliche Differenz auch in dem räumlichen Bezug zu Otterstedt festzustellen. Gido Stannieck ist zunächst nur durch das Grundstück an Otterstedt gebunden, allerdings greift er für die 'flexible' Struktur seines Arbeitskräfte-Einsatzes stark auf lokale Netzwerke zurück. Für die Projektakquise allerdings gibt es für das Unternehmen vor Ort sowie in Berlin und Brandenburg wenig zu holen. Da Aufträge weltweit ausgeschrieben werden, denkt er sein Unternehmen in globalen Zusammenhängen und ist mit seiner Firma inzwischen auf allen Kontinenten präsent. Die lokale Situierung muss sich dabei dem globalen Handlungsrahmen flexibel anpassen. Herr Stannieck unterhält daneben persönliche und geschäftliche Beziehungen zu zwei Firmen in Ostdeutschland. Diese Vernetzung hat ihm geholfen, sich am Markt zu etablieren, verliert nun aber, bei zunehmend globaler Orientierung des Unternehmens, an wirtschaftlicher Bedeutung. Der Global Player „Engines" dagegen, der selbst Produkt der Globalisierung ist und Ingenieure und Fachkräfte aus der ganzen Welt beschäftigt, ist da weit weniger flexibel als die Solarfirma. Er ist wie ein Ufo im Märkischen Sand, in der Peripherie der Hauptstadt gelandet und bislang Ufo-ähnlich geblieben (vgl. Matthiesen 1998b). Die fehlende Vernetzung mit der

---

23 Zu dessen Belegschaft gehören weniger als fünf Otterstedter (siehe auch den Beitrag von Nuissl, Arndt, Jäger in VI.2)

Bevölkerung und der Verwaltung vor Ort wird zwar verbal als Defizit wahrgenommen. Der generelle Bau- und Planungsstop für die Gemeinde verhinderte zudem den Wohnungsneubau, der nicht zuletzt vom Global Player anfänglich gewünscht wurde, damit sich seine Mitarbeiter in Otterstedt sich ansiedeln könnten. Dennoch bleibt das lokale Networking des Global Players bislang kaum der Rede wert (s. VI.2). Herr Stannieck registriert dies teilnahmslos und entwirft ein Zukunftsszenario, in dem Otterstedt insgesamt nichts weiter als ein großes Gewerbegebiet ist. Obwohl man das von dem Gründer einer Umwelttechnikfirma hätte erwarten können, engagiert er sich nicht in einer Bürgerinitiative gegen die Ursache des Baustopps oder für eine nachhaltige Ortsentwicklung. Dies erscheint zunächst paradox, neben der Distanz zu der PDS-lastigen Kummunalpolitik fügt sich das aber mit der strikt ökonomisch begründeten Entscheidung für eine Betriebsgründung im Umweltschutz zu einer berufsbiographisch stimmigen Figur – als eine Phase unter anderen innerhalb eines strukturell neugierigen, schwach nur lokal verankerten Lebensentwurfs vor den Toren der Hauptstadt (vgl. die Beiträge von Prengel und Karl in III.1, III.2).

5 Schluss

Die Entwicklungspfade der untersuchten Gemeinden verlaufen äußerst unterschiedlich. Grünow entwickelt sich zum vornehmen Vorort Berlins, während sich für Otterstedt möglicherweise die pessimistische Prophezeiung von Gido Stannieck bewahrheiten wird. In der dynamischen Gemeinde ist das Fitness-Studio ein Ort, der als Rückzugs- und Re-Kodierungsraum Sicherheit bietet und in dem ein Verschnaufen angesichts der Brüche und Veränderungen möglich ist. Es ist aber auch ein Ort für die Anbahnung neuer, informeller (geschäftlicher) Verbindungen und des kreativen Umgangs mit den Transformationsprozessen. Stark ausgeprägt ist die lokale Vernetzung des Studios. Dieser Kontext ist erst durch das Studio und mit ihm entstanden und das Studio reagiert auf Bedürfnisse (z.B. nach Solidargesten) dieses einbettenden Milieus: es hat insofern eine starke „place making"-Funktion, es strukturiert den sozialen Raum der Gemeinde neu – und sei es durch Unterstützung von Rück-Träumen in Zeiten hinein, wo 'Wohnung und Arbeit' noch sicher waren.

Das Solarunternehmen in der stagnierenden Gemeinde ist – außer durch die Arbeitskräfteakquirierung und Fühlungsvorteile in der Anfangsphase – auf der Produktseite kaum in lokale Netze eingebunden. Neben der Marktlage ist dies eine logische Folge der Tatsache, dass es für ein global agierendes junges Unternehmen als Marktteilnehmer nicht notwendig ist, auf einer lokal verankerten Firmentradition zu gründen, zumal wenn das Unternehmertum von Beginn an als temporäre berufsbiographische Zwischen-Phase konzipiert wird. Dies bedeutet allerdings keineswegs das Fehlen belastbarer Verbindungen überhaupt. Diese können aber weiter entfernt sein, oder es wechseln Phasen sehr intensiver, enger Vernetzungen mit Phasen lockerer, formeller Beziehungen. Gleichwohl scheinen die erfolgreichen Such- und Findeprozesse des Jungunternehmers auf einer abstrakteren Ebene durch den Zwang zur Bewährung in dem neuen Möglichkeits-Raum der Verflechtung von „Mark und Metropole" immer auch mit angestoßen worden zu sein.

Zusammenfassend lässt sich sagen, dass die von den beiden Unternehmensneugründungen mitkonstituierten sozialen Räume und Netze immer auch *neue Hybridbildungen* enthalten, etwa durch die jeweils falltypische Mischung von Wiedererfindungen ausgewählter Vorwende-Traditionen mit 'hochmodischen' Konsumismus- und Lebensstil-Fermenten und spezifisch postsozialistischen Transformationseffekten (vgl. zur Entwicklungslogik postsozialistischer Hybridisierungen genauer: VII.2).

V.
Formen bürgergesellschaftlichen Engagements im Suburbanisierungsprozess

Ulf Matthiesen

V.1 NIMBY und LULU am Stadtrand – Bürgergesellschaftliche Streitformen um lokale Raumnutzungen und Raumkodierungen im engeren Verflechtungsraum

Terminologische Vorbemerkungen
LULU (Locally Unwanted Land Use) und NIMBY (Not In My Backyard) bezeichnen zwei aktuelle und weit verbreitete Formen bürgerschaftlichen Widerstands, mit denen gegen unerwünschte Raumplanungen und abgelehnte Raumentwicklungspolitiken protestiert wird. Häufig bilden diese Widerstandsformen den Kern von sog. „slow groth"-movements, von Bewegungen also, die sich gegen „zu schnellen, zu abrupten" sozialräumlichen Wandel wenden. Derartige Protestbewegungen haben sich zunächst vor allem in den USA, und hier verstärkt seit den 80er Jahren, der sog. Me-Decade, entwickelt. Inzwischen sind sie aber längst zu einem internationalen 'Phänomen' geworden, mit einer ganzen Fülle von strukturell sehr ähnlichen lokalen Argumentations-, Aktions- und Bewegungsformen des NIMBY-Formenkreises. Die Brisanz dieser single-issue-Bewegungen lässt sich schon durch Verweis auf den sprachlichen Einfallsreichtum belegen, mit dem die US-Amerikaner auf die galoppierende Vermehrung dieser Aktionsformen reagiert haben: durch Erfindung einer ganzen Batterie von weiteren Akronymen nämlich. Neben NIMBY und LULU finden sich etwa NOOS (Not on our Street), NIMTOO (Not in My Term of Office), NOPE (Not on Planet Earth); oder aber CAVE (Citizens against virtually Everything) sowie BANANA (Build Absolutely Nothing Anywhere Near Anything) – die beiden letzteren Akronyme sicherlich eher als Fremdzuschreibung der 'Gegenseiten' entwickelt (s. Michael J. Dear, 1992; Peter Hall, C. Ward 1998, 111, 199 ff.). Das Winterheft des Journal of the American Planning Association (vol. 59, No 1, 1993) enthält ausführliche Hinweise zur amerikanischen NIMBY-Diskussion unter Stadtplanern, Geographen und Developpern[1]. Es zeigt zugleich nachdrücklich, welch traumatisierende Effekte diese Bewegungen auf diese Berufsgruppen haben können. Die folgenden fallgestützten Überlegungen gehen der normativen Struktur und dem Funktionswandel von NIMBY-Prozessen unter den Pfadbedingungen postsozialistischer Transformationen nach.

a. Die Umlandgemeinden Berlin sehen sich seit 1989 von einem enormen Anpassungsdruck herausgefordert, der phasenspezifisch verläuft (II.5). Wir haben zu zeigen versucht, wie sich dieser Phasenprozess als Überlagerung mehrerer tiefreichender struktureller Veränderungen beschreiben lässt (II.1, II.2). Um nur die drei wichtigsten in Erinnerung zu rufen:
a) postsozialistische Transformationsprozesse infolge des Systemwandels 1989,
b) ein tiefreichender ökonomisch-sozialer Strukturwandel (Stichworte: Europäisierung, Globalisierung) sowie

---

[1] Ich danke Michael Southworth vom Institute of Urban and Regional Development (Dpt. of City and Regional Planing, University of California, Berkeley) für kompetente Hinweise in dieser „wicked" Angelegenheit.

c) ein schneller Umbruch in den Grundstrukturen der Alltagskulturen. Allen Verschwisterungstendenzen zum Trotze bleibt diesem Kulturbruch die Konflikt-Choreographie von Ost- und West-Mentalitäten und entsprechenden Habitus-Formen weiter 'eingeschrieben'. Hinzu treten gravierende Sonderprobleme, die die Sozialräume an den Rändern der Hauptstadt zusätzlich belastet haben: Vor allem Restitutionsansprüche, die in einigen Fällen – so auch in der 'Gewinnergemeinde Grünow' – 70 bis 80 Prozent aller Grundstücke und Häuser betrafen. Gleichzeitig treten die Kommunen seit 1989 als Akteure mit eigenen Rechten und Pflichten auf die lokale Bühne politischer und gesellschaftlicher Interessenaushandlungsprozesse (II.2, III.1, III.2, VI.1). In der Hauptsache ist es nun Sache der Kommunen, über die Dynamik und die Richtung von räumlichen Entwicklungsprozessen der Umlandkommunen zu entscheiden – sicherlich im Rahmen der von der Regional- und Landesplanung vorgegebenen Entwicklungskorridore und weiterhin mitgeprägt auch durch den Umstand, dass allzu weitgehende Steuerungshoffnungen des Gesamtprozesses der Suburbanisierung schon in der ersten Phase (s. II.5, Phase 1 „Der wilde Osten in Suburbia") nachhaltig wiederlegt wurden.

Zugleich mit der neuen aktiveren Rolle der Kommunen als relativ autonomer Sachwalterinnen örtlicher Raumentwicklungen treten *bürgerschaftliche Gruppierungen, Interessen- und Akteursgruppen* auf, als zunehmend selbstbewusste Vertreter von Partialinteressen (s. auch II.5). Um nur die wichtigsten drei Gruppierungen zu nennen:

- Neue, häufig aus den unbelasteten Teilen der technischen Intelligenz der DDR rekrutierte lokale Eliten (III.1, IV.1 s. u. Akteurstypen 1. und 2.);
- eine der PDS nahestehende Gruppierung von kundigen und hochmotivierten InteressenvertreterInnen der 'gelernten DDR-BürgerInnen' (III.1, III.2 sowie unten Akteurstyp 4); sowie
- die Gruppe der Neuzugezogenen (veritable Zahnärzte, Neu-Gentry-AspirantInnen, klassische Professionen, Beamte, Aufsteiger mancherlei Gestalt; s. V.3).

Auf lokaler Ebene bilden sich gegenwärtig unter wesentlicher Mitwirkung dieser drei Gruppierungen neue, manchmal auch neu/alte Formationen für die örtlichen Interessen- und Koalitions-Spiele – wobei gerade die zukünftige Entwicklung des sozialen Raumes häufig das Kernthema der Auseinandersetzungen bildet. Dabei kann das neue bürgerschaftliche Engagement vielerorts an 'gewachsene' Vor-Strukturen aus der Phase der DDR anschließen (Historische Vereine wie in *Otterstedt* etwa).

Wo immer möglich kommt es aber auch vermehrt zu Rückanschlüssen an *vor*sozialistische Raum- und Bebauungspolitiken der Suburbanisierungsphasen bis 1945 (so ganz deutlich in *Grünow*, vgl. die Vorphase 1 in II.5). Um die normativen Grundorientierungen der neuen lokalen Akteurskonstellationen vergleichbarer zu machen und die Generalisierungschancen zu erhöhen, haben wir unter Rekurs auf die Ergebnisse der Einzelfallrekonstruktionen für das Ränder der Hauptstadt-Projekt einen mehrdimensionalen Merkmalsraum entwickelt (vgl. Matthiesen, 2001b). Drei Dimensionen haben sich dabei als besonders einschlägig erwiesen: die Dimension der *Alltagskulturen*, die zwischen den Polen von Öffnung und Schließung operiert; dann die *Lebensstildimension*, die in den umbrechenden Transformationsgemeinden zwischen neuem Konsumismus und neu/alter Askese alterniert; schließlich die *Sozialraum-Dimension*, die durch den 'dialektischen' Dreitakt von Einbettung, Entbettung (dis-embedding) und Wiedereinbettung (re-embedding) strukturiert ist (s. auch die genaueren Erläuterungen zu den Dimensionen aaO.). Unter Bezug auf diesen 3-dimensionalen Merkmalsraum haben sich vier *Akteurstypen* herausgeschält, die für das Binnenklima der bürgerschaftlichen Verfasstheit der Umlandgemeinden besonders relevant sind: entweder als zivilgesellschaftlich Aktive oder als wichtige 'latente' Akteursgruppe des lokalen „man", des örtlichen „commonsense". Diese Akteurstypen bilden zugleich wichtige Multiplikatoren innerhalb eines sich schnell ausdifferenzierenden Typenkontinuums 'an den Rändern der Hauptstadt':

1. Radikale Modernisierer
Darunter sind neue Selbstständige gefasst, die entschlossen lokale, regionale, nationale und globale Märkte in den Blick nehmen. Diese Akteursgruppe tilgt auf der Oberfläche der Lebensstile weitgehend jedwede 'östlichen' Herkunftsmarkierungen – allerdings bei Erhalt tiefenstruktureller Deutungsmuster und der sozialen und insbesondere professionellen Netzwerke, die sie an den Ort und die Teilregion binden. Statt lebensweltlich gegründeter lokaler Raumbezüge (stark ausgedünnt) werden virtualisierte Räume zunehmend relevant, sowohl innerhalb des Verflechtungsraumes (Handy, email, Internet gehören dabei natürlich längst zur Standardausstattung), wie im Kontext von europäischen Erweiterungsstrategien. Als neue *Gründergeneration* sind sie privat zu einer eher unprätentiösen Lebensführung bereit – mit zeitlich befristeten Exuberanzen natürlich (IV.2).

2. Modernisierer mit posttraditionalen Ligaturen
Damit sind *neue lokale Eliten* beiderlei Geschlechts gemeint, die interessante, posttraditionale Mischungen von Bodenhaftung und Weltoffenheit entwickeln. Eine strukturelle Neugierde auf nahezu alles ist unterfüttert durch neue, auf eigene Leistungen stolze Formen der Sässigkeit (IV.1). Dieser Typus verbindet kulturelle Öffnungen mit ausgeprägtem bis renitentem Selbstbewusstsein. Zugleich gelingt hier eine beinahe paradoxe Verkopplung von extremer Leistungsorientierung *mit* starken Solidarpraktiken. (Für diesen lokal bedeutsamen Transformationstypus hat die modernisierungstheoretische Sozialwissenschaft kaum schon geeignete Kategorien parat.)

Häufig sind Angehörige der hochqualifizierten DDR-TechnikerInnen-Generation zwischen 35 und 50 darunter, die die letzten Jahre des real existierenden Sozialismus mehr oder minder „auf Tauchstation" überwintert haben (Bürgermeister und 'Planungs-Chef' von Grünow, vgl. auch die Bürgermeisterin in III.1).

3. Radikale Konsumisten
Insbesondere Jugendliche und die junge Generation zwischen 16 und 25 gehören zum Kern dieses Typus: hochmobil und über ihre Beziehungsnetze und Szeneorte sässig zugleich. Auto ist Kult und die Automobilisierung wird dabei zur Kulturform gesteigert. Konsumistisch sind sie weit geöffnet, kulturell eher geschlossen, teilweise auch gespalten zwischen Öffnungs- und Schließungstendenzen (vgl. VII.1; VII.2). Auf der Ebene der Sozialdimension sind diese Jugendmilieus häufig schon mal 'radikal geschlossen'.

Diese 'neuen Ost-Jugendlichen' des automobilisierten Umlandes setzen auf der einen Seite voll auf konsumistischen Lifestyle, das heißt auch auf kulturelle Globalisierung. Gleichzeitig kokettieren sie theatralisch-ernsthaft mit stark nationalen bis nationalistischen Ausdrucksgesten – allerdings nicht selten in 'reflexiven' Varianten (VII.1/VII.2).

Hier ist zweifellos ein politisch brisantes Potential vorhanden. Gestärkt werden die 'gebrochenen' Schließungstendenzen dieser Akteursform durch ein *geteiltes Hintergrundsentiment* mit den älteren Generationen des Typus 4: ihnen ist gemeinsam ein „Summton der Unzufriedenheiten und der Ressentiments", der hier allerdings auf zunehmend höherem 'konsumistischen' Alimentierungsniveau kultiviert wird (Tankstellen an den Ortsausgängen mit ihren Fastfood-Angeboten an 'schnellem Essen und Trinken' bilden häufige Treffpunkte.) In den Kulturen der peers zelebriert, können diese Voreinstellungen schnell in abrupte und explosive Ausdrucksgesten umschlagen.

4. *„Nationalpark DDR"-Bewohner*
Dieser Akteurtypus, häufig Ältere, nicht selten schon verrentet, ist auf lokaler Ebene weiterhin stark verankert ('embedding'). Nicht selten haben die Charismatiker dieser Gruppen sich zu Fachleuten für kommunalpolitische Sachfragen (insbesondere in den Bau- und Sozialausschüssen) qualifiziert. Sie professionalisieren dabei in sehr sachkundiger Form den schon benannten „Summton der Unzufriedenheit" (wie Arnold Vaatz das genannt hat) und kultivieren insgesamt eine skeptisch-allwissende Grundhaltung den 'Neuen Zeiten' gegenüber. Teilweise durchaus *kultiviert* im Lebensgestus, sind sie gleichwohl *kulturell geschlossen*. Auf der Dimension der Lebensstile öffnen sie sich konsumistisch nur teilweise – etwa den Verführungen der Sonderangebotskultur von Einzelhandels- und Baumärkten – andererseits bleiben sie geradezu „asketisch"- prinzipialistisch in ihren traditionellen Lebensstilwahlen (III.2).

Unter Innovationsgesichtspunkten sind insbesondere Typus 2 und 3 interessant, weil sie kulturelle Mischungen austesten, für die einerseits die politische Parteienlandschaft, andererseits aber auch die sozialwissenschaftlichen Modernisierungstheorien bislang keine passenden Kriterien bereithalten.

Typus 4 und Typus 3 sind wichtig, weil hier die Gefahr solidaritätsstiftender Ressentimentbildungen und kultureller Schließungen gegen die neuen Verhältnisse und die neuen Nachbarn vor Ort eine nicht selten generationenübergreifende Form annimmt. Das hindert natürlich nicht daran, dass auf der anderen Seite alle *materiellen Offerten der neuen Zeit maximal ausgenutzt werden*. Die damit drohende Gefahr von *doppelten Standards* streut über verschiedene Fälle (III.2, V.2, V.3).

Für die neuen Akteurskonstellationen auf zivilgesellschaftlich-lokaler Ebene, also die von uns untersuchten NIMBY- und LULU-Formen, sind zunächst Typ 2 und Typ 4 wichtig. Hinzu kommt die keinesfalls homogene Gruppe der *Neuzugezogenen*. Beide Typen bilden gerade auch im 'vorpolitischen Raum' wichtige Verstärker und potentielle Themen-Input-Geber in die lokalen Debattenformen einer streitenden Öffentlichkeit. Damit ist knapp das typische Personal umrissen, das neue lokale Formen der 'transformationellen' Interessenauseinandersetzungen um Richtung und Tempo der örtlichen und überörtlichen Bautätigkeiten und Infrastrukturplanungen trägt. Zwischen expansiven Entwicklungshoffnungen und renitenten Plädoyers für 'maßvolles Bauen' sind in vielen Umlandgemeinden – natürlich unterschiedlich dimensioniert in 'Gewinner'- und 'Verlierer-Gemeinden' – zum Teil rabiate Formen der Auseinandersetzung und Interessenartikulation an der Tagesordnung. Weil sie erhebliche Bedeutung für die Ortsentwicklungen des engeren Verflechtungsraumes erlangen können, zudem in ihrer 'kognitiven und normativen Infrastruktur' zusätzlichen Aufschluss über die Struktur der jeweiligen Suburbanisierungspfade geben können – sollen sie hier genauer untersucht werden.

b. Als Artikulationsformen einer streitenden 'lokalen Öffentlichkeit' tragen die lokalen Interessenkonstellierungen mit neuen und alten Akteursgruppen zunächst ein wichtiges zivilgesellschaftliches Ferment in die Steuerungs-*Versuche* des Suburbanisierungsprozesses hinein. Der Streit über Wege und Ziele, Maß und Form, auch über das Ausmaß an Informalität in der Siedlungsstrukturentwicklung gehört beinahe überall an den Rändern der Hauptstadt zu den wichtigsten Diskursfeldern der lokalen Selbstorganisationsformen.

Allerdings führt das analytisch-normative Doppel-Vokabular des „Zivilgesellschaftsdiskurses", seiner Arenen, Akteursnetze und proaktiven Steuerungsformen, mit denen sich derartige Prozesse zunächst erhellend beschreiben lassen dazu, die Wucht dieser lokalen Interessenauseinandersetzungen im Suburbanisierungsprozess zu glätten: Reale Steuerungsparadoxe, die Immunisierung von Filzstrukturen gegenüber Kritik, die Selbstnobilisierung von knallharten Ego-Interessen unter dem Wertehimmel von Nachhaltigkeitsmaximen etc.:

Dieses und vieles mehr treiben mancherorts die lokalen Planungs-, Steuerungs- und Politikformen an den Rand der Handlungsunfähigkeit. Zudem bleiben natürlich in die 'normalen' Stadt-Land-Verflechtungsdynamiken die Pfadwirkungen der postsozialistischen Transformationsprozesse und ihre Folgeprobleme sowie unterschiedliche 'west'- oder 'ost'-kodierte Weltbild- und Interessenstrukturen eingelassen. Sie geben in ihren fallspezifischen Überlagerungen der lokalen *Konfliktchoreographie* um das angemessene Maß und die Ziele der Bautätigkeiten erst ihre 'besondere Brisanz. Bevor wir das an Hand des Konfliktszenarios einer NIMBY-Formation in der 'Gewinnergemeinde' *Grünow* sowie mit einem kurzen Seitenblick auf eine LULU-Konstellation in der 'Verlierergemeinde' *Otterstedt* detaillierter analysieren wollen, sind zunächst ganz knapp zumindest einige Bemerkungen zum Formenkreis von NIMBY-Bewegungen *im Allgemeinen* angebracht:

Nimby als modernisiertes Sankt Florianprinzip?

„Heiliger Sankt Florian, verschon mein Haus! Zünd' andere an"!: Mit diesem weitbekannten, ebenso lakonischen wie offenherzigen Dreizeiler sieht sich Florian, 'der Blühende' – unter Diokletian als Märtyrer gestorben, Schutzheiliger gegen Feuer- und Wassergefahr – überraschend und voller Gottvertrauen als heiliger Pyromane gefordert. Man könnte sogar sagen, er wird versuchsweise „instrumentalisiert": Wenn schon Feuerschaden, dann bitt' schön nebenan. Die Kontexte und Normstrukturen des NIMBY-Formenkreises sind – gegen den ersten Anschein – wesentlich andere.[2] Sie setzen einerseits nichthierarchische Formen der 'Bürgerbeteiligung – etwa an Raumfragen' voraus, damit auch eine dosierte Abflachung von Entscheidungshierarchien, eine Delegation von Teil-Rechten 'nach unten' sowie eine zumindest rudimentäre Kultur des öffentlichen Protestes.

Mit dieser (möglicherweise schwachen) Protestkultur und mittels mobilisierender Diskursformen muss das jeweils kritisierte Problemfeld über die Erregungsschwelle öffentlicher Aufmerksamkeit gedrückt und potentiell auch in öffentliche Belange transformiert werden können. NIMBY-Bewegungen beginnen typischerweise zunächst als single-issue-Gruppierungen – allerdings können bei flexibler Stabilität der Organisationsstrukturen weitere 'issues' in die Bewegung integriert werden. Ihre spezifisch *post-moderne* Statur erhalten NIMBY-Bewegungen allerdings erst durch den Konnex von knallharten 'ego-zentrierten' Interessen *und* Legitimierungsversuchen durch universalistische Normenbestände (die mindestens das Generalisierungsniveau von 'Nachhaltigkeit' oder 'Zivilgesellschaft' erreichen). Aus dieser latent-gehaltenen Normen-Ebenen-Differenz ziehen NIMBY-Bewegungen wichtige Mobilisierungschancen.

---

2   Auf die Forschungsliteratur zu NIMBY, LULU etc. kann hier nur summarisch verwiesen werden. NIMBY- und LULU-Prozesse überlappen einander zunehmend – ursprünglich markierten Nimby-Prozesse örtlich begrenztere Raumentwicklungs- und Planungskonflikte, während LULU-Bewegungen weiträumigere Infrastruktur-Planungen (Flughäfen etc.) betrafen: Die wichtigsten Beiträge stammen weiterhin aus dem angelsächsischen Sprachraum. Siehe etwa Mike Davis 1990, Michael Dear 1992, Rober W. Lake 1993, Barbara Weisberg 1993, R.T. Teuer 1996 ('Curing the „NIMBY" Cancer'-sic!), Benjamin Davy 1997; schließlich nicht zu vergessen: Jane Anne Morris 1994, 'Not in my backyard: the <u>Handbook</u>'. Hier werden konkrete Handlungsempfehlungen und Mobilisierungsstrategien gereicht, auf der Spur der vier NIMBY-Ziele: „Stop it, move it, delay it, modify it!" Für den deutschen Sprachraum ist bislang nicht viel vergleichbares erkennbar. S. aber Frank Fischer 1993, der NIMBY als „wicked" Problem über partiziatorische Expertiseformen auflösen möchte. Vgl. auch Kleger 1996: hier wurde die NIMBY-Welle versuchsweise mit der Fragmentierungsthese der Urbanistik verkoppelt. Nimby-Analysen, die transformationelle Pfadstrukturen in Rechnung stellen, fehlen dagegen bislang.

An Hand von Fallmaterial wollen wir nun überprüfen, wie dieser westlich-postmoderne Formenkreis von NIMBY-Bewegungen unter der Randbedingung östlich-postsozialistischer Transformationen, und hier insbesondere im Kontext von Suburbanisierungskonflikten operiert. Die Nimby-Literatur zeigt, wie schwer es ist, analytische Distanz zu halten gegenüber den häufig 'saugenden', zumeist eher implizit bleibenden Solidarisierungsofferten durch NIMBY-Bewegungen: zwischen den handbuchartigen Kochrezepten für bottom up-Mobilisierungsstrategien (s. J. A. Morris 1994) und dem planerisch-politischen Horror vor Steuerungsverlusten – bis hin zur Beschwörung der Paralyse des 'gesamten politischen Systems' durch das Krebsgeschwür des NIMBY-Syndroms (Teuer 1996) – sind den Aufforderungen zur parteiergreifenden Einbindung von allen Seiten keine Grenzen gesetzt. Auch gegen diesen saugenden Solidarisierungsgestus versucht die folgende Analyse *zunächst*, Distanz und Wertung in ein angemesseneres Verhältnis zu bringen.

c. Exemplarisch und knapp soll also zunächst eine Akteursgruppe aus *Grünow* porträtiert werden, die mit großem Erfolg und zudem in einer überraschenden Koalition von Ost- und Westdeutschen die kommunalen Entwicklungsplanungen zu beeinflussen versucht. Diese zunächst 'informell' verfasste Gruppe gab sich selbst den entwaffnenden Namen: „Bürgerinitiative für ökologisches Bauen und für maßvolle Lebensformen". Die amtfreie Gemeinde Grünow (5.000 Einwohner) hat zunächst in Phase 2 (1992-1996) der suburbanen Entwicklung an den Rändern der Hauptstadt (vgl. die Phasenskizze II.5) weitreichende Entwicklungsvorstellungen im Bereich von Nachverdichtung, Gewerbe- und Wohnungsneubau projektiert. Diese Bauvorhaben wurden andererseits mit erheblichen sozialen Ausgleichsmaßnahmen für Restitutions-Betroffene (über 70 Prozent der Gebäude und Grundstücke) flankiert. Die Ungewissheit über mögliche Auswirkungen dieser großdimensionierten Entwicklungsplanungen auf die eigene Wohn- und Lebenssituation der Alt- und Neu-GrünowerInnen wird zum Auslöser für die Gründung einer Bürgerinitiative. Zur *Gründungssaga* (wichtig!) dieser Gruppierung gehört es, dass sie sich spontan vor den ausgelegten Flächennutzungs- und Bebauungsplänen der Kommune gebildet habe – eruptiv und ohne Drahtzieher von Außen also. Der damalige Leiter des Planungsreferats, Heinz Dimitroff, auch er Angehöriger der ostdeutschen Ingenieursgeneration zwischen 40 und 55 (vgl. oben den Akteurstyp 2), die ein wichtiges Segment der lokalen Nachwende-Eliten bilden, bemerkt mit kühlem Blick auf die konkreteren Kontexte und initialen Bedingungen dieser lokalen Bewegungsgründung: Solche Initiativen gingen „ja immer von der Haustür aus, in den meisten Fällen, nicht! Also was vor der Haustür passiert, ist erstmal kritisch ...". Damit gelingt Dimitroff ungewollt eine klassische Minimaldefinition für Bewegungsformen des NIMBY-Typus. Allerdings entwickelt die in Grünow formierte Bürgerinitiative den strategischen Koordinierungsprozess zur Abwehr von offiziellen Suburbanisierungsplanungen um eine raffinierte Drehung über den bisher bekannten NIMBY-Formenkanon hinaus. Unter Rekurs auf Ergebnisse einer lokalen Milieustudie, also auch unter Rücksicht auf die Konfliktchoreographie der weiteren örtlichen Interessenlagerungen, lässt sich der Prozess der hierbei greifenden Netz- und Normenbildung so zusammenfassen:

Gegen das ansonsten vor Ort eher wieder an Distinktionsprägnanz zulegende Ost-West-Schema getrennter kultureller Loyalitäten und Mentalitäten werden auf einer ersten Ebene West-Ost-Differenzen für Zwecke einer strategischen Vergemeinschaftungsform zunächst 'aufgehoben'. Auf einer zweiten, latenteren Ebene allerdings bleibt das Ost-West-Schema erhalten und wird schließlich zur Verfolgung von nun doch wieder stark west-dominierten Interessen instrumentalisiert. Wie das?

Die erste Nach-Wende-Suburbanisierungswoge aus dem Westen resp. aus Westberlin, die quick und tough die sich bietenden Akquisitionschancen in einem begehrten Wohnort mit Restitutionsraten von 70-80 Prozent ausgenutzt hatte, war maßgeblich und mit hoher organisatorischer Verve an der Gründung dieser West-Ost gemixten NIMBY-Bürgerinitiative beteiligt – gegen die Gründungssaga und ihre Betroffenheitscodierung also. Um die Akklamationschancen dieser – inzwischen auch zahlenmäßig stärker gewordenen – Interessengruppierung von frisch zugezogenen „Wessis" zu vergrößern, wurden lange ortsansässige „gelernte DDR-Bürger", neben Hausbesitzern auch ältere Restitutionsopfer, in die Frontlinie der symbolisch-politischen Kämpfe gebracht. Die eigentliche Akteurs- und Interessenebene, also westliche Suburbanisierer der ersten Welle, wirkliche 'Zahnärzte', klassische Professionen, Aufsteiger (s. oben Fallgruppe 3), behielt dagegen aus dem zweiten Glied heraus die Zügel der 'Bewegung' in der Hand. Unter Aufbietung insbesondere von ökologischen Argument-Schleifen und mit einer strategischen Mischung von Ost- und West-AktivistInnen wurde es zum Bewegungsziel, der nächsten nachdrängenden Suburbanisierungswelle 'aus dem Westen' die Zugangschancen drastisch zu erschweren. Das geschah einmal durch mediensensitive Mobilisierung von Protest gegen die 'unökologisch-überdimensionierte' kommunale Entwicklungspolitik sowie durch Versuche, die Erstellung von 'maßlosen' Flächennutzungs- und Bebauungsplänen zu behindern, resp. geltende Pläne öffentlich zu delegitimieren. Zusätzlich kam es dabei unter anderem zu interessanten, eher informell geknüpften strategischen Allianzen mit höheren Planungsebenen (Regional- und Landesplanung). Der Gemeinsamen Landesplanung (GL) etwa waren die 'maßsprengenden' Bauvorhaben des Ortes schon des längeren ein veritabler Dorn im Auge waren, insbesondere weil sie sich relativ früh und sehr selbstbewusst über die Zuwachsbegrenzungen der Baulandausweisungen hinweggesetzt haben (zu Mehr-Ebenen-Planungskonflikten s. II.2 und insbes. VI.1). Soviel so knapp zum Gründungskontext der NIMBY-förmig-'reflexiven' Slow-Growth-Begegnung in Grünow.

Zunächst ist die Gründung einer slow-growth-Bürgerinitiative (BI), die die Leitvorstellungen der Ortsentwicklung unter den regulativen Ideen ökologischer Nachhaltigkeit zum Gegenstand einer öffentlichen Debatte macht, sicherlich ein schönes Indiz für die Qualität der örtlichen Streitkultur und für die Existenz einer wachen Öffentlichkeit. Der Eindruck einer lebendigen öffentlichen Streitkultur verstärkt sich noch, wenn wir die Reaktionen der kommunalen Planungselite in die Beurteilung mit hineinnehmen: Auf die 'strategische' Lancierung von *ökologischen* Argumentformen insbesondere durch die Stichwort-Geber der B. I. aus der zweiten Reihe kontert die lokale Funktions- und Planungselite (Bürgermeister, Dimitroff) relativ abgebrüht mit *Nachhaltigkeitsargumenten*. Insbesondere in denjenigen Vierteln der Gemeinde, in denen auf großen Grundstücken relativ moderate Einfamilienhäuser stünden, seien Nachverdichtungen im Bestand unter Nachhaltigkeitsgesichtspunkten nachgerade zwingend geboten – gerade die grundbesitzenden Freundinnen und Freunde von Ökologie- und Maßhalte-Argumenten würden das doch eigentlich einsehen, oder? Da capo. In diesem Argument-Ping-Pong spielen die sog. *Stadtvillen* einen entscheidenden „maßstabsprengenden" Part (s. oben II.0, Foto 3.4): Aus moderaten Familienhäusern werden dabei ja Acht-Parteien-Schuhkartons mit 10-12 mal höheren Verkehrsaufkommen (DINKS ('Double Income No Kids'), Singles, zumeist „Living apart together"). Anderseits: Die inzwischen einflussreichste lokale NIMBY-Bewegung hatte sich ja den entwaffenden Titel „Bürgerinitiative für nachhaltige Entwicklung und maßvolles Wachstum" gewählt. Dimitroff kurz und trocken dazu: „Was zunächst nicht schlecht vorgelegt ist, aber natürlich auch immer schon einen demagogischen Ansatz hat, nicht." Per Bedeutungsimplikation ist damit in der Tat das Maß-sprengende der örtlichen Entwicklungspolitiken als Erregungsquelle immer mitthematisch. Und: Die Selbstnobilitierung der NIMBY-AktivistInnen zu universalistisch motivierten StreiterInnen für das Gute, für das gute Maß, für die Bauästhetik und die gute Form auch, für die Eigenlogik besonderer Orte, für das trotzige Gefühl der neuen Vorort-Gentry: „Das passt nicht zu uns!" ist unüberhörbar mitgesetzt – damit allerdings auch die eigentlich intendierten, aber so nie thematischen *Segmentierungs- und Exklusionseffekte*.

Vier kurze Anmerkungen dazu:
1. Zunächst einmal zeigt diese Konfliktkonstellation besonders deutlich, wie kulturelle Kodierungen und diskursive Aushandlungsstrategien ganz konkret in die Rahmenbedingungen für weitere Suburbanisierungsprozesse hineinreichen. Insofern liefern diese Sozialraumkonflikte ein starkes zusätzliches Argument für einen „cultural turn" der Suburbanisierungsforschung (II.1, II.2);
2. dann werden von allen Konfliktparteien inzwischen versiert universalistische Normenbestände und global dimensionierte Argumentbrocken für die Rechtfertigung lokaler Siedlungspolitiken herangezogen (kulturelles globalocal) – ein wichtiger Lernschritt, aber nicht ohne Ambivalenzen;
3. weiter kann eine milieuorientierte Feinanalyse der Interaktionseinbettungen zeigen, wie vor allem die Bürgerinitiative über strategische Netzbildungen nicht verallgemeinerungsfähige Privat-Interessen routiniert in normativ gehaltvolle universalistische Diskursspiele einwickelt;
4. schließlich fällt auf, wie unterkühlt inzwischen von der Gruppe der sofort nach 89 Neuzugezogenen der Ost/West-Gegensatz, die Transformationsschocks und die lokalen Restitutionsdramen für das eigeninteressierte Abblocken weiterer Suburbanisierungswellen instrumentalisiert werden (nach dem Motto: „Null-Wachstum"). Der Formenkreis der transatlantischen NIMBY-Bewegungen ist damit unter Transformationsbedingungen um einen neuen, strukturell *zynischen*, in diesem Sinne auch 'reflexivierten' Typus erweitert worden.

d. Gegenüber der erfolgreichen, auch in den Medien stark repräsentierten NIMBY-Gruppierung in der Gewinner-Gemeinde Grünow ist die sog. Verlierer-Gemeinde Otterstedt einbezogen in ein Netz von LULU-Initiativen (Locally Unwanted Land Use). Ziel dieses Netzwerkes von Bürgerinitiativen ist die Verhinderung weiträumiger Infrastrukturentscheidungen: In diesem Falle richtet sich der Protest gegen den geplanten und politisch beschlossenen Ausbau des Flughafens Schönefeld (vgl. „Verzögern, verschieben, Investoren verschrecken – so soll der Großflughafen verhindert werden", Tagesspiegel 5.2.1999).

Die Gemeinde Otterstedt, ohnehin durch die Raubritterphase des „wilden Ostens" (II.5 Phase 1) immer noch an Folgeproblemen ihres Fehlstarts mit einem vermeintlichen 'Sugar Daddy'-Developper aus dem Westen laborierend, ist damit ein weiteres mal in seiner Entwicklung schwer benachteiligt: jetzt durch massive Siedlungsbeschränkungen im Flächenbereich der Kommune von Seiten der Landesplanung. „Wohnbauplanung ist abzubrechen", dekretierte die GL Berlin-Brandenburg 1998. Dagegen also läuft die lokale Elite wie der kleine aktive Kern der Bürgerschaft Sturm – etwa durch Beteiligung an dem BVBB, dem „Bürgerverein Brandenburg-Berlin e.V.

Laut § 2 der Satzung ist Zweck des Vereins:

„... die Förderung der Siedlungsentwicklung auf kommunaler und regionaler Ebene. Im Mittelpunkt steht dabei der Mensch als höchstes Schutzgut jeder Umweltpolitik in seinem Lebens- und Arbeitsbereich. Ziel des Vereins ist insbesondere im Zusammenhang mit der Standortentscheidung für einen Großflughafen in der Region die Reduzierung und Verhinderung vorliegender und künftiger Belastungen an Verkehrsanlagen (Flughafen, Verkehrswege). Zur Information der Bürger und zur Durchsetzung seiner Forderungen nutzt der Verein alle verfassungsmäßigen, darunter auch juristischen Möglichkeiten. Die aktuellen Aufgaben des Vereins zur Förderung der Siedlungsentwicklung, die sich aus der oben umrissenen Zielstellung in der jeweiligen Situation ergeben, werden von der Mitgliederversammlung auf Vorschlag des Vorstandes beschlossen".

Das damit umschriebene LULU-Aktionsprogramm mit den Zielen „verzögern, verschieben, Investoren abschieben..." hat viele Formen: Netzbildung mit gleichfalls betroffenen Nachbargemeinden, Einsprüche auf dem Planungsinstanzenweg, informellere Protestformen, die zumeist von anderen erfolgreichen LULU-Aktionsformen übernommen werden. Bewegungs-Slogan: „Damit Schönefeld scheitert – kämpfen Sie mit uns." Und: „Der Standort Schönefeld ist ungeeignet!"

Allerdings tut sich auch hier die Gemeinde Otterstedt sehr schwer: Die fragmentierte interne Gemeindestruktur (III.1) mit einer starken „Nationalpark DDR"-Fraktion (vgl. oben Akteurstyp 4) ist selbst durch diese neuerliche, nun bestandsgefährdende äußere Bedrohung und Gefährdung seiner Entwicklungspotentiale nicht zusammengewachsen. Auch hat es keine strategischen Allianzen im Sinne einer Lager- und Ost-West-Spaltungen-übergreifenden Bewegung gegeben. Schließlich kann auch von imaginativen Protestformen keine Rede sein. Dass „im Mittelpunkt der Mensch (steht)", ist schön gesagt, erinnert aber eher an den Hauptspruch des großen Arnold Hau (s. die gleichnamige fiktive Werkbiographie von Lützel Jeman, F.W. Bernstein und Fritz Waechter 1968), als an dynamische Protestformen, die die Medien imaginativ ins Spiel ziehen und eigene lokal/regionale Bewegungsinhalte zur Mobilisierung und als Bündigungsformen entfalten. Auch aus anderen Gründen scheint diese lokale LULU-Formation besonders schlechte Karten zu haben: Die massiven Interessenkoalitionen des Bundes und zweier Länder, die sich auf Schönefeld als Standort für den händeringend bei der Entwicklung des Berlin-Brandenburgischen Metropolenraums benötigten 'Groß-Flughafen' geeinigt haben, sind wohl kaum noch auseinander zubringen. Das gilt unbeschadet der Frage, ob die Standortwahl perspektivisch wirklich klug war. Hier steht das auf Jahrzehnte wichtigste Verkehrsinfrastruktur-Projekt des Metropolraums auf dem Spiel – und zwar gerade auch *für die Menschen in der Region* mit direkten Interkontinentalflügen in den Urlaub und nach anderswo, wie die Apologeten der Gegenseite keine Mühe haben, argumentativ gegenzuhalten. Damit wird die mobilisierende Ebene 'universalistischer Normenbestände' nicht erreicht. Die schwachen fragmentierten Support-Strukturen für die LULU-Bewegung vor Ort in Otterstedt machen also eher ex negativo deutlich, was die Erfolgsbedingungen für solche Bewegungsformen sind und wie wichtig dabei hochmotivierte Bewegungskerne mit anschlussfähigen Feindbildern und universalisierende Norm-Diskussion, mit strategischen Netzbildungen und geschmeidigen Medienpolitiken sind.

e. Sammelnde Bemerkungen zum Zusammenhang von NIMBY-Strukturen und Peripherienbildungsprozessen
Die schnelle Ausbreitung von NIMBY- und LULU-Netzen etwa im engeren Verflechtungsraum von Berlin mit Brandenburg zeigt örtlich sehr unterschiedliche thematische Fokussierungen und Erfolgschancen. Auf einer relativ abstrakten Ebene lassen sie sich als lokale Komplementärentwicklungen zum ökonomisch-sozialen Strukturwandel (Europäisierungs-/Globalisierungsprozesse) interpretieren: Gegen die Undurchschaubarkeit höher aggregierter Strukturierungs- und Planungsprozesse sowie gegen die Erosionstendenzen von Zugehörigkeitsregeln und Solidaritäten wird über NIMBY- und LULU-Gruppierungen ein lokal-kultureller Re-Embedding-Prozess in Szene gesetzt: „Hier sind meine (neuen) Wurzeln. Respektiert sie!" lautet das medial verstärkte Signal. Und auch: „Diese neu/alten Wurzeln hat der Rest der Welt und insbesondere die konkrete Gemeinde- und Regionalentwicklungsplanung zu achten!" Die Gefahr der Paralyse der Gemeindeentwicklung durch eine zügellose Vermehrung von NIMBY-Pressure-Groups ist dabei stellenweise nicht mehr von der Hand zu weisen. Insbesondere die zugezogene akademisierte neue Mittelschicht in den Umlandgemeinden macht daraus stellenweise einen regelrechten Netzbildungen beförderndes Gruppensport.

- Die Ambivalenz dieser 'zivilgesellschaftlich kodierten' Entwicklungen ist kaum zu übersehen. Blauäugigkeit ist nicht mehr angebracht. Einerseits erscheinen diese Bewegungsformen weiter als erfreulicher Ausdruck nachgerade 'bürgergesellschaftlicher' Formen der bottom-up-Strategien lokaler Politik- und Planungsbeteiligungen. Andererseits sind die „single issues", um die herum sich NIMBY-Gruppen bilden, zunächst stark auf die strikte Verfolgung der je eigenen, rücksichtslos maximierten Interessenverfolgung „vor der eigenen Haustür" (Dimitroff) zentriert – während die normativ anspruchsvolleren Wolken-Diskurse und Orientierungskontexte (Ökologie, Nachhaltigkeit) häufig lediglich verbal radikal, ja strukturell zynisch zur Legitimationsbeschaffung und Mobilisierung adaptiert und ins Spiel der Interessen eingefädelt werden. Zweifellos haben die teilweise innovativen Bündigungsformen der NIMBY- und LULU-Gruppen selber hohe milieu- und netzwerkbildende Funktionen. Insofern stellen sie wichtige Gegenanker gegen allenthalben beklagte Erosionstendenzen von Traditionen usw. dar. Die schockartigen Transformationsfolgen seit 1989, damit zusammenhängend neue Segmentierungen, Disparitäten und Zwischenidentitäten taten ein übriges, um die Anlässe für weitere NIMBY-LULU-Gründungen an den Rändern der Haupstadt zu vermehren. Neben der neugierigen Beschreibung dieser Bündigungsformen ist gleichwohl auch darauf hinzuweisen, dass diese Gruppierungen häufig abschottende, ausgrenzende Effekte zeitigen, die locker die Grenze zu manifesten Formen kultureller und sozialer Schließungen überschreiten oder sich mit anderen kulturellen Schließungsprozessen überlagern (s. oben Akteursgruppen 3 und 4). Als derart ausgrenzende Formen der Interessenmaximierung können sie insbesondere die Auflösungstendenzen sozialer Kohäsion in den schnell umbrechenden Umland- und Kragengemeinden beschleunigen, und das, obwohl sie gleichzeitig vor der eigenen Haustür als wirkungsmächtige Re-Embedding-Mechanismen für die eigenen Gruppenmitglieder wirken. Die Qualität und innovative Potenz von NIMBY-Gruppierungen bemisst sich dann daran, welches Maß an 'Reflexivität' und 'Offenheit' sie zulassen. Von hier aus lässt sich ein Kontinuum von Forschungsmaterial-gesättigten Typen von NIMBY-Prozessen und ihren Gruppenbildungsmaximen bilden: von sklerotischen über zynischen bis zu reflexiven und entwicklungsoffenen Gruppierungen. Diese Typenreihe ändert nichts daran, dass NIMBY-Gruppen zunächst per se Eigeninteressen-verankert sind. Darin steckt die Zweideutigkeit dieser Bewegungsformen: einerseits liefern sie nicht zu unterschätzende Beiträge zur innovativen Selbstorganisation der Umlandgemeinden und ihrer (zumeist viel zu wenig) streitenden Öffentlichkeitsformen. Insofern stützen sie eine der Thesen der neueren Institutionenanalyse, wonach gerade „the absence of dissent delays 'creative destruction' processes and creates a barrier to innovation" (Cooke/Morgan 1993, S. 75);
- andererseits belegen unsere Fallrekonstruktionen von transformationellen NIMBY- und LULU-Formen, dass 'eigentliche' Interessenformationen häufig latent gehalten werden und in strukturellen Zynismus abkippen – etwa da, wo Opferrollen der Restitutionsära 'vorgeschoben' werden. Damit wird ein 'normenpolitisches' Grundübel dieser Bewegungen deutlich: Sowohl die beispielhaft analysierte NIMBY-Bewegung in der 'Gewinner'-Gemeinde Grünow wie die LULU-Formation der 'Verlierer'-Gemeinde Otterstedt rekurrieren zunächst in klassischer Weise – wenngleich mehr oder weniger geschicht – auf unangreifbare 'hohe' Normenbestände und Werte (Nachhaltigkeit, Zivilgesellschaft, schließlich gar: 'Im Mittelpunkt steht der Mensch'). Darunter verbergen sich, wie gezeigt, knallharte single-issue-Interessen. Gerade diese 'verdeckte' Mischung von universalistischen Normen *mit* Interessenmaximierung öffnet die moralisierenden Schleusen und damit weitere Mobilisierungschancen. Gleichzeitig wird der entscheidende Schritt zur bürgergesellschaftlich-subsidiären Selbstorganisation häufig gar nicht vollzogen. Vielmehr wird das jeweils attackierte singuläre Grundübel „oben" im lokalen/überlokalen

System verortet, die Lösung aber wiederum von „denen da oben" eingeklagt. Diese Protestlogik lagert über vielen Teilen der suburbanen Verflechtungsmilieus – sie passt recht gut als Bewegungsform zu dem von dem 'gelernten DDR-Bürger' Arnold Vaatz konstatierten „Summton der Unzufriedenheit". Er gab zugleich den Kammerton für den in Brandenburg beliebten Volkssport „Bürgermeister-Kegeln" vor, also für die Abwahl missliebiger Amtsträger, was lokal zu teilweise „völlig abenteuerlichen" Governance-Verhältnissen geführt hat. Vor der Novellierung des Kommunalwahlgesetzes genügten nämlich schon 10 Prozent eines Bürgerbegehrens, um die Abwahl 'der da oben' zu bewerkstelligen und der populistischen Wut freien Lauf zu lassen.

- Eine genauere Analyse der postsozialistischen NIMBY-Bewegungen zeigt also, dass diese quer zu den betagten rechts/links-Schematisierungen operieren, mit teils abenteuerlichen lokalen Koalitionen – von PDS-Mitgliedern bis zu parteilosen Zahnärzten etwa. Unter der Hand wird in den nicht-standardisierten Interviews teilweise auch freimütig eingeräumt, dass die Bewegungsarbeit gerade unter den 'gentrifizierten' Neuzuzüglern selbst als 'Wohlstandsphänomenen' und Beschäftigungstherapie genommen wird. Insofern ist Ingrid Krau (1998) nur zuzustimmen, dass „die lokalen Gemeinschaften, die uns so lange der Ort zu sein schienen, um gesellschaftliches Miteinander, direkte Demokratie, nachhaltiges Wirtschaften in machbarem Maßstab zu praktizieren, ... nicht nur bürgerferne Entscheidungsgänge (ersetzen), sondern ... mit ihren lokalen Egoismen offensichtlich den Verfall des übergeordneten Gemeinwesens (beschleunigen)" (S. 156). Die Fallanalysen zu diesen Bewegungsformen belegen insofern auch, dass die Menschen in den Verflechtungsmilieus verspätet gleichsam in eine „Me-Decade" (so die Bezeichnung für das Nimby-Wellen-Jahrzehnt der 80er Jahre in den USA), also in eine stark eigenzentrierte Entwicklungsetappe eingetreten sind. Auf die Selbstwidersprüche einer knallharten lokalen Selbst-Interessenpolitik unter universalistischen Wertehimmeln und mit allgemein-menschlichen Begründungsschlaufen haben wir mehrfach hingewiesen. Identitätspolitisch arbeiten diese Widersprüche der Formation von 'Zwischen-Identitäten' zu. Wolfgang Englers beschönigende Selbst-Vergewisserungs-Bibel über „Die Ostdeutschen" wird insofern durch die Resultate unserer Fall- und Bewegungsstudien entscheidend relativiert. Interessanterweise „vergisst" Engler zunehmend eigene frühere Diagnoseresultate, etwa die einer an Norbert Elias konzeptuell orientierten „zivilisatorischen Lücke". Unter Rekurs auf Manuel Castells 'globalisierte' Identitätstheorie lässt sich vielmehr zeigen, dass die von uns untersuchten NIMBY-LULU-Formationen den qualitativen Bewegungssprung von 'resistance identities' zu sog. 'project identities' bislang nicht vollzogen haben (Manuel Castells, 1998).

- NIMBY- und LULU-Netzwerke belegen schließlich insgesamt, wie tiefgreifend der faktische Suburbanisierungsprozess durch raumkulturelle Kodierungsformen mit beeinflusst ist (zum „cultural turn" der Raumanalysen s. wieder II.1, II.2). Dabei lassen sich drei raumrelevante Wirkungsformen kultureller Kodierungen unterscheiden:
  a. Einmal *bewerten* private und öffentliche Akteure sowie formelle und informelle Netzwerke den faktischen Suburbanisierungsprozess auf sozial folgenreiche Weise unterschiedlich;
  b. dann reagieren Akteursgruppen darauf mit dem Entwurf und der Artikulation von eigenen *Raumansprüchen*;
  c. schließlich kommt es fallweise zu (mehr oder minder koordinierten) *Widerstandsformen* gegen faktische Raumentwicklungen und insbesondere gegen geplante Suburbanisierungsverläufe.

Nicht selten entfalten die Formen a. und b. – obwohl zumeist nicht mit manifesten Widerstandsformen verknüpft – über eine geschickte Einbeziehung der Medien in die örtliche Streitkultur größere 'symbolisch-politische' Effekte, als Variante c. (vgl. oben die Diagnose zur LULU-Bewegung in Otterstedt; das ist auch das Ergebnis einer ersten quantitativen Erfolgsanalyse von NIMBY-Gruppen aus den USA, s. Anthony P. Matejczyk, 2001).

g. NIMBY, LULU und Governance
Das exzessive Vertreten von Einzelinteressen unter gleichzeitiger Anrufung höherer moralischer Grundnormen und ethischer Prinzipien ist seit den 80er Jahren in den USA immer wider als zunehmend schwer auszusteuerndes Governance-Problem diskutiert worden (s. etwa R.T. Tener 1996) – bis hin zu manifesten Steuerungsparadoxien (vgl. Matthiesen, 2001). Auch die Erosionsgefahren für die Ebene des bürgergesellschaftlichen Engagements sind nicht von der Hand zu weisen (s. oben Ingrid Krau). Gerade an den Rändern der Hauptstadt gibt es eine Fülle von Varia und Curiosa mit Belegfällen dazu. Im März 2001 etwa tobte im Nordosten ein Konflikt zwischen Stadtrand und Umlandgemeinde, den man mit Fug als Doppel-NIMBY bezeichnen mag: Die Kragengemeinde Lindenberg hatte sich mit hohen Kiesbergen, quer gelegten Baumstämmen und Stacheldraht als Absperrung gegen „zu viel Verflechtungsverkehr" zu wehren versucht. Dagegen konterte der am äußersten Stadtrand gelegene Berliner Ortsteil Wartenberg mit Verkehrsschildern und Durchfahrsperren sowie scharfen Polizeikontrollen auf Berliner Seite gegenüber Kraftfahrzeugen mit Brandenburger Kennzeichen.

Trotz einer realistischen Entzauberung von Gemeinschafts- und Bewegungsmythen machen fallgestützte Governance-Prozess-Analysen unzweideutig klar, dass partizipatorische Formen der Steuerung und Planung nicht mehr zur Disposition gestellt werden können. Allerdings bedarf es eines sehr viel schärferen Blicks auf die teilweise knallharten, aber universalistisch verbrämten Interessenfraktionierungen, die bottom-up-Politik-Prozesse rhythmisieren. Wiederum nur mit partizipatorischen, lernorientierten Ansätzen der Steuerung und Policy lassen sich auch die Erosionseffekte durch 'maßlose' Nimby-Strategien wieder einfangen (s. etwa auch Fischer 1993, 461 ff). Gerade die zunehmend ost/west-gemischten Umlandgemeinden haben ja inzwischen durch ihre zehn Jahre währenden Konflikt- und Dissenserfahrungen wertvolle *lokale Wissensbestände* zum alltäglichen Umgang mit den neuen transformationell basierten Handlungsproblemen erworben. Zwar laufen Formen des local knowledge häufig Gefahr, den selbstmarginalisierenden Effekten von sozialer Abschottung, Inselbildungen Marke „Nationalpark DDR" und kulturellen Schließungen weiteren Vortrieb zu verschaffen. Auch dagegen aber sind keine top down exekutierten Heilswege mehr in Sicht. Im Gegenteil: Unter Mobilisierung lokaler Konflikterfahrungen und Konfliktlösungskompetenzen kommt *örtlichen Wissensformen für partizipatorische Governance-Formen* eine weiter steigende Bedeutung zu. Das gilt gerade auch in Zeiten und Räumen, in denen unter der Losung 'Informations- und Wissensgesellschaft' die 'dekontextualisierten' Wissensformen der Hochtechnologie-Branchen gerade für die Entwicklungsdynamiken im „Speckgürtel" immer wichtiger werden – auf dem Weg zu einer sich sehr zögerlich nur entfaltenden 'Lernenden Region Berlin-Brandenburg'.

Ist so viel gesagt, kann das ironisch gefederte Resümee eines Systemtheoretikers und Steuerungspraktikers an den Schluss gesetzt werden, obwohl – oder gerade weil – diese Autonomie-und-Ich-trunkene Schluss-Coda ohne weiteres den Sub-Text neuer, intelligenter, zukunftsoffener NIMBY- und LULU-Formationen abgegeben könnte: (Helmut Wilke 1995, 335 f):

„Gegenüber jedem Steuerungsanspruch empfehle ich deshalb die Tugend der Renitenz. Widerspruch und Widerstand geben Zeit und Anlass für die Prüfung der Frage, ob der Steuerungsanspruch legitim in dem Sinne ist, dass er die Autonomie und die Selbstbestimmung des zu steuernden Systems respektiert. Zugleich prüft Renitenz die Ernsthaftigkeit des Steuerungsvorhabens. Sicherlich folgt daraus das Risiko, dass manche legitime und vernünftige

Steuerungsabsicht misslingt oder zumindest sich ihre Realisierung verzögert. Tant pis. Gegenüber der Gewalt, den Kosten und dem Leid allgegenwärtiger normalisierter Trivialisierung wiegt dieses Risiko gering. Meine Grundhypothese ... ist, dass die Selbststeuerung eines komplexen Systems angemessener und produktiver ist als der Versuch externer Steuerung, und dass nur die Absicht der Koordination autonomer Akteure externe Steuerung in Form einer Kontextsteuerung legitimiert, die als wechselseitige Abstimmung die Form eines Dialogs über die Verträglichkeit von Optionen annimmt. Wenn dies einigermaßen plausibel ist, dann ist angesichts der ubiquitären Tendenz zur Trivialisierung Renitenz gegenüber Steuerungsversuchen angebracht. Gegenüber der in allen Bereichen von Gesellschaft, Organisation und persönlichen Beziehungen vorfindlichen Fixierung auf Kontrolle, Beherrschbarkeit und Machtausübung lässt sich eine vernünftigere Idee von Steuerung nur schrittweise und allmählich durchsetzen. Renitenz ist der notwendige erste Schritt. Der Rest ist Risiko".

Sabine Wilhelm und Frank Adloff

V.2 Selbstständigkeit und Gleichheit – Eine biographische Fallanalyse zu Milieubindungen einer Schulleiterin

Mit dem Zusammenbruch der DDR und der darauffolgenden Wiedervereinigung änderte sich nicht nur das Institutionengefüge in Ostdeutschland. Auch die Milieus gerieten dadurch unter enormen Transformationsdruck. Den radikalen Veränderungen *und* Beharrungen der Milieus im engeren Verflechtungsraum von Berlin/Brandenburg nachzugehen, ist Gegenstand der folgenden Fallanalyse. Sie befasst sich konkret mit den Milieubildungsversuchen und Milieueinbindungen einer Schulleiterin der Gesamtschule in Grünow, dieser am Stadtrand von Berlin liegenden brandenburgischen Gemeinde mit hoher Lagegunst und wachsenden Steuereinkünften. Dieses Fallbeispiel schlüsselt einmal die – auch politische – Brisanz unterschiedlicher Erziehungsstile und Pädagogikkonzepte im 'postsozialistischen' Verflechtungsprozess auf. Zugleich verfolgt die Fallrekonstruktion Netzwerkeffekte der relativen Persistenz von Wertbindungen des DDR-Milieus bis in die Gegenwart hinein. Schließlich zeigt sie die Wirkmächtigkeit spezifischer Familientraditionen, die in die Zeit *vor* der Entstehung der DDR zurückweisen. Die dabei zu beobachtenden Milieubildungsprozesse bleiben in den jeweiligen gesellschaftlichen Kontext eingebunden – den sie aber zugleich ihrerseits mit strukturieren und mit transformieren.

Analysematerial ist zunächst ein extensives Interview mit der Schulleiterin sowie Verhaltensbeobachtungen vor Ort, und zwar in der Schule wie in der Gemeinde. Der Einstieg in das Interview erfolgte über eine narrativ-biographische Eingangsfrage, der weitere Verlauf wurde durch flexibel gehandhabte Leitfragen mit strukturiert. Darüber hinaus wurden im Anschluss an das Interview biographische Daten über einen standardisierten Fragebogen erhoben. Die biographische Methode wurde gewählt, weil sich in der Biographie nicht nur Psychisch-individuelles, sondern zugleich auch Milieu-spezifisches ausdrückt. Zudem sind die impliziten Erziehungstheorien als unser eigentlicher Untersuchungsgegenstand immer auch biographisch unterfuttert. Über den gewählten hermeneutisch-sinnverstehenden Zugang sollen insbesondere auch die Kohärenz- und Individuierungsregeln des untersuchten Falls rekonstruiert werden. In ihnen zeigt sich nicht nur die Individualität des Falles, sondern auch die soziale Typik der Sinnmuster (Bude 1984). Ziel der Interpretation ist insofern eine intersubjektiv nachvollziehbare Auslegung der Regeln, die den Fall konstituieren und transformieren[1]. Die Rekonstruktion eines einzelnen Falles führt so zu Aussagen über die soziale Strukturiertheit eines lokalen Feldes der Interaktion. Fokussiert wird dabei insbesondere die soziale Typik von Milieus. Milieus werden dabei forschungspragmatisch als soziale „Gestaltbildungen mit erhöhter Binnenkommunikation und relativ klaren Angemessenheitsregeln" definiert (Matthiesen 1998: S. 67). Die Interpretation geht streng sequenzanalytisch vor. Die fallspezifischen Selektionsprozesse werden also vor dem Horizont der objektiven Selektionsmöglichkeiten identifiziert. Auf diese Weise lässt sich die spezifische Fallstrukturiertheit freilegen (Sutter 1994: S. 49).

---

1 Im Anschluss an Anthony Giddens (1988) muss betont werden, dass diese Regeln Handlungen sowohl einschränken als auch ermöglichen. Sie sind Medium und Resultat von Praktiken.

Im Folgenden werden zunächst die objektiven Daten zur Person und zur Familie aus dem Interview und dem Fragebogen extrahiert. Diese werden sequentiell interpretiert und abschließend in ersten Vermutungen zum Optionenraum für eine Fallstrukturhypothese zusammengefasst (Teil 1). Im Anschluss daran folgt die wiederum sequentiell vorgehende Interpretation des Interviewanfangs. Auf Grundlage der objektiven Daten und des Interviewanfangs soll dann eine erste Strukturhypothese entwickelt werden, die versucht, einen Bildungsmechanismus der gesamten protokollierten Fallstruktur anzugeben (Teil 2). Abschließend wird diese Strukturhypothese dann anhand weiterer Interviewstellen überprüft und ergänzt (Teil 3).

Der vorliegende Fall kann dabei zeigen, wie ein über die Generationen hinweg tradiertes Selbstständigenmilieu als *imaginiertes Familienmilieu* präsent bleibt. Auf dieser Folie erfolgten in der DDR weitere folgenreiche *faktische Milieueinbindungen*. Beide Milieuformen zeigen jeweils ein starkes Beharrungsvermögen und sind trotz ihrer Widersprüchlichkeiten miteinander *hybrid* verschränkt. Sie bilden schließlich die Grundlage für eine spezifische 'Erziehungstheorie', die über den Fall hinaus für den Streit um alte und neue Pädagogikkonzepte zwischen Berlin und Brandenburg, also auch für den faktischen Verflechtungsprozess am Metropolenrand durchaus exemplarische Bedeutung hat.

Die Fallanalyse zeigt daneben sehr anschaulich, wie in der Folge der Ereignisse von 1989 die 'kombinatorischen Praxisformen' dieser doppelten Milieukonstellation in eine Krise gerieten. Das ehemals nur imaginierte familiäre Milieu der Selbstständigkeit konnte nun nach 89 aufgrund der veränderten äußeren Kontextbedingungen praktisch werden. Die Selbstständigkeit findet jedoch nicht im Berufsstatus, sondern in einem erfolgreichen Sich-Zurechtfinden unter den veränderten Bedingungen eines neuen staatlichen Erziehungssystems ihren Ausdruck. Die vormalige faktische Einbindung in die DDR-Gesellschaft wird parallel zu den rapiden transformationellen Differenzierungsprozessen in eine *imaginierte Wir-Gemeinschaft* 'aufgehoben'. Auf diese Weise auch können Milieubindungen, die über lange Zeit latent erhalten blieben, selbst bei stark veränderten Kontextbedingungen eine Reaktivierung erfahren. Darüber hinaus zeigt die Fallrekonstruktion, wie Milieubindungen nicht nur über 'faktische' soziale Praktiken reproduziert werden, sondern ebensogut im Rahmen einer Familiengeschichte auf dem Wege über die Imagination latent wirksam bleiben können und dann sich wieder aktualisieren lassen.

1 Interpretation der objektiven Daten der Schulleiterin Frau Feldkamp

Objektive Daten der Großeltern und der Eltern: Großeltern mütterlicherseits lebten in O-Dorf in Mecklenburg, der Großvater hatte ein Baugeschäft. Der Großvater war Maurer, die Großmutter hatte keine Berufsausbildung.

O-Dorf ist ein kleiner Ort an der Küste Mecklenburgs. Diese Gegend Deutschlands war um die Jahrhundertwende, also zu der Zeit, in der die Großeltern lebten, durch eine agrarische Ständegesellschaft geprägt.

Die Großeltern gehörten als kleine Selbstständige zu einem zahlenmäßig kleinen Bevölkerungsteil. Die Tatsache, dass der Großvater ein eigenes Geschäft hatte, lässt vermuten, dass die Familie dadurch eine gewisse wirtschaftliche Unabhängigkeit erlangte. Sie stand zumindest nicht in einem abhängigen Dienstverhältnis gegenüber einem Großgrundbesitzer.

Dass das Geschäft durch die 20er Jahre hindurch und die Weltwirtschaftskrise Bestand hatte, deutet auf unternehmerisches Geschick und handwerkliches Können hin, was der Familie eine relativ unabhängige und gesicherte Existenz bescherte. Auf dessen Grundlage konnten sich Selbstbewusstsein und Stolz auf die eigene Tätigkeit aufbauen.

V.2 Selbstständigkeit und Gleichheit

Die Geburtsjahre und -orte der Großeltern sind der Interviewten nicht bekannt
Eine Vermittlung dieser Daten durch persönliches Nachfragen oder über die Erinnerungsgeschichte der Familie scheint nicht stattgefunden zu haben. Diese Angaben entstammen einem standardisierten Fragebogen, der im Anschluss an das Interview verteilt, 'optional' ausgefüllt und der Forschungsgruppe zugesandt wurde. Im Interview wird dieser Großelternteil überhaupt nicht erwähnt. Es könnte sein, dass die Großeltern schon lange tot sind und keine persönlichen Erinnerungen mehr existieren. Dass sie keine Erwähnung finden, könnte aber auch daran liegen, dass diese Großeltern in der Familiengeschichte oder zumindest im Erleben der Befragten keine Rolle spielen.
Der Vater ist 1917 in W-Stadt geboren, die Mutter 1923 in O-Dorf
Beide besuchen die Volksschule; der Vater ist Bäcker von Beruf, die Mutter Verkäuferin
Der Besuch der Volksschule entspricht dem Bildungsabschluss der Bevölkerungsmehrheit zu dieser Zeit. Beide ergreifen einen Beruf, der sie in die Statusgruppe der kleinen Angestellten einreiht.
Die Eltern haben eine Bäckerei in Pacht, sie leben in O-Dorf
Die Eltern setzen mit der Pacht einer Bäckerei die Kleingewerbe-Tradition der eigenen Eltern fort. Sie sind jedoch nicht Eigentümer wie der Großvater. Die Familie lebt am Herkunftsort der Mutter. Das lässt darauf schließen, dass der Bezug der Mutter zu ihrer Familie stärker ist, als der des Vaters zu seiner Familie. Es können auch materielle Gründe vorliegen, in der Weise, dass am Herkunftsort der Mutter ein Haus oder eine Wohnung vorhanden waren.
1962 Umzug nach V-Dorf im Harz (DDR-Seite)
Weshalb zieht eine Familie, deren Existenz gesichert scheint, in einen anderen kleinen, relativ weit entfernten Ort? Eine materielle Bindung an den vorherigen Wohnort durch Wohneigentum scheint also nicht vorzuliegen, oder aber die Gründe für den Umzug sind so schwerwiegend, dass dieser Besitz aufgegeben wird. Es können dahinter noch am ehesten familiäre Gründe vermutet werden. Entweder gab es am Herkunftsort von Frau Feldkamps Mutter Probleme, oder die familiären Bindungen des Vaters in den Harz spielten für den Umzug eine Rolle. Da sie am neuen Wohnort wieder eine Bäckerei betreiben, scheiden auch Gründe einer beruflichen Veränderung bzw. eines Aufstiegs aus.

Objektive Daten von Frau Feldkamp
1946 wird Frau Feldkamp in W-Stadt geboren; sie ist das einzige Kind
Sie wird in der unmittelbaren Nachkriegszeit geboren, am Herkunftsort des Vaters. Frau Feldkamp bleibt einziges Kind, was für die damalige Zeit eher unüblich ist. Entweder konnten oder wollten die Eltern keine weiteren Kinder mehr bekommen.
1952-1960 Besuch der Grundschule in O-Dorf
Es hat ein Umzug in den Herkunftsort der Mutter stattgefunden. Sie beginnt eine normale Schullaufbahn mit dem Besuch der Grund- oder Volksschule
1961-1962 Besuch der EOS (erweiterte Oberschule) in U-Stadt nach Intervention durch die Mutter
Die Mutter interveniert, damit ihre Tochter auf die Oberschule gehen kann. Es ist die Mutter, die sich für die Bildung ihrer Tochter einsetzt und nicht der Vater. Entweder entspricht der höhere Schulbesuch nicht dem Interesse des Vaters oder er beteiligt sich kaum an der Erziehung der Tochter, so dass schulische Angelegenheiten ganz selbstverständlich in das Ressort der Mutter fallen. Der Grund, dass die Tochter nicht ohne weiteres auf die Oberschule gehen durfte, lag wahrscheinlich in der Stellung der Eltern als Pächter. Sie gehörten damit zur Gruppe der Selbstständigen, deren Kinder in ihren Bildungsmöglichkeiten benachteiligt wurden. Die gesellschaftliche Grundregel, dass auch Mädchen eine höhere Schule besuchen sollten, war zumindest in den 60er Jahren noch nicht allgemein verbreitet. Somit könnte die Intervention

durch ein sehr ausgeprägtes Bildungs- und Aufstiegsinteresse der Mutter motiviert sein. Die Durchsetzung des Schulbesuchs kann aber auch Ausdruck dafür sein, dass die Mutter oder die Eltern sich für ihren Status nicht diskriminieren lassen wollen. Es wird damit auch die Tradition der Selbstständigkeit, auf die man stolz ist, verteidigt und mit persönlichem Einsatz für legitime Rechte gekämpft. Die Tatsache, dass der Besuch der höheren Schule erst durchgesetzt werden musste und nicht ganz selbstverständlich zustande kam, könnte einen Druck erzeugt haben, diesen Schulbesuch durch entsprechende Leistungen auch zu rechtfertigen.
1965 „Abitur mit Berufsausbildung"; Facharbeiterbrief als Maurerin
Frau Feldkamp macht ihr Abitur in Verbindung mit einer Ausbildung zur Maurerin. Sie wählt einen klassischen Männerberuf, zeigt insofern einen auch für die DDR-Verhältnisse unkonventionellen Umgang mit der Mädchenrolle. Sie wählt den gleichen Beruf wie ihr Großvater. Die These, dass die Tätigkeit des Großvater positiv bewertet wird, wird hier bestätigt.
1965-1966 Studium an der Ingenieurschule für Bauwesen in S-Stadt; Fach: Bauwesen
Mit ihrer Wahl Bauwesen zu studieren bleibt sie der Großvater-Linie treu. Es scheint, dass sie die Familientradition auf höherem Niveau fortführt.
1966 Geburt des ersten Kindes
Durch die Geburt ihres Kindes wird ihr beruflicher Werdegang unterbrochen. Es ist nicht unwahrscheinlich, dass das Kind zu diesem Zeitpunkt nicht geplant war.
1966 Abbruch des Studiums
Sie führt das Studium nach der Geburt des Kindes nicht fort. Das kann bedeuten, dass die äußeren Bedingungen keine Verbindung von Kind und Studium zulassen und sie unfreiwillig das Studium abbrechen muss. Das Kind könnte aber auch als Anlass dienen, eine unliebsam gewordene Sache fallenzulassen. Der bisherige Verlauf ihrer Ausbildung schien aber sehr zielgerichtet, der Abbruch wird ihr daher nicht leichtgefallen sein.
1966 Arbeit als technische Zeichnerin
Sie beginnt als technische Zeichnerin zu arbeiten. Sie wählt eine Arbeit, in der sie bereits Gelerntes aus ihrem Studium anwenden kann. Sie bleibt im weitesten Sinne auf ihrer „Strecke". Die Betreuung des Kindes ist wohl auch gesichert.
1967 Studium an der Pädagogischen Hochschule in T-Stadt; Fach: Polytechnik
Die Geburt des Kindes kann also nicht alleiniger Grund für den Abbruch des Studiums gewesen sein, da sie bald ein neues Studium aufnimmt. Die Arbeit als technische Zeichnerin kann als Orientierungsphase gedient haben oder einfach als Überbrückung bis zum Semesterbeginn. Der Studienfachwechsel ist mit einem Ortswechsel verbunden. Es könnte sein, dass der Vater des Kindes sich ebenfalls an diesem Ort aufhält. Sie wählt das Fach Polytechnik. Dieses Fach beinhaltet ebenfalls technische und handwerkliche Elemente, sie entfernt sich also inhaltlich nicht völlig von ihrer bisherigen Ausbildungslinie. Das Ziel pädagogischer Arbeit ist aber dennoch ein völlig anderes. Bei dem Beruf der Lehrerin stehen die Vermittlung von Wissensinhalten, die Erziehung junger Menschen und eine gewisse Wertevermittlung im Vordergrund.
1967 das Kind wächst bei den Großeltern auf
Sie lässt sich durch ihr Kind nicht von ihren Berufsplänen abbringen, sondern findet eine klassische Lösung, indem das Kind während der Zeit des Studiums bei ihrer Mutter lebt. Der Wohnort der Mutter ist relativ weit entfernt von ihrem Studienort, so dass sie ihr Kind nur am Wochenende sieht. Ihr Studium hat für sie temporäre Priorität gegenüber der Mutterrolle, die sie gleichzeitig zu erfüllen hat.
1971 Abschluss des Studiums
Dieses Studium der Polytechnik schließt sie 1971 ab. In der Studienzeit kommt es offensichtlich zu keinen Unterbrechungen oder Verzögerungen mehr. Ein schneller Studiumsabschluss könnte durch die Trennung von ihrem Kind zusätzlich motiviert sein.
1971 Umzug nach Grünow

V.2   *Selbstständigkeit und Gleichheit*   191

Es erfolgt der Umzug nach Grünow. In der Nähe dieser Stadt gibt es diverse größere Industriebetriebe und einen DDR-eigenen Hightech-Gürtel im süd-südwestlichen Bereich von Berlin (vgl. II.2, II.5) damit ist die Chance relativ groß, dass ihr Mann dort eine Stelle bekommt.
1971 Beginn der Arbeit als Polytechniklehrerin an der EOS in Grünow
Sie steigt als frisch 'gebackene' Absolventin in ihren Beruf ein.
1977 Geburt eines 2. Kindes
Dann bekommt sie 1977 ihr zweites Kind. Diese Geburt, in relativ großem Abstand zum ersten, erweckt den Eindruck eines Neuanfanges. Es wird zu einem Zeitpunkt geboren, an dem sich die Familie, was die äußeren Bedingen betrifft, konsolidiert hat. Sie ist seit sechs Jahren in ihrem Beruf tätig, ihr erstes Kind ist elf Jahre alt. Die Mutter von Frau Feldkamp war sehr wahrscheinlich das einzige Kind, genau wie sie selbst, sie hatte zunächst auch „nur" das eine Kind. In der Regel wird eine Kindheit als Einzelkind als Mangel empfunden, so dass sie eventuell ihrem Kind ein Großwerden ohne Geschwister ersparen wollte. Es könnte auch sein, dass sie einfach den Wunsch hatte, ein Kind von Anfang an bei sich zu haben und selbst erziehen zu können, was bei ihrem ersten Kind nicht der Fall war.
Eintritt in die NDPD
Mitglied im Schul-, Kultur- und Sozialausschuss der Gemeindevertretung von Grünow
Mitglied in einer weiteren Gemeindevertretung (Bauausschuss)
Mitarbeit in der Jugendhilfekommission
Es erfolgt der Eintritt in die NDPD (Nationaldemokratische Partei Deutschlands), der genaue Zeitpunkt ist nicht bekannt. Die NDPD wurde gegründet, um ehemaligen Wehrmachtsangehörigen sowie nichtbelasteten NS-Anhängern eine neue politische Heimat zu geben. Die NDPD verstand sich als sozialistische Partei. Ihre von der SED zugewiesene bündnispolitische Aufgabe bestand darin, die Zielgruppe der kleinen und mittleren Angestellten aus den ehemals kleinbürgerlichen und bürgerlichen Mittelschichten für den Sozialismus zu gewinnen. Ungeachtet der privaten und noch selbstständigen Handwerker, die der NDPD angehörten, schloss diese Blockpartei sich 1972 der Forderung an, private und halbstaatliche Betriebe in Volkseigene Betriebe umzuwandeln.
Ihr Eintritt in die Partei erfolgte wahrscheinlich Anfang der 80er Jahre. Ihre Kinder haben das Schul- bzw. Jugendalter erreicht. Die Bewältigung von Familie und Beruf lässt ihr offensichtlich noch Kraft und Zeit für weitere Betätigungen. Sie sucht sich einen Bereich, in dem jedoch die Gestaltungsspielräume bekanntermaßen gering waren. Frau Feldkamps Eintritt in die NDPD wird verständlich, wenn sie sich in der bereits vermuteten Selbstständigentradition sieht, deren Vertreter in dieser Partei zunächst ihre Heimat finden konnten. Sie selbst hat diesen Status jedoch nicht. Es ist daher zu vermuten, dass sich dieses Selbstverständnis ausgehend von der Herkunftsfamilie der Mutter tradierte. Diese Familientradition besteht also trotz der gesellschaftlichen Neuordnung, nach der die Selbstständigen ein ungleich geringeres Sozialprestige hatten, weiter.
Sie engagiert sich im Schul-, Kultur- und Sozialausschuss und in der Jugendhilfekommission. Sie widmet sich in dieser Arbeit sozialen Belangen. Durch ihre Tätigkeit als Lehrerin gewinnt sie auch Einblick in die familiären Situationen der Schüler. Vor dem Hintergrund dieser Erfahrungen, scheint ihre Tätigkeit in der Jugendhilfekommission naheliegend. Die Tätigkeit in einer weiteren Gemeindevertretung ist nicht ganz klar. Sie war vermutlich im Bauausschuss tätig. Hier taucht wieder ihre „Bau-Vergangenheit" auf, die sie, wie es scheint, nicht loslässt.
1990 (?) Kommissarische Schulleiterin der Gesamtschule (ehem. EOS) in Grünow
Mit dem Ende der DDR öffnet sich für sie die vielleicht einmalige Chance, einen erheblichen Karrieresprung zu vollziehen. Sie wird zunächst kommissarische Schulleiterin. Es ist anzunehmen, dass der vorherige Schulleiter belastet war und deshalb ausscheiden musste. Ihre NDPD-Mitgliedschaft ist kein Nachteil in dieser Situation. Es ist im Gegenteil anzunehmen,

dass ihr kommunales Engagement die Chance auf diese Position vergrößert hat. Sie übernimmt also in den unübersichtlichen Nachwende-Zeiten des „Anything goes" (s. Phase O. in II.5) die Verantwortung für die gesamte Schule. Dass sie den Sprung von der „einfachen" Lehrerin zur Schulleiterin angetragen bekommt und dann auch wagt, legt drei Lesarten nahe: a. dass sie während ihrer ca. 19jährigen Tätigkeit als Lehrerin eher unterfordert war; oder b. dass sie zumindest noch unausgeschöpfte Energien hatte, was auch ihr kommunales Engagement erklären könnte; oder aber c., dass der Transformationsschock in ihr einen neuen Schub des Tätigwerden-Wollens (Neugierde? s. dazu ausführlich IV.1) ausgelöst hat.

1990 Mitglied der FDP; Mitglied im Bauausschuss der Gemeindevertretung
Ihr politisches Engagement geht als Mitglied der FDP weiter. Sie verlässt jedoch den Sozialbereich und engagiert sich im Bauausschuss. Warum das? Sie wäre doch für den Ausschuss für Soziales und Bildung prädestiniert. Dieser Ausschuss könnte mit kompetenten Leuten überbesetzt sein, was aber eher unwahrscheinlich ist. Eine andere Möglichkeit wäre, dass sie nach einem Ausgleich zu ihrer beruflichen Tätigkeit sucht und dafür in ein Feld geht, in dem in der Tat 'sehr viel bewegt wird'. Es könnte auch sein, dass sie damit versucht, – bewusst oder unbewusst – in diesem Ausschuss einen Teil ihres Interesses zu leben, den sie faktisch nie verwirklicht hat (Großvater-Linie).

1990 (?) Schulleiterin der Gesamtschule
Nach kurzer Bewährung als kommissarische Leiterin stand ihrer Berufung zur „richtigen" Schulleiterin offenkundig nichts im Wege. Sie übernimmt eine Position, die mit einer großen Verantwortung in extrem unübersichtlichen Zeiten verbunden ist, denn sie erfordert das Geschick und Können, den Ausgleich und die Integration verschiedenster Interessen herzustellen. Sowohl in der Hierarchie wie unter den Kollegen muss sie mit Geschick agiert haben und den Bodenkontakt zur Kollegenschaft weitergepflegt haben.

Der Bildungsbereich ist in mehreren Hinsichten besonders sensibel. Alle Beteiligten sind gezwungen, mit den sich verändernden Verhältnissen zurechtzukommen. Auf der rein materialen Ebene müssen neue Gesetze, Verwaltungswege, Lehrpläne angeeignet werden. Die Lehrerschaft ist gezwungen, sich in dem neuen Gesellschaftssystem mit ihrem Bildungsauftrag zu positionieren. Nicht zuletzt tragen die Kinder und Jugendlichen ihre ganz eigenen Erfahrungen der Veränderungen in der Wendezeit in die Schule. In dieser Situation, in der viele bisher fraglos gegebenen Handlungssicherheiten und damit relativ überschaubare Zukunftsoptionen nicht länger weiterbestehen, muss sich zeigen, welchen Weg Frau Feldkamp wählt, um Handlungssicherheit in den 'Neuen Zeiten am Rande der Metropole' zu erlangen.

1991 Übernahme des Landesvorsitzes der Gemeinnützigen Gesellschaft der Gesamtschulen (GGG)
Zunächst treibt sie ihre Exponierung als Landesvorsitzende der Gemeinnützigen Gesellschaft der Gesamtschulen voran. Diese Gesellschaft soll als Interessengemeinschaft fungieren, um gemeinsame Vorhaben wirkungsvoller vertreten und durchsetzen zu können.

1994 Austritt aus der FDP; Ende der Gemeindevertretungsarbeit
Am Ende der ersten Wahlperiode steigt sie aus der Gemeindevertretung aus und beendet ihre Parteimitgliedschaft. Man könnte zunächst vermuten, dass sie wegen der Arbeitsbelastung ihr kommunalpolitisches Engagement aufgibt. Die vorherige Übernahme des Landesvorsitzes der GGG könnte in diesem Zusammenhang auch signalisieren, dass sie sich zukünftig mehr ihren unmittelbar beruflichen Interessenorganisationen widmen möchte. Das würde allerdings nicht zwangsläufig einen Parteiaustritt bedingen. Wenn sie dagegen „nur" aus der FDP hätte austreten wollen, hätte sie eventuell weiter in der Gemeindevertretung arbeiten können – als parteilose Vertreterin. Es liegt daher nahe, dass für sie sowohl die Mitgliedschaft in der FDP zunehmend ein Problem darstellte, als auch die konkrete Arbeit in der Gemeindevertretung. Nach der Wende wurde Frau Feldkamp automatisch Mitglied der FDP durch den Zusammenschluss von NDPD und FDP im August 1990. Ihr Austritt könnte bedeuten, dass sie sich mit

V.2   Selbstständigkeit und Gleichheit   193

den neuen programmatischen Zielen nicht identifiziert. Dass sie nicht sofort 1990 austrat, könnte daran liegen, dass sie zu diesem Zeitpunkt die Entwicklung der Partei als noch offen ansah. So wie die NDPD-Mitgliedschaft eine Zustimmung zum System der DDR voraussetzte und ausdrückte, könnte der Austritt aus der FDP eine Kritik an den veränderten gesellschaftlichen Verhältnissen im allgemeinen und der FDP als Klientelpartei im besonderen zum Ausdruck bringen.
1996 Rücktritt vom Landesvorsitz der GGG
Zusammenfassung: Auf Grund der objektiven Daten ergibt sich zusammenfassend folgender biographischer Hintergrund Frau Feldkamps: Frau Feldkamp wird als einziges Kind 1946 in die DDR hineingeboren. Ihre Eltern haben eine Bäckerei in Pacht. Der Großvater mütterlicherseits hatte ein Baugeschäft und begründete oder führte den Status der Selbstständigkeit fort. Den Eltern gelingt dies nur bedingt, da sie die Bäckerei lediglich in Pacht haben. Sie führen die Bäckerei an dem Ort, an dem die Großeltern mütterlicherseits lebten. Es ist anzunehmen, dass diese Großeltern für die junge Familie bedeutsam waren, wahrscheinlich auch für die Betreuung von Frau Feldkamp, da ihre Eltern beide berufstätig sind. Während der Schulzeit von Frau Feldkamp zieht die Familie in den Harz. Die Eltern pachten dort wieder eine Bäckerei. Die Eltern des Vaters dagegen werden überhaupt nicht erwähnt. Auch der Vater bleibt in der Erzählung recht blass, auf dieser Seite der Familie scheint kein positiver Bezugspunkt vorzuliegen.
Durch aktiven Einsatz der Mutter kommt die Tochter auf eine EOS. Damit wird der Bildungshorizont der Tochter stark erweitert. Zugleich wird der Versuch einer ideologisch motivierten Einschränkung persönlicher Entwicklungsmöglichkeiten abgewehrt. Die Wahl des Maurerberufs und der Wunsch, Bauwesen zu studieren, was für ein Mädchen eher untypisch war, verweist auf die starke positive Besetzung und das Vorbild der großväterlichen Tätigkeit. Sie ist auf dem besten Wege diese Tradition auf höherem Niveau fortzuführen. Man kann sagen, sie erfüllt den unausgesprochenen Auftrag der Familie, der mangels männlicher Nachkommen unerfüllt blieb, bis sie als die einzige Enkeltochter diesen erfüllen kann. Der folgende Studienfachwechsel an eine pädagogische Hochschule bleibt vor dem Hintergrund der Stringenz des bis dahin vollzogenen Ausbildungsweges erklärungsbedürftig. Mit der Wahl des Polytechnikstudiums tritt die familiäre Schosslinie zurück und die Einbettung in die Gesellschaft der DDR stärker in Vordergrund. Nach dem Ende des Studiums ist sie die folgenden Jahre als Lehrerin für Polytechnik tätig.
Die Mitgliedschaft in der NDPD-Blockpartei spiegelt dann den Kompromiss oder den Versuch wider, ihre biographischen Entwicklungspfade stärker zu integrieren. Zum einen die erwähnte Linie der Selbstständigentradition der Familie mütterlicherseits. Zum anderen drückt sich darin ihre Integration in die DDR und die Anerkennung der führenden Rolle der SED aus. Mit der Wende, ab 1990 eröffnet sich für sie der Aufstieg in die Position der Schulleiterin. Ihr Engagement in der Gemeindevertretung führt sie als Mitglied der FDP fort. Ihre Arbeit im Bauausschuss scheint eher ihrer ehemals eingeschlagenen Berufsrichtung und Ausbildung geschuldet, als ihrer aktuellen Tätigkeit. Dieses Engagement endet jedoch zeitgleich mit ihrem Austritt aus der Partei. Im weiteren Verlauf tritt sie auch vom Landesvorsitz der GGG zurück.

2   Sequenzanalytische Interpretation des Interviewbeginns

Zu Beginn des Interviews fordern wir (Interviewerin, Interviewer) Frau Feldkamp auf, etwas über ihre Biographie zu erzählen, sowie über ihren beruflichen Werdegang und ihre aktuelle Tätigkeit.
Also ich bin Jahrgang '46 (.)
Frau Feldkamp macht einen selbstbewussten Anfang. Das „also" deutet auf den Versuch hin,

eine Struktur in das Gespräch zu bringen oder zumindest eine unmissverständliche Antwort auf die Frage zu geben. Es kann auch der Beginn einer nun folgenden Aufzählung sein. Der folgende vollständige Satz, „also ich bin Jahrgang '46" kann dann auch als Versuch gelesen werden, überhaupt einen sinnvollen Anfang für die Lebensgeschichte zu finden und Planungszeit zu gewinnen für das, was weiter erzählt werden soll. Es ist auch möglich, dass die Erzählerin schon öfter in der Situation war, ihre Biographie zu erzählen, und dass es sich bewährt hat, zunächst einfach mit dem Geburtsdatum zu beginnen. Dass nach der relativ allgemeinen Eingangsfrage der Interviewerin zunächst keine Denkpause erfolgt, stützt die Vermutung, dass Frau Feldkamp nicht zum ersten Mal nach ihrer Biographie und ihrem beruflichen Werdegang gefragt worden ist. Sie hält diese gewissermaßen in Form eines verbalen Curriculum Vitae parat. Durch das 'self-labeling' „also ich bin Jahrgang '46" stellt sie sich in einen Kohortenkontext mit den anderen, die dasselbe Geburtsjahr und zugleich auch strukturell ähnliche gesellschaftliche Großwetterlagen teilen. Damit signalisiert sie auch „ich bin durch und durch in der DDR sozialisiert ... hab so 'ne typische DDR-Karriere gemacht."

Nicht die Individualität wird herausgehoben, sondern das, was viele gemeinsam haben, das Typische, das typisch DDR-mäßige – was immer das dann genauer sei. Schon hier kommt es – auch gegenüber den West-Interviewerinnen – zu einer dezidierten Verortung im Reziprozitätsspiel der Ost-West-Mentalitäten: sowohl das Interview-Setting und der Forschungskontext, als auch die Besetzung des Interviewarrangements sind unter Rekurs auf diese kulturelle Differenz-Kodierung vorentworfen. Die lockere, eher umgangssprachliche Ausdrucksweise „hab so 'ne" nimmt absichtsvoll viel von dem Glanz heraus, der ansonsten häufig in dem Begriff Karriere mitschwingt. Dass es eine typische DDR-Karriere ist, könnte bedeuten, dass so etwas nur in der DDR in der gegebenen Form möglich war. Der Satz impliziert weiter, dass über die Laufbahnen anderer in der DDR reflektiert wurde. Bereits im ersten Satz wird auf den beruflichen Werdegang Bezug genommen. Das kann ein Hinweis auf die Wichtigkeit des Berufes für die Befragte selbst sein. Die Wahl des Berufsaspektes kann aber auch im Hinblick auf Vor-Vermutungen getroffen worden sein, was die Interviewerinnen interessieren könnte. Die Interviewte würde sich dann als Expertin für eine bestimmte berufliche Tätigkeit und als Positionsinhaberin sehen und das, was erzählt wird, im Hinblick auf ihre Rolle auswählen, die sie in diesem Gespräch hat: In diesem Fall die Rolle der mit Leitungsaufgaben betrauten Informantin für ein spezielles Gebiet. Es wäre dann auch zu erwarten, dass das Biographische auf die Etappen ihres beruflichen Werdegangs beschränkt wird.

Es wird also auch gleich zu Beginn auf die gesellschaftliche Herkunft verwiesen. Das kann als Vorwarnung verstanden werden, „ihr habt es mit einer typischen DDR-Frau zu tun". Möglicherweise gibt es schlechte Erfahrungen mit Wessis und deren Beurteilung von DDR-Karrieren.

wenn man so will (I: mh)

Der Nachsatz *„wenn man so will"* schränkt das Gesagte wieder ein. Er kann gelesen werden als, „es ist eine DDR-Karriere, wenn man das so sehen möchte, ich sehe es aber nicht so". Es könnten damit die Interviewerinnen und ihre Rolle als Sozialwissenschaftlerinnen angesprochen werden. Das hieße, sie erzählt von ihrer Typik, aber nicht unbedingt von ihrer Subjektivität und hat den ins Alltags- und Berufswissen diffundierten 'soziologischen Blick' längst drauf.

ich bin acht Jahre (.) an eine normale Gr- äh Schule gegangen

Zunächst wird noch einmal der Lebenslaufbericht aufgegriffen. Damit wird die mit Ambivalenzen gespickte Eingangsgeschichte ein Stück weit normalisiert. Oder aber es wird ein Spannungsbogen aufgebaut bis zu einem Punkt, an dem alles anders wird, und der Bereich

V.2 Selbstständigkeit und Gleichheit

des Normalen verlassen wird. Es wird die Schullaufbahn fokussiert, die als erste Strecke auf dem Weg der Karriere angesehen wird.

und bin dann (.) in U-Stadt det muss ich erklären wo's is is oben an der Küste (.) hab ich dann die neunte und Anfang die ze- der zehnten die Schule besucht

Das Normale waren die acht Jahre Schule, die üblicherweise besucht wurden. Das Besondere war dann der weitere Schulbesuch in einem anderen Ort. U-Stadt muss ein kleiner, allgemein nicht bekannter Ort sein, da sie in einem schnellen Anschluss hinzufügend erklärt, wo dieser Ort liegt. Sie begnügt sich mit dem Hinweis auf die großräumige Naturlandschaft. Der Ort des Grundschulbesuchs und sicherlich auch der Wohnort wurden dagegen nicht berichtet. Das ist stimmig bezüglich der Vermutung, dass dieser Schulbesuch bis zur achten Klasse im Bereich des Normalen lag und sie deshalb nicht ausführlicher darauf eingeht.

dann sind meine Eltern runtergezogen in den Harz hier unten

An dieser Stelle werden die Eltern eingeführt, sie zogen in den Harz. Es ist aber anzunehmen, dass die ganze Familie umgezogen ist. Möglicherweise wurde die Tochter an dieser Entscheidung überhaupt nicht beteiligt oder sie hat entgegen der faktischen Realität diese bis heute nicht akzeptiert, so dass sie selbst als Person in der Erzählung dieser damals sicherlich wichtigen Phase nicht vorkommt.
Die Folge dieses Umzug wird ein Schulwechsel gewesen sein. Er findet mitten im Schuljahr statt. Es müssen daher wohl dringende Gründe für den Umzug vorgelegen haben.

und ich hab dann in R-Stadt das Abitur gemacht

Sie ist also mit umgezogen. Nach wenigen Sätzen ist sie mit ihrer Erzählung bereits beim Abitur angelangt. Es werden im wesentlichen die objektiven Daten eines tabellarischen Lebenslaufes in mündlicher Form wiedergegeben. Es ist anzunehmen, dass, wenn die Erzählung in diesem Tempo weitergeht, sie nach wenigen weiteren Sätzen ihr gesamtes Leben erzählt hat. Persönliches wird dabei konsequent ausgeklammert.

(.) anschließend hab ich angefangen also nee muss man noch dazu sagen

Die Aufzählung geht wie erwartet in gleichem Rhythmus weiter, aber dann muss etwas eingefügt werden. Es folgt eine Besonderheit bzw. ein Einschub, ohne den selbst die begonnene stark kursorische Erzählung unvollständig bliebe. Da bisher Persönliches konsequent ausgeklammert wurde, ist zu erwarten, dass es sich um eine schulische Besonderheit handelt. Etwas, was nicht zu persönlich ist und deshalb erzählt werden kann.

(.) bin ich ganz stolz drauf

Es wird jetzt jedoch nicht nur das tatsächlich Geschehene oder der Umstand erzählt, der dazu gesagt werden muss, sondern es wird ein Gefühl beschrieben, damit zugleich eine starke Markierung der (für heutige Betrachter) Außeralltäglichkeit des angekündigten Geschehens. Die Erzählerin ist auf etwas „*ganz stolz*". Sie verlässt an dieser Stelle zum ersten Mal die rein sachliche, formale Ebene. Es ist also mehrfach vorbereitet, dass der noch zu schildernde Umstand für die Interviewte von einiger Bedeutung ist.

damals gab es so 'ne Zeit

Die Erzählerin kontextuiert ihre Story zunächst wieder in größeren Zusammenhängen. „*Damals gab es so 'ne Zeit*", in der etwas möglich oder nicht möglich war; fast wie im Märchen, wäre eine Lesart. In längst dahingesunkenen Gesellschaftsetappen eine andere. Oder in dieser Zeit, da wurde dieses und jenes getan, sie dagegen hatte es aber anders gemacht. Es hätten dann äußere Umstände und Zustände vorgelegen, in denen in bestimmter Weise gehandelt wurde.

(.) das hieß nicht äh Berufsausbildung mit Abitur sondern Abitur mit Berufsausbildung
(I: mhm) das gab's aber nur 'n paar Jahre (.) (I2: mh)

Damit ist natürlich immer noch nicht klar, worauf sich der Stolz genau bezieht. Vermuten können wir immerhin, dass sie wahrscheinlich ein Abitur mit Berufsausbildung gemacht hat. Sie wiederholt noch einmal die Besonderungsklausel und präzisiert sie mit dem Hinweis, dass es das nur ein paar Jahre gab. Rührt daher ihr Stolz? Eine besondere Chance erhalten und zugegriffen zu haben? Eine Sache gemacht zu haben, die im nachhinein als etwas Besonderes erscheint, weil sie nur wenige machen konnten? Oder ist es eher der Stolz über die zusätzliche Qualifikation?

und da habe ich äh das Mauern gelernt und ich hab auch richtig 'n Facharbeiterbrief als Maurer (I: mhm)

Jetzt erhellt sich, worauf sie stolz ist. Sie hat *„das Mauern"* gelernt. Diese Ausdrucksweise hebt dabei das praktische Tun besonders hervor. Sie hat also eine handwerkliche Qualifikation erlangt. Ihr Stolz könnte auch dadurch begründet sein, dass es sich eigentlich um einen typischen Männerberuf handelt, und es dadurch etwas besonders ist, wenn sie als Frau dieses Handwerk beherrscht. Es ist anzunehmen, dass sie aktuell nicht als Maurerin tätig ist. Wer einen Beruf ausübt, wird die Ausbildung, die auf diesen Beruf hinführte, im nachhinein als selbstverständliche Etappe werten. Der Stolz würde sich dann eher auf die aktuelle Berufsausübung beziehen. Ein besonderer Stolz wäre außerdem verständlich, wenn die Ausbildung einem ganz bestimmte Möglichkeiten eröffnet hat, die für den weiteren Berufsweg wichtig waren.

muss ich dazu sagen bin ich ganz stolz drauf (I: (lachen)) (I2: (lachen))

Eine hinreichende gestische und mimische Wertschätzung seitens der InterviewerInnen scheint an dieser Stelle zu fehlen, so dass sie sich veranlasst sieht, noch einmal zu wiederholen, dass sie ganz stolz darauf ist. Die Vermutung scheint sich zu bestätigen, dass sie aktuell nicht als Maurerin tätig ist. Man kann sogar davon ausgehen, dass sie in einem dem Maurerberuf eher fernen Feld tätig ist, da sie ihren Stolz darauf so nachdrücklich betont. Das, was sie dabei antreibt, kann sie nicht in einen allgemeinen Kontext stellen, in dem es den Interviewerinnen sofort einleuchtet (Lachen als Unsicherheitssignal?!). Der Stolz gründet auf Verbindungen, Verhältnissen, die zumindest den Interviewerinnen in der konkreten Situation nicht klar werden an dieser Stelle: Handwerkstraditionen und das politische Ausflaggen des starken Arms des Proletariates, das Kokettieren von Schreibtischexistenzen mit handfesten früheren Tätigkeiten spielen sicher mit hinein. Sie kann nicht davon ausgehen, dass die Interviewerinnen ihre 'Gefühle' unmittelbar verstehen, deshalb muss sie es dazu sagen. Die letztlich erklärende Geschichte fehlt jedoch. Dieses Datum hätte auch kurz abgehakt werden können Da sie es im Vergleich zu den anderen Sequenzen relativ lange ausführt, scheint es für sie von großer Bedeutung zu sein. Das Lachen der Interviewerinnen könnte auch die Vermutung belegen, dass ihr Stolz-sein intersubjektiv nicht unmittelbar geteilt wird. An dieser Stelle scheint also eine erste Idiosynkrasie auf.
Die Interpretation der objektiven Daten bestätigt das. Durch die Wahl des gleichen Berufes, den ihr Großvater hatte, gelingt ihr eine Anknüpfung an eine von ihr positiv besetzte Familientradition.

uund äh dann hab ich angefangen Bauwesen z- äh zu studieren in S-Stadt (.) '65 '66

Das lang gezogene *uund* und das *äh* scheint der inneren Sammlung zu dienen. Das kurze Aufflackern von Emotionalität und persönlichen Erinnerungen wird beendet, und der Bericht verläuft wieder in dem zu Anfang eingeschlagenen Rhythmus des ordnungsgemäßen Durchbustabierens von Ausbildungsschritten.

V.2 Selbstständigkeit und Gleichheit

Die Wahl ihres ersten Studienfaches Bauwesen wird zusätzlich stimmig vor dem Hintergrund, dass sie eine Ausbildung als Maurerin gemacht hat. Sie schlägt mit dieser Fachwahl eine Richtung ein, die eher männertypisch ist, was schon bei der Maurerausbildung auffiel.

dann wurde meine Tochter geboren

Mit einer eher unbeteiligten Formulierung wird die Geburt ihres ersten Kindes erzählt. Über den Mann, der in diesem Zusammenhang eine Rolle spielte, erfahren wir nichts. Dass auch hier nur das objektive Datum berichtet wird, unterstreicht den formalen Charakter der Eingangssequenz.

und dann hab ich das Studium abgebrochen

Das könnte daran gelegen haben, dass die äußeren Bedingungen keine Verbindung von Kind und Studium zuließen und sie unfreiwillig das Studium abbrechen musste. Das Kind könnte aber auch letzter äußerer Anlass gewesen sein, eine Sache fallenzulassen, die sie – aus welchen Gründen auch immer – so oder so nicht weitergemacht hätte. Es wäre möglich, dass ihr das Fach letztlich keinen Spaß gemacht hat oder sie sich überfordert fühlte. Oder sie könnte zu dem Schluss gekommen sein, dass es als Frau sehr schwer ist, sich in diesem Beruf durchzusetzen und es vielleicht sinnvoller ist, das Fach zu wechseln. Da der bisherige Verlauf ihrer Ausbildung aber sehr zielgerichtet schien, wird ihr der Abbruch nicht leichtgefallen sein.

(.) dann hab ich erstemal gearbeitet als technische Zeichnerin

Das *„erstemal"* signalisiert eine Vorläufigkeit der Arbeit, die sie dann beginnt. Es könnte den Zeitraum auch als Orientierungsphase charakterisieren. Sie bleibt als technische Zeichnerin aber auf ihrer *„Strecke"* und schafft es, trotz der sehr kurzen Studienzeit, gleich in einer qualifizierten Tätigkeit Inhalte ihres Studiums zum Broterwerb umzusetzen.

und dann hab ich wieder angefangen zu studieren in T-Stadt (.) damals hieß es noch Pädagogische (.) Hochschule glaub ich und äh (.) hab dort studiert das Fach Polytechnik (2) (I: mhm)

Die Arbeit war also in der Tat nur vorläufig und sie hielt an ihren Studiumsplänen fest. Die Stringenz ihres bisherigen Ausbildungsweges wird aber unterbrochen. Sie wechselt sowohl das Fach wie den Studienort. Der Ortswechsel könnte durch persönliche Umstände begründet sein. Vielleicht wechselte sie an den Wohnort des Vaters ihres Kindes. Der Studienfachwechsel würde zunächst aber nur dadurch verständlich, dass sie durch den Abbruch, ihren Anspruch auf den Platz verloren hätte und sie gezwungen war, ein neues Fach zu wählen. Da es im Fach Polytechnik allgemein eher freie Plätze gab, könnte das ein weiterer wichtiger Grund gewesen sein.

uund äh bin dann fertig geworden '71 und seit '71 bin ich hier in Grünow Lehrer (I: mh)

Vier Jahre später, also recht zügig, hat sie ihr Studium beendet und ist seither in der von uns untersuchten Gewinner-Gemeinde Grünow tätig. Über die Motivation oder die Umstände des Studienfach- und Ortwechsels erfahren wir nichts weiter. Hier wird noch einmal der formal-biographische Charakter der gesamten Sequenz deutlich.

also so 'ne richtige DDR-Karriere wenn man so will ne (I: mhm mhm) ja

Sie berichtet über ihre Berufslaufbahn noch am ausführlichsten, wobei die schulische Laufbahn und die Studienphase, die auf den Beruf hingeführt haben, den breitesten Raum einnehmen; im Rückblick verwendet sie dafür das Label-artige Etikett einer *„richtigen DDR-Karriere"*. Anfang und Ende dieser Eingangspassage werden also mit diesem Ticket gelabelt. Wobei sich mit Macht die Frage aufdrängt, worin denn nun das DDR-typische liegt? Sie hat

1965 Abitur gemacht und dann angefangen zu studieren. Dieses Studium wurde zunächst durch die Geburt ihres Kindes unterbrochen, sie hat dann aber recht schnell ein neues Studium aufgenommen, dieses abgeschlossen und dann in ihrem Beruf angefangen zu arbeiten. Ist das typisch DDR? Auch in der BRD gab es Mitte der 60er Jahre Studentinnen. Der Beruf der Lehrerin, in dem sie zum Zeitpunkt des Interviews annähernd zwanzig Jahre tätig war, lässt einen ebenfalls nicht sofort an Karriere denken. Aber vielleicht weckt der Begriff Karriere auch Assoziationen, die auf seiten der Interviewten, die zweifellos mit der Wende einen regelrechten Karrieresprung gemacht hat gar nicht vorhanden sind – oder aber eher eingeklammert werden. Das Wort Karriere könnte einfach ein anderer Ausdruck für die berufliche Laufbahn sein, die auf ihrem Höhepunkt nicht notwendigerweise mit einem hohen Gehalt und/ oder Prestige gekrönt sein muss. Erstaunlich ist hier, dass die Erzählung mit dem Jahr 1971 endet. Die zentralen Etappen ihrer erzählten Lebensgeschichte siedeln alle in der DDR. Das Ende der DDR, die Implementierung eines neuen Gesellschaftssystem und ihr Karrieresprung werden komplett ausgeblendet. Ihre aktuelle Lebenssituation wird als Ergebnis einer Ereigniskette geschildert, die in der DDR ihren Anfang hatte und bis in die Gegenwart weiterwirkt.

I: Ähm jaa aber was was uns was uns auch noch interessieren würd wär ähm (.) wenn sie noch erzählen könnten (.) vielleicht ihre Großeltern wo die gelebt haben was die gemacht haben oder halt aber zumindest au Eltern ihre Geschwister (F: ja) einfach
F: also Geschwister hab ich keine
I: so 'n bissel Familie
F: ich bin allein (1) alleiniges Kind gewesen

Es erfolgt eine – auch angesichts der geschlossen und spröde gemeisterten Etappenbiographie etwas irritiert ansetzende – Nachfrage zum biographischen bzw. familiären Hintergrund. Offensichtlich war eine ausführlichere Beschreibung der Biographie erhofft worden, was nun über eine Nachfrage herauszulocken versucht wird.

Die Interviewte greift den letzten Punkt der Aufzählung, die Frage nach den Geschwistern, auf. Diese Frage wird mit den drei Varianten „also Geschwister hab' ich keine", „ich bin allein (1)", „alleiniges Kind gewesen" beantwortet. Die zweite Wiederholung wurde eventuell gemacht, weil Interviewerin und Interviewte zunächst gleichzeitig sprechen. Der Sequenz „ich bin allein" folgt dann nach einer kurzen Pause, noch eine andere Formulierung, wie um das tief empfundene Signal des Alleinseins, das in diesem Satz beinah fühlbar wird, zurückzuholen. Der Satz „alleiniges Kind gewesen" wirkt aber gekünstelt und verstärkt durch seine eigenartige Konstruktion eher das zuvor Gesagte.

meine Großeltern haben in O-Dorf in Mecklenburg oben (.) gelebt mein Großvater aber die Zeit kenn ich kaum mehr der hatte ein Baugeschäft deswegen lag das nahe nich (.) dass die Enkeltochter auch in die Baurichtung geht (I: mhm) (1)

Sie stellt hier eine Verbindungslinie zu ihrer Familie her, die aber die eigenen Eltern überspringt und erst wieder Anschluss findet bei ihrem Großvater. Der Umstand, dass sie kaum mehr Erinnerungen an diese Zeit hat, macht es um so unverständlicher, weshalb es nahe liegen soll, dass sie als Enkeltochter quasi in die Fußstapfen ihres Großvaters treten sollte, also auch den Stab der beruflichen Kontinuierung des Baugeschäftes in der männlichen Linie übernehmen soll. Abgesehen davon wird sie mit ihrer Umsteuerung zur Lehrerin faktisch dieses „nahegelegte" auch nicht realisieren.

ääh also da den da hab ich so gut wie keine Erinnerung mehr dran (.)

Mehr als der Wohnort und dass der Großvater ein Baugeschäft hatte, erfahren wir nicht von ihren Großeltern. Entweder möchte sie nicht mehr erzählen oder sie kann tatsächlich nicht mehr erzählen, da sie kaum Erinnerungen an diese Zeit hat. Dass es dennoch nahe liegen soll,

V.2 Selbstständigkeit und Gleichheit

dass sie auch in die Baurichtung ging, wird nur verständlich, wenn die Eltern die fehlenden eigenen Erinnerungen in irgendeiner Form überbrückt haben. Diese Vermittlung wird durch die Mutter stattgefunden haben, da es der Großvater mütterlicherseits war, der das Baugeschäft hatte.

meine Eltern waren immer selbstständig hatten 'ne Bäckerei (.) (I: mhm)

Auch in Bezug auf die Eltern wird das Berufsraster aufgemacht. Hier betont sie aber weniger den Beruf, als den Status als Selbstständige, der sie auf dieser Flanke in eine Familienkontinuität bringt. Vor dem Hintergrund, dass die Familie in der DDR lebte, stellt der Status der Selbstständigkeit über zwei Generationen in der Tat eine Besonderheit dar.

aber nie 'ne eigene sondern so so gepachtet nich (I: mhm) und

Die Selbstständigkeit der Eltern wird hier eingeschränkt. Sie waren eigentlich nie richtige Selbstständige, sondern nur Pächter. Wäre es schlimm, wenn die Interviewerinnen annehmen könnten, die Eltern wären Besitzer einer Bäckerei gewesen? Es gibt also zwei Arten von Selbstständigen. Die „richtigen" die auch Besitz haben und solche, die nur selbstständig tätig sind. Die Eltern hatten demnach nicht „keine" eigene Bäckerei, sondern sie hatten es „nie" geschafft, eine eigene zu besitzen.

haben dann an der – in O-Dorf die Bäckerei gehabt und sind dann runtergezogen und haben in N-Dorf 'ne Bäckerei gehabt und solange bis sie nicht mehr konnten ham se des gehabt und sind dann von V-Dorf wo se gewohnt ham jeden Tag nach N-Dorf gefahren (1) äh das haben se dann gemacht und (.)

Über die Eltern erfahren wir über das kleine Bäckergeschäft hinaus kaum etwas. Es scheint so, dass sich aus der Sicht von Frau Feldkamp nach dem Umzug in den Harz nichts weiter erwähnenswertes ereignet hat. Oder es gibt zumindest über die berufliche Tätigkeit hinaus nichts weiteres, das sie erzählen möchte. Das Leben der Eltern erscheint durch hohe Routine als umherziehende Bäckerei-Pächter geprägt, in einem ewigen Kreislauf sich letztlich erschöpfend.

was wollt ich denn ( ) (2) ja Geschwister hab ich wie gesagt keine (I: mhm) (.) meine Eltern leben mittlerweile nicht mehr sind beide gestorben (I: mhm) uund (2) das war's eigentlich (mehr) gibt's da nichts zu sagen

Frau Feldkamp bricht an dieser Stelle ihre lakonischen Ausführungen zur Familiengeschichte ab. Deutlich ist die Zurückhaltung, Persönliches zu erzählen. Sie bleibt weiterhin, trotz der Erzählaufforderung der Interviewerin, auf ein Expertinnengespräch eingestellt (das Interview findet in ihrem Direktorinnenzimmer in der Schule statt, das aber wenig mit Hierarchie-Insignien ausgestattet ist und mehr den Charakter eines Ortes für kollegiale Besprechungen und kollegiale Entscheidungen trägt.) Ihre Zurückhaltung, Persönliches zu offenbaren, mag neben der formalen Definition ‚Experteninterview' und den Ambivalenzen zwischen Ost-Interviewer und West-Interviewenden auch mit der Definition ihrer Position zusammenhängen.

ach so doch 'n Prob ä (2) Problem hatt' ich natürlich zu DDR-Zeiten zur (.) EOS zu kommen so hieß das ja damals gab's den Namen Gymnasium nich (I: mhm) so als Tochter von Selbstständigen nich kam man ja denn nu nich unbedingt aufs auf (.) die EOS damals

Auf ihre Familie angesprochen fällt ihr dann doch noch etwas ein. Mit der Selbstständigkeit der Eltern war zunächst eine negative Besonderung verbunden. Die Tatsache, dass sie wegen des Status der Eltern nicht auf die EOS durfte, stellt für sie zumindest aus heutiger Sicht kein Problem mehr dar. Das könnte daran liegen, dass das Problem erfolgreich gelöst wurde. Wie wir bereits wissen, hat sie ja letztlich doch die EOS besucht. Die Selbstständigkeit der Eltern führte faktisch zu keiner Benachteiligung. Die strukturelle Benachteiligung, die erst einmal von ihrer Mutter überwunden werden musste, hätte es zumindest möglich gemacht einen Hinweis auf die Ungerechtigkeit des Systems zu geben. Dazu gibt es auf der expliziten Ebene ihrer Äußerungen jedoch keinen Hinweis – es wird zurückgenommen zu „n Prob ä (2) Problem hatt ich natürlich" und:

(.) meine Mutter hat 'n bissel Stunk gemacht ich hatte 'n relativ guten Durchschnitt ne und dann bin ich doch hingekommen ne

Wenn man ihre weitere Berufslaufbahn betrachtet, war war die von der Mutter erkämpfte Möglichkeit, das Abitur zu machen, sogar ein zentrales Ereignis ihrer Biographie. In dieser Passage wird diese Tatsache eher bagatellisiert. Es scheint, dass der Konflikt, der zwischen ihrer Herkunft und der Ideologie des Systems bestand, auch im nachhinein eher latent gehalten werden sollte. Das wird durch folgende protestdemokratische-patronale Geschichte noch unterstützt:

I: das ging dann doch (F: ja ja) also mit (3)
F: mit Drohungen
I: mit Drohungen mh
F: nich, zu DDR-Zeiten war es ja dann so wenn man was erreichen wollte dann brauchte man vor den Wahlen nur zu sagen man geht nicht zur Wahl ne (.) oder man schreibt an den Staatsratsvorsitzenden das klappte wunderbar da ham viele Leute 'ne Wohnung gekriegt oder was weiß ich (.) (I: mhm mhm) (.) das klappt (.) mach ich 'ne Eingabe ich schreib an den Staatsratsvorsitzenden und dann wurde 'ne Maschinerie in Bewegung gesetzt und dann klappte des (I: mhm) (3) so war's (lachen) ...

Die Erklärung „mit Drohungen" wird weiter ausgeführt. Frau Feldkamp erläutert der offensichtlich unwissenden Interviewerin was damit gemeint ist. Sie wählt den Ausdruck „'ne Maschinerie" für die Funktionsweise der DDR. Eine Maschinerie, in die man gerät, ist eigentlich eher negativ besetzt. Ein schwerfälliges, langsam arbeitendes und kaum zu stoppendes Ungetüm. In dieser Passage bekommt dieser Begriff jedoch eher einen positiven Anstrich, weil sie zum Durchsetzen persönlicher Interessen außerhalb der Hierarchie umfunktioniert wird. Das wird verständlicher, wenn man in den Blick nimmt, was eine Maschinerie noch beinhaltet. Man drückt auf einen Knopf, ein Räderwerk wird in Gang gesetzt und am Ende hat man das gewünschte Ergebnis. Eine Maschinerie ist durch ihre je eigenen Konstruktionsprinzipien charakterisiert, unter Rekurs auf mechanische Grundgesetze, durch die und in denen sie nur funktionieren kann. Eines scheint klar: Wer sich nicht an die „Spielregeln" hält, wird scheitern. Die große Maschinerie lässt in der Regel keine große Variabilität zu, weder beim Input noch beim Output; ihre Leistung liegt eher darin, dass man, sofern sie funktioniert, sicher sein kann, was als Ergebnis herauskommt. Die DDR wird hier von Frau Feldkamp nicht als Repressionsapparat beschrieben, sondern als ein durchschaubarer Machtapparat, den man für sich nutzen konnte. Für sie scheint es in der Revue überhaupt kein Problem gewesen zu sein, dass sie als einzelne dem Staat gegenüber treten musste, da sie glauben machen möchte, dass 'man' in der DDR basisdemokratische Machtmittel in der Form von effektiven Drohpotentialen in der Hinterhand bereit hielt, die zur effektiven Durchsetzung eigener Interessen sich nutzen ließen. Nicht Rechtsgleichheit und Rechtssicherheit regelten danach das Verhältnis von Individuum und Staat, es handelt sich eher um ein Patronagesystem, das die Top-Down-Strukturen effektiv und nahezu beliebig durch das Drohpotential von Eingaben und Wahlenthaltungen zur Raison bringen konnte. Das tiefgestaffelte Führungs- und Kontrollsystem mutiert damit fast zur Engler'schen Aushandlungsgesellschaft.

Erste Strukturhypothese

Das Bild, das sich aus der Interpretation der objektiven Daten ergeben hat, wird durch die extensive Auslegung der Eingangssequenz bestätigt: Die Familienlinie mütterlicherseits hat nicht nur für die Ausbildung und das Berufsziel von Frau Feldkamp eine große Bedeutung, sondern erscheint geradezu als ein Fixpunkt ihrer biographischen Orientierungen. Der Großvater mütterlicherseits begründete oder führte den Status der Selbstständigkeit mit einem Baugeschäft fort. Den Eltern gelang eine Kontinuierung dieser Tradition nur bedingt, da sie die Bäckerei lediglich in Pacht hatten.

Frau Feldkamp unternimmt es nun zunächst, die Tradition der Selbstständigkeit mit der Wahl des Maurerberufs und dem Beginn des Bauingenieurstudiums weiterzuführen. Sie ist – wie schon oben vermutet – auf dem Weg, diese Tradition quer zur üblichen Geschlechterlinie und auf höherem Niveau als Erfüllung des Familienauftrags fortzuführen. Die Tatsache, dass sie ihr erstes Studium im Fach Bauwesen nicht zu Ende führt, sondern bereits nach einem Semester abbricht, spielt für das Selbstverständnis von Frau Feldkamp keine entscheidende Rolle. Bedeutsamer ist, dass sie im System der DDR Mitte der 60er Jahre überhaupt die Möglichkeit bekam, an die Familientradition anzuknüpfen. Hierin gründet die positive Besetzung der DDR. Dass die DDR die Selbstständigen, ihrem Anspruch als Arbeiter- und Bauernstaat nach, eher benachteiligte als unterstützte, tritt dagegen in den Hintergrund, wohl auch, weil sie als Lehrerin mit der Alltagsproblematik von Selbstständigen nicht konfrontiert war. Man muss daher eher von einem imaginierten Selbstständigkeitsstatus ausgehen, dessen Verquickung mit dem Staat DDR auf der Alltagsebene nicht nur kein Problem darstellte, sondern dieser sich sogar als der Beförderer ihrer Selbstständigkeit bewährt hat.

Für die dauerhafte Wirksamkeit eines so transportierten Selbstständigkeitsgedankens spricht auch ihre Mitgliedschaft in der NDPD. Diese Partei hatte bei ihrer Gründung als Zielgruppe u.a. die selbstständigen Handwerker und Kleinunternehmer im Blick. Die Mitgliedschaft in dieser Partei ermöglichte ihr eine parteioffiziöse Verbindung von imaginierter Selbstständigkeit und DDR. Die logische Konsequenz in der erweiterten BRD war eine Mitgliedschaft in der FDP, nach deren Vereinigung mit der NDPD. Dann tritt sie jedoch abrupt aus. An diesem Punkt zeigt sich, dass für sie die Selbstständigentradition in der DDR eine wesentliche Funktion auf dem Weg ihrer eigenen Individuierung und Besonderung innerhalb der Gesellschaft der DDR erfüllte. Dann liegt die bekannte Dialektik von Allgemeinem und Besonderem, hier die Dialektik von Individualität und Kollektivität unter DDR-Bedingungen zugrunde. Dieses Phänomen, einerseits Individualität ausbilden zu müssen, dabei aber andererseits gleichzeitig innerhalb der streng geregelten Grenzen der real-sozialistischen Solidargemeinschaft bleiben zu müssen, um sich nicht zu isolieren, liegt als Problem vieler DDR-Biographien zugrunde. Frau Feldkamp muss also die über die Familie tradierte positive Besetzung der Selbstständigkeit in Balance bringen mit den Erfahrungen ihrer Sozialisation in einer Gesellschaft, die auf Homogenisierung abzielte. In einer Gesellschaft, in der alle gleich sein sollten, rekurriert sie auf den familiären Hintergrund und kann sich als aus der Selbstständigenlinie stammend besondern. Durch ihre Tätigkeit als Lehrerin integriert sie sich gleichzeitig systematischer als andere Berufsgruppen in die Gesellschaft und den Staat. Der Zusammenbruch der DDR erscheint überraschenderweise gleichwohl nicht als ein gewaltiger Einschnitt in ihrem Leben. Man gewinnt fast den Eindruck, als ob die Zeit nach der Wiedervereinigung eine bloße Fortsetzung von DDR-Geschichte ist. Ob für sie die aktuelle Situation – auch ihr Karrieresprung eine bloße „Weiterführung der DDR" ist, muss – ebenso wie die Frage, ob sie ihr altes Gesellschaftsbild in das neue Deutschland und eine institutionell veränderte Schulwelt mit hineinnimmt – an weiteren Textstellen überprüft werden.

3 Ergänzung und Überprüfung der Strukturhypothese anhand weiterer Interview-passagen

Noch im Zusammenhang mit der Frage nach ihrer Biographie steht die folgende Passage:

F: ... und ich war schon immer Fachlehrer für Polytechnik uuund (.) neunzehnhundert- als die Wende so kam (1) da kamen dann einige Kollegen an und sagten sag mal warum bist denn du eigentlich kein Schulleiter ich sag ihr müsst doch was am Kopp haben ne (.) ich doch nich (.) na ja gut und dann (.) kam das so dass der Vorgänger von mir gesagt hat er hört auf (.) und dann kamen se wieder an und sagten warum denn nicht du und dann hab ich gesagt muss ja nich sein und dann haben sie mir gesagt dass sich ein anderer bewerben wollte den wir alle kannten und wo wir der Meinung waren das ist nicht so positiv (.) na ja dann hab ich ein Nachmittag mit 'ner Kollegin zusammengesessen und hab gesagt du sag mal was würdest du sagen wenn (.) na hat se gesagt wenn einer dann du na dann bin ich da noch hingegangen und dann wurde Schulkonferenzbeschluss eingeholt und so was alles ... (S. 2, Z. 2-10)

Der erste Satz bringt eine hohe Kontinuität in ihrem Berufsleben zum Ausdruck. Es ist allerdings erst die zweite Interviewfrage und es geht immer noch um den Themenkomplex der Biographie. Und gemessen an der Gesamtlebenszeit nehmen natürlich die 19 Jahre, in denen sie als Polytechniklehrerin tätig war, wesentlich mehr Raum und Zeit ein als die sechs Jahre, in denen sie zum Zeitpunkt des Interviews zugleich Schulleiterin war. Es könnte auch bedeuten, dass sie in ihren Augen noch immer primär Polytechniklehrerin ist und die Tätigkeit als Schulleiterin nur sekundäre Bedeutung hat. In dieser Passage will sie deutlich machen, dass ihrem Karrieresprung, der erst durch die Wende prinzipiell ermöglicht wird, weniger individualistische, etwa durch Ehrgeiz motivierte Gründe zugrunde liegen, obwohl das oberflächlich besehen am ehesten zu vermuten gewesen wäre. Bedingung und Anstoß hierzu sei vielmehr die Einbettung in die Gemeinschaft des Kollegiums. So gesehen war es dann eher eine Kollektiventscheidung des Lehrergremiums als eine individuelle und man musste sie eher zu diesem Karrieresprung tragen. Erst als ein Bewerber auftaucht, der die durch die Wende hindurch kontinuierte Kollegialitätsstruktur zu gefährden droht entschließt sie sich zum Sprung nach oben. Sie macht den Schritt letztlich, um für sich und die anderen Schlimmeres zu verhindern. Die Bedeutung der Individuierung tritt somit hinter die Einbindung in ein Teilkollektiv zurück. Nicht das Vorantreiben ihrer Individuierung durch die Karriere, sondern der Rückbezug auf die Gemeinschaftsbestände der DDR rücken so in den Vordergrund.

Ein wesentliches Element der Veränderung durch die Eingliederung der ehemaligen DDR in das bundesrepublikanische System liegt darin, dass Prozesse sozialer Differenzierung nun in einem wesentlich drastischerem Maße zum Zuge kommen, mit neuen Polarisierungen, räumlichen Segregationen gerade auch im Suburbanisierungsprozess rund um Berlin. Frau Feldkamp ist seit der Wende an ihrem Gymnasium in der Gewinner-Gemeinde Grünow mit massiven sozialen Differenzierungen konfrontiert. Wir möchten ihrem Umgang mit und der Bewertung dieser Prozesse in zwei verschiedenen Bereichen nachgehen. Zum einen im Feld der Politik und zum anderen in ihrem Berufsfeld.

Zunächst zu ihrem Berufsfeld:

F: ... bei mir fällt mir auf meine Kollegium hin (3) äh ist (.) na ja sag ich mal so (.) 'n Stückcken DDR-Tradition haben wir uns noch so erhalten (.) was diesen Zusammenhalt betrifft (.) also wir klagen zusammen (.) wir lachen zusammen wir feiern zusammen (..) (I2: mhm) so muss man's sagen (1) ... (S. 8, Z. 4-7)

Es wird deutlich, dass für sie die BerufskollegInnen, also die LehrerInnen an ihrer Schule eine weit größere Bedeutung haben, als üblicherweise, etwa im Vergleich zu FreundInnen. Die ganze Spannbreite von Stimmungen, Gefühlen, Erfahrungen findet hier ihren sozialen

V.2 Selbstständigkeit und Gleichheit

Ort. Es scheint keine Konkurrenz zu geben. Die, gegen die sie zusammenhalten, stehen außerhalb der Schule. Die Tradition des Zusammenhalts und der Solidarität gegen 'das System draußen', das alte wie das neue, scheint fest in der DDR verankert. Solidarischer Zusammenhalt dient auch als Rüstzeug in den Zeiten der transformellen Veränderungen.

F: ... es ist aber oder es nimmt zu (.) oder bei den älteren Kollegen is es eigentlich so dass sie sich auf diese neuen Kinder nich so richtig einstellen können die Kinder sind anders (.) sie sind offener sie sind freier sie nehmen sich (.) auch 'n paar Freiheiten heraus die ihnen eigentlich sag ich mal (.) die wir von dem Alter her nicht gewöhnt waren (.) was so äh Fragen betrifft Meinungen betrifft (.) und das verknusen einige ältere nicht ... (S. 8, Z. 7-12)

... also ich sag mal wir arbeiten wir versuchen nach Möglichkeit gut zu arbeiten kontinuierlich zu arbeiten (.) es ist uns nicht möglich ... das ganze drum herum macht keinen Spaß (I2: mhm) das ist das was uns belastet (I: mhm) aber auch auf der anderen Seite die Arbeit mit den Schülern macht uns schon Freude nich.(I: mhm) ... 'ne Mutter hat heute gerade gesagt wir wären 'ne Ghetto-Schule
I: warum das
F: weil wir versuchen Ruhe und Ordnung noch im Unterricht zu haben damit wir allen Schülern die Möglichkeit geben was zu lernen aber solange ich mich vor mein Kind schützend stelle und der machen kann im Unterricht was er will und die das noch für gut heißen nicht (I2: mhm) mit solchen Sachen muss man auch und uns belastet's weil wir's nicht gewöhnt sind ... (S. 3, Z. 15-26)

In ihrem Berufsfeld ist sie also durch die neuen Zeiten und die neuen Menschen im Ort – vermittelt über „ihre" Kinder/Schüler – mit erheblichen Differenzierungsprozessen konfrontiert. Zum einen hat die unvermeidbare Auseinandersetzung mit bürokratischen Zwängen zugenommen. Zum anderen haben sich die Kinder und Jugendlichen gegenüber früher verändert, sie sind freier und offener geworden; es kommen auch andere 'chaotischere' Kinder dazu. Anders als einige ihrer älteren Kollegen wählt sie jedoch nicht den Rückzug, sondern eröffnet sich eigene Gestaltungsspielräume, als Schulleiterin. In dieser Position hat sie die Chance, steuernd einzugreifen. Andererseits ist sie allerdings auch in stärkerem Maße mit den neuen Erziehungsinteressen frisch zugezogener (West-) Eltern und den Vorgaben des institutionell und personell transformierten Ministeriums konfrontiert. Es erweist sich deshalb als schwierig, in der gewohnten Weise weiterzuarbeiten, weil die Schule selbst als Institution mit den genannten vielfältigen Transformationseffekten konfrontiert ist. In dieser Phase allgemeiner Verunsicherung optiert sie nun eher für „das Bewährte", nämlich den Kindern und Jugendlichen Stabilität und Orientierung in unordentlicheren Zeiten zu vermitteln. Die Bedeutung von Stabilität und Überschaubarkeit zeigt sich auch an folgendem Interviewausschnitt.

F: ... und weil wir ja nicht solche Mammutschulen sind (I: mhm) wie in den alten Bundesländern mit einein-halb tausend Kindern find ich (.) wir hatten 'ne Partnerschule in West-Stadt meine Kinder wollen da nicht mehr hin weil sie sagen das ist ihnen zu groß zu unheimlich zu anonym. (I: mhm) also ich kenn' meine vierhundertachtzig alle vom Gesicht her nich sag ich du bist fremd weg vom Hof ... (S. 3, Z. 40-44)

Es werden die alten und die neuen Bundesländern verglichen. Dies findet in den Kategorien „wir" und „alte Bundesländer" statt. Das „*wir*" steht wohl für die neuen Bundesländer mit ihren mentalen und kulturellen Kontinuierungen zurück in die DDR. Die Tatsache, dass es in den alten Bundesländern ganz unterschiedlich große Schulen gibt, wird ignoriert. Den Vorzug der eigenen Schule gegenüber den Mammutschulen des Westens sieht sie in der Überschaubarkeit. Für das Wohlbefinden der Schüler scheint das aus ihrer Perspektive eine wichtige Voraussetzung zu sein. Hier zeigt sich noch einmal die Wichtigkeit persönlicher Beziehungen für sie. Auf der anderen Seite glaubt sie nur bei einer übersichtlichen Anzahl von Schülern über genügend personale Kontrollmöglichkeit zu verfügen.
Auf eine Nachfrage zu dem oben erwähnten Schüleraustausch erfahren wir weiter.

F: ... und sie sind mit der Lebensweise nicht zurechtgekommen (.) (I2: mhm) sie ham gesagt was ler- hier ist noch so 'n bisschen das preu- die preußische Ordnung ist hier noch also es gibt besti- also die Essenszeiten sind sag ich mal den Preußen heilig (...) und sie sind dann nach West-Stadt gekommen meine Kinder wären verhungert (1) ne da gab es sowas nicht dass man abends einfach zusammensaßen zu 'ner bestimmten Zeit und da ist der Kühlschrank wenn de Hunger hast hol dir was das kannten sie nicht dann sind die Rheinländer 'n bisschen 'ne andere Mentalität damit sind sie nicht klar gekommen ... (S. 3, Z. 58 bis 4, Z. 6)

Diese Passage irritiert zunächst: Es wird über einen Schüleraustausch berichtet, bei dem genau derjenige Prozess in Gang gesetzt wurde, der der ideale Grund für Schüleraustauschprogramme ist. Die Schüler werden mit *Neuem bzw. Anderem* konfrontiert. Die versozialwissenschaftliche Bewertung dieser Alltagserfahrungen durch die erfahrene Schulleiterin („Lebensweise", „ 'ne andere Mentalität") legt den Schluss nahe, dass entweder keine Voraussetzung und Bereitschaft auf Seiten der Ost-Schüler – zudem durch entsprechende professionelle Vorbereitung gefördert – vorhanden war, mit dieser Erfahrung von Neuem konstruktiv umzugehen (vgl. die 'neugierige' Verarbeitung von Neuem im Rahmen potsozialistischer Transformationen in Fall IV.1). Oder die vorgefundene Situation war so extrem, dass dieser Prozess überhaupt nicht stattfinden konnte. Die zweite Annahme ist offenkundig unplausibel. Gleichwohl wurde „die andere Lebensweise" als krasse Zumutung begriffen, die nur noch mit Abwehr und Rückzug beantwortbar schien. Wir erfahren an dieser Stelle natürlich nichts darüber, wie die Kinder selbst die Situation wahrgenommen haben. Deutlich ist jedoch, dass Frau Feldkamp das Problem, dass die Kinder sich eigenständig etwas aus dem Kühlschrank holen mussten, *fast für letal hält* („meine(!) Kinder wären verhungert"). Dieses banale Alltagsproblem stilisiert sie zu einem Mischungsversuch von Feuer und Wasser, zum Zusammenprall der kleinbürgerlich-preußischen „eigenen Lebensweise" mit der 'westlich'-rheinländischen Regionalkultur. Die Lösung dieses Zusammenpralls liegt für sie nicht in einer dialogischen, konfliktbereiten Auseinandersetzung, sondern ihr scheint nur die Alternative 'Dominanzgebahren der Wessis akzeptieren' oder 'Rückzug antreten' gegeben zu sein. Da ersteres in diesem Fall nicht möglich ist (Mammutschulen!), kommt es hier zu klaren Rückzugs- und Schließungstendenzen (vgl. das Fallgeneralisierungsschema in Matthiesen 2001b). An ihrer eigenen Schule dagegen scheint es ihr als Schulleiterin opportun und ist es auch möglich, die „Fremden" einfach fortzuschicken („du bist fremd, weg vom Hof"). Hier übt sie Erziehungsdominanz durch Ausschluss anderer aus.

Nun noch einige Anmerkungen zum Verständnis von *'politischen Kultur'* und zur Gemeindevertretungsarbeit der Schulleiterin vor und nach der Wende:

F: ... ich sage mal wir haben (2) äh zu DDR-Zeiten (..) auch schon was bewegt (.) nicht viel aber ein bisschen was ... äh wir sind dann ja kooptiert worden in die FDP (..) deren Mitglied bin ich aber nicht mehr (..) weil ich gesagt hab irgendwo hat diese Partei (1) an der Spitze für mich abgehoben (..) wie alle anderen Parteien genauso (.) die wissen nicht mehr was das normale Fußvolk belastet (.) und betrifft (..) die ist auch so 'ne elitäre Gruppe geworden (.) und (.) das ist nicht meine Welt...und was ich damals an der Gemeindevertretung ganz toll fand war (.) man hat nicht gemerkt (.) welcher Partei die einzelnen Abgeordneten angehören ... da ging's echtn in die FDP (..) wenn erst mal der Amtsschimmel nicht da wäre und wenn die Leute entscheidungsfreudiger wären und wenn es ihnen echt um die Sache gehen würde ... (S. 9, Z. 35-50)

Ihr politisches Engagement auf kommunaler Ebene findet also an dem Punkt ihr Ende, als sie für sich feststellt, dass es den Leuten nicht mehr „*um die Sache*" geht. Statt dessen würden „nur noch" Eigen- und Parteiinteressen durchgesetzt (vgl. zu ähnlichen Einschätzungen die Fallanalysen zu den LokalpolitikerInnen in III.1 und III.2). Ihr postsozialistisches Credo ist also: Politik auf Gemeindeebene hat ganz überwiegend Sachprobleme zu lösen. Die politische Grundmaxime des zunächst ganz verständig daherkommenden Sachhaltigkeitsgebots nimmt hier allerdings eine hyperkritische Wendung. Das normativ ausgeflaggte Grundmodell ist dabei immer: Es gibt ein Sachproblem, für das eine sachliche Lösung zu finden ist, die vorausgesetzt, dass alle Beteiligten ihre kurzfristigen Interessen und die nicht-sachlichen Beziehungsformen zurückstellen. Die Wirklichkeit insbesondere der tumultuarischen Nach-Wende-Zeiten sieht natürlich etwas anders aus: Interessen- statt Sachdominanz. Interessenantagonismen werden dabei als 'abgehobene' Karrieristenspielchen angesetzt, wohingegen nur noch das „normale

Fußvolk" und unsere Gymnasialdirektorin das Sachhaltigkeitsprinzip in der Politik hochhalten. Der gemeinsame Wille zur Sachfragenlösung steht dabei immer über den Einzelinteressen. Sie beschreibt recht anschaulich zwei Zustände, in denen diese – ja stark mit politisch-populistischen Idyllen durchzogene – Lage möglich und ihrer Ansicht nach auch wirklich war: a. die DDR und b. der „Ausnahmezustand" während der Wendezeit.

Zu a.: In der DDR bestimmte der Staat, wo's langgeht. Er entschied für die anderen, im Interesse des höheren Ziels und der davon abgeleiteten Partialziele. Der Staat nahm für sich die Leistung in Anspruch, die Gesellschaft zusammenzuhalten und das Gemeinwohl zu fördern, gerade auch gegen die Interessen einzelner. Wurden Einzelinteressen zu Unrecht übergangen, so konnte man sich immer an den Staatsratsvorsitzenden wenden (s.o.). Diese Ordnungsfunktion des vor-demokratischen Staates wird von der verbeamteten Frau Feldkamp im Vergleich mit den aktuellen Verhältnissen immer noch erstaunlich positiv bewertet. Diese Einschätzung wird erst nachvollziehbar, wenn man hinzuzieht, dass sie sich selbst als „Preußin" geoutet hatte; friderizianisches und sozialistisches „top down" gehen dabei eine merkwürdige Ehe ein. Daher will ihr scheinen, dass auch die DDR relativ leicht auf älteren Traditionen – denen des alten Preußenstaates – aufbauen konnte und in einigen zentralen Punkten auch immer noch als deren legitime Erbin durchgehen kann. Den ideologischen Überbau einmal eingeklammert, scheint ihr also die DDR relativ bruchlos an preußische Traditionen anzuknüpfen. Damit resümiert sie zugleich die offizielle Veränderung der späten DDR gegenüber den „fortschrittlichen" Bestandteilen des Preußischen Erbes. In Ermangelung eines gesamtgesellschaftlichen Demokratisierungsschubes, wie er etwa in der BRD durch die 68er-Bewegung angestoßen wurde, kultiviert Frau Feldkamp geradezu diese ihre Wertschätzung der preußischen Sekundärtugenden von Ordnung und Ruhe. Teilweise ist dieses Deutungsamalgam vermutlich auch ein hybrides Nachwendeprodukt, also Resultat der Rekodifizierung der DDR-Vergangenheit durch „Erzählgemeinschaften" gelernter DDR-Bürger (M. Rutschky) und unter selektiver Aufnahme von versozialwissenschaftlichten Interpretamenten der Vor-89-Zeiten (so der Deutungskomplex: DDR als Statthalter der preußisch-protestantischen Tradition etc.).

Zu b: Als zweiter Fall von *anderem* Zustand, in dem das Gesamtinteresse über die Partikularinteressen siegte, gilt ihr die Wendezeit. Hier existierte kurzfristig – unter dem utopischen Vorschein des „Alles ist möglich" – eine relativ homogene Gemeinschaft von veränderungswilligen Akteuren, es bildete sich sozusagen spontan ein Kollektiv, dessen verbindende Gemeinsamkeit in dem Wunsch lag, endlich für die Gemeinde etwas zu bewegen. Vieles konnte schnell entschieden werden, auch weil die Gesetzeslage recht chaotisch war (vgl. Phase 0 in II.5; für die 'Verlierergemeinde' Otterstedt sind hier schon auch die 'nachhaltigen' Fehlentscheidungen eingeleitet worden).

Mit der Konsolidierung des neuen Systems aber erscheinen für die Schuldirektorin beide Zustände unwiederbringlich verloren. Der öffentliche Streit der Interessen in einer pluralistischen Demokratie, die zumeist eigennützig unterfuttert sind, ohne dass ein übergeordneter gemeinsamer Wille vorhanden oder durchgedrückt wird, erscheint Frau Feldkamp ärgerlich und unproduktiv. Zugleich nimmt sie eine wachsende Distanz zwischen Parteispitze und Parteibasis wahr. Diese Kluft zwischen Parteiführung und „Fußvolk", wie sie es ausdrückt, war in der DDR zwar auch vorhanden. Der Unterschied zur jetzigen Situation liegt für sie aber darin, dass diese Distanz ohne Milderung durch ein übergeordnetes (und sei es oktroyiertes) gemeinsames Ziel besteht. Mit dem marktlibertären Modell der FDP jedenfalls, demzufolge sich, wenn jeder in größtmöglicher Freiheit die eigenen Interessen verfolgt, am Ende das Wohl Aller mehrt, kann sie sich überhaupt nicht identifizieren – (was allerdings, wie wir sahen, „solidarisch" kodierte eigene Interessenverfolgungen keinesfalls ausschließt). Sie zieht für sich die exit-Konsequenz (vgl. A. O. Hirschmann 1974) und scheidet aus der Partei wie der Gemeindevertretung aus. Ihr Lösungsmodell im Feld demokratischer Politik, die ohne Garantie auf ein präformiertes Gemeinwohl auskommen muss, heißt also Rückzug.

I2: Mhm (.) gut ja könnten sie vielleicht kurz mal so die Stimmung insgesamt in (.) Grünow beschreiben was es da für verschiedene Gruppen im Ort gibt und wie die jeweilige Stimmungslage ist
F: Unterschiedlich sie ist wirklich unterschiedlich ... also bei den Leuten (1) wo am auf dem Haus ein Restitutionsanspruch (.) liegt ist natürlich die Stimmung auf dem Boden (I2: mhm) die Leute sind fix und fertig ... aber generell denke ich mal (2) ich sag mal so es geht uns (..) allen finanziell besser (.) allen das erkennt auch jeder an (..) aber es geht uns das was die sozialen Maßnahmen betrifft bedeutend schlechter ... und das spiegelt sich auch bei den Leuten wieder (.) ganz (I2: hm) eindeutig und das ist äh viele sagen das ist die Jammerei der DDR-Leute ist es aber nicht (.) es war sozial besser (I2: hm) das steht außer Frage ... ja dann kostete der Kindergartenplatz kein Geld (.) heute müssen se viel bezahlen (..) das ist der Unterschied nich (2) das sind die Dinge sag ich mal die (.) logischerweise fängt man an zu vergleichen ... sind so die Probleme die die Leute (.) auch belasten und was ich festgestellt habe is (1) ich meine wir haben ... mein Mann und ich und auch andere (..) die studiert haben kein Problem (.) mit diesem Wirtschaftssystem wir haben das im Studium kennengelernt (..) aber ältere Leute (.) kommen mit diesem System nicht klar (.) das fängt schon an mit irgendwelchen Fragebögen ausfüllen ... zu DDR-Zeiten war's klar wieviel Rente jeder kriegte 's war festgelegt und zack zack nich aber jetzt muss man je (.) alles bisschen nachweisen ... und dann is es so (2) es wurde zu DDR-Zeiten vieles von seiten des Staates geregelt (I: mh) es war alles klar (1) der Aufstieg war klar also ich wusste ich kriege alle zwei Jahre 'ne Gehaltserhöhung ne (.) wusst ich des war zwar nur 'n paar Mark aber irgendwo war das ja geregelt (I: mh) nich und es wurde auch immer angesagt was zu machen is (..) ja wenn man sich heute nicht drum kümmert (.) passiert nischt ...(S. 7, Z. 55 bis S. 8., Z. 45)

Frau Feldkamp stellt sich hier auf die Seite der Verlierer und Benachteiligten. Auch in der DDR sah sie sich ja als Kind einer Selbstständigenfamilie zunächst als Benachteiligte. Nun aber ordnet sie sich dem größeren Kollektiv der „Wendeverlierer", und nicht mehr der Gruppe der Selbstständigen zu. Das Eigentümliche liegt nun aber darin, dass sie in beiden Gesellschaften lediglich auf der mentalen Ebene auf seiten der Verlierer und Benachteiligten stand bzw. steht, nicht aber in ihrem faktischen Leben. In der DDR konnte sie sich relativ problemlos als Lehrerin und Parteimitglied mit dem Staat arrangieren. In der BRD vollzog sie sogar einen enormen Karrieresprung als Schulleiterin – was die Selbstbeschreibung als Wendeverliererin zumindest vibrieren lässt oder anderswie in Schwingungen versetzt.

Wiederum zeigt sich, dass für sie „die DDR" den Grundstein für alle ihre späteren Erfolge gelegt hat. Dieses leitende Motto zieht die Schulleiterin bis zu sehr eigen geprägten Urteilen aus. Einige abschließende Beispiele: Ihrer Ansicht nach kommt sie im Wirtschaftssystem der BRD deshalb so gut zurecht, weil sie dieses System in ihrem DDR-Wirtschaftsstudium Marke Stamokap schon von Grund auf kennen und durchschauen gelernt hat. Dass und wie ein solches Antikapitalismus-Studium ihr nun konkrete Hilfestellung im täglichen Umgang sowohl mit dem realen und globalisierten Kapitalismus nach '89 wie mit dessen Staat bietet (der sie ja immerhin verbeamtet hat), erstaunt natürlich. Auffällig bleibt auch die hyperkritische Dauerperspektive auf das neue Wirtschaftssystem: In der DDR ging es den Leuten danach sozial besser, da soziale Dienstleistungen wie etwa ein sicherer Kindergartenplatz den Leuten zustanden und nicht bezahlt werden mussten. Die von ihr erwähnte Tatsache, dass es allen in Grünow *nun* finanziell besser geht, gleicht offenbar nicht den Makel aus, dass ein Kindergartenplatz jetzt etwas kostet. Sie begreift soziale Dienste weiterhin als ein soziales Recht, nicht als eine Leistung, die sich auch kaufen lässt. Wichtiger als die Gerechtigkeit der Chancengleichheit scheint ihr die Ergebnisgerechtigkeit im Sinne möglichst gleicher Güterverteilungen zu sein. Zudem legt sie größtes Gewicht auf die abhanden gekommene Klarheit und Einfachheit der Verteilungsregeln: Gehaltserhöhungen zu DDR-Zeiten waren zwar nicht hoch, aber dafür regelmäßig und klar geregelt. Allein die Tatsache, dass man sich nun individuell darum kümmern muss, Rechtsansprüche geltend zu machen und in deliberative Prozesse einzutreten, erscheint ihr als ungerecht, da es schließlich clevere und weniger clevere Zeitgenossen beim Geltendmachen solcher Ansprüche gibt. Sie gehört nun sicher zu denen, die damit eher weniger Probleme haben; dennoch solidarisiert sie sich dauerhaft-prophylaktisch mit den Benachteiligten.

Fazit: Obwohl Frau Feldkamp im Laufe des Interviews immer wieder zu erkennen gibt, welch wichtige Rolle die Bindung an die Idee der Selbstständigkeit für sie hat, führt dies jedoch nicht dazu, ein entsprechendes Gesellschafts- und Leistungsideal zu akzeptieren. Sie bleibt in erster Linie an dem staatlich gewährten Modell der Verteilungsgleichheit orientiert. Zivilgesellschaftliche Aushandlungsprozesse und kompromiss-orientierte Streitformen sowie die Idee der Belohnung nach individueller Leistung fallen dagegen stark ab.

Milieus und Transformationen

In der Biographie von Frau Feldkamp kommt die Wirkmächtigkeit von zwei zunächst unterschiedlich kodierten Traditionen zum Ausdruck: das Familienmilieu der Selbstständigkeit und die Einbindung in die Gemeinschafts- und Gleichheitsideale der DDR-Gesellschaft[2]. Selbstständigkeit und Kollektivität verschränken sich dabei in einer fallüberschreitend relevanten *postsozialistischen Hybridform*, wobei eine erste Überformung des tradierten Selbstständigenmilieus schon zu Zeiten der DDR stattfand. Das Familienmilieu fungierte dabei als imaginierter biographischer Orientierungspunkt, der seine Wirkungsmacht bspw. in Frau Feldkamps Berufsbiographie zeigt. Die paradoxe Folge ist eine positive Besetzung der Entdifferenzierungseffekte (vgl. Lepsius 1994) des DDR-Systems. Die interne Dynamik dieser Milieueinbettungen ist allerdings abhängig von externen Veränderungen. Im Zuge der gesellschaftlichen Transformation von 1989, die eine Veränderung der institutionellen Handlungsbedingungen mit sich brachte, kommt es zu einer Verkehrung der Lagerung der Milieus auf der faktischen wie der imaginierten Ebene. Das vormals nur imaginierte Milieu der Selbstständigkeit wird handlungsrelevant im Zuge ihres Aufstiegs zur verbeamteten Schulleiterin. Die Bindung an Gemeinschafts- und Gleichheitsbestände der DDR wird nun gleichsam in der Imagination und in den persönlichen Interaktionsnetzen des Binnenraums von Sozialität aufrechterhalten (da diese 'Philiosopheme' nun nicht mehr über ein korrespondierendes Institutionengefüge gestützt werden). Diese 'konservierten' DDR-Bestände geraten durch die Prozesse der Differenzierung und Pluralisierung der Interessen und Orientierungen vor Ort in der Gewinnergemeinde Grünow unter Druck, mit der Folge einer kulturellen Schließung gegenüber neuen Optionen. Statt auf 'Lernen' setzt die Schulleiterin in Krisensituationen eher auf 'Reaktionsbildung'!

Die Tragfähigkeit dieses hybriden Versuchs der Aufrechterhaltung von (rekodierten) Wertbeständen aus dem Erfahrungszeitraum der DDR und der Abgrenzung gegen Einflüsse aus dem „Westen" hängt davon ab, ob er durch das Umfeld mitgetragen wird.[3] Es bleibt anzuwarten, ob sich diese 'reaktiven' Versuche der Bildung einer 'Sonderkultur' – und das im Herzen des Erziehungssystems der Gewinner-Gemeinde Grünow! – *hybrid* stabilisieren werden oder ob sich diese Versuche nicht doch den wachsenden Ansprüchen in Richtung auf 'gewendete' offenere Erziehungsstile beugen müssen. Damit auch wird sich entscheiden, ob die lokalen Erziehungsstile Lernprozesse und Öffnungen unterstützen oder ob es auch hier zu einer restriktiven Selbstabschließung und der Revitalisierung von vordemokratischen Traditionsbeständen kommt.

---

2 Schließlich ist noch einmal auf die ganz augenscheinliche Wirkmächtigkeit ausgewählter und rekodierter Teile des kleinbürgerlich-preußischen Erbes hinzuweisen. Allerdings lässt sich diese Art von 'Traditionsmacht' hier nicht sehr viel weiter auszulegen.
3 Die quantitativ-empirische Milieuforschung weist daraufhin, dass die Jugendlichen in Ostdeutschland eher den Werten Höflichkeit, Achtung vor der Tradition, familiäre Sicherheit und Autorität anhängen (vgl. Ritschel 1995). Dies würde bedeuten, dass Frau Feldkamps Unterrichtsstil und ihre 'Philosophie' als Schulleiterin den Bedürfnissen der Schüler überraschend lange durchaus entgegenkommt

Christiane Joerk

V.3 Frauen im Verflechtungsprozess der Metropolregion – Fallanalysen und Ost-West-Vergleiche

1. Aktive Frauen am Stadtrand – ein „blinder Fleck" in der Regionalforschung

Der folgende Beitrag stellt zwei Frauen vor, die in einer 'Gewinner-Gemeinde' am Rande der Hauptstadt leben und die auf je eigene Weise aktiv den sozialräumlichen Verflechtungsprozess zwischen Ost und West im ersten Transformations-Jahrzehnt mitgestaltet haben. Im Zentrum der Untersuchung stehen dabei ihre politischen Weltbilder, sozialen Deutungsmuster und Handlungsformen. Zwei Fragen sind dabei von besonderem Interesse:

- einmal: wie haben sich ihre Weltbilder und Handlungsmuster in dieser Zeit verändert?
- dann: wie intensiv und in welchen Formen sind die beiden Personen im lokalpolitischen Milieu verankert?

Frauen, die an der städtischen Peripherie leben, werden weiterhin nicht selten mit dem Etikett „Grüne Witwe" 'gelabelt'[1], und zwar sowohl im Alltag wie in der einschlägigen Suburbanisierungsforschung. Wie aus Analysen zu Umzugsmotiven von StadtbewohnerInnen hervorgeht, forcieren in der Tat gerade Frauen zunächst vielfach die innerfamiliale Entscheidung, ins Umland zu ziehen (Gonzalez/Menzl 1998). Einmal im suburbanen Raum „abgetaucht", werden ihre Lebensentwürfe allerdings mehr oder minder unsichtbar, zumindest was traditionell verfahrende regionalsoziologische oder suburbanisierungstheoretische Forschungsperspektiven betrifft. Allenfalls werden Eingewöhnungsschwierigkeiten von Frauen sowie Akzeptanzprobleme bei Alteinsässigen konstatiert. Und gerade unter frauenorientierten bis feministischen Blickwinkeln dominieren etwa in der Stadt- und Regionalplanung und -forschung sehr stark die Vorerwartungen eingeschränkter Entfaltungschancen für Frauen – etwa infolge raumstruktureller Defizite am Stadtrand.[2]

Angesichts erster Befunde aus Voruntersuchungen zum Ränder-der-Hauptstadt-Projekt verblasste diese klassische Vorstellung von der „Grünen Witwe" am metropolitanen Stadt-

---

1 Der Topos Grüne Witwe (Boustedt 1975; Wellmann 1959) stammt aus der amerikanischen Suburbanisierungsdebatte. In zumeist ironisch-kritischer Manier werden damit vermeintlich typische Lebensformen von Frauen in Stadtrandzonen thematisch, nach dem Muster: Nicht-erwerbstätige Frauen, die verkehrstechnisch ungünstig angebunden und relativ entfernt vom städtisch-gesellschaftlichen Geschehen ihr Leben führen. Ihr persönlicher Lebensfokus beschränkt sich danach stereo-typischerweise auf die Gestaltung von Häuslichkeit und Kindererziehung. Eine materiale Studie, die die Übertragbarkeit dieser Topoi auf Suburbanisierungsprozesse am Rande deutscher Großstädte intensiver prüfen würde, ist nicht bekannt.

2 In der feministischen Raumforschung herrscht sogar Konsens darüber, dass periphere Räume eher eine Festschreibung der traditionellen gesellschaftlichen Rollenzuweisungen sowie patriarchale kleinfamiliale Wohn- und Lebensformen fördern (Borst 1990; Becker; Cattaneo 1993). Was Leben und Wohnen an der städtischen Peripherie für die Alltagsgestaltung von Frauen tatsächlich bedeutet, welche Restriktionen und Optionen damit verbunden sein können, ist bislang detaillierter nur im Kontext der Großsiedlungsproblematik untersucht worden (Becker 1993).

rand jedoch recht schnell. Auch gegen die zumeist geschlechtsneutralen Analyseansätze zur sozialstrukturellen Bestimmung der ostdeutschen Wohnsuburbanisierung (vgl. etwa Herfert 1996) wurden im Rahmen dieses Projekts einmal Daten zur weiblichen Migration von 1990 bis 1997 für die stadtrandnahen Gemeinden des Metropolenraums und für die Berliner Außenbezirke ausgewertet. So konnten wir feststellen, dass Frauen im Zuge der sozialen und politischen Umbrüche in den 90er Jahren, auch infolge der Krise am regionalen Arbeitsmarkt, weniger sesshaft sind als vergleichbare Männer (Nuissl, Joerk 1997; vgl. auch II. 4). Entsprechende Beobachtungen zu geschlechtsspezifischen Mobilitätsmustern in Zeiten starken industriellen Strukturwandels gibt es auch für das Ruhrgebiet und für weitere europäische Regionen (Boyle, Halfaccree 1995).

Die Frauen in unseren suburbanen Untersuchungsgemeinden wurden zunächst durchgängig mit zweierlei Handlungsproblemen konfrontiert: a. mit dem *Transformationsdruck* und der Herausforderung, damit verbundene biographische Brüche im beruflichen, politischen wie im privaten Bereich zu verarbeiten, sowie b. mit dem lokalen *Suburbanisierungsdruck*, der zudem für einen größeren Teil der Einwohnerinnen mit Restitutionsansprüchen auf Grundstücke, Häuser und Wohnungen verknüpft ist. Um so überraschender war es, dass schon in den Vorgesprächen vielfältig engagierte Frauen uns entgegentraten, die in unterschiedlicher Weise Entwicklungsdynamiken in den Gemeindemilieus mit anschieben und aktiv mit steuern. Und dies galt unabhängig davon, ob sie nun in einer sogenannten Gewinner- oder Verlierergemeinde wohnten, ob sie seit längerem ansässig sind oder nach 1989 dort sesshaft wurden. Auch deshalb erschien ein perspektivischer Dreh der Fragestellung angeraten zu sein: von den räumlichen „Behinderungen" der Frauen zur Analyse ihrer „weiblichen Stärken" und zu damit sich öffnenden raumwirksamen Handlungsformen, als einem wichtigen lokalen wie regionalen Entwicklungspotential für die Sozialmilieus. Leitende Fragestellung dabei war, auf welche Weise und auf welchen Wegen sich Frauen unter dem Druck eines verstärkten räumlichen und sozialen Strukturwandels neue (Handlungs)Räume erschließen, und zwar öffentliche wie private, und wie sie dabei innovative Handlungsformen entwickeln. Diese Fragen wurden in einem Zusatzprojekt zum IRS-Ränder der Hauptstadt-Projekt methodisch vertieft untersucht. Ergebnisse dieses Zusatzprojekts sind Gegenstand der folgenden Ausführungen.

Die Leitfrage nach Lebensformen und Handlungspraxen engagierter Frauen in suburbanen Verflechtungsmilieus wurde mittels exemplarischer Kontrastanalysen untersucht. Dabei verdichtete sich der Blick insbesondere auf zwei Aspekte: *zum einen* auf lokal-regional wirksame, öffentlich engagierte Handlungsformen, in denen Frauen ihre spezifischen Qualitäten und Kompetenzen einbringen; *zum anderen* auf den sozialen und kulturellen *Ost-West-Verflechtungsprozess*, in dem unterschiedliche kulturelle Kodierungsmuster und Lebensstile aufeinandertreffen und sich möglicherweise neue *hybride* soziale Zusammenhangsformen herausschälen. Von Interesse war dann weiter, auf welche Weise ost- und westdeutsch geprägte Wert- und Handlungsmuster untereinander anschlussfähig werden können – für wechselseitige Neuorientierungen etwa. Insgesamt also sollte die Stereotypen-reiche Vorstellung von der „Grünen Witwe" an Hand von relevantem Forschungsmaterial gegengeprüft werden, Forschungsmaterial zudem, das die starken Hinweise auf einen beruflich und politisch engagierteren Frauentypus aus unseren Milieustudien angemessener berücksichtigt. Dabei interessierten insbesondere die biographischen Ressourcen und erfahrungsgeschichtlich sedimentierten Deutungsmuster, mit denen engagierte Frauen zur Institutionalisierung von lokalen Netzwerken und Teilmilieus beitragen.

Ziel unserer Untersuchung ist es also, zumindest ansatzweise die typischen Erfahrungswelten von 'Frauen an den Rändern der Hauptstadt' in ihrer Eigenlogik und Entwicklung zu rekonstruieren. Vor diesem Hintergrund galt es, ihre heutigen Wert- und Verhaltensmuster, ihre Handlungsmotivationen und -kompetenzen verstehend zu analysieren. Damit sollten für lokale weibliche Teilmilieus fallgestützte Aussagen über strukturelle Öffnungs-, mentale Annäherungs- und Mobilisierungsprozesse auf der einen Seite, Aussagen über mentale Erstarrungen, Abgrenzungsprozesse und Blockierungen auf der anderen Seite möglich werden. Die Methodik eines biographiebezogenen Analyseansatzes nach Fritz Schütze schien der Forschungsfrage angemessen, weil die Erzählerinnen veranlasst wurden, rückblickend eine biographische Verlaufslogik zu entwerfen, um Ereignisse und Entscheidungsverkettungen in ihrer Bedingtheit und Entwicklung plausibel zu machen. Den Interviews lag ein grob nach Themenkomplexen gegliederter Leitfaden zugrunde – innerhalb dieser flexibel verwendeten thematischen Rahmenvorgaben konnten die Erzählerinnen weitgehend selbstbestimmt das Interview nach eigenen Relevanzen strukturieren.[3]

Für diesen Beitrag haben wir zwei kontrastierende Fälle ausgewählt: Beide Frauen leben in der „Gewinnergemeinde" und beide sind in der Kommunalpolitik engagiert. Ansonsten kontrastieren sie maximal – in ihrer systembedingten Sozialisation wie in ihren jeweiligen milieuspezifischen Einbettungen: Die erste Interviewpartnerin ist langjährig in der Gemeinde ansässig ; die zweite Person gehört zur Gruppe der Nachwende-Zuzügler. Darüber hinaus begründen unterschiedliche politische Orientierungen der Fälle (Bündnis 90/Die Grünen vs. CDU) sowie das darin enthaltene gemeindebezogene Konfliktpotential die getroffene Fallauswahl.

2. Fall-Einführung: Biographische Skizzen

Die Entwicklungsgeschichte der Fälle soll zunächst anhand relevant erscheinender biographischer Passagen kurz skizziert werden. Zum ersten soll eine gebürtige Grünowerin, Frau Busch, vorgestellt werden, zum zweiten eine gebürtige Westberlinerin, Frau Wimmer, die im Zuge der ersten nachwendischen Suburbanisierungswelle nach Grünow zieht.

a. Bereits Frau Buschs Großeltern siedeln mit ihrem Sohn, Frau Buschs Vater also (1920 in Berlin geboren) im Zuge der frühen Stadtrandwanderung aus der City in die 'Kragen'-Gemeinde. Sie gehören insofern zu den „Gründungseltern" des Orts. Frau Buschs Vater betreibt hier seit der Zeit kurz nach dem Kriege eine Gärtnerei. Als selbstständiger Kleinunternehmer wird er vom werdenden 'ersten sozialistischen Staate auf deutschem Boden' wirtschaftlich (z.B. durch höchste Steuersätze) und politisch marginalisiert. Zudem grenzt das Gärtnereigrundstück direkt an die „Mauer", so dass Pflanzenanbau und Kundenverkehr immer stärker eingeschränkt werden müssen. Frau Busch selbst wird zu Beginn der 50er Jahre in Grünow geboren und hat, wie es die DDR-Lebensverhältnisse oftmals nahelegten, ihr gesamtes bisheriges Leben an diesem Orte verbracht. Die Schule schließt sie mit dem Abitur und gleichzeitigem Facharbeiterbrief ab. Den begehrten Studienplatz[4] für Biologie erhält sie nicht; gleichwohl belegt sie nicht, wie es vielfach Usus war, die ihr einzig zugängliche alternative Studienrichtung – Lehrer -, sondern sie beginnt eine Fachschulausbildung zur Landwirtschaftlich-Technischen Assistentin. Später bereits im Berufs- und Familienalltag stehend, holt sie im Fernstudium ihr Universitätsdiplom nach. Als Agrarwissenschaftlerin arbeitet sie an einem Bezirkshygiene-Institut, Abteilung Bodenhygiene. Nach Auflösung des Instituts infolge der „Wende" wird sie arbeitslos, entwickelt jedoch sofort rege Bewerbungsaktivitäten und wird etwa fünf Monate später im Umweltministerium, im Referat Altlasten als Sachbearbeiterin befristet eingestellt.

---

3   Ich danke Nicole Hoffmann und Henning Nuissl für ihre bereitwillige Unterstützung bei der Interpretation von ausgewählten Textpassagen aus den Interviews.
4   Vielfach wurde den Kindern Selbständiger ein gewünschter Studienplatz verweigert.

1982 wagt ihr erster Ehemann und Vater der Kinder, ein gelernter Orgelbauer und Restaurateur, einen erfolgreichen Fluchtversuch über die direkt hinter dem eigenen Gärtnereigrundstück verlaufende „Mauer", während Frau Busch selbst mit den Kindern im Urlaub ist. Zwei Jahre später erbittet er von ihr die Scheidung. Nachdem eine zweite kurze Ehe gescheitert ist, lebt Frau Busch seit etwa drei Jahren mit ihrem jetzigen Partner, einem Biologen zusammen.

Frau Busch und ihr Lebenspartner engagieren sich seit 1990 als Fraktionsmitglieder bei Bündnis 90/Die Grünen in der Gemeindevertretung von Grünow. Zudem arbeitet sie in beratenden Landesgremien der Partei und findet Zeit, sich an der Grünower Kirchenarbeit, an lokalen Bürgerinitiativen und Vereinen zu beteiligen. Eine Tochter und ein Sohn, beide Mitte 20, leben und arbeiten in Berlin.

b. Frau Wimmer dagegen wird 1942 in Berlin geboren. Ihre Mutter stammt aus Schlesien, ihr Vater ist Berliner, ein gelernter Kaufmann und Offizier im zweiten Weltkrieg. Seit Beginn der 60er Jahre besitzt er parteipolitische Mandate und gehört als ein „Urgestein" der Berliner CDU zu den politisch Tragenden in der Stadt. 1990/91 versucht er sich politisch noch einmal innerhalb des Stadtrats von Cottbus, scheitert jedoch im Umgang mit der PDS. Nachdem Frau Wimmer die Realschule abgeschlossen hat, erlernt sie den Beruf einer Drogistin, ohne jedoch längere Zeit in diesem Beruf zu arbeiten. Unter anderem betreibt sie später mit Freunden ein italienisches Lokal in Schleswig-Holstein, wohin sie gemeinsam mit ihren berufsbedingt den Wohnort wechselnden Eltern geht. Seit 1980 ist Frau Wimmer als Selbständige erwerbstätig; sie gründet in Berlin eine Vermittlungsagentur, bei der sich kein deutliches Arbeitsprofil abzeichnet. Frau Wimmer ist seit langem „stilles" Mitglied der CDU, ohne jedoch Ambitionen für eine politische Arbeit vor Ort entwickelt zu haben. Dieses ändert sich mit ihrem Umzug nach Grünow 1994 radikal; hier erlebt sie ihr politisches „Coming Out". Seither ist sie vielfältig lokalpolitisch engagiert: beim Aufbau eines CDU-Ortsverbandes, als Delegierte für CDU-Kreisparteitage, als Mitglied der lokalen Bürgerinitiative für „Maßvolles Bauen in Grünow" und der lokalen Unabhängigen Fraueninitiative. Zudem offenbart sie sich als kritische Begleiterin des kommunalpolitischen Geschehens; sie besucht regelmäßig öffentliche Gemeindevertreterversammlungen und Bürgersprechstunden. Ein Sohn lebt bei ihr, ein zweiter steht kurz vor Abschluss seines Betriebswirtschaftsstudiums und lebt am Studienort. Zwei jeweils ein Jahr andauernde Ehen liegen hinter ihr; sie lebt in keiner partnerschaftlichen Beziehung.

Die Wohnsituation beider Frauen ist vergleichbar: sie leben in Grundstücks- und Wohneigentum – in 1994 neu errichteten Häusern. Sie leben jeweils in einem größeren Familienverband, der mehrere Haushalte und Generationen einschließt. Frau Wimmer lebt mit ihren Eltern in einem eigens entworfenen Klinkersteinbau. Haus und Grundstück sind stilvoll angelegt und akribisch gepflegt. Die Wohnung der Eltern und ihre eigenen Räumlichkeiten scheinen ineinander überzugehen. Anders hingegen bei Frau Busch: In dem zweigeschossigen Haus sind die eigene, die elterliche und die Wohnung ihres Bruders durch separate Eingänge voneinander abgeschlossen. Haus und Grundstück befinden sich äußerlich in einem Bauzustand, obwohl der Baubeginn bereits längere Zeit zurückliegt. Repräsentativität und äußerliche Ordnung besitzen einen jeweils sehr unterschiedlichen Stellenwert in beider Lebensführungen.

Ohne nähere Bezugnahme auf Analysekonzepte in der empirischen Lebensstilforschung will ich auf der Beschreibungsebene auf einige äußerlich auffällige Indizien zu unterschiedlichen Lebensstilen beider Frauen hinweisen. So gehört bei Frau Busch kein Fernseher, jedoch ein Computer zur medialen Ausstattung, an dem sie oftmals bis spät nachts arbeitet. Bücher lesen, Briefe schreiben, Radfahren oder Gespräche unter Freunden sind persönliche Interessen, die sie am meisten aufgrund ihrer zeitintensiven politischen Tätigkeit vermisst. Frau Wimmer verfügt über Fernseher, Video und Computer. Häufig besucht sie einen Internationalen Sport- und Gesellschaftsklub in Berlin, wo ich auch das Interview mit ihr während eines Frühstücks führe. Souveränität und Durchsetzungswille liegen in ihrem Auftreten; ihrer charismatischen Wirkung ist sie sich bewusst. Versucht man eine vorläufige grobe Zuordnung, so ließe sich Frau Wimmers Lebensstil als konventionell, elite- und konsumorientiert, Frau Buschs Lebensstil als umweltbewusst, alternativ und eher asketisch beschreiben.

In der Grundstücks- und Wohngestaltung, im äußeren Erscheinungsbild und in ihrer Verhaltenstypik gibt es also deutliche Hinweise auf unterschiedliche Lebensstilmilieus, die auch unterschiedliche Einstellungs- und Wertemuster vermuten lassen. Möglicherweise verbinden beide Frauen aber auch überraschende Gemeinsamkeiten auf der latenten Sinnebene von Weltbildern und alltäglichen Deutungsroutinen, welche sich als Tiefenstrukturen unter der wahrnehmbaren Oberfläche einer ersten Betrachtungsweise entziehen. Dies gilt es nun anhand von drei größeren Analysefeldern zu untersuchen.

3. Kohärentes und Kontrastives im Welt- und Selbstverständnis

a. Politische Sozialisation

Frau Busch steigt aus einem kleinbürgerlichen Milieu zur naturwissenschaftlich-technischen Intelligenzschicht auf. Ihr Vater ist durch eine selbständige Existenz als Kleinstunternehmer repressiven wirtschaftlichen Ausschlussmechanismen und politischen Stigmatisierungsprozessen ausgesetzt, also auf eine gesellschaftliche Randposition verwiesen, die er aber nicht mit erhöhten Anpassungsversuchen, so etwa bei der Kindererziehung, sondern mit einer betont kritisch-aufklärerischen Haltung innerhalb der Familie beantwortet. Gerade für die Charakterisierung dieser DDR-Gesellschaftsschicht müssen also die mit kleinbürgerlichem Milieu gewöhnlich assoziierten Zuschreibungen (Alheit 1994, Vester et al. 1993) überdacht werden. So lernt Frau Busch systemkritisch zu denken und ideologische Dogmen zu entziffern. Sie besucht die Junge Gemeinde in der protestantischen Kirche, die in der DDR-Gesellschaft zu politischen Fluchtburgen kleinbürgerlicher Gruppen wurden (Graf 1994). Durch dieses Engagement fühlt sie sich zunehmend religiösen und humanistischen Grundwerten verbunden und in die Solidargemeinschaft „Kirche" eingebettet (vgl. die Anlage von Ohlbrecht in V.4). Diese kirchliche Sekundärsozialisation führt sie in eine von der gesellschaftlichen Norm „abweichende" Lebensform; der christliche Glaube – so die offizielle DDR-Doktrin – untergräbt die sozialistische Ideologie. Frau Busch lernt also frühzeitig in einer politisch-sozialen Außenseiter- und auch Oppositionsrolle zu leben ('die kirchlich engagiert sind, bei denen ist sowieso Hopfen und Malz verloren') und muss dafür eine hinreichend widerstandsfähige Mentalität entwickeln. Dafür sucht sie die Gemeinschaft Gleichgesinnter. Konsequent lenkt sie auch ihre berufsbiographischen Schritte in die Umweltforschung, eine Nische und Keimzelle gesellschaftskritischer Entwicklungen. Bereits vor 1989 arbeitet sie verschiedentlich in oppositionellen Gruppen mit, die ausgehend von umweltpolitischen, auch moralisch-ethische sowie Fragen zur sozialen Reformfähigkeit der DDR-Gesellschaft diskutieren:

ich komm so'n bisschen aus der kirchlichen Umweltbewegung, wir hatten hier in Grünow so einen Gesprächskreis, ... wir haben dann immer mal so zusammengesessen und eben nicht über die Bibel, sondern über den Rand der Bibel hinaus über alles mögliche uns unterhalten, was eben wichtig und problematisch ist und wo man eben nach Lösungen gesucht hat (23/3 ff.)

Die protagonistische Bedeutung des protestantischen Kirchenmilieus zu DDR-Zeiten und während der Wendeprozesse ist unbestritten – die Kirche war in Teilen politisiert und fungierte z.T. auch als Sozialraum für eine „gestopfte" Rebellion. Unter diesem Dach bildeten sich inselförmig diskursive solidarische Netzwerke aus, deren personelle „Knoten" z.T. über die gesamte Republik verteilt waren. Unter dem politischen Außendruck von staatlicher Seite bildeten diese „geheimen" Mikromilieus eigene Zugangsbedingungen und Kommunikationsmuster aus, so dass Zusammenschlüsse innerhalb von Familienverbünden und erprobten Freundeskreisen signifikant waren. 1982 bekommt Frau Buschs Familienverbund einen Riss: nach längerer innerehelicher Diskussion entschließt sich ihr erster Ehemann zur Flucht aus der DDR, ein Schritt, den sie für sich persönlich ablehnt:

I: mhm – aber für Sie kam es wohl nie in Frage rüberzugehen
B: nein, als ich dann gemerkt habe, dass es ihm so ernst war, da hab ich gesagt, na dann lass uns doch 'n Ausreiseantrag stellen, obwohl ich's immer abgelehnt habe eigentlich, weil ich gesagt habe, müssen auch 'n paar Leute hier sein, aus unserem Freundeskreis sind viele rübergegangen, und das habe ich immer als starken persönlichen Verlust empfunden, und ich meinte, dass man nicht einfach sich aus Bequemlichkeit sich irgendein anderes Land suchen kann, ich denke, wenn, dann dann muss man ausharren und sich bemühen, es von innen zu verändern (49/44 ff.)

Die Interviewpassage, in der Frau Busch Personalpronomen benutzt, weist darauf hin, dass sich hier eine eheliche Konfliktgeschichte aufgebaut hat, für die eine endgültige Lösung gefunden werden musste. Sie schlägt vor, den schwelenden Ehekonflikt auf zumindest offiziellem Wege (Ausreiseantrag) zu lösen, der noch ein Stück weit Protest gegenüber dem DDR-Staat dokumentiert. Doch der Versuch der Eherettung misslingt. Die Flucht in die „Freiheit" könnte zusätzlich als eine private Flucht vor einer betont pflicht- und autonomiebewussten Partnerin gelesen werden, auch vor dem Hintergrund, dass sie keinen Versuch unternehmen, über „Familienzusammenführung" o.a. wieder zusammenzufinden. Durch ihre anspruchsvolle Bewährungs- und Ausharrungsethik delegitimiert Frau Busch jegliches Motiv, ein Land zu verlassen, womit sie unter der Hand auch die moralische Integrität ihres Mannes demontiert: er verlässt Land und Kinder, sie hält standhaft und stolz an der Idee fest, die DDR von innen heraus zu reformieren, ganz übereinstimmend mit Hirshmans These, dass eine Abwanderung, die Widersprüche innerhalb eines (Gesellschafts-) Systems schwächt und so der Druck hin zu realen Veränderungen entweicht. In ihrem „Märtyrertum" demonstriert sie eine hohe Sässigkeit, die aber auch als Form von Immobilität und mentalem Abschluss vor Neuem gewertet werden könnten. Dagegen spricht eine notwendige Fixierung auf einen kleinen Kreis von als vertrauenswürdig „geprüften" Solidarbeziehungen, die anfällig gegen Abwanderungsverluste sind.

Frau Wimmer wächst in einem politiknahen, militärische wie kaufmännische Traditionen weiter-pflegenden Milieu auf. Die politische Persönlichkeit ihres Vaters – eines Offiziers und Kaufmanns – steht für einen Politikertyp, der durch langjährige Parteiarbeit ein dichtes Beziehungsnetz geknüpft hat und bürgerlich-christliche Werte, also etwa Pflicht, Loyalität und Selbstdisziplin gepaart mit Sensibilität für Rang und Etikette repräsentiert. Das konservative Elternhaus prägt sie nachdrücklich; sie unternimmt auch in ihrer Jugend keine politisch-ideologischen Ausbrüche und tritt mit 25 Jahren der Partei des Vaters bei. Dies geschieht 1967, zudem im tumultreichen Berlin, wo die 68er Generation sich formiert. Während in anderen Familien der Generationenvertrag aufgekündigt wird, saldiert sie mit dem offiziellen Bekenntnis zur CDU ein langjähriges politisches Abhängigkeitsverhältnis zum Vater und verteidigt die Werte ihrer Elterngeneration. Ihr Weltbild wird also nicht durch 'linke' oder auch nur sozialreformerische Ideen tangiert, sondern durch Glaubenskonversion vom Protestantismus zum Katholizismus. Hinzukommt: Auf keiner relevanten Handlungsebene werden gegenüber ihrem Vater selbständige politische Ziele oder Aktivitäten erkennbar. Das ändert sich erst mit ihrer Übersiedlung nach Grünow.

b. Gesellschaftliche Transformation als persönliche Erfahrungswende?

Zur Wendezeit nimmt Frau Busch aktiv in der kirchlichen Bürgerbewegung 'Demokratie Jetzt!' teil, die sich im Sommer 1989 landesweit bildet und 1990 im Bündnis 90 aufgeht. Diesen Schritt der Institutionalisierung begrüßt sie im Gegensatz zu vielen anderen ehemalig Bürgerbewegten, doch überlegt sie intensiv, ob sie die Vereinigung von Bündnis 90 und den Grünen mit tragen kann. Die traditionelle Parteienlandschaft befindet sich im Umbruch; auch die CDU hat in Politikfeldern, wie etwa im Umweltbereich, an Reformfähigkeit gewonnen – so bietet sich auch für Frau Busch die Überlegung einiger Bürgerrechtler an, sich der CDU anzuschließen, und dort im modernisierten Flügel christliche und ökologisch-nachhaltige Werte mit zu vertreten. Diese Überlegung bestand bei ihr nicht, jedoch hat sie auf der Ebene der lokalen Partei- und Gemeindearbeit keine Berührungs- oder Auseinandersetzungsängste mit den Christdemokraten. Frau Busch gehört vor allem auch zu den wenigen Frauen, die noch fast 10 Jahre später ein politisches Amt ausfüllen. Die Parteiengründung führte nämlich dazu, dass Frauen, die '89/90 überproportional viel politische Arbeit wahrnahmen, mehrheitlich aus der Politik wieder ausstiegen, auch weil sie bei der einhergehenden Ämterverteilung zurückstanden (vgl. Miethe 1998, Penrose 1993). Nachdem die krisenhafte „Revolutionszeit" durch die Vereinigung verbunden mit einer Institutionenübernahme schrittweise in einen geregelten Gesellschaftszustand überging, griffen zunehmend wieder die traditionellen Rollenverteilungen der Geschlechter im politischen und privaten Bereich. Die Frauen hatten in ihrer Rolle als „Krisenspezialistinnen" in einer sozialhistorischen Wendezeit quasi ausgedient.

Wie interpretiert nun Frau Busch, erziehungs- und berufsbedingt den DDR-Staat eher distanziert erlebend, die Wende? Sie beschreibt ihren damaligen Gemütszustand als „froh". Dieses schwache Bild denn, nicht wahr, „froh zu sein, bedarf es wenig" – überrascht in dem zäsurähnlichen Zusammenhang. Es zeigt, dass sie nicht nur die naheliegenden DDR-, sondern auch die westdeutschen Entwicklungsverläufe kritisch begleitet; und alternative Gesellschaftsmodelle diskutiert hat. Zugleich banalisiert sie die existentiellen Empfindungen, die mit Schockerfahrungen im allgemeinen verbunden sind:

'ich war eigentlich auch überhaupt nicht schockiert darüber, dass der Zucker nun plötzlich nicht süßer schmeckt'.

Alltagspraktische, ironisch abfedernde Metaphern verwendend, relativiert sie die Systemtransformation und vermeidet eine ideologische Verklärung des Neuen. Fazit ihrer Erfahrungen und als 'wertvoll' geschätzten politischen Diskussionen ist die Erkenntnis, dass es systemübergreifende Strukturidentitäten etwa in kulturellen Wertmustern und sozialen Handlungspraxen gibt. Deshalb plädiert sie für eine individualistische Perspektive im Systemvergleich, die kontextuierende soziale Einbettungen differenter gesellschaftlicher Institutionen einbezieht. So bestechend diese „objektivierende" Sichtweise auch ist, so birgt sie doch auch die Gefahr, faktische Differenzen sofort einzuebnen und weit mehr noch die kulturellen Kodierungen und Folgen dieser Differenzen unsichtbar werden zu lassen.

Ihre ethisch-moralischen Grundprinzipien (Austarieren von Streitbarkeit und Demut, Pflichterfüllung, zeitloses Gerechtigkeitsideal etc.) erzeugen ein spezifisches Deutungsmuster für ihre Erfahrungen in und mit der DDR; und dieses Deutungsmuster wird nicht etwa durch eine andere gesellschaftliche Entwicklungslogik obsolet; im Gegenteil: es bestätigt ihr Weltbild, ihren Glauben und ihre moralische Urteilskraft. So etwa drückt sich ihr emphatisches Bekenntnis zur Eigeninitiative und Selbstverantwortlichkeit strukturell durch alle Lebensphasen und -bereiche durch und grundiert ihr Handeln.

aber es gibt natürlich nach wie vor für mich äh ganz wichtige Fragen, wo ich äh also sage, da bedarf's also, ist dringender Handlungsbedarf ne und da stimme ich also nicht mit diesen Staat, in dem ich jetzt lebe, mit den Vertretern dieses Staates überein, äh das habe ich aber auch nicht erwartet (27/3 ff.)

Sie findet sich ausgehend von ihrer gesellschaftskritischen Position im DDR-System in den neuen bürgerlich-demokratischen Verhältnissen wiederum in einer Oppositionsrolle wieder. Jedoch gibt sie nun ihre politisch-passive Haltung auf und nimmt gesellschaftliche Verantwortung ihren Möglichkeiten entsprechend wahr. In ihrer durchgängigen Oppostionsrolle unterscheidet sie die beiden Gesellschaftssysteme in deren Entwicklungsfähigkeit und zivilgesellschaftlicher Tragfähigkeit sehr wohl und steckt danach ihren individuellen Handlungsrahmen ab. Demokratische Freiheiten sind essentiell für sie, um sich sozial und politisch zu engagieren. Das Demokratieangebot ist dennoch nur die eine Seite; entscheidend ist deren eigenverantwortliche Wahrnehmung, die sie anmahnt:

also jetzt jetzt hat man wirklich mehr Möglichkeiten, diese Demokratie, die wir jetzt haben, ist ja nur dadurch so leblos, weil die Leute sich ihrer nicht bedienen, aber man hat schon eine Menge Möglichkeiten, auf vielen unterschiedlichen Ebenen doch, mal plakativ gesagt, der Wahrheit zum Recht zu verhelfen, also mehr als zu DDR-Zeiten und das find ich schon ganz schön (26/32 ff.)

Welche persönliche Bedeutung misst nun Frau Wimmer dem Ereignis „Wende" bei? Sie misst den Umbruch eng an Werten konservativer parteiprogrammatischer Vorstellungen der CDU, die es als eine historische Verpflichtung begriff, den anderen Teil Deutschlands in die freiheitliche Grundordnung der Bundesrepublik zu führen. Das Streben nach deutscher Einheit war im Kontext ihrer elterlichen Familie ein unbestrittener Wert, der sich nun 1989 bewahrheitet hat. Darüber hinaus erlangt die Wende für Frau Wimmer durch den Umzug in eine ehemalige DDR-Stadtrandgemeinde eine neue, sehr persönliche Bedeutungsebene:

Grünow hat aus mir wirklich, es war eine Wende in meinem in meinem bisherigen Leben, es war eine absolute Wende (37/6)

Dieser lokalräumliche Wechsel erweist sich für sie gleichzeitig als ein emanzipatorischer Schritt. Zwar zieht sie wiederum mit ihren Eltern nach Grünow, doch beginnt sie einen eigenen politischen Weg aktiv zu beschreiten. Sie tritt quasi aus dem politischen Schatten ihres Vaters und beginnt auf unterster Organisationsebene, an der parteipolitischen Basis zu arbeiten. Die Werte jedoch, für die sie eintritt, schreiben das Weltbild ihres Vaters ungebrochen fort. In Grünow trifft sie auf ein aufgeschlossenes und streitbares Gemeindemilieu, das sich in noch kontextoffenen Strukturen befindet. Ihre sozial-konservativen Wertorientierungen erweisen sich dabei als mühelos anschlussfähig an die ideologischen „Kampfziele" ausgewählter lokaler Bewegungskoalitionen. Sie baut gezielt Beziehungen innerhalb der Gemeinde auf und taktet sich in bestehende Netzwerke ein. Sie erarbeitet sich ein Zugehörigkeitsgefühl und demonstriert eine lokale Verbundenheit, die auf eine andere Art von emotionaler Bindung weist als diejenige langansässiger, fraglos verwurzelter Bewohner. Sie begreift die Gemeinde quasi als ihr „drittes Kind", das ihr einen außerordentlichen Motivationsschub in ihrem politischen und privaten Leben verleiht. Man könnte ihr auch einen Status als Spätberufene einräumen. So löst der Transformationsprozess bei ihr primär eine räumliche Mobilität aus – einen Umzug über eine ehemalige Systemgrenze hinweg –, die sie jedoch auch zu neuen politischen und kulturellen Erfahrungen führt. Die Chance einer neuen sozialräumlichen Verankerung nutzend, beginnt für Frau Wimmer ein Entwicklungsprozess, der auf kommunal- und landespolitischer Ebene nach vorne offen und perspektivenreich zu sein scheint. Ihre materialistisch kolonialisierende Fürsorge für die lokale Alteinwohnerschaft und für die Bewahrung der Ideen der Grünower Gründerväter passt sich in ihre gesinnungs- und verantwortungsethisch gefärbten Lebensprinzipien ein. Sie begreift sich als Teil einer Elitenbildung vor Ort, die quasi auf vorgeschobenem Posten im neuen Terrain ein Stück weit Modernität und Zivilität im Gemeinwesen initiieren muss.

Die „Wende" löst bei beiden Frauen persönliche Entwicklungsschübe aus, die sich auf der lokalen Handlungsebene verbinden und ihre Lebens- und Erfahrungsgeschichte für eine

V.3 Frauen im Verflechtungsprozess der Metropolregion

kontrastive Analyse weiblicher Aufbrüche im sozialen und politischen Handlungsraum aufschlussreich machen. Die eine der beiden Personen, Frau Busch löst sich aus starren und begrenzten gesellschaftssystemischen Strukturen und die andere, Frau Wimmer aus lokalen und familialen Sozialstrukturen und Nachbarschaftszusammenhängen. Beide Neuorientierungen lokalisierten sich in der Grünower Kommunalpolitik. Dabei geht die politische Interessenprofilierung und Bekundung beider Frauen in sehr unterschiedliche Richtungen, die sich jedoch in logischer Konsequenz aus ihrer bisherigen politisch-moralischen Entwicklungsgeschichte ergeben.

Beide Frauen sind überzeugte Demokratinnen. Die demokratischen Grundwerte Freiheit und Gerechtigkeit erlangen dabei allerdings unterschiedliche Gewichtungen. Während Frau Wimmer den Wert, in einer *freien* Gesellschaft aufgewachsen zu sein betont, steht für Frau Busch die Idee, eine *gerechte* Gesellschaftsordnung zu schaffen, im Vordergrund.

c. Soziale und politische Emanzipation? Frauen müssen lernen!

Frau Wimmer engagiert sich in der lokalen CDU-nahen Unabhängigen Fraueninitiative, in der etwa ein Dutzend Frauen organisiert sind. Ausgehend vom Namen der Initiative war zu erwarten, dass dort eine frauenorientierte Programmatik vertreten wird; und, dass Frau Wimmer, angesprochen auf geschlechtsspezifische Inhalte und Arbeitsformen in der Politik ein emanzipatorisches Grundanliegen entfaltet oder sich zumindest als Interessenvertreterin lokaler Gleichstellungsprobleme versteht. Überraschend signalisiert sie jedoch, dass frauenspezifische Ungleichbehandlung in ihrer Lebenswelt vollkommen irrelevant sind. Aus ihrer persönlichen Erfahrungsgeschichte heraus begründet sie, warum die Frauen- und Gleichstellungsproblematik sie nicht tangiert:

I: es gibt doch sicher ne Gleichstellungsbeauftragte in Grünow
B: da bin ich nie hingegangen, also ich muss Ihnen sagen das is vielleicht auch ein Vorurteil von mir ... eh als ich schwanger war, da gibt's doch diese Schwangeren . gymnastik und so was, ich hab mich immer geniert wenn ich einer zweiten Schwangeren begegnet bin, das war mir unangenehm, ich wollte das für mich haben sozusagen, und so sind diese reinen Frauensachen, jetzt von unserer UFI mal abgesehen, dis is auch eine ganz andere Geschichte, aber diese diese reinen Frauensachen, die so den touch von Blaustrümpflern haben, sind mir so was von unangenehm, ... da finde ich auch keinen gemeinsamen Nenner (55/34 ff.)

Sie verbindet das Universalprogramm der Gleichstellung der Geschlechter ausschließlich mit der Frau in ihrer Mutterrolle. Die Frau als Beziehungspartnerin oder als beruflich Engagierte blendet sie aus. Ihre Biographie erhellt Hintergründe für ein solches Urteil: Ehepartner gaben nur „Gastrollen"; faktisch fallen damit Auseinandersetzungen zwischen Geschlechterrollen in der Paarbeziehung weg. Ihr fester Bezugspunkt etwa in Urteilsfindungen über gesellschaftliche Entwicklungen, ist eine kognitive Passfähigkeit mit und Anerkennung durch ihren Vater. Dieses festgefügte mentale Vater-Tochter-Abhängigkeitsverhältnis wird von ihr als solches nicht reflektiert. Frau Wimmer wächst innerhalb patriarchaler Vorstellungen über die wesentliche Vorbestimmung der Geschlechter auf:

eh aus dem familiären background heraus, wo ich herkomme, da is, dis das war einfach ganz klar ne, da hat man hat man eben gut geheiratet und dann hat man Kinder gekriegt und den Haushalt und das Haus geführt, und 's und war eh Repräsentant des Mannes, letztendlich Aushängeschild natürlich auch nich (30/9 ff.)

Der „bürgerlichen Repräsentanzpflicht" dem Gatten gegenüber entledigt sie sich durch schnelle Scheidung; statt dessen kehrt sie dauerhaft in den Schoß der Familie zurück, und übernimmt hier „Repräsentanzpflichten" als Tochter eines Politiker-Vaters ('Sie wissen, wir sind eine politische Familie'). Als ihre zweite, ebenso wichtige Lebensbestimmung sieht sie ihre Pflichten als Mutter zweier Söhne. Die emphatische Anerkennung der Mutterrolle als die natürliche Bestimmung der Frau verhindert einen neugierigen Blick darauf, wo geschlechtsspezifische Benachteiligungen in unserer Gesellschaft strukturell vorhanden sind. Frauenbewegtes, gleichgültig in welcher Ausformung, assoziiert sie holzschnittartig-klischeehaft mit dem Begriff 'Blaustrumpf'. Das „Nur-Frau-Sein" lehnt sie als Basis für eine Solidarisierung unumwunden ab. Stattdessen neigt sie zu bürgerlich-puritanischen Moralvorstellungen, die ihr verbieten, eigentypische Merkmale weiblicher Lebenswelt im öffentlichen Raum zu thematisieren oder einer Form von Gemeinschaftslogik zu unterwerfen. Zuende gedacht, lebt und agiert Frau Wimmer als Frau und Mutter schizophren: sie negiert sich in ihrer weiblichen Körperlichkeit, in ihrer biologischen Rolle als Frau, die andererseits die primäre Grundlage für die Ausübung ihrer Mutterrolle darstellt. Gleichwohl weiß sie um ihre pointierte Meinungsbildung und um die Stereotype in ihrer Alltagsdeutung: 'das ist ein Mangel von Victoria Wimmer'. In vehementer Abgrenzung dazu besetzt sie die UFI ausschließlich positiv. Die UFI beschäftigt sich eben nicht mit den von ihr diskriminierten 'Frauendingen', sondern engagiert sich für Probleme sozialer Gruppen, die in ihrer Deutung eine anerkannte Spezifizität aufweisen, so etwa Jugendliche. Das umfassende Prinzip der sozialen Verantwortung erfährt eine entscheidende Engführung: es gibt Gruppenzugehörigkeiten, deren Bedürfnisprofil sie ignoriert oder auch stigmatisiert.

Welchen Stellenwert besitzt die Geschlechter- und Gleichstellungsproblematik in Frau Buschs Weltbild und Deutungsroutinen? Führt ihr ostdeutscher Erfahrungshorizont zu einem anderen Selbstverständnis? In der DDR war die Gleichberechtigung der Geschlechter offiziell vollzogen. Frauen vereinbarten ganz selbstverständlich Berufstätigkeit und Familie. Gleichwohl sich in der DDR die Benachteiligung von Frauen im Beruf und auch die Rollenverteilungen in der Partnerschaft nicht wesentlich veränderten, entwickelte das Gros der DDR-Frauen das Gefühl emanzipiert zu sein und gleichberechtigt am gesellschaftlichen Leben teilzuhaben. So bestand seitens der Frauen kein Problembewusstsein, seitens des Staates wenig Interesse, Widersprüchliches in der realsozialistischen Frauenpolitik öffentlich zu diskutieren.

hab ich eigentlich erst im Laufe der Jahre gelernt, dass es (Gleichstellungsbeauftragte) vielleicht ja doch wichtig ist, ich selber habe also nie so Emanzipationsbestrebungen gehabt, weil ich mich immer für ausreichend emanzipiert gehalten habe äh, hab aber lernen müssen, dass es tatsächlich eine Unterdrückung der Frau nach wie vor gibt, und es liegt aber zum großen Teil auch daran, dass Frauen sich zurückdrängen lassen (36/14 ff.)

In ihrer Alltagsdeutung misst Frau Busch den Geschlechtszugehörigkeiten explizit keine größere Bedeutung bei. Zögerlich wird ein längerfristiger Erkenntnisprozess manifest; dennoch schließt sie sofort eine persönliche Betroffenheit aus. 'Emanzipationsbestrebungen' werden als feministische Idee negativ konnotiert. Sie argumentiert im Rahmen eines geschlechtsneutralen Weltbildes: Männer sind wie Frauen Geschöpfe Gottes, versehen mit strukturell gleichen Chancen und Begabungen zur Lebensgestaltung. Weder reflexiviert sie das Frauenbild in ihrer subjektiven Lebenswelt, noch sieht sie gravierende gesellschaftsstrukturelle Geschlechterungleichheiten, für die gesellschaftliche Lösungsoptionen gefunden werden müssen. Ihr geschlechtsneutrales Weltbild offenbart, dass die DDR-Sozialisation in der Geschlechterfrage fest gegriffen hat. Gleichwohl Frau Busch gegenüber ideologischen und politischen Ungerechtigkeiten eine hohe Sensibilität entwickelt hat, hat sie der Frauenfrage keine Bedeutung zugemessen. Folgt man der Überlegung, dass die politischen Widersprüche im DDR-System die geschlechtsspezifischen Ungleichheiten massiv überlagert haben, so wäre denkbar, dass nun, wo ideologische und politische Zwänge in der früheren existentiellen Schärfe nicht mehr vorhanden sind, der Blick auf andere soziale Widersprüche etwa der der patriarchalen Ordnung gelenkt wird.

In der lokalen Gemeindevertretung von Grünow sind etwa ein Viertel Frauen vertreten. Diese Ungleichverteilung beeinträchtigt nicht die politischen Entscheidungen, so die Empfindung beider Frauen. Auf ein spezifisches Politikverständnis von Frauen hin angesprochen, führen beide sofort die besondere Emotionalität von Frauen als Wesensmerkmal weiblich gestalteten Politikstils an.

V.3 Frauen im Verflechtungsprozess der Metropolregion

I: Kann man denn nun sagen, dass Frauen 'ne andere Politik machen, 'n anderes Politikverständnis haben, anders mit einander umgehen ?
B: das ist 'ne schwere Frage, wenn ich die Grünen sehe, dann stell ich fest, dass es Frauen gibt, und es sind eben überwiegend Frauen, die sehr emotional an manche Dinge herangehen, im Gegensatz zu Männern, die viele Dinge nüchterner sehen, ich halte das für nicht immer hilfreich, dieses sich von Emotionen leiten zu lassen, halte es aber mit unter auch für gut, wenn Emotionen in die Politik eindringt, Einfluss nimmt, weil immer Emotionen unterdrücken, halte ich für schädlich, weil das gehört einfach zum Menschlichen (35/43 ff.)
W: also ich seh diese Gefahr, dass sie ins Fanatische abgleiten können, dass sie also ehm wenn sie irgendwas für richtig erkannt, nicht nicht alle aber aber eher als bei Männern glaub ich...ein Mann ist noch ehm pragmatischer oder ja so dem dem Tagesgeschäft mehr unt unterlegen ... wenn sie dann irgendeine Idee hat ist sie manchmal nicht mehr bereit andere Ideen sich überhaupt anzuhörn, also ich will das ganz vorsichtig formulieren, es eh es sind auch nicht alle, aber die Gefahr besteht manchmal, und da müssen wir noch ne ganze Menge lernen, da müssen wir wirklich noch ne ganze Menge lernen (24/26 ff.)

Entgegen der konstatierten Nachteile weiblichen Politikstils beanspruchen beide Frauen gleichfalls:

W: also verschiedene Sachen würden vielleicht doch vernünftiger entschieden werden ... sachgerechter oder oder so wie s eben notwendig is, entschieden werden, wenn Frauen mehr dabei sind ... weil wir andere Vorstellungen Ideen haben ne (26/17 ff.)

Frau Busch kontrastiert weiblichen und männlichen Politikstil mit den Adjektiven 'emotional' und 'nüchtern', Frau Wimmer mit 'fanatisch' und 'pragmatisch'. Beide konstruieren so einen auffälligen Gegensatz zwischen Rationalität, Notwendigkeit, Ziel- und Lösungsorientierung auf der einen Seite und Irrationalität, Sprunghaftigkeit wie auch Fixierung, Fundamentalismus und Inflexibilität auf der anderen Seite. Für ein effizientes tagespolitisches Handeln scheint die pragmatische Politikorientierung unabdingbar. Pragmatisch über Probleme zu entscheiden, bedeutet aber auch sie vornehmlich sachorientiert zu lösen: also in konkreten Situationen und unter verschiedenen Akteurskonstellationen Prinzipienfragen zurücktreten zu lassen und zugunsten der Problemlösung eine leidenschaftslose Ursache-Folge-Bestimmung leisten und entsprechende Handlungsoptionen ableiten zu können, die vielfach zwangsläufig reduktionistisch und kompromissbeladen sein müssen. Es gilt das Machbare unter Ausreizung von Grenzen durchzusetzen. Wenn Frauen also nicht pragmatisch agieren, so lässt weibliches Handeln in der Politik die notwendige Sachorientierung, die von beiden Frauen aber für sich beansprucht wird, auch vermissen. Möglicherweise gewinnt der Begriff 'Sachorientierung' im Verständnis beider Frauen eine zweite Bedeutung jenseits von Einzelfall- und Ergebnisorientierung: integratives problemlösendes Handeln frei von individuellen strategischen Interessen, nach ausreichender Kenntnis des Problems und unter Einbeziehung der Interessen aller Beteiligten:

B: ich merke, dass man in der Politik, mm taktieren muss, und dies ist eigentlich was, was mir nicht liegt, ich bin immer so für geradezu, wir reden miteinander, und ich sage das, was ich meine und erwarte das von meinem Gegenüber auch .... ich interessiere mich für bestimmte Fragen und will gerne, also, in bestimmten Fragen, von denen ich meine, dass ich was davon verstehe, mich auch einbringen (34/22 ff.)

Zur Frage der Sachorientierung in der Politik (vgl. III.1, III.2, V.2) zeigen beide Politikerinnen einen verkürzten Blick, der die Durchsetzungschancen von politischen Ideen etwa durch strategische Koalitions- und Kompromissbildungsprozesse vernachlässigt. Vorpolitisch naiv denken sie sich außerhalb der realen politisch-demokratischen Machtinstrumentarien, derer sie sich zur Umsetzung ihrer Ideen bedienen müssen. Ihre Forderung nach Sachorientierung kommt ohne grundsätzliche Kritik am politischen System, in seiner zeithistorischen Ausgestaltung als parlamentarische Demokratie nicht aus.

In beiden Frauen löst die Frage nach einem weiblich geprägten Politikstil innere Gewissenskonflikte aus, die sich etwa in widersprüchlichen Einschätzungen verfangen. Hier kämpfen auf der einen Seite der Gedanke, durch weibliche Geschlechtszugehörigkeit von Aussagen selbst betroffen zu sein, und damit den persönlichen Selbstverständigungsprozess zur Rolle als Frau offenzulegen, und auf der anderen Seite sozialisierten Erwartungsmustern zur Emanzipation zu entsprechen oder sich auch möglicherweise zum „Nestbeschmutzer" zu machen. Erstaunlicherweise führen in diesem Themenbereich gesellschaftssystemabhängige Sozialisierungen zu vergleichbaren Einsichten und Orientierungen. So beispielsweise zur nachdrücklich vertretenen These, dass zwischen weiblichen und männlichen Handlungsmustern eine Differenz besteht und diese Differenz zu Ungunsten weiblichen ziel- und sachorientierten Handlungsvermögens ausfällt. Ein Kriterium, um diese Differenz definieren zu können, ist die Sachorientierung in der politischen Arbeit. Diese Differenz ist in ihrem Geschlechterbild jedoch kein fixes Verhältnis:

W: da müssen wir noch ne ganze Menge lernen (24/35)
B: viele dieser Dinge wirklich daran liegen, also die Unterrepräsentierung von Frauen, dass Frauen noch nicht gelernt haben, mm, so wie Männer zu sagen, ich hab genug gelernt, ich bin jetzt auch bereit und mutig genug, da in die Lücke zu springen und das zu machen ... (44/17 ff.)

Obgleich beide erkennen, dass Frauen teilweise gesellschaftlich benachteiligt sind, gelangen sie nicht zu der Einsicht, dass dies in unserer Gesellschaft historisch und strukturell eingelassen ist. Sie vergessen, dass Geschlechtsrollen habitualisiert gelebt werden und unsere patriarchale Sozialordnung angelegt ist, diese Rollen fortzuschreiben. Daher gehört zu ihren handlungsleitenden Deutungsfolien, dass 'Frauen lernen müssen' und dass 'Frauen ... sich zurückdrängen' (lassen). Es besteht eine prinzipielle Chancengleichheit, die Frauen leben also in einer quasi selbstverschuldeten „Unmündigkeit". Über Ermunterungsargumente und moderate Fördermechanismen müssen Frauen motiviert werden, ihre Rechte wahrzunehmen. Die sozialen Lernprozesse, die sie einfordern, folgen Anpassungsstrategien, die fraglos das männliche – also konventionelle – Handlungsmodell als Zielpunkt setzen.

In welcher politischen Rolle sehen sich beide Frauen innerhalb der lokalpolitischen Arbeit? Wie schätzen sie die Wirkung ihres kommunalen Engagements ein?

W: ich sehe es in unserer Partei hier in Grünow, wenn die Holzmann und ich nicht gewesen wären, dümpelten die immer noch so vor sich hin, das muss man so sehen, wir haben den CDU-Ball auf die Beine gestellt jetzt im Januar, wir geben Presseerklärungen raus (24/15 ff.)

Frau Wimmer führte die CDU-Ortsgruppe aus einem ziellosen, desorganisierten Zustand, wobei sich für sie die Chance eröffnete, der Parteiarbeit eine persönliche Richtung zu geben und dies öffentlich zu vertreten. Ganz den traditionellen Pflichten eigentlich von Politiker-Frauen verhaftet, setzt sie ihren ersten Arbeitsschwerpunkt auf eine öffentlichkeitswirksame glanzvolle Festivität ('CDU-Ball') – gezielt als einen „Köder", um den Kreis potentieller Anhänger zu erweitern und ein lokal-regionales Netz von nützlichen Kontaktpartnern aufzubauen. Die Funktionen dieser zwischen formell und informell sich bewegenden Netzbeziehungen sind bedeutsam: so sind etwa partei- und verbandspolitische „Klüngel" ein ökonomischer Imperativ für Unternehmer am Orte. Hier wird plastisch, wie durch Verhaltensmuster Westberliner Zuzügler ein bislang unbekannter Politikstil einsickert, der den lokalpolitischen Kommunikationsstrukturen neue Qualitäten verleiht und damit milieutransformierend wirkt. Es wird gezielt versucht, einen miteinander verflochtenen politischen und ökonomischen Elitebund aufzubauen; zum einen, um die neu entdeckten „heimatlichen" Wurzeln in angemessenen Nährboden betten zu können; zum anderen, um ein interessengebundenes Netz zu schaffen, das dann in geeigneter Weise instrumentalisiert werden kann. Der CDU-Ball funktioniert als ein erster Schritt, um eine Bündigung von konservativ-bewegten Grünowern, die sich auf einem Wege zur sozioökonomischen Arrivierung befinden und von Anhängern aus der Zuzüglerschaft herzustellen. Vergleichbar damit ist die von Frau Wimmer sehr ausführlich dargestellte Organisation eines Benefiz-Fests, um Geld für den Neubau eines abgebrannten Jugendklubs zu besorgen. Träger des Fests war die Unabhängige Fraueninitiave (UFI), der Frau Wimmer angehört:

V.3 Frauen im Verflechtungsprozess der Metropolregion

wir sind hier so ein paar Damen und wir wollen uns so ein bisschen kommunalpolitisch insbesondere aber um die Jugend kümmern ... jeder hatte ein bisschen Beziehungen, und jeder hat seine bisschen Beziehungen spielen lassen, ist betteln gegangen, hat seine Leute noch aufgestachelt woanders noch betteln zu gehen... und es war zum Schluss ein Riesending (16/21 ff.)

Das Fest wurde von mehreren Firmen gesponsort und hatte eine hohe öffentliche Resonanz. Kritiker aus der Gemeinde werfen nun der UFI vor, die Veranstaltung als reinen Werbefeldzug für die CDU genutzt zu haben, was 'unser gutes Recht (ist), deshalb isses, gut is ne gewisse Reklame is klar, aber wieso sollen wir uns verstecken'. Bemerkenswert ist, dass Frau Wimmer keinen Hinweis auf sachpolitisches Engagement innerhalb der CDU-Ortsgruppe gibt, obgleich sie dies für ihre eigene Arbeit reklamiert. Das Gefühl, die lokale CDU „aus der Taufe gehoben zu haben", stärkt ihre Überzeugung, dass Frauen als lokale verantwortungsvolle Integrationsfiguren eine wichtige Rolle spielen. Wesentlich nachdenklicher und verhaltener sieht sich Frau Busch in ihrer lokalen Politikrolle:

wir sind ja alle Laienspieler und unsere Motive, mm, hier einzusteigen, waren ja wirklich nur die, mm, man jetzt haben wir solange geschwiegen, wir wollen was ändern, jetzt müssen wir's auch machen ... ich habe oft das Gefühl, irgendwas nicht richtig zu machen, ich müsste eigentlich vielmehr und intensiver über die Anträge nachdenke (31/6 ff.)

Auf ihre Unprofessionalität hindeutend, offenbart sie ein persönliches Ohnmachtsgefühl gegenüber der Vielzahl von politischen Aufgaben, die zu erledigen sie sich verpflichtet fühlt. Wie auch auf beruflichem Gebiet erhebt sie bei der Erfüllung ihrer Arbeitsaufträge einen hohen Qualitätsanspruch an sich, dem sie auch aus zeitlichen Gründen nicht immer entsprechen kann. Gleichwohl sieht sie sich in der Verantwortung, die politischen Gestaltungsräume, die in demokratischen Verhältnissen gegeben sind zu nutzen, um ihre „stumme Rebellion" nicht nachträglich zu entwerten, so etwa sich öffentlich zu artikulieren mit der Chance, zumindest „im Kleinen" etwas mit zu beeinflussen. Die DDR-biographisch begründete Verantwortungshaltung als ein Motiv aktuellen politischen Engagements erweist sich hier anschlussfähig an das Motivationsmodell einer zivilgesellschaftlichen Bürgerpflicht.

In der Beurteilung der Frage, ob Frauen tatsächlich Verliererinnen der Wende seien, setzen sich die kulturellen Kodierungen des Geschlechts bruchlos fort. Auch treffen der Ost- und Westblick bei dieser Problematik überraschend zusammen. Beide Frauen verneinen vehement ein Ergebnis geschlechtsspezifischer sozialökonomischer Transformationsanalysen – die These, dass Frauen durch die ökonomischen Umbrüche überproportional aus dem Erwerbssystem verdrängt wurden. Verlieren Frauen ihre ökonomische Selbständigkeit, so zieht dies im privaten Leben wie im öffentlichen und politischen Bereich Rollen- und Machtverschiebungen nach sich, die beide Interviewpartnerinnen nicht sehen wollen. Um ihre dezidierte Sichtweise als eine erfahrungsgesättigte zu stützen, erzählen sie jeweils persönlich erlebte Geschichten:

B: ich sehe zwar, dass mehr Frauen arbeitslos sind als Männer, aber es liegt schon auch daran, dass offensichtlich Männer sich doch als flex-, flexibler gezeigt haben ... äh ich wir haben neulich so'n Erlebnis gehabt, traf ich 'ne ehemalige Kollegin, und sie erzählt mir, dass sie sich so ganz schlecht fühlt weil sie eben arbeitslos ist ... und dann treffe ich sie 'ne Weile später wieder ... ach na, ich hab jetzt 'n Job aber in Potsdam, muss jeden Tag fahren, auch nur zwei Jahre und ist ja so schrecklich, also die Fahrerei macht mich ja fix und fertig, dazu muss ich sagen ... dies ist einfach 'ne Gewöhnungsfrage .und 'n Zweijahresvertrag ist erstmal sehr viel mehr als andere Leute haben, also ich würde mich dann immer mit dem, der es schlechter hat als ich vergleichen (42/44 ff.)

W: wenn sie wenn sie vor der Wende also wenn sie noch zu DDR-Zeiten eine selbständige Persönlichkeit waren, also warum sollen sie das jetzt plötzlich nicht mehr sein ....Verliererinnen der Wende sind andere Leute, Verlierer sind die die sich immer auf den Staat verlassen haben, und sich auch jetzt eigentlich noch auf den Staat verlassen .... aber das sind sie aus eigenem Unvermögen heraus, und weil sie nicht bereit sind sich dem sich ehm sich klug zu machen (50/30 ff.)

Noch pointierter verneint Frau Wimmer die Verliererinnen-These. Vergleichbar mit ihrer unrealistischen und unsystemischen Sichtweise auf die soziale Bedingtheit des Ost-West-Verhältnisses individualisiert sie das aufgeworfene Problem wiederum. Zugleich wird diese Problematik ideologisiert und verknüpft mit rigiden deregulativen Politikkonzepten, individueller Selbstverantwortung und Schuldzuweisung.

3. Lokale Verflechtungschancen: Kommunikation, kulturelle Offenheit und Gestaltungswille als strukturelle Voraussetzungen

Unter der analytischen Perspektive der Emergenz soziokultureller Verflechtungsmilieus soll exemplarisch gezeigt werden, welche biographisch erworbenen und habituell verfestigten Orientierungen der Alt- und Neueinwohner sowie welche formellen/informellen Beziehungen und Netzwerke mit dafür verantwortlich sind, dass Gemeindemilieus sich tendenziell Neuem zu öffnen vermögen oder sich ihm verschließen. Es wird vermutet, dass beide Frauen in ihrem lokalräumlichen Engagement die Ausprägung milieutragender Gemeindestrukturen beeinflussen, etwa indem sie selbst strukturelle Kerne innerhalb von Mikromilieus bilden. Die sich in der Gemeinde u.a. durch die Zuzügler ausdifferenzierenden sozialen Gruppen führen zu Spaltungstendenzen in der Bewohnerschaft. Die sich daran anknüpfenden z.T. konträren Interessenlagen begründen ein lokales Netz unterschiedlicher Solidarformen und institutionalisieren Bewegungskoalitionen, so sind etwa die Grünower Alteinwohner, die ihre Grundstücke zwecks Verkauf und anschließender Neubebauung teilen möchten und denjenigen, die, wie Frau Wimmer, für ein „Maßvolles Bauen" eintreten, also eine Nachverdichtung des Ortes zu verhindern suchen, bereits längere Kontrahenten. Diese gegensätzlichen Entwicklungsvorstellungen müssen nun über eine angemessene demokratische Streitkultur vermittelt werden; Kommune und Bürgerbündnisse müssen in einen planungspolitischen Aushandlungsprozess treten, um das lokale Interesse und Engagement aller Beteiligten produktiv werden zu lassen. In diesem gemeindepolitischen Rahmen werden die Deutungs- und Handlungsmuster beider Frauen aufschlussreich. Deren Rekonstruktion weist darauf hin, entlang welcher Linien politische und soziale Konflikte entstehen und wo Chancen bestehen, diese erfolgreich auszutragen. Damit soll auch mit begründet werden, wie notwendig es ist, Entwicklungsziele planungskulturell zu reflexivieren, um differenzierten Raumanforderungen, Raumbedürfnissen der alten und neuen Bewohnerschaft Artikulations- und Realisationschancen einzuräumen.

Beide Frauen bemühen sich um eine integrative Streitkultur vor Ort. Als eine Voraussetzung dafür verfügen sie über ausgeprägte Kommunikationsfähigkeiten und sind flexibel im Diskurs mit anderen und dem Anderen. Insbesondere wird dies bei Frau Wimmer auffällig, die neu in die Gemeinde kommt und sofort vielfältige und anschlussfähige Kontakte zur Nachbarschaft, Interessengruppen und Politik herstellt. Um diese Schlüsselqualifikationen näher zu bestimmen, bietet sich beispielsweise an, das Gesprächsverhalten im Interview heranzuziehen.

Im verbalen Sprachspiel, in den Argumentationslogiken und Gesprächstaktiken zeigen sich dabei deutliche Differenzen zwischen Frau Wimmer und Frau Busch. So setzt Frau Wimmer ihre rhetorischen Fähigkeiten gesprächsstrategisch ein, um ihre Anliegen offensiv zu vermitteln. Mit einem ausgeprägten Sendungsbewusstsein nutzt sie das Interview entschieden als Möglichkeit, ihre Sichtweise und persönlichen Überzeugungen hinsichtlich kommunaler Entwicklungsprozesse, aber auch anderer gesellschaftspolitischer Themenbereiche zu vermitteln. Sie argumentiert dabei nicht auf einer offiziellen Verlautbarungsebene, sondern versucht persönlich drängende Gedanken und Anliegen in einer Mischung aus inhaltlicher Exponierung und der Einführung relativierender Argumentationsfiguren zu plazieren. Im Gespräch entwirft sie zunächst ein kritisches Selbstbild und instrumentalisiert es, offensiv und wirkungsvoll, um sich vor potentiellen Angriffen ihrer Diskussionspartner zu schützen. Diese

V.3 Frauen im Verflechtungsprozess der Metropolregion

Kombination aus zunächst dezidierter Standpunktmarkierung und nachfolgender Demonstration von Defiziten in der persönlichen Erfahrungsbildung oder Selbstwahrnehmung erscheint als eine geeignete Diskussionsstrategie, um Kritiker schon im Vorfeld auszubremsen. Ganz selbstverständlich vermittelt sie das für Außenstehende notwendige Kontextwissen zu dargestellten Prozessabläufen. Sie wählt eine plastische Sprache, die gegenpolig in Gute-und-Schlechte-Welt teilt und so tendenziell polarisierend wirkt. Trotz schneller Gesprächsbereitschaft signalisiert sie offen und entschieden persönliche Thematisierungsgrenzen etwa Gründe für das Scheitern ihrer Ehen.

Während Frau Wimmer bereits in der Eröffnungsphase des Interviews offensiv das erste Thema vorgibt, wirkt Frau Busch zunächst zögerlich, obwohl auch sie sich sofort zu dem Interview bereit fand. Ihr Sprachduktus strahlt durchgängig Ruhe, Gelassenheit und Beständigkeit aus, was sehr viel Raum für überlegte Formulierungen, detaillierte und perspektivenreiche Darstellungen lässt. Nachträgliche Relativierungen von zunächst zugespitzt vorgetragenen Passagen sind nicht erkennbar. Ihr kritischer Blick auf lokale wie auf gesamtgesellschaftliche Entwicklungen scheint geprägt durch „reflexives Wissen" und „objektives Urteil". Sie trägt ihre Gedanken sachlich, unaufgeregt, erstaunlich emotionslos und überhaupt nicht angriffsbereit vor. Die angesprochenen Themen gewinnen im Gegensatz zum Interview mit Frau Wimmer keine eigene innere Dynamik. Allerdings instrumentalisiert sie das Gespräch auch nicht als Bühne zur Selbstdarstellung. Um ihren Gesprächsstil zusammenfassend zu charakterisieren: sie neigt zu Ruhe und Besonnenheit ebenso wie zu extremer Sachlichkeit und Entdramatisierung.

Versucht man die Bedeutung dieser unterschiedlichen Kommunikationsformen im Rahmen der lokalräumlichen Milieubildungen zu diskutieren, so ist zu überlegen, in welchen Zusammenhängen beide Frauen die für sie spezifischen Formen einer erhöhten Binnenkommunikation erzeugen und so zur sozialen Institutionen- und Netzwerkbildung beitragen. Sehen wir also genauer hin: Bereits vor 1989 bildete Frau Busch einen „Knoten" in einem oppositionellen Netzwerk, was zugleich ihrer persönlichen Erfahrungsgeschichte eine überindividuelle Bedeutsamkeit zuweist. Dieses Netz wurde u.a. über regelmäßige Zusammentreffen in Grünow, im Haus von Frau Busch enger geknüpft. Die inhaltlichen Diskussionen wurden dabei nicht zu eng gefasst – hier verbanden sich vielmehr ganz unterschiedliche Lebensbereiche und Diskursstile miteinander: Berufliche Interessen und politische Informationen, kirchliches Engagement und die Pflege von Freundschaften. In dieser Verwobenheit lag eine Basis für die Herausbildung eigengeformter Sozial- und Lebensmilieus, die relativ unsichtbar in der DDR-Gesellschaft existierten und eigene Kommunikationsregeln, Selbstverständnis und Solidaritätsempfinden aufgebaut hatten. Das bedeutet für Frau Busch auch, ein Leben in Angst davor zu führen, beobachtet und auffällig zu werden oder Freunde zu verlieren. Dieses unter den restriktiven Bedingungen geknüpfte Netzwerk wurde nach 1989 brüchig – demgegenüber bilden sich neue informelle Kreise heraus, die nun als „Agenten" neuer sozialer Ost-West-Mischungen wirken.

Frau Wimmers Redegestus zeugt von einer vornehmlich aktivischen Deutung von Strukturen und Ereignissen und verweist auf ihr hohes Maß an Eigeninitiave und öffentlichem Gestaltungswillen. Frau Wimmer beginnt sich ebenfalls als ein lokaler Kristallisationskern neuer Beziehungsnetze zu entfalten. Sie schafft sich eine offizielle politisch-institutionelle Plattform und sucht sich passende informelle Vergemeinschaftungsformen. Ihre prononcierte Meinungsbildung provoziert lokalen Widerspruch und Positionsbezug anderer Interessengruppen, was u.U. zu harten öffentlich ausgetragenen Auseinandersetzungen führt, die von dritten Streitparteien (etwa dem Gemeinderat) dennoch als konstruktiv empfunden werden (vgl. dazu Matthiesen, in diesem Band). Frau Wimmer trägt, wenn auch begrenzt integrativ, ein hohes

Maß an selbstorganisatorischen Fähigkeiten und innovativen Entwicklungspotentialen in die routinierte Verfasstheit von örtlicher Verwaltung und Planungsinstanzen.

Wie beurteilen beide Frauen das soziale Lokalwesen in Grünow? Prognostizieren sie ein, wenn auch nicht konfliktfreies Zusammenwachsen des Alten und Neuen oder sehen sie identitätsverbürgende soziale Abgrenzungs- und Ausschlusstendenzen, die einen solchen Prozess unterlaufen?

> B: ich weiß, dass es noch noch lange Zeit brauchen wird, aber ich seh das auch ganz ganz positiv, wie sich so viele neu Zugezogene hier auch engagieren und eindringen, ob mir nun die Richtung, die sie vertreten, passt oder nicht, sei dahingestellt, also, meine Meinung muss auch nicht die allein Seligmachende sein... natürlich, man lernt ja dadurch auch Leute kennen und ich denke, da sind auch die neu Zugezogenen offener als die alten Grünower, die doch so'ne gewisse Abwehrhaltung haben (39/37 ff.)

Überlegt optimistisch blickt Frau Busch auf die Grünower Ost-West-Verflechtungen und verweist auf den ausgeprägten lokalen Handlungs- und Gestaltungswillen der neu Hinzugezogenen. Dagegen empfindet sie Strategien Alteingesessener, „historisch ersessenes Gebiet" vor dem „westlichen Übergriff" durch mentale Abgrenzung oder abgrenzendes Handeln schützen zu wollen, als unangemessen rückwärtsgewandt und schließlich auch erfolglos. Lokale Veränderungen kritisch zu reflektieren, dabei kognitive Distanzen begründet auch aufgeben zu lernen, hält sie für eine wichtige Voraussetzung, um die Vereinigung auf lokaler Ebene zu bewerkstelligen. Beiderseitige Neugierde auf andere Lebenswelten, Toleranzfähigkeit und Kommunikation erscheinen ihr dafür grundlegend. Langfristig würden sich die Denkmuster dialektisch annähern, wenn nur gemeinsam nach tragfähigen gesellschaftlichen Lösungen gesucht wird. Persönliche Wahrhaftigkeit einschließlich moralischer Werturteile und Handlungsinteressen bleibt ihr Fundament bei dieser gemeinsamen kultur-übergeifenden Suche.

> W: es gibt ja einige Leute die behaupten dass sie ihre Probleme haben, die Wessis mit den Ossis und umgekehrt, ich denke dass das hausgemacht ist und zwar von hüben wie von drüben (45/37 ff.)

In ihrer Sichtweise gibt es keine strukturellen Anpassungsprobleme in den Institutionen und keine entwicklungsbedingten sozialen und kulturellen Konflikte. Diejenigen, die gegenseitiges Verstehen problematisieren oder Dominanzgebahren offen ausspielen, sind idiosynkratische Einzelfälle. Ihre Alltagsdeutung widerspricht auch hier vollkommen dem Ergebnisspektrum sozialwissenschaftlicher Transformationsforschung. Angesichts ungleicher Zugangsbedingungen zu gesellschaftlichen Ressourcen und umfassender Entwertungserfahrungen Ostdeutscher verwundert diese Wertung ebenso, wie vor ihrem persönlichen lokalen Erfahrungshintergrund. Sie ist sich der Tragweite des gesellschaftlichen Transformationsprozesses nicht bewusst – jedoch treibt sie die Vorurteilsbeladenheit ihrer Mitmenschen in eine tätige Rolle als Vermittlerin zwischen ost- und westdeutschen Kulturmustern. Jedoch grenzt sie ihren Kommunikationsbereich dabei deutlich ab; zu bestimmten Milieus wie beispielsweise den „Kommunisten" meidet sie jeglichen Kontakt; sie werden auch nicht durch ihr ethisches Verantwortungsprinzip „mit ins Boot geholt", und sie lassen sich, vergleichbar mit den feministischen Frauenbünden, auch nicht in irgendeiner Weise für ihre lokal-regional ausgerichteten Politikziele instrumentalisieren.

Auch im Privaten versuchen Frau Busch und Frau Wimmer, sich neue Erfahrungswelten zu erschließen, „Neues" und „Altes" jeweils produktiv miteinander verbindend: Frau Busch lädt regelmäßig Freunde ein:

> 'n paar aus'm Osten und 'n paar aus'm Westen zum gemeinsamen Kochen ... Und diese ganze Veranstaltung haben wir übertitelt: Wir laden ein zum Arbeitsessen unter dem Thema: *Einheitsbrei!*.

Auch Frau Wimmer versucht, einen Ost-West-gemischten Freundeskreis zu formieren und:

> immer mal so die zusammenzubringen, weil das eh, die Vorurteile und Missverständnisse eben immer noch vorhanden sind und ja nur im persönlichen Gespräch letztendlich aus(ge)bügel(t)

werden können. Einen Blick auf die Verlierer im „Suburbanisierungsspiel" wirft allerdings keine der beiden Frauen. Frau Busch thematisiert nur die eine Seite des Wanderungsprozesses: den Zuzug aus dem Westen. Die Dramatik der Restitution für die vertriebenen Grünower nicht erfassend – obwohl sie persönlich betroffen war, ihre Situation jedoch erfolgreich zu verändern imstande war -, relativiert sie sozialen Status und Finanzkraft der Zuzügler. Damit bemüht sie sich, aufkommende Gefühle von Neid oder sozialer Diskriminierung, der Alteinwohner und deren Angst vor einer „Herrenmentalität der Wessis" entgegenzutreten:

> man, man muss mal die Verhältnisse betrachten, also, es sind, ist durchaus Mittelschicht ... das sind eben Leute, die haben wirklich viele Jahre ihres Lebens auch gespart, um sich so'n Grundstück zu kaufen ... sie wirken uns gegenüber halt nur begütert, weil, wir haben all die Jahre auch, obwohl in gleicher beruflicher Situation, halt erstens nicht das Geld verdient und auch keine Motivation gehabt, soviel Geld anzusparen ... und mit denen man dann auch ziemlich normal umgehen kann (40/20 ff.)

Sie argumentiert stark reduktionistisch – etwaige kulturelle Verwerfungen blendet sie aus; beispielsweise, dass alteingesessene Grünower im Vergleich zu mobilen Neuankömmlingen lokale Entwicklungen, soziale Probleme etc. unterschiedlich wahrnehmen; oder auch, dass mit den Zuzüglern neue ungewohnte Lebensformen und -praxen überschwappen und deren Vertrautheit mit Bürgerrechten sowie ihr Politikverständnis ein anderes ist. Persönliche positive Erfahrungen etwa mit den Eigentümern und dem Makler ihres gemieteten Hauses generalisiert sie vorschnell. Sie erwartet, dass sich bei den nächsten Kommunalwahlen die Zusammensetzung der Grünower Gemeindevertretung zugunsten der Zuzügler ändert und sich damit neue strategische Bestimmungen, Arbeitslogiken und Verteilungskämpfe durchsetzen werden.

In ihren optimistisch gefärbten Hoffnungen auf ein, wenn auch nicht konfliktreiches Zusammenwachsen, vergessen beide Frauen systematisch diejenigen Grünower, deren Chancen im Transformationsprozess weitaus geringer sind.

4. Resümee: Neue Formen der aktiven Lebensführung am ostdeutschen Metropolenrand

Zunächst soll gezeigt werden, dass weit verbreitete suburbanisierungstheoretische Erklärungsmuster zu ergänzen sind – zumindest für ostdeutsche Verlaufstypen der Stadterweiterung. Im Anschluss daran sollen die Fallrekonstruktionen verdichtet und eine erste, noch fallnahe Typenbildung versucht werden.

a. Neue Wanderungsmotive und lokal verankerte Lebensformen

Die Umzugsmotive und die persönlichen Entscheidungen, Bauherrinnen zu werden, sind im Falle der beiden von uns untersuchten Frauen zwar unterschiedlich; letztlich entspricht aber keine der beiden Motivkonstellationen den klassischen, aus der Suburbanisierungstheorie bekannten push- und pull-Faktoren (vgl. Sahner 1995). Danach stellen insbesondere jüngere Ehepaare mit Kindern einen überdurchschnittlich hohen Anteil an den Zuzüglern. Wachsende Einkommen und die Familiengründungsphase, verbunden mit dem Wunsch nach größerer Wohnfläche und einem Leben im Grünen, gelten dabei als Hauptmotive für diese Gruppe, am Stadtrand zu wohnen bzw. dort zu bauen (Adam, Irmen 1996). Neuere Analysen schwächen diesen 'klassischen' Trend für die westdeutschen Bundesländer jedoch ab (Herfert 1998). Auch die Wohnortentscheidungen unserer beiden Kontrastfälle liefern Indizien dafür, dass nunmehr auch der ostdeutsche Suburbanisierungsprozess durch differenziertere Haushaltsformen und Umzugsmotive geprägt wird. Beide Frauen gehören allerdings gerade nicht zum Suburbanisationstypus der „Lebensstiloptimierer" (González, Menzl 1998), obwohl das von den entsprechenden Sozialdaten her nahe liegen würde. Die dieser „Selbstverwirklichungs-Gruppe" tendenziell eigenen hedonistischen Lebensentwürfe lehnen beide Frauen für sich nachgerade vehement ab. Bei beiden zeigen sich vielmehr eher neu kontextuierte verantwortungsethische Grundorientierungen (vgl. dazu auch die 'Frauen-Fälle' in III.1 und IV.1):

- So verkauft die Familie von *Frau Wimmer* die in einem repräsentativen Berliner Stadtteil gelegene Villa, um in Grünow ein kleineres Haus mit Grundstück zu beziehen. Das Umzugsmotiv ist hier also einmal ein lebensphasenspezifischer räumlicher Verkleinerungswunsch, weil Kinder aus dem Haus gehen. Hinzu tritt aber der Wunsch eines späten, aktivischen Neuanfangs, der die welt- und lokalgeschichtlichen Extrachancen entschlossen ausnutzen will.

Die Offenheit, die Um- und Aufbruchstimmung in der lokalen Bevölkerung wird zugleich positiv besetzt. Im Vergleich zu diesen kontextoffenen 'proaktiven' Verhältnissen empfindet sie rückblickend ihr früheres 'vornehmeres' räumliches Lebensumfeld als abgeschottet und sozial isoliert. Freundschaften über den Gartenzaun bildeten in Dahlem eher die Ausnahme, vorherrschend war der individuelle Hang zur Distinktion.

W: Grünow hat eine ganz eigene Atmosphäre, eine sehr angenehme ... gerade für meinen jüngeren Sohn war Grünow also der is ja richtig aufgeblüht, denn da hat er endlich Kinder gehabt, auf der Straße spielen und so Gruppenbildungen, und was weiß ich, also haben Sie in Dahlem nicht, ... diese Nachbarschaftsgeschichten, dass sich da schon so leichte Freundschaften entwickeln, ... das konnten Sie in Dahlem, is komisch kann man nich, die schließen sich aus (45/22 ff.)

- *Frau Busch* andererseits lebt bis 1994 zur Miete in einem Einfamilienhaus, das restitutionsbelastet ist. Frau Busch besitzt das Vorkaufsrecht; jedoch entschließt sie sich, anstatt davon Gebrauch zu machen, auf dem ehemaligen Gärtnereigrundstück des Vaters gemeinsam mit den Eltern, dem Bruder sowie ihrem Lebenspartner ein neues Haus zu bauen. Das Bauen im Familienverband bezeichnet sie als

'eigentlich 'ne wunderbare Lösung, nu sind wa verschuldet bis zur Rente, aber damit leben so viele Leute jetzt. Na es wird man irgendwie aushalten'.

Frau Busch setzt also nicht zur „Flucht" an, lässt sich nicht in eine Mietwohnung in einer preiswerteren Gegend verdrängen, sondern setzt auf familiären Zusammenhalt sowie auf ihre beruflichen und sozialen Fähigkeiten, den Lebensunterhalt langfristig absichern, dabei nach Bastelart einfallsreich agieren und zudem die Schulden abtragen zu können.

Grünow genießt bereits über Jahrzehnte den Ruf, ein Domizil der Berliner und Brandenburger geistig-kulturellen und wissenschaftlichen Elite zu sein, zunehmend auch der politischen zu werden. Zudem sind Lage und Erreichbarkeit des Berliner Zentrums Pull-Faktoren für arrivierte Westberliner, die hohe Grünower Bodenpreise, aber vielleicht nicht Berliner Höchstpreise zahlen können. So hat sich mit Beginn der 90er Jahre in Grünow ein funktionierendes Netz von politisch interessierten Zuzüglern herausgebildet, das wesentlich von einer bürgerlich gehobenen Mittelschicht getragen wird. Diese Gruppe greift dabei auf westerprobte lokale Darstellungs- und Vergemeinschaftungsformen zurück, kopiert diese aber nicht einsinnig, sondern sucht fallweise Alternativen. Zudem werden neue Wertmaßstäbe angelegt und modifizierte Ansprüche an Ortsgestaltung und lokales Gemeinwesen erstritten. So gilt es nicht, die in Dahlem vorherrschende Villen-Baukultur in Grünow bruchlos zu verlängern. Grünow erlebt eine zweite Gründerzeit, die die langjährig gewachsene soziale Mischung am Ort neu gewichtet. Es etabliert sich ein neues Bürgermilieu, das an eine gemeinsam, „auf unbekanntem kulturellem Terrain" erfahrene Aufbausituation anknüpft, diese Situation mit gestaltet und offen ist für Anschlüsse an ausgewählte alteingesessene Milieus. Es finden sich also neue Interessenkoalitionen zwischen Alt- und Neubürgern, wie etwa der Verein für ein qualitätvolles Leben in Grünow, in dem auch Frau Wimmer sich engagiert.

b. Ein erster Generalisierungsversuch: Zwei weibliche Akteurstypen im metropolitanen Verflechtungsprozess [5]

Zuvor soll die auffällige und ungewöhnliche strukturelle Parallele in den Lebensmustern beider Frauen resümiert werden – die Fortführung biographieleitender Lebensmaximen der Väter durch die Töchter. Frau Busch führt die Tradition ihres Vaters fort, indem sie es schafft, sich eine berufliche und private Lebensnische (beides „im Grünen") zu konstruieren, die es ihr erlaubt, sich zumindest in Grenzen dem Dirigismus der DDR-Gesellschaft zu entziehen. Sie sublimiert und professionalisiert zugleich die praktische, auf gärtnerische Produktion und Verkauf ausgerichtete Tätigkeit ihres Vaters, indem sie auf wissenschaftlicher Ebene Antworten auf umweltökologische Fragestellungen sucht.

Prägnant und manifest äußert sich eine solche 'geistige' Vater-Tochter-Verwandtschaftsbeziehung auch bei Frau Wimmer. Sie akzeptiert zunächst fraglos das traditionelle Lebensmodell einer „gutbürgerlichen" Frau, in dessen Zentrum Ehe, Familie und gesellschaftliches Ansehen stehen. Abgesehen von zwei kurzen Lebensperioden, verlässt sie nie die Geborgenheit und den Rückhalt der Familie. Ihre biographisch bedeutsamen Entscheidungen, insbesondere hinsichtlich ihrer räumlichen Mobilität, bleiben eng verknüpft mit berufsbedingten Wohnortwechseln ihres Vaters. Die politische Rückversicherung innerhalb der CDU und die väterliche Leitfigur bilden ein festes mentales und moralisches „Stützkorsett" in ihrem Lebensentwurf.

Beide Frauen integrieren sich in den sozialen Gemeindezusammenhang des dynamisch sich entwickelnden Ortes, und zwar entsprechend ihrer inneren Überzeugungen und Verantwortungsprinzipien. Dieser lokale Kontext bildet in ihren Lebensentwürfen einen festen, zunehmend immer wichtigeren Orientierungsrahmen: Grünow bedeutet für sie weit mehr als ein Ort des Schlafens und Erholens. Beide Frauen vernetzen sich in Solidargemeinschaften; beide auch machen sich nachhaltig auf politischer und privater Ebene um die soziale Kohäsion zwischen Ost und West verdient. Politische Handlungsbereitschaft und -fähigkeit sind immanenter Bestandteil ihrer persönlichkeitsgeprägten Entwicklungsstrategien. Ihre innerweltliche Verpflichtungs- und Verantwortungshaltung wird flankiert durch ein manifestes Streben nach Selbstbehauptung und Autonomie im Lebensentwurf.

Anhand der analytischen Hauptdimensionen „Sozialräumliche Verankerung", „Lebensstil" und „Kulturelle Entwicklung" (vgl. Matthiesen 2001b) sowie deren Konkretisierungen im jeweiligen „Politikstil", in „ethisch-moralischen Grundprinzipien" und „normativen Handlungsorientierungen" sollen nun die vorgefundenen Befunde zu zwei relativ fallnahen, kontrastierenden Typen zusammengefasst werden.

Typ I: Sozialkritische, bodenständige Modernisiererin mit protestantisch geprägter Pflicht- und Verantwortungshaltung (Frau Busch)
- Protestantische und humanistische, auf die Gemeinschaft gerichtete Werte bilden den ethisch-moralischen Hintergrund für eine grundsätzlich auf pluralistische Denk- und Handlungsorientierung und demokratische Konsensfindung innerhalb der Gesellschaft ausgerichtete politische Betrachtungs- und Handlungsweise.
- Durch beide Gesellschaftssysteme hindurch wird eine eingepasste, Grenzen anerkennende politisch-moralische Oppositionsrolle entwickelt und durchgehalten. Neben einer forcierten Kapitalismus-Kritik wird an die zivilisierende Kraft einer gelebten demokratischen Grundordnung geglaubt. Dabei wird die Forderung an den einzelnen Menschen, auto-

---
[5] Vergleiche im Zusammenhang damit auch die Typenkonstrukte in V.1 sowie die Generalisierungsdimensionen in Matthiesen 2001b.

nom und selbstbestimmt zu denken und zu handeln, verknüpft mit einer daraus erwachsenden Verpflichtung zum verantwortlichen Umgang mit Mensch und Natur.
- Politisch wie beruflich wird inkrementalistisch agiert, vorzugsweise auf der kleinteiligen, wenig öffentlichkeitswirksamen Sacharbeitsebene. Der kleine Erfolg ersetzt dabei einen machtdurchsotteten Kampf für eine gesellschaftspolitische Vision. Entschlossen wird beruflich und politisch eine passfähige Nische besetzt, in deren Handlungsrahmen sich eine religiös gefärbte Bewährungsethik entfalten kann.
- Mentale Bodenständigkeit und räumliche Immobilität bilden die strukturelle Basis, um einen eigentypischen Anschluss an neue soziale und lokale Entwicklungen zu suchen. Dieser personale Typus findet also Anschluss, ohne die persönliche Biographie und eigengeprägte Wertemuster modernistisch abzustreifen. Auf diese Weise konstruiert sie einen biographischen Entwicklungspfad zwischen traditionalen DDR-kulturellen Prägungen und neuen Optionen in neuen Sozialräumen.
- Persönlicher Einsatz für eine maßvolle Ortsentwicklung und der Versuch, die sozialen und ökologischen Folgewirkungen des fortschreitenden Suburbanisierungsprozesses auf das Gemeinwesen abzuwägen, sind auffallend. Das lokalpolitische Engagement resultiert aus einer historischen Verpflichtungshaltung gegenüber den Idealen der DDR-Opposition. Von daher fühlt sie sich aufgefordert, sich bietende politische Freiheiten zu nutzen und die bislang gepflegte Distanz- und Beobachtungsposition aufzugeben.
- Im Laufe einer lebenslangen Ortsansässigkeit entwickelt sich nach der Wende eine starke, zunehmend 'aktivische' Bindung an die lokalen Verflechtungsmuster von Grünow, die sie lange Zeit zunächst eher als etwas Gewachsenes fraglos erlebt hatte. Die konkreten Auswirkungen der Systemtransformation auf den Ort und das Gemeinwesen Grünow veranlassen sie, sich in unterschiedlichen Formen damit aktiv auseinanderzusetzen. Ihre frühere, eher als passiv und unreflektiert zu bezeichnende Ortsbindung erfährt also einen entscheidenden Intensivierungs- und Reflexivierungsschub. Langjährige Sässigkeit und ein entsprechendes Zugehörigkeitsgefühl werden durch den eigenen Restitutionskonflikt nicht aufgehoben, sondern in diesem Sinne eher reflexiv verstärkt.
- Die ortsgebundenen Familienstrukturen wirken sozial einbettend und problemabfedernd; nach partnerschaftlichen Enttäuschungen ist eine Bereitschaft zum Neubeginn prägend.

Typ II: Wert- und strukturkonservative Traditionalistin mit paternalistischer Prägung und elitenbildender Handlungsorientierung (Frau Wimmer)
- Sozial-lokale Integrationsformen werden bewusst und zielgerichtet als Identifikations- und Verankerungsstrategie im örtlichen Beziehungsgeflecht genutzt. Die geöffneten, sich transformierenden lokalen Milieustrukturen werden im Vergleich mit den Abschließungstendenzen in den Westberliner Villenvierteln emotional und kognitiv positiv besetzt.
- Ein symbolisch-repräsentativer Politikstil, der deutliche Aufsteigersignale aufweist. Perspektivische Absicht ist es, eine lokale Elite zu schaffen, die aus einer Koalition zwischen arrivierten Zugezogenen und Alteinwohnern mit bürgerlich-christdemokratischen Werthaltungen bestehen müsste. In der neuen lokalen Nachwende-Gründerzeit wird ein solches neues soziales Aufstiegsmilieu für möglich gehalten, ja dessen Anfänge werden aktiv unterstützt.
- Ihre uneingeschränkte Kapitalismus- und Fortschrittsgläubigkeit zeigt leicht dogmatische Züge, insbesondere da, wo sie in paternalistischer Form den Alteinwohnern nahe gebracht wird. Als verantwortungsbewusste Protagonistin gegen den drohenden Verfall kultureller Werte macht sie sich diesen Kampf, der in ihren Augen insbesondere im Lokalen ausgefochten werden muss, zur Lebensaufgabe. Zugleich kommt es zu einem politisch-mo-

ralischen Sortierungs- und Ausschlussverfahren gegenüber bestimmten „linken" sozialen Gruppen, denen sie sich persönlich und in der lokalpolitischen Arbeit vollkommen verschließt. Segmentierungstendenzen innerhalb der Gemeinde werden damit eher befördert.
- Der Lebensentwurf ist stark auf die Familie bezogen, die zugleich einzige Projektionsfläche für die persönliche Erfolgsorientierung ist. Die spezielle Form dieser Familienzentrierung macht zugleich neue partnerschaftliche Beziehungen eher unwahrscheinlich. Stattdessen stabilisiert sie die alleinige Definitionsmacht in der Kindererziehung.
- Das politische Handlungsinteresse ist durch zweierlei motiviert: zunächst besteht eine gefühlsmäßige Verpflichtung, innerfamilial tradierte politische Überzeugungen auf ostdeutschem Boden zu vertreten und zu verbreiten, also da, wo diese nicht selbstverständlich verankert sind; hinzu tritt ein biographisch spätes Autonomiestreben, um persönliche Qualitäten und Kompetenzen auf politischer Ebene unabhängig von einem starken Vater zu entfalten.
- Trotz einer kurzen Wohndauer in Grünow besteht eine enge lokale Bindung und ein hohes Identifikationspotential. Es ist weniger das Moment der Fraglosigkeit und Emotionalität, was diese Ortsbindung erklärt, sondern das Moment rationaler Entscheidung für die Ansiedlung an einem ausgewählten Ort, um nochmals einen Neubeginn verbunden mit einer persönlichen Lebensaufgabe in einem unbekannten örtlichen Sozialgefüge zu gestalten. Der Wohnortwechsel nach Grünow ist insofern keine „normale" Suburbanisierung: es wurden dabei bewusst auch kulturelle Einbettungen und Autonomiekonzeptionen gewechselt.

Unsere beiden Fallrekonstruktionen zusammenfassend, lassen sich also die in der feministischen Raumforschung umlaufenden Annahmen kaum bestätigen, wonach gerade Frauen in suburbanen Räumen in ihren Entfaltungschancen benachteiligt und eingeschränkt werden. Stattdessen zeigen die beiden exemplarisch analysierten Lebens- und Handlungsformen vielmehr in unterschiedlicher Weise ein Brüchigwerden gesellschaftlicher Rollenzuweisungen unter dem Druck lokal- und regionalkultureller Hybridbildungen (vgl. VII.2) an. Die postsozialistische Peripherie stellt sich danach also keinesfalls als ein alte Frauenrollen restaurierendes, zoniertes sozialräumliches Milieu dar. Eher regt sie neue Formen der weiblichen Selbstorganisation an. Dieses knappe Resümee zweier Kontrastfälle sollte allerdings nicht als Behauptung eines deterministischen Bedingungsverhältnisses von Raumstrukturen, geschlechtsspezifischen Rollenzuweisungen und Handlungsräumen missverstanden werden. Vielmehr will es eine Diskussionsschneise öffnen, um Frauen als Handelnde und Frauen in ihrer Diversität für die „Suburbanisierungstheoreme" in ihrer Vielgestaltigkeit sichtbar zu machen und nach Möglichkeit in ihrer großen Einsatzbereitschaft zu befördern. Zugleich kann die 'Grüne Witwen'-Thematik damit aus der Welt des Reportage-Journalismus befreit und auf eine wissenschaftlichere Grundlage gestellt werden.

Heike Ohlbrecht

V.4 Zwischen Transzendenzerwartungen und radikaler Verdiesseitigung: Die Katechetin Katja Weber und die Rationalität relativ geschlossener Sinnwelten

Der Frage nach Kontinuität und Wandel von Milieus im engeren Verflechtungsraum von Berlin und Brandenburg nachgehend, spürt die nachfolgende Analyse[1] der Lebensgeschichte und den Weltbildern einer Frau aus dem kirchlichen Umfeld der Umlandgemeinde Otterstedt nach. Dabei ist der engere Verflechtungsraum von Berlin mit Brandenburg von besonderem Interesse, weil wir Verflechtungsprozesse stattfinden, die „zwischen bloßem Nachholen von typischen Suburbanisierungsverläufen und eigenständigen Suburbanisierungspfaden changieren" (Matthiesen 1997b). Gemäß dem Ziel des Forschungsprojektes, die kulturellen Kodierungen von Suburbanisierungsmustern aufzudecken, erweist sich die Biographieforschung mit ihrem deutenden Zugang als ein gutes Instrument, um zu *verstehen*, wie Individuen bei der Selbstaneignung ihrer Lebensgeschichte über lebensweltliche alltägliche Diskurse in ihren Sozialräumen und Milieus Kontinuitäten bilden und wie sie zugleich Veränderungen anstoßen. Um den Fallstricken der 'biographischen Illusion' (Pierre Bourdieu) zu entgehen, werden zugleich aber Methoden der Strukturgeneralisierung an Einzellfällen einbezogen (vgl. zu den dabei einschlägigen Generalisierungsdimensionen U. Matthiesen 2001b).

Mit diesem Vorgehen soll gezeigt werden, wie sich lebensgeschichtliche Erfahrungen in einem für die Verflechtungsprozesse zwischen 'Mark und Metropole' relevanten Sozialraum aufbauen und entwickeln und wie sie handlungsleitend werden. Zugleich wird es darum gehen, auf jene Ebene des atheoretischen, *impliziten Wissens* Bezug zu nehmen, das eine wesentliche Rolle in den 'fraglos fungierenden' Milieubildungs- und Transformationsprozessen spielt. Milieukontinuierungen wie Milieutransformationen werden dabei als Resultanten von – über implizites Wissen geregelten – Handlungspraxen aufgefasst.[2] Zur Analyse dieses handlungsleitenden Erfahrungswissens ist die Rekonstruktion und Interpretation der individuenspezifischen Sozialisations- und Interaktionsgeschichte auf der Basis von biographischen Erzählungen wichtig.[3]

Die Konzeption der Biographie als eines sozialen Gebildes, das sowohl soziale Wirklichkeit als auch Erfahrungs- und Erlebniswelten der Subjekte konstituiert, bietet die Chance, die Dialektik von Transformationsgesellschaften konkreter und zugleich sachhaltiger zu analysieren (vgl. Rosenthal 1995). Allerdings muss dazu die zumeist *nur beiläufig raumbezogene* Biographieforschung stärker auf die Genese und Transformation von sozialen Räumen und ihren Milieus umgepolt werden. Am Beispiel des folgenden biographischen Portraits soll das Spannungsverhältnis von Individuum und Gesellschaft unter Transformationsbedingungen mit einem solch sozialräumlichen Fokus näher beleuchtet werden. Dabei werden die den Einzel-

---

1 Sie lehnt sich stark an Prinzipien und Techniken der Fallanalyse nach Gabriele Rosenthal (Rosenthal 1995) und der strukturalen Hermeneutik an. Die einzelnen Analyseschritte können an dieser Stelle nicht in aller Ausführlichkeit dargestellt werden; genannt seien hier die Interpretation der biographischen Daten, die Sequenzanalyse des Interviews in Anlehnung an die Textsortenbestimmung nach Fritz Schütze, die thematische Feldanalyse sowie die Feinanalyse einzelner Textsegmente nach Ulrich Oevermann.
2 Zur theoriestrategischen Rolle von implizitem Milieuwissen siehe Matthiesen 1997a.
3 Genauer zum praxeologischen Zugang vgl. Bohnsack 1998.

fall überschreitenden Wahrnehmungs-, Deutungs- und Handlungsschemata als analytisches Instrument herangezogen, um die Strukturierungsspur von neuen regionalkulturellen Typiken zu entdecken.[4]

Wenden wir uns nun der Biographin[5] zu, wie sie – von einer *relativen* Außenperspektive aus – einen Blick auf die schnellen Transformationsprozesse innerhalb der Umlandgemeinde Otterstedt wirft. *Katja Weber* wurde Anfang der 1960er Jahre in Berlin-Ost geboren, sie ist Mutter einer Tochter und lebt mit ihrer Familie in einer Nachbargemeinde Otterstedts. Katja Weber betreut im Rahmen ihrer beruflichen Tätigkeit als Katechetin für die Kirche Kinder und Jugendliche in Brandenburger Gemeinden.

Der Lebensentwurf der Biographin – von der DDR-Gesellschaft über die Wende hinweg in die Transformationsprozesse des Metropolenraumes hinein – ist in hohem Maße durch soziale wie räumliche Mobilität geprägt. Dieses dominierende thematische Feld[6] bestimmt den Beginn ihrer Eingangserzählung[7] und es wird von ihr erzählerisch in die Rahmenhandlung der Darstellung des Lebensweges der Mutter eingebettet.

Katja Weber wuchs in einem Ostberliner Elternhaus auf, das sie selbst als Arbeitermilieu beschreibt. Die Bildungsbiographien der Elterngeneration und schließlich des einzigen Kindes, der Tochter Katja, sind als typisch für milieubedingte Aufstiegsbemühungen und letztendlich auch für das Beharrungspotential von Mobilitätsbarrieren der bildungsfernen Herkunft anzusehen.

Erst im Alter von über 40 Jahren erlernten die Eltern Katjas einen Beruf. Diese nachholende Qualifizierung der Eltern Ende der 70er Jahre fällt in eine Zeit der nochmaligen intensiven Bemühungen der DDR-Staatsregierung, den chronischen Mangel an Fachkräften abzubauen und auf eine Strategie der möglichst umfassenden Aktivierung aller Qualifizierungspotentiale und Beschäftigungsreserven zu setzen. Diese nachholende Qualifikationskampagne wirkte sich stark auf die individuellen Ausbildungs- und Berufskarrieren von Teilen der DDR-Bevölkerung aus. In diesem Sinne kann die nachholende Qualifizierung der Eltern als ein Berufsaufstieg interpretiert werden, der eher durch institutionelle Modernisierungsarrangements herbeigeführt wurde, als dass er auf individuellen Entscheidungen beruhte. Die Mutter erwarb das Facharbeiterzertifikat einer Wäscherin, der Vater wurde Facharbeiter für Warenbewegung[8]. Mit ihren neuen Abschlüssen blieben die Eltern typischen Arbeiter-

---

4 vgl. zur Strukturierungsspur eines Typus genauer Matthiesen 1997c.
5 Biographin ist im Sinne der Biographieforschung die Interviewte, welche ihre Lebensgeschichte präsentiert. Alle Namen und Ortsangaben wurden anonymisiert.
6 Das thematische Feld ergibt sich aus der textanalytisch sequentiell durchgeführten „thematischen Feldanalyse" zur analytischen Gewinnung der Basisstruktur der Selbstpräsentation.
7 Durch eine spezielle Interviewtechnik wurde der Biographin viel Raum zur Präsentation einer umfassenden Lebenserzählung entlang ihres Relevanzsystems gegeben. So entstand zu Beginn des Interviews eine längere Textpassage, die sogenannte Eingangserzählung. Diese Eingangserzählung ist bei der Analyse eines biographischen Interviews von herausragender Bedeutung, oftmals werden bereits hier entscheidende Topoi der Lebenserzählung in verdichteter Form präsentiert. Mittels einer Sequenzanalyse werden diese Topoi dann der Auswertung zugänglich gemacht. Interview- und Auswertungstechnik knüpfen dabei an die alltägliche Kompetenz des Erzählens an und entwickeln aus diesen Kompetenzen methodisch kontrollierte und kontrollierbare Erhebungs- und Analysetechniken. Insbesondere die lebensgeschichtlichen Rahmenbedingungen wurden hypothetisch ausgelegt und gedeutet; in diesem Portrait präsentiere ich einen Extrakt dieser Interpretationen.
8 „Vor dem Hintergrund des Arbeitskräfte- und vor allem Fachkräftemangels entwickelte sich die Qualifikation der Berufstätigen zu einer bedeutenden ökonomischen Ressource. Ab dem Beginn der 60er Jahre wurde nicht nur der über das Anlernen hinausgehenden beruflichen Qualifizierung von Männern eine größere Bedeutung beigemessen. Auch die bislang vernachlässigte Qualifizierung von Frauen rückte in den Mittelpunkt des staatlichen Interesses." (Mayer 1995: S. 99)

berufen verhaftet und ergriffen keine Berufe in den zu dieser Zeit zukunftsträchtigen industriellen Bereichen (wie z.B. chemische Industrie, Elektrotechnik etc.). Typisch war ihre Entwicklung andererseits für die im Verlauf der 70er Jahre stattfindende qualifikatorische Aufwertung der Arbeiterklasse durch ihre zunehmende „Verberuflichung".[9]

War die Mutter daraufhin über Jahre in ihrem Beruf tätig und arbeitete als Wäscherin bei einer industriellen Großreinigung, so kennzeichneten die Berufskarriere des Vaters häufig wechselnde Arbeitsverhältnisse (so war er Koch, Pförtner, Lagerarbeiter, Tankwart). Katja Weber beschreibt ihren Vater als einen Menschen, der sich nicht durch eine planmäßige Berufsbiographie auszeichnete, sondern sich vielmehr von Gelegenheitsstrukturen treiben ließ, ohne dabei in ihren Augen jemals richtig Fuß gefasst zu haben. Sie evaluiert die Bemühungen ihres Vaters wie folgt:

... aber irgendwie ist det immer an sei'm Leben vorbeigegangen.[10]

Die Belastungserfahrungen, die aus der begrenzten beruflichen Statuskontrolle (hohe berufliche Mobilität, Statusinkonsistenz) des Vaters resultierten, scheinen erheblich gewesen zu sein. Sie äußerten sich letztlich auch in gesundheitlichen Krisen. Die beruflichen Gratifikationskrisen des Vaters zeigten sich einmal als Muster in seinem Lebensverlauf, sie prägten aber insbesondere auch das Familienleben. So reflektiert die Tochter den Vater eher als eine tragische Gestalt, das progredierende Moment dieser Biographie bleibt ihr suspekt. Vielleicht wollte er aber auch absichtlich dem gesellschaftlichen Leitbild einer kontinuierlichen Erwerbs- und Berufsbiographie, wie sie für die ehemalige DDR durchaus typisch war,[11] nicht entsprechen. Die protestantische Arbeitsethik mit der ihr eigenen Pflichtüberhöhung scheint den Lebensentwurf des Vaters zumindest nicht allzu nachhaltig geprägt zu haben.

Vor diesem 'tragischen' familiären Hintergrund nun beginnt die Tochter ihre eigene Bildungsbiographie. Dabei reproduzieren sich konstante Merkmale über verschiedene Lebenskonstellationen hinweg, die nicht so sehr der Persönlichkeitsstruktur, als vielmehr den Milieubesonderheiten der sozialen Herkunft zuzuschreiben sind und die im Prozess der familialen Bedeutungskonstruktion hergestellt werden.

Die Eltern setzten hohe Erwartungen in ihr einziges Kind. Da ihnen die Erfüllung ihres Wunsches nach weiteren Kindern verwehrt blieb, konzentrierten sich die Ansprüche auf die Tochter. Katja ging zunächst den typischen Bildungsweg in der DDR. Sie absolvierte die allgemeinbildende zehnklassige Schulausbildung an einer POS in Berlin. Obwohl ihre Schulleistungen überdurchschnittlich waren, wechselte sie nicht an die Erweiterte Oberschule, um das Abitur zu erlangen. Neben den Herkunftsbindungen des Milieus wirkten höchstwahrscheinlich gesellschaftliche Schließungstendenzen, die gerade auch für ihre Generation neue Barrieren aufwarfen.[12] Die Statuspassage Abitur wurde für einige Schüler

---

9 „Verberuflichung meint hier das Festschreiben von bestimmten Zugangsbedingungen ... Für viele ehemals un- und angelernte Tätigkeiten wurden nun Berufsbilder definiert und eine berufliche Ausbildung gefordert." (Solga 1995: S. 62) Gleichzeitig erfolgte die Aufhebung der traditionellen Spezialisierung der Facharbeiterberufe in Grundberufe. Von diesem Prozess konnten die Eltern der Biographin profitieren und ihren ungelernten Status umwandeln.
10 Vgl. im Transkript Seite 4, Zeile 4. Interviewsequenzen werden im Originalton zitiert.
11 Vgl. zum Thema kontinuierliche Berufsverläufe in Ostdeutschland (Bertram u.a. 1996)
12 Mit dem Gesetz über das einheitliche sozialistische Bildungssystem von 1965 erachtete die SED die politische Aufgabe der Brechung des bürgerlichen Bildungsprivilegs als erfüllt und den Anspruch der gleichen Bildungschancen als weitgehend eingelöst. Das Ergebnis war eine z.T. drastische Beschränkung der Zulassungszahlen zu den Erweiterten Oberschulen und Hochschulen (Mayer 1995). Vgl. zur Differenz zwischen den Versprechen gleicher Bildungs- und Aufstiegschancen und den immer schärferen Schließungstendenzen des Systems Woderich 1997.

zur Hürde.[13] Waren diese gesellschaftlichen Schließungstendenzen objektiv vorhanden, ist der Übergang an die Erweiterte Oberschule jedoch nicht unmöglich gewesen. Was verhinderte also die Realisierung dieser Statuspassage?

Katja Weber resümiert aus der Retrospektive ihr *kirchliches Engagement* als Hinderungsgrund. Für die Interpretation ist dieser Sachverhalt nicht unmittelbar nachvollziehbar, da bei der Schülerin Katja zu diesem Zeitpunkt die Präferenz für die Kirche noch nicht ausgeprägt war, sondern sich zu diesem Zeitpunkt erst ankündigte. Vielmehr ist davon auszugehen, dass das Abitur kein Thema, keine wirkliche biographische Option war[14]. Retrospektiv entspinnt sich hier auf der Erzählebene das Thema einer Opferhaltung gegenüber äußeren gesellschaftlichen Verhältnissen; sie stilisiert nachträglich aus der heutigen Perspektive den Beginn eines Konfliktes zwischen innen und außen, zwischen Privatheit und Öffentlichkeit, zwischen Moral und Welt. Als eine Strukturierungsspur ihrer Biographie etabliert sich schon hier – retrospektiv verschärft – ein Verhaftetsein in geteilten, beinahe „manichäisch geteilten" Weltbildern.

Kaum überraschend, dass sie damit in der Schule Probleme bekommt, ja dass sie schon in der Klasse in eine marginalisierte Außenseiterposition gerät. Allerdings standen zunächst eher Hänseleien aufgrund ihres „zu dick seins" auf der Tagesordnung. Den Unterricht empfand sie als institutionellen Zwang, als ein den Kameraden-und-Gleichaltrigen-Ausgeliefertsein. So betrachtet, hätte die Weiterführung ihrer Schulkarriere bedeutet, sich diesem Druck weiterhin auszusetzen. Letztendlich steht die mangelnde Einbindung der Biographin in peer groups etwa[15] für die hoch selektive Sozialintegration ihres Herkunftsmilieus. Die vor dem Familienhintergrund einer objektiven Marginalität gegebenen Statusbarrieren hinderten die Biographin daran, Selbstverwirklichung und Selbstbehauptung auszuprägen. Körperliche Merkmale wurden zu Anlässen für negative soziale Stereotypen.

Die gesellschaftlich bedingten Schließungstendenzen einerseits, die Bildungsmobilitätsschranken ihres Elternhauses und ihre offensichtliche Außenseiterposition andererseits markierten den Beginn einer biographischen Sonderentwicklung und führten zum individuellen Rückzug der Schülerin aus institutionellen Vorgaben des sozialistischen Alltags. Insofern stellt der Fall eine interessante Kontrastsicht zu den rückbezüglichen Vergemeinschaftungssynthesen dar, die einige andere Fallanalysen auszeichnen (vgl. etwa den Fall der Schulleiterin in V.2). Sie wandte sich im Augenblick der ersten manifest erfahrenen Krise von staatsnahen Organisationen wie Pionierorganisation oder der Jugendorganisation FDJ emotional und interaktiv ab und begann, sich in der Kirche zu engagieren.

Damit startet Katja Weber zugleich eine Verhaltensstrategie, in unauffälligen Positionen zu „überwintern". Wie schwierig sich diese Gradwanderung im Alltag gestaltete, beweist ihre Darstellung der erlebten Jugendweihe. Als ein gleichsam von außerhalb über sie gekommener Akt, der gegen ihren Willen ablief, beschreibt sie die Jugendweihe, an der sie teilnahm. Die Jugendweihe, wie auch ihre de facto bestehende FDJ-Mitgliedschaft erscheinen ihr heute als völlig unver-

---

13 Nachdem die Studentenzahlen in den 60er Jahren deutlich gestiegen waren, wurde in dem Bemühen, die Struktur der Qualifikationsabschlüsse der voraussichtlichen Berufsstruktur bedarfs- und nicht nachfrageorientiert anzupassen, auf dem VIII. Parteitag der SED (1971) beschlossen, den Zugang zur Abiturstufe und zum Studium an die Planung des gesellschaftlichen Bedarfs von Hochschulabsolventen zu koppeln. Dies hatte die restriktive Bewirtschaftung des Übergangs in zum Abitur führende Bildungsgänge zur Folge: „...danach wurde die Abiturientenquote bei etwa 12 Prozent eingefroren ...." (Solga 1995: S. 100)

14 Die Biographin bemerkt dazu, dass sie später in ihrer Lehrausbildung gefragt wurde, warum sie kein Abitur gemacht habe; dass habe sie sehr verwundert, erklärt sie; sie hatte daran vorher überhaupt noch nicht gedacht.

15 Freundschaften beispielsweise konnte die Biographin nur schwer aufbauen.

ständliche Tatsachen[16], die praktisch ohne ihr Zutun stattfanden. Dieser in der heutigen Reflexion für sie schmerzhafte Konflikt[17] wird durch Katja Weber systematisch ausgeblendet.[18]

Die Abwendung von staatlichen Organisationen vollzog sich also daher auf einer emotionalen Ebene, institutionell blieb Katja eingebunden und konnte so ihre alltägliche Ordnung aufrechterhalten und restrukturieren. Doch der Biographin wurde zunehmend bewusst, dass sie diese Zweideutigkeit nicht länger leben konnte:

Ich war zwar Kulturfunktionärin, ja, äh und hab- aber irgendwann hab ich gedacht, also det *teilt*[19] mich, det *geht* nicht, ich kann- det geht nicht, ich kann mich zwar für bestimmte Sachen einsetzen, aber letztendlich bleibts immer an meinem christlichen Grundsatz hängen.[20]

Die Zeit nach der Jugendweihe ist für die Biographin eine Art religiöses Offenbarungserlebnis (Wohlrab-Sahr 1998): in der Adoleszenz wird deutlich, dass sie nach den Mustern, wie sie von der Gesellschaft und der Familie gefordert werden, nicht leben kann. Die Suche nach religiöser Verortung und damit verbunden nach Anerkennung führte Katja dann zur Jungen Gemeinde,[21] einem sozialen Raum, in dem sie sich geborgen und sicher fühlte.

Und ich bin da hingegangen und ich habe das erste Mal erlebt, dass mich niemand aufgezogen hat, weil ich zu dick war ...[22].

Die erste Teilnahme kam durch eine Freundin zustande:

Ich war mit der äh Tochter unseres einen Pfarrers befreundet und habe dort Familie ganz anders erlebt ... und bin dann mit zur Jungen Gemeinde.[23]

Diese Treffen ermöglichten Katja also nicht nur die Erfahrung von Geborgenheit und Anerkennung, sondern auch die Erfahrung eines völlig anderen Familienlebens. Die Junge Gemeinde wurde für sie ein zentraler Bezugspunkt.[24]

Welche Optionen hätte die Schülerin ergreifen können, um sich andere „Nischen" in ihrem Bezugsrahmen zu schaffen? Das öffentliche/gesellschaftliche Leben war für Schüler in der ehe-

---

16 So erhielt sie „ohne ihr Zutun" einen FDJ- Ausweis. Fraglich wird diese Tatsachenbehauptung allerdings angesichts ihrer Tätigkeit als Kulturfunktionärin ihrer Schulklasse.
17 Die Erinnerung an die Jugendweihe ist verbunden mit der bitteren Gewissheit, dem System nicht entgegengetreten zu sein. Dieses Ereignis steht für den Aspekt der Anpassung, den sie längst überwunden glaubte. Plausibel wird ihr dieses Verhalten erst dadurch, dass sie eine Schuldverlagerung bilanziert und sich freispricht von einer Verantwortung, da über ihren Kopf hinweg entschieden wurde.
18 Nach Fischer-Rosenthal sind vor allem die Erfahrungen von Diskontinuitäten biographiegenerierend, d.h. biographische Arbeit wird notwendig, um lebensgeschichtliche Krisen und Brüche umzudeuten, zu verarbeiten und zu bewältigen. Biographische Arbeit meint dabei immer auch den Prozess der Aufrechterhaltung oder auch der Restrukturierung alltäglicher Ordnung, meint also kulturelle Rekodierungstechniken. Sie spielen in dem gesamten Komplex DDR-Wende-Transformation eine entscheidende Rolle, wie nicht zuletzt die in diesem Band enthaltenen Fallanalysen zeigen.
19 Fettdruck steht für besonders emphatisch gesprochene Worte.
20 Vgl. S. 5, Z. 20-22
21 Dabei ist die Hinwendung gerade zur evangelischen Kirche kein Zufall. Die spezifische Gemeinschaftsform hier „... ist etwas ganz anderes als der rituell und ritualisierte, institutionell durchorganisierte, traditionale Gemeinschaftsverband der katholischen Kirche ..." (Soeffner 1992: S. 45)
22 Vgl. S. 6, Z. 31-32
23 Vgl. S. 6, Z. 14-15
24 Dass die kirchliche Orientierung sich gerade in der Phase der Adoleszenz durchsetzte, ist nicht verwunderlich, da diese Jugendphase häufig geprägt ist durch eine Suche nach gruppenspezifischer Verortung. „Der soziale Ort ... einer *probehaften Suche* nach habitueller Übereinstimmung, nach milieuspezifischer Zugehörigkeit, ist ganz wesentlich die peer group, also der Zusammenschluss jener Gleichaltrigen, die in ähnlicher Weise von kultur- bzw. milieuspezifischer Desintegration und biographischen Diskontinuitäten betroffen sind." (Bohnsack1998: S. 266)

maligen DDR geprägt durch die Schule, die Kinder- und Jugendorganisationen und die damit einhergehenden außerunterrichtlichen Arbeitsgemeinschaften, oder etwa durch Sportorganisationen. Schule und schulische Organisationen waren keine Alternative für Katja; wie hätte sie mit den Kindern noch die Freizeit verbringen können, die ihr z.T. schon den Schulalltag unerträglich machten? Ein Rückzug in die Familie wäre denkbar gewesen. Aber dort fühlte sich Katja nicht verstanden. Trotz des elterlichen Bestrebens, Geborgenheit in der Familie zu bieten, gelang dies kaum. Die häusliche Situation gestaltete sich für die Eltern und die heranwachsende Tochter im Zusammenhang mit der kirchlichen Orientierung der Tochter zunehmend problematisch. Die Eltern sahen im kirchlichen Engagement zuvorderst eine Gefahr für den weiteren Entwicklungsweg, sie stellten sich vehement gegen diese Orientierung. Insbesondere der Vater mit seinen berufsbiographischen Diskontinuitäten verlangte soziale Konformität als Anpassungsstrategie von der Tochter. Die durchaus berechtigte Furcht der Eltern, dass eine offen ausgelebte Kirchenorientierung zu eingeschränkten Entfaltungschancen aufgrund gesellschaftlicher Repressalien führen könnte, veranlasste beide, verstärkt auf die Tochter einzuwirken. Daraus ergaben sich eskalierende häusliche Auseinandersetzungen. Dessen ungeachtet und wahrscheinlich eher gestärkt aus einer jugendlich-adoleszenten Protesthaltung heraus, wurde Katja über die anfangs sporadischen Besuche hinaus Mitglied der Jungen Gemeinde. Für die Schülerin Katja zeichnete sich gegen Ende der allgemeinbildenden Schule damit eine Gratwanderung zwischen offiziell gefordertem politischem Engagement und ihren individuellen Präferenzen ab. Die Auseinandersetzungen mit dem Vater verschärften sich darüber: „Kirche war für meine Eltern eine brotlose Kunst"[25], also auf keinen Fall das, was sich insbesondere der Vater für die einzige Tochter erhoffte: einen „stellvertretenden" beruflichen Aufstieg.

Für Katja dagegen war die kirchliche Einbindung eine Sinnstütze, um im Alltag bestehen zu können. Nach Berger/Luckmann sind „symbolische Sinnwelten wie schützende Dächer über der institutionellen Ordnung und über dem Einzelleben. Auch die Begrenzung der gesellschaftlichen Wirklichkeit steht bei ihnen. Das heißt: sie setzen die Grenzen dessen, was im Sinne gesellschaftlicher Interaktion relevant ist." (Berger, Luckmann 1966: S. 109) Vor allem bot die Gemeinschaft der Jungen Gemeinde eine Art von Solidarität und Geborgenheit, die die Biographin in ihrer Familie und erst recht in der Schule nicht finden konnte. Kirche wurde also über den Glauben hinaus eine sinnstiftende Instanz, ein geschützter und Schutz gewährender Sozialraum, der Sicherheit im festgefügten Rahmen bot. Sie fungierte zugleich als eine Art Familienersatz, als Befreiung und Suche nach ordnungsstiftenden Elementen im Chaos der familiären und schulischen Auseinandersetzungen. Ihre adoleszente Rebellion gegen das Elternhaus wurde damit gleichsam symbolischer, stellvertretender, sinnvoller. Während es vordergründig um eine Suche nach religiöser Verortung ging, bedeutete die kirchliche Orientierung implizit die Herauslösung aus dem elterlichen Milieu und die Suche nach neuer Ver-Ortung.

Eine mögliche Lesart des Falles ist es, das aufkommende religiöse Interesse und Engagement in Verbindung mit der persönlichen Krise zu setzen, die sich hinsichtlich der Schulkarriere, der marginalisierten Stellung unter Gleichaltrigen und der Familie entfaltete. In Situationen der Krise, in denen die Biographin – gegen den drohenden Verlust von Orientierung und Sicherheit und gegen anomische Tendenzen in ihrer Lebenswelt – die Tragfähigkeit eines dezidiert eigenen Lebensarrangements zu sichern versucht, erlebt sie den kirchlichen Glauben als Sinnstütze. Hier zeigt sich unter anderem auch die Verwundbarkeit der einzelnen Biographien durch zeitgeschichtliche, gesellschaftliche und familienspezifische Ereignisse sowie die Fragilität der sozialen Ordnung von Familien gerade unter der Randbedingung der verstärkten Konformitätsanmutungen der DDR-Gesellschaft. Es prägen sich hier spezifische Wahr-

---

25 Vgl. S. 1, Z. 45-46

nehmungs- (Außenseiterposition, Familienkonflikt), Deutungs- (Krisenerfahrung, gespaltene Weltbilder) und schließlich Handlungsmuster aus. (Das Verlassen erdrückender Verhältnisse, die Präferenz für räumliche statt für soziale, aufstiegsorientierte Mobilitätsformen, z.T. auch Selbstblockierungen, die diese Biographie zukünftig bestimmen werden.) Daraus ergibt sich schließlich eine besondere Fokussierung auf stadtregionale und regionalkulturelle Verflechtungsprozesse.

Nach der 10. Klasse erlernt die Biographin den Beruf einer Technischen Zeichnerin. Die Berufswahl erfolgte eher zufällig, als geringeres Übel sozusagen, nachdem andere Berufsbemühungen keinen Erfolg hatten. Sie entscheidet sich damit für einen Ausbildungsweg, der weniger reglementiert war, als eine Schulkarriere auf der Erweiterten Oberschule, die durch einen höheren Druck zur Konformität und Anpassung an das politische System der DDR gekennzeichnet war. Aus biographischer Perspektive ist diese Berufsausbildung ein *letztes Zugeständnis* der Tochter an ihre Eltern. Sie wiederholt nicht die Fehler der Eltern, die erst spät eine Berufsausbildung erlangten, aber sie ist gleichwohl nicht erpicht darauf, unbedingt eine Karriere in diesem Beruf anzustreben. Folgerichtig fällt sie den Entschluss, nach Erlangen des Facharbeiterzertifikates nicht in diesem Beruf tätig zu sein und die Arbeit als Büroangestellte in einem Großbetrieb aufzugeben. Katja Weber verweigert sich einem beruflichen Aufstieg und setzt ein markantes Zeichen gegen ihre Eltern. Diese Entscheidung erweist sich als ambivalent, denn neben der Absage an die Erwartungen der Eltern bedeutet sie auch den endgültigen Bruch mit Karriereschritten innerhalb des DDR-Berufssystems.[26] Insbesondere für den Vater ist diese Entscheidung, angesichts seiner selbst erlebten beruflichen Statusinkonsistenzen, ein schmerzhaftes Autonomiesignal.

Katja Weber bot sich dann die Möglichkeit, an eine kirchliche Einrichtung in Cottbus zu wechseln und dort als „Mädchen für alles", als Hausangestellte, zu arbeiten.

Dann ging das so nicht weiter ... wenn ich's nicht mehr ausgehalten hab zu Hause, dann bin ich zum Stadtjugendpfarramt gegangen. Und da hat der gesagt, nee also da müssen wir jetzt was überlegen mit dir. Und da war in Cottbus ne Stelle frei als Wirtschaftskraft ... gibt's auch ne kleine Wohnung zu, weil die Verhältnisse zwischen mir und meinem äh Elternhaus zu dem Zeitpunkt also äh äußerst schwierig waren. Also ich hab keine Geschwister, wahrscheinlich hängt das damit zusammen ... Ich hab dann gearbeitet als Wirtschaftskraft, so von ja, Kohlen schippen, Klo putzen, Garten umgraben, also alles[27]

Der Auszug mit 18 Jahren[28] stellt den einzig möglichen Ausweg dar, dem Dilemma von Anpassung und Selbstverwirklichung, das Katja Weber zu zerreißen drohte, zu entkommen. Damit bahnt sich die Lösung ihrer Adoleszenzkrise an. Möglich wurde ihr dieser Weg durch die Unterstützung ihrer Glaubensgemeinschaft und die Tatsache, dass sie im Rahmen der Treffen der Jungen Gemeinde ihren späteren Ehemann kennenlernte. Diese Beziehung gab Halt und eröffnete Zukunftsoptionen, für die sie sich nun gemeinsam stark fühlten und gegenseitig stark machten.

Und das war noch ganz merkwürdig, als wir uns kennengelernt haben und n bisschen später zusammen waren, dann war so- *er* wollte gerne n kirchlichen Weg gehen, wusste noch nicht, ob er Jugendarbeit macht...ihm fehlte so der letzte Anstoß, und das war **ich** für ihn, und bei mir war's genauso ne ich wollte es auch machen,

---

26 Dies führte zu endgültiger Resignation und Rückzug der Eltern. Der Vater, der sich schon in seinen Hoffnungen getäuscht sah, als die Tochter seinen Berufsplänen (Kunsthandwerk) nicht nachkam, kann die nochmalige Umorientierung nicht nachvollziehen und wendet sich verbittert ab.
27 Vgl. S. 2, Z. 31-39
28 Die Biographin flüchtet also mit 18 Jahren aus Verhältnissen, die sie zu erdrücken drohen. Dieses Familienthema „Flucht aus der Enge" ist im Generationenverlauf nicht neu. Auch die Mutter verließ mit 16 Jahren ihr Elternhaus, da sie es dort nicht mehr aushielt. Die Option „räumliche Mobilität", um Konfliktsituationen zu verlassen ist ein durchgängiges Handlungsmuster dieser Familie.

aber ich hatte keine Rückendeckung zu Hause und da- und dann haben wir gesagt, Mensch, also wenn wir das jetzt gemeinsam wollen, dann ist das ja äh ganz gut"[29]

Aus Sicht des Herkunftsmilieus der Biographin bedeutete das allerdings eine Verbindung mit einem maximal Fremden (dem Bildungsbürgertum bzw. der Intelligenz angehörend, er wird Theologie studieren, seine Familie ist seit Generationen engagiert in der evangelischen Kirche, Großstadtfamilie etc.).[30]

Die Heirat 1981 stellt nicht nur die endgültige räumliche Abnabelung vom Elternhaus dar[31], sondern auch die Einheirat in eine Familie, wie Katja sie sich immer gewünscht hatte. Die Familie ihres Mannes ist nämlich „eine richtige Kirchenfamilie"[32]. Dazu gehörten das institutionelle Eingebundensein in die kirchlichen Zusammenhänge, der regelmäßige Besuch von Gottesdiensten, ehrenamtliche Tätigkeiten für die Kirche sowie das Leben des Glaubens im Alltag (Tischgebete etc.). Alles Dinge, die im Elternhaus von Katja nicht üblich waren. Die Einheirat in eine Kirchenfamilie sah die Biographin als große Chance, endlich gesichertes Terrain zu erreichen. Von heute aus allerdings muss die Biographin erkennen, dass sie in der Familie ihres Mannes nie die Anerkennung erfuhr, die sie sich erhofft hatte.

Seine Eltern das ist ne ganz andere Geschichte. Ähm, na ja schwierig, sehr schwierig, also weil ich- ich denke, ich bin nicht die Pfarrfrau, die sie sich denken, die sie sich vorstellen. Also das ist ne richtige Kirchenfamilie, da haben sie nun mal schon son Bild..."[33]

Die Schwiegereltern können sie nicht akzeptieren, da Katja Weber offensichtlich ihren Vorstellungen nicht entspricht, sie hat nicht den kirchlichen Hintergrund, der über Generationen wachsen konnte. Wird sie am Ziel ihrer Wünsche dann doch wieder auf ihre Herkunftsbindungen zurückgeworfen? Der Auszug aus dem Elternhaus sowie die Zeit nach der Heirat läuteten eine Entspannungsphase ein, die in den folgenden Jahren zur Revitalisierung der Beziehungen zwischen Katja und ihren eigenen Eltern führte.

Es tauchen im Zeitverlauf gehäuft Gelegenheitsstrukturen auf, die die Biographin nutzt. Sie hatte keine klaren Vorstellungen über ihre weitere berufliche Zukunft, als sie die Tätigkeit bei der Kirche annahm; wichtiger war für sie, das Elternhaus zu verlassen und sich in aller Konsequenz zu ihrem Glauben zu bekennen. Sie wollte keine heuchlerische Anpassung mehr, weder in der Öffentlichkeit noch in der Familie. Einen Bruch mit ihrem bisherigen Leben zu vollziehen, war ihr wichtiger als z.B. eine erfolgreiche Berufslaufbahn anzustreben. Wieder aufgrund eines Zufalls ergab sich die Gelegenheit, ein kircheninternes Fernstudium abzulegen; das damit erlangte Zertifikat war ohne Gültigkeit außerhalb von kirchlichen Institutionen. Trotzdem bedeutete es einen höheren Bildungsabschluss und löste Katja, wenn vielleicht

---

29 Vgl. S. 3, Z. 1-7
30 Interessant ist dieses Heiratsmuster, die Wahl eines starken Kontrastes auch im Generationenvergleich. Immerhin wählte auch die Mutter einen Kontrast zu ihrem Herkunftsmilieu. Die Eltern wünschten sich einen Bauern als Schwiegersohn, sie wählte aber einen Mann aus dem Arbeitermilieu. Diese genealogischen Zusammenhänge kann ich in diesem Rahmen jeweils nur kurz andeuten.
31 Die Hochzeit als Abnabelung vom Elternhaus wird in einer dramatischen Erzählung präsentiert: „Na ja der hat gelitten (der Vater, Anmerkung d.A.), als ich ausgezogen bin, und am schlimmsten hat der gelitten, als ich geheiratet hab, der hat sich so besoffen, das war so schlimm, der hat uns fast die Hochzeit geschmissen. Also es war richtig, richtig schlimm, und trotzdem durch diesen Wegzug und so hat sich das Verhältnis ja gebessert. es wär sonst auch nicht auszuhalten gewesen, wenn ich da weiter gewohnt hätte ..." (vgl. S. 8, Z. 7-11)
32 Eine richtige Familie wird für die Biographin darüber fast homonym mit einer Kirchenfamilie. Sie erscheint ihr als Sinnbild all ihrer Erwartungen und Hoffnungen für das eigene Leben. Alle Konflikte scheinen sich im Erreichen dieses Ideals von selbst zu lösen.
33 Vgl. S. 8, Z. 33-35

noch nicht auf der faktischen, so doch auf einer symbolischen Ebene von Bildungs- und Glaubenstiteln (sie ist nun Katechetin) aus dem bildungsfernen Milieu ihres Elternhauses. Endlich angekommen in der Zielwelt der Kirche als Großfamilie, lösen sich scheinbar zufällig auch andere Konflikte. Die bisher nur räumliche Mobilität kann durch eine soziale komplettiert werden.

In der biographischen Perspektive ist folgende Episode von Bedeutung, die später dazu führen wird, dass die Biographin und ihr Ehemann in der Nähe von Otterstedt, unserem Untersuchungsraum, ansässig werden.

Anlässlich der ersten Pfarrstelle des Mannes zog das Ehepaar Anfang der 80er Jahre in ein kleines Dorf in Mecklenburg. Wie eine „Mondlandung" beschreibt die Biographin ihre ersten Eindrücke vom Landleben. Mit dem ländlichen Raum bis auf kurze Kinderferienerlebnisse noch nie in Berührung gekommen, erweist sich diese Erfahrung als nachhaltig.

Und, ja diese Zeit dort war auch sehr, sehr schwierig, so als Berliner und Potsdamer dann auf so'nem verlassenen Dorf zu landen, ohne Führerschein, ohne Auto, und nur so auf Busverbindungen angewiesen zu sein, das war wie Mondlandung. Die Pfarrstelle dort, da war *zehn* Jahre keiner ...[34]

Obwohl die Familie – inzwischen kam die Tochter zur Welt – es nicht so lange aushält, wie ursprünglich mal geplant, sind die Erfahrungen doch so prägend, dass die Biographin beschließt, auch weiterhin auf dem Land zu leben. Dieser Entschluss reift in ihr, obwohl klar ist, dass der Ehemann das Stadtleben vorzieht. In ihren Augen erfolgt eine klassische Kompromissbildung: die Eheleute suchen nach einer Möglichkeit, in der näheren ländlichen Umgebung von Berlin sesshaft zu werden. Diese Kompromissbildungen der Gatten ist auch unter 'suburbanisierungstheoretischen' Gesichtspunkten interessant: nicht raus aus der Stadt ins Grüne, sondern ran an die Metropole, um einen Optionenmix von Natur, sozialen Netzwerken und kirchenorientierter 'anderer' Kultur zu versuchen.

Die politischen Umwälzungen von 1989 fallen noch in die Mecklenburger-"Mondlandungs-Zeit", allerdings berührten sie die Biographin weniger stark. Da sie sich schon Jahre zuvor aus dem offiziellen Leben in der DDR ausgeklinkt hatte, scheint ihr hier kein großer Thematisierungsbedarf gegeben. Die Wende ist also für sie zunächst keine lebensgeschichtliche Zäsur, kein Wendepunkt etc. Veränderte sich für viele Menschen im Osten Deutschlands das Leben nachhaltig und führte unter Umständen auch in biographische Krisen, traf das auf sie zunächst nicht zu.[35] Das Leben schien im Prinzip so weiter zu gehen, wie vorher. Einziger Wermutstropfen war die plötzliche Arbeitslosigkeit des Vaters sowie sein sich aufgrund dieser auch seelischen Belastung verschlechternde Gesundheitszustand, der bis zur Invalidenrente führte.

---

34 Vgl. S. 3, Z. 18-22
35 Die politische Wende von 1989 könnte nach Schütze (Schütze 1995) als Verlaufskurvenpotential oder als kreativer Wandlungsprozess gedeutet werden, letzterer trifft u.U. auf Familie Weber zu. Fritz Schütze versucht mit seinem Ansatz das in der interpretativen Soziologie in den letzten drei Jahrzehnten ausgearbeitete Konzept der „Verlaufskurven" systematisch für die soziologische Theoriebildung zu nutzen, etwa um eine „fragilitätssensible Sicht der sozialen Realität" zu etablieren. Im Sinne der biographischen Gesamtdarstellung von Katja Weber wäre eine Einbindung in das Verlaufskurvenmodell für weitere Analysen gewinnbringend. Und neben der theoretischen Prämierung von Fragilitätsstrukturen sind ostdeutsche Transformationsprozesse allerdings gerade auf der Ebene kultureller Muster und Mentalitäten durch erstaunlich wandlungsresistente Grundstrukturen geprägt. Das ist eine der Erkenntnisse, die sich durch die Fälle dieses Bandes ziehen, trotz der neuen hybriden Mischungen übrigens.

Der Umzug in die Nähe der alten „Hauptstadt der DDR" gelingt 1990. Die Gemeinde D.[36] als neue Heimat erweist sich als idealer Arbeits- und Lebensort für die Gatten. Das Leben in D. ist für die Biographin nicht nur Kompromiss, sondern Erfüllung ihrer Lebensvorstellung. Ein Pfarrhaus in Klinkerbauweise gibt dafür den nötigen sozial-räumlichen Rückhalt. Hier kann sie in ihrer beruflichen Arbeit aufgehen. Dabei ist für sie wesentlich, dass sich alles im kleinen, überschaubaren Rahmen abspielt. Die Leute kennen sich, insbesondere unter den Kirchenmitgliedern herrscht eine Art von Vertrautheit, die Sicherheit gibt. Wird es doch einmal zu eng, ist die Großstadt nicht weit, ein Angebot, das vor allem Herr Weber gerne nutzt.

Seit den politischen Umwälzungen von 1989 hat sich natürlich – trotz der biographischen Kontinuitätsgeschichten der Katechetin Katja – die Stellung der Kirche in der Gesellschaft radikal verändert. So erfährt die Tätigkeit des Gatten als Pfarrer im dörflichen Kontext eine Aufwertung und öffentliche Anerkennung, wenn auch vor allem in den kirchlichen Kreisen selbst. Mit Zunahme der Reputation der Familie Weber scheinen sich auch die Konflikte zwischen den Eltern und der Tochter zu legen. Insgesamt verbessern sich die Beziehungen zur Herkunftsfamilie deutlich. Nunmehr sind die Eltern bereit, Lebensstil und Lebensweise ihrer Tochter zu akzeptieren. Diese Akzeptanz erfolgt in einer früher nie zu ahnenden, umfassenden Weise. So nehmen die Eltern am Gottesdienst des Schwiegersohnes teil, begleiten ihn bei Besuchen von Gemeindemitgliedern, besuchen Konzerte in der Kirche und führen Tischgebete ein, wenn die Kinder bei ihnen zu Gast sind. Diesen Einstellungswandel begrüßt Katja Weber sehr, allerdings findet sie ihn auch etwas dubios:

> Ja, heute, das ist schon janz merkwürdig, also in dieser janz schlimmen Phase hab ich mich mit meinem Vater wirklich janz doll gefetzt zu Hause, wenn ich also dann äh am Tisch gesessen hab und wenigstens stumm also dann wir Tischgebet zu sprechen, das war ganz schlimm. Hab ich neulich grad meinen Kindern erzählt. Und heute sitzen, also wenn wir zu Besuch sind, sitzt mein Vater da und sagt zu den Kindern macht mal wie ihr immer macht, lasst uns beten das ist also, finde ich, schon ne sone ganz merkwürdige Entwicklung ...[37]

Als Bestätigung ihres Lebensweges und der damit verbundenen Berufsentscheidung sieht Katja Weber die institutionelle Anerkennung ihres kirchlichen Fernstudiums, die sie vor kurzem erhielt. Ihr scheint also durchaus eine Form von Selbstverwirklichung ohne Anpassung an das DDR-Staatssystem gelungen zu sein. Dabei war ihr Rückzug und letztendlich auch der Fluchtpunkt Kirche als Immunisierungsstrategie gegen die DDR-Öffentlichkeit zu verstehen. Diese Abschottung gegenüber der Welt hatte jedoch ihren Preis. Ihr Lebensumfeld erscheint ihr auch heute merkwürdig gebrochen. Sie beschreibt den Alltag, insbesondere ihre beruflichen Bemühungen in Nachbargemeinden, als von Paradoxien durchzogen, die sie kaum zu lösen weiß. In krassem Gegensatz zu ihrem direkten Wohnumfeld in der Gemeinde D. erscheinen ihr dabei insbesondere die Verhältnisse in Otterstedt, also der stagnierenden Umlandgemeinde unserer Untersuchung.

Während D. die perfekte Synthese zwischen dem abgeschiedenen natur- und gottesnahen Leben (Mondlandung) in Mecklenburg sowie einem großstädtischen Optionenreichtum in Reichweite darstellt, bildet die Nachbargemeinde Otterstedt in mehrfacher Hinsicht einen fast diabolischen Kontrastfall. Von Otterstedt geht eine Fremdheit aus, die auf Katja Weber bedrohlich wirkt.

> ... also in Otterstedt haben wir ne ganz merkwürdige Struktur, hatte mein Mann, glaub ich, schon so bisschen erzählt, weil es wird kaum gebaut in Otterstedt, und da is'n äh ziemlicher Knick drinne. Also da na ich hab Christen jetzt kennengelernt in Otterstedt, aber auch nicht übermäßig viel ... äh von einigen Leuten werd ich

---

36 D. ist ein direkter Nachbarort von Otterstedt und gehört gleichzeitig auch zum Arbeitsfeld des Ehepaares Weber.
37 Vgl. S. 7, Z. 32-37

inzwischen gesehen- äh aber nicht gerne gesehen, weil in Otterstedt ist ein breites Spektrum PDS, also die das nicht wollen ..."[38]

Explizit rekurriert sie in dieser Textpassage auf Interviewäußerungen ihres Mannes. Dieser hatte in einem früheren Interview den einschlägigen Topos von Otterstedt als „Nationalpark DDR" gebildet (vgl. Matthiesen 1998c). Dieser Ausdruck steht dabei stellvertretend als Analysechiffre für die sich abzeichnenden kulturellen Schließungsprozesse in einigen Berliner Umlandgemeinden. Statt innovativer Lösungen für manifeste Strukturprobleme werden danach eher ältere top-down-orientierte Formen von Sklerotisierungen wieder belebt und zugleich neue Sklerotisierungsmuster hinzuerfunden. Vor diesem lokalen Hintergrund wird verständlicher, warum die Kirche auch heute nicht selten in den Brandenburger Gemeinden in einer marginalisierten Position bleibt. Die märkischen Angerdörfer des Berliner Umlandes zeigen ja immer noch in mancherlei topographischer Form realsozialistische Mitgiften, einmal durch „implantierte Strukturen der industriell-sozialistischen Moderne" (Matthiesen 1998), dann durch die mentalen Spätfolgen eines ungebremsten, erfolgreichen sozialistischen Säkularisierungsprozesses (Transzendenz-Ausfall). Die Hoffnungen der engagierten Pfarrfamilie auf mehr Einfluss der Kirche vor Ort zerschlagen sich also eher – verstärkt durch die inversen Prozesse von kultureller Schließung und konsumistischer Öffnung (vgl. VII.2)

Otterstedt wird von der Katechetin dabei durchaus als Paradebeispiel gescheiterter Re-Christanisierungshoffnungen gesehen. Sie macht dieses Scheitern u.a. an der dualen Struktur des Ortes fest. In einem moralisierenden Dauerdiskurs konstruiert Katja Weber dabei in ihrer Ortsbeschreibung zwei antagonistische Lager (zum Teil in unterschiedlicher Besetzung auftretend): PDS versus Kirche, manchmal aber auch Kirche versus Örtlicher Jugendclub Farfalla (zu dieser „Glatzendisco" siehe die Fallanalysen in VII.1). In ihrem dualen Weltauslegungsschema zeigen sich also wieder manichäische Grundintentionen: stets geht es um die klare Scheidung von Licht und Dunkelheit, Erlösung und (womöglich ewiger) Verdammnis, von heilsbringender Kirche und sündiger Welt. In ihren Augen ist die PDS gerade in Otterstedt übermächtig. Sie kann das weniger an der Gemeindeentwicklung festmachen, als auf einer symbolischen Ebene anrufen. Nirgends sonst auch ist es für sie so schwer, mit Kindern in Kindergärten oder mit den Schulen in Kontakt zu kommen. Die Biographin sieht sich dennoch gemahnt, in ihren Bemühungen um christlichen Einfluss bei den Kindern nicht nachzulassen und den Kampf aufzunehmen. Dieser erfolgt an mehreren Fronten gleichzeitig. Einmal sind es die Eltern von Kindern, die 'pro PDS' eingestellt und also vermutlich Atheisten sind und damit ihre kirchliche Jugendarbeit negativ beeinflussen. Darüber hinaus begegnet die Biographin der weltlich-medialen Jugendkultur, die sich etwa in der Otterstedter Dorfdiskothek „Farfalla" austobt, mit völligem Unverständnis. Die dort praktizierten Glückserwartungen einer fun-orientierten Erlebniskultur stoßen sich hart an ihrem gläubigen Ewigkeitsanspruch. Als Rechtfertigung für ihre hyperkritische Sicht führt sie die in ihren Augen offensichtliche rechtsradikale Geisteshaltung dieser Jugendlichen an. In der Tat wird das Farfalla allgemein als „Glatzendisko" gelabelt.

Mit der gleichen Konsequenz, mit der Katja Weber bisher Konflikte aushielt und austrug, arbeitet sie sich an dieser neuen Konstellation ab. Gleicht die Mecklenburg-Etappe einer Mondlandung, ist D. eine Oase in der Wüste der Nachwende-Moderne, die bedroht wird durch das sklerotisch-unerleuchtete Strukturmuster Otterstedts. (Anzumerken ist, dass die trotzige Backsteinkirche Otterstedts auch räumlich den erfolgreichen Antipoden im Kampf um die Seelen der Jugendlichen vor sich hat: Das Farfalla liegt am Ende des zentralen Dorfangers, genau gegenüber also. Es hat sich dort 1994 in einer alten Ausflugsgaststätte etabliert.) Auf-

---

38 Vgl. S. 13, Z. 31-46

fällig ist die Ähnlichkeit der Akteure und insbesondere ihrer Formation: auch wenn ein Gesellschaftssystem nicht mehr existiert, scheinen dessen Dämonen nicht nur überlebt, sondern weiter Köpfe hinzugewonnen zu haben. Katja Weber hat es wieder mit partei- und linientreuen Akteuren zu tun, die ihrer Arbeit in der Jungen Gemeinde gegenüberstehen. Wohl ist die FDJ mit ihrer Jugendkultur verschwunden, aber sie wurde durch ein anderes florierendes Übel ersetzt: die Diskothek „Farfalla". Außerdem geschieht dies in einer durchaus ironischen Doppeldeutigkeit. Nicht nur die amerikanisch-ostdeutsch gemixte Jugendkultur einer Disco gibt ihr zu denken, zugleich werden auch die Jugendweihevorbereitungen hier inszeniert und tradieren so scheinbar bruchlos Vergangenes bis in die heutige Zeit.[39]

Die Arbeit in der Jungen Gemeinde sieht die Biographin also als radikalen Gegenentwurf zum „Farfalla", als einen diskursiven Ort, an dem alle Probleme besprochen werden können:

Also wir sprechen sehr viel. Also da – über Homosexualität, das ist ja heikel. Da haben wir letztens über ach, die wollten über ob wir Eurofighter brauchen oder nicht...da haben wir heiß diskutiert ...[40]

Die Arbeit mit Kindern und Jugendlichen liegt der Biographin sehr am Herzen. Letztendlich geht es darum, eine initiale Struktur bei den Kindern zu schaffen, um sie offen zu halten für kirchliche Fragen in einer radikal entkirchlichten Umwelt und sich zugleich dem Säkularisierungsprozess ein Stück weit entgegenzustellen. Trotz aller z.T. auch optimistischen Bekundungen bleibt eine tief empfundene Aussichtslosigkeit dieses Kampfes spürbar. Unter Rekurs auf frühchristliche Evangelisationsversuche in feindlich-heidnischer Umwelt sieht sie auch ihre eigene Arbeit stets bedroht, als Versuche des Aussäens des christlichen Glaubens im sandig-heidnischen Umland.

Und es hat aber äh nicht die Resonanz, dass äh Scharen von Kindern jetzt danach (nach ihrer Arbeit mit den Kindergartenkindern, Anmerk. v.A.), wenn die zur Schule kommen, zu Christen werden. Also das hatte ich mir mal gewünscht, dass es so nicht ist, gut, muss ich mit leben ...[41] ... sonst ist hier wenig für die Jugendlichen...ähm bei einigen erlebe ich schon so nen bisschen rechte Tendenzen, also schon einfach vom Outfit, sehr schade. Und manche von denen kenn ich auch noch, die sind auch mal irgendwann mal früher muss ich schon sagen, zur Christenlehre gekommen, aber irgendwann dann nicht mehr. Immer wenn es dann ja um diese Entscheidungsfrage geht, ob wir da weitermachen, Konfirmandenlehre oder nicht, da bleiben viele dann weg ...[42]

Alltägliche Kämpfe, die häufig aussichtslos erscheinen, aktivieren bei der Biographin aber offensichtlich ein biographisches Handlungspotential, das sie diese Dinge angehen lässt. Auf der Grundlage ihrer manichäischen Weltsicht des ewigen Kampfes von Gut und Böse holen sie daher auch im weiteren Lebensverlauf die immer wieder gleichen Konflikte ein. So paradox es zunächst scheint, sie kämpft in Otterstedt den gleichen Kampf wie zu DDR-Zeiten[43].

---

39 Gerade die Jugendweihe als staatstragende Zeremonie in der DDR-Jugendkultur lebt als Überbleibsel fort. Darin sieht die Biographin aufgrund ihrer eigenen Erfahrung einen besonderen Affront. „Glanzstück" dieses erfolgreichen „sozialistischen Religionsersatzes" ist ... die 1954 eingeführte, bis heute hochattraktive Jugendweihe" (Büscher 1998)
40 Vgl. S. 13, Z. 22-25
41 Vgl. S. 14, Z. 20-21
42 Vgl. S. 15, Z. 39-42
43 Vgl. die Re-Analyse dieser Fallproblem-Konstellation in VII.2 unter dem Titel „Transzendental gewendete Hybridisation"

Zusammenfassung

Die soziologischen Debatten bis Anfang der 90er Jahre waren bestimmt durch (wie immer reflexivierte) Moderne-Theorien, die davon ausgehen, dass die Wahlmöglichkeiten und Chancen der Individuen im Prozess der neuesten Moderne sich sukzessive und deutlich erhöhen; dabei sollen sich die Gestaltungsräume so weit geöffnet haben, dass die Individuen relativ unabhängig von Tradition und Herkunft ihre eigenen Zukunftsperspektiven leben können (vgl. die Debatten zur Individualisierungstheorie von Ulrich Beck, zur Erlebnisgesellschaft von Gerhard Schulze etc.). Wenn auch die Vorstellung vom Individuum als Manager seiner Biographie, als Sinn-Bastler (Beck-Gernheim 1998) verlockend ist, so sind Menschen nicht nur Akteure ihrer Biographie, sondern sie bleiben zugleich Re-Akteure ihrer Familien-, Milieu- und Gesellschaftsgeschichte. „Familien konstruieren über die Kommunikation und Interaktion ihrer Mitglieder ‚ihre' soziale Wirklichkeit, sie etablieren eine familiäre Alltagspraxis, die Kontinuität *und* Wandel in der Lebensführung gestattet und das Tradieren *und* Variieren der Familienthemen und Diskurse toleriert." (Vierzigmann, Kreher 1998: S. 23 f.) Dabei handelt es sich nicht, so die Autoren, um eine einfache, lineare Weitergabe von der älteren Generation zur jüngeren, die sich an Oberflächenphänomenen wie etwa gleichen Berufen oder ähnlichen Heiratsmustern festmachen lässt, sondern um einen sich *zwischen* den Generationen vollziehenden Prozess der gemeinsamen Bedeutungskonstruktion. Die Bindungskraft und auch die Zwänge, die aus einer „Familienkultur" (Paré 1996) entspringen, können insbesondere durch einzelfallbezogene biographische Analysen aufgedeckt werden. Dabei zeigt sich, wie eng individuelle Lebens- und Familiengeschichten miteinander verwoben sind, wie unauflöslich die Dialektik von Individuellem, Familiärem, Milieuhaftem und Gesellschaftlichem ist und wie sich diese Dialektik im Prozess der binnenfamilialen Bedeutungskonstruktion repräsentiert.

Die biographische Großerzählung der Katja Weber wird bestimmt durch das thematische Feld „Anerkennung zwischen Selbstverwirklichung und Anpassung". Dabei lautet der Auftrag des Vaters an die Tochter, einen sozialen Aufstieg zu meistern, der ihm selbst verwehrt blieb. Dieser 'Auftrag' ist nicht im wortwörtlichen Sinne zu verstehen, vielmehr handelt es sich hier um ein „verborgenes Script" (vgl. Fischer-Rosenthal 1995). Das heißt, es ist dem Biographen in seinem Gehalt und seiner Bedeutung selbst nur zum Teil oder nicht bekannt und wirkt dessen ungeachtet strukturierend auf die Biographie ein.

So ist Katjas Lebensentwurf geprägt durch ihre Bemühungen, sich aus dem Herkunftsmilieu herauszulösen und ein neues, ganz anderes und ihr gemäßes Lebensmilieu zu entwerfen. Als gewissermaßen dreifache Struktur bietet sich dazu der *kirchliche Weg* an: einerseits als Möglichkeit zur Abnabelung von den Eltern und damit zur Herauslösung aus dem Arbeitermilieu, andererseits als Immunisierungsstrategie gegen die DDR-Öffentlichkeit und schließlich drittens als Grundlage für ein nicht-profanes, christlich geprägtes Familienmilieu.

Die Einlösung des Auftrages ist der Biographin nur über Umwege möglich, spezifische Sozialisations- und Beziehungserfahrungen führen sie zur kirchlichen Tätigkeit. Diese Tätigkeit mit ihren speziellen Selbstverwirklichungsmöglichkeiten und der Geborgenheit der kirchlichen Gemeinschaft fügt sich zunächst ideal in einen dörflichen Lebenszusammenhang.

Obwohl die Religiosität Frau Webers auf den ersten Blick eine scharfe Diskontinuität im Familiengefüge markiert, wird in bezug auf die innerfamiliale Bedeutungskonstruktion bei genauerer Analyse gerade Kontinuität erkennbar. Die anfängliche These, wonach sich Milieubildung in der Handlungspraxis von Individuen vollzieht, bestätigt sich hier. Es ist die spezifische Leistung der vorliegenden Biographie, durch den eingeschlagenen kirchlichen Weg eine Rückkehr zu Bildung und Anerkennung, wie sie vom Vater verlangt wurde, bei gleichzeitigem Leben einer Differenz zu ermöglichen. Es ist offenkundig, dass der religiöse Kontext Katja gegenüber den

Eltern distinguiert und zunächst trennt. Während der Vater den sozialen Aufstieg immer als Ziel vorgab, ohne ihn selbst zu erreichen, scheint er der Tochter nunmehr gelungen.

Ihre Lebensgeschichte ist, wie jede andere, immer auch eine symbolische Konstruktion sui generis, eine eigene Diskurswelt, in der sich gelebtes und erzähltes Leben idiosynkratisch aufeinander beziehen. Wir können aus den dargestellten Konflikten, der Bewältigung bzw. Nicht-Bewältigung von Krisen und Brüchen sowie der Herstellung innerhalb von angebbaren Milieukontexten von Kontinuitäten allerdings strukturelle Schlüsse ziehen, die uns verstehen lassen, warum bestimmte Handlungen vollzogen wurden. Der Wahrnehmung einer Krise, die sich auswächst und u.U. bedrohliche Maße annimmt, entzieht sich Katja Weber i.d.R. durch räumliche Mobilität, eine für die Suburbanisierungsforschung über den Einzelfall hinaus interessante 'Lösung'. Sind Brüche latent vorhanden, werden Strategien von Immunisierung deutlich. So war die Kirche zwar eine Abschottungsform gegen die DDR-Öffentlichkeit, aber vor allem war es eine Suche nach Zugehörigkeit zu einem Milieu, das lebensgeschichtliche Sinnfragen, Transzendenzerfahrungen und Solidarnetze verband.

Der überschaubare Raum der Gemeinde D. lässt für die Biographin heute Anpassung und Selbstverwirklichung im Rahmen eines lokal vernetzten kirchlichen Milieus zu. Auf diesem Wege ist es der Biographin möglich, die Diskontinuitäten im Generationenverlauf zu überwinden und Anschlussfähigkeit herzustellen. Anschlussfähigkeit bedeutet hier auch, dass die Biographin im Sinne der Familiendynamik wieder in einen halbdörflichen Kontext am Rande der Metropole zurückkehrte, aus dem ihre Mutter einst floh. Im Gegensatz zur Mutter hat sie inzwischen das nötige Rüstzeug entwickelt, um hier leben zu können, und zugleich ihre kirchliche Lebensauffassung zu leben:

> ... diese Dorfbeziehung (der Großeltern mütterlicherseits, Anmerkung v.A.) fand ich als Kind sehr idyllisch, wusste aber ziemlich bald, also wohnen willst du da nicht, wobei ich ja jetzt auch wieder auf'm Dorf wohne, aber es ist, denke ich, was anderes so mit ner bestimmten Arbeit oder, weiß ich nicht, Lebensauffassung.[44]

Gegenüber der Problemgemeinde Otterstedt, dem PDS-dominierten „Nationalpark DDR", den ungläubigen Schafen und der Rechtsradikalen-Disco, kurz der sündigen Welt der postsozialistisch-kapitalistischen Transformation rekurriert sie auf ihr maichäisch strukturiertes Deutungsmuster. Katja Weber zieht also eine klare Linie zwischen innen und außen, zwischen realen und symbolischen Räumen, zwischen geteilten Weltbildern in Form ihres kirchlichen Engagements und der PDS sowie dem „Farfalla" als Gegenwelt. Auch hier wird deutlich, dass „Weltbilder, Mentalitäten, Formen der Lebensführung, Verflechtungsmilieus und ihre eigenständigen 'Objektivitäten' und Eigenlogiken eine zunehmend wichtige Rolle in den Suburbanisierungsprozessen spielen" (Matthiesen 1998c). Katja Weber hat dieses manichäische Weltbild tief verinnerlicht, es prägt als Strukturierungsspur ihren biographischen Typus.

Haben beide Institutionen, PDS und „Farfalla" auf den ersten unbefangenen Blick nichts gemeinsam, so sind sie in den Augen der Katechetin gleichwohl typische Protagonisten einer *hybrid* aufgemischten und modernisierten Post-DDR-Kultur, wobei auf je spezifische Weise ein Teil dieser 'Herkunfts'-Kultur tradiert oder transformiert wird. Der „Gottesverlust", den die Biographin gerade in Otterstedt beklagt, „ist für Menschen, die in der Tradition des innerweltlich orientierten lutherisch-protestantischen Individualitätstypus erzogen worden sind und sich selbst erzogen haben, möglicherweise mit einer tiefen Erschütterung verbunden" (Soeffner

---

44 Vgl. S. 1, Z. 8-11. Dörflich ist vor allem die Lage des protestantischen Pfarrhauses zu nennen. Ansonsten hat der Ort D. sich voll dem Bustourismus aus der Hauptstadt und dem Verflechtungsraum überantwortet.

1992: S. 67). Treffen nun die Hauptfiguren dieses Konfliktes aufeinander, wird er mindestens erlebt als ein 'Nicht-miteinander-kommunizieren-können'.
Dabei erfolgt eine Abschottung auf beiden Seiten, ein Dialog ist zur Zeit nicht möglich. Für die Gemeindeentwicklung führt das, wie den anderen Fallanalysen zu Otterstedt zu entnehmen, zu manifesten Selbstblockaden. Ähnliche Tendenzen der Vertiefung von Kommunikationsgräben können derzeit in vielen Umlandgemeinden mit Entwicklungsproblemen beobachtet werden. „Eine gottlose Gegend als das Land Brandenburg – gibt es die? Die verbliebenen Christen schotten sich eher ab, als dass sie für die Kirche werben ... Vielleicht ist diese Verpuppung eine allzu verständliche Reaktion auf die Erfahrung einer übermächtigen atheistischen Umwelt."[45]

Für die Biographin ist dies ein z.T. tragischer Prozess: zwar ist ihre Position im innerfamiliären Generationengefüge gestärkt, aber ihre Tätigkeit für die Kirche bringt in der heillosen Welt des engeren Verflechtungsraums und seiner ökonomischen, sozialen und räumlichen Dynamiken nicht den erhofften Erfolg. Vielmehr sieht die Biographin sich erneut in eine Außenseiterrolle gedrängt.

Ob sie den neuen 'hybriden' Mischungen und Segmentierungstendenzen (vgl. VII. 2) erfolgreich zu begegnen weiß, lässt sich nicht prognostizieren. Ein Lernprozess ihrerseits ist nicht auszuschließen. Ihre manichäische Weltsicht allerdings macht dazu notwendige Lernprozesse schwierig. Gängige Theorien, die die Entwicklung in den Gemeinden unter 'nachholende' Modernisierungstheorien subsumieren, vergessen, dass sich diese Prozesse typischerweise *zwischen* den Polen eines bloßen Nachholens von typischen Suburbanisierungsverläufen und völlig eigenständigen Suburbanisierungspfaden bewegen. Das kirchliche Milieu in Ostdeutschland und hier im besonderen die untersuchten Brandenburger Gemeinden weisen also *relativ eigenständige Entwicklungspfade* auf, wobei die Stellung der Kirche hier von der in Westdeutschland[46] oder auch in anderen Ländern des ehemaligen Ostblocks stark abweicht. Der durch die DDR initiierte Säkularisierungsprozess war so nachhaltig erfolgreich, dass der „Gottesverlust" nicht allein für die Biographin bedrohliche Züge angenommen hat. Momentan führen die faktischen Entwicklungsverläufe in der Gemeinde Otterstedt nicht dazu, dass sich neue Formen eines tätigen Miteinander ausbilden können. Das kirchliche Milieu, für das die Biographin steht, reagiert darauf mit weiteren Grenzziehungen und Verinselungsstrategien, die teilweise auch wieder in Selbstblockaden und Lernunfähigkeiten münden. Ob diese kulturellen und sozialen Schließungsprozesse sich öffnen lassen für die Bildung neuer, lernfähiger Milieus im Verflechtungsraum, ist eine offene Frage. Skepsis liegt in der Luft.

---

45 Vgl. Wolfgang Büscher, Kein Gott, nirgends, 1998
46 ... Unterm Strich sind trotz allen Mitgliederschwunds in den alten Bundesländern noch mehr als die Hälfte der Bürger Mitglied einer der beiden großen christlichen Kirchen – in den neuen Bundesländern dagegen ist es kaum mehr als ein Viertel (ebd.).

VI:
Zwischen Entwicklungsdynamiken und Handlungsblockaden: Akteurskonstellationen in Planung und Wirtschaft

Henning Nuissl

VI.1 Räumliches Planen an den Rändern der Hauptstadt

1. Einleitung: Die besondere Planungskonstellation rund um Berlin

Im Zuge metropolitaner Verflechtungs- und Suburbanisierungsprozesse erhöhen sich drastisch die Schwierigkeiten, die planerischen Kernaufgaben zu bewältigen – d.h. Nutzungsansprüche zu kanalisieren und Interessenkonflikte zu regeln. Die Steuerung der Entwicklungen an den Rändern der großen Städte (die dem Primat der Nachhaltigkeit systematisch zu widersprechen scheinen) gehört daher zu den exponiertesten, aber auch prekärsten Problemen der räumlichen Planung: Einerseits ist die Notwendigkeit planerischer Intervention weithin unstrittig, andererseits erweist sich die strukturelle Machtlosigkeit der Planungsinstanzen insbesondere an den Stadträndern – und die räumliche Planung wird typischerweise gerade bezüglich einer Regulierung der Inanspruchnahme von Flächen, die außerhalb bestehender Siedlungsbereiche (im städtischen Umland) liegen, der Wirkungslosigkeit geziehen. Dennoch dürfte unstrittig sein, dass es für die künftige Gestalt städtischer Peripherien nicht bedeutungslos ist, mit welchen Zielen und mit welchem Erfolg Verflechtungs- und Suburbanisierungsprozesse planerisch begleitet werden. Zwar ist es mit den Instrumenten der räumlichen Planung nur bedingt möglich, derartige Prozesse aufzuhalten oder in eine ganz neue Richtung zu lenken. Gleichwohl lassen sich mit ihrer Hilfe Rahmenbedingungen formulieren, die bei der Nutzung räumlicher Ressourcen nicht vollständig ignoriert werden können (vgl. z.B. Hatzfeld / Roters 1998). Große Bedeutung kommt dabei gerade auch dem Planungsgeschehen auf kommunaler Ebene zu (vgl. schon Boustedt 1978: 82f.).

Im Verflechtungsgeschehen zwischen Berlin und Brandenburg verdient die räumliche Planung aus einem weiteren Grund besondere Aufmerksamkeit: In den Neuen Bundesländern sind die kommunalen 'Planungsarenen', in denen vor allem die nach der 'Wende' neu geschaffenen staatlichen bzw. kommunalen Instanzen antreten, als Ort der Bearbeitung fundamentaler, mit dem Transformationsprozess verbundener Krisen von herausragender Bedeutung. Dort treten die Interessenlagerungen und Machtstrukturen, die ostdeutsche Gemeindemilieus nach 1989 kennzeichnen, mit besonderer Deutlichkeit zutage (vgl. Berking, Neckel 1992), und dort findet auch ein wichtiger Teil der Interaktionen statt, durch die hindurch sich diese Gemeindemilieus reproduzieren oder neu strukturieren (vgl. Matthiesen 1998a).

Aufgrund ihrer generellen Bedeutung für stadtperiphere Entwicklungsprozesse im allgemeinen, für die Bewältigung (der räumlichen Folgen) des Transformationsprozesses in den Neuen Bundesländern im besonderen bildet die Ebene der räumlichen Planung also eine wichtige Untersuchungsdimension, wenn die Suburbanisierungs- und Verflechtungsprozesse an den Rändern der Hauptstadt analysiert (sowie mit den in den Alten Bundesländern und in Westeuropa an der Peripherie großer Stadtregionen zu beobachtenden Entwicklungen verglichen) werden sollen. Anhand von konkreten Planungsakteuren – d.h. anhand von organisatorischen Einheiten oder Personen, die 'professionell' damit befasst sind, eine 'geordnete räumliche Entwicklung' zu gewährleisten – soll diese Untersuchungsdimension im folgenden näher durchleuchtet werden.

Die im Berlin-Brandenburgischen Suburbanisierungs- und Verflechtungsgeschehen für die Organisation der räumlichen Umwelt zuständigen Akteure handeln unter spezifischen Voraussetzungen, die besondere auf mehreren Ebenen wahrnehmbare Schwierigkeiten für die Erfüllung planerischer (Pflicht-) Aufgaben mit sich bringen. Zum einen steht – um es in der

Terminologie der Systemtheorie zu fassen – das 'Planungssystem' in einem überaus spannungsreichen Verhältnis zu seiner 'Systemumwelt':

- Überzogene Erwartungen und Ansprüche, mit Härte ausgetragene Interessengegensätze sowie nicht zuletzt die gerade für die Ränder der Hauptstadt charakteristischen krassen Disparitäten und Modernisierungsgefälle sind hier 'normale' Rahmenbedingungen, die Planerinnen und Planern die Erfüllung ihrer Aufgaben nicht gerade erleichtern.
- Hinzu kommt, dass der Berlin umschließende 'Kernbereich' des Landes Brandenburg zu den wenigen Wachstumsräumen Ostdeutschlands zählt. Deshalb binden sich auch viele politische Hoffnungen an die Vorstellung einer von staatlichen Eingriffen möglichst wenig 'behinderten' *dynamischen* ökonomischen und sozialräumlichen Entwicklung rund um die deutsche Hauptstadt.
- Planung kann in Ostdeutschland insgesamt als schwieriges, weil in der Vergangenheit tendenziell desavouiertes öffentliches Aufgabenfeld gelten: Das Planungspathos der DDR mit seinen unverkennbaren Auswüchsen und Dysfunktionalitäten hat vielerorts eine 'Kultur' der Planungsskepsis hinterlassen, die es zuweilen schon zu einer Herausforderung werden lässt, planerischen Belangen überhaupt Gehör und Respekt zu verschaffen, geschweige denn sie durchzusetzen.b

Zum anderen zeichnet sich das 'Planungssystem' in Ostdeutschland selbst durch bestimmte Eigentümlichkeiten aus:

- Im Zuge des gesellschaftlichen Transformationsprozesses wurde das gesamte 'Planungssystem' reorganisiert, und auch die Maßstäbe der Planung wurden großteils neu definiert. Eine Folge dieses Umstandes besteht darin, dass Planungsprobleme in höherem Maße explikationsbedürftig sind, als etwa in den Alten Bundesländern, wo Planerinnen und Planer sich weitgehend darauf verlassen können, dass die an einem Planungsprozess beteiligten Akteure über einen vergleichbaren Erfahrungsschatz verfügen, und wo es dementsprechend weniger Aufwand bedeutet, planerische Positionen – die darüber hinaus meist mit altbekannten Argumenten assoziiert sind – zu beziehen und zu verteidigen.
- Daneben bestehen eher technische Probleme: In dem vor rund zehn Jahren installierten politisch-administrativen System mussten sich Verfahrensabläufe erst einspielen, rechtliche Vorgaben galt es zunächst hinreichend zu konkretisieren und (etwa in Form von Ausführungsverordnungen) mit Leben zu erfüllen. So bestand in den frühen neunziger Jahren über weite Strecken eine Situation, in der – wenigstens für die öffentliche Hand – verbindliche planungsrechtliche Vorgaben fast vollständig fehlten und in der vielfach Entscheidungen getroffen wurden, die bis heute in mehr oder weniger verhängnisvoller Weise nachwirken.
- Eine Herausforderung für die räumliche Planung in den Neuen Bundesländern besteht schließlich darin, dass es trotz Fortschreitens des Transformationsprozesses noch immer vergleichsweise schwierig ist, tragfähige Prognosen etwa zu konkreten Flächenbedarfen zu formulieren.

Die angeführten besonderen Voraussetzungen, unter denen an den Rändern der Hauptstadt räumliche Planung betrieben wird, lassen sich im wesentlichen darauf zurückführen, dass das dortige Planungsgeschehen zu Beginn der neunziger Jahre zunächst einen geringen Grad an Institutionalisierung (gemessen am Grad der Geltung sowohl formeller als auch informeller Institutionen im Sinne von Normen und Handlungsregeln) aufwies. Die gegenwärtige Planungskonstellation im Berlin-Brandenburgischen Verflechtungsraum ist also von den Nachwirkungen einer zunächst 'lückenhaften' institutionellen Infrastruktur im Bereich der Planung gekennzeichnet. Um zu charakterisieren, wodurch sie sich im Kern auszeichnet, kann – ein Bild aus der Geologie aufgreifend – von institutionellen Verwerfungen gesprochen werden.

VI. 1 Räumliches Planen an den Rändern der Hauptstadt

Im Folgenden wird das Planungsgeschehen an den Rändern der Hauptstadt näher untersucht. Dabei zeigt sich, dass die Art und Weise, wie Suburbanisierungsprozesse an den Rändern der Hauptstadt konkret planerisch flankiert werden, in besonders hohem Maße von individuellen bzw. kleinmaßstäblichen räumlichen und personellen Konstellationen abhängt (und dieses Ergebnis ist keinesfalls ein Artefakt der gewählten fallanalytischen Untersuchungsanlage).[1] Insofern erweist sich der Berlin-Brandenburgische Suburbanisierungs- und Verflechtungsprozess auch als 'planungstheoretisch' aufschlussreich. Denn klarer als anderswo offenbart sich unter den besonderen Voraussetzungen, unter denen an den Rändern der Hauptstadt geplant wird, welche Prämissen, Deutungen und vor allem auch Werthaltungen, welches (potentiell auch widersprüchliche) Wissen also, von Fall zu Fall in das planerische Handeln eingelassen sind. Zugleich wird erkennbar, dass es zumindest in einem Kontext raschen und tiefgreifenden Wandels in der Regel kaum möglich sein dürfte, den Verlauf und den Erfolg von Planungsprozessen zu verstehen, ohne diese Ebene des Wissens zu berücksichtigen. Insofern ist es deshalb häufig wenig hilfreich (und verstellt eher den Blick auf tatsächliche Probleme), wenn planerische Probleme allein als Konflikte um Planungsinhalte oder Interessen konzipiert werden (auch wenn Inhalte und Interessen selbstverständlich immer von herausragender Bedeutung sind). Hieran anknüpfend lässt sich das Argument entfalten, dass es den vielfach schon ausgewrungenen Begriff der 'Planungskultur' soziokulturell einzubetten gilt, indem dieser im Zusammenhang mit den spezifischen (unterschiedliches Planungswissen inkorporierenden) 'Planungsmilieus' diskutiert wird, ohne die eine bestimmte 'Planungskultur' weder emergieren kann noch implementierbar ist. Auf jeden Fall aber liefert die Analyse der planerischen Dimension der Verflechtung von Berlin und Brandenburg einen materialen Beleg dafür, wie bedeutsam, aber auch wie voraussetzungsvoll sogenannte 'neue', 'kontextsensitive' Planungsformen sind (vgl. Matthiesen 1998a: S. 78).

Der angerissene Gedankengang soll nun näher ausgeführt werden: Zunächst werden die zentralen – anhand der Gemeinden Otterstedt und Grünow beispielhaft herausgearbeiteten – Akteure, Konflikte und Friktionen, die im Zuge kommunaler Planungsprozesse im suburbanen Raum der deutschen Hauptstadt auftreten, skizziert (Abschnitt 2). Am Beispiel der Gemeinde Otterstedt wird dann illustriert, wie sich im Planungsgeschehen an den Rändern der Hauptstadt 'institutionelle Verwerfungen' niederschlagen (Abschnitt 3). In der Hauptsache wird dann zu zeigen versucht, dass es des Rekurses auf die Ebene des Wissens – und davon ausgehend auf die immer an bestimmte 'Planungsmilieus' gebundene 'Planungskultur' – bedarf, um die Strukturlogik von nicht routinisierten Planungsprozessen verstehen zu können (Abschnitte 4 und 5).[2]

---

1 Der vorliegende Beitrag stützt sich auf Fallanalysen (einzelner Planungsvorgänge und einzelner Planungsakteure) und dokumentiert damit eine Untersuchungsanlage, die sich von der der meisten 'policy-Analysen' deutlich unterscheidet. Gerade weil sich das Planungsgeschehen an den Rändern der Hauptstadt unter besonderen Voraussetzungen vollzieht und daher nicht zuletzt auch überraschende Elemente birgt, erscheint jedoch ein fallanalytisches Vorgehen als das für seine Untersuchung geeignetste.

2 Die folgenden Ausführungen beruhen auf einer umfangreichen Sammlung und Analyse von empirischen Daten und Materialien ganz unterschiedlicher Provenienz:
1) Für die Gemeinden Otterstedt und Grünow wurde jeweils eine detaillierte 'Planungs- und Konfliktanalyse' für die Zeit nach 1989 durchgeführt (Jäger 1997 bzw. Karl/Nothacker 1997). Diese Analysen verfolgten das Ziel, die Grundzüge der eingeschlagenen Richtungen der kommunalen Entwicklung zu charakterisieren, die wichtigsten Akteure und Interessengruppen innerhalb des jeweiligen Gemeindemilieus zu bestimmen und dann vor allem die für die weitere Entwicklung zentralen Probleme und Reibungsflächen zu identifizieren. Sie stützten sich ihrerseits auf vier Quellen:
- erstens auf die (im Untersuchungszeitraum jeweils aktuellsten) Entwürfe und Endfassungen von Flächennutzungsplänen sowie von einzelnen Bebauungspläne der beiden Gemeinden,

2 Planungsakteure, -konflikte und -friktionen an den Rändern der Hauptstadt – ein Typisierungsversuch

Akteure und Dimensionen des Planungsprozesses
Planungskonflikte und -friktionen brechen zwischen Personen, Gruppen oder Institutionen auf, die in der einen oder anderen Weise am Planungsprozess partizipieren, zwischen Planungsakteuren also. Die – kollektiven – Akteure, die als Kombattanten in den kommunalen 'Planungsarenen' an den Rändern der Hauptstadt in Erscheinung treten, können im wesentlichen vier Akteursgruppen zugeordnet werden:

- Wie überall existieren mehr oder weniger gut organisierte private Interessengruppen, zu denen sich Einwohnerinnen und Einwohner einer jeweiligen Gemeinde zusammengeschlossen haben, um bestimmte (Planungs-) Ziele zu verfolgen (Zur besonderen Form der NIMBY-Gruppierungen s. Matthiesen in V.1).
- Unternehmen, die in einer jeweiligen Gemeinde ansässig sind oder die dort eine Ansiedlung beabsichtigen, sind bestrebt, für – aus der Sicht ihres Betriebes – optimale Standortbedingungen zu sorgen. Ihre Aufmerksamkeit gilt allerdings meist nur unmittelbar unternehmensrelevanten Belangen und richtet sich insbesondere auf die erforderliche Rechts- und Planungssicherheit ihres Standorts (vgl. Nuissl/Arndt/Jäger, VI.2).
- Die Instanzen der Landes- und Regionalplanung, in eingeschränktem Maße auch die Kreisverwaltungen, spielen als Sachwalterinnen eines wie immer räumlich definierten Gesamtinteresses eine eigenständige Rolle in den 'Planungsarenen' in und um Berlin.
- Schließlich bilden die jeweiligen Gemeinden selbst, die mit der wiedererlangten kommunalen Planungshoheit in die Lage versetzt, aber auch verpflichtet sind, eigenständig Entwicklungsziele zu formulieren und planungsrechtlich festzuschreiben, die wohl wichtigsten, wenn auch heterogenen und in viele Fraktionen (etwa Ämter und Dienststellen) zerlegbaren Akteure im kommunalen Planungsprozess.

In der Regel sind es nun zwei Dimensionen, in denen Planungsanalysen Prozesse der Planung und der Entscheidungsfindung konzeptualisieren und damit auch die Konflikte und Reibungen systematisieren, die im Zuge dieser Prozesse zwischen den genannten Akteuren auftreten können:

- zum einen geht es um den Ausgleich von divergierenden Nutzungsansprüchen an den Raum im Rahmen konkreter, inhaltlicher Entscheidungen, die begründet werden können,
- zum anderen um die Organisation des Planungsprozesses bzw. um die Frage nach den optimalen Planungsverfahren.

- zweitens auf in den Amtsblättern wiedergegebene Sitzungsprotokolle der Gemeindevertreterversammlungen von Otterstedt und Grünow,
- drittens auf mehrere Interviews, die mit kommunalen Funktionsträgerinnen und Funktionsträgern sowie mit Vertreterinnen und Vertretern der Landes- und der Regionalplanung geführt wurden, sowie
- viertens auf den Schriftwechsel zwischen Gemeinden und der von den Ländern Berlin und Brandenburg für die Koordination der überkommunalen Planung geschaffenen Behörde.
2) Unabhängig von den 'Planungs- und Konfliktanalysen' wurden mehrere Interviews mit Personen geführt, die die Gemeindeentwicklung von Otterstedt oder von Grünow an zentraler Position mit steuern – in der planenden Verwaltung, in freien Planungsbüros, in Entwicklungsgesellschaften oder in der Kommunalpolitik.
3) Schließlich wurde auf ein kleines Pressearchiv zu den räumlichen Entwicklungen an den Rändern der Hauptstadt und ihrer politischen und planerischen Bewältigung zurückgegriffen, das für Projektzwecke angelegt wurde.

Diese beiden Ebenen werden, sofern sich das analytische Interesse auf die Schwierigkeiten des räumlichen Planens richtet, in der Regel in der Weise zueinander in Beziehung gesetzt, dass zunächst auf der Ebene der Inhalte von Planung Konflikte identifiziert werden, um dann danach zu fragen, inwieweit auf der Ebene der Planungsverfahren die zur Lösung dieser Konflikte notwendigen Strukturen existieren. Die räumliche Planung ist demnach selbst als eine Institution zu verstehen, deren Aufgabe primär darin besteht, die Konflikthaftigkeit von Planungen und Plänen aufzufangen. Oder noch einmal anders ausgedrückt: Die prozedurale Ebene der räumlichen Planung wird üblicherweise als Metaebene verstanden, auf der inhaltliche ('planungsmateriale') Konflikte bearbeitet und bewältigt werden sollen. Die Beseitigung von Kommunikationsbarrieren zwischen verschiedenen Planungsakteuren erscheint vor diesem Hintergrund dann lediglich als Mittel zum Zweck (der planerischen Konfliktbewältigung), nicht aber als eigenständiger Problemtyp. So ist auch das in jüngerer Zeit stark gestiegene Interesse an den kommunikativen Elementen des Planens meist mit der Absicht verbunden, 'interaktive Infrastrukturen' im Planungsprozess zu implantieren, die besser als die herkömmlichen Planungsverfahren geeignet sind, inhaltliche Konflikte auszuräumen oder wenigstens zu neutralisieren. Nicht zuletzt die hier vorgestellte fallgestützte Untersuchung einer verwickelten und darüber hinaus in unterdurchschnittlichem Maße 'vordefinierten' Planungskonstellation, wie sie an den Rändern der Hauptstadt gegeben ist, zeigt jedoch (teilweise sogar sehr drastisch), dass Friktionen auf der Verfahrensebene durchaus als eigener planerischer Problemtyp gelten können. Daher wird auf die 'planungstheoretisch' eingeführte Dichotomie von 'planungsmaterialen' und prozeduralen Aspekten zurückgegriffen (vgl. Faludi 1986); 'inhaltliche' Planungskonflikte (1) werden von 'prozeduralen' Planungsfriktionen (2) analytisch geschieden, auch wenn beide selbstverständlich ineinander greifen und isoliert voneinander nicht sinnvoll untersucht werden können.

Inhaltliche Planungskonflikte
Die 'klassischen', inhaltlichen Planungskonflikte lassen sich als Interessendivergenzen oder Zieldifferenzen beschreiben und können zwischen allen genannten (kollektiven) Akteuren auftreten, sobald diese ihre besonderen Interessen und Zielvorstellungen in den Prozess der kommunalen Planung einbringen. Kennzeichnend für die Situation an den Rändern der Hauptstadt sind vor allem folgende Konflikte, für die auch das Planungsgeschehen in Otterstedt und Grünow reiches Anschauungsmaterial bietet:
- Insbesondere in unmittelbarer Nähe der Berliner Stadtgrenze ist die Frage, in welchem Umfang eine Strategie städtischen bzw. gemeindlichen Wachstums verfolgt werden soll, Gegenstand teils sehr hart geführter Auseinandersetzungen. In diesem Zusammenhang beherrscht nicht zuletzt das Thema 'Nachverdichtung' häufig die planerische Agenda.
- Als Folge des deutschen Einigungsprozesses wurde und wird teilweise immer noch intensiv diskutiert, in welchem Umfang Ersatzwohnraum für Restitutionsbetroffene geschaffen werden kann und inwieweit darüber hinaus planerisch auf den Gegensatz von Alteingesessenen und Zugezogenen reagiert werden kann und soll.
- Mit der rasant gestiegenen Motorisierung in den Neuen Bundesländern, mit der Möglichkeit, ehemals undurchlässige Grenzen im Auto zu passieren, sowie mit der bereits erfolgten Wohn- und Gewerbesuburbanisierung sind in den letzten Jahren enorme 'automobile' Verkehrsströme neu entstanden, zu deren (planerischer) Bewältigung in den kommunalen 'Planungsarenen' rund um Berlin nicht selten differente Auffassungen bestehen.
- Besondere Probleme ergeben sich schließlich aus dem Umstand, dass sich die nach der Rekonstituierung des Landes Brandenburg durchgeführte Gebietsreform auf die Kreisebene beschränkte. Gemeindezusammenschlüsse blieben freiwillig und sind nicht im erwünschten Umfang erfolgt. Eine kommunale Gebietsreform soll deshalb nun 'nachge-

holt' werden. Die Auseinandersetzung um mögliche Gemeindezusammenlegungen beschäftigt (auch) die Akteure der räumlichen Planung an den Rändern der Hauptstadt und ist nicht selten Anlass heftiger Kontroversen.[3]

Prozedurale Planungsfriktionen
Im Prozess des Planens, während es also darum geht, inhaltliche Differenzen zu absorbieren, auszugleichen und zu bewältigen, können Reibungen auftreten, die sich nicht auf bestimmte Interessenlagerungen bzw. miteinander unvereinbare Zielsetzungen zurückführen lassen, sondern auf Probleme der (politischen und sozialen) Organisation bzw. des Managements von Interaktionen.[4] Die Analysen in Otterstedt und Grünow förderten auch hierfür eine Reihe von Beispielen zutage:

- Kommunikationsbarrieren zwischen unterschiedlichen Behörden,
- Überforderung insbesondere der ehrenamtlichen kommunalen Funktionsträgerinnen und -träger (etwa im Bauausschuss),
- unübersichtliche Organisationsstrukturen in öffentlichen und halböffentlichen Gesellschaften,
- Unauffindbarkeit wichtiger Dokumente,
- als defizitär erfahrene Regelungskompetenzen für bestimmte Bereiche der lokalen Entwicklung (etwa hinsichtlich der Verkehrsinfrastrukturen) und damit verbunden fehlende Verbindlichkeit planerischer Aussagen,
- Inkompatibilitäten im Aufgabenverständnis und im Vorgehen einzelner Planungsakteure, die im übrigen durchaus die gleichen Interessen verfolgen können (womit die immer nur unter Rekurs auf soziale, meist mesosoziale Handlungskontexte verstehbare Ebene des Wissens und damit die wohl banalste Dimension auch von 'Planungskultur' bereits angesprochen wäre).

Wie die genannten Planungsakteure sind auch Planungskonflikte und -friktionen mehrheitlich zunächst weder ein genuines Spezifikum des Berlin-Brandenburgischen Verflechtungsraums noch lassen sie sich dort isoliert beobachten. Vielmehr manifestieren sich Planungskonflikte meist, Planungsfriktionen notwendigerweise immer erst im Zuge der Auseinandersetzung mit konkreten Planungsgegenständen (etwa mit einem größeren Bauvorhaben oder auch mit der Aufstellung eines Planes) und müssen in diesem Zusammenhang bearbeitet werden. Erst in der besonderen Art und Weise, wie sich im großen und ganzen typische Planungskonflikte im Zuge der Bearbeitung konkreter planerischer Aufgabenstellungen unter den besonderen an den Rändern der Hauptstadt herrschenden Voraussetzungen manifestieren, tritt auch das Charakteristische des dortigen Planungsgeschehens zutage.

Als Besonderheit des Planungsgeschehens an den Rändern der Hauptstadt wurde diesem eingangs attestiert, dass es von 'institutionellen Verwerfungen' geprägt ist. Eine konkrete Planungsaufgabe, an der immer wieder besonders deutlich wird, dass diese Besonderheit eine Manifestation planerischer Interessen- und Zielkonflikte, aber auch planungsprozeduraler

---

3   Bemerkenswert ist übrigens, dass andernorts dominierende Konflikte, die mit den Emissionen ansässiger oder ansiedlungswilliger Wirtschaftsunternehmen zusammenhängen, rund um Berlin – zumindest bislang – offensichtlich eine untergeordnete Rolle spielen.
4   Die große Bedeutung, die auf der Ebene der Planungsverfahren anzusiedelnde Konflikte im Planungsgeschehen im Verflechtungsraum von Berlin mit Brandenburg faktisch spielen, spiegelt auch die in der jüngeren planungstheoretischen Literatur hervorgehobene Relevanz (vgl. insbes. Selle 1996) wider, die soziale Intermediärstrukturen für die konkrete Gestalt von Planungsprozessen innehaben.

Friktionen (nicht zuletzt durch deren Reifikation in Konzepten und Plänen) begünstigt und tendenziell eine Verschärfung dieser Konflikte und Friktionen mit sich bringt, ist die (gesetzlich vorgeschriebene) Abstimmung zwischen höherstufiger (großräumiger) und kommunaler Planung im Zuge der Beurteilung und Legitimierung letzterer durch überkommunale Instanzen. Diese Planungsaufgabe betrifft bestimmte Planungsakteure und typischerweise einen bestimmten Planungskonflikt in besonderem Maße:[5]

- Beteiligt an der Bearbeitung dieser Aufgabe sind die Gemeinden (nicht zuletzt in ihrer Funktion als Trägerinnen der Bauleitplanung) auf der einen Seite und die für eine politische und planerische Rahmensetzung zuständigen übergeordneten Instanzen (die auf der Ebene des Landes, des Regierungsbezirks, des Kreises oder sogar des Amtes als eines – nicht selten zwangsweise erfolgten – Verwaltungszusammenschlusses mehrerer Gemeinden, in jüngerer Zeit auch auf der Ebene der Planungsregion angesiedelt sein können) auf der anderen Seite. Stellenweise treten an den Rändern der Hauptstadt inzwischen weitere Akteure auf, die sich in die Abstimmung von höherstufiger und kommunaler Planung einmischen – wobei Analogien zu den aus den USA bekannten 'pro-growth'- und 'no-growth'-Koalitionen (vgl. Davis 1990), unverkennbar sind (siehe auch Matthiesen 1998b sowie jetzt detailliert V.1). Tendenziell interessiert sich die (lokale) Öffentlichkeit allerdings in erster Linie für bestimmte Einzelprobleme und schaltet sich in die Diskussion über mittel- und langfristige planerische Entwicklungsziele, von der sie sich nicht unmittelbar betroffen wähnt, eher selten ein.
- Der inhaltliche Konflikt, der bei der Abstimmung zwischen höherstufiger und kommunaler Planung am häufigsten virulent und meist auch mit besonderer Schärfe ausgetragen wird, ist der zwischen unterschiedlichen Zielhorizonten hinsichtlich des künftigen gemeindlichen Wachstums. Die Frage, inwieweit – mehr oder weniger realistische – Wachstumsoptionen oder auch nur -hoffnungen aufgegriffen und kodifiziert werden sollen, wird von den Planungsakteuren an den Rändern der Hauptstadt äußerst kontrovers diskutiert. Anlässe hierzu gibt es viele; immer dann, wenn es beispielsweise um die Nachverdichtung bestehender Siedlungsgebiete, um die Gewerbeansiedlung oder auch um die Schaffung von Ersatzwohnraum für Restitutionsopfer geht, steht diese Frage auf der planerischen Agenda.
- Potentiell erschwert wird die Bearbeitung dieses Konfliktes im Zuge der Abstimmung zwischen kommunalen Planungen und Landes- und Regionalplanung durch die ganze Palette der Friktionen, die im Planungsprozess auftreten können.

Der für die Dramatisierung der planerischen Konfliktchoreographie im Rahmen der Abstimmung von kommunaler und höherstufiger Planung wichtigste Aspekt 'institutioneller Verwerfungen' besteht in der Ungleichzeitigkeit der Konsolidierung formeller planerischer Institutionen (und Akteure) nach 1989. So fehlten in der ersten Zeit nach der Einführung des westdeutschen Bau- und Planungsrechts rahmensetzende Vorgaben für die kommunale Planung; es herrschte ein „Planungsvakuum" (Häussermann 1997: S. 98), das durch die rasch geschaffenen Rechtsgrundlagen – in Brandenburg insbesondere das Vorschaltgesetz zur Landesplanung – kaum gefüllt wurde (Heinrich 1996: 6ff.). Daher konnten die Gemeinden im Verflechtungsraum von Berlin und Brandenburg – nicht selten in erbitterter Konkurrenz zueinander – mit einem erheblichen zeitlichen Vorsprung gegenüber den sich erst langsam formierenden

---

5 Anhand zweier, rund um Berlin vielerorts 'prominenter' Planungsprobleme, anhand der *Nachverdichtungsfrage* und anhand der mit der *suburbanen Ansiedlung eines Industriebetriebes* verbundenen Schwierigkeiten, wird auch in zwei anderen Beiträgen dieses Bandes (vgl. II.5, VI.2) thematisch, durch welche Besonderheiten sich das Planungsgeschehen an den Rändern der Hauptstadt auszeichnen (kann).

'Widersachern' einer expansiven Gemeindepolitik – beginnen, Strategien der kommunalen Entwicklung zu 'implementieren', die fast immer wachstumsorientiert und in vielen Fällen als hypotroph zu bezeichnen waren. Der Zusammenhang zwischen 'institutionellen Verwerfungen' und der Dramatisierung einer konkreten 'planerischen Konfliktchoreographie' soll nun am Beispiel der Gemeinde Otterstedt nachgezeichnet werden.

3. Soll Otterstedt wachsen?

Die Gemeinde Otterstedt hat bereits ab 1990 zukunftsweisende Planungsmaßnahmen eingeleitet. Zu nennen ist an erster Stelle die Ausweisung des großen Industrie- und Gewerbegebietes (vgl. Nuissl/Arndt/Jäger in VI.2). Aber auch die planungsrechtliche Vorbereitung von Wohnungsbau wurde in großem Maßstab angegangen. Flankiert wurde die rege Planungstätigkeit der Gemeinde durch die Erarbeitung eines Entwicklungskonzeptes, das als Vorstudie für die Flächennutzungsplanung dienen sollte. Außer dem großen Gewerbegebiet sah dieses Entwicklungskonzept umfangreiche Siedlungserweiterungen vor. So avisiert auch die erste (beim Land Brandenburg archivierte) Anfrage der Gemeinde Otterstedt bezüglich der kommunalen Entwicklungsvorstellungen vom Juli 1991 neben der Realisierung des inzwischen weitgehend erschlossenen und bebauten Gewerbegebietes die Schaffung von insgesamt 4.700 Arbeitsplätzen und von Wohnraum für 3.000 bis 4.000 Menschen. Als Ziel der Gemeindeentwicklung wird – allerdings ohne Angabe eines zeitlichen Horizontes – das Wachstum bis zu einer Bevölkerungszahl von 8.000 bis 10.000 angegeben. Die daraufhin erstellte „Mitteilung der Ziele der Raumordnung und Landesplanung vom September 1991" betont zwar allgemein, „dass eine ausgewogene Entwicklung der Siedlungs- und Freiraumfunktionen" erreicht werden muss, schätzt die angezeigten Planungen aber als „im Grundsatz mit den Zielen der Raumordnung und der Landesplanung im Raum Otterstedt vereinbar" ein (cit. nach Jäger 1997: 17, 41). Auch der Landkreis hatte gegen die beabsichtigte Flächennutzung keine grundsätzlichen Bedenken. So konnte die Gemeinde Otterstedt in den ersten Jahren nach der 'Wende' weitgehend ungehindert eine äußerst expansive Strategie verfolgen und Erwartungen formulieren, die noch heute, wenn auch in stark modifizierter Form und in neue, qualifizierte Planwerke übersetzt, die Stoßrichtung der kommunalpolitischen Aktivitäten vorgeben.[6] Die Generosität, mit der die Behörden des Landes und auch des Kreises Anfang der 90er Jahre die hochfliegenden Entwicklungsziele der Gemeinde Otterstedt beschieden haben, mag überraschen. Denn diese Ziele standen von Anfang an in einem (symptomatischen) Spannungsverhältnis zum Leitbild der 'Dezentralen Konzentration', auf das sich das Bundesland Brandenburg gemeinsam mit Berlin festgelegt hat und das der Absicht verpflichtet ist, Entwicklungsimpulse aus der Metropolenregion Berlin in die Tiefe des Landes zu lenken (vgl. Ministerium für Umwelt, Naturschutz und Raumordnung Brandenburg 1993). Weil es jedoch einige Zeit dauerte, bis das Leitbild der 'Dezentralen Konzentration auch in konkreten planerischen Konzepten fixiert war bzw. bis es gelungen war, diese Konzepte zu einem Bearbeitungs- und

---

[6] Eine Planungskonflikte und Friktionen verschärfende Besonderheit besteht im Fall Otterstedt darin, dass der erste 'Nachwende-Bürgermeister' König offenbar hart an der Grenze der Legalität operierte und dafür sorgte, dass Entscheidungsstrukturen intransparent blieben. Nicht zuletzt dank Königs Aktivitäten verfügt die Gemeinde Otterstedt heute zwar über eines der florierendsten Gewerbegebiete Brandenburgs, ist aber auch hoch verschuldet und leidet noch immer unter finanziellen Verpflichtungen, die König oft eigenmächtig und – dieser Verdacht steht im Raum – nicht ganz uneigennützig einging (vgl. Karl in diesem Band). Vor allem aber wurde Otterstedt damit langfristig auf eine expansive Entwicklungsstrategie festgelegt, die auf zunehmenden Widerstand stößt und zudem längst auch aus „übergeordneten" Gründen (Flughafenausbau) illusionär geworden ist (vgl. V.1)

Verfahrensstand zu führen, der ihre Anerkennung als verbindliche Planungsgrundlage gegenüber den Gemeinden einzufordern erlaubte, hatte das Land Brandenburg zunächst nur schwache Instrumente in der Hand, um mäßigenden Einfluss auf kommunale Planungen zu nehmen. Ein Stück weit mangelte es aber wohl auch an politischem Willen, fehlende planerische Grundlagen durch ein verstärktes 'kommunikatives Engagement' zu kompensieren (vgl. Giese 1994: S. 17 f.; Heinrich 1996: S. 35). Diejenigen staatlichen Instanzen, die für die Gewährleistung einer auch ortsübergreifend ausgewogenen räumlichen Entwicklung zuständig sind, erwiesen sich in den ersten Jahren des (Wieder-) Bestehens des Landes Brandenburg jedenfalls als latent handlungsunfähig.[7]

Der weitere Verlauf der Auseinandersetzungen zwischen der Gemeinde Otterstedt und dem Land Brandenburg ist davon gekennzeichnet, dass sich mit der schrittweisen Konsolidierung der höherstufigen Planungsinstanzen auch die zunächst latenten Konflikte um den Stellenwert der 'Dezentralen Konzentration' bzw. um das Problem des kommunalen Wachstums mehr und mehr manifestieren. Ein erstes Anzeichen für eine Zuspitzung der Situation liefert eine Stellungnahme der landesplanerischen Genehmigungsbehörde vom November 1993: Nachdem bis zu diesem Zeitpunkt der jeder Stellungnahme des Landes zu Otterstedter Planungsvorhaben beigefügten Aufforderung zur Erstellung eines Rahmenplans bzw. eines Flächennutzungsplans nicht nachgekommen worden war, sah sich die Behörde nicht mehr in der Lage, „einer weiteren Flächeninanspruchnahme im Außenbereich (...) von Otterstedt zuzustimmen" (cit. nach Jäger 1997: S. 19), und verlangte die Aufstellung von Bauleitplänen, die den – rechtlich freilich noch sehr vage definierten, aber verwaltungsintern schon quantitativ konkretisierten – Zielen der Raumordnung und Landesplanung entsprechen. Die Gemeinde war somit gezwungen, ihre Flächennutzungsplanung voranzutreiben. Deshalb wurde, noch befördert durch die Abwahl von Bürgermeister König, umgehend, im Dezember 1993, der Aufstellungsbeschluss für einen Rahmenplan gefasst. Schon ein Jahr später lag dann der Entwurf für die „Räumliche Entwicklungsplanung" eines neu beauftragten Planungsbüros vor. Obwohl diese Planung bereits eine leichte Reduktion der Einwohnerzielgröße gegenüber den vorherigen Konzepten beinhaltete, passierte sie die Begutachtung durch die Instanzen der höherstufigen Planung nicht mehr ohne Beanstandung – wohl nicht zuletzt deshalb, weil fast zeitgleich die beiden Landesparlamente in Berlin und Brandenburg beschlossen hatten, für den sogenannten LEP e. V., den „Landesentwicklungsplan für den engeren Verflechtungsraum", der landesplanerische Aussagen für den gesamten Metropolenraum trifft, das Beteiligungsverfahren mit den „Trägern öffentlicher Belange" zu eröffnen. Damit war der zu jener Zeit vorliegende Entwurf des LEP e. V. als Orientierungsrahmen in planerischen Genehmigungsverfahren legitimiert und konnte – wenn auch aufgrund seines Entwurfsstatus nur in eingeschränktem Umfang – beanspruchen, dass kommunale Planungsvorhaben sich in den von ihm

---

7 Seit seiner ersten Formulierung sieht sich das Leitbild der 'Dezentralen Konzentration' dem stellenweise nicht nur von einzelnen expansionswilligen Gemeinden recht heftig vorgebrachten Vorwurf ausgesetzt, unrealistisch zu sein und durch die 'Über-' Betonung des Ausgleichsziels die Entwicklung des Landes Brandenburg insgesamt zu gefährden (von Einem 1993), wobei die Front – grob gesprochen – zwischen den 'Idealisten' und den 'Pragmatikern' in Planung und Politik verläuft. Im Zuge der Mitte der neunziger Jahre geführten 'Fusionsdebatte' hat dieser Vorwurf neue Nahrung erhalten. Vor dem Hintergrund der Tatsache, dass zu Beginn der neunziger Jahre, als es tatsächlich in größerem Umfang Investitionsinteressen rund um Berlin zu 'verteilen' gab, die Absicht einer 'Dezentralisierung' von Potentialen im Land Brandenburg fast gar keine Entscheidungswirksamkeit zu erlangen vermochte, geht der Vorwurf, mit der politisch-planerischen Fixierung dieser Absicht werde rund um Berlin eine 'Verhinderungspolitik' initiiert (indem sich die einzelnen Entscheidungsträgerinnen und -träger zur Verfolgung dieser Absicht genötigt sehen), legitimiert und zementiert, weitgehend an der Realität vorbei.

vorgegebenen Rahmen einfügen.[8] Im Sinne der 'Dezentralen Konzentration' verzichtet der LEP e. V. darauf, ein deutliches Wachstum der Gemeinde Otterstedt 'einzuplanen'. In ihrer Stellungnahme zur Otterstedter Rahmenplanung verweist die landesplanerische Genehmigungsbehörde im April 1995 demgemäß auf den LEP e.V.:

„Die (...) angesetzte Einwohnergröße von 7.000-8.000 Einwohnern ist überhöht und bedeutet eine Vervierfachung der derzeitigen Einwohnerzahl in 15-20 Jahren, insofern liegt ein offener Widerspruch zu den eingeleiteten Zielen des LEP e. V. vor."

Im Rahmen des Abwägungsverfahrens zum LEP e.V. (TÖB-Beteiligung) begründet die Gemeinde in einer Stellungnahme diese krasse Diskrepanz ihrerseits wie folgt:

„Die ausgewiesenen Einwohnergrößen bzw. Wohneinheiten für Nachhol- und Ersatzbedarf, Restitution und Wanderungsgewinne wurden aufgrund der vor Ort vorgefundenen Bedarfsgrößen sowie aus den in Aufstellung befindlichen Bebauungsplänen entwickelt und fachlich geprüft. Für einzelne in Aufstellung befindliche Bebauungspläne liegen positive Stellungnahmen seitens der Fachbehörden vor. Die sich daraus ableitenden Einwohnerzahlen liegen bereits über den im LEP e. V. dargestellten Einwohnerzuwachszahlen von 25 %. Die besondere Lagegunst der Gemeinde Otterstedt (unmittelbare Nähe zu Berlin, verkehrsgünstige Lage) sowie die vorhandenen überregional bedeutsamen Industrie- und Gewerbeflächen (...) ergeben einen erhöhten Ansiedlungsdruck für die Gemeinde. Insbesondere vor dem Hintergrund des raumordnerischen Zieles, Arbeitsplätze und Wohnraum in gleichwertiger Anzahl zu schaffen, wurde ein erhöhter Wanderungsgewinn angenommen. (...) Die sich insgesamt ergebende Bandbreite der Einwohnerzahl für die Gemeinde Otterstedt ist als langfristige Entwicklungsperspektive zu verstehen. Dabei kann es durch Entwicklungen, die zum heutigen Zeitpunkt noch nicht absehbar sind, zu Verschiebungen der Bedarfswerte kommen; entsprechend wurde ein Stufenkonzept entwickelt."

Zu einer weiteren Verschärfung des Gegensatzes zwischen den Expansionsabsichten (nicht nur) der Gemeinde Otterstedt und den für die Gewährleistung einer geordneten Entwicklung auf gesamtregionaler Ebene staatlichen Stellen trug dann die Reorganisation der mit landes- und regionalplanerischen Funktionen betrauten Verwaltungsteile in Brandenburg bei, die bereits 1993 eingeleitet worden war.[9] Es wurden in einer gemeinsam mit dem Land Berlin neu

---

8   Als Teilprodukt der Brandenburgischen Landesplanung, (das gemeinsam mit dem Land Berlin in Auftrag gegeben und abgestimmt wurde und) das das gesamte Berliner Stadtgebiet mit einbezieht, kommt dem Landesentwicklungsplan für den engeren Verflechtungsraum (LEP e. V.) besondere Bedeutung für die in unmittelbarer Nähe zu Berlin gelegenen Gemeinden zu. Obwohl der Ebene der Landesplanung zuzurechnen, trifft der LEP e. V. 'regionalplanmaßstäbliche' Aussagen. Für die kommunale Entwicklungsplanung an den Rändern der Hauptstadt sind dabei vor allem zwei Typen von Aussagen des LEP e. V. wichtig: Zum einen werden potentielle Siedlungsbereiche (die z.T. auch Teilflächen der Berliner Randbezirke einschließen) bestimmt, in denen die suburbane Entwicklungsdynamik gebündelt werden soll. Zum anderen werden drei Typen von Gemeinden nach ihren jeweiligen Wachstumshorizonten unterschieden („Typ-I, -II- und -III-Gemeinden"). Die Zuordnung aller Gemeinden des engeren Verflechtungsraums zu einem dieser Typen wird der späteren Regionalplanung vorbehalten, die sich allerdings an den Aussagen des LEP e. V. orientieren muss – das heißt, die Typ-I-Gemeinden, für die als Orientierungswert von einem 50-prozentigem Bevölkerungswachstum bis 2010 ausgegangen wird, dürfen sich nur in Ausnahmefällen nicht mit den potentiellen Siedlungsbereichen decken. (Weder Otterstedt noch Grünow sind im LEP e. V. einem potentiellen Siedlungsbereich zugeordnet; beide Gemeinden werden als Typ-II-Gemeinden eingestuft.)
9   Aus Gründen der Anonymisierung wird die institutionelle Struktur des 'Planungssystems' in Brandenburg (und Berlin) leicht verfremdet dargestellt. Die beschriebenen Aufgaben, Befugnisse und Interessen der einzelnen planenden Stellen entsprechen jedoch weitestgehend der Realität.

eingerichteten Planungsabteilung Referate geschaffen, deren Aufgabe es ist, landesplanerische Zielsetzungen und (Bauleit-) Planungen der einzelnen Kommunen miteinander in Einklang zu bringen, also großräumige und kommunale Planungen auf der Ebene von Regionen zu integrieren. Die Verantwortung für die Wahrnehmung dieser 'Scharnierfunktion' tragen die jeweiligen Referatsleiterinnen und Referatsleiter. Ihnen obliegt es, gegenüber den Gemeinden die Ziele und Grundsätze der höherstufigen Planung zu vertreten sowie die einzelnen kommunalen Planungen aufeinander abzustimmen, zu bündeln und in ein tragfähiges Planwerk für einen Teilraum des Landes zu integrieren. Sie haben demnach die Rolle von Mediatoren, die zwischen den Interessen verschiedener Gemeinden wie auch zwischen kommunalen und landespolitischen Interessen vermitteln. Angesichts der disparitären Struktur des Landes Brandenburg, den großen Diskrepanzen, die zwischen 'engerem Verflechtungsraum' und 'äußerem Entwicklungsraum' herrschen, muss ihr Augenmerk dabei hauptsächlich der 'gerechten' Verteilung von Infrastrukturen, Ressourcen und Belastungen im Raum gelten. In den Auseinandersetzungen zwischen den eine mittlere Planungsebene repräsentierenden Referaten der Landesplanungsabteilung und den einzelnen Gemeinden an der Berliner Peripherie tritt daher häufig der vielerorts schwelende Konflikt um kommunale Wachstumsziele zutage.[10] So liegt für die Region, zu der Otterstedt zählt, ein Planwerk[11] vor, das einen weit fortgeschrittenen Verfahrensstand erreicht hat, womit es (ähnlich dem LEP e. V.) bereits rechtliche Wirkung entfaltet. (Die Situation in Grünow ist übrigens ganz ähnlich gelagert). Besonders deutlich orientiert sich dieses Planwerk dabei am 'Ausgleichsziel' und versucht die planerischen Voraussetzungen dafür zu schaffen, dass Entwicklungsimpulse von den Rändern der Hauptstadt aus in die Tiefe des Landes Brandenburg gelenkt werden können. Es erklärt im ersten Plansatz „die Herstellung und Sicherung gleichwertiger, zeitgemäßer Lebensbedingungen in allen Teilen der Region" zum Oberziel und will dieses Ziel durch eine „partnerschaftliche Kooperation der Teilräume" erreichen, in deren Rahmen „die stärkeren auch an der Stärkung der schwächeren Regionsteile mitwirken". In der Begründung zum ersten Plansatz wird dann ausgeführt, an wen sich dieses Primat vor allem richtet. Demnach ist

„Partnerschaft – mehr als bisher – dort gefragt, wo sich Ansiedlungswünsche konzentrieren. Nicht alle müssen, sollen und können am Ort ihres Auftretens vor den Toren Berlins befriedigt werden, einige könnten ohne weiteres an den die entfernteren Nachbarn weitervermittelt werden."

Vor diesem Hintergrund wird der Gemeinde Otterstedt keine besondere Bedeutung etwa als Entwicklungsschwerpunkt im Berliner Metropolenraum zugedacht; auch soll sie keine zentralörtliche Funktion übernehmen. Immerhin wird ihr aber ein gewisses – über die sogenannte 'Eigenentwicklung' hinausgehendes – Wachstum zugestanden: Bis zum Jahr 2010 gilt eine Zunahme der Bevölkerungszahl von Otterstedt (wie auch derjenigen von Grünow) um 25 % gegenüber derjenigen von 1990 als angemessen. Demnach wäre der Neubau von maximal 200 Wohneinheiten in Otterstedt aus landes- und regionalplanerischer Sicht zustimmungsfähig.

---

10 In welcher Form und in welcher Schärfe die Auseinandersetzungen um das künftige Wachstum einzelner Kommunen im Berlin-Brandenburgischen Verflechtungsraum geführt werden, steht freilich nicht von vornherein fest. So wird – wie im nächsten Abschnitt noch näher ausgeführt – die planerische Konstellation im Fall von Otterstedt dadurch noch zugespitzt, dass das zuständige Referat der Landesplanungsabteilung seine Aufgaben mit großem Engagement wahrnimmt und vehement versucht, zu einer stringenten planerischen Konzeption für einen großen Brandenburgischen Teilraum zu gelangen.

11 Zitate aus dem Otterstedt betreffenden Planwerk der Landesplanungsabteilung werden im folgenden aus Anonymisierungsgründen ohne Quellenangabe wiedergegeben.

Mit der Konkretisierung planerischer Oberziele sowohl im Zuge der Landesentwicklungsplanung als auch – in noch stärkerem Maße – durch die für die Planung auf der Ebene von Regionen zuständigen Referate (die sich selbstverständlich an dem von der Landesentwicklungsplanung vorgegebenen Rahmen orientieren, aber in ihren planerischen Aussagen noch konkreter werden als diese) wird zugleich der 'von Anfang an' schwelende planerische Zielkonflikt kodifiziert. In Otterstedt schießen schon die bis 1995 eingeleiteten Bebauungsplanverfahren weit über den mit der Konkretisierung der planerischen Oberziele festgelegten Wachstumshorizont für die Gemeinde hinaus. Bei einer Festsetzung dieser Pläne könnte sich die Einwohnerzahl von Otterstedt leicht mehr als verdoppeln – also den Wert von 1990 um weit mehr als 100 Prozent übersteigen.[12] Am Otterstedter Beispiel wird damit eine 'institutionelle Verwerfung' im Planungsgeschehen an den Rändern der Hauptstadt sichtbar, die typischerweise schwer beherrschbare Konsequenzen zeitigt: Die höherstufige Planung kollidiert mit bereits auf kommunaler Ebene vorgenommenen Setzungen und nicht andersherum. Die prinzipielle Eignung von Landes- und Regionalplanung, Probleme der Suburbanisierung in den Griff zu bekommen (vgl. z.B. Akademie für Raumforschung und Landesplanung (Hrsg.) 1985: S. 34; Hatzfeld/Roters 1998: 534), ist damit im Fall des Metropolenraumes Berlin deutlich herabgesetzt.[13] Schon deshalb wird rund um Berlin die Verfolgung des Leitbildes der 'Dezentralen Konzentration' auf absehbare Zeit erhebliche Schwierigkeiten aufwerfen (vgl. Ernsting/Schröder 1998; Heinrich 1996) – und zwar erstens ganz unabhängig davon, dass es vielfach als unrealistisch und kontraproduktiv gilt, Investitions- und Entwicklungsvorhaben aus dem Großraum Berlin in die peripheren Bereiche Brandenburgs umlenken zu wollen, und zweitens trotz der mittlerweile spürbar verbesserten Möglichkeiten einer Kontrolle der kommunalen Planungstätigkeiten. Vor diesem Hintergrund räumt – inhaltlich nicht ganz korrekt – ein Vertreter der Brandenburgischen Landesplanung auch noch im Jahr 1997 ein, dass das „Problem hier

---

12 Drastische Zielkonflikte zwischen landes- und regionalplanerischen Vorgaben auf der einen Seite und kommunalen Planungen, für die längst ein Aufstellungsbeschluss vorliegt, auf der anderen Seite sind an den Rändern der Hauptstadt nichts Außergewöhnliches. Dabei wirkt sich im Fall von Otterstedt derzeit ein besonderer Umstand sogar noch mäßigend aus: Aufgrund eines das Gemeindeterritorium betreffenden Raumordungsverfahrens dürfen alle Otterstedter Planungsprojekte auf unbestimmbare Zeit keine landes- und regionalplanerische Zustimmung erwarten. Anders in Grünow, wo eine expansive kommunale Entwicklungsstrategie bereits weitgehend planungsrechtlich petrifiziert ist: Als äußerst begehrtes Ziel der Wohnsuburbanisierung, aber auch von wohlhabenderen Zuzüglerinnen und Zuzüglern in die Region Berlin/Brandenburg entschied sich die Gemeinde Grünow bald nach der 'Wende' für eine expansiv ausgerichtete kommunale Planungsstrategie. Das Hauptaugenmerk der Grünower Bauleitplanung gilt dabei der Verdichtung der bestehenden, zum Teil sehr dünn bebauten Siedlungsbereiche. Hintergrund für diese Strategie ist nicht zuletzt das weitgehende Fehlen von Entwicklungsoptionen im Außenbereich. (Schon die einzige größere Siedlungserweiterung Grünows musste in einem vorher bewaldeten Landschaftsschutzbereich erfolgen und konnte nur deshalb zur Genehmigungsreife geführt werden, weil dort Ersatzwohnraum für restitutionsbetroffene Grünower Bürgerinnen und Bürger geschaffen werden sollte.) So wurde für fast alle der Siedlungsbereiche Grünows, die aus planerischer Sicht über Nachverdichtungspotentiale verfügen, Baurecht geschaffen – mit dem Ergebnis, dass allein mit dem nach heutigem Stand der Bauleitplanung in Grünow zulässigen Wohnungsbau eine Bevölkerungszunahme verbunden wäre, die den landes- und regionalplanerisch vorgegebenen Zielhorizont um mehr als 100 % überschreitet.) Die wachstumsorientierte Strategie der Gemeinde freilich stößt indessen auch in Grünow selbst auf Widerstand (vgl. Matthiesen in diesem Band V.1 sowie Matthiesen 1998b).

13 Eine gute und detailreiche Darstellung vor allem der planungsrechtlichen Aspekte des Gegensatzes zwischen großräumiger und kommunaler Planung im Berliner Umland bietet die (leider unveröffentlichte Diplom-) Arbeit von Heinrich (1996). In ihrem Mittelpunkt steht eine Wirkungsanalyse des eigens für den engeren Verflechtungsraum von Berlin mit Brandenburg erstellten Landesentwicklungsplans. Anhand mehrerer Fallbeispiele werden die Besonderheiten der Planungskonstellation an den Rändern der Hauptstadt, die im folgenden nur skizziert werden können, auch empirisch unterfüttert.

VI. 1   *Räumliches Planen an den Rändern der Hauptstadt*   261

in Brandenburg (ist, A.d.V.), dass auf hochstufiger Ebene kaum Ziele da sind" und „dass immer mit dem Gesetz 'n bisschen und 'n bisschen mit dem LEP e.V.' (...) argumentiert wird" (cit. nach Jäger 1997: 13). Die Entwicklung des suburbanen Raumes rund um Berlin gemäß dem 'Gegenstromprinzip' zu steuern, scheint vor diesem Hintergrund weithin unmöglich zu sein.

4. Zwei 'Suburbanisierungsplaner' und ihre Planungsziele

In welcher Weise sind nun die Voraussetzungen dafür gegeben, den zwischen den verschiedenen Ebenen des 'Planungssystems' bestehenden Konflikt um das Wachstum Otterstedts zu lösen? Darüber bestimmt zunächst die Angemessenheit der eingeschlagenen – planungsprozeduralen – Bewältigungsstrategien. Die Auswahl dieser Strategien sowie vor allem deren praktischer Erfolg hängen aber insbesondere in 'schwach definierten', wenig vorstrukturierten Planungskonstellationen von einem kaum vorhersehbaren Moment ab: vom Ausmaß, in dem die beteiligten Planerinnen und Planer dazu in der Lage sind, in gemeinsamer Interaktion Divergenzen auszuräumen oder durch Kompromissbildungen zu neutralisieren. Das wiederum richtet sich maßgeblich danach, ob jenseits der voneinander abweichenden Positionen (die etwa zum Problem des Wachstums der Gemeinde Otterstedt eingenommen werden) eine gemeinsame Gesprächsgrundlage besteht, danach, ob ein professionsspezifisches Set von Werten und Leitvorstellungen existiert, die zwar – ortkonkret – unterschiedlich interpretiert und zur Begründung divergierender planerischer Positionen herangezogen werden können, die aber gewährleisten, dass solche Positionen untereinander kommunikationsfähig und aneinander lernfähig bleiben. Anhand von zwei Planern, die mit der planerischen Entwicklung von Otterstedt befasst sind, soll nun exemplarisch demonstriert werden, dass die Kommensurabilität der Deutungen von Planungsakteuren von entscheidender Bedeutung dafür ist, ob gegenläufige Zielvorstellungen einen lähmenden Einfluss auf Planungsprozesse ausüben oder nicht.[14]

Herr Jung
Als Gesellschafter eines eingeführten Berliner Planungsbüros ist Herr Jung federführend an der Erarbeitung der Entwicklungsplanung für Otterstedt beteiligt. In dieser Funktion muss er die Interessen der Kommune vertreten und in die 'Sprache' der Planung übersetzen. Gleichwohl übernimmt er diese Aufgabe aus einer deutlich markierten professionellen Distanz heraus, die es ihm gestattet, die Konfliktstoff bergenden Otterstedter Planungsvorhaben 'planungsethisch' zu begründen. Vor allem zwei planerische Grundwerte sind es, mit denen Jung deren krasse Abweichung von dem für Otterstedt formulierten landes- und regionalplanerischen Wachstumshorizont rechtfertigt:

1) Pragmatismus und
2) Freiheit.

ad 1) Herr Jung beruft sich auf einen planerischen Pragmatismus; er plädiert für den 'Blick' für das Machbare und unter gegebenen Bedingungen Angemessene. Vor diesem Hintergrund

---

14   Die folgenden 'Fallskizzen' basieren auf der Auswertung der Transkripte der Interviews mit den beiden Planern Frühauff und Jung. Mit Herrn Jung wurde ein etwa zweistündiges, mit Herrn Frühauff ein erstes, ebenfalls zweistündiges sowie ein weiteres etwa einstündiges Interview geführt. Zitate bzw. Sequenzen aus den Interviews werden im folgenden anhand der in den jeweiligen Transkripten vergebenen Interaktnummern belegt; mit Ausnahme des ersten mit Herrn Frühauff geführten Interviews (abgekürzt Fa), für das die Seitenzahlen des Transkriptes angegeben werden.

hält er eine expansive Planungsstrategie für Otterstedt aus wiederum zwei Gründen für opportun: Zum einen sei zu erwarten, dass sich im Zuge der weiter anhaltenden Suburbanisierung an den Rändern der Hauptstadt in beträchtlichem Umfang 'Begehrlichkeiten' auch auf die Gemeinde Otterstedt richten werden, so dass eine planerische Verhinderung von Wachstumsprozessen ohnehin kaum möglich sein werde,

„weil Otterstedt als Standort, im Speckgürtel, ein Top-Standort ist, aufgrund der Nähe zu Berlin, aufgrund der ausgewiesenen Gewerbeflächen, und aufgrund der Nähe zum Bahnhof, so, und aufgrund der hohen Restitution." (J 45)

Zum anderen sei gerade im Fall von Otterstedt eine Expansion über den sogenannten Eigenbedarf (d.h. die von der bereits ansässigen Bevölkerung ausgehende Nachfrage nach Wohnraum) hinaus auch gar nicht negativ zu bewerten. Denn aus der erfolgreichen Implantation eines großen Gewerbe- und Industriegebietes ergebe sich geradezu ein planerischer Auftrag, dafür zu sorgen, dass am Ort auch Wohnungen errichtet und Freizeitinfrastrukturen ausgebaut werden können, damit keine – nicht wünschenswerte – einseitige Struktur der Gemeinde dauerhaft festgeschrieben werde:

„wir wissen ja aus der Landes- und Regionalplanung, Otterstedt ist eigentlich, nur mit Eigenbedarf zu bedienen. (...) Wir haben gesagt: Das ist Blödsinn! (Jetzt schaut euch 'mal dieses) riesige Gewerbegebiet an, und überlegt euch 'mal, was ihr hier an Arbeitsplätzen schafft, jetzt schon da ist; ich möchte gerne, dass die Leute hier arbeiten und leben können. (1) Und darum haben wir diesen einzelnen Baustufen Zeiten zugeordnet. Wir haben einen Ausbaustufenplan entwickelt, wo wir gesagt haben: Okay, wir erkennen an, die Regional- und Landesplanung, müssen wir auch, das ist die berühmte Abwägung. Und damit sich die Fachbehörden auch keine Sorgen machen, gibt es eben drei Ausbaustufen, und Prioritäten." (J 45)

Aus den beiden genannten Gründen befürwortet Herr Jung eindeutig eine kommunale Planungsstrategie, die auf die Bereithaltung eines 'Flächenpools' abzielt, der im Bedarfsfall entwickelt werden kann – sprich: für die Festsetzung größerer, im bisherigen Außenbereich gelegener Baugebiete im Flächennutzungsplan.

ad 2) Das zweite werthaltige Kriterium gelingender Planung, das Herr Jung dem Vorwurf einer allzu drastischen Überschreitung landes- und regionalplanerisch definierter Zielhorizonte entgegenhält, kann als 'planungskulturelles' bezeichnet werden: Wichtiger als die dogmatische Einhaltung bestimmter Planungsnormen und Grenzwerte ist ihm die Herstellung und Bewahrung der (planerischen) Handlungsfähigkeit einer Gemeinde. Nach Jung ist es die elementare Aufgabe eines 'freien' Planers, den kommunalen Auftraggeberinnen einen verantwortungsvollen, aber auch eigenverantwortlichen Umgang mit den eigenen Flächenressourcen zu ermöglichen, indem möglichst kollektiv getragene Entwicklungsziele, gemeinsame Visionen zur Zukunft einer Gemeinde entwickelt werden, die dann als Grundlage von Entscheidungen über einzelne Probleme oder Interessenkonflikte dienen. Nicht zuletzt im Fall seines Engagements in Otterstedt sieht Jung hierin seine 'eigentliche Mission'. Dies bringt er anhand des für ihn zentralen 'Schlüsselbegriffs' der kommunalen Planungshoheit zum Ausdruck, den er ins Zentrum seiner Überlegungen zu den Aufgaben und zum 'Wesen' der Planungstätigkeit stellt. Zunächst beschreibt er das Fehlen konsentierter Ziele der künftigen Gemeindeentwicklung in Otterstedt als schwerwiegendes Problem:

„als dann die Gemeindevertretung uns eingeladen hat, (...) an diesem ersten Abend, also wir haben's gespürt, wie zerrissen diese Gemeindevertretung ist. Also das ist ja ganz klar, da sind ja verschiedene Interessen, ne ich meine, da sitzen Leute, die, neben ihrer, ihren zwölf Stunden abends noch im Bauausschuss sind, und das muss man auch hoch anrechnen, wer macht das heutzutage noch, sich für so Gemeinwesen einzusetzen?, und, wir waren so ein bisschen auch erschrocken, wie off-... wie viel offene Probleme wir noch, vorgefun-... also noch nicht gelöst waren. Da gab's also den Investor, diesen... dieser tolle Gewerbepark, wo sich auch Herr Stolpe ja, 'für eingesetzt hat, und wo alle gesagt haben: das ist, maßgeblich für Brandenburg." (J 27)

Um das Ziel einer gemeinsamen Vision für die Entwicklung der Gemeinde zu erreichen, bemüht sich Herr Jung, bei der Planerstellung vor allem zwei Prinzipien einzuhalten: Erstens setzt er alles daran, dass Fragen der kommunalen Planung nicht politisiert (bzw. dass planerische Standpunkte nicht dogmatisiert) werden und dass es gelingt, Interessenkonflikte 'ehrlich', aber auch offen zu verhandeln:

„Und wir haben dann auch gesagt: Passt auf, wenn wir hier arbeiten, die Arbeit, die wir hier machen für euch treuhänderisch, die eignet sich nicht, um Politik zu machen. Das muss ganz klipp und klar sein, dass das nicht zwischen den Fraktionen irgendwie als Messer genommen wird; nicht weil hier, 99 Prozent, nachher, Stimmen haben wollen, wie in den alten Zeiten, sondern wir sagen: Bringt euch ein, in aller Schärfe! Aber bitte, nicht, im Bauausschuss, das als Politikum nehmen!" (J 27)

Zweitens vertritt Jung die Auffassung, dass alle relevanten Akteure in den Planungsprozess einzubinden seien. Das betrifft in Otterstedt vor allem das weltweit operierende Unternehmen Engines, das bislang weitgehend ohne Koordination mit der Gemeinde agiert. Dieser Mangel an Integration wird von Herrn Jung als virulentes Planungsproblem thematisiert (vgl. Nuissl/Arndt/Jäger in diesem Band VI.2):

Wir haben dann auch ganz vorsichtig dann in der Gemeindevertretersitzung das artikuliert und 'mal nachgefragt und darauf hingewiesen, dass man doch bitte darauf achten sollte, wenn man mit Investoren zusammenarbeitet, auch (mit) eigentlich auch seriösen Investoren, wie die dort im Ort vorhanden waren, dass man doch auch darauf achten sollte, dass die sich einbringen. Also wir machen das oft in vielen Kommunen, dass wir sagen, wir bilden jetzt einen Investoren-Pool. Da sitzt der Bürgermeister, der Planer, alle anderen Fachplaner, die Investoren mit ihren Vertretern und bereden einfach 'mal die Dinge, die im Ort notwendig sind." (J 27)

Herr Frühauff
Herr Frühauff ist seit 1995 Leiter eines der Referate der Berlin-Brandenburgischen Landesplanungsabteilung, die mit der Aufgabe betraut sind, landes- und regionalplanerische Vorgaben zu konkretisieren und deren Beachtung sicherzustellen. Einen großen Teil seiner Arbeitskraft verwendet er darauf, die Planungsvorhaben einer Vielzahl von Kommunen in ein gemeinsames Planwerk einzubinden. Frühauff vertritt also die großräumige Planungsebene und damit zugleich das Ziel, Disparitäten zwischen den einzelnen Teilräumen des Landes Brandenburg auszugleichen. Diese Ziel verfolgt er mit Zähigkeit und großem Engagement. Dabei sieht er sein Handeln gewissermaßen doppelt legitimiert (vgl. Fischer 1978): Zum einen beruft sich Herr Frühauff auf den von 'höherer Stelle' ergangenen 'Auftrag' zur „Schaffung gleichwertiger Lebensbedingungen" und unterstreicht dabei das Leitbild der 'Dezentralen Konzentration'; zum anderen hält er diesen 'Auftrag' aber auch für 'inhaltlich' begründet. Letzteres illustriert er in ausgesprochen drastischer Form anhand der im Falle einer Suspendierung des verfolgten Oberzieles, eine ausgeglichene Entwicklung des gesamten Landes Brandenburg zu gewährleisten, zu erwartenden Konsequenzen. Dabei kommt deutlich ein auf das Prinzip der Zweckrationalität gegründetes 'professionelles Selbstverständnis' Frühauffs zum Vorschein. Ungleichwertige Lebensbedingungen erscheinen in Frühauffs Darstellung nicht in erster Linie als Negation eines Wertes; sie werden vor allem als dysfunktional im Hinblick auf ein 'optimales' Zusammenleben im Raum gekennzeichnet:

„ma' kann Berlin bei- vieles wünsch'n aber eins darf man ihm nicht wünschen dass, sich hier nun eine Million' Brandenburger aus den entlegenen Landesteilen, auch Städten wie Lauwitz aufmach'n, mangels Arbeitsplatz, und geh'n nach Berlin um dort Tellerwäscher od'r od'r, sonsch'was zu werd'n. Un' d' des-, desweg'n, auch der Auftrag: Verwurzelung, in, in diesen, Dörfern, im Netzewald (im- un' im) Netzemark, und eb'n Suche nach Qualitätsmerkmal'n." (F 17)

Die Aufgabe der „Schaffung gleichwertiger Lebensbedingungen" hat Herr Frühauff im wesentlichen in zwei Zieldimensionen übersetzt, die er von zwei ebenfalls werthaltigen Kriterien ableitet:

1) Qualität und
2) Gerechtigkeit.

ad 1) Herr Frühauff ist bestrebt, allen potentiellen Widrigkeiten zum Trotz regionale und lokale Qualitäten zu identifizieren und zu sichern, an denen sich das konkrete Planungshandeln orientieren kann. Unmittelbar für ihn relevant sind diese Qualitäten als Grundlage des je individuellen Stärken-Profils eines Raumes, das dessen Gleichwertigkeit (nicht Gleichartigkeit) mit anderen Teilräumen eines Landes oder eines Staates begründet. Mittelbar misst Frühauff diesen Qualitäten insofern Bedeutung zu, als seiner Ansicht nach auch die zu verfolgenden Strategien der regionalen Entwicklung auf ihnen basieren müssen: Er will sie als Ferment nutzen, mit dessen Hilfe sich auch strukturschwache Räume 'in Wert setzen' lassen. Ohne ein Verständnis der je spezifischen Eigenarten eines räumlichen Gegenstandes ist es aus Frühauffs Perspektive allerdings nicht möglich, die (nur) diesem Gegenstand eigenen Qualitäten zu identifizieren. Folgerichtig votiert Frühauff nachdrücklich dafür, bei der Bestimmung regionaler und lokaler Qualitäten auf Gegenstandsangemessenheit bzw. Kontextualität zu achten; keinesfalls dürfe diese Bestimmung schematisch erfolgen:

„Nu' ka(nn)'mer' des äh, an dem an ei'- an diesem Wort: gleichwertig kann man es dann aufhängen, dass wir auch h', erkennen müssen: gleichwertig heißt net so wie in Zehlendorf, oder Köpenick. Un' au' net wie, vielleicht in einem bayrischen Dorf das in der Sichtweite von Nürnberg isch' oder, od'r an der Mosel mit mit Wein Weib un' Gesang sondern, gleichwertig heißt auch:, wertvoll für, die Menschen hier. Und das wiederum heißt:, Nicht nur orientier'n was mach'n die in Zehlendorf un' in Bayern un' an d'r Mosel, sondern was, ist hier, adäquat (...) Nein ich hab' ja hier auch 'was." (F 17)

Indem er es für notwendig erachtet, räumliche Qualitäten gegenstandsangemessen und kontextbezogen zu bestimmen, bringt Herr Frühauff auch zum Ausdruck, dass solche Qualitäten aus seiner Sicht nur auf der Grundlage individueller Fallerfahrung entdeckt werden können. Nur die genaue Kenntnis spezifischer Konstellationen ermögliche es – das ist die planerische Grundüberzeugung Herrn Frühauffs – die je besonderen, noch an den am ungünstigsten gelegenen Orten spürbaren Qualitäten zum Dreh- und Angelpunkt planerischer Konzeptionen zu machen (vgl. Matthiesen 1998b: 256). Für die Gewinnung dieser Kenntnis formuliert Herr Frühauff, klug und praktisch erfahren, eine Maxime, die als Pendant des für jede fallanalytisch angelegte wissenschaftlich-empirische Untersuchung zentralen 'Kontrastierungsparadigmas' gelten kann; er empfiehlt eine vergleichende 'natürliche Einstellung', ein „Programm einer systematischen Erfahrungsreise durch gelungene wie misslungene Planungsrealisierungen" (Matthiesen 1998b: S. 256):

„(...) Gucken gucken gucken. Und net bloß auf'm G'sangsvereinsjubiläum da, mit'm Bürgermeischter da, de' Fassbieranstich vornehmen. (3) Ha', mir geht des so wenn i, wenn ich auch jetzt a' Woche Urlaub gemacht hab' im Badischen. Ha' da kommt man auch wieder zurück und hat (was für) Mist gesehen, (un' denkt), 'Gottes Willen, des dürfen wir hier ja net machen, aber man hat auch wieder viel Gutes gesehen: Mensch ha'm die des toll gemacht, ha'. Oder des funktioniert, haben's, haben's g'schickt, g'schickt g'macht und, haben's net so gut g'macht. Und ich hab' hier den Eindruck: die, die gucken hier viel zu wenig, die gucken die, Heft'le an wo die Inveschtoren mitbringen was sie in Bayern schon, in Regensburg für tolle H', Mehrfamilienhäuser 'baut ha'm, aber des isch net geguckt." (Fa 41)

Gezieltes Vergleichen ist aus Frühauffs Sicht freilich nicht nur erforderlich, um Erkenntnisse über konkrete Planungskonstellationen zu gewinnen. Als überaus bedeutsam erscheint es Herrn Frühauff auch deshalb, weil es hilft, 'quasi-ästhetische' Kriterien für die Entwicklungspotentiale, die sich an konkreten Orten entdecken, zumindest aber hervorlocken lassen, zu schärfen oder sogar erst herauszubilden. Der Fallerfahrung wird also nicht nur im Hinblick auf die konkrete Planungskonstellation, sondern auch auf die Herausbildung professioneller Planungsmaßstäbe hohe Relevanz zugemessen. Vor diesem Hintergrund ist Frühauff davon überzeugt, dass gerade im von eklatanten Strukturschwächen belasteten Brandenburg die Planungsakteure größere Anstrengungen unternehmen müssen, um 'durch konkrete Planungsfälle hindurchgehend' professionelle Qualitätskriterien zu entwickeln:

„(...) aber ein Kriterium, fahren sie mal über's Dorf. Und gucken sie, wo stehen die Altstoffbehälter? (2) Und da stehen die, mitten auf'm Anger, wenn's geht noch vor 'm Kircheneingang. (...) Des halt' ich im Kopf net aus. (...) Die haben mit, die merken net dass ihr Dorf 'ne Qualität hat, das merken se, da stellt doch kein Mensch den Altglasbehälter hin. (...) Müll isch des, die zentrale Botschaft des Brandenburgischen Dorfes." (Fa 38)

ad 2) Das zweite Planungsziel, das sich Herr Frühauff auf die Fahnen geschrieben hat und um dessen Verwirklichung er sich mit aller Kraft bemüht, ist die räumlich ausgeglichene Verteilung von Ressourcen und Entwicklungsimpulsen. Dieses Ziel präzisiert Herr Frühauff im wesentlichen in der Form zweier – interessanterweise ausschließlich ex negativo definierter – Teilaufgaben. Sie bestehen erstens im 'moderierten' Abschmelzen von kommunalen Wachstumsbegehrlichkeiten und Wachstumserwartungen insbesondere in lagebegünstigten Gemeinden, deren Repräsentantinnen und Repräsentanten für großmaßstäblich 'irrationale' Wachstumsszenarien besonders empfänglich sind, sowie zweitens im Abbremsen und Eindämmen augenscheinlich unrealistischer Erweiterungsplanungen im engeren Verflechtungsraum um Berlin. Herr Frühauff legt sich also auf eine dominante Zieldimension der Mäßigung fest und rückt ihr gegenüber die Entwicklungsperspektive in den Hintergrund.

Es können nun erste Ergebnisse der Kontrastierung zweier an der Auseinandersetzung um die Otterstedter Wachstumsstrategie beteiligter Planer festgehalten werden. Sehr deutlich zeigt sich bereits, dass die von den beiden 'Suburbanisierungsplanern' jeweils eingenommene Position (einschließlich der von dieser Position aus ergriffenen Aktivitäten) mit der jeweiligen Funktion konvergiert, die diese im Planungsgeschehen bekleiden. Das war zu erwarten. Darüber hinaus wird aber auch sichtbar, dass der jeweils vertretene planerische Standpunkt keineswegs allein mit der Notwendigkeit legitimiert wird, aufgrund eines jeweiligen Planungsauftrags eine bestimmte Rolle einnehmen zu müssen (wie es etwa im Rechtswesen unter Anwälten der Fall wäre), sondern dass dieser Standpunkt in einen Komplex von Oberzielen und Werten eingebettet wird, der ihm eine gewissermaßen 'professionsethische' Grundierung verleiht. Dabei lässt der vergleichsweise hohe Aufwand, mit dem Herr Jung und Herr Frühauff ihre planerische Position jeweils explizieren und begründen, bereits vermuten, dass die Existenz eines gemeinsamen Horizontes von Deutungen und Normen aller Planenden, auf den die beiden Planer ihre divergenten Ansichten zu dem hier in Rede stehenden Fall Otterstedt beziehen könnten, nicht vorausgesetzt werden kann. Tatsächlich deutet die Analyse der von Jung und Frühauff entfalteten Argumentstrukturen darauf hin, dass ein solcher gemeinsamer Horizont zumindest in ihrem Fall nicht existiert. Im folgenden soll nun gezeigt werden, dass genau hierin das Problem besteht: Wenn der Ausgleich von Planungskonflikten misslingt, so liegt dies – zumindest unter der hier gegebenen Bedingung des weitgehenden Fehlens institutionalisierter Problemlösungsstrukturen – zwar auch, aber nicht primär daran, dass miteinander konfligierende planerische Ziele verfolgt werden, sondern am 'Mangel an gemeinsamem professionellem Wissen'.

5. Zwei 'Suburbanisierungsplaner' als 'Planertypen'

Die skizzierten Kriterien für ein gelungenes Planungsergebnis, an denen die beiden vorgestellten 'Suburbanisierungsplaner' ihr berufliches Handeln orientieren, sowie die von diesen verfolgten, spezifischen Planungsziele sollen nun auf den – zum größten Teil impliziten – Horizont planungsrelevanter Deutungen und Normen oder Grundüberzeugungen bezogen werden, vor dessen Hintergrund die beiden Planer jeweils agieren. Diese Formen des Wissens lassen sich, sofern sie für den hier behandelten Zusammenhang von Relevanz sind, zum 'professionellen Selbstverständnis' des jeweiligen Planers verdichten. Dabei wird zum einen deutlich, dass kein unmittelbarer Zusammenhang zwischen einer bestimmten 'Planungsrolle' (bzw. den in Ausübung dieser Rolle verfolgen Planungszielen) und dem 'professionellen Selbstverständnis' eines jeweiligen Rollenträgers bestehen muss. Zum anderen zeigt sich, dass vor allem die Kompatibilität der 'professionellen Selbstverständnisse' von Planerinnen und Planern – jenseits etwaiger Divergenzen hinsichtlich der Planungsziele oder auch der Anlage sowie des Ablaufes von Planungsprozessen – eine wichtige Voraussetzung für deren Fähigkeit ist, gemeinsam Konflikte zu lösen.

Herr Jung: Der 'Therapeut'
Ausgehend von seinem 'Schlüsselbegriff' der kommunalen Planungshoheit entwickelt Herr Jung eine 'professionelle' Deutung seiner beruflichen Praxis, indem er, wenn auch nicht ausdrücklich, für diese nahezu alle professionstheoretisch bestimmbaren Merkmale professionellen Handelns in Anspruch nimmt (vgl. z.B. Stichweh 1994). So artikuliert er ein korporatistisches Verständnis des eigenen Berufsstandes (J 19). Damit einher geht die – für Vertreterinnen und Vertreter von Professionen typische – Weigerung, die Arbeit von Kolleginnen oder Kollegen zu kritisieren oder gar zu diskreditieren, auch wenn sie – wie im vorliegenden Fall aus anderen Quellen bekannt ist – als äußerst mangelhaft eingeschätzt wird (J 29). Weiterhin beruft sich Herr Jung explizit auf eine 'professionelle Ethik' als Grundlage seines Handelns (J 23, J 27). Vor allem aber konzipiert er seine eigene Tätigkeit – in Analogie zu seinem 'Schlüsselbegriff' der kommunalen Planungshoheit, das heißt zur alltäglichen Autonomie der Planungssubjekte – als professionelles Interventionshandeln in einer Experten-Klienten-Dyade. In dieser Dyade kommt den Planenden als unabhängigen Fachleuten die Aufgabe zu, 'quasi-therapeutisch' Krisen zu bewältigen:

„Wir sagen als Planer, wie wenn sie zum Zahnarzt gehen: Ja, der Zahn wird nicht gezogen; wir sanieren den Zahn; wir versuchen das zu heilen, unter der Berücksichtigung aller Interessen." (J 43)

Die 'quasi-therapeutische' Beziehung zwischen den 'Planungsprofis' und den für die Beplanung der räumlichen Umwelt verantwortlichen Kollektivsubjekten, meist Gemeinden, beschreibt Jung – nicht allein anhand der von ihm immer wieder herangezogenen Arztmetaphern – sehr genau. Das Planen interpretiert er im Kern als kommunikativen Akt (z.B. J 56, J 88, J 123), den – gezeichneten – Plan als sichtbaren Ausdruck eines Kommunikationsprozesses. Nur wenn dieser Kommunikationsprozess gelinge, könne daher auch ein konsistenter Plan entstehen, der Aussicht darauf hat, umgesetzt zu werden (insbes. J 32). Die Bedeutung der Planenden liegt für Herrn Jung demzufolge in der spezifischen „Rolle", die sie im – interaktiven – Planungsprozess spielen und die „klar definiert" sein müsse (J 86). In der Ausübung dieser Rolle versteht sich Jung als „Moderator" (J 21, J 86, J 88), als „Indikator" für bestimmte Probleme, die den in den Planungsprozess eingebundenen Laien verborgen bleiben (J 117, J 121), als 'Input-Geber' einer tragfähigen, verhandelbaren Gesprächsgrundlage (J 36, J 92) sowie – ohne diesen Begriff zu nennen – vor allem als Katalysator für die Verständigung auf gemeinsame Planungsziele und für die Herausbildung einer konstruktiven Diskussions- und „Planungskultur" (insbes. J 58). Aus der Perspektive von Herrn Jung erfüllen die Planenden ihre Funktion somit auf der Grundlage sowohl fachlicher als auch insbesondere kommunikativer Kompetenz und entwickeln – den Anspruch auf Professionalität gewissermaßen abrundend – nicht zuletzt sogar mäeutische Fähigkeiten:

„(...) dass ich also, einen Patienten habe, der sich Gemeinde schimpft, und eine Krankheit hat, und, das ist ja heute in der Medizin genauso, dass ich sage: Allein Medikamente zu verschreiben, im Flächennutzungsplan hilft ja nicht. Sondern ich muss die Beachtung des Patientin haben, der Gemeinde, dieses Me- diese Medizin zu sich zu nehmen, oder ich muss, ja, wie so eine Therapie so eine Langzeittherapie, gucken, aber eben wie (so eine) Gesprächstherapie, versuchen, über Gespräche über, verschiedene Leitbilder, dass der Patient Gemeinde, das selber herausfindet letztendlich". (J 88)

Die klientenförmige Konzeption der Beziehung zu den (meist) kommunalen Auftraggeberinnen seiner Planungsleistungen konsequent ausbauend, betont Herr Jung, dass eine planerische Intervention sich sowohl durch Distanziertheit als auch durch Neutralität auszeichnen müsse (J 21, J 88). Als unerlässliche Voraussetzung erfolgreichen beruflichen Handelns gilt Herrn Jung die professionelle Unabhängigkeit von den – zahlenden – Klienten. Herr Jung verpackt die Forderung, seine Autonomie als Planer zu respektieren, erneut in einer Arztmetapher, als er sich strikt gegen eine mögliche Einflussnahme seitens seiner Auftraggeberinnen verwahrt:

„Wir sollten dort (das) entwickeln, sollten ein Angebot abgeben, das haben wir dann auch getan, und dann wurde uns sehr stark vermittelt, auch durch den Bürgermeister, wie das denn auszusehen hat. Dann haben wir gesagt, das können wir nicht rechten Gewissens so machen; wenn sie zum Zahnarzt gehen, dann können sie auch nicht zum Zahnarzt sagen: Pass 'mal auf, oben den Zahn ziehst'e und unten den ziehst'e, ansonsten, Tschüs!" (J 23)

Seine 'quasi-therapeutische' Konzeption des Verhältnisses von Planenden und Auftraggeberinnen räumlicher Planung lässt auch das Pathos nachvollziehbar werden, mit dem Herr Jung die interaktiv-strategischen Elemente des Planens gegenüber der 'inhaltlichen' Aufgabe der Planerarbeitung hervorhebt. So signalisiert Jung sehr deutlich, dass hinter seinem Engagement in Otterstedt nicht primär die Absicht steht, einen 'vollständigen' Plan für die künftige Entwicklung der Gemeinde vorzulegen – das natürlich auch -, sondern dass er seine Aufgabe vor allem darin sieht, den Otterstedtern dabei zu helfen, ihre Handlungsfähigkeit als Kommune (wieder) zu erlangen, indem sie ein gemeinsames Entwicklungsziel verfolgen. Diesem Ziel muss sich nach seinem Dafürhalten auch die – aus seiner Sicht eher technokratisch begründete – Forderung nach einer 'maßvollen' Dorfentwicklung unterordnen. In einer längeren Interviewpassage legt er diese Prioritäten ausführlich dar und gibt damit ein anschauliches Beispiel für die planungspraktische Übersetzung seines 'professionellen Selbstverständnisses':

„der Beruf des Planers hat ja auch so eine gewisse, Moderatorenrolle bekommen. (...) Gut, ganz ganz wichtig ist dabei, neutral zu bleiben. Nicht falsch neutral zu bleiben, es gibt ja so eine so so 'ne Position, wo man sagt: Na ja, ich bin nur Schiedsrichter, 'ne? Aber trotzdem ist man nicht neutral, (sondern) man legt einem, fünf Entwürfe hin, aber eine Karte zieht man ja (doch, sagen wir 'mal) ein bisschen, bevorzugt. So, will sagen, natürlich haben wir eine gewisse Position, wenn sie uns fragen, die artikulieren wir auch sehr deutlich (...) Die, die Akteure müssen klar sein. Das ist sehr oft bei Planung so, dass die, Rollen und das Rollenverständnis, nicht klar definiert wird, oder nicht ausgesprochen wird, vertuscht wird, oder, aus falscher Strategie oder Taktik oder was auch immer, sehr oft, nicht klar ist. Was macht ein Bauausschuss? Welche Aufgabe hat ein ein Investor, ein Stadtplaner, eine Fachbehörde, etcetera? Das Spiel, also ich sage immer so ein Planungsspiel müsste man eigentlich neu erfinden obwohl es (ja auch) eine alte Methode ist. (...) der Beruf, der ja leider auch viel zu unbekannt ist, der Stadt- und Regionalplanung, hat eine ganz wichtige Rolle, in solchen Krisensituationen, auch gerade in Krisensituationen wie in diesen, wo das Geld knapp ist, wo so 'ne so 'ne Degression ist, so 'ne Frustration ist, wo die Leute eher depressiv sind, gerade da haben wir auch die Rolle, den Leuten auch , über Konzepte, Mut zu machen, und sie nach vorne zu bringen." (J 86)

Herr Frühauff: Der 'Spezialist'
Ganz ähnlich wie Herr Jung – jedoch mit völlig anderen Implikationen als jener – deutet Herr Frühauff seine berufliche Praxis als 'professionell' organisierte. Und auch er greift in diesem Zusammenhang mehrfach auf seinen persönlichen 'Schlüsselbegriff' zurück: die bereits thematisierten gleichwertigen Lebensbedingungen. Dieser 'Schlüsselbegriff' bezieht sich im Gegensatz zu demjenigen von Herrn Jung allerdings auf die materiale Qualität räumlicher Umwelt. Das deutet bereits auf die zentrale Differenz im 'professionellen Selbstverständnis' der beiden Planer hin: Herr Frühauff definiert seine Tätigkeit vor allem über Inhalte und bringt Fragen der Organisation des Planungsprozesses nur geringes Interesse entgegen, während Herr Jung Planung vor allem als 'Prozessstruktur' begreift. So trifft Frühauff an keiner Stelle der mit ihm geführten Interviews nähere Aussagen zu den Merkmalen eines gelungenen Planungsprozesses und zeigt, wo sie ausdrücklich angesprochen werden, wenig Neigung unterschiedliche Planungsverfahren, insbesondere partizipative Planungspraktiken, zu diskutieren (insbes. F 8 bis F 15). Diese Beobachtung lässt sich nun zu der Hypothese ausziehen, dass er prozeduralen Planungsfriktionen gar keine eigenständige Relevanz zuerkennt. So antwortet Herr Frühauff auf die Frage nach der Durchführung von Moderationsrunden:

„Jaa, das mach'n wir aber, wissen Se' des isch' ääh, des isch', 'ne reine äh, Stimmungssache. S' Sie betreten an einem Morgen wo's so regnet äh, die Amtsverwaltung in Ix-Ypsilon, und des Gespräch verläuft anders als wenn Se' am Nachmittag kommen ja? weil da, isch die Sonne wieder durchgebrochen. Wir, bemühen uns da sehr, sensibel zu sein und das is' auch 'n Teil unseres Erfolges dass wir (1) dass wir, die Leute 'rumkriegen, ja?, ja dass wer dass mer' den Ton trifft. (...) wenn Sie so wollen, es isch' tief, versteckt im Unterbewusstsein eine (1) eine Gesamtanalyse aller, planerischen Kontakte da (...) also die ganze' Elemente der Verhandlungsführung, entscheid'n sich da in Sekundenschnelle (eb'n) aufgrund eines, //N: Mhm// Erfahrungsschatzes von vielen hundert Einzelgespräch'n die wir die wir, schon hinter uns haben." (F 11)

Es wirft sich die Frage auf, warum Herr Frühauff planungsprozeduralen Aspekten so offensichtlich nur wenig Gewicht beimisst und statt dessen sogar die intuitiven Elemente des Planungshandelns hervorhebt. Die Antwort auf diese Frage findet sich in einem Nebensatz der wiedergegebenen Sequenz angedeutet: Es geht Frühauff darum, „dass wir die Leute 'rumkriegen". Was zunächst lediglich als ironisch-flapsiger Hinweis auf die Mühen des beruflichen Alltags von Planenden erscheint, bringt zum Ausdruck, dass Frühauff die interaktiven 'Bestandteile' des Planungshandelns offenbar für nicht rationalisierbar hält – sei es nach Kriterien der Effizienz oder der (Partizipations-) Chancengleichheit – sonst setzte er ja auf Überzeugung oder sogar auf die Suche nach einem Konsens, statt auf Überredung. Schon gar nicht vermag er einen Weg der diskursiven Qualifizierung räumlicher Planung zu erkennen. Folglich sieht Frühauff auch keine Notwendigkeit, Diskussionen über Planungen systematisch zu initiieren oder gar Implementationsprobleme gezielt aufzubereiten. Das aber bedeutet, dass Herr Frühauff – sofern ihm nicht eine generelle Absage an ein 'professionelles' (d.h. den Anspruch, auf systematisches Wissen zu rekurrieren, beinhaltendes) Verständnis seines Berufes unterstellt werden soll – Auseinandersetzungen um räumliche Planungen nicht mit zu den professionell zu bearbeitenden Kernaufgaben der Planungstätigkeit rechnet. Er trennt strikt zwischen der Planimplementation, die vielen Unwägbarkeiten unterliegt, und der Planerstellung, der allein das professionelle Instrumentarium der räumlichen Planung zu gelten habe. (Auch wenn sie im Interview nirgends ausgeführt wird: Hinter Herrn Frühauffs Verständnis eines streng nach Erarbeitung und Umsetzung von Plänen zu scheidenden Planungsgeschehens muss die Überzeugung stehen, dass ein planerisches Optimum, eine unter gegebenen Bedingungen bestmögliche Organisation räumlicher Strukturen jeweils prinzipiell existiert; dieses Optimum zu erkennen und in die 'Sprache' eines Planes zu übersetzen, das ist aus Frühauffs Sicht die Bestimmung der hierfür qualifizierten 'Planungsprofis'.) An einer Stelle bringt Herr Frühauff sein produktorientiertes 'professionelles Selbstverständnis' auf die knappe Formel:

„Unsere Planungsphilosophie. Ist im Entwicklungsplan." (Fa 11)

Frühauffs Beharren auf den planerischen Zielsetzungen, die er zu vertreten und auszudifferenzieren hat, lässt sich vor dem skizzierten Hintergrund weniger darauf zurückführen, dass er aus der hybriden Überzeugung, als 'Planungsprofi' prinzipiell am besten informiert sowie zum 'rationalst möglichen' Handeln in der Lage zu sein, geradezu die Verpflichtung zu einem weitgehend 'kontextfreien' Planen ableitete. Vielmehr kommt hier ins Spiel, dass er der räumlichen Planung einen bestimmten Platz im Rahmen gesellschaftlicher Praxis zuweist, an dem diese – dem Prinzip der Zweckrationalität folgend – die Gestaltung der räumlichen Umwelt fachlich vorzubereiten hat. Die Komplexität des Zusammenhanges zwischen räumlicher und gesellschaftlicher Organisation im allgemeinen und die Konflikthaftigkeit bestimmter, auch planerisch vertretener Interessen hinsichtlich des Umgangs mit dem Raum im besonderen werden damit keineswegs geleugnet. Die Aufgabe, diese Interessen nicht nur in Gestalt eines (nicht nur im Sinne der Planungsterminologie) 'abgewogenen' Planes, sondern auch in der direkten Auseinandersetzung mit denjenigen, die sie vertreten, auszugleichen und zu integrieren, wird jedoch nicht dem unmittelbaren Tätigkeitsspektrum der Planenden zugewiesen – wobei, das muss Frühauff offenbar regelmäßig leidvoll erfahren, die zweckrationale Orientierung der räumlichen Planung sowie die mit ihr verbundenen Chancen zu einer dem Gemeinwohl zuträglichen Gestaltung der räumlichen Umwelt typischerweise verkannt, zumindest aber nicht in ausreichendem Maße in Rechnung gestellt werden:

„Planung wenn man sie als, äh Entscheidungsvorbereitung'n, auffasst also Planung im Sinne, ä: Wir bereit'n Entscheidung'n vor und bedienen uns dabei, wissenschaftlicher, ä Grundlagen, ähm, dieses, wird auf dem gege-geg'nwärtig'n Markt der Entscheidungsträger ja auch gar nicht in diesem Umfang nachgefragt (...) also wenn man, ä hh, bei dieser Fläche oder Trasse klar sage' kann, ha des isch' 'n Wasserschutzgebiet wenn ich des versiegele dann kommt, ä an der Quelle Ix-Ypsilon kommt weniger Wasser 'raus, ä des begreifen die, die Leute, noch, wenn sie mit weiteren Informationen beaufschlagt werd'n, dass an der Fläche noch, andere Dinge d'ranhängen also Artenschutzaspekte zu beacht'n sind Bodenschutzaspekte zu beacht'n sin', dann wird ä, das Gebilde der Entscheidungsvorbereitung so groß, dass es, von den Entscheidungsträgern, nicht mehr bewältigt werden, möchte. Ich will net sag'n dass es nicht bew-ältigt werd'n kann aber es, sie h, wollen so viel Informationen gar nicht hab'n." (F 3)

Die wiedergegebene Sequenz dokumentiert, dass Herr Frühauff die zweckrationale Begründung seiner Pläne (von deren Adressaten) nur unzureichend anerkannt wähnt. Seiner Ansicht nach sind planerische Gütekriterien für „Entscheidungsträger" vergleichsweise irrelevant. Das führt er im wesentlichen darauf zurück, dass in Entscheidungsfindungsprozesse – legitimerweise – divergierende gesellschaftliche Interessen Eingang finden. Eine zentrale Implikation des 'professionellen Selbstverständnisses' Frühauffs wird damit deutlich: Im Zuge der 'Ratifikation' und Implementation von Planungsergebnissen müssen die aus der engeren 'Planungssphäre' ausgeklammerten Aushandlungsprozesse nachgeholt werden, indem das Produkt planerischer Bemühungen der Kritik der Öffentlichkeit bzw. der relevanten (meist halböffentlichen) gesellschaftlichen Institutionen ausgesetzt und mit den dort dominierenden Interessen konfrontiert wird. Den professionell Planenden bleibt aus Frühauffs Perspektive dabei nichts anderes übrig, als so weitgehend wie möglich ihre fachspezifische Sicht einzubringen und auf deren Beachtlichkeit zu pochen.

Nach einer zweiten, auf deren 'professionelles Selbstverständnis' fokussierten Kontrastierung der 'Suburbanisierungsplaner' Frühauff und Jung können diese beiden Planer nun als Exponenten unterschiedlicher 'Planertypen' charakterisiert werden, die mit einer komplementären planungspraktischen Herangehensweise verbunden sind. Es zeigte sich, dass das 'professionelle Selbstverständnis' von Planenden in Verbindung mit bestimmten planerischen Grundüberzeugungen maßgeblich darüber entscheidet, welche Aufgabenstellungen und welche Tätigkeiten Planerinnen und Planer dem eigenen Berufsbild zurechnen, wie sie ihre berufliche

Kernrolle interpretieren und ausgestalten. Als eine spezifische Form von Wissen repräsentiert das 'professionelle Selbstverständnis' damit eine zentrale Strukturdimension von 'Planertypen'.

Die am Beispiel der Planer Frühauff und Jung identifizierbaren 'Planertypen' zeigen eine überraschend weitgehende Nähe zu bestimmten Ansätzen, die in der planungstheoretischen Literatur beschrieben bzw. vertreten werden:

Herr Frühauff versteht seine Planungen als 'klassische' 'blue prints', die, eindeutig angebbare Kriterien für das Allgemeinwohl zugrunde legend, festsetzen, wie die Zuordnung und Verteilung von Funktionen und Infrastrukturen im Raum zu optimieren ist. Der 'Vollzug' planerischer Setzungen gilt dabei als Obliegenheit staatlicher Exekutiv-Instanzen, die auch sonst für die Realisierung eines 'übergeordneten Interesses' zuständig sind. Den somit 'im besten Sinne rationalen' (typischerweise mit einem wohlfahrtsstaatlichen Gesellschaftsmodell verbundenen) Planungsansatz, den Herr Frühauff vertritt und ohne den das System der räumlichen Planung in seiner heutigen Form gar nicht entstanden wäre, beschreibt Patsy Healey (1995: S. 252 f.) leicht despektierlich als 'command-and-control-Modell'. Denn in der neueren planungstheoretischen Literatur gilt der 'reine Plan' – auch wenn er inzwischen sogar wieder ausdrücklich als Instrument zur Herstellung räumlicher Ordnung gewürdigt wird – in der Regel nicht mehr als im Detail zu realisierende 'ultima ratio' für die Gestaltung der räumlichen Umwelt, sondern eher als Medium für die Veranschaulichung und Diskussion von Planungszielen (vgl. z.B. Healey/Purdue/Ennis 1995: S. 177 f.). Weniger auf eine im Plan geronnene Zweck-Mittel-Rationalität, als vielmehr auf eine nicht zuletzt durch ihn ermöglichte Form 'kommunikativer Rationalität' richten sich heutzutage die Hoffnungen derer, die wissenschaftlich mit der räumlichen Planung befasst sind.

Mit seinem 'quasi-therapeutischen', in erster Linie die diskursiven Elemente des Planungshandelns betonenden 'professionellen Selbstverständnis' steht Herr Jung sehr viel eher als Herr Frühauff für den Versuch, die derzeit dominierenden planungstheoretischen Überlegungen praktisch umzusetzen. Jung konzipiert Planung im wesentlichen als einen moderierenden Prozess, dessen Leistung primär darin besteht, Entscheidungen zu Fragen der räumlichen Entwicklung, die (in welcher Form auch immer) demokratisch legitimiert sind, überhaupt zu ermöglichen und der erst in zweiter Hinsicht der Übersetzung dieser Entscheidungen in 'statische' Pläne dient (vgl. etwa Selle 1991; Fassbinder 1993). Er bringt damit in komprimierter Form nahezu alle zentralen Aspekte der jüngeren Reformulierungsversuche von Grundlagen und Zielen der räumlichen Planung zum Ausdruck. Seine Ausführungen verbindet Jung mit einem 'Professionalitäts-Pathos', das die besonderen Schwierigkeiten, die sich bei der Umsetzung des von ihm vertretenen Planungsansatzes stellen, deutlich hervortreten lässt.

Die Tatsache, dass 'Planungsprofis' über ein unterschiedliches 'professionelles Selbstverständnis' verfügen können, ist im Kontext des Verflechtungsgeschehens von Berlin mit Brandenburg nicht nur besonders gut nachweisbar, weil sich angesichts einer noch nicht 'abgerundeten' Institutionalisierung von planerischen Problemlösungsstrukturen dieses 'professionelle Selbstverständnis' als sonst meist latent prozessierendes Wissen besonders gut herauspräparieren lässt. Diese Tatsache ist in diesem Kontext auch von besonderer Tragweite, kann sie doch eine erhebliche Erschwernis der faktischen Bearbeitung von Planungsproblemen bedeuten. So ist leicht ersichtlich, dass es die Differenzen zwischen den 'Suburbanisierungsplanern' Frühauff und Jung, die sich zu einem bis in die planungstheoretische Literatur zu verfolgenden Gegensatz typisieren lassen, kaum gestatten, dass sich diese beiden Planer auf einen gemeinsamen Diskurs- und Kooperationsstil einigen. Während Herr Frühauff die 'egoistische Ignoranz' nicht zuletzt der Vertreterinnen und Vertreter der Gemeinde Otterstedt gegenüber den 'im wahrsten Sinne des Wortes vernünftigen' Zielsetzungen der großräumigen Planungsebene beklagen muss, konstatiert Herr Jung eklatante Defizite gerade auf dieser Ebene, wenn es darum geht, das 'Wesen' der Planung als eines aus 'bargaining-Prozessen' bestehenden Handlungszusammenhangs zu erkennen. In den zum Teil heftigen Auseinandersetzungen zwischen der Gemeinde Otterstedt und den Instanzen großräumiger Planung um die Otterstedter Entwicklungsziele kommt demnach vor allem zum Ausdruck, dass Planer aneinander vorbeireden – genauer: dass sie Problemdimensionen, die auf der jeweiligen 'Gegenseite' als priorität eingestuft werden, weitgehend ausblenden, geschweige denn, dass sie deren Probleme aufgriffen und sich aktiv zu lösen bemühten. Häufig ist eine derartige Konstellation den Beteiligten durchaus bewusst. So deuten gerade Planerinnen und Planer, die rund um Berlin mit der Bewältigung von Suburbanisierungsprozessen befasst sind, nicht selten sogar 'harte' Interessenkonflikte als Ausdruck einer Inkompatibilität der Prinzipien, an denen sich die verschiedene Ziele und Interessen vertretenden Planungsakteure orientieren. Damit wird deutlich, dass auf der Ebene räumlicher Planung der weitere Verlauf und die Ergebnisse des Berlin-Brandenburgischen Suburbanisierungs- und Verflechtungsprozesses auch ganz entscheidend davon bestimmt werden, welche 'Planertypen' an welchen Stellen aufeinanderstoßen und welche Positionen sie dabei jeweils zu vertreten haben. Denn beim Aufeinandertreffen verschiedener, impersonierter 'Planungskulturen' kann es sowohl zu katalytischen und synergetischen Effekten kommen, als auch – was zumindest im Fall Otterstedt eher zu beobachten ist – zu gegenseitigen Hemmungen und Kommunikationsbarrieren, die eine konstruktive Auseinandersetzung mit manifesten Ziel- und Interessenkonflikten außerordentlich erschweren.

6. Fazit

Im Vergleich mit dem Planungsgeschehen andernorts treten im Zuge der planerischen Steuerung von räumlichen Entwicklungen an den Rändern der Hauptstadt *deutlichere Konflikte und erhöhte Reibungen* auf. Diese lassen sich darauf zurückführen, dass – transformationsbedingt – einmal gleich nach der 'Wende' vielfältige Planungsaktivitäten nahezu ungestört wucherten und dass zum anderen planerische Problemlösungsstrukturen zunächst weitgehend fehlten, zumindest teilweise noch immer wenig eingespielt sind. Vor diesem Hintergrund herrscht in den 'Planungsarenen' an den Rändern der Hauptstadt tendenziell eine gesteigerte Notwendigkeit, planerische Aktivitäten detailliert aufeinander abzustimmen sowie Gedankengänge und Verfahrensschritte, die andernorts vielfach implizit oder unausgesprochen bleiben und/ oder als selbstverständlich vorausgesetzt werden, zu explizieren. Damit wird die – im Berlin-Brandenburgischen Fall erhöhte – Bedeutung der 'planungskulturellen' Dimension von Planungsprozessen deutlich sichtbar: Erkennbar wird, dass der faktische Verlauf dieser Prozesse zuweilen kaum zu verstehen ist, ohne auf die 'Mesoebene' der Prämissen, Deutungen und Erklärungsmuster der an ihnen beteiligten Akteure zu rekurrieren, die beachtliches Konfliktpotential bergen können. Die soziale Praxis des Planens erweist sich also als kontextuiert durch politisch brisante Wohlgeformtheitskriterien und Angemessenheitsregeln, „die sich über einen dauernden Strom von embedding-, disembedding- und reembedding-Prozessen, über Distinktions- und Kooperationstypiken strukturieren bzw. in ihrer Strukturtypik transformieren" (Matthiesen 1998a: S. 67) Diese Praktiken können als Substrat verschiedener *'Planungsmilieus'* verstanden werden. Von solchen 'Planungsmilieus' hängt es im wesentlichen ab, ob und wenn ja, mit welchem Erfolg es gelingt, die weitere Verflechtung von Berlin mit Brandenburg planerisch zu begleiten und zu steuern, und welche 'Qualität' (um noch einmal einen zentralen Begriff Herrn Frühauffs aufzugreifen) die sicherlich noch lange Zeit beobachtbaren kleinräumigen Disparitäten und Modernisierungsgefälle rund um Berlin mittelfristig haben werden.

Henning Nuissl, Thomas Arndt und Michael Jäger

VI.2 Der 'global player' in Otterstedt – Modernisierungsgefälle und 'Einbettungsprobleme' an den Rändern der Hauptstadt

1 Ein 'global player' im Märkischen Sand – die Problemstellung

Mit dem Fall der Mauer setzte in der Metropolenregion Berlin im gewerblich-industriellen Sektor sowie (zumindest in einer Reihe von Branchen) im Dienstleistungssektor eine massive „Suburbanisierung" ein[1]. Diese Suburbanisierung erschöpft sich nicht in Kern-Rand-Wanderungen, sondern beruht auch auf der (nicht zuletzt der besonderen Bedeutung als Hauptstadtregion gedankten) Neuansiedlung einer ganzen Reihe von Firmen, die in der Region zuvor nicht vertreten waren, und die für globale Märkte produzieren und nun die besondere Bedeutung der Hauptstadtregion nutzen wollen. Damit zeigen sich – genauso wie in vielen anderen Großstädten der westlichen Welt – Ansätze einer Form der Suburbanisierung, die nicht mehr (allein) als Ausdruck der (flächenmäßigen) Expansion eines städtischen Zentrums beschrieben werden kann und vielmehr deutliche Züge einer 'Loslösung' und größeren Eigenständigkeit der Peripherie trägt (vgl. etwa das Konzept der 'Edge City' von Garreau 1992; vgl. zusammenfassend II.2; zu den Phasen des Berlin-Brandenburgischen Suburbanisierungsprozesses siehe genauer II.5). Die ökonomische Eigendynamik an den Rändern der Hauptstadt ist freilich von besonderer Brisanz – und zwar auch ganz unabhängig vom Ringen zwischen Berlin und Brandenburg um jeden (potentiellen) Gewerbesteuerzahler, der sich mit einer mittelfristig ja durchaus realistischen Fusion der beiden Länder drastisch entschärfen dürfte. Denn bestehende Strukturen werden von dieser Dynamik geradezu überrollt. So tritt insbesondere im Falle derjenigen Kommunen im Berliner Umland, die entschlossen die mit dem einsetzenden gewerblichen Suburbanisierungsprozess verbundenen Chancen genutzt haben, eine Eigentümlichkeit des Berlin-Brandenburgischen Suburbanisierungsgeschehens zutage: das Zugleich von ökonomischen und sozialräumlichen Transformations- und Modernisierungsprozessen auf der einen Seite, von politischen und soziokulturellen Beharrungstendenzen und Orientierungsschwierigkeiten auf der anderen Seite reißt enorme Klüften auf (vgl. dazu Matthiesen 1998b sowie jetzt genauer II.1, VII.2, VIII). Nicht selten sind diese Klüften im unmittelbaren Nebeneinander von 'ungleichzeitigen' Umgangsformen, Produktionstechniken, Gebäuden, Weltanschauungen, politischen Kulturen oder Zielsetzungen, von 'Altem' und 'Neuem' dann auch optisch, akustisch, olfaktorisch, psychisch, manchmal sogar haptisch erfahrbar. Die gewerbliche Suburbanisierung an den Rändern der Hauptstadt wirft damit ein Problem in zugespitzter Form auf, das mit Modernisierungsprozessen typischerweise einhergeht. In der Terminologie von Anthony Giddens lässt sich dieses Problem als konfliktreiche Interdependenz von „disembedding-" und „reembedding-Prozessen" fassen: Die Entkoppelung gesellschaftlicher (einschließlich ökonomischer) Prozesse und Funktionen von einem überschaubaren räumlichen (und zeitlichen) Rahmen bringt zugleich die Notwendigkeit mit sich, diese Prozesse und Funktionen wieder in einem solchen Rahmen zu verankern, damit sie der

---

1 Zum Suburbanisierungsbegriff siehe die längere „Terminologische Vorbemerkung" in II.2, Anm.1

alltäglichen Erfahrungswelt erhalten bleiben, damit das notwendige Vertrauen in sie aufgebaut werden kann. Es bedarf, so Giddens' Definition von „re-embedding", der Prozesse von

„(...) reappropriation or recasting of disembedded social relations so as to pin them down (however partially or transistorily) to local conditions of time and place" (Giddens 1990: S. 79).

Als besonders schwierig erweist sich ein solches 'reembedding' an den Rändern der Hauptstadt im Fall global operierender Unternehmen. Zwar vermögen auch 'global player' ihre ökonomischen Aktivitäten keineswegs gänzlich losgelöst von den einzelnen Standorten zu entfalten, an denen sie sich niedergelassen haben. Insofern sind sie stets auf ein gewisses Maß an 'reembedding' angewiesen (vgl. z.B. Läpple 1997). Ihr 'Einbettungsbedarf' kann jedoch sehr unterschiedlich ausfallen; und wenn die Rahmenbedingungen ihnen den Aufbau von ökonomischen, aber auch nicht unmittelbar geschäftsfeldbezogenen Beziehungen (auf denen ihr 'reembedding' primär beruhen muss) nicht unbedingt erleichtern, können sie ihren 'Ortsbezug' in der Regel auf ein Minimum reduzieren und außerdem mehr oder weniger großräumig anlegen. So muss es durchaus nicht zwangsläufig enge lokale Bindungen implizieren, dass

„(...) the local socio-cultural milieu is a major influence on how firms evolve and behave even when their operations are geographically very extensive" (Dicken/Forsgren/Malmberg 1999, S. 34).

Ein geradezu drastisches Beispiel für die im Berlin-Brandenburgischen Suburbanisierungs- und Verflechtungsprozess auftretenden 'Entankerungs- und Rückbindungsprobleme' – kurz: für 'Einbettungsprobleme' – bietet die Ansiedlung der Firma Engines in Otterstedt, einer der markantesten Erfolge der Brandenburgischen Wirtschaftsförderung nach 1989 und ein Symbol für den vielbeschworenen 'Aufschwung Ost', auf den noch immer regelmäßig verwiesen wird. An diesem Beispiel wird insbesondere deutlich, dass die enormen Modernisierungsgefälle, durch die sich der Berliner Metropolenraum auszeichnet, dieses Problem erheblich verschärfen.

Die Firma Engines ist als 1990 beschlossenes 'joint venture' Tochterunternehmen dreier international operierender Technologie- und Schwermaschinenkonzerne entstanden. Ziel der Unternehmensgründung ist die Integration der Entwicklung, Produktion und Vermarktung einer neuen Schienenverkehrstechnologie unter einem organisatorischen Dach. Bereits 1993 konnte in Otterstedt der erste Bauabschnitt des neuen Engines-Werkes in Betrieb genommen werden; 1994 wurden die ersten hier produzierten Prototypen einer neuen Produktfamilie getestet, und mittlerweile wurde die Serienproduktion aufgenommen. In der nächsten Zukunft will Engines nun vom Standort Otterstedt aus seine bereits heute bedeutende Stellung im Weltmarkt für Produkte der Schienenverkehrstechnologie weiter ausbauen.

Im folgenden wird nun das nicht unproblematische Verhältnis zwischen der Gemeinde Otterstedt und dem auf ihrer Gemarkung ansässigen und agierenden 'global player' Engines skizziert, um die 'Einbettungsprobleme' im Berlin-Brandenburgischen Suburbanisierungs- und Verflechtungsprozess und deren mögliche Folgen zu veranschaulichen. Dies geschieht auf der Grundlage einer detaillierten Analyse der amtlichen und nichtamtlichen Unterlagen zur Planungsgeschichte des heutigen Betriebsstandortes sowie zur kommunalpolitischen Behandlung von Entscheidungsproblemen, die die Belange des Unternehmens Engines betreffen (vgl. auch Jäger 1997), sowie der Interpretation eines Interviews mit einem leitenden Mitarbeiter von Engines.[2] Darüber hinaus fließen Informationen aus Interviews mit Personen, die in das Otterstedter Planungsgeschehen involviert sind bzw. waren, insbesondere mit dem heutigen Bürgermeister von Otterstedt, ein.

---

2   Zitate aus diesem Interview sind im folgenden mit dem Kürzel E und der entsprechenden Interaktnummer gekennzeichnet.

VI.2 Der 'global player' in Otterstedt

2. Die Ansiedlung von Engines in Otterstedt

Ausgangspunkt für die Niederlassung von Engines in Otterstedt war die Suche des neu gegründeten Unternehmens nach einem geeigneten Standort, an dem sich alle an der Herstellung einer geplanten neuen Produktlinie beteiligten Unternehmensbereiche (Forschung und Entwicklung, Produktplanung, Produktion, Qualitätskontrolle, Logistik, Marketing etc.) unter einem räumlichen Dach zusammenführen ließen. Die drei von den Mutterkonzernen übernommenen Standorte – zwei davon in den Alten Bundesländern, einer in Schweden – boten hierfür nicht die notwendigen Voraussetzungen und Erweiterungsmöglichkeiten. Die Region Berlin-Brandenburg kam für Engines aus mehreren Gründen in die 'engere Standortwahl', obwohl das Unternehmen über keinerlei (geschäftliche oder anderweitige) Verbindungen in diesen Raum verfügte: Als internationales Unternehmen, in dem eine große Zahl hochqualifizierter Führungskräfte auch aus dem Ausland beschäftigt ist, präferierte Engines zunächst einen Standort in der Nähe einer Großstadt mit Hochschule, englischsprachigen Schulen und einem breiten kulturellen Angebot. Des weiteren rechnete Engines damit, an einem Standort in der Region Berlin-Brandenburg langfristig von erheblichen Fühlungsvorteilen profitieren zu können, denn schon unmittelbar nach dem Fall der Mauer war ein starker politischer Wille erkennbar, die deutsche Hauptstadt zu einem Knotenpunkt im europäischen Verkehrswegenetz und zu einem Zentrum der Schienenverkehrstechnologie auszubauen bzw. zu entwickeln. Vor allem aber wurde sehr schnell deutlich, dass Gewerbeansiedlungen in den Neuen Bundesländern von staatlicher Seite sowohl auf politische als auch auf nicht unbeträchtliche finanzielle Unterstützung rechnen konnten (vgl. z.B. Industrie und Handelskammer zu Berlin 1995; Volger 1998).[3] Die Investition von Engines in der Region Berlin-Brandenburg wurde dann tatsächlich auf 'höchster Ebene' eingespielt und mit großem Nachdruck gefördert, so dass von den ersten Kontaktgesprächen im März 1990 in Potsdam bis zum Baubeginn am Engines-Werk in Otterstedt keine zwei Jahre vergingen. Die notwendigen Planungen und Genehmigungsverfahren wurden also sehr zügig durchgeführt. Weil ein grundlegendes 'Einbettungsproblem' in ihm bereits angelegt ist, soll der Prozess der Vorbereitung der Engines-Ansiedlung – exkursorisch – etwas ausführlicher dokumentiert werden.

Exkurs: Historischer Abriss der Planung und Entwicklung des Engines-Standortes[4]

Im Anschluss an die ersten Kontaktgespräche zwischen Engines und dem Brandenburgischen Wirtschaftsministerium im März 1990 wurden an vier Orten im engeren Verflechtungsraum um Berlin Flächen besichtigt. In einem Ministergespräch im April 1991 wurden dann die Ansiedlung am heutigen Standort in Otterstedt endgültig 'besiegelt' und eine weitere enge Zusammenarbeit zwischen Land und Unternehmen vereinbart, um die für die Standortentwicklung notwendigen Voraussetzungen zu schaffen. Noch im selben Monat fand darauf

---

3   In welchem Umfang die Ansiedlung von Engines in Otterstedt direkt und indirekt (steuerlich) gefördert wurde (und ggf. wird), ist zwar nicht im einzelnen bekannt; dass erhebliche Zuwendungen und weitgehende Steuererleichterungen vereinbart wurden, gilt aber als sicher. So wurde nach Angaben der Industrie- und Handelskammer zu Berlin allein die Investition in die Erschließung des Werksgeländes und die Errichtung der ersten Anlagen in Höhe von 400 Mill. DM mit dem 'Höchstsatz von 28 Prozent' bezuschusst.

4   Aus Gründen der Anonymisierung erfolgt kein Quellennachweis der im Exkurs wörtlich angeführten Zitate.

hin eine „Anlaufberatung" statt. Der Investor Engines avisierte hier die Schaffung von 1.500 Arbeitsplätzen und präsentierte zugleich seine „Vorstellungen (...) über die zeitliche Reihenfolge und zum Terminablauf der Realisierung" des ersten Bauabschnittes:

- Genehmigungsverfahren bis Dezember 1991,
- Realisierung des 1. Bauabschnitts von Januar 1992 bis Mai 1993,
- Inbetriebnahme des 1. Bauabschnitts im Juni 1993.

Zur Koordinierung der anstehenden Aufgaben schlug der Staatssekretär im Umweltministerium die kurzfristige Benennung eines Projektleiters auf beiden Seiten vor. Für das Land Brandenburg übernahm nicht ein Vertreter des Wirtschaftsministeriums, sondern der Abteilungsleiter 'Projekte und Raumordnung' im Umweltministerium diese Aufgabe. Auch dieses Ministerium hat jedoch das Ansiedlungsbegehren von Engines von Anfang an „grundsätzlich begrüßt und unterstützt".

In einer zweiten ebenfalls noch im April 1991 stattfindenden Beratung setzte Engines bereits erste Korrekturen an den zunächst getroffenen Vereinbarungen durch.[5] Die Zeitvorgaben wurden gestrafft; das Planungs- und Genehmigungsverfahren sollte nun schon im Oktober des laufenden Jahres abgeschlossen sein, und bis zum Dezember sollte sogar die Primärerschließung des Standortes bereits erfolgt sein. Zugleich wurden für den Fall einer vollständigen Realisierung aller vorgesehenen Investitionen (bis ca. 2005) nur noch insgesamt 1.150 Arbeitsplätze in Aussicht gestellt. Dafür beabsichtigte Engines zu diesem Zeitpunkt für die Ansiedlung von Stammpersonal für Forschung und Entwicklung, „entsprechenden Wohnungsneubau zu realisieren". Dabei verwiesen die Vertreter von Engines auf bereits erfolgte Gespräche mit dem Bürgermeister von Otterstedt, in denen sogar schon zwei Standortvarianten erörtert worden seien. In den späteren Beratungen tauchte dieses Thema jedoch nie wieder auf.

Im Sommer 1991 legte der für die organisatorische Abwicklung der Projektgruppe zuständige Mitarbeiter des Brandenburgischen Umweltministeriums in einem Zwischenbericht an seinen Minister dann dar, dass die Durchführung eines Raumordnungsverfahrens für den Standort in Otterstedt nicht erforderlich sei, so dass die „Einordnung" des Engines-Vorhabens durch das Instrument der Bauleitplanung erfolgen könne. Zugleich benannte er mögliche Konfliktpunkte: den umweltrechtlich vorgeschriebenen Immissionsschutz, die Sicherstellung der Wasserver- und -entsorgung sowie die Abstimmung mit einem die nähere Umgebung von Otterstedt betreffenden Raumordnungsverfahren. So sollte gemäß einer im Juli 1991 bekanntgewordenen „Variantendarstellung" im Rahmen dieses Raumordnungsverfahrens eine neu zu errichtende Bahntrasse mitten über das vorgesehene Werksgelände von Engines führen. Die Lösung dieses Konfliktes erfolgte dann umgehend und geräuschlos auf der Minister- bzw. Staatssekretärs-Ebene – ein Indiz für das enorme Interesse möglicherweise nicht nur des Landes Brandenburg an einer Ansiedlung von Engines.

Im August 1991 fand die erste Sitzung der nun konstituierten, in der Folgezeit regelmäßig tagenden „Projektgruppe Ansiedlung Engines in Otterstedt" statt, die sofort wiederum drei Arbeitsgruppen einrichtete: eine „Planungsgruppe", die dafür sorgen sollte, dass für den Investor Engines rasch Planungssicherheit besteht; eine „Gruppe Immissionsschutz/Energie", die die immissionsschutzrechtliche Genehmigungsfähigkeit der Anlagen von Engines sicher-

---

5 Ein Beleg für die enorme Bedeutung, die der Ansiedlung von Engines in der Brandenburger Landesregierung beigemessen wird, ist die 'hochkarätige Besetzung' dieser Beratung: An ihr nehmen von seiten des Umweltministeriums ein Staatssekretär sowie fünf Abteilungsleiter teil; der Justitiar war entschuldigt. Engines wurde vom Leiter des 'X - 3000' genannten Planungsprojektes sowie von einem Mitarbeiter der Abteilung Grundstückswesen vertreten.

VI.2 Der 'global player' in Otterstedt 277

stellen sollte; eine „Gruppe Wasser/Abwasser", die sich eigens um die Erschließung des Werksgeländes mit Einrichtungen zur Wasserver- und -entsorgung kümmerte (weil sich in diesem Bereich bereits früh die schwerwiegendsten 'Genehmigungsprobleme' abzeichneten). In der Folgezeit traf sich die (federführende) „Planungsgruppe" bis Ende 1991 14-tägig, im Jahr 1992 im Durchschnitt monatlich. Das Umweltministerium ließ sich dabei weitestgehend auf den von Engines vorgegebenen Zeitrahmen ein und versuchte, dessen Einhaltung zu ermöglichen. Dazu unterstützte und koordinierte die Landesregierung unter anderem die Inanspruchnahme von Fördermitteln durch den Investor, mahnte die Gemeinde Otterstedt zur Beschleunigung des Bebauungsplanverfahrens für das Gewerbe- und Industriegebiet, in das der Engines-Standort eingeordnet werden sollte, sagte im Hinblick auf dieses Verfahren bereits im voraus eine positive landesplanerische Stellungnahme zu, setzte die Gemeinde sogar unter Druck, kontinuierlich mit einem Planungsbüro zusammenzuarbeiten, und schaffte für den Investor kurze und schnelle Wege zwischen allen Genehmigungsbehörden.

Um das vor Baubeginn auf dem Engines-Gelände notwendige planungsrechtliche Genehmigungsverfahren abzukürzen, wurde – weil abzusehen war, dass das Bebauungsplanverfahren für das Gewerbe- und Industriegebiet in Otterstedt trotz aller Anstrengungen erst später abgeschlossen sein würde als es der Zeitplan des Investors vorsah – im August 1991 auf einen Vorschlag des Brandenburgischen Bauministeriums hin vereinbart, für die Fläche, auf der das Engines-Werk errichtet werden sollte, zunächst einen Vorhaben- und Erschließungsplan (VEP) erarbeiten zu lassen, der dann später in einen Bebauungsplan zu überführen wäre. Zugleich tauchte jedoch ein neues Problem auf: Engines wies darauf hin, dass die inzwischen vorgesehene Führung der Otterstedt tangierenden, überregional bedeutsamen Eisenbahntrasse das zu errichtende Werk in zu geringem Abstand passierte, so dass vorbeifahrende Züge die Messanlagen von Engines massiv beeinträchtigen würden. Notwendig wäre daher eine alternative Trassenführung; andernfalls müsste sich das Unternehmen nach einem neuen Standort umsehen. Das Bauministerium des Landes Brandenburg sagte daraufhin eine sofortige Prüfung akzeptabler Alternativtrassen zu, die bereits binnen einer Woche zu Ergebnissen führen sollte. Schon auf der nächsten Sitzung der „Planungsgruppe", Anfang September 1991, wurden dann zwei Trassierungsvarianten vorgestellt, die die Bedingungen von Engines erfüllten. In den folgenden Sitzungen der „Planungsgruppe" eskalierten dann allerdings die Auseinandersetzungen zum Problem der Abwasserentsorgung. So vermerkt ein Protokoll der „Projektgruppe" vom März 1992:[6]

„Trotz intensiver Bemühungen der Beteiligten an der Lösung des Abwasserproblems für Engines und für die Gemeinde Otterstedt gibt es zur Zeit in dieser Sache keinen Konsens mit dem Bürgermeister (...). Der Investor wird sich diesbezüglich noch einmal eindringlich an das Umweltministerium wenden."

Auch die von der „Gruppe Immissionsschutz/Energie" bearbeiteten Schwierigkeiten beim immissionsschutzrechtlichen Genehmigungsverfahren konnten innerhalb des von Engines vorgesehenen zeitlichen Rahmens nicht zur Gänze ausgeräumt werden. Über die Stationen der Bekanntmachung des Genehmigungsantrages in der Tagespresse, der öffentlichen Auslegung sowie der Erörterung der erhobenen Einwände gelangte der Antrag auf immissionsschutzrechtliche Genehmigung der im ersten Bauabschnitt zu errichtenden Anlagen von Engines aber dennoch recht zügig an das Landesumweltamt und wurde dort im August 1992 – und damit mit nur leichter Verzögerung gegenüber dem ursprünglichen Terminplan – positiv beschieden. Ursache für diese Verzögerung war vor allem, dass auch der VEP nicht 'fristgerecht', d.h. gemäß der Vorgaben von Engines, fertig wurde und deshalb erst im August 1992

---

6 Das ungelöste Problem der Wasserentsorgung für den Engines-Standort beeinträchtigte allerdings in der Folgezeit die Standortentwicklung nicht spürbar.

bestätigt werden konnte. Dessen Festsetzung war jedoch Voraussetzung für die immissionsschutzrechtliche Anlagengenehmigung.

Ende August 1992 konnte die „Projektgruppe" dann feststellen, dass die zur Unterstützung der Ansiedlung von Engines eingerichteten Arbeitsgruppen ihre Aufgaben weitgehend erfüllt haben, so dass mit der Realisierung des Vorhabens begonnen werden könne (nachdem auf dem Unternehmensgelände bereits im Mai – vier Monate später als geplant – die Erdarbeiten eingesetzt hatten). Lediglich die für das noch immer schwelende Abwasserproblem zuständige Arbeitsgruppe sollte – nicht zuletzt auf den dringenden Wunsch des Unternehmens Engines hin – nunmehr unter Federführung des Bauministeriums weiterbestehen. In der Folgezeit (für die uns keine Protokolle von Projekt- und Arbeitsgruppensitzungen mehr vorliegen) wurde dann der VEP für das Engines-Gelände in den Bebauungsplan für das Otterstedter Gewerbe- und Industriegebiet überführt; der den Engines-Standort betreffende Teilplan wurde, nachdem er in der Gemeindevertreterversammlung beschlossen worden war, im Oktober 1995 zur landesplanerischen Beurteilung eingereicht und – abmachungsgemäß – befürwortet.

Parallel zu den Aktivitäten des Landes Brandenburg tat die Gemeinde Otterstedt das Ihre, um die Voraussetzungen für die Ansiedlung von Engines zu schaffen. Dies geschah unter der Ägide des ersten Otterstedter Bürgermeisters nach der 'Wende', König, der eine undurchsichtige Rolle spielte und dessen Aktivitäten zu großen Teilen bis heute der Aufklärung harren, der aber auch maßgeblichen Anteil daran hatte, dass Engines binnen weniger Jahre seine Arbeit in Otterstedt aufnehmen konnte. Denn ein großer Teil von Königs Aktivitäten galt der forcierten Entwicklung des Otterstedter Gewerbe- und Industriegebietes. So ergriff König gleich 1990 flächensichernde Maßnahmen gegenüber der Treuhand, die sich für die Gemeinde bis heute auszahlen, und sorgte dafür, dass alle von der Treuhand verwalteten Flächen in Otterstedt an die Gemeinde übertragen wurden. Um das Gewerbe- und Industriegebiet in der vorgesehenen Größe entwickeln zu können, betrieb König darüber hinaus eine aktive Grundstückspolitik, und die Gemeinde kaufte von verschiedenen Privateigentümern Grundstücke mit einer Gesamtfläche von etwa 20 ha an. König verhandelte aber auch ohne Auftrag und ohne Abstimmung mit der Gemeindevertretung mit potentiellen Investoren, löste große und teure Planungen aus (z.B. für einen Abwasser-Verband), ging finanzielle Verpflichtungen ein und schloss Verträge ab, die er – und nicht einmal das in allen Fällen – durch die Gemeindevertretung nur noch bestätigen ließ.

Königs entschlossenes Vorgehen 'bescherte' der Gemeinde Otterstedt als eines der am zügigsten realisierten Planungsprojekte rund um Berlin das heutige Gewerbe- und Industriegebiet. Ein Teil der Gesamtfläche dieses Gebietes, nämlich der Engines-Standort, sollte von Anfang an als Industriegebiet, ein Teil als Gewerbegebiet (mit geplantem Mittelstandszentrum) und ein Teil als Mischgebiet festgesetzt werden. Als Entwicklungsträgerin für das Gebiet fungierte die im Jahr 1991 eigens ins Leben gerufene Otterstedter Entwicklungsgesellschaft GmbH (OEG). Schon deren Gründung fand freilich unter recht dubiosen Umständen statt: Weder der Gründungsvertrag noch dessen Entwurf lagen der Gemeindevertretung jemals zur Beschlussfassung vor, obwohl die Gemeinde mit einem Anteil von 25 Prozent Gesellschafterin der OEG ist. Obwohl nicht dazu autorisiert, unterschrieb Bürgermeister König, der, auch wenn er das öffentlich mehrfach abstritt, als Privatperson selbst mit einem Anteil von ebenfalls 25 Prozent (anfangs aktiver, später stiller) Gesellschafter an der OEG ist, im Namen der Gemeinde den Vertrag. Gesellschafter an der OEG sind weiterhin ein Planungsbüro aus dem Berliner Westen (das, dem Bürgermeister bestens bekannt, maßgeblich auf dessen Betreiben mit der Erstellung der Vorstudie für einen Flächennutzungsplan für Otterstedt sowie eines Entwicklungskonzeptes für das durch die OEG zu entwickelnde Gewerbe- und Industriegebiet beauftragt wurde), ein Unternehmer, der selbst als Investor im Otterstedter Gewerbegebiet in Erscheinung trat, sowie zwei Banken.

Zwei Konstruktionen im Gründungsvertrag der OEG verdienen besondere Beachtung: Erstens müssen Beschlüsse immer mit achtzigprozentiger Mehrheit gefasst werden. Das bedeutet, dass ohne die Zustimmung von König keine Entscheidung möglich ist, so dass dieser auch nach seiner Abwahl als Bürgermeister als 'graue Eminenz' agieren kann.[7] Und zweitens sollen nicht verwendete (von den Investoren vorzufinanzierende) Mittel für die Erschließung zu je 50 Prozent zwischen dem jeweiligen Investor und der OEG, also nicht zwischen Investor und Gemeinde geteilt werden. Die Gemeinde erhält von diesen Mitteln somit – entsprechend ihres Gesellschafteranteils an der OEG – nur 12,5 Prozent. Darüber hinaus erwuchsen der Gemeinde Otterstedt aus den Aktivitäten der OEG in der Folgezeit hohe Verluste: Fast alle Grundstücke im Gewerbe- und Industriegebiet wurden zum halben Verkehrswert (damals ca. DM 60,- je qm; der Bodenrichtwert betrug ca. DM 45,- je qm) an die Investoren verkauft. Ein Investor erwarb sogar 70.000 qm für nur DM 12.- bis DM 15,- je qm. Des weiteren wurden keine Nachfolgeverträge mit den Käufern abgeschlossen, die etwa die Realisierung von Brandschutzmaßnahmen, die Instandhaltung technischer Anlagen oder die Schneebeseitigung regeln. Der Gemeinde erwachsen aus der Erschließung ihres Gewerbe- und Industriegebietes daher jährliche Verpflichtungen in Höhe von DM 150.000.- bis DM 200.000.-. Seit der Abwahl Königs im Dezember 1993 ist die Gemeinde bemüht, Licht in das Dunkel der von diesem zu verantwortenden Entscheidungen und Vertragswerke zu bringen, kommt dabei aber nur schleppend voran. Im November 1995 beschloss die Gemeindevertretung deshalb sogar den Abschluss eines Rechtsberatervertrages. Zwischenzeitlich erwog die Gemeinde auch, gegen die Sittenwidrigkeit der unter König geschlossenen Verträge zu klagen sowie ein Verfahren gegen König selbst wegen Unterschlagung und Bereicherung anzustrengen.

Trotz allem: Schon seit geraumer Zeit sind auch die Erfolge der 'Ära König' unübersehbar. In geradezu atemberaubendem Tempo wurde das Otterstedter Gewerbe- und Industriegebiet entwickelt, und die Mehrzahl der von der OEG bereits voll erschlossen angebotenen Parzellen im südlichen Teilbereich des Gebietes konnte bereits verkauft werden. Dabei konnte man sich, wie es in einer Veröffentlichung der Industrie- und Handelskammer zu Berlin heißt, „die Investoren für das Gewerbegebiet aussuchen. Das Ergebnis ist beeindruckend. Während in anderen Gewerbegebieten Autohäuser, Möbelmärkte und Lebensmitteldiscounter das Bild prägen, stammen die (...) Unternehmen, die sich in Otterstedt ansiedelten, fast ausschließlich aus Industrie und Handwerk." Eine herausragende Stellung unter diesen mehrheitlich aus Berlin stammenden Unternehmen nimmt freilich die Firma Engines ein. Bereits mit der Inbetriebnahme des ersten Bauabschnittes des Werksgeländes umfasste die Engines-Belegschaft 300 Personen, bis Ende 1996 wuchs sie dann auf über 700 Mitarbeiterinnen und Mitarbeiter an und sollte bis heute auf deutlich mehr als 1.000 Personen ansteigen. Gewinne erwirtschaftete Engines in Otterstedt vor allem aufgrund der hohen Startinvestitionen zwar zunächst noch nicht. Ab dem Jahr 2000 sollten aber schwarze Zahlen geschrieben und Gewerbesteuern abgeführt werden. Engines ist damit nicht nur der bei weitem markanteste, sondern auch der 'quantitativ' größte Erfolg der Gewerbeentwicklung in Otterstedt, zugleich aber auch Symbol eines krassen innergemeindlichen Gefälles, das durch den 'Aufschwung vor den Toren von Otterstedt' aufgerissen wurde.

---

[7] Nach seiner Abwahl im März 1993 wegen nachgewiesener Zusammenarbeit mit der Staatssicherheit der DDR war König für insgesamt 96 Tage zunächst als Kaufmännischer Geschäftsführer und danach als Geschäftsführer bei der OEG tätig. In dieser Zeit sollen eine halbe Million DM in seine Tasche geflossen sein (als Gehalt, Abfindung und von ihm eingeklagtes Übergangsgeld nach Wettbewerbsklausel), mit denen er sich in sein neu erworbenes Haus am Scharmützelsee zurückgezogen hat.

Die Ansiedlung von Engines in Otterstedt erweist sich zunächst als Beispiel einer 'rationalen' Investitionsentscheidung: Engines findet in Otterstedt eine Reihe sogenannter Standortfaktoren vor, die die Konkurrenzfähigkeit des Unternehmens zu befördern versprechen. Und die staatlichen Instanzen vor allem des Landes Brandenburg verstehen ihr Entgegenkommen gegenüber dem Unternehmen als zentralen Bestandteil ihrer Strategie zur Bewältigung der postsozialistischen Transformation und zur wirtschaftlichen Stabilisierung. Sie hoffen auf die Wirksamkeit von Anschubeffekten und werden hierin auch von seiten des Unternehmens bestärkt. So prognostiziert ein Vertreter von Engines im Jahr 1994 in einer Kurzdarstellung des 'Otterstedt-Projektes' positive Effekte der Ansiedlung seines Unternehmens:

„Der Bedarf an Dienstleistungen wird sich erhöhen, Zulieferer – sowohl für Basistechnologien als auch für (...) spezifische Technologien – werden sich hier ansiedeln. Da wir bereits intensiv mit Hochschulen und Forschungseinrichtungen zusammenarbeiten, was unsere Entwicklungserfolge enorm unterstützt (Studien-, Diplomarbeiten, Promotionen, Auftragsforschung, Vergabe von Entwicklungsarbeiten u.a.m.) wird auch der Technologietransfer angekurbelt. (...) Für den Arbeitsmarkt konnten und werden wir auch künftig eine breite Palette von Arbeitsplätzen zur Verfügung stellen. Dieses Angebot wird 1995 um die ersten Lehrstellen erweitert werden."

Gegenüber solchen strukturpolitischen Argumenten tritt das Eigeninteresse der Kommune Otterstedt an Engines als einem Arbeitgeber und Steuerzahler, der wenigstens mittelfristig der Gemeinde eine 'prosperierende Zukunft' zu eröffnen verspricht, im Zuge der Vorbereitung der Ansiedlung von Engines im Raum Berlin-Brandenburg in den Hintergrund. So finden sich keinerlei Hinweise auf Überlegungen, wie das 'aus dem Westen importierte' Hochtechnologieunternehmen lokal verankert und sein weiterer Ausbau mit der Entwicklung der Gemeinde bzw. der Teilregion, in der es seinen Standort gefunden hat, harmonisiert werden könnte. Vielmehr spielten die Vertreterinnen und Vertreter der Gemeinde Otterstedt im Zuge der Engines-Ansiedlung eine unauffällige Rolle, und es waren von beiden Seiten, von seiten des Betriebes und von seiten der Gemeinde, zunächst kaum Bemühungen zu beobachten, ein 'gedeihliches Miteinander' auch praktisch vorzubereiten. Nicht zuletzt wurde offenbar überhaupt nicht thematisiert, auf welche Möglichkeiten ihrer Realisierung die Bedarfe, Bedürfnisse und Lebensstile der mitgebrachten Engines-Belegschaft in der Berliner Peripherie stoßen. Die Ansiedlung von Engines in Otterstedt erweist sich damit in erster Linie als Erfolg der Aktivitäten externer Eliten und mag insofern als Ausdruck der 'Entankerung' und 'Kontextbeliebigkeit' Hochtechnologie-basierter Wirtschaftssegmente gelten. In der Otterstedter 'Erfolgsstory' ist deshalb ein struktureller Konflikt bereits angelegt. Diese Diagnose wird noch unterstrichen durch den Umstand, dass sich das Wirken des ersten Otterstedter 'Nachwende'-Bürgermeisters durch mangelnde demokratische Kontrolle und Intransparenz auszeichnete – also durch ein weitgehendes Fehlen der Rückbindung an das soziale, politische und auch ökonomische 'Leben' des Gemeindemilieus (vgl. Karl in diesem Band, III.1, s. auch die Anmerkungen zur Phase 1 „Wilder Osten" in II.5).

Nachdem sich Engines an seinem Otterstedter Standort mittlerweile etabliert und die erste Ausbauphase abgeschlossen hat, lässt sich insgesamt ein äußerst markanter Gegensatz zwischen Unternehmen und 'beherbergender' Gemeinde konstatieren, der auf mehreren Ebenen – etwa als Modernisierungsgefälle oder als 'Gleichzeitigkeit von Ungleichzeitigem' – beschrieben werden kann. Dieser Gegensatz erweist sich als zentrales Element einer räumlichen Entwicklungslogik, die sich durch das Nebeneinander von 'disembedding' und 'reembedding' auszeichnet und in der sich global, national, regional und lokal verankerte und zu begründende Prozessverläufe überlagern.

3. Erlebbare Gegensätze

Der Gegensatz zwischen dem 'global player' Engines und dem Dorf Otterstedt lässt sich zunächst visuell erfahren. Schon architektonisch und städtebaulich ist ein Bruch zwischen Gewerbegebiet und gewachsener Dorflage (auch vom Fahrrad aus) unverkennbar:

„Otterstedt: Neuere Bebauung zieht sich ca. 2-3 km entlang dieser Straße, zerschnitten von Bahnlinie (...) zentraler Platz am Bahnhof/Bahnübergang: Imbiss, Parkplatz, mehrere Geschäfte (Bäckerei, Metzgerei etc.) ohne Spuren der 'neuen Zeit' – abgekoppelt vom Dorf ca. 1 km hinter dem Ortsausgang direkt an der Autobahn das neue Gewerbegebiet mit Engines-Werk; dessen silbrig blitzende Anlagen gemahnen an die introvertierte Architektur amerikanischer Technologiezentren, vielleicht auch an ein in einem Science-Fiction-Film gelandetes Raumschiff; daneben noch andere Betriebe, z.T. auch mit Ausstellungs-, Verkaufsräumen; das ganze Gewerbegebiet ist sehr flächenextensiv genutzt; alles ist neu, sehr aufwendig angelegt; in sanften Bögen geschwungene und beleuchtete Fuß- und Radwege enden abrupt und ohne Fortsetzung an der Grenze des Erschließungsgebiets im (dunklen) Acker bzw. auf Waldweg am Waldrand; das Dorf ist auf der anderen Seite des Ackers gut sichtbar und sieht aus wie auf Vorkriegsphotos" (Ausschnitt aus dem Feldprotokoll der zweiten Fahrradtour rund um Berlin (1995); vgl. auch II.3).

Das Erscheinungsbild des 'global player' in seiner Märkischen Umgebung lässt (zumindest Ortsfremde) beinahe unweigerlich die Metapher der 'Kathedrale in der Wüste' assoziieren. Dass das somit verdinglichte Modernisierungsgefälle nicht nur optisch wahrnehmbar ist, sondern zweifelsohne auch die Alltagserfahrung der Otterstedter wie der Belegschaft von Engines prägt (sofern letztere das Betriebsgelände überhaupt verlässt) mag ein eher unscheinbares Detail illustrieren: Der nicht zuletzt für die Bauleitplanung (auch im Gewerbe- und Industriegebiet) verantwortliche Bürgermeister der Gemeinde Otterstedt musste lange Zeit versuchen „in seinem Büro ohne eigenen Kopierer, ohne fließendes Wasser und ohne Toilette auszukommen." (Matthiesen 1998b).

Im Binnenraum des 'global player' scheint sich der 'Modernisierungsvorsprung' zur Gemeinde Otterstedt noch einmal zu reproduzieren. So ist das lokale bzw. regionale Arbeitskräftepotential (dessen Bedeutung als Standortfaktor vielerorts hervorgehoben wird) für das Unternehmen faktisch eher weniger relevant. Zwar sind aus einem branchenverwandten Betrieb in einer Nachbargemeinde, der transformationsbedingt seine Belegschaft abbauen musste, zahlreiche Personen übernommen worden. Das ändert jedoch nichts daran, dass „(...) im Entwicklungsbereich die Belegschaft überwiegend von außen hier an den Standort gekommen ist. Also aus, aus, aus Deutschland aber auch aus anderen europäischen Staaten und auch aus Staaten der ganzen Welt letztlich hierher gekommen ist" (E 25).

Lediglich im sogenannten Servicebereich (etwa in der Poststelle oder in der Kantine, in den Aufgabengebieten Logistik, Materialdisposition und Werkschutz), dem fast ausschließlich schlecht bezahlte Tätigkeiten zuzurechnen sind, die kaum Aufstiegschancen bieten, werden hauptsächlich Mitarbeiterinnen und Mitarbeiter beschäftigt, die aus der Region stammen. Und selbst dort spielen 'echte' Otterstedterinnen und Otterstedter keine größere Rolle als Personen aus Nachbargemeinden:

„der Servicebereich ... äh, das is also überwiegend aus dieser Region, mit mit Personal aus, aus dieser Region besetzt. Ähh. Bemerkenswert ist vielleicht noch, dass Otterstedt als Ort selber 'ne relativ bescheidene Rolle hier, hierbei spielt" (E 27).

Ihren vielleicht prägnantesten Ausdruck finden die zwischen Engines und dem Dorf Otterstedt bestehenden Gegensätze aber weder in unverkennbaren (technischen) Modernisierungsrückständen auf seiten des letzteren noch in dem deutlichen innerbetrieblichen Statusgefälle zwischen den von Engines mitgebrachten oder global rekrutierten Arbeitskräften und den Mitarbeiterinnen und Mitarbeitern aus Otterstedt und Umgebung, sondern darin, dass sich die 'strukturelle Andersartigkeit' von Engines auch auf der wohl basalsten Ebene, auf der kulturelle Differenzen bestehen können, manifestiert, auf der Ebene der Sprache. So setzt sich die Belegschaft von Engines (derzeit) aus 25 Nationen zusammen, und die 'offizielle Schrift- und Verkehrssprache' innerhalb des Unternehmens ist (damit fast zwangsläufig) Englisch. Die Mitarbeiterinnen und Mitarbeiter von Engines, zumindest soweit sie schon länger der Firma angehören, bewegen sich in einem multinationalen, von verschiedenen kulturellen Hintergründen geprägten Unternehmensmilieu und haben innerhalb dieses Milieus – zumal als Neuankömmlinge in der Hauptstadtregion – ihre wichtigsten sozialen Beziehungen:

„Die äh Gemeinschaft selber, so wie sie da entstanden ist äh, hat sogar 'nen gewissen, gewisse äh eigene, nen eigenes Charisma entwickelt, durch diese verschiedenen Nationalitäten is' es also so, gestaltet sich dieses Miteinander so, dass, dass auch da multikulturell miteinander umgegangen wird, nicht nur im Bereich der Sprache, sondern auch bei, bei äh anderen Anlässen, dass man also gemeinsam Partys macht äh, Sport betreibt" (E 50).

Im bis in die jüngste Zeit kaum von ausländischen Bevölkerungsgruppen geprägten Otterstedt verstärkt die Multinationalität der Engines-Belegschaft den Eindruck der Fremdheit des 'global player'.[8] Hinzu kommt, dass die Englischsprachigkeit 'des Unternehmens' massive Kommunikationsbarrieren mit sich bringt – nicht zuletzt, weil an den Rändern der Hauptstadt bis 1990 das Englische kaum als 'lingua franca' erfahren werden konnte. Um unternehmensintern Sprachbarrieren zu beseitigen, werden übrigens – stark frequentierte – Sprachschulungen in Deutsch und Englisch durchgeführt.

4. Infrastrukturdefizite und Interessenkonflikte

Das Fehlen von Berührungs- und Anknüpfungspunkten zwischen Engines und dem Dorf Otterstedt schlägt sich (mit zunehmender Dauer der Anwesenheit von Engines in Otterstedt in wachsendem Maße) auch darin nieder, dass seitens des Unternehmens vorhandene Infrastrukturdefizite immer stärker als Beeinträchtigung der Standortqualität von Otterstedt wahrgenommen werden und dass darüber hinaus sogar 'echte' Interessenkonflikte auftreten. Die vier wichtigsten dieser Defizite und Konflikte seien im folgenden angesprochen.

a) Zwar galten die in Otterstedt und vor allem auch den Nachbargemeinden vorhandenen Infrastrukturen zunächst als einer der Gründe für die Standortwahl von Engines. Für die Ansiedlung auch nur eines kleinen Teils der von Engines mitgebrachten Arbeitnehmerinnen und Arbeitnehmer stand aber in Otterstedt selbst nicht genügend Wohnraum zur Verfügung. Dass ein großer Teil der Belegschaft daher gezwungen war, zunächst an anderen Orten – vorwiegend in den (West-) Berliner Außenbezirken – Wohnungen zu beziehen, trug jedoch von Anfang an zur Zementierung einer sozialen, ökonomischen und kulturellen Distanz zwischen Engines und Otterstedt mit bei. Dabei bestünde auf seiten der Engines-Belegschaft vielfach

---

8   Was an dieser Stelle als Fremdheit zwischen dem Unternehmen Engines und der Gemeinde Otterstedt nur angedeutet wird, betrifft freilich den auf absehbare Zeit wohl sensibelsten Punkt 'Brandenburgischer Regionalkultur' überhaupt: Latente oder offene Fremdenfeindlichkeit und rechtsradikal motivierter Rassismus zählen bekanntlich zu den zentralen, überregional kommentierten politischen Problemfeldern Brandenburgs in den letzten Jahren. Sie stellen zugleich ein massives Hindernis auch für die weitere Verflechtung von Berlin mit seinem Umland dar (vgl. hierzu genauer Schmidt/Schumacher VII.1 sowie Matthiesen VII.2 in diesem Band).

VI.2 Der 'global player' in Otterstedt 283

durchaus großes Interesse daran, sich in Otterstedt niederzulassen, und das dort fehlende Wohnungsangebot wird deshalb als gravierender Nachteil empfunden:

„Äh, die Verbindung zum Ort Otterstedt äh äh gestaltete sich anfänglich, für die Belegschaft, öh relativ sch sp, gestaltete sich relativ spärlich. Öh das heißt es war zunächst mal die Infrastruktur nicht gegeben, um ein solchen Ansturm äh auf Otterstedt aufnehmen zu können, das heißt also weder Wohnraum noch ä ä ehm 'bauliche' noch ehm die übrigen Infrastrukturmaßnahmen //I: mhm// waren eingeleitet äh als Ergebnis kam dann halt eben zunächst mal zustande, dass die Belegschaft überwiegend sich in Berlin angesiedelt hat und äh täglich ähm nach Otterstedt pendelte. Äh heute stelln wer fest, dass also mehr und mehr M Mitarbeiter aber auch hier ins Umland drängen öh und wir würden uns auch wünschen, dass irgendwann mal diese dieser Drang auch tatsächlich verwirklicht werden kann in dem wer also noch mehr Wohnangebote haben" (E 6).

Nachdem in Otterstedt auch in den vergangenen Jahren aus mehreren Gründen kaum Wohnungen errichtet wurden, fehlen bis heute die Voraussetzungen dafür, der Mehrzahl der Engines-Mitarbeiterinnen und Mitarbeiter in unmittelbarer Nähe des Betriebes Wohnraum anbieten zu können. Eine Reihe von Betriebswohnungen, die Engines zunächst angemietet hatte, mussten mittlerweile sogar wieder geräumt werden. So pendelt das Gros der Engines-Belegschaft nach wie vor tagtäglich stadtauswärts.[9] Besonders unbefriedigend ist diese Situation auch deshalb, weil die Integration aller relevanten Betriebseinheiten im Otterstedter Werk auch den hochqualifizierten Engines-Beschäftigten die Möglichkeit bietet, stetig am selben Ort zu arbeiten, ohne regelmäßig Dienstreisen unternehmen zu müssen. Diese Gelegenheit möchten viele Betriebsangehörige nutzen, um mit ihren Familien in der Nähe des Arbeitsplatzes 'heimisch' zu werden:

„Ein wichtiger Punkt war natürlich, das trifft aber wahrscheinlich auch auf viele Kollegen zu äh, dass ähm mit, mit dem endgültigen Standort Otterstedt auch diese ausgeprägte Reisetätigkeit äh 'runtergefahren werden konnte, weil Kollegen, die unterwegs waren zwischen den Standorten oder halt eben in der Woche an den Standorten tätig waren und am Wochenende dann halt eben nach Hause zur Familie fuhrn', das alles war dann nicht mehr notwendig, sondern es gab einen zentralen Ort, Otterstedt, und man konnte also hier (...) leben" (E 51).

b) Die Schaffung von adäquatem Wohnraum wäre eine notwendige, allerdings noch keine hinreichende Voraussetzung für einen verstärkten Zuzug von Engines-Mitarbeiterinnen und -Mitarbeitern nach Otterstedt. Hinzu kommt, dass sich deren Bedarfe und Bedürfnisse mit der am Ort vorhandenen Versorgungsinfrastruktur kaum befriedigen lassen. So vermögen Einzelhandel und Gastronomie in Otterstedt (die dort ohnehin nicht allzu zahlreich vertreten sind) noch kaum die Wünsche von weitgereisten Ingenieuren abzudecken, auch wenn in den letzten Jahren bereits eine qualitative Verbesserung des Otterstedter Dienstleistungsangebotes festgestellt wurde (E 50). Vor allem aber finden sich keine englischsprachigen Schulen in der näheren Umgebung von Otterstedt (was angesichts der geringen Größe der Gemeinden im Berliner Umland sicherlich auch nicht erwartet werden kann), und Versuche, die Erreichbarkeit solcher Schulen in Berlin von Otterstedt aus sicherzustellen, wurden bislang nicht unternommen.

---

9 Das Arbeitspendeln in stadtauswärtiger Richtung erscheint unserem Interviewpartner bezeichnenderweise als reichlich „unnatürlich", weil dem 'klassischen' Suburbanisierungsmuster (das offenbar die Wahrnehmung von städtischen Entwicklungsprozessen tief geprägt hat) zuwiderlaufend: „Wir haben also sehr, sehr viele Pendler, die äh, in Berlin halt irgendwie leben und in Otterstedt arbeiten. Und äh das ist aus meiner Sicht eine sehr, sehr unnatürliche Situation, äh Struktur, die sich da auftut, weil wir kennen eigentlich aus, aus alten Strukturen, dass, außerhalb der Stadt gewohnt wird, weil einfach auch die Wohnkosten außerhalb der Stadt geringer sind, und in der Stadt aber gearbeitet wird, weil das, weil die Stadt, äh das Unternehmen, äh Überlegungen anstellt in Richtung optimale Standortfrage, für für das Unternehmen einfach Vorteile bringt. Äh wir haben im Augenblick noch 'ne Struktur, die genau, äh genau reziprok" verläuft" (E 20).

Die Möglichkeit, die eigenen Kinder eine englischsprachige Schule besuchen zu lassen, gilt bei Engines jedoch weithin als wichtigste Voraussetzung für eine mögliche Integration:

„(...) wenn Otterstedt beispielsweise so was anbieten könnte, dann also, en englischen äh, äh, eine englische Klasse oder ein englisches Seminar oder irgend etwas anbieten könnte, ... dann würde die Ansiedlung von, von englischsprachigen Kollegen würde, würde deutlich intensiviert werden" (E 33).

Als Hürde für einen möglichen Zuzug von Teilen der Engines-Belegschaft nach Otterstedt darf des weiteren gelten, dass die am Ort vorhandenen Einrichtungen nicht auf fremdsprachige Kunden oder Klienten eingestellt sind; so sucht man zum Beispiel in den wenigen Otterstedter Schaufenstern vergeblich nach Hinweisen darauf, dass im Laden gegebenenfalls auch Englisch gesprochen würde. All dies trägt dazu bei, dass die aus der 'Internationalität' von Engines sich ergebende kulturelle Barriere zwischen Unternehmen und Gemeinde (auch) auf seiten des ersteren als manifestes Problem wahrgenommen wird:

„im Augenblick haben wir die Leute meistens in Berlin wohnen, im Umland natürlich auch, viele englischsprachige oder vielleicht auch anderssprachige Familien angesiedelt sind. Schwierigkeit tritt in dem Augenblick auf, wenn dann halt eben diese Familien auch kommunizieren müssen mi mit der Außenwelt (...). Und diese Schwierigkeit wird besonders deutlich, wenn Kinder sich integrieren müssen vor Ort, insbesondere auch schulisch integrieren müssen" (E 32).

c) Mit einer Bedienung des Otterstedter Bahnhofs im Stundentakt sowie einer Busfahrzeit von weit über einer halben Stunde zum nächst gelegenen S-Bahnhof ist Otterstedt durch den öffentlichen Nahverkehr nur ungenügend erschlossen (ganz davon abgesehen, dass die Fußwegentfernung zwischen Otterstedter Bahnhof und Engines-Werk rund dreißig Minuten beträgt). Auch die Straßenverbindungen von und nach Otterstedt sind trotz der umfangreichen Investitionen der letzten Jahre bei weitem noch nicht zufriedenstellend. Die Belastung der Otterstedt durchquerenden und das Gewerbe- und Industriegebiet tangierenden Hauptverkehrsstraße von bzw. nach Berlin hat in den letzten Jahren enorm zugenommen, so dass Staus im Ort mittlerweile zum alltäglichen Erscheinungsbild gehören. Auch die Straßenverbindungen mit den Nachbargemeinden sind vielfach überlastet. Diese Verkehrssituation beeinträchtigt aus Sicht von Engines die Qualität des neuen Standortes:

„(...) dass äh die Verkehrs- äh (...) -situation in dieser Region äh in, insbesondere im öffentlichen, im öffentlichen Verkehr nach wie ..., gewisse Probleme, für uns jedenfalls gewisse Probleme bereithält" (E 12).

Um die eigene Erreichbarkeit sicherzustellen, hat Engines selbst Maßnahmen ergriffen und einen 'Shuttle-Service' zum nächsten S-Bahnhof sowie zu den Berliner Flughäfen eingerichtet:

„Ich muss, muss dazusagen, dass, was wer im Augenblick haben, äh is eigentlich schon, zumindestens mal befriedigend. Äh. Aber das is eben auch nur befriedigend geworden auch wieder durch das, durch das Engagement des Unternehmens selber äh" (E 12).

Gemeinsam mit anderen im Otterstedter Gewerbe- und Industriegebiet ansässigen Unternehmen wurde auch mit dem Betreiber des Busverkehrs in Otterstedt darüber verhandelt, ob nicht eine neue öffentliche Buslinie die Aufgaben des werkseigenen 'Shuttles' zum S-Bahnhof übernehmen könnte. Dabei sind allerdings Schwierigkeiten aufgetreten, die selbst die gefundene Lösung wieder in Frage stellen: Der Busverkehrsbetreiber sah sich durch den 'Shuttle-Service' in seiner Existenz bedroht, da dem Linienverkehr Fahrgäste entzogen würden. Das zuständige Landesamt folgte dieser Auffassung und verhängte sogar ein Bußgeld.

d) Dass die rechtlichen Voraussetzungen für die Realisierung der geplanten Endausbaustufe von Engines in Otterstedt bislang noch nicht geschaffen sind, bildet schließlich die Grundlage dafür, dass sich auch ein manifester Planungskonflikt zwischen Unternehmen und Gemeinde abzeichnet. Denn der geringe Grad an Identifikation mit Engines, der weite Teile des 'Gemeinde-

VI.2 Der 'global player' in Otterstedt

milieus' von Otterstedt auszeichnet, findet seinen Ausdruck mittlerweile auch darin, dass in der Kommune Bestrebungen erkennbar werden, die Erweiterung der Engines-Anlagen sowie die Erhöhung der Laufzeiten dieser Anlagen mit dem Instrument des Flächennutzungsplanes zu verhindern. Wenn die von Engines vorgesehene Endausbaustufe erreicht ist, würden die Lärm- und Schadstoffemissionen des Betriebes, so das Argument, das planerisch im Bereich des Otterstedter Gewerbegebietes vertretbare Maß übersteigen. Allein mit den in Betrieb befindlichen Anlagen und auf der Grundlage der bereits genehmigten Laufzeiten kann Engines die Produktion am Standort Otterstedt jedoch nicht im geplanten Umfang aufnehmen:

„Also für's Unternehmen wäre sicher sehr, sehr interessant, dass äh, dass alle Baumaßnahmen, die sich Engines vorstellt auch so realisiert werden, äh könnten, und natürlich auch alle Betriebs-äh-zeiten. (...) Weil letztlich Engines sich international bewähren muss und alle wettbewerbs-äh-verzerrenden oder wettbewerbs- verhindernden Elemente sind natürlich störend" (E 11).

„(...) das gesamte Prüfstandsvolumen äh also was die Laufzeit angeht, beträgt zur Zeit sechshundert Stunden pro Jahr, das bedeutet fünfzig Stunden im Monat, also etwa zwei Stunden pro Tag. (...) Wenn man das Ganze noch vor dem Hintergrund sieht, dass wir nur zwei Prüfstände haben, von denen oft regelmäßig nur einer in Betrieb ist, und dass wir sag'n wir mal für die Endausbaustufe äh acht Prüfstände öh ge- plant haben, dann seh'n wir äh auf auf welch geringem Niveau wir im Augenblick fahren. Wenn wir auf diesem Niveau bereits Probleme feststellen sollten, äh dann denk' ich is' wirklich Grund äh die Alarmglocke zu drücken" (E 16).

Auch wenn eine ernsthafte Gefährdung des weiteren Ausbaus von Engines zu keinem Zeitpunkt wahrscheinlich schien, zeigt sich an den Auseinandersetzungen um die (potentiellen) Immissionen, die vom Engines-Werk ausgehen, dass auch dem Unternehmen selbst manifeste Probleme aus seiner fehlenden Integration in die kommunalen Strukturen erwachsen. Wäre Engines stärker in Otterstedt verankert, dürfte die Inbetriebnahme aller im Engines-Werk geplanten Anlagen mit an Sicherheit grenzender Wahrscheinlichkeit die Zustimmung der kommunalen Vertreterinnen und Vertreter finden.[10]

Die skizzierten Problemkreise und Konfliktlinien harren nun ihrer Bearbeitung. Ganz im Gegensatz zur Erwartung einer schrittweisen Gewöhnung und Annäherung der beiden Partner, der Gemeinde und des Unternehmens, aneinander, scheinen die Chancen auf eine konstruktive Bewältigung dieser Probleme und Konflikte allerdings mit zunehmender Dauer der Anwesenheit von Engines in Otterstedt kaum zuzunehmen. Eher ist das Gegenteil der Fall: So können die zuletzt immer intensiveren Bestrebungen der Kommune, in Otterstedt in größerem Umfang Wohnungen zu errichten, bis auf weiteres als gescheitert gelten – woran freilich den gegenwärtigen Repräsentantinnen und Repräsentanten des Ortes keine Schuld gegeben werden kann.[11] Aber auch die gemeinsamen Versuche von Engines und Otterstedter Ge-

---

10 Dass die Gemeindevertretung von Otterstedt weiterhin geradezu forciert *nicht* als 'verlängerter Arm' von Engines agiert, mag Außenstehende angesichts der überragenden Bedeutung des Unternehmens für die lokale/regionale Wirtschaftsstruktur geradezu konsternieren. Es unterstreicht vielleicht stärker als andere Punkte die an den Rändern der Hauptstadt teilweise immer noch beobachtbare, auch als 'disembedding' charakterisierbare Nichtintegration moderner (Wirtschafts-) Strukturen in das Gemeindeleben. In der Verlierergemeinde Otterstedt, mit starken Tendenzen zu kulturellen Schließungen, ja Abschottungen ist das allerdings besonders auffällig (vgl. dazu genauer VII.2).

11 Ein laufendes Raumordnungsverfahren im Zusammenhang mit einer auch das Territorium der Gemeinde Otterstedt in Anspruch nehmenden Infrastrukturmaßnahme von übergeordnetem Interesse sowie die Tatsache, dass in den umliegenden Gemeinden seit 1990 bereits in größerem Umfang Wohnungen errichtet wurden, haben dazu geführt, dass in Otterstedt Wohnungsbauplanungen die erforderliche Zustimmung der Genehmigungsbehörden des Landes Brandenburg nicht erhalten. Wären allerdings, wie in vielen anderen Gemeinden im Berliner Umland, Bebauungspläne für neue Wohngebiete sehr rasch nach der 'Wende' auf den Weg gebracht worden, hätten sie voraussichtlich bereits vor dem derzeit wirksamen 'Genehmigungsstopp' festgesetzt werden können.

meindevertretung, die aus der Sicht des Unternehmens gravierendsten Infrastrukturdefizite zu beheben, sind weitgehend zum Erliegen gekommen. Das betrifft nicht zuletzt die 1995 begonnenen Gespräche über das schulische Angebot für fremdsprachige Kinder (E 8). Auch was die sonstigen Bemühungen angeht, sprachlich bedingte Kommunikationsbarrieren abzubauen, kann bislang lediglich von Desideraten, kaum von konkreten Maßnahmen gesprochen werden:

„Und äh dies wär also eine ganz, ganz große Aufgabe im Dialog mit der Kommune Otterstedt äh Lösungen zu erarbeiten, wie wir über diese, diese sprachliche äh Barriere, die sich da auftut, dann eben überwinden können" (E 31).

Rund zehn Jahre, nachdem Engines-Vertreter zum ersten Mal das heutige Werksgelände in Otterstedt besichtigt haben, kann konstatiert werden, dass sich die von Anfang an wenig ausgeprägten Kontakte und Interaktionen zwischen dem 'global player' und der Gemeinde keineswegs im erhofften Maße vertieft haben. Auf seiten der Gemeinde ist eine anfänglich weithin neutrale bis zumindest verhalten hoffnungsvolle, nicht selten auch durchaus neugierige Haltung vielfach einer zunehmenden Skepsis gegenüber einem ökonomischen Akteur gewichen, dessen Anwesenheit die Lebensbedingungen am Ort bislang kaum spürbar zu verbessern vermochte. Vor diesem Hintergrund scheint es für das Unternehmen eher schwerer denn einfacher zu werden, die Kommune als Fürsprecherin und Akteurin zu gewinnen, die sich für seine Belange und Interessen einsetzt – insbesondere was den Ausbau der lokalen Infrastrukturen sowie die betriebswirtschaftlich erforderliche Expansion der Werksanlagen und deren Nutzungsintensität angeht, aber auch was 'atmosphärische' Verbesserungen bzw. das Wecken von Interesse am Betrieb und seinen Mitarbeiterinnen und Mitarbeitern betrifft.[12] Vielmehr agieren Unternehmen und Gemeinde in zwei verschiedenen 'Welten': Während die Gemeinde ihre Kraft nach wie vor der Bewältigung von Transformationsfolgen widmet und sich bemüht, Entwicklungsrückstände aufzuholen, hat das Unternehmen seine Referenzpunkte vor allem in der Sphäre einer global vernetzten Hochtechnologiebranche:

„Otterstedt arbeitet im alten Fahrwasser weiter und Engines arbeitet im eigenen Fahrwasser ebenso weiter" (E 10).

Engines befindet sich damit aber in einer 'suboptimalen Situation', die sich sogar auf seine Produktivität nachteilig auswirken kann, und sieht daher Handlungsbedarf:

„Hier sind eigentlich nur sporadisch Kontakte gelaufen (...) und äh wir würden damit das Unternehmen und vor allem die Belegschaft uns wünschen, dass sich diese Kontakte intensivieren lassen. Der Grund weshalb das Ganze äh ein bisschen, ein bisschen verlangsamt oder ja nur, nur spärlich gelaufen ist, wird sicher zum Teil bei uns liegen, äh weil halt eben wir mit Arbeit so ausgelastet waren in den letzten Monaten und Jahren, dass wir gar nich' das so weiter voran oder so forciert vorantreiben konnten, wie wir uns das wünschten, und wird sicherlich auch zum Teil in der Gemeindevertretung äh zu liegen, ww wird sicher auch in der Gemeindevertretung liegen, weil die Gemeindevertretung natürlich auch äh an uns nicht in in in der Form halt eben herangetreten ist, wie wir uns das ursprünglich vorgestellt haben" (E 7).

„Die Verbindung zum (.) äh zur Gemeindevertretung stellt sich so dar, dass wir also auch gelegentlich an (.) Versammlungen scht teilnehmen. Äh es ist nach wie vor die Verbindung da, nur eben es läuft im Augenblick äh aus meiner Sicht wirklich auf Sparflamme, und es müsste einfach intensiviert werden. Äh für uns, um halt eben unsere Belange mehr einbringen zu können" (E 9).

---

12 Die Schwierigkeiten von Engines, als kommunalpolitischer Akteur in Otterstedt aufzutreten, kontrastieren etwa auch mit der 'Performanz' von Guido Stanniecks Firma in Otterstedt (vgl. Leuchtenberg in diesem Band). Auch wenn von der Größe her nicht vergleichbar: Beide Unternehmen sind wirtschaftlich kaum regional vernetzt und produzieren für internationale Märkte. Stannieck verfügt aber offenbar über den 'kurzen Draht' zu den lokalen Eliten, der bei Engines zunehmend vermisst wird.

Es gilt, so lässt sich zusammenfassend konstatieren, zumal aus Sicht von Engines, die negativen Begleiterscheinungen der 'strukturellen Ortlosigkeit', mit der unternehmerische Standortentscheidungen in gobalisierten Wirtschaftszweigen getroffen werden, zu kompensieren. Und weil die an den Rändern der Hauptstadt ohnehin herrschende 'Gleichzeitigkeit von Ungleichzeitigem' diese Begleiterscheinungen in besonderem Maße sichtbar und auch virulent werden lässt, ist dieses Desiderat von besonderem Gewicht. Engines sieht sich also der Aufgabe gegenüber, gewissermaßen nachträglich Strategien der lokalen Verankerung zu entwickeln, für sein '(re-) embedding' zu sorgen (vgl. Läpple 1997: S. 110).

5. Ansätze eines '(re-) embedding'

Auf mehreren Ebenen lassen sich Bestrebungen zur Intensivierung der Beziehungen zwischen dem Unternehmen Engines und der Gemeinde Otterstedt beobachten. Engines beschreibt dabei zunächst die 'herkömmlichen' Wege: Zum einen bemüht sich das Unternehmen vermehrt, den eigenen Belangen auch (kommunal-) politisches Gehör zu verschaffen. Zum anderen tritt Engines gelegentlich als Sponsor von gemeinnützigen Einrichtungen und Projekten auf; so erhielten bereits ein Kindergarten, ein Sportverein, ein Naturschutzprojekt, sowie die Freiwillige Feuerwehr (zweckgebunden für die Errichtung eines Feuerwehrhauses) finanzielle Zuwendungen. Neben solchen etablierten Formen der Interaktion zwischen Unternehmen und Gemeinde lassen sich vor allem zwei Ansatzpunkte erkennen, Engines auch im Otterstedter Alltag zu verankern: Erstens hat sich der Betrieb in der sogenannten Geschichtswerkstatt von Otterstedt engagiert (a); zweitens ergeben sich über die Betriebssportgruppen von Engines Kontakte zu sporttreibenden Otterstedterinnen und Otterstedtern (b).

a) Die Otterstedter Geschichtswerkstatt ist eine Arbeitsgemeinschaft, die – schon zu DDR-Zeiten gegründet – sich mit großem privatem Einsatz die Aufarbeitung der Otterstedter Geschichte sowie die Pflege der kulturhistorisch interessanten Gebäude und Denkmäler des Ortes zum Ziel gesetzt hat. In ihr engagieren sich nun also neben Vertreterinnen und Vertretern der Kommune sowie Privatpersonen (unter anderem ein in Otterstedt lebender Kunsthistoriker) nun auch Betriebsangehörige von Engine. Die Geschichtswerkstatt ist damit die bislang einzige Institution in Otterstedt, in der es zu regelmäßigen Kontakten zwischen dem wie immer zu umreißenden 'Gemeindemilieu' und der Firma Engines kommt und deshalb für die Akzeptanz des Betriebes im Ort von einiger Bedeutung. Allerdings ist das bei weitem ehrgeizigste Projekt der Geschichtswerkstatt, die Restaurierung und Modernisierung des sogenannten Otterstedter Schlosses vorerst gescheitert. Die Gemeinde versprach sich von einer Mitarbeit von Engines an diesem Projekt die Bereitstellung des größten Teiles der erforderlichen finanziellen Mittel; das Unternehmen war seinerseits aber nicht bereit, größere Summen zu investieren, ohne eigene Interessen verfolgen zu können. Und eine Nutzung des Schlosses für betriebliche Belange scheint derzeit ausgeschlossen. Bauliche Maßnahmen konnten daher noch nicht in Angriff genommen werden (und das Schloss ist daher, nachdem sich ein anderer Investor als wenig seriös erwiesen hat, weiter dem Verfall preisgegeben):

„Engines ist dann aus diesem Wettbewerb eigentlich ausgeschieden, (…) weil weil Engines da keine, keine Möglichkeit (sah) dieses Objekt in irgendeiner Form zu nutzen und äh vor allen Dingen natürlich auch vor dem Hintergrund, dann dieses dieses Schloss einer äh einer äh Nutzung für die Gemeinschaft halt eben zuzuführen" (E 37).

b) Mitarbeiterinnen und Mitarbeiter von Engines haben, um ihr Bedürfnis nach sportlicher Betätigung in ihrer Freizeit befriedigen zu können, gleich eine Reihe von Sportgruppen im Rahmen einer Betriebssportgemeinschaft gebildet, die prinzipiell auch Nicht-Unternehmensangehörigen offenstehen. Ein Problem, mit dem die meisten dieser Sportgruppen zu 'kämpfen' haben, besteht darin, dass in Otterstedt nur wenige Sportstätten zur Verfügung stehen, was schnell deutlich wurde, nachdem

„(...) alle Betriebssportgruppen ausgeschwärmt sind und zunächst mal entsprechende Sportfelder gesucht haben und Sporthallen gesucht haben. (.) Äh hier war gleich der erste Engpass natürlich dann ausgemacht, weil in der Region ähh was Sporthallen und (Sportspielplätze) anging, da ist einfach noch nich die ähh äh Struktur die Infrastruktur vorhanden, die dann plötzlich so viele (.) äh neue Mitglieder aufnehmen oder unterbringen kann" (E 17).

Auch zeigte sich, dass sich die Betriebssportgemeinschaft nicht ohne weiteres in die Otterstedter Vereinslandschaft integrieren lässt:

„Unsere Betriebssportgemeinschaft umfasst mittlerweile fast dreihundert Mitglieder, und ist damit weitaus stärker als nun als der Otterstedter Sportverein insgesamt. Die Anzahl der Gruppen is' auch größer als aller Sport als die die Anzahl der Sportvereine hier in dieser Region äh insgesamt anbieten kann" (E 18).

Trotz oder gerade wegen der Engpässe an 'sportlicher' Infrastruktur hat sich der Sport zum vielleicht wichtigsten Anknüpfungspunkt zwischen Engines und Otterstedter 'Gemeindemilieu' entwickelt:

„Äh die äh Verbindung, die sich dann sehr sehr schnell aufgebaut hat, war die, dass man also da, wo gleiches, gleiche Interessen vorhanden waren, dass man sich da zusammengetan hat, und äh dann eben die teilweise auch gemeinsame Aktivitäten betreibt" (E 18).

So trägt der Otterstedter Fußballverein regelmäßig Freundschaftsspiele mit der Betriebssportgruppe „Fußball" aus und ist obendrein sogar 'sportliche Heimat' von einigen Werksangehörigen geworden. Gemeinsamen Aktivitäten von Otterstedter Sportvereinen und Engines Betriebssportgruppen ist große Bedeutung zuzumessen, denn sie schaffen eine Gelegenheit, zusammen Interessen wahrzunehmen und zu verfolgen. Das gemeinsame Anliegen, die Ausstattung mit Sportanlagen in Otterstedt zu verbessern, hat bereits dazu geführt, dass die Gemeindevertretung mit Vertretern von Engines über Möglichkeiten beraten hat, die vorhandenen Sportstätten zu erweitern. In der Folge hat sich Engines am Sportplatzbau in Otterstedt finanziell beteiligt. Darüber hinaus denkt der Betrieb über weitergehende Investitionen wie die Errichtung einer Sporthalle nach.

Die Offenheit und die Unterstützung, die die Unternehmensleitung von Engines sowie vor allem die Mitarbeiterinnen und Mitarbeiter des Unternehmens den 'zarten' Ansätzen einer Verstetigung formeller und informeller Kontakte zwischen Betrieb bzw. Betriebsangehörigen und Gemeinde bzw. 'Gemeindemilieu' entgegenbringen, ist deutliches Anzeichen eines wachsenden Bewusstseins für die Notwendigkeit einer nachträglichen 'Einbettung' des Betriebes:

„(...) um halt eben so diese Gemeinsamkeiten zu erkennen und dann letztlich, letztlich miteinander halt eben, die äh ja für uns gemeinsame Zukunft zu erarbeiten. Wir können jetzt in dieser Zeit sehr, sehr viel miteinander gestalten, wenn wir's anpacken. Wenn wir's nich' anpacken, dann wird's wahrscheinlich irgendwelche Wege gehen, die wir, die wir hinterher vielleicht bereuen. Hätten wir das am Anfang anders angegangen, wär'n diese ganzen Probleme nich' entstanden" (E 56).

Unverkennbar ist aber auch, dass die markanten Brüche an den Rändern der Hauptstadt im allgemeinen, besonders aber die im Fall Otterstedt verfolgte weitgehend 'kontextblinde' Entwicklungsstrategie, in die die örtliche Bevölkerung gar nicht und die lokalen Eliten nur ungenügend einbezogen waren, Rahmenbedingungen setzen, die die bisherigen 'Einbettungsbemühungen' allenfalls in kleinen Schritten vorankommen lassen. Deshalb bleibt abzuwarten, ob in der näheren Zukunft das Maß der Integration von Engines in Otterstedt spürbar zunimmt. Da gerade in Otterstedt die 'Nationalpark DDR'-Fraktion sehr stark ist, bleibt Skepsis angesagt (vgl. II.1, III.1, V.1; siehe insbesondere die Re-Analyse der Einbettungsprobleme dieses global players im thematischen Kontext neuer „postsozialistischer Hybridformen" des Eigenen und des Fremden in VII.2)

6. Fazit

Die Geschichte der Ansiedlung von Engines in Otterstedt spiegelt zunächst in geradezu paradigmatischer Weise die Schwierigkeiten wider, die eine global orientierte, das Problem der (lokalen) 'Einbettung' vernachlässigende unternehmerische Standortentscheidung aufwerfen kann. Diese Schwierigkeiten treten vor dem Hintergrund der die Ränder der Hauptstadt nach 40 Jahren der Abgeschiedenheit von der 'kapitalistischen Hemisphäre' auszeichnenden Besonderheiten besonders prägnant hervor. Zugleich erweist sich angesichts dieser Besonderheiten die nachträgliche (d.h. der raschen 'Standortnahme' zeitlich nachgeordnete) 'Einbettung' eines 'gobal player' in seinen sozial- und wirtschaftsräumlichen Kontext als außerordentlich schwierig. So existieren der Betrieb Engines und die Gemeinde Otterstedt räumlich dicht beieinander, lassen sich aber zwei unterschiedlichen (ökonomischen, sozialen und kulturellen) 'Welten' und 'Zeiten' zuordnen. Engines konnte die Gemeinde nur in sehr geringem Maße in seine geschäftlichen Aktivitäten einbinden, und die spärlichen Interaktionen zwischen beiden bedeuten immer zugleich eine Überwindung von großen 'kognitiven' Distanzen. Kontinuierliche informelle oder 'halb-formelle' Kontakte zwischen dem Unternehmen (bzw. Teilen seiner Belegschaft) und der Gemeinde (bzw. Teilen der ortsansässigen Bevölkerung) haben sich – von der beobachtenden Teilnahme von Vertretern von Engines an einigen Gemeindevertreterversammlungen sowie dem sporadischen 'sponsoring' einiger Projekte im Ort durch Engines einmal abgesehen – nur an zwei Stellen ergeben: in der örtlichen Geschichtswerkstatt und über die Betriebssportgemeinschaft. Ein großes Hindernis für eine weitere Intensivierung solcher Kontakte ist, dass in Otterstedt selbst kaum Wohnungen für die Mitarbeiterinnen und Mitarbeiter von Engines zur Verfügung stehen, so dass diese nicht in die Lage versetzt sind, ihren Lebensmittelpunkt nach Otterstedt zu verlagern (ganz davon abgesehen, dass auch die haushaltsbezogenen Infrastrukturen des Ortes kaum geeignet sind, deren 'globalisierte' Bedarfe und Bedürfnisse zu befriedigen).

Die Situation eines in seinen räumlichen Kontext nur ungenügend eingebundenen Hochtechnologiestandortes ist sowohl aus unternehmerischer Sicht als auch aus der Perspektive der betroffenen lokalen Eliten wenig befriedigend, wenn nicht problematisch. Diese Situation hat in Otterstedt entscheidend zur Relativierung der anfänglichen Hoffnungen auf Synergie- und Vernetzungseffekte der Ansiedlung von Engines (die eine 'selbsttragende Entwicklung' an den Rändern der Hauptstadt anstoßen sollte) beigetragen. Das dokumentieren auf der einen Seite die Hürden, vor denen Engines steht, wenn versucht wird, den Belangen und Interessen des Unternehmens (kommunal-) politisches Gehör zu verschaffen und den Ausbau des Standortes Otterstedt sowie der diesen Standort erschließenden Infrastrukturen voranzutreiben. Auf der anderen Seite ist die Gemeinde derzeit im großen und ganzen nicht in der Lage, aus der Anwesenheit von Engines Gewinn zu ziehen, geschweige denn das Unternehmen mit Blick auf die eigenen kommunalen Entwicklungsziele zu instrumentalisieren – sei es, indem die dörfliche Infrastruktur in Kooperation mit dem Unternehmen modernisiert wird, sei es, indem Engines-Mitarbeiterinnen und -Mitarbeitern adäquater Wohnraum angeboten wird (um so einen Teil der von Engines erzeugten privaten Kauf- sowie vor allem ihrer Einkommenssteuerkraft an den Ort zu binden), oder sei es, indem gezielt Zulieferbetriebe von Engines ins Gewerbegebiet 'gelockt' werden. Insofern sind die zaghaften Ansätze eines '(re-) embedding' von Engines, die sich inzwischen beobachten lassen, nicht nur regionalwissenschaftlich interessant, sondern geradezu ein strukturelles Erfordernis – wenngleich sie spät kommen und bislang sehr schwach ausgeprägt sind.

Es kann resümiert werden, dass im hier betrachteten Fall die strukturelle 'Einbettungschance', die mit der Funktionsweise auch eines 'global player' prinzipiell verbunden ist, bislang kaum genutzt wurde. Das 'Gespann Otterstedt-Engines' repräsentiert damit einen aufgrund seiner weitgehenden 'Kontextlosigkeit' problematischen Typus suburbaner Modernisierung, der an den Rändern der Hauptstadt allerdings 'günstige' Rahmenbedingungen vorfindet. Dort scheint es besonders schwer, die wenigstens latente Spannung zwischen – enträumlichter – globaler Orientierung (die ein 'gobal player' vorzunehmen gezwungen ist, will er im Wettbewerb bestehen) und der – immer auch raumbezogenen – Notwendigkeit zur 'Einbettung' (die das Funktionieren von Wirtschaftseinheiten nach wie vor voraussetzt) aufzulösen (vgl. dazu auch IV.2). Beinahe wie in einem Brennglas können an den Rändern der Hauptstadt zugleich aber auch die Erfolgsaussichten unterschiedlicher Zukunftsstrategien, dieses Dilemma zu beheben, untersucht werden – doch das wäre ein nächster Schritt (vgl. VII.2 und VIII.).

VII.
Jugendkulturen und Szenen, Milieubildungen und raumkulturelle Hybridformen

Robert Schmidt und Christina Schumacher

VII.1 Doing Disco
Eine Fallstudie zur Alltagskultur aus dem Laboratorium des Verflechtungsprozesses von Berlin mit Brandenburg

1. Einleitung

Nach wie vor bildet die südliche Stadtgrenze von Berlin zu Brandenburg eine scharfe räumliche Markierung. Wer sich aufmacht, den dahinter liegenden Verflechtungsraum der Metropole mit dem Umland zu erkunden, fährt große Strecken über Land und durch langgezogene dörfliche Gemeinden. Am Dorfeingang von Otterstedt wird er oder sie einem direkt an der Durchfahrtsstraße gelegenen DDR-grauen Gastwirtschaftsgebäude begegnen. Einzig dessen auffällige Beschriftung ist dazu angetan, die Aufmerksamkeit der Durchreisenden auf sich zu ziehen. 'Club Farfalla' prangt in blauer Leuchtschrift über dem weißgetünchten Eingang und vermittelt den Eindruck einer bemüht demonstrierten Weltläufigkeit, die in offensichtlichem Kontrast steht zu dem ansonsten unscheinbaren und wenig einladenden Flachbau. Der unmittelbar gegenüber liegende und weitaus stattlichere Dorfgasthof 'Zur Linde' stiehlt dem Farfalla jedoch nur wochentags die Show. Denn am Samstag tobt hier der Bär: Jeweils über fünfhundert Besucherinnen und Besucher aus der nahen und fernen Umgebung fahren vor, wenn die Dorfdisco der Eintausensechshundert-Seelen-Gemeinde Otterstedt ihre Party steigen lässt. In der Aufbruchstimmung der ersten Nachwendejahre spontan ins Leben gerufen, präsentiert sich der aus einem FDJ-Jugendclub hervorgegangene Club Farfalla als nunmehr seit sechs Jahren erfolgreich geführter suburbaner Diskothekenbetrieb.[1]

Eine eigenartige Widersprüchlichkeit scheint schon in dieser ersten oberflächlichen Annäherung an den Club Farfalla auf. Sowohl die äußere Erscheinung wie der Standort am Rande des historischen Dorfkerns lassen zunächst vermuten, dass die Diskothek dem alten, bewahrenden und wenig entwicklungsfreudigen Pol der durch ein scharf konturiertes und kaum vermitteltes Modernisierungsgefälle geprägten Gemeinde zuzurechnen sei.[2] Bereits die in sich spannungsgeladene Fassade bricht allerdings den Eindruck einer Kohärenz des Bewahrenden. Geradezu dementiert wird dieser erste Einordnungsversuch durch die anhaltende Hochkonjunktur des Clubs. Was steckt hinter dieser spannungsgeladenen und in sich widersprüchlichen Formation? Wie ist sie zustandegekommen und was macht ihren Erfolg aus?

In unserer Fallstudie wird das Farfalla als Phänomen Disco zum Untersuchungsgegenstand. Disco soll sowohl 'dicht beschrieben' (Geertz 1983) wie in ihren grundlegenden Strukturierungen analytisch aufgeschlossen werden. In Anlehnung an die prozessanalytische Einstellung der Ethnomethodologie (Garfinkel 1967) wollen wir die 'Tatsache' Disco allerdings nicht wie einen Gegenstand behandeln. Vielmehr steht im Fokus unserer Untersuchung die Frage nach ihrem Herstellungs- und Reproduktionsprozess. Der Frage nach dem 'wie' von

---
1 Die dem Beitrag zugrundeliegende Forschung wurde 1997 durchgeführt und im Sommer 1998 abschließend zu Papier gebracht. Sie wurde 2001 leicht überarbeitet und fokussiert.
2 Für eine Beschreibung des die Gemeinde Otterstedt strukturierenden Modernisierungsgefälles vgl. die einleitenden Artikel in diesem Band I.2, II.1, II.4 sowie IV.2.

Disco wollen wir aus zwei verschiedenen Blickwinkeln nachgehen: Wir unterscheiden einen diachronen von einem synchronen Herstellungsprozess.[3] Aus der diachronen Perspektive fragen wir nach der Bildungsgeschichte, der Genese der Diskothek: Wie hat sich die Gestaltbildung vollzogen und in welches Bedingungsgefüge ist sie eingelagert? Aus synchroner Perspektive schließt sich die Frage an, wie sich das Entstandene in seiner Gegenwärtigkeit beschreiben lässt. Wir begreifen Disco als ein Arrangement verschiedener sozialer, kultureller und symbolischer Praxisformen. Durch diese Praxisformen hindurch wird Disco in ihrer Spezifik allsamstäglich von Neuem (re-)konstruiert. Dabei stehen diachrone und synchrone Herstellungspraxen in einem Verhältnis enger Verknüpfung, insofern die verschiedenen 'Konstrukteure' von Disco eingebunden sind in Strukturen, die wiederum als eine Aufschichtung 'vergangener' Praxen zu verstehen sind. Diesen Prozess interaktiver Verstetigung wollen wir in einer praxeologischen Begrifflichkeit als 'Doing Disco' beschreiben und in seinen Strukturierungslinien aufschließen. In ihrer Formation als soziale und kulturelle Gestaltbildung mit erhöhter Binnenkommunikation und spezifischen Angemessenheitsregeln kann Disco als ein Milieu begriffen werden.[4] Konstitutiv für das Disco-Milieu ist wie seine Ortskonkretheit und wie sein Raumbezug: Die lokalen Besonderheiten des Farfalla in Otterstedt erfahren durch die verschiedenen Akteure milieuspezifische Bedeutungen und Bearbeitungen. Einen weiteren wesentlichen Aspekt unserer Perspektive stellen die für milieutypische Strukturierungsprozesse charakteristischen Selbstorganisationskapazitäten unseres Untersuchungsgegenstandes dar: In dieser Hinsicht bildet die gesamte Entstehungsgeschichte des Farfalla einen ausgesprochen eigenständigen Prozess, für den in den Wirren der Nachwendezeit kaum Vorgaben existierten. Darüber hinaus lassen sich auch die kulturellen Ausdrucksgestalten und Stiltypiken von Besucherinnen und Besuchern, von Rauminszenierungen, DJ-Techniken und Tanzstilen als mit den milieuspezifischen

Bindekräften in engem Zusammenhang stehende 'Eigenkreationen' verstehen. Während herkömmliche Milieubegrifflichkeiten Milieus als eher traditionsgeleitete stabile Vergemeinschaftungen fassen, ist insbesondere im Zusammenhang mit den Umbrüchen seit 1989 davon auszugehen, dass sich die Frage nach dem Verhältnis von Kontinuität und Bruch *innerhalb* der Milieus als die fruchtbarere Untersuchungsperspektive erweist (vgl. dazu wieder Matthiesen 1998a). Unsere Studie versteht sich nicht zuletzt als Beitrag zur Klärung dieser Frage nach Reproduktion und Transformation. Wir zeichnen nach, inwiefern sich durch die Erschütterungen und Krisen der Nachwendezeit hindurch – die sich in unserem Fall konkret im Ende des FDJ-Jugendclubs und in den biographischen Brüchen unserer Interviewpartner manifestieren – Routinen und grundlegende Verhaltenskontinuitäten milieugestützt tradieren konnten und versuchen, diese zu den neu emergierenden Praxisformen in unserem Untersuchungsmilieu ins Verhältnis zu setzen.

In der Differenz von diachroner und synchroner Perspektive ist eine unterschiedliche methodische Zugangsweise angelegt. Während Befragungsverfahren ein methodisches Instrumentarium für die Erfassung der genetischen Aspekte unserer Fragestellung zur Verfügung stellen, erschließen sich die iterativen Konstruktionspraktiken des 'Doing Disco' angemesse-

---

3 Unsere Unterscheidung von synchroner und diachroner Perspektive orientiert sich an Bourdieus Verwendung dieser Begrifflichkeiten im Rahmen seiner Feldtheorie (vgl. z.B. Bourdieu 1974). Bourdieu zufolge muss die Analyse eines Feldes spezifischer kultureller oder sozialer Praxen zunächst die diachrone Entwicklung der Kräfteverhältnisse innerhalb des Feldes nachzeichnen. In synchroner Erfassung stellt sich ein Feld demgegenüber immer in einem historisch spezifischen Zustand der Stellung der unterschiedlichen Feldpositionen zueinander dar.

4 Wir schließen in dieser Zuspitzung an den auf mesostruktureller Aggregationsebene angesiedelten Milieubegriff an, den Matthiesen (1998a) begriffs- und wissenschaftsgeschichtlich herleitet und als sozialwissenschaftlichen Strukturbegriff einführt.

VII.1 Doing Disco

ner über Beobachtungsverfahren. Befragungs- und Beobachtungsverfahren peilen unterschiedliche Aggregierungsniveaus an. Den auf Deutungsmuster, Mentalitäten und Weltverhältnisse abzielenden individuumsbezogenen Interviewverfahren steht die ethnographische Zugriffsebene auf Situationen, Interaktionen und Praktiken gegenüber: Das Individuum mit seiner Geschichte und seinen Deutungen als solche ist der Ethnographie im Grunde egal (Amann; Hirschauer 1997: 24). Diese Differenz korrespondiert mit der Anlage unserer Fragestellung: Die verfestigten und kaum material dokumentierten Praxen der Gründungs- und Entstehungsgeschichte von Disco versuchen wir über die Erfassung der Biographien und Deutungsmuster zweier Protagonisten zu rekonstruieren.[5] In der synchronen Untersuchungsperspektive gehen wir dagegen davon aus, dass sich über die Auslegung von Situationen und Interaktionen grundlegende Strukturierungsmomente des 'Doing Disco' aufschließen lassen, in denen spezifische Weltverhältnisse zum Ausdruck kommen. Zu diesem Zweck haben wir teilnehmend beobachtet: Neben der Beschreibung von Räumlichkeiten und deren Ausstaffierung, von Stilfiguren und von DJ-Sets richteten wir unseren Blick insbesondere auf Episoden, auf kleine, aus der Beobachtungsperspektive notwendig unabgeschlossene Geschichten, die unsere Aufmerksamkeit erregten und sich aus der Gleichförmigkeit einer langen Samstagnacht, von der flauen Anfangsphase über das spätabendliche Anschwellen des Besuchsstroms bis hin zur von Alkohol, Schweiß und Erschöpfung gesättigten Ausgelassenheit in den frühen Morgenstunden, hervorhoben.[6]

Den unterschiedlichen Fragestellungen und Zugangsweisen entsprechen die gewählten Darstellungsformate. Protagonisten des ersten Teils, in dem der diachrone Herstellungsprozess von Disco zur Darstellung gelangt, sind die beiden Diskothekenbetreiber und ihr spezifischer Führungsstil. Im Genre soziologischer Porträts[7] werden die Lebensentwürfe der beiden Jungunternehmer aus dem Spannungsverhältnis von subjektiver Selbstdarstellung und 'objektivierender' Biographierekonstruktion aufgerollt und auf die Genese ihres besonderen Führungsstils hin zugespitzt. In einem zweiten Teil wechseln wir die Perspektive: Aus der Sicht feldfremder EthnographInnen bedienen wir uns des Darstellungsformates der Reportage. Zunächst geben wir eine impressionistische und verdichtete Darstellung einer typischen Samstagnacht. Diese Schilderung bildet die Grundlage für die Herleitung von Strukturierungslinien und Zusammenhangsgestalten in einem kompilierenden Resümee, dem eine 'dichte Beschreibung' synchroner discokonstruktiver Praktiken anhand ausgewählter Episoden folgt. Abschließend werden die herausgearbeiteten Strukturierungslinien zu einer sich widersprüchlichen Gesamtgestalt zusammengeführt. Das Phänomen Diskothek Farfalla wird in seiner Besonderheit charakterisiert als eine Formation, die in ihrer milieuhaften Qualität einen spezifischen Bearbeitungstypus der Umbruchsdynamik im nachwendezeitlichen Verflechtungsprozess der ostdeutschen Peripherie mit der gesamtdeutschen Metropole darstellt.

---

5 Methodisch orientierten wir uns bei der Durchführung der lebensgeschichtlich ausgerichteten Interviews an der von Rosenthal (1995) formulierten Adaption des narrativen Interviews, das ursprünglich von Fritz Schütze entwickelt worden ist. Für die Auswertung der Interviews kombinierten wir Methoden der Biographieforschung (Rosenthal 1995: 208 ff.) mit sequentiellen Feinanalysen, wie sie von Oevermann et al. (exemplarisch 1979) entwickelt wurden.

6 Die Auswertung der Beobachtungsprotokolle lehnt sich locker an die Verfahren der Grounded Theory an. Vgl. dazu die gut nachzuvollziehende 'Anleitung' zu den Verfahren der Grounded Theory (STRAUSS; Corbin 1996).

7 Zu den unterschiedlichen Formen des soziologischen Erzählens (vgl. Bude 1993).

2. Diachrone Perspektive

In das noch vor der Jahrhundertwende erbaute Gebäude des heutigen Club Farfalla ist eine bewegte Geschichte eingeschrieben. Über ein Jahrhundert und über verschiedene Gesellschaftsmodelle hinweg wurde es in unterschiedlichsten Formen durchgängig als kulturelles Objekt genutzt. Dieser vielfältigen Nutzung ist eine öffentlichkeitswirksame Ausstrahlung geschuldet: Große Teile der Dorföffentlichkeit sind über die Zeit hinweg in der einen oder anderen Form mit dem Haus in Berührung gekommen.[8] Ursprünglich als Kaffee- und Gasthaus 'Breunig' entstanden, wird der aus Restaurationsbetrieb und Saal bestehende Bau nach dem Zweiten Weltkrieg verstaatlicht und zunächst zum Kulturhaus der örtlichen Maschinen-Traktoren-Station. Im Saal finden Tanzabende und Filmvorführungen ebenso wie Schulaufführungen statt, im Kulturhaus werden Versammlungen durchgeführt und Traktoristen ausgebildet. In den sechziger Jahren gelangt das Haus in die Verwaltung der Gemeinde. Es wird teilumgebaut, die ehemaligen Restaurationsräume werden der Nutzung durch Bibliothek und Schule zugeführt, der Saal wird zur Turnhalle umfunktioniert. Mit dem Schulhausneubau im Jahr 1985 ergibt sich die Möglichkeit für einen neuerlichen Funktionswechsel eines Teils der Räumlichkeiten: In der ehemaligen Gaststätte 'Breunig' wird ein FDJ-Jugendclub eingerichtet und damit – zumindest an den Wochenenden – an die Tradition der Tanzveranstaltungen wieder angeknüpft. Unter der Woche dient der mehrfach genutzte Saal dem Tischtennisclub als Trainingslokal. Entsprechend improvisiert ist der Charakter der damaligen FDJ-Tanzabende, die geprägt sind von der atmosphärischen Präsenz der Sporthalle. Der Jugendclub kann sich zunächst bis über die Wende hinaus halten. Die letzte Party findet anlässlich der Währungsunion Ende Juni 1990 statt, kurz danach muss der Club die Pforten schließen. Während die bibliothekarische und die sportliche Verwendung weiterhin aufrechterhalten werden, bleibt das Gebäude an den Wochenenden der kommenden zwei Jahre verwaist. Im Sommer 1992 wendet sich das Blatt, es tritt ein – wie sich zeigen wird – außerordentlich leistungsstarkes Betreiberduo aufs Parkett: Die jungen 'Unternehmer' Peter und Paul. In den leerstehenden Räumlichkeiten wollen Peter und Paul in losen Abständen Partys durchführen. Mit dem Bürgermeister wird ein zeitlich begrenzter Pachtvertrag für das Gebäude ausgehandelt, die notwendigsten Instandsetzungs- und Verschönerungsarbeiten werden in Gang gebracht, und mit Hilfe einer mobilen Diskothekenanlage starten Peter und Paul das noch ziemlich improvisierte Unternehmen Disco.

Wer sind diese beiden Diskothekenbetreiber, die sich so erfolgreich als neue Selbständige in der von einem enormen Entwicklungsgefälle geprägten Gemeinde hervortun, die es zuwege bringen, in dem vielfach umgenutzten ehemaligen Gasthaus 'Breunig' eine kaum für möglich gehaltene Zahl von Besucherinnen und Besuchern zu versammeln? Was macht den Erfolg dieses Duos aus? Zunächst: Peter und Paul sind ein ungleiches Paar, „jrundverschieden" wie Paul konstatiert. Peter, der Wessi, ein ruhiger, Gelassenheit ausstrahlender Typ, bringt etwas schwäbisch Geschäftsmännisches in den Betrieb ein. Paul, der ehemalige Wander-Diskjockey aus dem Ort, quirlig, geschwätzig, immer auf Draht, mit einem Hang zum Perfektionismus versteht es, den Geschmack der Massen zu bedienen und sein Publikum zu animieren: Sein Deejaying macht das Herz der Diskothek aus. Sensitiv aber sind sie beide: Sie zeigten sich in der Lage, die Zeichen der Zeit zu erkennen. Mit ihrer ganz spezifischen Mischung aus Verwurzelung in DDR-typischer Kulturarbeit und wendekapitalistischem Geschäftssinn

---

8   Die folgenden Ausführungen beruhen zu erheblichen Teilen auf der solide recherchierten Dorfchronik, die 1996 von der 'Arbeitsgruppe Historisches Dorf' herausgegebenen wurde. Aus Gründen der Anonymisierung sehen wir uns leider gezwungen, auf eine Zitation des den Dorfnamen enthaltenden Titels zu verzichten.

schafften sie es, in einer von Umbrüchen und Kurzlebigkeit geprägten Zeit einen über Jahre hinweg florierenden Betrieb zu etablieren. Diesem Mischungsverhältnis aus Elementen von Kontinuität und Bruch soll nun zunächst auf der Ebene der beiden 'Fälle' Peter und Paul nachgegangen werden: Anhand einer Analyse der beiden Biographien wollen wir die Voraussetzungen für die Genese eines Führungsstils klären, der die Basis einer erfolgreichen Institutionenbildung darstellt.

2.1 Ein Pionier im 'Wilden Osten' staunt über sich selbst

Peter wird 1967 als erstes Kind eines noch vor dem Mauerbau in den Westen gewanderten Fernmeldemonteurs in Stuttgart geboren. Der Vater, Sohn eines aus Polen geflüchteten verwitweten Bauers, der nach dem Krieg in Otterstedt ein Stück Land bekommen und sich dort ein zweites Mal mit einer ortsansässigen Magd verheiratet hatte, leidet unter seiner schweren Kindheit, in der er oft geschlagen wurde. Anlass für seine Migration nach Westdeutschland ist denn auch das zerrüttete Verhältnis zu Peters Großvater. Im Westen angekommen, versucht Peters Vater sich zunächst als Selbständiger. Der Versuch misslingt und er sieht sich gezwungen, bei einer Firma in Lohn und Brot zu gehen. Die Mutter, ebenfalls zugewandert, kümmert sich in erster Linie um die Erziehung von Peter und seiner zwei Jahre jüngeren Schwester, nur nebenbei verdient sie mit der Arbeit an einer Tankstelle ein Zubrot. Die junge Familie ist zunächst wenig verankert, sie zieht mehrmals in der näheren Umgebung von Stuttgart um und landet schließlich in einem ländlichen Vorort von Heilbronn. Rechtzeitig zur Einschulung des Sohnes hatte man dort eine Eigentumswohnung erstanden. Obwohl Peter in Naturnähe aufwächst, sind ihm die regelmäßigen Landurlaube bei der in Otterstedt verbliebenen Schwester seines Vaters als etwas Besonderes in lebhafter Erinnerung. Das Leben der Tante und der beiden Cousins erscheint ihm hinterwäldlerisch und exotisch zugleich, die ländliche Idylle mit eigener Bäckerei und angegliederter Kleintierzucht übt auf das Kind aus dem Westen eine ungeheure Anziehungskraft aus. Peters Bild des Ostens ist entsprechend vorwiegend positiv konnotiert mit den Erfahrungen einer glücklichen Kindheit. Obwohl er während seiner Pubertät einige Jahre nicht mehr nach Otterstedt fährt, hält Peter den Kontakt zu den Verwandten stets aufrecht. 1988, nunmehr 21 Jahre alt, steht er das erste Mal vor dem Brandenburger Tor, auf dessen Ostseite, und beobachtet die Gaffer zu beiden Seiten der Mauer. Dieses Erlebnis nimmt den Charakter einer Konversion an – glasklar steht dem mittlerweile Erwachsenen plötzlich die gesellschaftliche und politische Dimension der deutschen Zweistaatlichkeit vor Augen und verdrängt die kindlich idyllisierte Perspektive. Während in Otterstedt die Einflusssphäre des väterlichen Familienzweigs dominant ist, steht Peters Schul- und Jugendzeit in Heilbronn unter dem Regime seiner aufstiegsorientierten Mutter. Die ambitionierte Frau setzt hohe Erwartungen in die schulische Karriere ihres männlichen Sprosses: Was dem Vater in seinem Versuch als Selbständiger nicht gelungen war, das Entrinnen aus den engen Verhältnissen, soll in der nächsten Generation nachgeholt werden. In dieser von den mütterlichen Aspirationen geprägten Zeit erfährt die Biographie des Vierzehnjährigen einen ersten Bruch. In der achten Klasse des Gymnasiums verschlechtern sich Peters Leistungen zusehends, so dass er sich gezwungen sieht, die Schule zu verlassen. Für den angehenden Abiturienten bricht eine Welt zusammen. Die Mutter, auf die Erhaltung des familiären Rufes bedacht, scheut keine Mühe, den Sohn ungeachtet seiner katastrophalen Zensuren wenigstens noch an der örtlichen Realschule unterzubringen. Damit ist auch dessen Ehrgeiz angespornt. Peter erholt sich, er wird zum Klassensprecher und glänzt schon bald mit besten Zeugnissen. Auch im Sport stellt er nun seine Leistungsfähigkeit unter Beweis, als Kapitän seiner Handballmannschaft hat er zahlreiche Erfolge zu verzeichnen. Im Rückblick ist dem erwachsenen Peter diese positive Wendung indes ebenso wenig erklärlich wie sein vormaliges Scheitern. Auf den Schulabschluss folgt eine dreijährige kaufmännische Lehre bei einem Großhandelsbetrieb. Sie vermittelt dem verhinderten Abiturienten einen ersten Einblick in die Praxis eines Unternehmens. Einen Kontrapunkt zur kaufmännischen Ausrichtung setzt der Zivildienst. Die vielfältige Arbeit bei einem mobilen sozialen Hilfsdienst und die Betreuung einer an Multiple-Sklerose erkrankten Frau machen Peter mit einer sozialpädagogischen Handlungslogik vertraut. In den anschließenden vier Monaten Urlaub unternimmt Peter die ersten Schritte in die weite Welt: Alleine trampt er quer durch Australien.Dieses Erlebnis hinterlässt nachhaltige Spuren. Als Peter im Frühjahr 1990 nach Deutschland zurückkehrt, haben sich Gräben geöffnet zwischen dem Weitgereisten und den Daheimgebliebenen. Die Diskrepanz von eigener Aufbruchstimmung und Stagnation seiner Umgebung werden dem Heimgekehrten unerträglich. Der 23jährige beschließt, dass die Zeit für den Absprung aus dem vom mütterlichen Einfluss dominierten Elternhaus und seiner Heimatstadt gekommen ist. Diese Zäsur in der persönlichen Biographie trifft zusammen mit dem sich überstürzenden Weltgeschehen. Noch in die Zeit vor Peters Abreise nach Australien fielen die Ereignisse des November 1989: Aufgrund seines Konversionserlebnisses am Brandenburger Tor nunmehr sensibilisiert für die Dimensionen dieser Umwälzung, hatte Peter die Vorgänge mit großer Anteilnahme am Fernseher mitverfolgt. Den Heimgekehrten zieht es nun in die Hauptstadt des Geschehens, nach Berlin, zumal in unmittelbarer Nähe auch eine Anschlussoption an den väterlichen Familienzweig besteht. Peter siedelt alsbald, gegen die Proteste seiner Mutter, im April 1990 zu seiner Tante nach Otterstedt über. Er arbeitet zunächst einige Monate als Industriekaufmann bei einer Zweigstelle seiner Ausbildungsfirma in Berlin und beginnt Anfang 1991 in einer Einrichtung des Zweiten Bildungswegs in Berlin-Kreuzberg, sein Abitur nachzuholen. Nach erfolgreichem Abschluss nimmt er ein betriebswirtschaftliches Studium an einer Berliner Fachhochschule auf. Als wir Peter im Frühjahr 1997 das erste Mal treffen, lebt der gebürtige Schwabe seit sieben Jahren in Otterstedt. Seine sprachliche Anpassungsfähigkeit ist beachtlich, Außenstehende würden ihm die brandenburgische Herkunft geradewegs abnehmen. Das dem gegenüber weitaus feinere Sensorium der Ortsansässigen leitet jedoch auch diese auf die Irrwege des Nächstliegenden: „Sonderstellung Wessi hat ick eigentlich in dem Sinne nich", bilanziert Peter seine Fremdeinschätzung in der neuen Heimat, „weil die meisten dachten und heute noch denken, ick komm irgendwo aus Sachsen, durch den bisschen schwäbischen Akzent" (2/7).[9] Dafür, wie sehr Peter sich dem kulturell Selbstverständlichen des neuen Milieus bereits anverwandelt hat, gibt seine sprachliche Assimilation ein eindrückliches Beispiel. Tatsächlich ist ein hohes Maß an Empathie für die dem Wessi fremde aber faszinierende Lebenssituation der Menschen in einer ländlichen Gemeinde der ehemaligen DDR bereits in Peters Biographie angelegt. Positive Kindheitserinnerungen ebenso wie das im Erwachsenenalter entfachte Interesse an den politischen und sozialen Konstellationen Ostdeutschlands sind günstige Ausgangslage für eine Perspektivenübernahme. Im Gegenzug gelingt Peter eine überaus schnelle und reibungslose Integration in den neuen Kontext.Peters Übersiedlung nach Otterstedt bedeutet Bruch und Kontinuität zugleich: Mit dem Fall der Mauer eröffnet sich dem jungen Mann die einzigartige Option, eine biographische Schieflage gegenzubalancieren. Er bricht aus dem von der Mutter dominierten Kräftefeld des Heilbronner Elternhauses aus, um im Generationensprung an den väterlichen Familienzweig anzuknüpfen. Diese späte Ablösung aus der Einflusssphäre der Mutter bricht mit den Erwartungen eines aufstiegsorientierten, im Grunde aber schlecht verankerten und enttäuschungsanfälligen Milieus, in dem das Scheitern der väterlichen Selbständigenexistenz durch den Misserfolg des

---

[9] Sämtliche Interviewzitate sind im Interesse einer besseren Lesbarkeit sprachlich leicht geglättet worden. Längere Interviewzitate sind mit einer Klammer versehen, welche die folgenden Informationen enthält: Die erste Ziffer in der Klammer bezeichnet, aus welchem Interview das Zitat stammt (Interview mit Peter und Paul: 1; lebensgeschichtliches Interview mit Peter: 2; lebensgeschichtliches Interview mit Paul: 3), die zweite Zahl verweist auf die Seitenzahl im entsprechenden Interviewtranskript.

Gymnasiasten noch gedoppelt wurde. Auf Peters Weg gehen allerdings Bruch und Kontinuität nahtlos ineinander über: In Otterstedt begibt er sich in ein längst vorsondiertes Terrain. Hier profitiert er vom Ansehen, das der väterliche Familienzweig genießt, die von den Einheimischen konstatierte äußerliche Ähnlichkeit mit seinem Vater macht ihn, wie er berichtet, als Zugehörigen erkennbar und erleichtert das Anknüpfen an die alt-neue Heimat. Das Ausbrechen aus dem mütterlich geprägten Kontext setzt jene Handlungsspielräume frei, die es Peter erlauben, nun selbstbestimmt an bereits verloren geglaubte Ziele anzuknüpfen; der Aufbruch geht einher mit Rückbesinnung. Mit großer Zielstrebigkeit und anscheinend problemlos absolviert Peter nun sein Abitur, die anschließende Aufnahme eines BWL-Studiums knüpft an die kaufmännische Erstausbildung an. Die Kontinuität der kaufmännischen Berufsorientierung schafft überdies günstige Voraussetzung, um in die Fußstapfen des Vaters zu treten und im Kontext des väterlichen Kräftefelds dessen einstmals anvisierte Selbständigenexistenz nun im Generationensprung zu realisieren. Peters Lebenskonstruktion,[10] soweit wir sie aus seiner biographischen Erzählung rekonstruiert haben, besticht durch die geradezu virtuose Vermittlung von Brüchen. Fast schon konträr zu dieser integrativen Formation steht ein Muster der Selbstdarstellung und Weltdeutung, das an anderen Stellen des Datenmaterials auftaucht. Dem zugewanderten Wessi scheint an einer nachgerade überzogenen Hervorhebung der unüberwindlichen Differenz von Lebensstilen und Deutungsmustern zwischen Ost und West gelegen zu sein. Eine solche Interpretation legt er seiner Selbstdarstellung zugrunde, in der er als unerschrockener und nur allzu willkommener Pionier im 'Wilden Osten' auftritt, der ohne besserwisserische Anmaßung die unverdorbene Wildnis vor den Zumutungen der dekadenten Zivilisation bewahrt.[11] Eines Abends berichtet Peter über einen neulich erfolgten Besuch einer Westdiskothek. Seine Erzählung zeigt beispielhaft, wie selbstverständlich er sich der jeweils klischierten Differenzierungen zwischen Ost und West bedient. In einer Gegenüberstellung der „Party" im Farfalla und jener in der besagten Westdiskothek macht Peter eine der West-Ost-Dichotomie homologe Gegensätzlichkeit auf zwischen der dekadenten und künstlichen „Party" im Westen und der originalen, unverbrauchten im Osten. Dabei steht die Westdisco für drogeninduzierte Simulation, jene des Ostens für Authentizität. Während die Wessis, so Peters Schilderung, „ohne eine Nase zu nehmen" gar keine „echte Party mehr erleben" könnten, sei die im Farfalla am selben Abend noch zu erwartende Party „ursprünglich und dynamisch trotz Drogenabstinenz" – den Alkohol einmal ausgenommen. Das auf dieser 'Differenzdeutung' aufruhende pionierhafte Selbstverständnis äußert sich im Modus einer Selbstdarstellung, wie sie beispielhaft in einer längeren Passage aus einem Feldprotokoll festgehalten ist:

Peter erzählt Geschichten von einigen Einbrüchen ins Farfalla. Darunter die eine sehr ausführlich, ihm zufolge die bislang einzig wirklich gefährliche Situation, die er hier erlebt habe: Bei Dunkelheit, gegen zwei Uhr morgens, an einem Wochentag, an dem das Farfalla nicht geöffnet hatte, brachen mehrere „Jungs" aus versteckt vor dem Gebäude parkenden BMWs aussteigend, durch die Fenster in den Kneipenraum ein, um Geldspielautomaten zu knacken. Die Alarmanlage wurde ausgelöst. Peter kam aus dem oberen Stockwerk herunter, machte sich durch Klopfen an der Tür bemerkbar. „Ich dachte mir, o.k., die Jungs stehn unter Stress, ich steh unter Stress, dann muss ich den Stress verstärken." Die „Jungs" flüchten aus

---

10 Den Begriff der Lebenskonstruktion (vgl. Bude 1987). meint im Gegensatz zur erzählten Lebensgeschichte jenes Verweisungsganze, das sämtliche Lebensäußerungen eines Individuums, gewissermaßen unintendiert, in einen in sich kohärenten Zusammenhang fügt und damit das „tragende Regelgerüst eines individuellen Lebens" (ebd.: 76) darstellt.

11 Die Übernahme des in der DDR von staatlicher Seite hochgehaltenen und nach Rutschky (1995) Teilen der Bevölkerung offenbar wirksam vermittelten Bildes vom 'dekadenten Westen' durch den Wessi Peter kann als weiteres Indiz für seine außergewöhnliche Assimilationsbereitschaft gelesen werden.

dem Fenster, Peter läuft ihnen mit einer Keule in der Hand nach. „Kollegen, macht, dass ihr abhaut!" Er bleibt auf halbem Wege stehen. Die „Jungs" versuchen, ihn mit einem der BMWs zu überfahren, er flüchtet in sein Auto, das aber nicht sofort anspringt. Die Einbrecher fahren geradewegs auf sein Auto zu. Ihm gelingt es, per Scall-Beeper seinen Kollegen Paul zu alarmieren, während dessen wird er von drei BMWs verfolgt. Schließlich erscheint Paul und liefert sich ebenfalls eine Verfolgungsjagd mit einem der BMWs. Während dieser Vorgänge steigen einige „Jungs" wieder durch die Fenster ins Farfalla ein und knacken die Geldautomaten. Schließlich, nachdem sie Pauls Auto brutal seitlich gerammt haben, flüchten sie. Peter zufolge haben er und sein Kompagnon bei dieser Geschichte gerade noch mal Glück gehabt. Er klopft auf den hölzernen Türrahmen.

"Jungs" nennt Peter in seiner Schilderung die offenbar gewaltbereiten Einbrecher.[12] Mit dieser Bezeichnung suggeriert er eine Art praktischer Souveränität prekären Situationen gegenüber und macht damit einen wesentlichen Aspekt seines Selbstverständnisses deutlich: Auf der Basis einer 'bernhardinerhaften' körperlich-habituellen Gelassenheit, einer Sicherheit in seinem Auftreten und seinem Erscheinungsbild, lautet Peters Devise, selbst äußerst gefährliche Situationen ruhig anzugehen, gemäß dem Motto: erst schauen, dann überlegen und erst dann handeln. Als Peter, laut seiner Erzählung mit einer Keule bewaffnet, die Einbrecher schließlich stellt, ruft er ihnen zu: „Kollegen, macht, dass ihr abhaut!" Er appelliert – im Kontext der geschilderten Situation mehr als merkwürdig – an eine gemeinsame Ebene der Kollegialität zwischen sich und den Einbrechern. Die Anrufung als „Kollegen" funktioniert als Fraternisierung und Einbeziehung; sie meint, die „Kollegen" sollten jetzt lieber abhauen, um auch in Zukunft noch Kollegen zu bleiben und signalisiert gleichzeitig, dass Peter nicht daran denkt, sich zur Bereinigung der Lage an übergeordnete Instanzen zu wenden. Vielmehr definiert er die Situation als einen Konflikt unter Gleichgestellten – eben Kollegen. Diese Situationsdefinition deutet eine spezifische 'Hemdsärmeligkeit' und 'cowboyhafte' praktische Souveränität Peters an. Die geschilderte Art der Konfliktlösung erinnert an die Sozialfigur des Siedlers im 'Wilden Westen': Auch dieser ist bereit, sein Eigentum, sein Land und seine Rinderherde mit den eigenen 'bloßen Händen', bzw. mit seinem Colt zu verteidigen, denn er weiß, dass das Gesetz schwach und seine Vertreter korrupt sind. Vor dem Hintergrund dieser Assoziation lässt sich die zunächst frappierende Anrufung der Einbrecher als Kollegen noch weiter ausdeuten. Die Bezeichnung „Kollegen" könnte meinen: Wir sind hier im 'Wilden Osten', uns wird ein Existenzkampf aufgenötigt, der den Kampf unter Feinden zu einem Duell sich in ihrer harten Männlichkeit respektierender Gleichgestellter macht. An genau diese Pionier- und Cowboy-Mentalität knüpft Peters überpointierte Darstellung der Gegensätzlichkeit von dekadenter westlicher Zivilisation und ursprünglicher Wildheit des Ostens an. Mit der Gründung der Diskothek Farfalla hat für Peter eine prosperierende Phase begonnen: Spezifische biographische Anschlussfigurationen trafen auf den objektiven Möglichkeitshorizont einer einzigartigen historischen Situation. In ihrer Konsequenz bringt diese Konstellation von persönlicher und gesellschaftlicher Geschichte Peter in den Genuss einer ihm selbst eigentümlich erscheinenden symbolischen Geltung: Zunächst stellt das Unternehmen Disco Anschlussoptionen her für beide Seiten von Peters bisheriger beruflicher Orientierung: Sowohl seine kaufmännischen wie seine sozialpädagogischen Kompetenzen verschaffen dem Discobetreiber

---

12 Dass es sich bei der nachfolgend interpretierten Passage um eine dem soziologischen Beobachter (und Zuhörer) erzählte und durch diesen wiederum nacherzählte Geschichte handelt und nicht um eine unmittelbar beobachtete Lebenspraxis, macht das Geschäft der Deutung um einiges komplizierter. Unsere Interpretation zielt denn nicht so sehr auf den 'wirklichen' Sachverhalt des Ereignisses ab, vielmehr gehen wir davon aus, dass sich in Peters Art der Selbstdarstellung wesentliche Charakteristika seines Selbstverständnisses bündeln. Dieses in der Darstellung 'versteckte' Selbstverständnis zu explizieren ist unser Ziel.

VII.1 Doing Disco   301

das notwendige kulturelle Kapital. Darüber hinaus ist es Peter über das Anknüpfen an seinen familiengeschichtlichen Hintergrund gelungen, die Gefahr, im Ostkontext als 'Besserwessi' abgestempelt zu werden, durch eine spezifische Rahmung abzufedern. Seine Empathie und Anpassungsbereitschaft ebenso wie die ihm eigene Gelassenheit und praktische Souveränität verschaffen ihm Respekt und Anerkennung. Dieses Anerkennungsverhältnis erst ist Grundlage und Bedingung dafür, dass sein inkorporiertes Kapital an westgeschulter Alltagskompetenz den Zugezogenen in eine Sonderstellung bringt: In der Zuschreibung der einheimischen Ostdeutschen wird Peter zu einem Experten der Nachwendemodernisierung. Dadurch kommt ihm ein ganz spezifisches Ansehen zu. Diese symbolische Geltung ist Resultat einer voraussetzungsvollen Amalgamierung unterschiedlicher Strukturmomente. Sie entziehen sich einem reflexiven Zugang durch den in seiner Lebenspraxis stehenden Akteur. Ob seiner Autorität und der Wirksamkeit seiner Moderations- und Managementstrategien gerät er ins Staunen. Zur Plausibilisierung dieser These soll die geraffte Interpretation einer Interviewpassage wiedergegeben werden. Die Passage steht im Gesprächskontext der Thematisierung von Veränderungen des Farfallapublikums über die Jahre hinweg.

I.: Und wenn du so von den Szenen her dir überlegen würdest, die nach irgendwelchen Subkulturen aufteilst, hat sich da aus deiner Perspektive das Publikum vielleicht irgendwie gewandelt? Wie sind die Leute drauf, die hier reinkommen? Pe.: Wir hatten ja schon mal, beim letztenmal, dass wer gesagt haben, det is och det Phänomenale hier drin, dass halt wirklich die unterschiedlichsten Gruppen hier einlaufen. So. Und det is och immer noch so der Fall, du hast wirklich, also, ehh, fängt an, irgendwelche Glatzen, oder so, die sind halt hier alle brav, weißte also, ick sage auch immer wieder, mir is et egal, wer hier drin ist, benehmen muss er sich, und det wissen die Jungs. So. Und dementsprechend verhalten die sich auch ruhig. (2/18)

Aus der sequentiellen Analyse[13] der ausgewählten Passage ergibt sich die folgende Deutung: Zwar handelt die Passage als Ganze dem ersten Anschein nach vom Thema 'Glatzen' bzw. jugendliche 'Rechte', das eigentliche thematische Zentrum bildet jedoch der Begriff des 'Phänomenalen'. In seiner Applizierung durch den Interviewten ereignen sich dabei drei charakteristische und aufschlussreiche Verschiebungen: Phänomenal ist zunächst die Kopräsenz des Unterschiedlichen im Farfalla, dann die gelingende Befriedung der ansonsten gewalttätigen 'Glatzen' und schließlich der für diese Leistung verantwortliche Führungsstil des Befragten. Peter berichtet denn nur vordergründig über ein auffälliges und problematisches Publikumssegment. Im Vollzug gerät die Darstellung vielmehr zu einer Präsentation seines eigenen Führungsstils. In dieser Präsentation wird nun ein eigentümliches Selbstverhältnis deutlich: Peter nimmt gegenüber seinem eigenen Führungsstil die Haltung des Staunenden ein. Ihm erscheint sein erfolgreiches sensitives Management der Gäste phänomenal, er ist sich selbst hinsichtlich des Gewichts und der Wirksamkeit seiner Handlungen das Phänomen. Dabei schließt Peter induktiv von vergangenen erfolgreichen Handhabungen der Problemgruppe 'Glatzen' auch auf ein zukünftiges Gelingen. Allerdings ist sich Peter, so unsere These, der dem induktiven Schluss innewohnenden konstitutiven Unsicherheit durchaus bewusst.[14] Das Muster der 'Selbstphänomenalisierung' kennen wir bereits aus der Darstellung von Peters Schulkarriere. Es findet sich wieder in verschiedentlich in unserem Datenmaterial auftauchenden Äußerungen hinsichtlich der ihm im

---

13 Die im folgenden wiedergegebene Deutung stellt eine geraffte und auf die wesentlichen Ergebnisse hin zugespitzte Darstellung unserer Analyse dar. Der Kürze und der besseren Lesbarkeit zuliebe wird die in der ausführlichen Interpretation befolgte Sequentialität der Passage an dieser Stelle aufgebrochen.

14 Um diese dem induktiven Schluss innewohnende konstitutive Unsicherheit plausibel zu machen, zitiert Jo Reichertz (1988) B. Russel mit einem frappierenden Beispiel: „Wir alle wissen, dass diese groben Erwartungen einer Gleichförmigkeit leicht in die Irre führen. Der Mann, der das Huhn tagtäglich gefüttert hat, dreht ihm zu guter Letzt das Genick um und beweist damit, dass es für das Huhn nützlicher gewesen wäre, wenn es sich etwas subtilere Meinungen über die Gleichförmigkeit der Natur gebildet hätte" (ebd.: 353).

Grunde ebensowenig erklärbaren Erfolgsgeschichte des Farfalla. Peter sieht sich nicht imstande, Ursachen zu nennen für das Überleben seines Betriebs im Kontext einer hochdynamisierten und äußerst prekären Unternehmenslandschaft, an der schon so manche Umlanddiskothek der ersten Nachwendejahre gescheitert ist. Letztlich scheint es dem Diskothekenbetreiber an Kriterien des eigenen erfolgreichen Wirkens zu fehlen. In diesem Muster der Erklärungslosigkeit bündelt sich die lebenspraktische Lehre aus den Brüchen der eigenen Biographie hin auf eine konstitutive Unsicherheit, die in ihrer Konsequenz Alltagsroutine zur Ausnahme, die Krise zum Normalfall macht: Da er nicht weiß, wodurch Erfolge zustande kommen, kann Peter sich hinsichtlich ihrer Verstetigung nie wirklich sicher sein. Gerade in dieser krisenförmigen Alltagsdeutung liegt aber ein besonderes Kreativitätspotential, das in einem optimalen Passungsverhältnis zu Peters Selbständigenexistenz steht.[15] So kann es sich der Selbständige nicht wie der Beamte leisten, auf dem Erreichten auszuruhen, vielmehr ist ihm bewusst, dass es keinen Punkt der Erfolgsgewissheit gibt. Die Aufrechterhaltung seiner Existenz ist einem kontinuierlichen Bemühen geschuldet und vom Risiko des Scheiterns stets begleitet. Das Unternehmen Disco bleibt denn in Peters Augen ein kontingentes Unterfangen, das sich Samstag für Samstag erneut unter Beweis stellen muss.

2.2 Die zwei Hobbys des Sammlers Paul

Die Lebensgeschichte des um drei Jahre jüngeren Paul ist augenscheinlich durch mehr Geradlinigkeit und Kontinuität geprägt. Der 1970 Geborene verstand es, über den Einschnitt der Wende hinweg an seine zunächst mit den Gegebenheiten des realsozialistischen Systems kompatible biographische Orientierung anzuknüpfen und gleichzeitig seinen Lebensentwurf mit den Bedingungen der Nachwendemodernisierung in Übereinstimmung zu bringen. Wie bewerkstelligte Paul diesen scheinbar bruchlosen Übergang? Beide Elternteile von Paul gehören der technischen Intelligenz der DDR an. Die aus Thüringen stammende Mutter ist Chemieingenieurin und Tochter eines Kartographen, von dem Paul wie er sagt, seine Ordnungsliebe geerbt hat. Den im Landkreis verwurzelten Vater, einen Fernmeldetechniker, lernt sie im unmittelbar angrenzenden Nachbardorf kennen. Paul und sein fünf Jahre älterer Bruder wachsen in Otterstedt auf. Seine Kindheit und Schulzeit beschreibt Paul als „DDR-typischen Verlauf", auf Kindergarten und zehn Jahre Polytechnische Oberschule (POS) folgt die zweijährige Abiturvorbereitung an der Erweiterten Oberschule. Dort setzt der leistungsfreudige und eloquente Schüler auch seine an der POS aufgenommene Funktion als FDJ-Sekretär fort. Die primäre Antriebskraft für die schulische Karriere ist der schon früh gefasste Plan, Biologie zu studieren. Bereits im zarten Kindesalter war Pauls Interesse an der Natur durch das reiselustige Elternhaus gefördert worden. Als Zwölfjähriger schließlich entdeckt er eine Leidenschaft, der er sich bis heute hingibt: Paul wird zum Schmetterlingssammler. Das Biologiestudium steht in der logischen Folge des mit großem Ernst betriebenen Hobbys. Um sich einen Studienplatz zu sichern erklärt sich Paul bereit, im nahtlosen Anschluss an das Abitur einen über die Mindestanforderung hinausgehenden dreijährigen Dienst bei der Armee zu absolvieren. Seine Ausbildung zum Offizier der Nationalen Volksarmee erfährt bereits nach einem Jahr eine jähe Unterbrechung durch die Ereignisse des Herbst 1989. Die Jungoffiziere werden vor die Wahl gestellt, entweder in Reserve zu gehen oder zur Bundeswehr überzutreten. Paul,

---

15 Zu den der Krise eigenen Kreativitätspotentialen vgl. Oevermann 1991. Matthiesen (1998a) verdeutlicht die Fruchtbarkeit der 'Krisenperspektive' für den milieutheoretischen Ansatz: „Milieus – traditionell eher als Horte der Redundanz, der begründungsarmen Habitualisierung und Verhaltenskontinuitäten eingeführt – gerieten damit (mit der Krisenperspektive, d. Verf.) in eine interessante neue, wenn man so will, strukturell dramatisierte Beleuchtung" (ebd.: 72).

für den der Armeedienst Mittel zum Zweck war, besinnt sich auf sein eigentliches Anliegen. Es gelingt ihm, seinen ursprünglich erst auf das Ende der Armeezeit terminierten Studienplatz um ein Jahr vorzuverlegen. Das verbleibende Jahr bis zum Studienbeginn nutzt er zum Geldverdienen. Paul verdingt sich mit körperlicher Schwerstarbeit als Kohlenschlepper im Betrieb von Bekannten aus dem Nachbardorf, bevor er im Herbst 1990 sein Studium an der Berliner Humboldt Universität aufnimmt. Mit Beginn des Hauptstudiums wendet sich Paul seinem eigentlichen Interessengebiet, den Insekten, zu. Über Beziehungen verschafft er sich einen unbezahlten Archivjob, der es ihm ermöglicht, seiner Faszination an seltenen Exemplaren nachzugehen. Soweit ein erster Strang der Lebensgeschichte.Bruchlos in die heutige Zeit zieht sich eine zweite Spur der Leidenschaft, die bis in die Kindheit zurückzuverfolgen ist. In der achten Klasse, mit einsetzender Pubertät, wächst in Paul ein neues Sammelinteresse: Die Musik. Mit immenser Ausdauer schneidet der 14jährige die Hits der verbotenerweise gehörten Westsender auf Tonband mit, führt Buch über Titel, Interpretinnen und Chartspositionen und verschafft sich damit nicht nur einen Zugang zur großen weiten Musikwelt, sondern auch das Startkapital für seine Karriere als Diskjockey. Er fängt klein an, mit der Durchführung von Schuldiskotheken und erarbeitet sich nach und nach mit bemerkenswerter Zielstrebigkeit die notwendigen Kenntnisse und Ressourcen, um als wandernder DJ zunächst mit Unterstützung seines Vaters, der die Rolle des Fahrers spielt, ab dem achtzehnten Lebensjahr dann mit eigener Fahrerlaubnis, auf Tour zu gehen. Die Umwälzungen im Herbst 1989 wirken sich auf die beiden fast unvermittelt nebeneinander herlaufenden Lebenssträngen von Paul ganz unterschiedlich aus: Während die Wende zunächst für die Karriere des angehenden Offiziers und Biologen eine Zäsur bedeutet, erfährt die Laufbahn als Diskjockey keine Unterbrechung. Im Gegenteil: Mit einem Teil der Einkünfte aus der Kohlenschlepperei finanziert sich Paul den eigentlichen Take Off seiner eigenen mobilen Diskothek 'Hipnik', mit der er fortan selbständig durch die Großdiskotheken und ehemaligen FDJ-Jugendclubs im nahen und ferneren Umland zieht. Auf seinen Partyfahrten wird Paul jeweils durch eine ganze Clique von Kumpels begleitet. In einer Zeit, in der für die jungen Erwachsenen persönlicher und gesellschaftlicher Aufbruch zusammenfallen, werden rauschende Feste gefeiert. Zu diesem fröhlichen Verbund stößt im Laufe des Jahres 1990 ein neuer Mann aus dem Westen: Peter. Schnell ist er integriert und freundet sich an mit dem agilen Diskjockey. Anderthalb Jahre später gründen die beiden die Diskothek Farfalla.In den Jahren, die zwischen der Wende, der Gründung des Farfalla und unserem Interview liegen, hat sich eine schleichende Verschiebung vollzogen in der Gewichtung der beiden Stränge, die das Leben von Paul durchziehen. Mit der Etablierung der einstmals improvisierten Partylocation zur florierenden Diskothek einer ging auch eine Wandlung von Pauls Selbstverständnis. Aus dem Studenten mit aufwendiger Nebenbeschäftigung wurde der Diskothekenbetreiber, dem das Studium mehr Ausgleich als Lebensinhalt bedeutet. Noch vor Abschluss seiner Ausbildung erwägt der Schmetterlingssammler, in Zukunft sein Hobby zum Beruf, und den anvisierten Beruf zum Hobby zu machen. Diese Neugewichtung, das Resultat eines langwierigen Prozesses, weiß Paul im Nachhinein mit plausiblen Argumenten zu rationalisieren: Während ihm zu Zeiten der DDR eine Existenz als Biologe gewiss gewesen wäre, rechnet sich Paul unter kapitalistischen Arbeitsmarktbedingungen wenig Chancen aus für die Verwirklichung dieses Ziels. Er sieht sich weder in der Lage noch ist er bereit, sich den Zumutungen eines Wettbewerbs zu unterziehen, der vom künftigen Hochschulabgänger ein hohes Ausmaß an räumlicher Mobilität und zeitlicher Flexibilität einfordern würde. Ein Wegzug aus Otterstedt und Umgebung käme in den Worten von Paul „überhaupt nicht in Frage, (...) weil ick mir halt irjendwo schon zu viel uffjebaut habe hier" (3/11). Ebensowenig kann er sich mit der Vorstellung anfreunden, sich den Unwägbarkeiten einer durch kurzzeitige Rhythmen geprägten modernen Wissenschaftlerkarriere auszusetzen. Offenbar bürgt die im Grunde zeitlich ebenso limitierte Betätigung als DJ und

Diskothekenbetreiber in Pauls Perspektive mehr Zukunftsgewissheit als die für ihn noch weitgehend unbekannte Berufsrolle als Biologe, die ihn im Gegensatz zu seiner Selbständigenexistenz in der Position des Abhängigen den Bedingungen des Arbeitsmarktes aussetzen würde. Während für die Lebenskonstruktion von Peter ein kompliziertes Arrangement von Brüchen und gelungenen Anknüpfungsversuchen typisch ist, erscheint Pauls Lebensgeschichte als eine schlüssige Aneinanderreihung von lauter Folgerichtigkeiten. Kontinuität ist das alles bestimmende Muster, dem Paul auch in seiner Selbstdarstellung folgt. So sieht er beispielsweise nicht nur die Naturverbundenheit, sondern auch das spezifische Begabungsgemenge, das er für seinen Erfolg als Diskjockeys verantwortlich macht, bereits in der Kindheit angelegt. Einem musikbegeisterten Elternhaus entstammend, entdeckt Paul schon früh sein Gefühl für den Rhythmus. Damit ist eine erste von drei grundlegenden Ingredienzen des DJ-Metiers gegeben.[16] Es gehören weiter ein gutes Gedächtnis dazu – bereits der Achtklässler verlässt sich auf die Fähigkeiten seines Gedächtnisses, als er beginnt, seine gesammelten Hits als kulturelles Kapital auszuspielen – und schließlich jenes Faible für Moderationstechniken, dem der sprachbegabte Paul mit seiner Tätigkeit als FDJ-Sekretär den nötigen Schliff verleiht. Vergleichen wir weiterhin die Lebensgeschichten der ungleichen Partner Peter und Paul, so sticht Pauls Ortsgebundenheit ins Auge. Der ehemals wandernde DJ kennt seine Umgebung wie seine Westentasche. Im Gegenzug hat er auch sich selbst bereits zu DDR-Zeiten als Protagonisten der Jugendkultur bekannt gemacht. Damit schöpft der Jungunternehmer aus einem reichen Fundus an praktischem Wissen über die Gepflogenheiten des Gewerbes und macht sich, wiederum im Gegenzug, zu einem Protagonisten der Transformation derselben: Die Verwandlung und Kapitalisierung des FDJ-Jugendclubs zur italophilen Diskothek Farfalla[17] verläuft im Grunde parallel zu derjenigen des Wander-DJs zum Diskothekenbetreiber und Jungunternehmer, denn bereits zu Jugendclubzeiten war der damalige FDJ-Sekretär und DJ Paul verantwortlich für die musikalische Gestaltung der Tanzveranstaltungen im Club. Anknüpfungspunkte für die Diskothek Farfalla sind damit mehr als gegeben.[18] Auch das Muster, sich umsichtig und weit vorausschauend mit notwendigen Startkapitalien zu versehen wirkt, als ob Paul sein Leben stets von langer Hand planen würde. Der Schuljunge sammelte sich zunächst ein Tonbandarchiv mit entsprechender Buchführung an, um dieses Kapital als Schüler-DJ zu verwerten; der abrupt aus dem Dienst entlassene angehende NVA-Offizier besinnt sich unverzüglich auf die weitere Lebensplanung und nimmt die Bürde körperlicher Schwerstarbeit auf sich, um das verdiente Geld in seine Karriere als Wander-DJ zu investieren. Nicht zuletzt werden es wiederum die Einkünfte aus der Kohlenschlepperei sein, die, weitsichtig gespart, Pauls Anteil am Startkapital für das Farfalla ausmachen und damit zur Bedingung der Möglichkeit seiner heutigen Existenz werden. Welches sind die Voraussetzungen einer derartigen

---

16 Dazu Paul: „Also wenn du keen Jefühl für n' Rhythmus hast, brauchst du dich och nicht vor zwee Plattenspieler zu stellen", und dieses Gefühl „des muss von – von dir drinnen heraus irjendwo schon kommen" (3/40).
17 Der Name 'Farfalla' ist eine der wenigen verbliebenen Reminiszenzen an eine Italianità, die in der allerersten Zeit zum Programm des Clubs werden sollte. Noch heute gehört der italienische Magenbitter 'Ramazotti' zu den Lieblingsgetränken der Farfalla-Insider. Die ursprünglich vorgesehene mediterrane Ausrichtung des Musikprogramms hat sich dagegen nie durchgesetzt.
18 Pauls Transformation vom Wander-DJ zum Diskothekenbetreiber ist ganz nebenbei ein schönes Beispiel für die mit der in der Nachwendezeit forciert einsetzenden Automobilisierung breiter Bevölkerungsschichten der ehemaligen DDR einhergehende Inversion von Mobilität und Sesshaftigkeit: Während zu DDR-Zeiten die Disco ins Umland zu ihrem Publikum fuhr, verhält es sich nun gerade umgekehrt; aus dem ganzen Umland reisen die mittlerweile automobilisierten Jugendlichen zu den einschlägigen Örtlichkeiten.

VII.1 Doing Disco

Kontinuität?Paul entstammt Verhältnissen, die es verstanden, sich mit den von der DDR vorgegebenen Bedingungen soweit zu arrangieren, dass es möglich wurde, maximale Handlungsspielräume auszuloten. Diesen Sinn für das äußerste Machbare im Rahmen der realen Möglichkeiten übernimmt Paul von seinem Elternhaus, zu dem er nach wie vor ein ungebrochenes Verhältnis zeigt. Sie hätten ihm nie Steine in seinen Weg gelegt, weiß er von den Eltern zu berichten. Vielmehr förderten sie ihn in einer äußerst pragmatischen Art und Weise; ihr Verhältnis zu den Aktivitäten des umtriebigen Sohnes haben Pauls Eltern in einer Art Vertragspartnerschaft rationalisiert: Pauls DJ-Tätigkeit opfert der Vater in der Rolle des Fahrers so manche Abendstunde, als Gegenleistung macht sich der Schüler bereits mit sechzehn Jahren von seinen Eltern finanziell unabhängig. Aber nicht nur die Doxa seines Herkunftsmilieus, auch seine beiden Leidenschaften sind charakteristisch dafür, dass sich Paul in institutionell vordefinierten Settings bestens zurechtfindet und Kontingenz meidet. Paul ist ein Sammler. Diese Sammeltätigkeit ist gekennzeichnet durch ein hohes Maß an Systematik und einen sicheren Blick in die Zukunft. Die Kehrseite des Sammlers ist sein Hang zur Pedanterie, Selbst- und Affektkontrolle. Dieser Zug zeigt sich in Pauls Reaktion auf die Ereignisse des Herbst 1989. Seine vorzeitige Entlassung aus der Armee und die fehlende unmittelbare Anschlussoption bringen den damals 19jährigen beinahe ins Trudeln. Die Gefahr intuitiv spürend, weiß er in äußerst pragmatischer Art gegen den Wind zu segeln. Anstatt sich der durch Unsicherheit aber auch Optionenvielfalt gekennzeichneten Zwischenzeit wirklich auszusetzen, sucht er die Sicherheit eines Kontinuität verbürgenden Arbeitsverhältnisses. Er wird Kohlenschlepper. Diese, wie er selbst bemerkt „richtig harte körperliche Arbeit" bewahrt Paul vor den – ihm gefährlich erscheinenden – Verlockungen der neuen Zeit. Wie Odysseus fesselt er sich selbst an den Schiffsmast, um sich der Verführung zu verschließen. Die Suche nach verbindlichen, ja beinahe zwanghaften Rahmungen ist ausgezeichnet zu vereinbaren mit den vermeintlichen Opfern, die das Betreiben eines gastronomischen Betriebes Paul abverlangt: einer kontinuierlichen Präsenz, die weder längere Urlaubsreisen noch Wochenendfahrten erlaubt und damit manch anderem unmittelbar nach Erlangen der neuen Reisefreiheit als eine unerträgliche Fessel erschiene. Anders der sesshafte Paul; ihm ist das feste Korsett, das ihm seine selbst auferlegte Zeitreglementierung vorgibt, mehr Entlastung als Bürde und damit Voraussetzung für die freie Entfaltung seines Wirkens. Dieses Wirken ist insgesamt gekennzeichnet durch die Charakteristika des Sammlers: zielstrebig, systematisch und ordnungsliebend macht der Sammler keine halben Sachen; er kniet sich in die Dinge rein. Ein derartiges Selbstverständnis unterlegt Paul auch seiner Tätigkeit als Diskjockey: Sein Verhältnis dazu ist ein pragmatisch-praktisches, er begreift sich in den Kategorien des Handwerks vielmehr als Plattenaufleger denn als Künstler. Aus seiner Existenz als Wander-DJ, der unter den erschwerenden Bedingungen eines staatlich kontrollierten und eingeschränkten Musikmarktes sich weitgehend mit ganz praktischen Problemen herumzuschlagen hatte, und dessen Aufgabe nicht zuletzt auch eine physische Herausforderung darstellte, welche die selbständige An- und Rückreise ebenso wie den anstrengenden Auf- und Abbau der Anlage beinhaltete, hat Paul gelernt: Konstitutiv für sein Metier ist letztlich nicht künstlerischer Selbstverwirklichungsdrang, sondern die Fähigkeit, sich den Erfordernissen der Praxis auszusetzen. Pauls Auswahl-, Auflege- und Moderationstechniken sind denn auch nicht vom Anspruch an eine individualisierende und stilbildende Qualität getrieben, vielmehr richtet er seine Sets weitestgehend am Publikumsgeschmack aus. Dabei vereinigt er in seinem Selbstverständnis zwei im Grunde widersprüchliche Ausrichtung zu einer Gesamtgestalt: Er begreift sich auf der einen Seite als Medium und Sprachrohr der Massen, verschafft sich aber auf der anderen Seite durch seine aufwendigen Moderationspraktiken, anknüpfend an seine Erfahrung als DDR-Kulturarbeiter, Geltung als Publikumsanimateur.

2.3 Genese eines Führungsstils

Gewissermaßen unter der Hand haben Peter und Paul eine professionelle Praxis entwickelt, die geschickt Bruch und Kontinuität zum DDR Jugendclub in sich verbindet. Durch das Anknüpfen an DDR-spezifische Gemeinschaftlichkeitsformen gelingt ihnen ein interpretativ sensitives Management ihrer Gäste.[19] Charakteristisch dafür ist das dem Farfalla eigene persönliche Ambiente. Die unternehmerische Dimension ihres Führungsstils dagegen lässt die beiden Betreiber als eine Art Avantgarde kultureller Verwestlichung erscheinen. Sie geben eine Mischung ab aus Modernität, Professionalität und Selbstbewusstsein, die in erstaunlichem Kontrast steht zum Eindruck der Provinzialität, den das Farfalla zumindest dem äußeren Anschein nach bei fremden BesucherInnen erweckt. Die behende Handhabung derartiger Kontraste scheint jedoch gerade Teil des Erfolgsgeheimnisses zu sein. So bewerten Peter und Paul die äußere Unscheinbarkeit ihrer Diskothek als spezifischen „Trumpf": Er dient letztlich der Abgrenzung gegenüber vorbeifahrenden Fremden und trägt auf diese Weise zur Besonderheit des Ortes, dem typischen Stallgeruch und Gemeinschaftsgefühl der untereinander überwiegend bekannten Besucherinnen und Besucher bei. Im scharfen Gegensatz zur gesichtslosen Hülle steht denn auch das Innere der Diskothek, das mit Phantasie und Sinn für Originalität Schritt für Schritt renoviert worden ist. Von Beginn an sei es ihnen ein Anliegen gewesen, „jegen den Strom zu schwimmen" und „ein bisschen verrückte Sachen einzubringen" (3/37), erläutert Betreiber Paul. Entsprechend bunt kommt die Gestaltung des Diskotheken-Inneren daher, die sich im Spagat einer doppelten Anschlusslogik versucht: Nahtlos reihen sich Attribute der Technokultur in einen Reigen von Identifikationsobjekten der DDR Vergangenheit. Weder die Entstehung noch das spezifische Management der Diskothek Farfalla beruhen allerdings auf einer vorausgegangenen planerischen Konzeption. Vielmehr arbeiten Peter und Paul in bestimmter Hinsicht mit einem interpretativen Ansatz: Sie begriffen sich von Beginn an in engem Zusammenhang mit den anderen, an der kollektiven Praxis Disco beteiligten Akteuren, deren Praktiken in einem permanenten Prozess antizipiert, interpretiert und mit den tatsächlichen Handlungen abgeglichen wurden. Charakteristisch für den Entstehungsprozess ist ein behutsames step-by-step-Vorgehen, das gerade im Gegensatz steht zu einem marktwirtschaftlichen Konzept, wie es in der Darstellung von Peter und Paul als Kontrastfolie aufgerufen wird:

Pa.: Also für uns war det och nicht so, dass wir jetzt jesagt haben, ehm: Komm, lass uns ne Disco aufmachen und lass uns die schnelle Mark machen und.. det dicke Jeld verdienen. Für uns stand halt nur zur Debatte, dass wir jesagt haben: Ok., lass uns ...
Pe.: En bisschen Spaß haben
Pa.: Spaß haben, jenau so isset. Lass uns den Laden da- lass et uns versuchen, wenn's nicht jeklappt hätte, dann hätten wir halt wieder zujemacht. Wees ick, dann wär det och nicht weiter wild jewesen- (1/17)

Obgleich, wie sich herausstellen wird, diese Spaßlogik erst in ihrer spezifischen Verbindung mit einem unternehmerischen und einem ordnungspolitischen Ansatz die dem Erfolg des Farfalla zugrundeliegende Rezeptur ausmacht, kommt ihr für dessen Gründungsmythos fundamentale Bedeutung zu. Im wörtlichen Sinn ist die Geburt des Farfalla einer Bieridee zu verdanken, ausgeheckt anlässlich einer feuchtfröhlichen Reise der Clique von Peter und Paul in die damalige Tschechoslowakei. Paul erinnert sich an die langen Holzbänke, an denen, reichlich mit Bier

---

19 Vgl. zu der spezifischen Modernisierungsressource, die in DDR-typischen Gemeinschaftlichkeitsformen steckt den Aufsatz von Hradil (1995). Entgegen der populären Modernisierungsvorstellung einer Rückständigkeit von Denk- und Verhaltensweisen in Ostdeutschland argumentiert Hradil, dass u.a. gerade diese Gemeinschaftlichkeitsstrukturen zahlreiche Anknüpfungspotentiale für postindustrielle Gesellschaften bergen. Wir kommen zum Schluss noch einmal kritisch auf diese These zurück.

VII.1 Doing Disco   307

versorgt, die ganze Klippe bloß zum Scherz an dem Gedanken eines Otterstedter Frühlingsfestes herumsponn. Zweien der Beteiligten war die Sache dann doch ernster; zurück in Otterstedt machten sich Peter und Paul an die Planung und Durchführung eines zweitägigen Festes mit Kulturprogramm und Party, das im Frühjahr 1992 zu einem großen Erfolg wurde. Schon damals stellte sich heraus, welch glückliche Konstellation sich in dem Duo Peter und Paul gefunden hatte. Problemlos konnten sich die beiden im Grunde unerfahrenen Studenten auf eine Aufgabenteilung einigen, welche die jeweiligen Kompetenzen und Ressourcen in ein ausgewogenes und komplementäres Verhältnis setzte. Der souverän gelassene Betriebswirtschaftler Peter sah sich in der Rolle des Theoretikers und Gastronomen, der redegewandte und zupackende Wander-DJ Paul kümmerte sich neben der musikalischen Gestaltung um die eher praktisch-pragmatischen Aufgaben. Die Synergieeffekte freisetzende Arbeitsteilung der beiden bewährt sich bis heute. „Besser, also besser hätte et von der Konstellation her glob ick nich loofen können" (3/19) bilanziert Paul. Nicht in den Begriffen einer Arbeitsbeziehung und dem dafür spezifischen Modell formalisierter Rollendifferenzierung beschreiben die beiden indes den gemeinsamen Alltag. Vielmehr sehen sie sich getragen von einer jugendlichen Aufbruchstimmung, die in der Nachwendezeit auf einen gesellschaftlichen Widerhall trifft. Gemeinsam sind sie aufgebrochen, ein Stück Welt zu erobern. „Jetzt rocken wir seit sechs Jahren miteinander" (2/7), bringt Peter diesen Trip auf den Punkt. Dieser jugendliche Elan wird allerdings flankiert durch die den beiden eigene beachtliche Bodenständigkeit. Peter und Paul beschreiben die Geschichte ihres Unternehmens als ein schrittweises Vorgehen, das umsichtig und behutsam mit Vorgefundenem rechnet und die Risiken eines allzu forschen Blickes in die Zukunft stets in Rechnung stellt. Grundlage dieser Taktik ist genau das Motiv einer Unsicherheit, die kontingenzbewusst davon ausgeht, dass Erfolg sich letztlich nicht rationalisieren und auf Dauer stellen lässt, sondern sich stets von Neuem den Widrigkeiten der Praxis ausgesetzt sieht. Vordergründig stehen freilich viel naheliegendere Gründe für ein derartiges Vorgehen. Das gelungene Frühlingsfest macht Mut, an den Erfolg anzuknüpfen. Peter und Paul besinnen sich auf den an Wochenenden leerstehenden Jugendclub mit der Idee, dort Partys zu organisieren. Eine erste Besichtigung macht deutlich, dass bereits die provisorische Instandsetzung des vom Tischtennisclub genutzten Saales einen Aufwand bedeutete, der nur durch die Einrichtung einer regelmäßigen Diskothek zu rechtfertigen wäre. Man handelt mit dem Bürgermeister einen kurzfristigen Pachtvertrag aus. Von Beginn an steht außer Frage, sich für das Vorhaben bei einer Bank zu verschulden, zumal Peter und Paul sich in der Lage sehen, je ein zwar bescheidenes, aber ausreichendes Startkapital in den Betrieb zu investieren. Damit ist die von beiden als absolut unumgänglich begriffene Voraussetzung gewährleistet, sich in keinerlei Abhängigkeit zu begeben und überdies die Eintritts- und Getränkepreise auf niedrigem Niveau halten zu können. Der Umbau beschränkt sich in einer ersten Phase auf die gröbsten Notwendigkeiten. Paul beschreibt den Eindruck, den das damalige Farfalla vermittelt haben muss, als „finster, det war richtig, wie tiefster Osten" (3/37). Die Einnahmen werden nach und nach in weitere Umbauten und technische Installationen reinvestiert, ein Prozess der Aufwertung und Umarbeitung, der in steter Tuchfühlung mit dem Publikum und für dieses jederzeit nachvollziehbar geschieht. Ebenso verhält es sich mit dem professionellen Know-how: Hier ist learning by doing angesagt. Das aus dem Freundeskreis rekrutierte Personal verfügt über keinerlei Vorkenntnisse im gastronomischen Bereich, so dass die ersten Partys im Chaos von Warteschlangen und zeitweiligen Getränkenotständen zu ersticken drohen. Dem Erfolg tut dies offenbar keinen Abbruch, die Gäste zollen dem guten Willen und der sichtbar stetigen Professionalisierung ihre Anerkennung. Gerade in der Möglichkeit der persönlichen Teilhabe am Transformations- und Modernisierungsprozess des ehemaligen FDJ-Jugendclubs scheint das Geheimnis seines Publikumserfolges zu liegen. Den Gästen wird nicht das fertige Produkt einer bislang fremden, sich als überlegen darstellenden Kultur übergestülpt, in der sie sich zurechtzufinden haben, das Farfalla macht seine Gäste vielmehr zu den eigentlichen Protagonistinnen und Protagonisten der Transformation. Im Grunde sind Peter und Paul nur zwei von unzähligen an der Entstehung des Farfalla beteiligten Akteuren. Auch als Diskothekenbetreiber bleiben sie eingebunden in einen Freundeskreis, der nicht nur den symbolischen Resonanzboden ihres Wirkens bildet, sondern auch tatkräftig beim Um- und Ausbau Hand anlegt. Unter dem Motto „wir bauen uns und unserer Clique ein Partyhaus" tritt man gemeinsam dazu an, das jugendkulturelle Leben am Rande der Großstadt, das in der Nachwendezeit infolge der Schließung zahlreicher DDR-Einrichtungen einzuschlafen drohte, aufzuwerten und damit die eigene Unabhängigkeit zu bewahren. Dabei greift das zu DDR-Zeiten verbreitete informelle Reglement gegenseitiger Hilfestellungen nach wie vor: Nicht ein einziger Handwerker wird in den verschiedenen Renovierungsphasen von außen hinzugezogen. Aber Peter und Paul werden nicht nur getragen von befreundetem Personal und einem Publikum, das sich zu erheblichen Teilen aus persönlichen Bekannten und Stammgästen zusammensetzt; ihre Diskothek basiert auf einem Modell der Reziprozität, das die Identifikation der Betreiber mit ihren Gästen zur Voraussetzung hat. Zum Maßstab für die Qualität des Farfalla machen Peter und Paul sich selber in der Rolle imaginierter Gäste. Dazu Paul:

Also letztendlich wenn ick jetzt persönlich mit dem Laden hier nichts zu tun hätte, würd ick aber den Laden trotzdem jut finden ja, also ick würde auf jeden Fall hier herjehn und det is det Wichtigste, dass de selber sagst, du findest halt den Laden selber och geil, und würdest jederzeit och dahinjehen. (...) Det fängt beim Musikjeschmack an, det hört beim Einrichtungsjeschmack uff, dass wer halt uns och mit unsern Gästen irjendwo identifizieren und die Gäste sich irjendwo mit uns. (3/40)

Allerdings ist das Publikum des Farfalla keineswegs eine derart homogene Gruppe, wie es Peter und Paul zuweilen gerne darstellen. Um ihre Räume zu füllen, ist die Dorfdiskothek angewiesen auf ein breites Publikumssegment, das über den eigenen Freundeskreis hinausgeht. Damit sind dem Spaß- und Identifikationsregime Grenzen gesetzt. Eine genauere Betrachtung des Führungsstils der beiden Betreiber zeigt, wie drei unterschiedliche Momente kombiniert werden und sich zu einem komplexen Ganzen formieren, das zunächst in sich widersprüchlich erscheint. Eine unternehmerisch-ökonomische, eine ordnungspolitische und eine sozialpädagogische Dimension des Führungsstils stehen zueinander in einem differenzierten gegenseitigen Bedingungsverhältnis: Neben der Schaffung eines persönlichen, familiären Ambientes heben Peter und Paul als weiteres Spezifikum ihres Führungsstils ihre liberale Einlasspolitik hervor. Flankiert wird diese zunächst unbeschränkte Offenheit gegenüber sämtlichen Publikumstypen durch ein rigoroses Ordnungskonzept. Dazu Peter:

Ick gehe davon aus: Ick lass hier erst mal jeden rein. Mir is egal wie er aussieht. Ob er .. schwarz ist, ob er ne Glatze ist, oder – eh, ganz normalet Publikum. Ick lass hier jeden rein. Solange er sich hier normal verhält. (1/8)

Verhalten, das sich außerhalb der 'Normalität' begibt, wird durch Rausschmiss und im Härtefall durch ein Hausverbot sanktioniert. Diese Aufgabe übernimmt ein eigens eingestellter ortsfremder und entsprechend distanzierter Security-Dienst. Während die liberale Einlasspolitik einem unternehmerisch-ökonomischen Kalkül geschuldet ist, wird sie legitimiert durch eine sozialpädagogische Argumentation, wie sie dem ehemaligen Zivildienstler Peter naheliegt. 'Deviante' Publikumsakteure sollen ihm zufolge nicht von vornherein ausgeschlossen werden. Gerade jene Jugendlichen, die nach Peters Einschätzung auf der Kippe stehen, ins „rechte Lager abzurutschen", würden dadurch in ihrem Vorhaben bestärkt. Dagegen biete das Farfalla eine Chance zur Integration. In dieser Argumentationslogik übernimmt die Diskothek einen quasi pädagogischen Auftrag. Ökonomie, Ordnungsdenken und sozialpädagogische Argumentation stehen damit in einem komplizierten gegenseitigen Bedingungsverhältnis: Das Ordnungskonzept stellt gleichermaßen die Bedingung wie die Folge eines ökonomischen Kalküls dar. Denn die Attraktivität des Farfalla für einen breiten Kreis von Gästen hat die

VII.1 Doing Disco   309

Etablierung einer gewissen Ordnung zur Voraussetzung. Teile desselben Publikums, das für das Florieren der Diskothek verantwortlich ist, bringen jedoch diese Ordnung permanent in Gefahr, indem sie ihr Verhalten nicht dem Kodex entsprechend regulieren. Damit wird die ökonomisch motivierte liberale Einlasspolitik wiederum zur Ursache der Ordnungspolitik. Als legitimatorische Abfederung dieses Zusammenhangs dient schließlich ein sozialpädagogischer Diskurs.Diese Verschränkung von drei Diskurstypen, einem Unternehmer-, einem Ordnungs- und einem sozialpädagogischen Diskurs durchzieht die Selbstdarstellung der Betreiber Peter und Paul. Unsere Gesprächspartner präsentieren eine eigenständige moderne Version sensitiven und umsichtigen unternehmerischen Denkens, das in sich geschickt Anschluss an DDR-typische Gemeinschaftlichkeits- und Fürsorgeformen mit Vorreiterfunktionen einer kulturellen Verwestlichung verbindet. Dabei stellen sie ihre Mixtur aus Unternehmertum, Ordnungsdiskurs und sozialpädagogischer Abfederung als die für den nachwendezeitlichen Transformations- und Normalisierungsprozess des ehemaligen FDJ-Jugendclubs förderliche und geeignete Rezeptur dar. Peter und Paul machen sich damit zu Virtuosen des sukzessiven Einwirkens und eigenständigen Umformens von Vorgefundenem und ihren Betrieb zum Vorbild eines gelungenen Transformationsprozesses. In einem abschließenden Resümee sollen die Bedingungen dieses Gelingens zueinander in Beziehung gesetzt werden: Die bisherige Fallanalyse hat sich auf die beiden Momente Bruch und Kontinuität konzentriert. In ihrer spezifischen Vermittlung offenbart sich die Besonderung des Falles Diskothek Farfalla. Gerahmt ist dieser Fall durch ein weltgeschichtlich einzigartiges Ereignis, das die Momente Bruch und Kontinuität gesamtgesellschaftlich in erhöhtem Maße thematisch werden ließ: Die Wende und die daran anschließende Transformation der ehemaligen DDR. Die mit dem Ende der deutschen Zweistaatlichkeit einhergehenden Umwälzungen fordern auch die Biographien unserer beiden Diskothekenbetreiber in besonderem Maße heraus. Allerdings stellt sich ihnen das Thema je unterschiedlich und beide finden einen je eigenen Umgang mit der Brucherfahrung.Peter entpuppt sich als ein Virtuose der Vermittlung von Bruch und Kontinuität, er versteht es, Brucherfahrungen durch Anknüpfen an Bestehendes abzufedern. Der Wende als Brucherfahrung setzt sich der westdeutsche Peter durch seine Übersiedlung nach Otterstedt freiwillig aus. Für ihn bedeutet die gesamtgesellschaftlich-historische Zäsur die einmalige biographische Chance, Bruch und Kontinuität in ein optimales Passungsverhältnis zu bringen. Der Bruch mit der mutterdominierten Kindheit und Jugend wird abgefedert durch das Anknüpfen an den väterlichen Familienzweig. Im Verbund mit der Auflösung der DDR wird diese Kontinuierung zur Bedingung der Möglichkeit einer – ohne Peters Zutun erfolgenden – Aufwertung seines inkorporierten kulturellen Kapitals, die ihn zum Experten der Nachwendemodernität macht und in den Genuss einer besonderen symbolischen Geltung bringt. Wie wir gezeigt haben, versetzt diese symbolische Geltung Peter selbst ins Staunen. Gerade aus der Unsicherheit bezüglich der Bedingungen des eigenen Erfolgs resultiert ein Kontingenzbewusstsein, das einerseits Kreativitätspotentiale freisetzt, andererseits einem spezifischen Führungsstil zugrundeliegt: Umsichtig und Schritt für Schritt vorgehend, rechnet er stets mit dem Vorgefundenen und setzt sich beständig den sich erneuernden Erfordernissen der Praxis aus, anstatt sich auf dem Erfolg auszuruhen.In Pauls Lebenskonstruktion offenbart sich eine ganz besondere Art der Vermittlung von Bruch und Kontinuität: Für ihn stehen die beiden Momente nicht in einem Verhältnis des zeitlichen Nacheinanders. Pauls Zweigleisigkeit erlaubt ihm vielmehr, Brüche durch einen Wechsel von Stand- und Spielbein in einen kontinuierlichen Ablauf zu integrieren. So gelingt es ihm, die durch die historische Zäsur der Wende aufgenötigte Unterbrechung seiner Bildungsgeschichte zu entschärfen: Das während des 'Zwischenjahres' in harter körperlicher Arbeit verdiente Geld investiert er in seine Laufbahn als Diskjockey. Den von ihm antizipierten Zumutungen einer Biologenkarriere unter den transformierten Bedingungen eines kapitalistischen Systems kann sich Paul bruchlos entziehen über eine Neugewichtung seiner beiden Lebensstränge Biologie und Musik: Das Anknüpfen an die DJ-Laufbahn ermöglicht Kontinuität auch unter veränderten Gegebenheiten. Diese Fähigkeit zur Kontinuierung schafft Handlungssicherheit und jenen klar definierten Rahmen, in dem Paul seine Fähigkeiten und Ressourcen am besten entfaltet. Sie liegt einem Führungsstil zugrunde, der sich an Bestehendem orientiert und es versteht, Neues in seiner Widersprüchlichkeit zu integrieren.Die erfolgreiche Etablierung und Verstetigung der Diskothek Farfalla durch die Betreiber Peter und Paul ist selbstverständlich nicht auf in den beiden Biographien gründende Erklärungsmuster zu reduzieren. Vielmehr treffen biographische Ausgangskonstellationen immer auf einen spezifischen räumlich-historischen Möglichkeitshorizont, vor dem sich erst der weitere Verlauf entscheidet. Hintergrund der Diskothekengründung ist die Nachwendezeit, eine Phase des Auf- und Umbruchs, die mit dem jugendlichen Aufbruch unserer Protagonisten zusammenfällt. Die beiden Studenten verfügen zudem über die notwendigen materialen Ausgangsbedingungen für die Gründung ihres Unternehmens. Eine weitere unumgängliche Bedingung für die spezifische Genese des Farfalla ist die ausgeprägte Verankerung von Peter und Paul in der dörflichen peer-group-Struktur. Das Umfeld ist klein und überschaubar, man kennt sich untereinander. Damit ist ein starker örtlicher Bezug geschaffen. Die Jugend im Verflechtungsgebiet der gesamtdeutschen Metropole, obwohl eines Großteils ihres DDR-spezifischen kulturellen Angebotes an Jugendclubs beraubt, zieht dem Überschreiten der scharfen Stadtgrenze hin zur Metropole die Orientierung an den verbleibenden Lokalitäten der vertrauten Peripherie vor. Dem hier herrschenden Notstand wollen Peter und Paul abhelfen. Die Gründung ihrer Diskothek ist denn weder primär unternehmerisch motiviert, noch von einem ausgereiften Konzept getragen, sondern geschieht aus dem Kontext einer mehr oder weniger spontanen 'Selbsthilfe' heraus. Peter und Paul gründen ihrer Clique ein eigenes Partyhaus, im Gegenzug wird den Pionieren der eigene Freundeskreis zum vertrauten und verlässlichen Publikum, das eine Art Sicherheitsnetz bildet.[20] Damit ist die Emergenz des Neuen immer schon durch die resistenten Qualitäten des Bestehenden gerahmt und darauf zurückverwiesen. Die Verankerung im und Identifikation mit dem eigenen Publikum werden zur Voraussetzung eines Führungsstils, der Neues und Bestehendes in sich vereinigt und sich durch diese Kontraste gerade interessant macht. Diese im Farfalla vollzogene Vermittlung einer Modernisierung der Alltagskultur mit einer Neuinszenierung DDR-spezifischer Gemeinschaftlichkeitsformen führt zu einer stabilen Formation von eigener Qualität. Allerdings funktioniert die Integration nicht widerspruchsfrei, wie es die komplizierte Verknüpfung von unternehmerischem, ordnungspolitischem und sozialpädagogischem Diskurs der beiden Betreiber offenbart. Strukturierungsmomente, die in einem widersprüchlichen Verhältnis zueinander stehen, wie beispielsweise die liberale Einlasspolitik zum rigorosen Ordnungsdenken, machen vielmehr eine Spezifik des Farfalla aus, die an seine Ortsgebundenheit rückgekoppelt ist: Die Dorfdisco im Verflechtungsraum der Metropole ist angewiesen auf ein breites Publikumssegment, was wiederum, wie wir gezeigt haben, ihre spezifische Ordnungspolitik bedingt. Diese für die Besonderheit des Farfalla konstitutive Ortskonkretheit im Verbund mit historisch-materialen Ausgangsbedingungen wie Bruch- und Kontinuitätserfahrungen konstellieren sich zu einer widersprüchlichen Zusammenhangsgestalt von milieuhafter Qualität. Den beiden Betreibern Peter und Paul kommt dabei die Rolle von paradigmatischen Milieuakteuren zu.

---

20 Genau diese gewissermaßen 'intrinsisch' motivierte Handlungsorientierung gehört mit zu den Randbedingungen erfolgreicher milieuspezifischer Selbstorganisationskapazitäten.

3. Synchrone Perspektive

Bislang haben wir unseren Blick auf die Entstehung des Farfalla gerichtet, im Fokus standen die beiden Betreiber und die Genese ihres Führungsstils. Nun soll ein Schwenk vollzogen werden von der diachronen in die synchrone Perspektive, zu einer Momentaufnahme des real Vorgefundenen. Wie sieht die Diskothek Farfalla überhaupt aus, wer ist ihr Publikum und was geht in ihr vor?

3.1 Die Szenerie einer Samstagnacht

Kurz vor 22 Uhr, der offiziellen Öffnungszeit des Club Farfalla, ist der Parkplatz vor dem Gebäude noch weitgehend leer. Einzelne Autos führen unter lautem Aufheulen der Motoren riskante Wendemanöver durch. Überlaute Techno- und Housebeats dringen aus den leistungsstarken Automusikanlagen, die Insassen ziehen es vor, in ihren Autos abzuwarten und das Geschehen zu beobachten. Die Fassade des Gebäudes ist hell erleuchtet. Obwohl auf diese Weise die Szenerie auch dem Durchgangsverkehr auffallen muss, macht das Farfalla von außen nicht gerade einen einladenden Eindruck. Das dem Namen „Farfalla" vorangestellte Etikett „Club" signalisiert eher Halbprivatheit als einen allgemein zugänglichen öffentlichen Ort. Vor den Eingangstüren warten kleine Grüppchen von Jugendlichen, die entweder zu Fuß gekommen sind, oder von ihren Eltern hergefahren wurden, um zu einer vereinbarten Zeit wieder abgeholt zu werden. Von drinnen ist schon Musik zu hören; jüngere Nachwuchs-DJs beschallen den noch leeren Tanzsaal. Pünktlich um 22 Uhr öffnen sich dann schließlich die Türen. Den unmittelbaren Eingangsbereich tauchen Schwarzlichtlampen in ein schummriges Licht. Ein Absperrgitter trennt Eingang und Ausgang und schleust die Eintretenden an der Garderobe vorbei zum Kassenbereich, an dem das Eintrittsgeld von DM 5.- zu entrichten ist. Hinter der Kasse sitzt wie an fast jedem Samstagabend Michaela, die an der Ostberliner Humboldt Universität Jura studiert. Sie bringt sich zur Arbeit an der Kasse juristische Fachliteratur mit, in der sie nun immer wieder aufmerksam ließt, da um diese Zeit nur wenige Gäste eintreffen. Viele der Besucherinnen und Besucher sind Michaela, die schon mehrere Jahre hier arbeitet und schon in der Gründungszeit des Farfalla zu den Stammgästen zählte, persönlich bekannt, sie werden mit Handschlag begrüßt und erhalten ohne Eintrittsgeld zu bezahlen Einlass. Später, wenn der Andrang zunehmen wird, steht der Eingangsbereich unter der Regie der beiden Türsteher und ist Schauplatz spezifischer Aushandlungspraxen eines Grenzregimes, durch das das Innen der Diskothek im Hinblick auf hier erwünschtes, geduldetes und erwartetes Auftreten und Verhalten der Gäste eine charakteristische Rahmung erhält. Direkt in Verlängerung des Eingangsbereichs befindet sich ein Raum, in dem schon zu Zeiten des Gasthauses 'Breunig' der Restaurationsbetrieb untergebracht war. Auch heute noch erinnert dieser Raum wegen seiner Ausstattung mit Getränketresen, Tischen und Stühlen an eine Gaststätte. Hier lassen sich die meisten der frühen Besucherinnen und Besucher an Tischen und Stühlen nieder. In den ersten Stunden einer typischen Samstagnacht ist dieser Raum durch eine eigentümliche Intimität geprägt. Man hat als Fremder das Gefühl, wie ein unangekündigter Besucher das Wohnzimmer einer Großfamilie zu betreten. Die schon durch das Etikett 'Club' signalisierte Halbprivatheit erhält durch die hier verbreitete Wohnzimmeratmosphäre Bestätigung und Zuspitzung: Schräg über dem Eingang befindet sich ein überlaut eingestellter Fernseher. Einer Comedy-Sendung auf SAT1 widmen die wenigen, sich um die vordersten Tische gruppierenden Anwesenden ihre volle Aufmerksamkeit. Es finden über das gemeinsame Fernsehen vermittelte indirekte Kommunikationen wie gemeinsames lautes Lachen und Kommentierungen des Geschehens auf dem Bildschirm statt. Neuankömmlinge werden nach beiläufiger Begrüßung sofort in die kollektive SAT1 Rezeption einbezogen. Barkeeper Tommi, der hinter dem Tresen mit verschiedenen Vorbereitungen für den erwarteten Besucherandrang beschäftigt ist, erfüllt die Rolle des Animateurs des kollektiven Fernsehgenusses, der vorgibt, wann gelacht werden soll. Die ganze Szenerie wirkt, als seien die Anwesenden eben erst aus ihren elterlichen Wohnzimmern aufgebrochen, um hier im Farfalla das Fernsehschauen fortzusetzen. Durch den laufenden Fernseher ist das häusliche Wohnzimmer im Club symbolisch repräsentiert, es wird gewissermaßen in den Club hinein verlängert. Die Familiarität und Gemeinschaftlichkeit stiftende Funktion, die das Fernsehen hier erhält, wirkt anachronistisch: Während sich gegenwärtig die eher für die Siebziger Jahre charakteristische gemeinschaftsbildende Funktion des Fernsehens durch Programm- wie Gerätevielfalt und der damit korrespondierenden Rezeptionsaktivität des zapping weitgehend verflüchtigt hat (vgl. dazu Sichtermann 1994), gelingt im Farfalla gerade über das gemeinsame Fernsehen die Konstitution einer Familiarität, die gewisse nostalgische Züge trägt. Über das gemeinschaftliche Fernsehen vollzieht sich eine Reprivatisierung dieses öffentlich gemeinten Raumes. Mit ansteigender Besucherzahl – in der Hochbetriebsphase zwischen 0.30 Uhr und 2.30 Uhr werden sich ca. fünfhundert Jugendliche und junge Erwachsene hier eingefunden haben – transformiert sich das Wohnzimmerhafte des Raumes; er erhält den Charakter einer mehr oder weniger anonymen Ausschankstelle, in der der Fernseher tonlos weiterläuft. Biegt man unmittelbar nach Verlassen des Eingangsbereiches nach rechts, betritt man den Tanzsaal, der zunächst durch seine schiere Größe, die man in dem von außen eher gedrungen wirkenden Gebäude nicht vermutet hätte, beeindruckt. Die Inneneinrichtung des Saales wirkt eigentümlich provisorisch, unfertig und widersprüchlich. Während einerseits seine verschiedenen früheren Nutzungsformen noch atmosphärisch präsent sind, wird dieser vergangenheitsdurchsottene Charakter doch andererseits durch eine moderne und aufwendige Lichtanlage kontrastiert. Trotz den in dekorativer Absicht angebrachten Verkehrsschildern, einem aus DDR-Zeiten stammenden Warnhinweis vor einem militärischen Sperrgebiet, der Führerkabine eines alten W50 LKWs, sowie den zu im Raum verteilten Stehtheken umfunktionierten Minol-Zapfsäulen weist die Rauminszenierung keine eindeutig sich durchhaltende stilistische Linie auf. Eine hüttenartige Bretterkonstruktion, die als zusätzliche Getränkeverkaufsstelle in der Hochbetriebsphase Versorgungsengpässe vermeiden helfen soll, erinnert an eine Strandbar, in floureszierenden Farben gehaltene Wandgemälde zitieren die Science-Fiction-Ikonographie der Techno-Kultur. An der Stirnseite des Saales thront, durch ein mit einem Geländer versehenes Podest erhöht, das DJ-Booth. An seinen beiden Längsseiten wird der Saal von einer podestartigen Erhöhung eingefasst, die es den am Rande des Tanzgeschehens Stehenden ermöglicht, auf die Tanzenden hinabzublicken. An das hintere Ende der Tanzfläche schließen sich zwei weitere Nebenräume an: Davon ist der unmittelbar an den Tanzsaal angrenzende mit verschiedenen Spielautomaten ausgestattet, von denen hauptsächlich das Elektro-Dart genutzt wird. Dieser Raum bildet während der gesamten Nacht eine Art Männerdomäne; ihn beherrscht ein mit den beiden Betreibern bestens bekannter 'inner circle' von 'Kumpels' und Stammkunden, die im gruppenweisen Dartspiel die Bezahlung der nächsten Runde 'Ramazzotti', dem italophilen Insider-Getränk im Farfalla ausspielen. Auch im rechts angrenzenden, sogenannten 'blauen Raum' ist die Präsenz von Vergangenem noch zu spüren: Seine Nutzung wurde erst durch den Abschluss eines neuen Pachtvertrages für das gesamte Gebäude möglich. Noch bis vor kurzem war er nur von außen zugänglich und diente als Feuerwehr-Geräteschuppen. Der 'blaue Raum' ist nun von den Betreibern als eine Art Chill Out Zone konzipiert worden – ein Angebot, das beim Publikum nur verhalten Zuspruch findet. Zwei Nachwuchs-DJs bauen hier gerade ihr Equipment auf. Sie werden später – als entspannend gedachter Kontrast zum durch House, Techno und chartsgängige Hits dominierten Musikprogramm im Tanzsaal – Black Music- und HipHop-Sets auflegen. Fest installierte blaue Neonröhren tauchen diesen Raum in kühles Licht. In der hinteren Ecke befindet sich eine Getränkebar, neben einigen Tischen und Stühlen bilden Sofas das charakteristische Mobiliar. Der 'blaue Raum' fungiert für die, die ihn nutzen als Hinterbühne (Goffman 1969), als Möglichkeit der temporären Verhaltenslockerung durch Sich-in-die-Sofas-fallen-lassen, als Rückzugsort zur Besprechung des 'Drehbuchs' für die jeweilige Rolle auf der Vorderbühne des Tanzsaales, aber auch als Sammelstelle für die im Laufe der Nacht anfallenden Alkoholleichen.

3.2 Publikum und Stilfiguren

Das Publikum des Farfalla wird dominiert durch die Altersgruppe der Sechzehn- bis Vierundzwanzigjährigen. Obwohl sich der Einzugsbereich nach Auskunft der beiden Betreiber in letzter Zeit beständig vergrößert, kommen die Gäste nahezu ausnahmslos aus dem Berliner Umland. Es handelt sich beim Publikum vorwiegend um Schülerinnen, Lehrlinge und jugendliche Arbeitslose, signifikante Minderheiten bilden Gymnasiasten und Studentinnen – allesamt Landjugend aus der ostdeutschen Peripherie der mittlerweile gesamtdeutschen Metropole. Diese hier anvisierte verallgemeinernde Perspektive auf das Publikum lässt sich in der Diskothek auch ganz praktisch realisieren: durch einen Blick vom erhöhten DJ-Booth aus auf die in der Hochbetriebsphase überfüllte Tanzfläche. In einer solchen notwendig oberflächlichen Gesamtschau macht das Publikum einen sehr durchschnittlichen und fast braven Eindruck. Es lassen sich wenige und grobe stilistische Konventionen ausmachen, die allerdings aufgrund ihres hegemonialen Status dem Publikum des Farfalla eine spezifische Gesamtgestalt verleihen: Für die männlichen Gäste scheinen kurze Haare mit fließenden Grenzen hin zur Kahlrasur, Jeans und Marken-Turnschuhe, sowie verbreitet Bomberjacken oder bomberjackenähnliche Oberbekleidung, unter der überwiegend T-Shirts getragen werden, nahezu obligatorisch zu sein. Die Mädchen und jungen Frauen tragen ebenfalls überwiegend Jeans, T-Shirts oder enganliegende Bustiers, statt Turnschuhen gelegentlich femineres Schuhwerk und lange Haare. Dieser relativ einheitliche stilistische Rahmen, wie er sich dem Blick auf das Gesamt der Tanzenden erschließt, deutet auf eine rigide Grenzziehung nach außen, denn es finden sich so gut wie keine stilistisch auffälligen oder differenten Figuren oder Ausdrucksformen. So erscheint das Publikum des Farfalla wie das Kontrastprogramm zu der Ende der Achtziger-Jahre von der westdeutschen Jugendforschung noch einhellig konstatierten Pluralisierung und Diversifizierung jugendkultureller Stil- und Ausdrucksrepertoires zu einem anything goes individualisierter Konkurrenzkämpfe um Originalität und Seltenheit (vgl. Vollbrecht 1988; Baake; Ferchhoff 1988).Der beschriebene relativ einheitliche stilistische Rahmen lässt jedoch durchaus verschiedene Binnendifferenzierungen zu. Aus der Auswertung unserer Feldprotokolle und ethnographischen Interviews ergibt sich eine ganze Liste von für das Farfallapublikum signifikanten Stilfiguren, die sich entlang der Geschlechterdifferenz als je spezifische Männlichkeits- und Weiblichkeitsinszenierungen darstellen: So fanden wir innerhalb der Gruppe der kurz- bis kahlgeschorenen männlichen Jugendlichen drei unterschiedliche stilistische Ausprägungen. Der Figur der untersetzt, behäbig, brutal und oft besoffen wirkenden 'Glatze', die am deutlichsten dem gegenwärtig durch die Medien zirkulierenden Bild vom jugendlichen Rechtsextremisten mit allen für die Skinhead-Kultur typischen Insignien proletarischer Männlichkeit entspricht, stehen jene 'Glatzen' gegenüber, die sich weniger aufgrund der Kleidung, sondern eher auf der Ebene der Körperlichkeit durch eine gewisse Gewandtheit und Schneidigkeit, einen insgesamt sportlicheren und individualisierteren Selbstentwurf von der immer in Gruppen auftretenden erstgenannten Stilfigur unterscheiden. Durch eine noch stärkere Akzentuierung sportlicher und körpermodellierender Aspekte wird ein dritter 'Glatzentypus' identifizierbar: Es handelt sich dabei um gelegentlich auch Baseball-Mützen tragende, nach Rasierwasser duftende junge Männer mit solariumsgebräunter Haut, Ohrringen und Halsketten in ausgewählt modischen, sportlichen Marken-T-Shirts, die sich durch diese Erweiterungen und Verfeinerungen des körperlichen Ausdrucksrepertoires männlicher Selbstinszenierung von der derben und gewissermaßen naturhaft-proletarischen Männlichkeitsinszenierung des erstgenannten Glatzentypus abheben. Die drei genannten Stilfiguren schließen jedoch auf der Ebene der präferrierten Bekleidung gleichwohl aneinander an. Dem korrespondiert das auf diese jugendliche Zielgruppe abgestimmte Angebot der Bekleidungsgeschäfte des Berliner Umlandes, das eine verblüffende konsumkulturelle Nähe zwischen Marken-Sportswear und den für die Skinheadkultur charakteristischen Bekleidungsmarken wie Fred Perry, Pit Bull und Walhalla aufweist. Von den 'Glatzentypen' unterscheidet sich die Stilfigur der 'Stinos', der Stinknormalen: Hierbei handelt es sich um junge Männer, die in ihrem Aussehen Wert auf eine gewisse Unauffälligkeit legen, die Haare zwar kurz, aber nicht geschoren tragen und ebenfalls Jeans, statt T-Shirts häufiger Hemden und Turnschuhe bevorzugen. Seltener als die erstgenannten Stilfiguren sind die 'Stinos' auf der Tanzfläche zu finden. Sie nutzen das Farfalla in erster Linie als Treffpunkt und Kommunikationsmöglichkeit und stehen allen extrovertierten discospezifischen Aktivitäten etwas reserviert und abgeklärt gegenüber. Das weibliche Pendant zu den Skinheads bilden die sich selbst so bezeichnenden Reenees. Um an die männliche Stilfigur der Skinheads stilistisch anzuschließen, verzichten die Reenees nahezu vollständig auf Insignien von Weiblichkeit – mit Ausnahme der Frisur. Sie tragen das Haar wie die Skinheads kurzgeschoren, lassen allerdings als einziges feminines Zeichen vorne ein paar in die Stirn fallende Strähnchen stehen. Bekleidet sind die Reenees mit Turnschuhen und Jeans, sowie T-Shirts mit Aufdrucken wie 'Arbeiten und Kämpfen', 'White Power' oder 'Germany'. Die 'Unweiblichkeit' der Reenees äußert sich nicht zuletzt auch in einer burschikosen bis strammen Körperhaltung und einem oft angestrengt durchgehaltenen starren und ernsten Blick. Von den Reenees unterscheidet sich eine weitere weibliche Stilgruppe, die wir in unseren Feldprotokollen die 'Backfische' genannt haben: Es handelt sich dabei um jüngere Mädchen zwischen etwa dreizehn und siebzehn Jahren, die mit Hilfe von Schminke, engen Jeans und Bustiers zwar sehr darauf bedacht sind, ihre Weiblichkeit zu betonen, dabei aber oft noch eine gewisse Stelzigkeit und Ungeschicktheit an den Tag legen, die insbesondere in einem häufig sehr flachen und auf einfache Schrittfolgen beschränkten Tanzstil deutlich wird. In ihrer Aufmachung orientieren sich die 'Backfische' ganz offenbar an einem Weiblichkeitstypus, wie ihn die Stilfigur der in unseren Feldprotokollen sogenannten 'Landschönheit' verkörpert. Die 'Landschönheit' integriert in ihrem Äußeren geschickt Aspekte von Sportlichkeit und Weiblichkeit: Über einem knappen, schulterfreien und busenbetonenden T-Shirt werden Hosenträger getragen, die linke Schulter ziert ein modisches Tattoo, um die Hüfte ist locker und ein wenig nachlässig eine Art Trainingsjacke geschlungen, sie trägt hauteng Hosen und Plateauschuhe. Neben diesem Typus inszenierter attraktiver Weiblichkeit findet sich noch sehr vereinzelt der von uns so genannte Typus der 'emanzipierten Frau'. Es handelt sich dabei um sehr eigenständige Aufmachungen, die beispielsweise Anleihen aus dem Bekleidungsrepertoire der Alternativbewegung aufnehmen, 'hippieske' Röcke eigenwillig mit formstrengen Blazern kombinieren, oder einfach die klassischen Levi's-501-Jeans zu einer einfarbigen dunklen Bluse tragen und auf Schminke weitgehend verzichten. Auf diese Weise verweigern sie jedes Zugeständnis an die im Farfalla vorherrschenden weiblichen Stilkonventionen.

3.3 Das Personal

„Allet Kumpels letztendlich." So beschreibt Betreiber und DJ Paul das Personal des Farfalla. Bei den Mitarbeiterinnen und Mitarbeitern von Peter und Paul handelt es sich ausschließlich um Bekannte, Freundinnen, Freunde und langjährige Gäste, die allmählich in eine bezahlte Tätigkeit im Farfalla hineingewachsen sind. Diese Personalrekrutierungsstrategie erfüllt für

VII.1 Doing Disco   315

beide Seiten komplementäre Funktionen: Für die Betreiber sichert sie ein hohes Maß an Loyalität ihrer Mitarbeiterinnen und Mitarbeiter. Letztere machen hier nicht einfach ihren Job, sie „verkörpern den Club", wie die langjährige Tresenkraft Antje konstatiert. Umgekehrt ist für die Mitarbeitenden die Anstellung im Farfalla mit der Aufnahme in einen 'inner circle' verbunden, was einen Zugewinn an sozialem Prestige innerhalb der eigenen Lebenswelt bedeutet. So beschreibt sich Tresenkraft Antje selbst als kontroverse, ständig im Mittelpunkt der Aufmerksamkeit stehende lokalöffentliche Figur: Sie komme aufgrund ihrer herausgehobenen Position als Tresenkraft zwar leicht mit allen Männern ins Gespräch, was ihr auch großes Vergnügen bereite; dadurch setze sie sich jedoch permanent den Anfeindungen anderer Frauen aus, die auf sie eifersüchtig seien. Durch ihre exponierte Stellung würde sie gleichermaßen geliebt wie gehasst. Aus der Grenzverwischung zwischen Arbeit und Freizeit erwächst dem Personal eine hohe Arbeitszufriedenheit: „Wenn man hier arbeitet, das ist Spaß, die Party", äußert Barkeeper Tommy. Tresenkraft Antje erlebt den aus Betreibern, Personal und Stammgästen bestehenden 'inner circle' des Farfalla „wie ne große Familie." Diese Beschreibung hat in der tatsächlich familienbetriebsähnlichen Regulierung der Arbeitsverhältnisse ihren materiellen Kern. Durch das diffuse und informelle Verhältnis der Mitarbeiterinnen und Mitarbeiter zu ihren Arbeitgebern werden die in formal regulierten Arbeitszusammenhängen bestehenden Spielräume für die Artikulation antagonistischer Interessen systematisch verschüttet. Die Austragung von Konflikten und die Durchsetzung eigener Interessen gegen die Betreiber wird dadurch erschwert – ein Nachteil, der dem Personal des Farfalla sehr wohl bewusst ist. Durch die beschriebene Einstellungspolitik verlaufen die Grenzen zwischen Stammgästen, Betreibern und Angestellten beinahe fließend. Es bildet sich eine 'in-group' heraus, durch die sich der Club Farfalla eine eigene, von außen relativ undurchdringlich und eingeschworen wirkende Identität als unverwechselbarer 'Laden' verschafft.Eine Ausnahme zur geschilderten familienbetriebsähnlichen Struktur bildet das Arbeitsverhältnis der beiden Türsteher. Sie werden nicht direkt von den Betreibern beschäftigt, vielmehr sind sie bei einer 'Sicherheitsfirma' angestellt. Seit zweieinhalb Jahren schon versehen die beiden kräftigen und durchtrainierten Männer an den Wochenenden im Farfalla, ihrer „Stammdiskothek", ihren Dienst. Ihr Chef lege – damit einem Wunsch der beiden Diskothekenbetreiber entsprechend – auf diese Vertrauen schaffende Kontinuität auch großen Wert. Die beiden Türsteher bilden in ihrem Äußeren einen Gegenentwurf zu den beschriebenen farfallatypischen Stilkonventionen und insbesondere zu den 'Glatzen', denn sie folgen eher den Kleidungscodes der popkulturellen Stilform HipHop: Sie tragen Baseballmützen mit nach hinten gewendetem Schild, Carhartt-Hosen und Timberland-Stiefel, die in ihrer übertriebenen Zweckmäßigkeit zum Survival-Outfit der sich als 'urban warriors' stilisierenden rapper gehören, sowie Ohrringe und Kurzhaarfrisuren, die gepflegter, mehr eben wie Frisuren und nicht wie Rasuren wirken. Die von ihnen ebenfalls getragenen knappen Bomberjacken mit der Aufschrift 'Protector Security' sind weniger als Zugeständnis an die im Farfalla übliche männliche Oberbekleidung zu verstehen, sie wirken vielmehr bewusst gewählt, um das körperliche Kapital der beiden Sicherheitskräfte zur Geltung kommen zu lassen. Ihre Autorität beruht jedoch nicht einzig auf Muskelkraft, sondern auf einer spezifischen symbolischen Geltung, der sich alle Neuankömmlinge unterwerfen. Die beiden Türsteher haben sich mittlerweile massiv und souverän vor der Eingangstür postiert und befinden sich im lockeren Gespräch mit einigen Bekannten. Auffällig ist die häufige Verwendung von Anglizismen wie „cool", „location" oder „security". Ganz offenbar um Aufwertung und Anerkennung bemüht, stellen sich die Gesprächspartner dabei in den Geltungsbereich der von den Türstehern ausstrahlenden symbolischen Macht. Alle auf den Eingangsbereich zukommenden Gäste verlangsamen ihren Schritt und vollziehen auffällig bereitwillig komplizierte Ausweichmanöver, um an der Türsteher-Gruppe vorbei die Eingangstür zu erreichen. Begrüßungen durch die Neuankömmlinge werden von den Türstehern nicht erwidert. Erstere ernten allenfalls einen stummen prüfenden Blick durch die in Körperhaltung und Auftreten ausgesprochen 'cool' wirkenden und sich durch ein sehr körperliches Selbstbewusstsein, ein zwar kraftstrotzendes, aber gleichwohl ruhig-überlegenes Bei-Sich-Sein auszeichnenden Türsteher.

3.4 Die Musik

Die musikalische Gestaltung einer typischen Samstagnacht im Farfalla obliegt DJ Paul. In der vorangegangenen Fallanalyse haben wir bereits auf dessen spezifisches Verständnis seiner Tätigkeit hingewiesen: DJ Paul begreift sich als Sammler und Verwalter von Musik, als Plattenaufleger, der versucht, den Geschmack seines Publikums zu treffen und dazu über ein breites Stilrepertoire verfügen und persönliche Vorlieben zurückstellen muss. Entsprechend stellt er programmatisch fest: „Der beschissenste DJ ist der, der sein Programm so durchzieht, wie er et sich im Kopf zurechtjelegt hat!" (1/21) Damit grenzt Paul sich deutlich vom zeitgenössischen Typus des DJ-Künstlers ab, der sich auf wenige musikalische Stilformen kapriziert und sich hauptsächlich ästhetischen und innermusikalischen Kriterien verpflichtet fühlt, deren Kenntnis er auch bei seinem Publikum voraussetzt.[21] Paul charakterisiert die Musikauswahl im Farfalla als „bunt gemischt". Nachdem der in der Gründungsphase gestartete Versuch, das Farfalla als reinen „Techno-Laden" zu etablieren fehlgeschlagen war, kam Paul zum Schluss, dass im Unterschied zu den auf jeweils nur eine Musikrichtung spezialisierten Berliner Diskotheken und Clubs, die vom Publikum geschätzte besondere Qualität des Farfalla gerade in dessen stilistischer Vielfalt liege: „Also det haste wirklich nur in Berlin, die einschlägigen Clubs, wo die Leute wirklich hardcore nur die Musik jut finden müssen, dass se halt da hinfahrn. Hier draußen is et wirklich besser, du mischt se durcheinander." (1/12) Pauls Insistieren auf einer suburbanen Vielfalt gegen die metropolitanen Ausdifferenzierungen und Vereinseitigungen steht allerdings in auffälligem Kontrast zu der während eines Samstagabends faktisch gespielten Musik. Das Musikprogramm im Farfalla ist so vielfältig wie die Radio-Formate der gängigen Jugendsender Kiss FM oder Fritz. Ähnlich wie diese Sender orientiert sich Paul weitgehend an den Chartslisten der Musikindustrie. Die von Paul fast schon beschworene demokratische Geschmacksvielfalt seines Publikums reduziert sich bei näherer Betrachtung weitgehend auf den Markterfolg gängiger Hits. DJ Paul beteiligt sich mit der ihm eigenen Ordnungsliebe an der Erstellung von Diskothekencharts und Tipformularen für die Musikindustrie, die ihn im Gegenzug mit ihren neuesten Produktionen gratis beliefert. Er betrachtet es als seine Aufgabe, sein Publikum gewissermaßen zu erziehen und an die jeweils aktuellsten und auf einen Charterfolg hin konzipierten musikindustriellen Produktionen „heranzuführen".Die Musikauswahl wird die ganze Nacht über durch Techno-House-Dancefloor-Mainstream-Produktionen dominiert. Diese wenig spezielle, radiogängige und kaum besondere Kennerschaften beim Publikum voraussetzende musikalische Programmgestaltung korrespondiert mit unserer bezüglich der Kleidungs- und Stilisierungsformen des Farfallapublikums getroffenen Beobachtung einer gewissen Durchschnittlichkeit und Konventionalität. Die Rezeption des Publikums ist zunächst auch entsprechend verhalten. Obwohl sich die Tanzfläche beständig füllt, überwiegt ein auf expressive Bewegungsmuster weitgehend verzichtender gleichförmiger Tanzstil, besondere Geschmacksbekundungen finden nicht statt. Mit Beginn der Hochbetriebsphase so gegen ein Uhr unterbricht Paul jedoch plötzlich den von seinen Moderationen begleiteten kontinuierlichen Fluss chartsgängiger Dancefloor-Beschallung: Ein Mitsing-Block setzt ein, der bezüglich der Publikumsaktionen und -reaktionen eindeutig den Höhepunkt des ganzen Abends bildet. Die Musik wech-

---

21 Vgl. zum Typus des DJ-Künstlers Poschardt (1995).

VII.1 Doing Disco 317

selt zunächst zu Oldies von den Beach Boys und Soul-Balladen von Ben E. King, die vom Publikum sofort begeistert aufgenommen und aus voller Kehle mitgesungen werden. Durch phasenweises Ausblenden der Musik lässt DJ Paul dieses Mitsingen im ganzen Saal hörbar werden und ermöglicht seinem Publikum auf diese Weise einen eigentümlichen, an Live-Auftritte bekannter Popmusikstars erinnernden Selbstgenuss. Diese Live-Atmosphäre steht in deutlichem Gegensatz zur vorherigen 'Konservenbeschallung'; dem Publikum wird eine weitaus aktivere, das Gesamtgeschehen mitgestaltende Funktion eingeräumt. Nach den Oldies wechselt die Musik zu deutschsprachigen Pop-Produktionen von Künstlerinnnen und Künstlern wie Klaus Lage, Nena oder André Herzfeld, die vom Publikum ebenfalls fast inbrünstig mitgesungen werden. Auffällig ist hier das Fehlen jener Haltung einer zur Schau gestellten ironischen Distanz, wie sie im Zusammenhang mit der gegenwärtig verbreiteten Retro- und Easy Listening-Welle in Berliner Clubs vom Publikum dieser Musik entgegengebracht wird. Statt dessen wird das Mitsingen hier so ernst genommen, dass der Eindruck entsteht, das von DJ Paul eingeschobene Oldie- und Schlager-Set würde gegenüber dem vorangegangenen Dancefloor-Block gewissermaßen als Entlastung erlebt. Insbesondere durch die deutschsprachigen Titel fühlt sich das Publikum sozusagen besonders 'gemeint'. Während DJ Paul in der Dancefloor-Phase nahezu jedes dritte Stück mit Kommentaren, Erläuterungen, Zeitansagen oder Hinweisen auf Verkehrskontrollen durch die Polizei auf den Zufahrtswegen zum Farfalla versah, lässt er die Musik der Mitsingphase nun für sich selbst sprechen. Die meisten Stücke aus dem Dancefloor-Mainstream-Bereich erscheinen ihm dagegen offenbar erläuterungsbedürftig. Eine sowohl ihm wie dem Publikum geläufige, auf dieses Genre bezogene musikalische Sprache, auf die er vertrauen können müsste, würde er auch hier die Musik für sich selbst sprechen lassen und seine musikalische Dramaturgie mehr an innermusikalischen Kriterien ausrichten wollen, scheint er nicht vorauszusetzen. Pauls Deejaying im Club Farfalla zerfällt somit in zwei fast gegensätzliche Rollen: Er fungiert einerseits als Avantgardist in Sachen kultureller Verwestlichung, der sich in seiner Vertrautheit mit aktueller, englischsprachiger, kosmopolitisch-westlicher Tanzmusik seinem Publikum gegenüber überlegen wähnt und diese Musik, mit Kommentaren und Erläuterungen versehen, sozusagen 'von oben nach unten' und in verträglicher Dosierung verabreicht. Andererseits fungiert er gleichzeitig – sozusagen im Ausgleich für etwaige subkutane Unsicherheiten des Publikums gegenüber dem nicht allzu vertrauten aktuellen Dancefloor-Genre – auch als eine Art Schaubuden-Animateur, der das Publikum durch markige Sprüche und die wiederholten Anrufungen von Örtlichkeit und Heimat ("Hallo in Otterstedt!", „Musik aus deutschen Landen!") zum Feiern seiner selbst auffordert.

3.5 Strukturierungslinien und Zusammenhangsgestalten

Wenn die vorangegangene verdichtete Darstellung und kulissenhafte Beschreibung einer typischen Samstagnacht im Farfalla zunächst auch nur ein wie immer atmosphärisches und impressionistisches Bild vermittelt hat, so wird doch deutlich, dass die verschiedenen Facetten des Gesamt-Settings Disco von zwei gegensätzlichen Strukturierungsmomenten durchzogen sind: Aspekte von Privatheit, Familiarität, Intimität und Gemeinschaftlichkeit stehen verschiedenen Erscheinungsformen modischer Individualität und Modernisierung gegenüber. Das Strukturierungsmoment 'Familiarität und Gemeinschaftlichkeit' gibt sich bereits im eine gewisse Privatheit signalisierenden Namensetikett „Club" zu erkennen. Dem korrespondiert die geschilderte persönliche Begrüßung der Gäste durch Kassenfrau Michaela. In der Wohnzimmeratmosphäre des Gaststättenraumes, der Familiarität und Gemeinschaftlichkeit stiftenden Funktion des Fernsehens, setzt sich dieses Strukturierungsmoment ebenso fort, wie in der Ausstattung des Tanzsaales mit vertrauten Identifikationsobjekten aus der DDR-Vergangenheit. In der beschriebenen Personalrekrutierungsstrategie aus einem 'inner circle' von Stammkundinnen, 'Kumpels' und Freundinnen und den familienbetriebsähnlichen Arbeitsverhältnissen findet das Strukturierungsmoment 'Gemeinschaftlichkeit und Familiarität' weitere Bestätigung und Plausibilisierung. Schließlich wird die im gesamten Setting sich durchhaltende Akzentuierung von Gemeinschaftlichkeit in der 'Mitsingphase' zur Hochbetriebszeit eindrücklich und kollektiv manifestiert. Flankiert und bekräftigt wird diese Manifestation von Gemeinschaftlichkeit noch durch DJ Pauls Wirken als Schaubuden-Animateur und seine Anrufungen von Örtlichkeit und Heimat.Die gegensätzliche Strukturierungslinie 'Modernisierung und modische Individualität' blitzt zunächst in der floureszierenden Ikonographie der Technokultur an den Wänden des Tanzsaales auf. Sie findet Ausdruck in verschiedenen Publikumstypen: in den modetrendkonformen und individualistischen Selbstinszenierungen und Selbstentwürfen des sportliche und körpermodellierende Akzente setzenden 'Glatzentypus', in der gelungenen Integration von Sportlichkeit und Weiblichkeit der 'Landschönheiten' und in den eigenwilligen Aufmachungen der Stilfigur 'emanzipierte Frau'. Verdichtet ist diese Strukturierungslinie im Survival-Outfit der 'coolen' Türsteher. Sie erhält darüber hinaus in den von DJ Paul promoteten kosmopolitisch-trendigen Dancefloor-Rhythmen eine musikalische Repräsentation. Die beiden skizzierten Strukturierungslinien stehen indessen nicht unvermittelt nebeneinander, sondern sie sind durch eine eigenständige 'farfallaspezifische' Verknüpfungslogik miteinander verbunden. Durch für unser Untersuchungsmilieu spezifische Bindungskräfte und Momente von Integration formieren sich die genannten auseinanderstrebenden Strukturierungslinien zu emmanent kohärenten wie immanent widersprüchlichen Zusammenhangsgestalten: Eine Figuration einer solchen spannungsgeladenen Integration bildet der tonlos weiterlaufende Fernseher im zur anonymen Ausschankstelle transformierten Nebenraum. Auch die Ausstattung des Tanzsaales offenbart gerade in der Kombination von DDR-Reminiszenzen und moderner Lichtanlage jene eigentümliche Verknüpfungslogik, die schließlich einen eigenen und unverwechselbaren 'Stil' konstituiert. In der Gestaltung und Nutzung der hinteren Nebenräume verbindet sich das Dartspiel in der Stammkneipe mit dem Ausruhen und 'Abhängen' in einer für die gegenwärtige metropolitane Clubkultur charakteristischen Chill-Out-Zone. Spezifische Bindekräfte sind überdies dafür verantwortlich, dass die verschiedenen Binnendifferenzierungen der Publikumstypen zu einer identifizierbaren und charakteristischen Gesamtgestalt zusammenschießen. Im Spagat zwischen kultureller Verwestlichung und dorffestlicher Animation stellt schließlich auch das Deejaying Pauls eine eigentümliche und widersprüchliche Zusammenhangsgestalt des suburbanen Mikromilieus 'Club Farfalla' dar.Wie kommen nun diese skizzierten Bündelungen auseinanderstrebender Strukturierungsmomente zustande? Wie und wodurch wird Disco in der ostdeutschen Peripherie der gesamtdeutschen Metropole möglich? Zur Beantwortung dieser Frage ist es notwendig, iterative und sozusagen 'discokonstitutive' Praxisformen in den Blick zu nehmen, durch die Disco in einem allsamstäglich aufs Neue sich formierenden Prozess hergestellt wird. Dies wollen wir durch die folgende Darstellung und Analyse einiger exemplarischer Handlungsepisoden tun.

3.6 Die Schnürsenkelepisode: zur Hermeneutik des jugendlichen Rechtsextremismus

Der Club Farfalla ist nach übereinstimmenden Einschätzungen vieler Gäste und der beiden Türsteher eine der wenigen Diskotheken im Berliner Umland, in der mehr oder weniger stilmanifeste jugendliche Rechtsextreme, sich selbst so bezeichnende 'Glatzen', geduldet und nicht gleich an der Eingangstüre abgewiesen werden. Diese 'Glatzen' bilden ein von allen Akteuren, mit denen wir im Feld gesprochen haben, häufig thematisiertes und signifikantes weil problematisches Publikumssegment. Dabei gehört es jedoch gerade zur Spezifik der Publikumsgestalt im Farfalla, dass sich dieses Segment nicht klar von den anderen Publikumsgruppen ab-

VII.1 *Doing Disco* 319

grenzt. Vielmehr verlaufen die Grenzen zwischen 'Glatzen' und 'Nicht-Glatzen' fließend (vgl. 3.4). Der Club Farfalla steht im Berliner Umland im Ruf, ein 'Glatzenschuppen' zu sein. Die beiden Betreiber der Diskothek stellt dies vor ein Dilemma: Einerseits lebt das Farfalla nicht zuletzt im nackten ökonomischen Sinn von den 'Glatzen', andererseits mindern die 'Glatzen' jedoch die Attraktivität des Betriebs, denn sie sind regelmäßig Auslöser diverser kleinerer und größerer gewaltsamer Vorfälle und drohen damit die unausgesprochenen Verhaltensregeln permanent zu unterminieren, wodurch sich vor allem das ältere Publikum gestört fühlt. Das Problem 'Glatzen' muss also auf spezifische Weise reguliert werden. Tatsächlich erfährt es schon an der Eingangstüre eine charakteristische Bearbeitung. Ein eigentümliches Grenzregime scheidet ein diffuses Außen – gemeint ist der Parkplatz vor der Diskothek, auf dem sich, wie DJ Paul berichtet „alle die verbotenen Sachen, sag ick mal, wie jetzt Schlägereien oder halt Kiffen und Drogenkonsum" (1/25) abspielen, die hier nicht von den Betreibern verantwortet werden müssen – vom Inneren der Diskothek, in dem sich über die abverlangte Anpassung der Gäste an bestimmte Verhaltensregeln die Konstitution der bereits beschriebenen Publikumsgestalt vollzieht. Das Grenzregime lässt sich an folgender Episode deutlich machen:

Peter erzählt: Es stand eine Gruppe von ca. zehn Glatzen vor der Tür und wollte reinkommen. Sie hatten alle Springerstiefel mit weißen Schnürsenkeln an. Peter hat ihnen zunächst mit Hinweis auf ihre Schnürsenkel den Eintritt verwehrt. Er forderte sie auf, entweder die Stiefel auszuziehen und in Socken hereinzukommen, oder die Schuhe zu wechseln. Nach etwa viertelstündiger Diskussion begeben sich die Glatzen zu ihren Autos, in denen sie schon vorausschauend Ersatzschuhe bereitliegen hatten. Sie tauschen die Springerstiefel gegen Turnschuhe und werden eingelassen.

Zunächst ist festzuhalten, dass sowohl für die 'Glatzen' wie für den Betreiber Peter weiße Schnürsenkel offenbar ein explizites Zeichen darstellen, das eine rechtsextreme politische Haltung anzeigt und symbolisiert. Für Peter signalisieren die weißen Schnürsenkel der Einlass begehrenden Gruppe darüber hinaus jedoch vor allem zu erwartende Verstöße gegen die von ihm gesetzten Verhaltensregeln im Farfalla. Er ist also bemüht, den 'Glatzen' gegenüber schon im Eingangsbereich zu demonstrieren, wer hier die Regeln bestimmt. Sein Beeinflussungs- und Bändigungsversuch setzt dabei an den äußeren Attributen seiner Gäste, den weißen Schnürsenkeln, an. Er handelt offenbar nach folgender Maxime: Wenn man jemanden erstmal dazu gebracht hat, die Schuhe auszuziehen, erweist dieser sich grundsätzlich als beeinflussbar, man kann ihn auch im weiteren Verlauf des Abends in Schach halten. Um diesen Bändigungseffekt zu erzielen und durchzusetzen, trennt Peter die äußeren Attribute von den personalen Identitäten seiner Gäste. Er versucht, lediglich die sozusagen politisch explizite Seite seiner rechtsextremen Gäste auszugrenzen. Die weißen Schnürsenkel werden den „verbotenen Sachen" zugeschlagen, die vor der Tür bleiben sollen. Indessen kommen nun die 'Glatzen' Peters Aufforderung nicht nur ohne größeren Widerstand nach, sie offenbaren darüber hinaus ein gewissermaßen instrumentelles Verhältnis zu ihren Schnürsenkeln, denn sie haben sich ja vorsorglich schon anderes Schuhwerk mitgebracht. Obwohl es sich beim Kleidungsstil der Skinheads einerseits um weit mehr als eine nur für einen Abend getroffene Kostümiertechnik handelt, dieser vielmehr untrennbar mit einem bestimmten Lebensstil, einem Welt- und Selbstverhältnis verbunden ist,[22] das nicht einfach an der Garderobe abgelegt werden kann, weist dieser Kleidungsstil der 'Glatzen' im Farfalla andererseits doch einen gewissen, wenn auch aufgrund des Kohärenzgebots der Stilform relativ geringen Spielraum auf: Auf Springerstiefel kann verzichtet werden. Es können auch Turnschuhe getragen werden, ohne dass man dadurch seine Identität preisgibt. Den 'Glatzen' in unserer Episode scheint klar zu sein, dass sie mit den weißen Schnürsenkeln nicht einfach ihre politische Einstellung ablegen. Anders ist

---
22 Vgl. dazu Marshalls (1991) Studie zur Skinheadkultur im britischen Kontext.

nicht zu erklären, warum sie die von ihnen geforderte Anpassungsleistung auf sich nehmen, ohne dies als Demütigung zu erfahren. Das Bemerkenswerte an der geschilderten Episode ist ja gerade die Leichtigkeit, mit der zwischen Peter und den 'Glatzen' ein Kompromiss gelingt. Dazu trägt insbesondere das vorsorgliche Mitnehmen von Turnschuhen entscheidend bei. Der samstägliche Besuch des Farfalla ist für die Glatzen ganz offenbar gerade nicht in erster Linie politisch motiviert. Sie treten hier nicht zum Zwecke einer politischen Manifestation auf, sondern zur Befriedigung sozusagen ganz normaler 'Discobedürfnisse'. Sie wissen, dass sie im Farfalla Bekannte treffen und Spaß haben können, denn das Farfalla ist 'ihre' Diskothek. Indem sie am Eingangsbereich ihre weißen Schnürsenkel ablegen, vollziehen sie zwar eine Transformation vom politischen Rechtsextremen zum Freizeitbedürfnissen fröhnenden Discogänger, was ihnen jedoch nicht schwer fällt, da politische Haltungen und Freizeitbedürfnisse immer in einem unscharfen, praktischen Mischungsverhältnis zueinander stehen. Obwohl die geschilderte Episode auf den ersten Blick als Aushandlungsprozess zwischen zwei gegensätzlichen politischen Positionen – die in den weißen Schnürsenkeln symbolisierte rechtsextreme Gesinnung der 'Glatzen' stößt bei Peter auf politische Ablehnung – erscheinen könnte, entpuppt sie sich bei näherer Betrachtung als ein allwöchentlich sich vollziehendes Anpassungsritual, dem beide Seiten mit einer gewissen Distanz und Routiniertheit gegenüberstehen. Dieser Ritualcharakter trägt dazu bei, dass die eigentlich problematischen politischen Haltungen und Einstellungsmuster der jugendlichen Rechtsextremen gar nicht zur Sprache kommen. Sie werden durch die den 'Glatzen' abverlangte Anpassungsleistung in keiner Weise berührt. Über das geschilderte Anpassungsritual werden die 'Glatzen' vielmehr symbolisch ins Farfalla eingemeindet. Sie werden, wie Peter in einem Interview deutlich macht, zu „unseren Rechten", die „aber vom Prinzip her normale nette Jungs" (1/30) seien. Gerade in der Dethematisierung des Politischen liegt jedoch die eigentliche Brisanz und politische Wirkungsmächtigkeit der 'Glatzen' im Farfalla. Politische Haltungen und Einstellungen der 'Glatzen' sind mit einem bestimmten Lebensgefühl und spezifischen Deutungsmustern untrennbar verbunden, die über die Alltagskultur, über nichtsprachliche und vorreflexive Dispositionen transportiert und verbreitet werden. Dadurch, dass die 'Glatzen' einfach zu den Vielen gehören können, die im Club Farfalla ihren Spaß haben, machen sie sich anschlussfähig und verflüssigen Gruppengrenzen.[23] Auf diese Weise werden sie zum festen Bestandteil einer im Farfalla vorherrschenden kulturellen Hegemonie, die für einige unserer Gesprächspartner und Gesprächspartnerinnen die Rede von einer „national befreiten Zone" rechtfertigte.[24] Die mehr oder weniger implizit bleibende, sich vorwiegend über bestimmte Gesten, ein charakteristisches Auftreten und andere dem Handlungsrahmen Disco angepasste Verhaltensmuster vermittelnde politische Wirkungsmächtigkeit der 'Glatzen' lässt sich an der folgenden Episode exemplarisch deutlich machen:

---

23 Dies bestätigt auch folgende Interviewäußerung von Peter. Auf die Frage nach seiner Einschätzung des Anteils rechtsradikaler Jugendlicher am Publikum des Farfalla gibt er zur Antwort: „"...det is so ne riesen Clique und die kennen sich wirklich alle so untereinander, da sitzt dann der letzte Kiffer, in deren Augen, der halt überhaupt nich in ihr Ideal passt, der hängt mit denen auch rum, weißte, also die ham selber auch nich so ne Abgrenzung, wo se sagen, na ja, det is jut, det is böse, sondern det is einfach, ehh, ne riesen Clique..." (2/18 f.).

24 Obwohl es sich unserer Ansicht nach um ein sozusagen intentionalistisches Missverständnis handeln würde, die Situation im Farfalla als Resultat einer breit angelegten und erfolgreichen Strategie rechtsextremer Gruppen zur Eroberung alltagskultureller Räume zu begreifen, sei in diesem Zusammenhang doch darauf hingewiesen, dass sich die Strategiediskussionen in der organisierten rechtsextremen Szene in den letzten Jahren an entsprechenden Kulturkampfkonzepten orientieren. Vgl. dazu Wagner (1994)

VII.1 Doing Disco

4.00 Uhr: Es läuft Nordisch by Nature, eine 'Parodie' von Naughty By Nature der gleichnahmigen HipHop-Formation. Vier Glatzen reißen immer wieder die Arme hoch und gröhlen aus voller Kehle den Refrain: „Nordisch by Nature!". Sie legen dieser eher klamaukhaften Parodie der Deutsch-HipHopper Fettes Brot dadurch eine tiefere Bedeutung und Bekenntnishaftigkeit bei, deuten sie unmissverständlich in ihrem rassistischen Sinne um. Umstehende registrieren dies und schmunzeln verstehend-verständnisvoll. Peter, der neben mir stehend diese Szene mitbeobachtet, fragt unwillkürlich: „Und, was hältst du von unseren Rechten?" Ohne eine Antwort abzuwarten fügt er hinzu: „Rechts sind sie hier alle ein bisschen, oder besser: nationalistisch!"

Zunächst muss zum besseren Verständnis dieser Episode die ihr zurgundeliegende doch einigermaßen komplexe Zitationsstruktur erläutert werden: Naughty by Nature ist der Name eines bekannten us-amerikanischen HipHop-Acts. In dieser Namensgebung wird in der Tradition des für die mündliche afroamerikanische Kultur charakteristischen signifying (vgl. dazu Gates 1993) die sprachliche Benennungsmacht des legitimen, 'weißen' Sprachgebrauchs unterlaufen. Ein in der US-Gesellschaft vorherrschendes rassistisches Stereotyp der 'von Natur aus bösen Schwarzen' wird zitiert und durch selbstbewusste Aneignung invertiert. Diese sozusagen subversive Zitation eines rassistischen Stereotyps durch die Gruppe Naughty by Nature wird nun durch die deutschen HipHopper Fettes Brot wiederum rekontextualisierend zitiert und in ein parodistisch klischiertes Bekenntnis zu einer gewissermaßen 'in Natur gründenden' Hamburger Lokalidentität verwandelt. Auf diese Zitation zweiter Ordnung beziehen sich in unserer Episode die 'Glatzen' im Farfalla. Über deren Aneignung entsteht eine Zitation dritter Ordnung, in der sich eine weitere Rekontextualisierung und Vereindeutigung dieses polysemischen Popzeichens vollzieht. Dabei machen nun die 'Glatzen' mit der in der Bezeichnung Naughty, bzw. Nordisch by Nature steckenden Bedeutungsebene einer in der Natur begründeten Eigenschaft ernst. Indem sie die Bezeichnung zu einem stolzen Bekenntnis der Zugehörigkeit zur 'nordischen Rasse' umfunktionieren, schließen sie wieder an die erste Bedeutungsebene des in der US-Gesellschaft vorherrschenden rassistischen Stereotyps an: 'Während die 'Schwarzen von Natur aus böse sind, sind die 'nordischen Menschen' von Natur aus überlegen' – dies ist der semantische Gehalt der Botschaft, die die 'Glatzen' durch ihre Aneignung und Umdeutung der Liedzeile des HipHop-Stückes vermitteln – eine Botschaft, die von allen Umstehenden verstanden wird. Wie unsere Episode deutlich macht, gelingt den 'Glatzen' also gerade über discospezifische Handlungen eine eindeutige politische Manifestation. Obwohl sie sich mit einer gewissen Bereitwilligkeit den schon im Eingangsbereich wirksam werdenden Verhaltensmaßregeln unterordnen und sich auch der weitgehend auf ein unspezifisches Mainstreampublikum ausgelegten Musikauswahl – sogenannter 'Nazi-Rock' wird im Farfalla nicht gespielt – anpassen, bringen sie auf dieser Ebene des im Farfalla Zugelassenen und Vorgefundenen doch spezifische politische Artikulationen und Performanzen hervor, indem sie beispielsweise die angebotene Musik auf die geschilderte Weise zu 'ihrer' Musik machen. Damit kommt eine Art informeller Deal zustande, in dem beide Seiten – die um ihr übriges Publikum besorgten Betreiber und ihre rechtsextremen Gäste – ihr Gesicht wahren können: DJ Paul weigert sich, rechtsextreme Rockmusik zu spielen und legt statt dessen hauptsächlich chartsgängige Titel auf, die 'Glatzen' verweigern die entsprechende konventionelle Rezeptionshaltung und setzen in ihrer Interpretation der Musik signifikante Bedeutungsakzente. In einer auf diese Weise praktisch hergestellten farfallaspezifischen Verknüpfungslogik von so Widersprüchlichem und Auseinanderstrebendem wie einem HipHop-Stück mit ursprünglich rassismuskritischer Intention und rechtsextremen und rassistischen Manifestationen auf der Tanzfläche wird in der ostdeutschen Peripherie der gesamtdeutschen Metropole Disco erst möglich[25].

---

25 Zu einer Re-Analyse dieser Fallminiatur „Nordisch by Nature", nun für typenbildende Zwecke im Rahmen der Untersuchung des Eigenen und des Fremden unter Transformationsbedingungen, vergleiche den Abschnitt über „Rechtsradikale Hybridbildung" in VII.2.

3.7 Coolness versus Gemeinschaftlichkeit

Verlässt man den Beobachterstandpunkt auf dem erhöhten DJ-Booth und begibt sich auf die in der Hochbetriebszeit überfüllte Tanzfläche, so fällt hier auf, dass relativ unterschiedliche und kleingruppenspezifische Tanzstile zur Aufführung gelangen, die jeweils besondere Aspekte der selben Musik akzentuieren und andere vernachlässigen:

Auf der Tanzfläche befindet sich unter jetzt vielen Tanzenden eine Gruppe von Glatzen und Reenees. Die Gruppe bewegt sich volkstanzartig, an den Schultern untergehakt, nebeneinanderstehend schwingen sie zu Techno-Rhythmen abwechselnd und synchron einmal das rechte, dann das linke Bein. Der Reenee-Stil hat offenbar auch eine spezifische Körperlichkeit zur Voraussetzung: Die Reenee-Frauen werden von den Glatzen 'kumpelmäßig 'behandelt und angesprochen, viele ausgetauschte Gesten und Berührungen wirken geschlechtsunspezifisch, oder vielmehr geschwisterlich. Unmittelbar neben ihnen, etwas erhöht auf dem linken seitlichen Podest, tanzen zwei junge Frauen in busenbetonenden enganliegenden Oberteilen. Sie tanzen entsprechend hüftwiegend-körperbetont, sexualisiert und irgendwie annähernd professionell MTV-mäßig und werfen, offenbar ihre Wirkung von den Umstehenden abfragend, prüfende Blicke in die Runde. Unmittelbar unterhalb von ihnen tanzen zwei Frauen zueinander gewandt in einem unsicher, unbeholfen und zurückhaltend, aber auch irgendwie mechanisch-nebensächlich wirkenden 'Ein-Schritt-vor-ein-Schritt-zurück-Stil' und unterhalten sich währenddessen. Dies alles geschieht zeitgleich und zur selben Musik.

Über eine nähere Untersuchung der unterschiedlichen körperlichen Performanzen auf der Tanzfläche erschließt sich[26] – wie wir im folgenden deutlich machen wollen – ein die Situation im Farfalla grundlegend kennzeichnendes Gegensatzpaar. Den auf der Ebene körperlicher Interaktion realisierten Formen von Gemeinschaftlichkeit steht ein in anderen körperlichen Performanzen verfolgtes Konzept von 'Coolness' gegenüber. Wenden wir uns der in der zitierten Protokollsequenz eingangs beschriebenen Gruppe von 'Glatzen' und Reenees zu: Deren volkstanzartige' Bewegungen zu Techno-Klängen muten zunächst befremdlich an, sie stimmen jedoch auf der Ebene der Rhythmik sehr wohl mit dem techno-üblichen Taktschema überein. Technomusik lässt sich – wie hier deutlich wird – offenbar gerade wegen ihres geraden Taktes 'volkstanz'- oder polka-artig auffassen und aneignen.[27] Die beobachtete körperlich-tänzerische Interpretation arbeitet also gewissermaßen eine in der Techno-Rhythmik vorhandene strukturelle Nähe zu Marsch und Polka heraus, die wiederum der hüftssteifen, zakkig-militärischen körperlichen Hexis der 'Glatzen' und Reenees entgegenkommt. Das 'Volkstanzartige' drückt darüber hinaus ein Gemeinschaftlichkeit akzentuierendes Gruppengefühl aus. Volkstänze sind vorgegebene, regelgeleitete Tanzformen, sie schaffen ein Gemeinschaftsgefühl, in dem Individualität kaum möglich ist. Sie bieten Verhaltenssicherheit und im beschriebenen Kontext sozusagen Schutz vor der Zumutung, im Tanz Qualitäten von Einzigartigkeit und Individualität entäußern zu müssen. Die beobachtete Gruppe erzeugt durch ihren

---

[26] Die folgenden Ausführungen sind der These verpflichtet, dass mit dem Blick auf körperliche Bewegungsmuster, wie sie sich z.B. auf einer Tanzfläche darbieten, in gewisser Weise die Oberflächenebene von Lifestyle-Typiken durchstoßen wird. Im Tanzen offenbart sich ein Körperschema, das – wie Bourdieu deutlich gemacht hat – als „Depositorium einer globalen, die innersten Dimensionen des Individuums wie seines Leibes umfassenden Weltsicht" (Bourdieu 1982: 347) gelten kann. Körperliche Performanzen stehen also in engem Zusammenhang mit einem Habitus als einem Ensemble einverleibter sozialer Strukturen und Erfahrungen.

[27] In der Perspektive der Entwicklung der verschiedenen Stilrichtungen der Popmusik erscheint die Rhythmik von Techno als nahezu vollständige 'Ent-Afroamerikanisierung'; die für die afroamerikanische Traditionslinie in der Popmusik charakteristischen rhythmischen Elemente wie Synkopen und Off Beats wurden weitgehend eliminiert.

VII.1 Doing Disco

Tanz eine Form von Gemeinschaftlichkeit, die offenbar auch der Ausdifferenzierung gegensätzlicher Geschlechtercharaktere entgegenwirkt. Im Gegensatz zu den ‘Glatzen‘ und Reenees, deren Hüften beim Tanzen unbewegt bleiben – Aspekte von Erotik und Sexualität werden zugunsten einer Akzentuierung von Gemeinschaftlichkeit zurückgenommen – exponieren die auf einem Podest gut sichtbaren zwei jungen Frauen durch ihren hüftwiegenden Tanz und ihre enganliegende Oberteile Erotik und Weiblichkeit. Sie beziehen sich dabei auf alle anderen Tanzenden, von denen sie sich Aufmerksamkeit erwarten. Als einzelne, herausgehobene Figuren bilden sie einen starken Kontrast sowohl zur ‘Glatzen‘- und Reenee-Gruppe, wie zu den anderen auf der Tanzfläche überwiegenden unauffälligen Tanzformen. Sie sind damit einer minoritären und auffälligen Publikumsgruppe zuzurechnen, die in ihren körperlichen Performanzen ein spezifisches Welt- und Selbstverhältnis zum Ausdruck bringt, das wir nun etwas näher beschreiben wollen. Wir greifen dazu zunächst auf weitere Feldprotokollausschnitte zurück. Zur genannten Publikumsgruppe zählt neben unseren beiden Tänzerinnen auch eine Clique, deren Mitglieder

(...) alle ziemlich anders aussehen. Drei Frauen, zwei davon mit übergroßen HipHop-Hosen, Turnschuhen und engen T-Shirts, langen Haaren, die eine davon Gesicht und Frisur im Brigitte-Bardot-Look, was merkwürdig kontrastiert zu den übergrossen Hosen. Drei Jungs mit fast zur Glatze rasierten Haaren, braungebrannter Haut, Baseballmützen, Ohrringen, Halsketten, sportlichen Marken T-Shirts, Jeans, alle gepflegt, ausgewählt modisch und cool, aber ganz hübsch.

Später beobachte ich, wie einer der Cliquentypen sich beim Tanzen an eine Frau ranmacht. Ich habe den Eindruck, dass sich beide nicht explizit kennen. Die blonde, große, schlanke und modisch gekleidete Frau mit Kurzhaarfrisur tanzt relativ cool. Der Typ tanzt auf sie zu und geht dann ziemlich offensiv vor, indem er in einen erotischen hüftbezogenen Tanzdialog mit ihr tritt, wobei sich die beiden körperlich sehr nahe kommen, ohne sich allerdings zu berühren. Als das Stück zu Ende ist, zieht sich der Typ ziemlich schnell und wie mir scheint wortlos zurück. Augenblicke später sehe ich ihn mit einem Kumpel aus der Clique in derselben Art sehr nahe und hüftbetont tanzen.

In unseren feldprotokollarischen Charakterisierungen taucht mehrmals das Adjektiv „cool" auf. Die beschriebene Clique hebt sich mehr durch ihre ‘coole‘ Verhaltensweise als einfach nur durch die Besonderheiten ihrer Bekleidung von den anderen Besucherinnen und Besuchern des Farfalla ab. Cool-Sein ist – wie in den zitierten Ausschnitten deutlich wird – eine in gewisser Weise in sich widersprüchliche Haltung: Alle Gesten körperlich begehrender Nähe, Auf-, bzw. Zudringlichkeit brechen sich an einer gleichzeitig signalisierten Distanz und Unberührbarkeit, alle äußeren, die Kleidungsformen, Frisuren etc. betreffenden Stilisierungsanstrengungen und Aufwendungen werden durch eine gleichzeitig zur Schau gestellte Lässigkeit und Lockerheit wieder dementiert. Cooles Tanzen bedeutet einerseits immer eine gewisse Affektkontrolle, ein In-sich-Ruhen und Distanz-zur-Schau-Stellen, es ermöglicht andererseits intime sexualisierte Nähe, ohne jedoch irgendwelche Verbindlichkeiten aufkommen zu lassen. Cooles Tanzen ist ein hüftbetontes Tanzen, das sich zwar von der Musik treiben und bewegen lässt, sich allerdings der Musik nie einfach ausliefert, sondern ihr gegenüber eine gewisse Spannung aufbaut und hält. Das Getriebensein durch die Musik wird in einem fein und souverän kontrollierten Ausmaß zugelassen. Im coolen Tanzen äußert sich ein Welt- und Selbstverhältnis, das sich als permanentes Ringen um die Aufrechterhaltung einer individuellen Souveränität gegenüber den gesellschaftlichen Anforderungen beschreiben lässt. Cool-Sein bedeutet, den gesellschaftlichen Zwängen mit einer Nonchalance des Zögerns und Zuspätkommens zu entsprechen. Coolness bezeichnet einen modernen, individualistischen Selbstentwurf, der in der westlichen Popkultur tief verankert ist und hier von unzähligen role models vorgebildet wird. Coolness ist jedoch im Farfalla kein anerkannter und mehrheitsfähiger Wert,

Coolness steht als spezifische, körperlich-habituell abgestütze Identitätsform vielmehr in scharfem Kontrast zu den hier vorherrschenden Akzentuierungen und Inszenierungen von Gemeinschaftlichkeit. Wie unsere Darstellung und Analyse der Tanzflächenepisoden deutlich gemacht hat, fungiert die Tanzfläche des Farfalla als Austragungsort von Auseinandersetzungen zwischen grundlegenden Haltungen, in denen sich die Umbruchsdynamiken der Nachwendezeit ausdrücken. Die 'coolen' und individualistischen Selbstentwürfe demonstrieren einen gelungenen Anschluss an die westliche Popkultur. In ihnen verkörpert sich eine Form der Nachwendemodernität, die durch ihre Protagonisten, die Tänzerinnen und Tänzer Samstag für Samstag öffentlich vorgeführt wird. Demgegenüber gelangt in den 'volkstanzartigen' Performanzen ein Habitus zur Aufführung, dessen Bildungsgeschichte auf die Charakteristika einer DDR-spezifischen Sozialisation verweist. In den 'hüftsteifen' und 'zackigen', den geraden Taktteilen folgenden Bewegungsmustern, wie im gruppenweisen Tanzen aktualisieren sich einverleibte DDR-typische soziale Erfahrungen von Kollektivität und Gemeinschaftlichkeit. Obwohl diesen Bewegungsmustern im Vergleich zu den 'coolen' Selbstentwürfen ein bewahrendes Moment zukommt, handelt es sich aber gleichwohl um eine neue und aktuelle Gestaltbildung: Durch Neuinszenierungen von Gemeinschaftlichkeit wird auf die Herausforderungen der Nachwendezeit reagiert. Die Wochenende für Wochenende auf der Tanzfläche sich wiederholenden symbolischen Kämpfe um die Geltung gegensätzlicher Haltungen und Orientierungsmuster legen eine weiterführende Interpretation der anhaltenden Hochkonjunktur des 'Doing Disco' in Otterstedt nahe: Die andauernde krisenhafte Veränderungsdynamik der ostdeutschen Peripherie erzeugt und verstärkt bei den Jugendlichen und jungen Erwachsenen offenbar das Bedürfnis, sich die unterschiedlichen Orientierungsmuster, die sich in diesem Transformationsprozess herausbilden, gegenseitig allsamstäglich aufs Neue vorzuführen. Der Club Farfalla bietet eine gern genutzte Gelegenheit, im Rahmen eines im Berliner Umland seltenen Ortes von Öffentlichkeit diese unterschiedlichen bis gegenläufigen Haltungen nicht zuletzt eben auf der Tanzfläche zu thematisieren und gegeneinander abzugleichen.

4. Schluss

Aus zwei unterschiedlichen Perspektiven haben wir uns dem 'Phänomen' Diskothek Farfalla angenähert. Dem auf das Spezifische am Einzelfall ausgerichteten Blick der Porträtistin stellten wir den holistischeren Zugriff der Reportage entgegen, die Analyse der Bildungsgeschichte des Farfalla wurde kontrastiert und kommentiert durch eine 'dichte Beschreibung' des samstäglichen 'Doing Disco'. Im synoptischen Blick auf das Ineinandergreifen von diachronen und synchronen Herstellungspraxen formt sich Disco in Otterstedt in einem Prozess iterativer Verstetigung zu einer widersprüchlichen Zusammenhangsgestalt mit milieuhafter Qualität. Diese milieuhafte Qualität entsteht durch das Wirksamwerden von Bindekräften und Integrationsleistungen, die Auseinanderstrebendes und Widersprüchliches auf zum Teil bizarre Weise synthetisieren und zu mitunter frappierenden Amalgamierungen verschmelzen. Die Herausbildung des Mikromilieus Farfalla vollzieht sich als wildwüchsiger und ausgesprochen eigenständiger Prozess jenseits institutioneller Rahmungen, für den kaum Vorgaben existierten. Die besprochenen Ausdrucksgestalten und Stiltypiken resultieren aus eigensinnigen Bearbeitungen von Vorgefundenem; sie haben den Charakter von milieuspezifischen Eigenkreationen.Die gesamtgesellschaftlichen Umwälzungen der Wende fordern die Biographien aller am 'Doing Disco' beteiligten Akteure heraus. Die Fallanalysen der beiden Betreiber Peter und Paul machen deutlich, wie sich eigenlogische Arrangements von Brucherfahrungen und Kontinuierungen entwickeln. Über jeweils fallspezifische Lösungsformen der konflikthaften Konstellierungen von persönlicher und gesellschaftlicher Geschichte werden die beiden zu Virtuosen im Umgang mit den Umbruchsdynamiken der Nachwendezeit und zu Experten und Pionieren der Nachwendemodernisierung. Die Mixtur von FDJ-geschulter Kulturarbeit und wendekapitalistischem Geschäftssinn erzeugt Synergieeffekte, die einen über Jahre hinweg erfolgreichen Führungsstil begründen.Der Entstehungsprozess des Club Farfalla wird getragen von einer jugendlichen Aufbruchsstimmung, die in der verlängerten 'Nachwendezeit' auf eine verstärkte gesellschaftliche Resonanz trifft. Aus der Vorwendezeit tradierte Gemeinschaftlichkeitsstrukturen fungieren als Modernisierungsressourcen und Selbstorganisationspotentiale. Eine grundlegende Orientierung an Gemeinschaftlichkeit gewährleistet zunächst, dass die ostdeutsche Landjugend sich weiterhin in Otterstedt trifft und nicht vereinzelt in Berliner Clubs abwandert. Ein weit verzweigtes und intaktes soziales Netzwerk von Freundinnen und 'Kumpels' kann von den beiden Betreibern für die zur Etablierung des Farfalla notwendigen Arbeiten jederzeit mobilisiert werden. Auf diese Weise werden weite Teile des Publikums in den Transformations- und Modernisierungsprozess 'ihres' ehemaligen FDJ-Jugendclubs von vornherein ganz praktisch einbezogen – das Farfalla macht sie zu Protagonisten der Transformation.Wie aus unserer Untersuchung insgesamt deutlich wird, stellen die aus DDR-Zeiten tradierten Gemeinschaftlichkeitsorientierungen jedoch ein doppelgesichtiges Phänomen dar. Obwohl sie immer auch als Sozialitäts- und verschiedentlich sogar als Kreativitätsressourcen fungieren, sind sie – wie im Fall der jugendlichen Rechtsextremisten – gleichzeitig auch Gegenstand regressiver Bezugnahmen. Angesichts dieses Doppelcharakters lässt sich die Gabelung der gegenwärtigen Forschungsdiskussion in zwei falsche Deutungsalternativen korrigieren: Die DDR-typischen Gemeinschaftlichkeitsorientierungen sind weder einfach Ausdruck einer Rückständigkeit, wie dies in modernisierungstheoretischer Perspektive oft gesehen wird, noch lassen sie sich umstandslos und euphorisch durch Umkehrung der Vorzeichen in Anknüpfungspotentiale für postindustrielle Vergesellschaftungen umdeuten.Der Club Farfalla ist exemplarischer Fall einer ostdeutsch-nachwendezeitlichen Modernisierung der Alltagskultur. Er bildet einen spezifischen Sozialraum-Typus, an dessen Nutzung – wie sich an den stetig steigenden Besuchszahlen ablesen lässt – in den Zeiten des sozialen und kulturellen Umbruchs erhöhter Bedarf besteht. Die Diskothek fungiert als lokalöffentliches Forum der Auseinandersetzung mit 'westlicher Kultur', in der sich verschiedene Haltungen und Stilfiguren herausbilden. Sie wird zum Experimentierfeld für spielerisch probende Anschlussversuche an moderne popkulturelle, 'coole' Verhaltenstypiken und für Neuinszenierungen DDR-tradierter Gemeinschaftlichkeitsformen. Die weniger spielerischen, sondern durchaus ernst gemeinten Manifestationen der jugendlichen Rechtsextremisten erscheinen – leider nur auf der Tanzfläche des Farfalla und nicht hinsichtlich ihrer sonstigen Aktionsfelder – in diesem Zusammenhang wie Versuche einer nostalgischen Wiederherstellung erodierender Sozialität, wie ein aktueller suburban-ostdeutscher Retrokult.Zum Abschluss wollen wir noch einem 'strukturealistischen' Missverständnis vorbeugen: Trotz der herausgearbeiteten strukturellen Gründe für das Gelingen von Disco in Otterstedt bleibt dieses Unternehmen in der Praxis ein kontingentes Unterfangen, das sich – stets von Risiken des Scheiterns begleitet – Samstag für Samstag aufs Neue unter Beweis stellen muss. Diese prozessuale Permanenz des *Doing Disco* ist für die sich daraus formende Zusammenhangsgestalt konstitutiv. Das sensitive Management der Betreiber, ihr behutsames step-by-step-Vorgehen, die geschilderten Aushandlungsprozesse im Eingangsbereich sowie das dynamische 'Kräfteverhältnis' zwischen den verschiedenen Tanzstilen und die mitunter prekäre Balance zwischen den verschiedenen Orientierungsmustern und Weltverhältnissen des Publikums kennzeichnen Disco im Farfalla als konstitutiv labiles, krisenanfälliges und in sich spannungsgeladenes Arrangement von Praxisformen im suburbanen Verflechtungsraum.

Ulf Matthiesen

VII.2 Fremdes und Eigenes am Metropolen-Rand:
Postsozialistische Hybridbildungen in den Verflechtungsmilieus von Berlin mit Brandenburg[1]

0. Postsozialistische Hybridbildungen – Einleitende konzeptuelle Anmerkungen

Raumformen und *Kulturformen* geraten vor allem in den Zwischenräumen intensiver Verflechtung von 'Stadt' mit 'Umland' in komplexe Wechselbeziehungen miteinander. Für die von uns untersuchte Zone des 'engeren Verflechtungsraum' von Berlin mit Brandenburg gilt das in besonders prägnanter Weise. Mit vier knappen erinnernden Hinweisen lässt sich diese einleitende These zunächst plausibel machen:

a. Die Ränder der Hauptstadt sind von besonders ungleichmäßigen Entwicklungsdynamiken geprägt: sozioökonomische Wachstums- *und* Schrumpfungsprozesse einerseits, alltagskulturelle Öffnungen *und* Schließungen andererseits treffen hier konfliktreich aufeinander, mit dem Effekt starker sozialräumlicher Disparitätenbildungen (vgl. II.1; zu den einzelnen Entwicklungsphasen dabei siehe II.5).

b. Die dabei entstehenden neuen randstädtischen Siedlungs- und Kulturräume werden entscheidend mitgeprägt durch *fragmentierte Zwischenlandschaften* mit eigenen 'Ausdrucksgestalten': weder offene 'Gegend' mehr, noch geschlossene Stadt, zugleich von Naturschönheiten der herberen Art wie von ruppigen Biotopen durchzogen, teils von Brachflächen strukturiert, teils von dynamisch sich entwickelnden Wachstumsinseln und Infrastrukturressourcen für die große Stadt (vgl. Sieverts 2000, 61ff., Matthiesen 2000b, 55ff.; siehe auch II.0, II.3, VI.2).

c. Immer massiver wird dieser Verflechtungsraum zugleich durch neue Mobilitäts- und Kommunikationsmuster von Personen, Diensten sowie Gütern mitgeprägt (II.2, II.5).

d. Parallel dazu entstehen vielfältige mediengestützte Beziehungsräume. In deren Gefolge verbreiten sich Szene-artige temporäre Ortsbezüge und randstädtische Netzstrukturen mit neuen Raumkodierungen und virtualisierten Sozialraumtypen (IV.2, V.1, VI.2, VII.1).

e. Diese neuen globalokalen Mischprozesse an den Rändern der neu/alten deutschen Hauptstadt (zu 'globalocal' vgl. Keim/Matthiesen 1998) werden nun durch ein *fünftes Ferment* entscheidend mitstrukturiert, nämlich durch *die sozialräumlichen und raumkulturellen Folgen der postsozialistischen Transformation*. Wir schlagen vor, für diesen besonders folgenreichen zusätzlichen Mischungsvorgang den Begriff *„postsozialistische Hybridbildungen"* einzuführen. Postsozialistische Transformationseffekte 'mischen' danach die 'globalokalen' Strukturierungsformen in eigensinniger Weise zusätzlich 'auf'. Unsere These ist nun, dass dieses fünfte Ferment den Berlin-Brandenburgischen 'Suburbanisierungsfall' in wesentlichen Hinsichten von anderen Stadterweiterungen unterscheidet, ins-

---
[1] Eine erste Fassung wurde aus Anlass des sechzigsten Geburtstags von Karl-Dieter Keim auf dem Kolloquium „Zerfall und Neubeginn ziviler Stadtgesellschaft" am 22. April 1999 am IRS in Erkner vorgetragen.

besondere was die Beziehungen sog. 'hard structures' und 'soft strucutres' der stadtregionalen Entwicklung angeht. Dieses Hybridisierungsferment öffnet neue Spielräume der Entwicklung, aber es zeitigt auch neue Gefahren und es beeinflusst erheblich die Chancen einer zukünftigen politischen Fusion dieser Metropolregion. Im Folgenden soll dieser spezifisch postsozialistische Hybridisierungstypus genauer untersucht werden – zunächst auf *konzeptueller und methodischer Ebene*, dann unter Rekurs auf ausgewählte *empirische Fallrekonstruktionen* dieses Sammelbandes.

Zunächst also einige knappe Anmerkungen zum *Begriff der Hybridbildung* selbst: Im interdisziplinären Diskurskontext von transnationalen Anthropologien, neuen Kulturwissenschaften und 'reflexiven' Soziologieformen wurde der Begriff der Hybridbildung zunächst gegen unzulässige kognitive Homogenisierungen eingeführt – etwa durch unterkomplexe Globalisierungs-, Modernisierungs- und Akteurstheorien ('Globalisierung im Plural', 'Melange-Effekte', s. Nederveen Pieterse 1998). In einer ersten Runde bezeichnet der Begriff der Hybridbildung dabei 'nur' die Vermischung von kulturellen und sozialen Phänomenen, die für verschieden gehalten werden und als separat gelten. Damit richtet sich der Begriff immer auch gegen das lange Zeit dominierende homogenisierende Credo 'nachholender' Entwicklungs- und Moderne-Theoreme (egal, ob diese nun 'affirmativ' oder aber 'Kapitalismus-kritisch' eingeführt werden). Unter einem *forschungsstrategischen* Fokus sind im Zusammenhang mit dem Hybridisierungskonzept inzwischen eine Fülle von empirischen Evidenzen gegen *generelle* Diagnosen einer allgemeinen globalen Vereinheitlichung von Kultur-, Raum- und Gesellschaftsentwicklungen zusammengetragen worden: von 'Wachstumsdynamik gerade in Zwischenräumen', über 'gemischte Zeiten' (etwa: 'Tradition in posttraditionalen Gesellschaften') und historische Pfadstrukturen zu Kreolisierungen, Migrationsmelangen und systematischen Gegenströmungen gegen einsinnige Modernisierungs- und Fortschrittskonzeptionen.

Dabei hat es sich als nötig erwiesen, strenger zwischen unterschiedlichen, auch unterschiedlich weit gehenden Mischungs- qua Hybridisierungsverhältnissen zu unterscheiden. Nederveen Pieterse etwa schlägt deshalb eine SKALA für Hybridbildungen vor: „...sie reicht von einer assimilatorischen Hybridbildung, die sich am Zentrum ausrichtet, den Wertekanon übernimmt und das Herrschende nachahmt, bis zu einer destabilisierenden Hybridbildung, die den Kanon verwischt, das Gewohnte umpolt und das Zentrum untergräbt. Einzelne Hybridbildungen können demnach anhand ihrer Komponenten und dem Schwerpunkt der Melange unterschieden werden..." (aaO., 107).

Auf der Entwicklungsspur *kultureller* Hybridbildungen wurde eine Zeit lang die Vermischung von europäischen mit asiatischen, afrikanischen und amerikanischen Kulturfermenten zu einer sog. 'Weltkultur' als paradigmatischer Leitprozess gefeiert (siehe beispielsweise die einschlägigen Resultate der neueren Musikgattung 'World Music'). Dabei ist es zu – wiederum hochinteressanten – Hybridbildungen zwischen unterschiedlichen Kulturtheorien gekommen ('Ortsgebundene Kultur' vs. 'Translokale Kultur' – letztere wird dabei als eine allen gleichermaßen zugängliche menschliche „software" verstanden (Banuri; vgl. wieder Nederveen Pieterse, 114)). Schnell wurde klar, dass die unterschiedlichen Globalisierungspfade zunehmend durch Hybridbildungen zweiter Potenz geprägt werden, also selber aus bereits hybriden kulturellen Mustern generiert werden, mit selber immer schon hybriden 'Bauelementen'. Damit geraten zwar *'essentialistische'* Kulturansätze neuerlich in Begründungsnot – aber das ist kein sehr neuer Zustand: Vor allem hat eine solche Begründungsnot auf der Diskursebene das *alltagspraktische* Revival von immer neuen Spielarten eines kulturellen Essentialismus kaum irgendwo bremsen oder gar verhindern können.

Auf der Diskursebene wurde diese Art mehrstufiger Kopplungen von kultureller 'Globalisierung und Hybridisierung' durch Postmoderne-Ansätzen leichthändig in die Nähe klassischer Tautologien ausgezogen: Hybridisierung ist Hybridisierung ist Hybridisierung ... – etc. Statt nach älterem Vorbild alle Katzen im Nebel der Nicht-Unterscheidbarkeit grau zu machen, geriet damit alles irgendwie metallic-farben. Ungewollt laborierte das Hybridisierungskonzept in dieser postmodernen Variante damit an Schwierigkeiten, wie sie auf der „uferlosen und vernebelten See des *Vor*-Categorialen"' (Aron Gurwitsch, in: Schütz/Gurwitsch 1988, s. 225) eher die Regel sind.[2] Hans Mayer hat das sehr treffend als „Matschig-Werden von Kathegorien" beschrieben (s. Hans Mayer, 1975; vgl. auch Matthiesen, 1985, S.133-170). Nicht eben überraschend hatte die Feier von *postmodern-hybriden Tautologien* sehr bald konzeptuelle und Beschreibungslaxheiten zur Folge, weil sie ja zugleich davon dispensierten, jeweils genauer anzugeben, welche Strukturebenen wie, mit welchen Entwicklungslogiken und zu welchen 'neuen' Formen hybridisieren.

Diese Sackgasse postmodern-*tautologischer* Hybridisierungskonzepte musste einleitend kurz benannt werden, um die doppelte Differenz genau bestimmen zu können, mit der wir hier das Hybridisierungskonzept als 'sensitizing concept' für neue 'postsozialistische' raumkulturelle Strukturmuster einsetzen:

1. Einmal hat das Hybridisierungskonzept eine ganze Reihe von vorbildlichen und spannenden Forschungen angestoßen, insbesondere im Kontext der neuen „Metissagen" von Globalisierung und Lokalisierung, von Ökonomie und Kultur. An diesen Forschungsimpuls der Hybridisierungsdiskussion wollen wir anschließen und ihn für die überfällige Neuorientierung der sozialwissenschaftlichen Raumforschung nutzen (vgl. auch nochmals die Hinweise auf Nedersee Pieterse's Skalierungsversuch von Hybridbildungen oben, sowie Werbner, Modood (1997)).
2. Die Sozialräume des Postsozialismus haben sich vier bis sieben Dekaden lang unter dem Deckel eines 'ossifizierten' (also sukzessive verknöcherten) Top-Down-Steuerungstypus entwickelt. Dieser hat a. kulturelle, soziale und ökonomische Globalisierungen nur äußerst eingeschränkt zugelassen, und b. systemkritische kulturelle Hybridisierungsansätze in die Informalität abgedrängt. Insofern liegen hier sicherlich keine 'einfacheren' Verhältnisse als etwa in den westlichen Demokratien vor. Gleichwohl lassen sich die gerade durch einen Mangel an globalisierten Hybridformen geprägten Ausgangsbedingungen für transformationelle Hybridisierungsschübe nach 1989 hier 'noch' leichter greifen. Die starken Entwicklungsbrüche und extremen Entwicklungsdisparitäten innerhalb der einzelnen Transformationspfade tun ein übriges, um den Hybridisierungsbegriff also gerade für postsozialistische Raumentwicklungsdynamiken als Forschungskonzept nahezulegen. Die weltweite Konjunktur von globalen, regionalen und lokalen Misch-Diagnosen wird damit also durch einen neuen, transformationspfad-spezifischen Typus selber aufgemischt: den der *postsozialistischen Hybridbildungen*, in dem der jeweils pfadspezifische Mix von formellen und informellen Praktiken und Institutionen eine zentrale Rolle spielt. Diese besonderen Mischungsformen mit eigenen tiefenstrukturellen Kontinuierungen lassen sich weder allein aus der supranationalen Globalisierungs-Europäisierungsperspektive, noch aus der Sicht der sich transformierenden Nationalgesellschaften, noch aber auch hinreichend aus einer subnationalen Regionalisierungs-Lokalisierungs-Perspektive aufschlüsseln. Weil dieses jedoch die inzwischen fast unisono akklamierten Analysedimensionen etwa der sozialwis-

---

2 entsprechend müsste jetzt eher von einem (unter virtueller karibischer Sonne kreuzenden?) Musikdampfer des *Nach*-Categorialen und seinen Kultur-Melangen die Rede sein.

senschaftlichen Stadt- und Regionalforschung sind (eigentümlicherweise zunehmend auch innerhalb der Forschungsanstrengungen im östlichen Europa), werden postsozialistische Hybridbildungen und ihre Mischungslogiken häufig anderenorts und bei differenten Aggregierungsniveuaus mit 'untergebuttert' – mit Folgen für die Analyseresultate ('nachholende Suburbanisierung' etc.) wie für die Stadt- und Regionalpolitiken – etwa innerhalb von 'vorauseilenden' Prozessen der Planung der EU-Osterweiterung.

Soviel zur begrifflichen Seite des Hybridisierungskonzeptes und den Gründen für seine Einführung in Untersuchungen zur Entwicklung postsozialistischer Sozialräume und Metropolregionen.

Postsozialistische Hybridbildungen in den Verflechtungsmilieus von Berlin mit Brandenburg lassen „alte" duale Beziehungsformen neuerlich brisant werden, die zu den quasi-anthropologischen Grundbestimmungen menschlicher Sozialräume gehören: vor allem das Verhältnis von *Fremdem* und *Eigenem,* von *Vertrautheit* und *Fremdheit* ist davon betroffen, zudem die Relation von fremden, teils angstbesetzten gegenüber vertrauten und damit sicher scheinenden Räumen. Gerade die abrupten Transformationsprozesse im engeren Verflechtungsraum spitzen diese quasi-anthropologischen sozialräumlichen Komplementärbeziehungen eigentümlich zu und versetzen die Kodierungen der Räume wie die Raumverhältnisse vor Ort selbst in erhebliche Schwingungen. Nicht selten kommt es dabei zu *fundamentalisierenden* bis fundamentalistischen Neuverortungen des Eigenen und des Fremden – mit erheblicher, auch überörtlicher politischer Brisanz. Im Empirie-Teil (s. unten Teil 2.) sollen deshalb aus drei Fallstudien dieses Bandes (VI.2, VII.1, V.4) Teilergebnisse dazu noch einmal aufgenommen und unter dem Fokus von Fremdheit, Vertrautheit und Eigenem versuchsweise generalisiert werden. Leitende Frage ist dabei, ob und falls ja, wie der transformationell flankierte Suburbanisierungsprozess an den Rändern der Hauptstadt *neue Hybridformen des Eigenen und des Fremden* ausbildet. Ein besonderes Augenmerk gilt dabei den neuen fundamentalisierenden bis fundamentalistischen Abgrenzungstendenzen des Eigenen und des Fremden in diesen Sozialräumen.

Seit Beginn der sozialwissenschaftlichen Raumerkundungen ist das Verhältnis von Fremdem zu Eigenem, von Fremdheitserfahrungen zum Nahbereich dessen, was uns *nicht* fremd, was uns vertraut ist, immer wieder in großen, essayistischen Anläufen untersucht worden. Uns interessiert dieses selber scheinbar so vertraute Verhältnis hier vor allem in den 'reflexiven' Anschlussgestalten des „Fremden als eines Vertrauten" (Armin Nassehi 1995) oder des Einbruchs von Verstörendem inmitten der eigenen Nahwelt, etwa in der Folge postsozialistischer Transformationen. Deshalb wird auch von *Trivialisierungs- und Virtualisierungsformen* der Eigen- und Fremdzuschreibungen zu handeln sein – im Prozess der (wie immer zögerlichen und von Regressionen überfluteten) Verbreitung individuierter, teils multiethnischer Lebensformen an den Stadträndern des Berliner Metropolenraums.

Seit Beginn der 90er Jahre werden derartige Melange- und Mischungsprozesse nicht nur kulturtheoretisch, sondern verstärkt auch kulturpolitisch, ja steuerungspraktisch debattiert. Dabei lassen sich überraschende Verweisungslinien erkennen: Von Georg Simmel bis zum Förderschwerpunkt der VW-Stiftung über „Das Fremde und das Eigene", von Edmund Husserl und Alfred Schütz zu den Trust-Analysen der Institutionenökonomik, von der Gemeinschafts-Rhetorik in der Nachfolge von Ferdinand Tönnies sowie den US-amerikanischen Community Studies bis zu neuen multiethnischen Mischformen städtischer Identitäten im Rahmen einer globalisierten Medienkultur[3]. Seit 1989 treten aber unabweisbar weitere, nun *postsozialistisch-*

---

3   Vgl. auch die interessante wissenssoziologische Melange-These einer „Objektualisierung" von Karin Knorr-Cetina. Sie behauptet, dass die Bindungsverluste moderner Individuen teilweise kompensiert werden können durch die Expansion von objektzentrierten Umwelten; siehe dort auch den einschlägigen Zwischentitel: „Die Kreolisierung des Sozialen durch Wissen", in: Knorr-Cetina, 1998, 90 ff.; vgl. auch Keim's Nachweis der Raum-Relevanz von Aktor-Netzwerk-Melangen in Keim 2000.

VII.2 Fremdes und Eigenes am Metropolen-Rand

transformationell strukturierte Verweisungs- und Entwicklungslinien hinzu: Von den Rückträumen in die Überschaubarkeit solidarischer Nahbeziehungen in der Mangel- und Tauschgesellschaft DDR bis zu den Schließungs- und Bündigungsritualen jugendlicher Rechtsradikaler gegen 'die Fremden als solche' an den Tankstellen und in den Diskotheken der Kragengemeinden Berlins (vgl. VII.1).

Mit dieser Verweisungskette wird deutlich, dass die zunächst biedermeierlich anmutenden Begriffspaare des Fremden und des Eigenen, der Vertrautheit wie der unvertrauten Fremdheit *unter Transformationsdruck* sehr schnell über den Diskursrand von beschaulichen Themenfügungen hinwegdriften. Sie zeigen sich vielmehr als sozialräumliche Kodierungsmuster mit erheblicher alltagskultureller *und* politischer Brisanz. Insofern entscheiden die nach 1989 entstandenen neuen Konstellierungen von Nähe und Distanz, des Fremden wie des Eigenen, von Öffnung auch und Schließung zunehmend darüber mit, ob die rapiden Veränderungen in den sozialen Räumen der Stadtregionen „östlich der Elbe" zukunftsfähig gemeistert werden können – oder aber ob sie unter dem dreifachen Krisendruck von globalisiertem Strukturwandel, transformationellem Systemwandel und Umbrüchen in den Weltbildern und Mentalitätsstrukturen (vgl. II.1) eher in fundamentalistisch-essentialistischen Verhältnisformen des Fremden und des Eigenen stillgestellt werden. In dieser Form drohen sie aber die Schrumpfungsspiralen in ostdeutschen Stadtregionen raumkulturell zusätzlich anzuheizen. Das so aktualisierte Thema soll nun in drei Schritten untersucht werden:

1. Zunächst sind genauere Hinweise zur Diskursgeschichte der 'problematischen' Doppelbegriffe angebracht.
2. Drei knappe Fallminiaturen aus diesem Band werden dann die nötige Empirie liefern: die Fremdheits-Vertrautheitsbeziehungen eines Global Players in einer märkischen Angergemeinde des Umlandes (VI.2), der 'reflexiv' gewendete Essentialismus des Fremden/Eigenen in einer Glatzen-Disco (VII.1); schließlich die Fremdheits-/Eigenheitskonstrukte einer gläubigen Katechetin in der konsumistisch-atheistischen Nachwende-Umwelt (V.4). Damit sollen einmal die neuen *postsozialistischen* Melangen des Fremden/Eigenen greifbarer werden. Zudem werden wir an Hand dieser Fälle die Frage nach der Logik und den politischen Konsequenzen dieser 'hybriden' Mischformen von Vertrautheiten und Fremdheiten verfolgen, bis zu den sich verbreitenden Mischungen von alltagskulturellen Abschottungen und konsumistischen Öffnungen.
3. In einem dritten Schritt wird dann ein neuerlicher Seitenblick auf die angloamerikanische Globalisierungs- sowie die hiesige Transformationsdebatte nötig. Dabei sollen nun stärker die Limitierungen dieser Debatten gerade angesichts der neuen postsozialistischen Transformationsdynamiken präzisiert und ein adäquateres Forschungsparadigma entwickelt werden. Absicht ist es, 'nicht-reaktionäre' Wege zu testen, die den transformationell gesteigerten Fremdheitserfahrungen einer nochmals beschleunigten und globalisierten Moderne einen Teil ihrer – immer auch zerstörenden und verstörenden – Wucht nehmen und sie bürgergesellschaftlich einbinden können.

1 Zur Einführung in die Diskursgeschichte des Zusammenhangs von Eigenem/Fremdem, Vertrautheit/Fremdheit, Nähe/Ferne

Georg Simmels kunstvoll verknappter „Exkurs über den Fremden" von 1906 – drei engbedruckte Seiten 'lang' – wird zurecht als früher zentraler Text zu diesem Themensyndrom angesehen. Dieser 'Essay' hat gleich in mehreren Hinsichten erstaunliche Aktualität behalten. Von heute aus ist zunächst Simmels *methodische* Vermeidung von Wesensbestimmung anschlussfähig, also die theorietechnische Auflösung dessen, was 'den Fremden und das Eigene *an sich*' ausmacht. Simmel übersetzt sie in Verhältnisbestimmungen und soziale Relationierungen. Berühmt ist das perspektivenreiche Apercue, gegenüber dem *Wanderer* sei der *Fremde* derjenige, „der heute kommt und morgen bleibt." (s. Simmel 1968, 509). Der Fremde wird zudem nicht etwa romantisch exotisiert, sondern in das 'normale' Typenkabarett moderner Intersubjektivitätsbeziehungen eingefädelt: „Der Fremde ist ein Element der Gruppe selbst, nicht anders als die Armen oder die mannigfachen inneren Feind" (a.a.O.). Distanz sei dem Fremden von Haus aus eigen; damit zeichne ihn eine Form von habitueller Objektivität sowie ein aus verschiedenen Facetten konstelliertes, fragmentarisch-collagenartiges Selbstkonzept aus. Hinter diesem Bestimmungsversuch des Fremden taucht unübersehbar der typische *Städter* auf, etwa die Einwohnerin und der Einwohner Berlins, der aufstrebenden, schnell wachsenden Metropole also, in der Simmel als Erbe des berühmten Gründers der Musikedition Peters, Julius Friedländer, gezwungenermaßen den Jahrzehnte währenden Status eines jüdischen Privatdozenten an der (antiseministisch zumindest infizierten) Berliner Universität zelebrierte. Simmels Skizzen zum Fremden generalisieren zugleich den Umstand, dass die Städte von Anbeginn der menschlichen Siedlungsgeschichte notwendig angewiesen waren auf den systematischen Zustrom Fremder, also gerade auch auf den Zuzug externer *Kompetenz* und/oder externen *Personals*. Anschauungsmaterial für diese Bestimmungen lieferten ihm einmal das exorbitante Wachstum Berlins seit Ende des 19. Jahrhunderts (vgl. II.5), dann die Katalysatorwirkung der Juden für den Prozess der europäischen Moderne-Entwicklung.

Der Fremde als Bedingung der Möglichkeit der *eigenen* Stadtentwicklung: nehmen wir die etwa gleichzeitig formulierte Grundthese der Freud'schen Psychoanalyse hinzu, wonach das Ich durch die Wirkung des strukturell fremden Unbewussten, des Es, nicht einmal Herr im eigenen Hause sei[4], so wird deutlich, wie weit gespannt zu Beginn des Jahrhunderts die theoretischen Relationierungen zwischen Fremdem und Eigenem schon gezogen, und wie resolut sie auf eine neue 'beziehungsreiche' Grundlage gestellt wurden: diese Analysestränge ließen sich zu nichts weniger als der Grundlage einer zivilen 'Conditio Humana' generalisieren (Ähnliches lässt sich für den Begriff des „Generalized Other" in George Herbert Meads Entwicklungstheorie des „Sozialen Selbst" zeigen. Vergleiche auch den – Simmel um die Erfahrungsschraube der deutsch-sprachigen jüdischen Emigration weiterdrehenden – Abschnitt „The Strange and the Stranger" im Briefwechsel von Alfred Schütz mit Aron Gurwitsch (1985) sowie Schütz' klassischen Aufsatz über den „Stranger" (in: Schütz 1971).

Damit holt die frühe Soziologie und ihre Moderne-Theorie ein, was die zunächst progressiv wirkende Früh-Romantik vor ihr genuin entfaltet hatte: Gerade der Abstand, ja der Verlust angestammter vertrauter Lebensverhältnisse führt zu deren Entdeckung und Beschreibung, zu ihrer Theoretisierung *und* Ästhetisierung: „Bald werde ich Dich verlassen, fremd in die Fremde gehen." – so lautet Eichendorffs Abschied von Lubowitz, dem Ort der Kindheit, dem Schloss seiner Väter, das mit der Heraufkunft der industriellen Revolution, des eisernen, dampfenden Zeitalters also, verkauft werden musste. Bewusst waren den Romantikern auch die auffälligen historischen Parallelen zwischen der Wiederentdeckung der Naturlyrik und etwa Liebigs Epoche-machendem Werk „Die organische Chemie in ihre Anwendung auf Agrikulturchemie und Physiologie" von 1840. Man denke auch an die Gleichzeitigkeit der adorierenden Gesänge an den deutschen Wald und die Durchsetzung einer kapitalistischen Forstwirtschaft (vgl. dazu Christian von Krockow, 1996, 56). Gerade Moderne-bedingte Verlusterfahrungen also scheinen danach einen klaren Blick auf die Relevanzen und Funktionen des

---

4 Bekanntlich ist das eine der drei großen kulturellen Kränkungen der Moderne – neben Darwins Evolutionstheorie und Einsteins Relativitätstheorie. Ich schlage vor, Simmels Theorie des *Fremden* als eines *notwendigen* Ferments für die *eigene* Stadtentwicklung als eine vierte in diesen engeren Kreis der strukturellen Kränkungen der Moderne aufzunehmen.

VII.2 *Fremdes und Eigenes am Metropolen-Rand*   333

heimatlichen Nahbereichs zu ermöglichen. Neben dem objektivierenden Blick des Fremden sind es demnach vor allem drohende Verluste, die zu einer konzeptuellen Revue auf die Funktionsvoraussetzungen der dualen Prozessbegriffe des Nahen und des Fremden, des Vertrauten und des Unvertrauten führen. Das gilt für das ausgehende 20. Jahrhundert der 'gelernten DDR-Bürger', wie für das beginnende Jahrtausend der wissensbasierten gesellschaftlich-ökonomischen Entwicklungen als ein möglicher Hoffnungspfad auch für die schrumpfenden Regionen Ost-Deutschlands.

Und immerhin hat ein der Deutschtümelei völlig unverdächtiger Schweizer Regionalforscher, Heinz Kleger (1996: S. 4) im Zusammenhang mit seiner spannenden Analyse des Berlin-Brandenburgischen Verflechtungsprozesses das Folgende noch einmal in Erinnerung gebracht: „Die Heimat ist ein Ort, an den man zurückkehren kann. Man soll sie deshalb nicht polemisch attackieren, nur weil man nicht mehr weiß, welche Katastrophe Heimatlosigkeit für die Menschen bedeutet. Das alltägliche Leben, wie es einem begegnet und wie man es kennt, ist vielmehr von einer unermesslichen Vielfalt, insofern man sie nur wahrnimmt und nicht auf die 'braune' Provinz reduziert. Diese Vielfalt geht über jeden politischen Pluralismus hinaus." Das hindert natürlich nicht, dass gerade auch im Berlin-Brandenburgischen Verflechtungsraum Gefühle des Heimatverlustes mancherorts mit neuen 'braunen' Bündigungsversuchen unter Jugendlichen kompensiert werden (vgl. unten die Fallminiaturen 2 und 3).

Aus den bisherigen Zugängen zum Problem- und Verschränkungsfeld des Eigenen und des Fremden lassen sich grob zwei Thematisierungsstränge 'herausschälen':
a. das eine können wir *Zwiebelmodell* nennen. Eine eindrückliche Visualisierung dieses Modells findet sich bei Henk van Houtum (1998, S. 33):

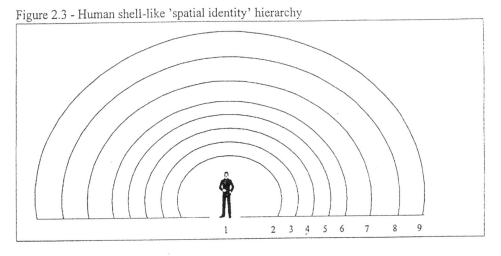

Figure 2.3 - Human shell-like 'spatial identity' hierarchy

Shells: *1=The human body and gestures, the personal space; 2=The room; 3=The house; 4=The neighbourhood; 5=The town; 6=The region; 7=The country; 8=The continent; 9=The world*

Henk van Houtum, 1998, S. 33 (nach Moles/Rohmer 1972, Leimgruber 1991)

Ansätzen, die dem Zwiebelmuster folgen, ist gemeinsam, dass sie von einem Null-Punkt der Orientierung – zumeist dem typisch 'eigenen' Leib – ausgehen. Allerdings geht auch hier schon – wie insbesondere Helmut Plessner in seiner Anthropologie gezeigt hat – der Riss einer Differenz hindurch, nämlich der zwischen 'Körper haben' und 'Leib sein'. Von hier aus werden sphärenhafte, zwiebelschalenartige Relevanzräume entfaltet, etwa auf der Spur einer anthroprozentischen Konstituierung von personalen Raumerfahrungen, oder beginnend mit der „räumlichen Aufschichtung der alltäglichen Lebenswelt" (so bei Alfred Schütz und Thomas Luckmann, 1975, 53ff.), die über mehrere Generalisierungsstufen von der „Welt in aktueller Reichweite" bis zur Welt der Interkontinentalraketen und/oder Transzendenzerfahrungen ausgezogen wird. Implizit schließen diese Modelle an die klassische Trias von Oikos, Polis und Kosmos an, der noch Eduard Sprangers Modell der Lebenskreise folgt – von der Individuallage als Heimat im engeren Sinne, über das Land als Heimat im weiteren Sinne bis zur Welt und Überwelt ausschreitend. Stets hat man beides zusammen: intime *Nahwelt* und geordnete *Fernwelt* (siehe die kluge Analyse dieser Zusammenhänge bei Waldenfels 1985: S. 202). Von hier aus lassen sich ohne viel Mühe methodologische Verbindungslinien zum frühen Alfred Schütz, zu homo oeconomicus-Konzepten, zum methodologischen Individualismus der rational choice-Ansätze sowie zu einigen Spielarten ego-zentrierter Netzwerkansätze ziehen.

b. Das Gegenmodell – wir können es **Netzmodell oder Rhizzom-Modell** nennen – geht von der Vorgängigkeit *sozialer und relationaler Strukturen* aus, in deren Netzen sich Identitätsbildungsprozesse und damit das Eigene und das Fremde allererst entfalten können. Auf dieser 'sozialen' Grundlage, auf dem Wege über Handlungspraxen und/oder Wahrnehmungsschematisierungen also, bilden sich Nähen und Distanzen. Über die methodische Rekonstruktion dieser 'Konstitutionswege' des sozialen Raumes lassen sich diese 'strukturell verorten'. Damit ist zugleich das forschungsstrategische Gegenprogramm zu den 'hybriden Tautologien' des Postmoderne-Diskurses angedeutet (s. o. die Anmerkungen zum Begriff des Hybriden im Postmoderne-Diskurs). Eine ganze Reihe von einflussreichen raumtheoretischen Zugängen hat diese zweite Optionen gewählt: Georg Simmel gehört dazu, der amerikanische Pragmatismus und die Chicago-Schule, George Herbert Meads sozialkonstruktivistische Identitätstheorie, Ulrich Oevermanns Objektive Hermeneutik, emphatisch *soziale* Netzwerkanalysen, aber auch Systemtheorien etwa Luhmannscher Prägung. Damit rücken Vertrautheiten und Fremdheiten *zunächst* in ein anderes, distanteres, relationaleres Licht.

Soweit zu einigen theoriegeschichtlichen Rückversicherungen. Sie lassen sich in einem weiteren Schritt mit der forschungsstrategischen Hauptthese dieses Bandes verbinden: Hybride Stadtregionsbildungsprozesse wie der von Mark und Metropole können danach nur angemessen rekonstruiert – und partiell gesteuert werden, wenn *systemisch-funktionale* wie *sozial-kulturelle* Verflechtungen in ihren jeweiligen Eigenlogiken und hybriden Überlagerungen angemessen berücksichtigt werden. Unter Bezug auf die beiden eben skizzierten theoretischen Raumzugänge lässt sich jetzt zusätzlich festhalten: Das konflikt- und optionenreiche Zusammenspiel von *personalen Räumen* und *Funktionsräumen* erzwingt auf der Konzeptseite wie auf der Methodenseite gleichfalls eine Doppelperspektive. Unter der komplexen Sonderbedingung von Transformation *und* Globalisierung benötigen wir daher sowohl das *Zwiebelmodell* wie das *Netzmodell*, um den hybriden Überlappungen personaler und funktionaler Räume auf die Strukturspur zu kommen. Erst eine solche *Doppelperspektive personaler und funktionaler Räume* erlaubt es auch, die für Suburbanisierungsprozesse zunehmend bedeutsame Ebene von Kommunikationsmedien, von sozialen Lernprozesse und Machtbeziehungen angemessen zu untersuchen. Gegen die einschlägige Aktor-Schwäche etwa der Luhmannschen Systemtheorie vermag eine solche Doppelperspektive genau den Leistungen personaler Subjekte wie sozialer und institutioneller Akteure zu folgen und deren jeweilige typische Formen von Netzbildungen in Verbindung zu bringen mit der konfliktreichen Entwicklung zivilgesellschaftlicher Lern- und Handlungsmuster. Auf der Seite der Forschungsmethoden werden damit *systematische Mix-Verfahren* 'qualitativer' wie 'quantitativer' Methoden zur ersten Wahl (vgl. Matthiesen 2001b). In diesem Kapitel werden wir den Nachweis zu führen versuchen, dass eine solch doppelte, also 'methodische wie theoretische' Perspektivenverschränkung nötig ist, um die neuen medial und transformationell gesteigerten Verflechtungen von Eigenem und Fremden angemessen analysieren zu können. So viel knapp zum theoriegeschichtlichen und methodologischen Hintergrund dieses Hybridisierungskapitels.

Um die spezifisch 'philosophische' Ausgangslage unserer Frage- und Problemstellungen noch einmal zu rekapitulieren: Der Sozialphänomenologe Bernhard Waldenfels (1985) hat drei Formen der Verschränkung des Eigenen und des Fremden sowie drei Formen von dabei auftretender *Andersheit* unterschieden. Da ist zunächst

1. *die Andersheit der Anderen* – mit einer Kluft, die es zu überbrücken gilt, will man nicht kopflos in ein ozeanisches Gefühl ('Multikulti') eintauchen;
2. dann *die Andersheit meiner selbst!* Da Eigenes sich nur im Zusammenspiel mit Fremdem herausbildet, dringt so die Andersheit auch in die intimsten Formen der Intersubjektivität. Es gibt dann keinen originären Eigenbereich mehr. Der Spalt, der das Ich und das Subjekt durchzieht, ist deutlich in den Subjekttheorien der Moderne spürbar: Bei Freud ist er sogar überdeutlich (Das Es als „inneres Ding an sich"); aber auch Edmund Husserls prä-reflexiver Kern von Anonymität im Zentrum des „leistenden Bewusstseins" ist hier zu nennen oder Emanuel Levinas' originäre Andersheit – mit der Folge einer unaufhebbaren Absenz in der Präsenz. Nicht zuletzt aber muss hier Michael Polanyi's 'tacit component' bzw. sein Konzept des 'tacit knowledge' genannt werden, dessen nachgerade sensationelle Wiederentdeckung in der zeitgenössischen Institutionentheorie und der Diskussion um Wissensgesellschaft/Wissensstadt hier nur angemerkt werden kann (vgl. Matthiesen 1997a). Jacques Lacan schließlich hat das bis zu dem koketten Spruch verdichtet: „'Es denkt!' sollte man sagen, so wie man sagt: 'Es blitzt!'"
3. Endlich die *Andersheit der fremden Ordnung*. Hier sind Grenzspiele und Grenzphänomene im Bereich der alltäglichen und außeralltäglichen Intersubjektivität gemeint, die sich nach diskursiven Mustern vollziehen. Entgrenzung, Eingrenzung und Ausgrenzung gehen dabei Hand in Hand. Der Austausch von Fremd- und Eigenkulturen, die Grenzlinie zwischen Normalem und Pathologischem, von Andersheit, Verschiedenheit und bloßer Unordnung wird damit thematisch.

Dass diese philosophischen Sortierhilfen alles andere als abstrakte Überlegungen sind, wird sofort deutlich, wenn wir die Reihe der auf diese Weise etwas weiter ausgelegten Dualbegriffe rund um das Eigene und das Fremde auf *Integrationsprobleme unserer Städte und ihrer Stadtränder* beziehen. Einmal ist seit Simmel unstrittig, dass gerade die Stadt ein Ort *notwendig* unvollständiger, partieller Integration und Heterogenität ist; Innovationsprozesse in modernen Gesellschaften scheinen geradezu darauf angewiesen zu sein, dass ein bestimmtes Maß an Desintegration gewährleistet bleibt – etwa um Neuerungen durch 'Fremde', Abweichler, Außenseitern allererst zu ermöglichen. Hier ist die oben skizzierte Simmelsche Analyse des Fremden weiterhin unüberboten. Und sie ist anschlussfähig bis hin zu konkreten Analysen und Lösungsversuchen des planerischen Umgangs mit disparitären Stadtentwicklungen. Die Bewertung von Integrations- und Desintegrationsprozessen in den Städten hängt dabei ersichtlich entscheidend von den *Maßstäben* ab, die hierbei angelegt werden. Zunehmend brisant scheinen Ziel-Dilemmata zu werden – etwa die Entscheidung zwischen Gleichheit und Differenz, zwischen der Lesart 'Gespaltene Stadt' oder 'Exklusive Stadt', zwischen proaktiven Entwicklungsspreizungen und sklerotisierenden Polarisierungen etc. Auch die beiden oben skizzierten theoretischen Grund-Modelle, das *Zwiebelmodell* und das *Netzmodell* legen ersichtlich unterschiedliche Meßlatten zur Bewertung von „zu viel" Fremdheit oder Nähe, von „zu wenig" Vertrautheit oder „zu viel" Unvertrautheit nahe. Sie implizieren damit auch unterschiedliche Anomiebegriffe, favorisieren unterschiedliche Governanceformen und flaggen erkennbar unterschiedliche Normenkomplexe zur Mischungsregulierung von Fremdheit und Vertrautheit aus.

Besonders brisant werden solche raumkulturellen Kodierungen und Bewertungen natürlich als *sozial* geteilte Bewertungen, also immer dann, wenn sie etwa die Zitierzirkel der Wissenschaften verlassen – zum Beispiel in der Frage der Ablehnung oder Ausgrenzung von Fremden oder von den „Anderen" – als Reaktion auf Ängste im Zusammenhang mit einer Konkurrenz auf enger werdenden Arbeitsmärkten etwa. Für peripher fallende Regionsteile Ostdeutschlands kommt es dabei nicht mehr nur zu einer bloßen Untermischung der einheimischen Bevölkerung durch neue 'fremdländische' Unterklassen, sondern die Fremden tauchen nun vermehrt als direkte Konkurrenten auf den selbst angestrebten Arbeits- und Beziehungsmärkten auf.[5]

All das weist darauf hin, dass die einfach gestrickten 'dualen' Verhältnisse des Eigenen und des Fremden längst empirisch wie theoretisch komplizierter und 'reflexiver' geworden sind. Zugleich werden sie aber auch unter Gesichtspunkten einer 'urban/regional governance' immer wichtiger: etwa die Relationen zwischen a. *sozial geteilten* Bewertungen von Sozialräumen sowie b. den Bewertungen des Anteils von Fremden/Fremdem an der Strukturierung dieser Räume zu c. den vertrauten, Vertrauen-bildenden Zügen eines offenen Umgangs mit ihnen. Im Falle von Untersuchungen zur *Fremdenfeindlichkeit in Ostdeutschland* und zum jugendlichen Rechtsradikalismus häufen sich inzwischen schwer kontrollierbare Rückwirkungen dieser drei Ebenen aufeinander, insbesondere der 'Diagnosen' auf 'den Gegenstand' – zum Beispiel durch die Publikation von Untersuchungsergebnissen und durch die Rolle der Medien dabei. Für die medial gesteigerte Brisanz dieser Dualbegriffe trifft damit verstärkt zu, was der späte Luhmann methodologisch Ernst zu nehmen aufgegeben hat: „Die Beschreibung vollzieht das Beschriebene. Sie muss also im Vollzug der Beschreibung sich selber mitbeschreiben. Sie muss ihren Gegenstand als einen sich selbst beschreibenden Gegenstand erfassen." (Niklas Luhmann 1998: S. 16).

Solcherart Rückwirkungen der Analyse auf die Sache muss also vor allem die- oder derjenige berücksichtigen, der/die heute 'das Fremde und das Eigene' unter der Perspektive von Globalisierungs- wie Transformationsprozessen zu klären unternimmt. Das gilt vermehrt dort, wo Analyseresultate in Orientierungswissen und Governance-Formen eingefädelt werden sollen – etwa im Zusammenhang mit der Entwicklung von zivilgesellschaftlichen 'Steuerungsformen' für die schwierigen Umbruchprozesse an den Rändern der Hauptstadt.

Mit einem Diskursprung sollen diese allgemeineren Überlegungen nun konkreter gemacht werden: Dazu werden drei Fallminiaturen aus den längeren Fallrekonstruktionen VI.2, VII.1 und V.4 herausgelöst. Absicht dabei ist es, drei neue, *empirisch rekonstruierte* hybride Formen der Melange von Eigenem und Fremdem vorzustellen, Hybridformen also, für die die komplexen Transformationsdynamiken an den Rändern der Hauptstadt eine wichtige Rahmenbedingung sind. Dass dabei „rechte" Hybridkulturen ein besonderes Augenmerk erhalten, ist nicht zufällig. Die lange Zeit wohlgemute Verschwisterungshoffnung von Hybrid-Kulturen á la Multi-Kulti erscheint schon seit einiger Zeit als etwas blauäugig.

---

5 In unseren Deutungsmusteranalysen in den Berliner Umlandgemeinden haben wir sowohl das Zwiebelmodell wie das Netz- und Relationsmodell als sozial geteilte Auslegungsschemata für Konflikte zwischen Eigenem und Fremden rekonstruieren können, vgl. V.1.

2. Postsozialistische Hybride – Fallminiaturen zum neuesten Formenwandel des Verhältnisses von transformatorischem Eigenem und globalisiertem Fremden

Vorbemerkung zum Diskurs über Mischungen

Die angloamerikanische Globalisierungsdebatte wird zu einem wichtigen Teil getragen von Autoren und Forschern, die in ihrer eigenen Biographie teilweise atemberaubende Kultur-Melangen aufweisen, also etwa von Bangladeschi-Muslim-Briten, die neben ihren englischen networks intensive Beziehungen zu ihren Herkunftsländern aufrechterhalten und zugleich zu anderen westlichen Ländern, anderen Kontinenten und Religionen enge private wie berufliche Beziehungen unterhalten. Homi K. Bhaba etwa, einer der einflussreichsten Theoretiker der zeitgenössischen angloamerikanischen Kulturforschung, sieht sich selbst als anglisierten postkolonialen Emigranten, der daneben noch zufällig Kulturwissenschaftler mit leicht französischem Einfluss ist, gleichzeitig aber durch eine ganze Reihe weiterer Wissenschafts- und Alltagskulturen streut. Die Diskursformen, mit denen er derartige Melangen analysiert, bedienen sich dabei ganz bewusst der *destruktiven Kunstfertigkeit der kolonialen Mimikry* (vgl. Elisabeth Bronfen et. al. 1997). Ziel ist es dabei stets, die Grenzen und Konturen des Modernisierungsprozesses westlichen Types und seiner Mimesis-Formen offenzulegen. Den globalisierten Kulturanalysen dieses Typus geht es zumeist um die Analyse von mehrfach reflexivierten *und darüber hybrid gewordenen* Objekten, von 'Rahmen innerhalb des Rahmens', von neuen rückgebetteten (re-embedded) Identitäts- und Kulturformen. In ihrem konzeptuellen Kernbereich verbinden sich damit immer auch neue Formen der Melange des Fremden und des Eigenen. Statt des Einschmelzens kultureller Andersheit in den berühmt-berüchtigten melting pots zeigen diese Diskurse selbst, dass die neuen kulturellen Hybridisierungen nicht mehr über das Tilgen von kultureller Differenz in einem großen Einheitsbrei laufen, sondern zunehmend – so die Behauptung wie die Hoffnung – in die Emergenz neuer ungeplanter Melange-Kulturen diffundieren. Dabei haben diese Diskurse stets zugleich auch das nicht verheimnichte Ziel, derart melangierte neue Hybridkulturen selber zu befördern. Dieser 'proaktive' Grundzug solcher Diskurse drängt sich angesichts der krassen Disparitäten im Rahmen von *'postsozialistischen Hybridbildungen'* gleichfalls auf. Hier 'absolute' analytische Enthaltsamkeit zu zelebrieren, erscheint unsinnig.

Um den Anschluss an Raumfragen, Planungsprobleme und Suburbanisierungsprozesse noch einmal zu verdeutlichen: Der Hybridisierungsdiskurs belegt neue, weitgehend veränderte Kombinatoriken von sozialer, kultureller und ökonomischer Nähe und Distanz, damit auch neue Formen der Relationierung von Differenz und Identität. Im deutschsprachigen Urbanitätsdiskurs werden ähnliche Kulturalisierungstrends gewöhnlich im Anschluss an Ulrich Beck unter der Chiffre der „Individualisierung" zusammengezogen. Als kulturelle Allzweckwaffe zur Erklärung von sozialer Segregation und suburbanem Eigenheim-Bau, von Randwanderung und florierenden Kragengemeinden aber ist die Individualisierungs'theorie' restlos überfordert. Insbesondere für postsozialistische Suburbanisierungsprozesse bedarf es sehr viel genauerer Untersuchungen zur faktischen Entwicklungslogik der kulturellen Kodierungsmuster solcherart neuer 'Raumbedürfnisse': etwa um die Entwicklungen an den Rändern großer Städte angemessen analysieren und diese mit Hilfe des dabei gewonnenen Orientierungswissens planerisch oder governance-orientiert flankieren zu können. Die drei folgenden Fallminiaturen werden faktische Hybridbildungen aufzeigen, deren jeweiliges Komplexitätsniveau postsozialistische 'Individualisierungs'-Theorien nicht unterbieten dürfen. Zwar kann unsere Stadtrandperspektive „Speck mit Sand" (s. II.0, Fotoserie 1) möglicherweise noch nicht ganz mit der Exotik der exorbitanten Hybriden im angloamerikanischen Kulturraum konkurrieren. Gleichwohl sind auch hierzulande die sozialräumlichen Mischungen sehr viel komplexer geworden, als gemeinhin von Planung und Politik unterstellt wird. Die drei anschließenden Re-Analysen zu längeren case studies betreffen als erstes einen „Global Player im Märkischen Sand", dann eine 'Glatzen-Disko' in Suburbia, schließlich kirchlich orientierte Lebensmuster in Sozialräumen „oben ohne", also unter der Randbedingung von sozialistischer Entkirchlichung und postsozialistischem Transzendenzausfall. Gemeinsam sollen diese Fall-Miniaturen also auch belegen, wie weit die Mischungsprozesse unter dem Signum 'postsozialistischer Transformation' seit 1989 schon gediehen sind. Leitfrage dabei ist, ob sich hier *relativ eigenständige* Hybridisierungsstrukturen erkennen lassen. Alle drei Fallskizzen entstammen der eher auf der Verliererseite operierenden Umlandgemeinde Otterstedt, in der Fehlentwicklungen in den Anfangsphasen der Nachwende-Gemeindestrukturierung (vgl. II.5, VI.2) zu nachhaltigen Stagnationstendenzen in den Bereichen Ökonomie, Politik *und* sozialem Leben geführt haben. (s. auch III.1).

1. Global Player im Märkischen Sand: 'Hybrides Schisma' von Globalität und Lokalität, von Eigenem und Fremdem
   (vgl. die ausführliche Fallanalyse in VI.2)

Nähe und Distanz, Vertrauen oder Misstrauen strukturieren nicht nur die Verhältnisse zwischen Personen, sondern auch die Beziehungen zwischen Institutionen sowie zwischen öffentlichen und privaten institutionellen Akteursgruppen. Im Gewerbepark der Umlandgemeinde Otterstedt ist seit 1992 – mit erheblichen öffentlichen Fördermillionen – ein veritabler global player ansässig geworden und hat hier eine landesweit akklamierte High-Tech-Produktion ("Engines") hochgezogen. Die inzwischen etwa 1.000 Mitarbeiter dieses Betriebes wurden in ihrem innovativen Kern auf weltweiten Spezialisten-Arbeitsmärkten akquiriert, sie wohnen in Berlin oder anderswo, nicht aber vor Ort, in der Gemeinde Otterstedt. Lediglich einige Monteure und Ingenieure kommen aus der Region und den hier ansässigen Kompetenzprofilund Wissensmilieus. Außer der physisch-geographischen Nähe von Hightech-Produktion, Gewerbepark und Gemeinde gab es nach Fertigstellung der Baumaßnahmen so gut wie keine Kontakte zwischen Kommune und global player, weder auf der Verwaltungs- noch auf der Lebensweltebene. „Wie ein Ufo", so der bezeichnende Ausdruck aus einem der Interviews, sei der global player im Märkischen Sand gelandet, ein hochtechnologischer Solitär also, der auf globalen Märkten akquiriert und operiert, ansonsten aber regional/lokal nicht eingebettet ist: eine veritable „Hightech-Kathedrale im Märkischen Sand" (vgl. Matthiesen 1998c). Auch die Gemeinde schottet sich gegen dieses „Ufo" regelrecht ab. Nicht unbeträchtliche Teile der Anwohner versuchen seither, dem Übermaß an *strukturell Fremdem in unmittelbarer Nachbarschaft* durch die Kultuvierung einer *„Nationalpark DDR"-Mentalität* – wie der Ortspfarrer das schlagend nannte – zu entgehen – mit zweifelhaftem Erfolg und noch zweifelhafteren Perspektiven (vgl. III.1, VI.2). Erst in neuester Zeit gibt es zaghafte Versuche des re-embedding dieses Hightech-Ufos in die Gemeinde. Interessanter Weise laufen die erfolgreicheren Kontaktanbahnungen einmal über das Medium des Sports (zur Rolle des Leib/Körpers als Nullpunkt für Sortierungsversuche von Fremdem und Eigenem s. oben das Zwiebel-Modell) sowie über die lokale Geschichte, etwa über den örtlichen Geschichtsverein ('re-invention of tradition'). Das damit knapp markierte Verhältnis von kontextfrei implantiertem innovativem Produktionsbetrieb und abweisendem, sklerosegefährdetem lokalem Verflechtungsmilieu signalisiert einen wichtigen ersten Typus für die Neuordnung von Fremdem und Eigenem, von Nähe und Distanz im Rahmen der prekären Suburbanisierungsprozesse an den Rändern der Hauptstadt:

VII.2 *Fremdes und Eigenes am Metropolen-Rand*   339

das Schisma als – wie immer hilfloser – Versuch, das Eigene zu bewahren durch relative Abschottung gegenüber dem andrängenden globalisierten Neuem. Dieser schismatische Typus findet sich insbesondere in Umlandgemeinden mit Struktur- und Entwicklungsproblemen. Die sozialräumliche und physische Nähe zu Innovations- und Globalisierungs-"Treibern" wird hier also versuchsweise mit sozialer und kultureller Distanz gekontert. Damit verstärken sich Tendenzen einer Wiedererfindung der „DDR als Solidargemeinschaft" (M. Rutschky), die nun allerdings als *kulturelle Hybridform* kenntlich wird. Über das Schisma-Modell sickern also gleichzeitig neu sich entfaltende Hybrid-Mischungen in die Verflechtungsmilieus ein, die so tun, als wäre 'Abschottung' eine reale Option. Gegen den ersten Anschein eines absoluten Ausschlusses der neuen Zeiten und Räume werden die neuen Verhältnisse also rekodiert im Lichte einer wiedererfundenen Vergangenheit. Das auf diese Weise reflexiv gefederte *Schisma* stellt einen wichtigen postsozialistischen Hybridisierungstypus dar, der insbesondere unter den 'Verlierern' der Verflechtungsdynamiken im Metropolraum verbreitet ist und sich inzwischen in die jüngere Generation hinein ausbreitet. Die Neuordnung von Eigenem und Fremdem nach dem „Nationalpark DDR"-Modell zeigt sich dabei als voraussetzungsvolle kulturelle Syntheseleistung.

2. *Rechtsradikale Hybridbildung*
   (vgl. die ausführende Fallanalyse in VII.1)

Die neuen Mischkulturen und ihre Rekodierungen von Eigenem und Fremdem, von Lokalität und Trans-Lokalem werden wesentlich durch die jungen Generationen und ihre Gesellungsformen befördert und verbreitet. In England ist dafür seit etwa 10 Jahren der kokette Titel „From Subculture to Club Culture" im Umlauf. Die meisten dieser Mischprozesse verlaufen unprognostizierbar; unter der Randbedingung postsozialistischer Transformationen entwickeln sich zusätzliche neue Inklusions- und Ausgrenzungsregeln. Zudem decken sich diese Regeln nur in seltenen Fällen mit den moralischen Grundmaximen zivilgesellschaftlicher Orientierungen. Von einem solchen 'rechten' Misch-Prozess soll in dieser zweiten Fallminiatur die Rede sein. Sie stützt sich auf die ethnographische Studie der sogenannten *Glatzendisco* mit dem Namen Farfalla von Christina Schumacher und Robert Schmidt (s. VII.1). Ich zitiere zunächst aus dem Feldprotokoll:

„4^{00} Uhr: Es läuft Nordisch by Nature, eine 'Parodie' von Naughty By Nature, der gleichnamigen HipHop-Formation. Vier Glatzen reißen immer wieder die Arme hoch und grölen aus voller Kehle den Refrain: „Nordisch by Nature!". Sie legen dieser eher klamaukhaften Parodie der Deutsch-HipHopper *Fettes Brot* dadurch eine tiefere Bedeutung und Bekenntnishaftigkeit bei, deuten sie unmissverständlich in ihrem rassistischen Sinne um. Umstehende registrieren dies und schmunzeln verstehend-verständnisvoll. Peter (der DJ der Disco), der neben mir stehend diese Szene mitbeobachtet, fragt unwillkürlich: „Und, was hältst du von unseren Rechten?" Ohne eine Antwort abzuwarten, fügt er hinzu: „Rechts sind sie hier alle ein bisschen, oder besser: nationalistisch!"

Ende des Protokolls. Ich zitiere aus der Analyse:

„Zunächst muss zum besseren Verständnis dieser Episode die ihr zugrundeliegende doch einigermaßen komplexe Zitationsstruktur erläutert werden. Naughty by Nature ist der Name eines bekannten US-amerikanischen Hip-Hop-Acts. In dieser Namengebung wird in der Tradition des für die mündliche afroamerikanische Kultur charakteristischen signifying die sprachliche Benennungsmacht des legitimen 'weißen' Sprachgebrauchs (Ebene 1) unterlaufen (Ebene 2). Ein in der US-Gesellschaft vorherrschendes rassistisches Stereotyps durch die Gruppe

Naughty by Nature wurde dann in einem dritten Schritt durch die deutschen HipHopper Fettes Brot wiederum rekontextualisierend zitiert und in ein parodistisch klischiertes Bekenntnis zu einer gewissermaßen 'in Natur gründenden' Hamburger Lokalidentität verwandelt (Ebene 3). Auf diese Zitation zweiter Ordnung beziehen sich in unserer Episode die Glatzen im Farfalla. Über deren Aneignung entsteht ein Zitation dritter Ordnung, in der sich eine weitere Rekontextualisierung und Vereindeutigung dieses polysemischen Popzeichens vollzieht (Ebene 4). Dabei machen nun die 'Glatzen' mit der in der Bezeichnung Naughty, bzw. Nordisch by Nature steckenden Bedeutungsebene einer in der Natur begründeten Eigenschaft ernst. Indem sie die Bezeichnung zu einem stolzen Bekenntnis der Zugehörigkeit zur 'nordischen Rasse' umfunktionieren, schließen sie von dieser vierten Bedeutungsebene wieder an die erste Bedeutungsebene des in der US-Gesellschaft vorherrschenden rassistischen Stereotyps an. Während 'die Schwarzen' von Natur aus böse sind, sind die 'nordischen Menschen' von Natur aus überlegen – dies ist der semantische Gehalt der Botschaft, die die 'Glatzen' durch ihre Aneignung und Umdeutung der Liedzeile des HipHop-Stückes vermitteln – eine Botschaft, die von allen Umstehenden verstanden wird." (Ende der Analyse)

Unter der leitenden Perspektive von Fundamentalisierungstendenzen in den Paarbegriffen des Eigenen und des Fremden ist zu dieser präzisen Analyse jugendkultureller, essentialisierender Zitationsstrukturen folgendes anzumerken: Neben der *schmunzelnd-reflexiven* Ebenen-Verschränkung im Prozess zeitgenössischer, medial gestützter kultureller Stereotypenbildungen zeigt sich an dieser Episode, wie *raffiniert und zynisch zugleich* kulturelle Globalisierungsprozesse inzwischen in die Re-Kultivierung von Ausgrenzungsversuchen des Fremden und von Fremdem in einer ostdeutschen Umlandgemeinde eingelassen sind. Die Wegstrecke bis zu dem handfesten Ziel der mediengerechten Proklamaration „ausländerfreier Zonen" etwa erscheint nicht sehr weit. Die Erwachsenen-freie Zone der „nationalistischen" Peripherie-Klub-Kultur gehört danach also zu jenen neuen Szene-Orten, in denen sich – unter der Randbedingung postsozialistischer Transformationen – neue regressive Formen von global-lokalen Kulturmixes bilden: sie werden hier von 'Pioniergruppen' ausgeheckt, von Follow-up-Gruppierungen angelächelt, toleriert, nachgemacht und dann auch außerhalb der inneren Szenerie der ClubCulture verbreitet. Diesen zweiten Mischtypus können wir insofern *rechtsradikale Hybridbildung* nennen – mit stark expansiven Exklusionseffekten und ebenso starken milieubildenden Wirkungen.

Wie im Falle des 'Schismas' als Rekodierungsfolie für Eigenes und Fremdes ist also auch diese „rechte" Form der Szene- und Milieubildung in den Umlandgemeinden mit raffinierten Reflexions- und Zitationsverschränkungen versehen. Das, was häufig vorschnell als „dumpf" gelabelt wird, zeigt sich hier also eher als zynisch-raffinierte *neu-rechte Hybridformation*.

3. *Transzendental gewendete Hybridisation*
   (s. die ausführliche Falldarstellung in V.4)

Um einen dritten, sehr viel selteneren, gleichwohl strukturell wichtigen Hybridtypus mit neuen transformationellen Melangebildungen zu skizzieren, möchte ich knapp den Fall der Ortskatechetin von Otterstedt rekapitulieren. Prinzipienfest sich einer früheren kulturellen Globalisierungsformation, der christlichen Kirche und ihren weltweiten Verkündigungsaufträgen überantwortend, entwickelt sie besonders resolute Lesarten zum dynamischen Verflechtungsprozess in der Umlandgemeinde Otterstedt – und überhaupt zu allgemeineren Wettläufen. (Von ihrem Gatten, dem Ortspfarrer, stammt das einschlägige Label „Nationalpark DDR" zur Charakterisierung der Netzstrukturen dieser Gemeinde.) Ihre Arbeitsstätte ist eine trutzige brandenburgische Wehrkirche inmitten eines schönen Dorfangers – jedoch, helas, am anderen Ende des Angers brummt des Nachts die Glatzendisco Farfalla. Mit dieser sozial- und kultur-

VII.2 Fremdes und Eigenes am Metropolen-Rand

räumlichen Gegenweltlichkeit ist einmal so etwas wie eine *postsozialistische Don Camillo- und Pepone-Struktur* eingerichtet – wobei als neue Pepones eines atheistischen Alltags die beiden Disko-Betreiber Peter und Paul auftreten. Denn der frommen Frau geht an dem Glatzenklub so gut wie alles gegen den Strich. Gesegnet mit einer manichäisch-prinzipiellen Trennschere von Gutem und Bösem, die ihr in der DDR-Phase noch als mutige Sortierhilfe für einen eigenständigen Lebensweg gedient hat, versucht sie nun, ihr bewährtes dualistisches Deutungsschema auf die neuen Zeiten globalokaler Hybridbildungen anzuwenden, also auf das unvordenklich 'Neue Böse' (Glatzen-Disko etc.) und das wenige 'Neue Gute' (die Gemeinde, die Wehrkirche etc). Durch die tiefreichen transformationellen Nachwende-Veränderungen der global-lokal gemixten kulturellen Kontexte aber verändert ihr scheinbar unverändert durchgehaltenes manichäisches Gut/Böse-Differenz-Schema unter der Hand seine Funktion: den a-religiösen Konsumismus der Jugendkultur nach 1989 kann sie nur noch als verhängnisvoll *gesteigerten* Abfall von den Wegen der weltumspannenden Beförderung des Heils ansehen, einen Abfall, der die strukturelle Verworfenheit der antireligiösen Mangelgesellschaft der DDR längst in den Schatten stellt. In ihrer globalisierten Unheilserwartung lokalisiert sie also ein neues 'absolut böses' Fremdes auf der ganz anderen Seite des Dorfangers. Dagegen kommen die allzu wenigen neuen Gemeindemitglieder und ein zu dünnes Beziehungsnetz 'guter Nähe' prinzipiell nicht an. Man wird im Zweifel darüber sein dürfen, ob dieses Weltbild dem Verkündigungsauftrag der brandenburgischen Kirche in einer schwierigen Gemeinde sehr zu nutz und frommen ist. Gleichwohl steht er für Anpassungsschwierigkeiten der religiös motivierten DDR-Systemopposition gegenüber den neuen Zeiten, steht er für prinzipialistische Reaktionsbildungen gegen 'rechte' bis 'konsumistische' Verdiesseitigungen. Hybride Transformationseffekte werden von einem solchen Prinzipialismus nicht weggefiltert, sondern erhalten durch ihn eine neue schwarzgalligere Form (s. genauer V.4). Den dritten Hybridtypus können wir deshalb *transzendental gewendete Hybridisation* nennen.

Mit diesen Fallminiaturen haben wir ganz knapp drei transformationell grundierte global-lokale Mischungsformen von Ferne und Nähe, von Vertrautheit und neuem Misstrauen gegenüber dem Verflechtungsprozess, von Schließung und Öffnung auch skizziert: a. einmal das Schisma (hier als eigenständige Mischungsform, als schismatische Hybridisierung), dann b. die rechtsradikale Hybridbildung und schließlich c. eine transzendental gewendete Hybridformation – unter Bedingungen des Postsozialismus.

Aus den übrigen Fallanalysen der von uns untersuchten Kontrastgemeinden (Gewinner-Verlierer-Gemeinde) lassen sich eine Reihe weiterer Hybridisierungsformen für den sozialräumlichen und regionalkulturellen Verflechtungsprozess rekonstruieren. Sie bearbeiten allesamt beispielhaft Strukturprobleme einer transformationellen Kombinatorik von 'Globalem' mit 'Lokalem' unter Bedingungen des Postsozialismus.

Diese lokalkulturellen Hybridformen nun sind in den Umlandgemeinden mitbestimmend dafür, wie und in welcher Richtung sich die sozialen und physischen Räume weiterentwickeln. Unsere drei Fallminiaturen stehen insofern zugleich auch für 'implizite' Planungsoptionen des Suburbanisierungsprozesses: – Das *Schisma* ist *auf der einen Seite* geprägt von einer knallharten Konzentration auf den Modernisierungspfad globaler Märkte – ohne Rücksicht auf lokale Kompetenzen oder 'soziale Ausgleichsplanungen'. Dagegen treten *auf der anderen Seite* die voraussetzungsvollen, reaktionären Rekodierungen lokaler Nah- und Heimatstrukturen auf den Plan – zumeist flankiert von dem berüchtigten „Summton der Unzufriedenheit". *Rechtsradikale Hybridbildungen* scheinen mit ihrem Dreifachgespann von zynischer 'Reflexivität', kultureller Schließung und konsumistisch-stilistischer Öffnung eine besondere Gefahr für personale und lokale Entwicklungsoptionen darzustellen: ihr 'Ansteckungspotential' zumindest erscheint weiter hoch. Allerdings ist auch hier *Selbstmarginalisierung* mittelfristig ein zwangsläufiger Struktureffekt dieses 'Gruppenspiels'. Auch der *'transzendental-manichäische'* Weg durch den Postsozialismus hindurch stellt – nun allerdings auf 'ganz andere Weise' – aber mit einem ähnlich dualistischen Grundmuster des guten Eigenen und des bösen Fremden die Optionen für die Gemeinde im Verflechtungsprozess prinzipialistisch still.

Alle drei Fallausprägungen der Entwicklungsdilemmas global/lokal, Öffnung/Schließung, 'gut'/'böse' lösen die erfahrungskonstitutive Strukturdifferenz von Hier und Jetzt, von Fremdheit und Nähe nicht auf – sondern geben ihr eine neue, radikalisierte Wendung: Unter dem starken Transformations- und Globalisierungsdruck (und zwar in je spezifischer Weise unterschiedlich in den 'Gewinner'- wie 'Verlierer'-Gemeinden, vgl. V.3) werden Naherfahrungen offenkundig strukturell besonders prekär. Um so dringender bedürfen sie der Rekodierung sowie eines spezifischen re-embedding. Zugleich wird der Einbruch von unberechenbaren Fremdheitserfahrungen zum chronisch erwarteten Erfahrungshintergrund. Alle drei Hybridbildungen laborieren insofern an der Erosion von entwicklungsoffenen Nähe-Ferne-Konstellationen herum – und beantworten sie mit der Konstruktion von relativ geschlossenen „Szenen": nicht nur die Freunde der Glatzen-Disco, sondern auch die sich verschreckt abkapselnden Schrumpfungs*gemeinden* oder die hyperaktiven Alt-Szenen Marke „Nationalpark DDR".

Die Sozialmilieus der Umlandgemeinden entwickeln in diesem Sinne typusförmige 'neue' Mischungen von Globalisierungs- und Transformationseffekten, von Fremdem und Eigenem. Dabei spielt auf der Ebene lokalen Wissens um Transformationseffekte das Rechtsinstitut der 'Restitution' und seine Folgen eine weiterhin gewichtige Rolle (vgl. dazu Hartwig Dieser 1996: S. 129 ff.). Vertrautes, Verlässliches, Eigenes, 'Eigentum' auch wurde bekanntermaßen über Nacht als bloß zeitlich befristet zu nutzender, also temporärer Besitz auf Distanz gebracht – durch Delegitimation von gewohnheitsrechtlichen „property rights". Viele lokale Konflikte, Loyalitätsdilemmata und neue Fremdheiten sind durch die negative Katalysatorwirkung von Restitutionsfolgen in den Kragen- und Umlandgemeinden dramatisch aufgemischt worden. Als Folge dieser spezifisch postsozialistischen Veränderungsprozesse massierten sich eine Zeit lang auf lokaler Ebene temporäre Handlungsunfähigkeit, heillose Mischungen von verzweifelter Nähe und verzweifelter Distanz, schließlich nicht selten Ängste in vielerlei Formen und damit verstärkte Tendenzen der Abschottung wie der kulturellen Schließungen. Die dualen Verweisungsbeziehungen von alten Vertrautheiten und neuen Fremdheiten sind darüber „essentialistisch" überformt worden (vgl. Lindner 1994 mit luziden Anmerkungen zur Essentialisierung von Identitätsformationen). Auf dem Weg über postsozialistische Hybridbildungen hat sich schließlich mancherorts – etwa in Otterstedt – so etwas wie der Mehltau einer *'strukturellen Melancholie'* über das Gemeindeleben als Ganzes gelegt.

4. *Eigenes und Fremdes unter dem Hybridisierungsdruck der postsozialistischen Transformation – Angloamerikanische Studienergebnisse zur kulturellen Globalisierung im Prüffeld ostdeutscher Stadt- und Regionalkulturen*

1. Jane Jacobs' wunderbares Buch über „The Death and Life of Great American Cities" von 1961 feiert das New Yorker Greenage Village als beispielhaft urbanen Ort, der wie von selbst unterschiedliche Gruppen mischt und durch seine Vielfalt auf alle stimulierend wirkt. Ihre frühe Hoffnung auf die *Lebens*-Kräfte der amerikanischen Städte basierte auf ganz grundlegenden alltäglichen Erfahrungen im Zusammenhang mit diesem Ort und dieser Zeit; derart etwa, dass eine junge Frau am späten Abend allein auf die Straße treten konnte, um zur Bar „The Whitehorse" zu schlendern und dort in der gemischten Szenerie von Beatnicks, Jazzanhängern, Camp-Afficionados und East-Village-Hobos sich zu unterhalten und zu amüsieren. „The Village" als moderne Agora im Herzen der Global City New York also, in der Fremdheiten und Vertrautheiten ihr urbanes win-win-Spiel spielen.

VII.2   *Fremdes und Eigenes am Metropolen-Rand*   343

2. Kaum 30 Jahre später hat Richard Sennet, auch er langjähriger Bewohner desselben Stadtviertels, in seinem Opus 'Fleisch und Stein' (1995) das Village völlig anders charakterisiert: Die sozialen Unterschiede seien grausam geworden, Washington Square ist inzwischen ein einziger Drogensupermarkt, mit Shouting Galleries und Creakhouses drumherum (a.a.O., S. 441 ff.). Zudem konstatiert Sennett eine allgemeine Teilnahmslosigkeit angesichts der Allgegenwart des öffentlich sichtbaren Elends. Die ideale Agora des linksliberalen Urbanismus erscheint innerhalb von nur drei Jahrzehnten transformiert zu einem Ort biographischer Desaster, sozialräumlicher Grausamkeiten und eines distant-distinkten Voyeurismus – mit der neuen urbanistischen Grundregel für unübersichtliche Stadtsituationen: „Don't Focus"! Öffentlich anschlussfähige Ausdrucksgestalten sind getilgt, die Agora „rein visuell" geworden. „Es gibt keinen Ort (mehr, wie etwa Jane's Lieblingsbar „The Whitehorse"), wo sich (die Agora) kollektiv in ein gesellschaftliches Narrativ formen ließe."(a.a.O.) Gleichzeitig aber zelebriert Sennet noch einmal seine vehemente Kritik an allen Versuchen, in den Großstädten 'synthetisch' Gemeinschaft, gemeinschaftliche Nähe zu schaffen oder auch nur zu erhoffen. Sein Standard-Verdikt dazu: das impliziere eine fälschliche Psychologisierung gesellschaftlicher Beziehungen. Immerhin räumt er ein, dass die Kosten der Zerstörung des öffentlichen Raumes in einer geradezu paradoxen Steigerung des Wertes und der Wertschätzung von 'Gemeinschaft' liegen (S. 335): Ein überschaubares, nicht angstbesetztes Verhältnis von Fremdheit und Vertrautheit, Nähe und Distanz scheint also durch seinen Verlust hindurch immer kostbarer zu werden.

3. Etwa zur gleichen Zeit versucht Zygmut Baumann im unübersichtlichen Diskursuniversum der Postmoderne das Beziehungsdreieck des Fremdem, des Anderen und des postmodernen Ichs aus der Perspektive der Konstitutionsprozesse sozialer Räume selber abzuleiten, mit den Dimensionen kognitiv, ästhetisch, moralisch (Zygmunt Baumann, 1995, S. 217 ff.). Zwischen Anonymität und Intimität, zwischen Nachbarn als Fremden nebenan, und Feinden beschreibt er mit Norbert Elias die Konstruktionsmodi „höflicher Gleichgültigkeit" als Grundlage städtischer wie randstädtischer Beziehungsformen, gipfelnd in dem konzeptuellen Paar von Etablierten und Außenseitern sowie „der tiefen Ambivalenz gegenüber Position und Rolle des Fremden im sozialen Raum". Unter anderem erinnert Baumann an die von Claude Levi-Strauss in den 'Traurigen Tropen' analysierte indianische Strategie des Umgangs mit dem *gefährlichen* Fremden: „Die *anthropophagische* Strategie: Sie essen, verschlingen und verdauen die Fremden, sie inkorporieren und assimilieren sie ganz im *biologischen* Sinne als überragend mächtige, mysteriöse Kräfte und hoffen wohl, auf diesem Wege sich selbst eben diese Kräfte anzueignen, sie zu absorbieren, zu den eigenen zu machen." (a.a.O. S. 242 f.).

4. Wiederum eine kurze Zeit später verbreitet sich in den fünf ostdeutschen Bundesländern sowie im Umland von Berlin das anti-diskursive Gesellschaftsspiel des „Fitschies-Klatschens" (Fitschies stehen hier als Label für die Fremden überhaupt – nicht nur für 'Asiaten' oder Personen mit einer anderen Hautfarbe). Mit der Nacht vom 13. zum 14. Februar 1999 etwa geriet die Stadt Guben – am östlichen Rande der Republik und an der Außengrenze der EU wie des Schengener Abkommens gelegen – durch den Tod des Asylbewerbers Omar Ben Noui in die überregionalen, ja internationalen Schlagzeilen. Damit reihte sich Guben zunächst in die trübe Chronotopologie rechtsradikaler Übergriffe auf Fremde und Ausländer im Osten Deutschlands ein. Ein Rollkommando mit drei vollbesetzten Autos hatte nach einer Auseinandersetzung vor dem örtlichen „Dance-Club" die Stadt nach einem „dunkelhaarigen Ausländer" abgefahren. An einer Tankstelle „erkannten sie" fälschlicherweise Omar Ben Noui und zwei Begleiter als die Gesuchten. Nach einer panischen Flucht trat Ben Noui die gläserne Türscheibe eines Plattenbaus ein und verblutete im Treppenaufgang – vor den zu lange verschlossen bleibenden Wohnungstü-

ren. Dem Urteil eines sog. 'Kenners der Szene' zufolge zeigen solche Fälle, dass 'rechte' Grundüberzeugungen, und das seien in diesem Zusammenhang Überzeugungen „gegen Ausländer, gegen Linke, gegen Juden und für Deutschland" (Bernd Wagner 1999) inzwischen zur „Normalität des Lebensalltags durchschnittlicher Milieus" in den krisenhaft umbrechenden Teilregionen Ostdeutschlands gehören (vgl. oben die Fallminiatur b.). Das Verstörende dieser Fälle, ihre Anzahl auch machen es um so notwendiger, Gegenbelege zu diesem flächendeckenden Verdikt zu erwähnen und zu untersuchen. 2½ Jahre später haben sich BürgerInnen der selben Stadt Guben, die inzwischen in den Medien als Inbegriff einer „national befreiten Zone" gelabelt ward, erfolgreich gegen die Abschiebung der vierköpfigen vietnamesischen Familie Nguen gewehrt: Mit einer Reihe von medien-wirksamen Aktionen (Proteste, Unterschriften-Appelle und Spenden-Aktionen) hat 'das andere, das bessere Guben' (unter aktiver Mitwirkung ihres Bürgermeisters Hain) dafür gesorgt, dass die problemlos in die Gemeinde integrierte Familie gegen die Aktenlage der Genehmigungsbehörden in der Stadt bleiben konnte – zunächst in einem Kirchenasyl, dann über öffentlichen und politischen Druck mit einer neuen, in Wroclaw (Breslau) beantragten Arbeits- und Aufenthaltserlaubnis in Guben selbst (vgl. Tagesspiegel 15.8.01 'Guben-Hanoi-Guben'; sowie: 'Aufschwung der Anständigen'). Das zeigt zweierlei: a. Der Kampf gegen Fremdenfeindlichkeit ist also auch 'unter Schrumpfungsbedingungen' möglich; und b. eine von den Medien schon selber 'essentialistisch' als fremdenfeindlich gelabelte Gemeinde kann selbst auf den Pfad des öffentlichkeitswirksamen Eintretens für die Fremden zurückfinden – wenn der mediale Druck von Außen in eine lokale Lerndynamik einmündet und sich vor Ort weiter proaktiv entfaltet. Oder, wie der Ausländerbeauftragte Konrad „Conny" Großmann sehr viel 'dröger' den Fall dieser Familie rekapitulierte: „Die Familie zahlt Steuern, liegt niemandem auf der Tasche und ist tief in Guben verwurzelt" (Tagesspiegel a.a.O.).

Lassen wir diese vier Episoden zu ortstypischen Formen des Umgangs mit Fremdem und Eigenem Revue passieren, so scheinen sie – trotz ihrer Streuung über große und kleine Städte und deren Peripherien – weitere Hinweise darauf zu geben, dass sich im Weichbild unserer Städte und ihrer Peripherien der Umgang zwischen Fremdem und Eigenem verändert. Insbesondere dort, wo Globalisierungs-, Lokalisierungs- und Transformationseffekte sich krisenhaft überlagern, sind diese Veränderungen besonders drastisch. Die frühen wohlgemuteren Hoffnungen auf multikulturalistische Kulturformen, in denen sich perspektivisch schöne *Melangen* von Diesem mit Jenem herausbilden würden, erhalten hier schon seit längerer Zeit erhebliche Dämpfer. Allerdings war auch die angloamerikanische Theorie hybrider kultureller Globalisierungen, die die Veränderungen im Relationsgefüge von Eigenem und Fremden methodisiert und theoretisiert hat, zunächst sehr viel optimistischer gestimmt. Ausgehend von einer beinahe euphorischen Neubewertung der Ergebnisse Mendelscher Gesetze über die Kreuzung des gattungsspezifischen Genpools hatten insbesondere der Poststrukturalismus und die Postmoderne-Diskussion wahre Feiergesänge über Hybridbildungen und Synkretismen jeder Art angestimmt. Damit schien endgültig ein Gegengift gegen essentialisierende und puristisch-prinzipialistische Vorstellungen von Identität und Ethnizität zur Hand zu sein. Montage- und Collagiertechniken sowie „Patchwork-Identitäten" wurden in den einschlägige Theoriezirkeln der neuen Kulturwissenschaften als paradigmatische Kulturtechniken der globalen Melange ausgeflaggt. Die Theorien der Hybridbildung feierten Unschärfe- Relationen und Kulturmischungen und wähnten sich so auf dem Weg zu einer nicht-hybriden Kategorienbildung der Hybridität (vgl. dazu Jan Nederveen-Pieterse, 1998, S. 104 ff.; Werbner, Modood 1997). Dann aber drängten sich zunehmend Fragen nach dem politischen Gewicht und den Kosten einer rückhaltlosen Bejahung der 'Hybridität an sich' auf – denn die

VII.2 Fremdes und Eigenes am Metropolen-Rand

assimilatorischen bis de-stabilisierenden Wirkungen vieler Hybridisierungsformen lassen sich seit längerem schon kaum noch übersehen. Zudem galt es, bei den Mischungsprozessen sehr viel genauer ortsgebundene Kulturen von translokalen Kulturen zu unterscheiden. In präzisen Untersuchungen wurden daher zwangsweise Hybridisierungen – etwa in der Gestalt von Time-Space-Compressions (Harvey 1993) sowie das faktische Kollabieren von räumlichen Barrieren und Grenzen seziert (vgl. Jörg Dürrschmidt 1995, 56 sowie jetzt: Dürrschmidt 2000). Dürrschmidts Konzepts der *Microglobalization* fokussiert dabei exemplarisch das Alltagsleben von Menschen in Stadtteilen sogenannter World Cities (etwa in London) und zeigt, wie intensiv und mit welchem Formenreichtum dieses Leben inzwischen faktisch verbunden ist mit Menschen über den gesamten Globus hinweg. Personengruppen lassen sich dabei nach ihren Fähigkeiten unterscheiden, sogenannte „Extended Milieux" zu meistern, also Milieuformen, die sich aus ihrer lokalen Verortung gelöst haben. In seinen detailreichen Mikroglobalisierungsstudien unternimmt es Dürrschmidt, dieses kontigente und akzidentielle „Anderssein" des Anderen im alltäglichen Leben in genauen Falluntersuchungen zu analysieren. Dabei dienen ihm vor allem biographische Relevanzbezüge als Messlatte für Distanz und Ausdehnung der Milieus, nicht in erster Linie geographische und Ortsbezüge oder institutionelle Netzausdehnungen. Soweit einige resümierende Bemerkungen zum aktuellen Stand der Analysen kultureller Hybridbildungen im angelsächsischen Raum.

Für die im Rahmen unserer Suburbanisierungsstudien nötige Klärung der Hybridisierungsformen unter der Randbedingung 'postsozialistischer Transformation' ist es allerdings nötig, neben den konzeptuellen und empirischen Differenzen gegenüber gängigen kulturellen Globalisierungsdynamiken (vgl. oben die Punkte 1. und 2.) an völlig andere faktische Ausgangsbedingungen für postsozialistische Hybridbildungen zu erinnern. Michal Illner etwa hat daran erinnert, dass nach 1989/1990 jahrzehntelang abgekapselte soziale Räume allererst wieder in internationale Bezüge eingefädelt wurden – und zwar zunächst recht handfest in der Form eines *plötzlichen* und vorher ganz unbekannten Zustroms von personal Fremdem: von fremden Touristen, von Gastarbeitern, Flüchtlingen, Experten, Kriminellen, Prostituierten etc. Gegen die fast magische Bedeutung der Staatengrenzen in der Ära des Kommunismus beschreibt Michal Illner facettenreich eine das östliche Europa zunächst geradezu konsternierende Grunderfahrung, dass *plötzlich Fremde überall waren* – mit dem Effekt auch, dass Fremde als potentielle Konkurrenten angesehen werden mussten, dass sich zunächst Xenophobie ausbreitet, Misstrauen entsteht. Die langen Jahre der Isolation im östlichen Europa summiert Illner zu einer allen Melangierhoffnungen zunächst engegenstehenden Grunderfahrung „People are not used to cultural, ethnic and regional diversity!" (Michal Illner 1997, S. 177). Damit war zugleich ein wie immer imaginiertes Bedrohungsszenario aufgespannt, das als Subtext nicht allein die schnellen EU-Osterweiterungspolitiken flankiert, sondern selbst in den östlichen Teilen Deutschlands subkutan weiterhin mitläuft. Die auf diesen Wegen konstruierten wesentlichen Fremdheitsgefühle finden etwa in den „nachholenden" Theorien kultureller Modernisierung/Globalisierung überhaupt keine Berücksichtigung. Diese nicht-verarbeiteten Fremdheitsgefühle tauchen an vielen Stellen wieder auf, etwa in den essentialistischen Identitätskonzepten ostdeutscher Teilmilieus (s. oben Fallminiatur b. mit den rechtsradikalen Hybridbildungen a la „Nordisch by Nature"). Nation, Kultur, Ethnie, Arbeitsmoral, Anti-Faschismus und Freund-Feind-Schematisierungen werden dabei auf sehr eigene Weise hybrid zusammengerührt und zu einer *gespaltenen Modernisierungskonzeption* verbunden: Göschel u. a. (1998) haben dafür die Unterscheidung von „objektiver" versus „subjektiver" Modernisierung eingeführt. Allerdings lässt sich mit dem Subjekt-Objekt-Schema die widerständige Gewalt von „objektiv wirkenden" kulturellen Schematisierungen, in deren Medium sich unterschiedliche Modernisierungspfade gerade für die *Subjekte* allererst bilden, selbst nur andeuten. Unsere 'postsozialistischen Hybridisierungstypen' versuchen, hier einen Schritt weiterzugehen: sie skizzieren Kontexte, innerhalb deren Mentalitäten, Handlungsroutinen und Innovationsdynamiken sich typisch umbilden. In der Gegenrichtung hat Peter Fuchs in seinem voltenreichen „west-östlichen Diwan" versucht, die Fremdheitserfahrungen eines Westdeutschen, der an eine ostdeutsche Fachhochschule (Neu-Brandenburg) berufen wird, phänomenologisch genau zu beschreiben. Sein anfänglicher Eindruck von totaler Unbehaustheit und Fremdheit, den er bis auf ein paar Klischees zunächst nicht spezifizieren konnte und wollte, kam zustande durch eine nicht abreißende Serie kleiner kommunikativer Irritationen, des Aus-dem-Ruder-Laufens der Alltagskommunikationen auch – und das alles weit unterhalb der großen Leitdifferenz Ost-West. Daraus entwickelte Fuchs sein Luhmanneskes Beschreibungsprogramm: *„Er wollte sehen, wie er sah, indem er nur exakt genug beschrieb, was Sehen ihm vorführte ...".*

Fazit: Die Limitierungen der angelsächsischen kulturellen Globalokalisierungsdebatte – so faszinierend und unterhaltsam viele ihrer Resultate sind – werden gerade bei ihrer umstandslosen Anwendung auf Transformationsprozesse nach 1989 deutlich. Sie homogenisieren die kulturellen Mischungen im weiten Feld *zwischen* Globalisierung und Lokalisierung. Die eigensinnigen Entwicklungslogiken der postsozialistischen Hybridbildungen lassen sich auf diese Weise nur unzulänglich 'be-greifen'. (Zudem zeitigte die *optimistische Kulturvariante der hybriden Melangen* offensichtlich auch andernorts längst nicht mehr immer nur erfreuliche Ausgänge.) Um nur drei Gegenevidenzen zu erwähnen: Es zeigen sich innerhalb der postsozialistischen Transformationspfade zunehmend

- kulturelle Differenzverschärfungen,
- Verstärkungen rechtsradikaler Tendenzen (z.T. mit zynisch-reflexiven Volten auf das wesentlich Eigene und das wesentlich Fremde (s. oben Fallminiatur b.) mit der Folge eines gewaltsamen Ausschlusses des Fremden, von Neo-Essentialisierungen etc.
- wachsende Toleranzdefizite
- zugleich aber auch neue proaktive Hybridmischungen des Eigenen und des Fremden.

Angesichts dieser Spezifik *pfadabhängiger* postsozialistischer Transformationsprozesse ist eine besondere Vorsicht auch vor 'kognitiven Kolonialisierungen' angesagt, etwa nach dem Schema der 'nachholenden Moderne'. Um so wichtiger werden genaue Fallanalysen, wie sie einen wesentlichen Teil dieses Sammelbandes bilden. Dabei bildet der gravierende Mangel an kontinuierlichen Erfahrungen des Umgangs mit 'Fremden', der häufig über Nacht von dem 'ganz anderen' Zustand: 'Fremde sind überall!' abgelöst wurde, eine nicht zu unterschätzende Ausgangsformation (Rolle der Medien dabei!). Dieses *plötzlich behobene* Manko verdreht sich teils zu regelrechten Lernblockaden, teils in einen konsumistischen Rausch des nachholenden Einverleibens.

Ein weiteres, eher geographisches Problem kommt hinzu: Raumkulturelle Untersuchungen, die sich unreflektiert der *anglo-amerikanischen* Globalisierungsdebatte anschließen, erweisen sich in der Regel als unwillig, das 'Europa der EU' auszutauschen gegen das *reale Europa*, das längst mindestens bis zum Ural und nach St. Petersburg reicht. Unsere drei Fallminiaturen sollten deshalb auch darauf hinweisen, dass sich 'östlich der Elbe' unter postsozialistischen Pfadbedingungen inzwischen zunehmend ungeplant eigene Hybridtypen ausbilden, mit einer Mischung aus Globalisierung, national-regionalen Wiedererfindungen von 'Zwischenidentitäten', mit wilden Mixturen aus informellen Institutionen, Alltagskulturen und lokalen Entwicklungspfaden. Für diese hybriden Formen postsozialistischer Transformationen haben die raumbezogenen Sozialwissenschaften allererst 'treffende' Pfadlogiken, generalisierte Typen *und* angemessene Begriffe zu entwickeln. Fremdheit und Nähe im eigenen Land, in der eigenen Stadt, am 'eigenen Stadtrand' werden durch solche Überlagerungsprozesse

VII.2 Fremdes und Eigenes am Metropolen-Rand

zu neuerlich brisanten Grunderfahrungen. Die jahrzehntelange Zwangsenthaltsamkeit gegenüber einem europäischen Typus von 'normaler' Fremdheit, über die Michal Illner so eindrücklich berichtet hat, muss dabei als Erfahrungsunterfutter weiter in Rechnung gestellt werden, gerade auch da, wo sie scheinbar routiniert und konsumistisch durch Lebensstilpioniere, knallharte Wirtschaftsmodernisierer oder aber auch durch besonders exzessive Konsumformen sowie die generationenbildende Adoration von Unterhaltungsmedien überspielt werden. Insbesondere die Generation der jetzt 15- 25-jährigen, Hauptadressat der medien-gestützten 'kulturellen' Globalisierung, entwickelt auf diesen Feldern eine reiche Formenvielfalt, unter anderem eben auch 'hybride Muster eines neuen postsozialistischen Essentialismus von Eigenem und Fremdem' (vgl. oben Fallminiatur b.).

Nehmen wir in diesem Sinne unterschiedliche Entwicklungspfade innerhalb des Prozesses der gesellschaftlichen Modernisierung ernst – als Bürde wie als Optionen-öffnendes Feld, als Signum für eingefahrene Gleise mit angekoppelten Modernisierungsblockaden, aber auch als Optionenvielfalt für mögliche neue Ost/West-Melangen – so lässt sich die Konzeption unseres 'Ränder der Hauptstadt'-Bandes noch einmal plausibel machen: Wir haben insbesondere für detaillierte Fallanalysen optiert, um die neuen Kombinatoriken von Nähe und Fremde, von Fremdem und Eigenem, von eigenen und fremden Institutionenkulturen zu untersuchen, die sich unter dem Signum postsozialistischer Transformationsräume entwickeln – und zwar weit unterhalb des Adlerblicks der Beobachtungssatelliten und seiner Kartierungsverfahren oder einsinniger Globalisierungsdiagnosen. Die theoretischeren Teile dieses Bandes halten sich streng an die von den Fallanalysen geöffneten Perspektiven. Insofern stehen sie in der Tradition einer „Grounded Theory" (Glaser/Strauss 1971), also einer Form von Theoriebildung, die nachweislich ihre Theoriebildung in den Rekonstruktionsergebnissen empirischer Fallanalysen verankert (s. Hildenbrand, im Erscheinen).

Unsere Fallanalysen sind insofern auch keinesfalls 'l'art pour l'art' oder aber beschreibungsverliebte Miniaturenmalereien. Vielmehr enthalten gerade die Fallrekonstruktionen in Verbindung mit Typenbildungen (s.o. die Fallminitiaturen sowie Akteurs- und Netzwerktypologien in II.1 und V.1) Orientierungswissen darüber, wie sich denn konkret und vor Ort sozialräumliche Lernprozesse initiieren, unterstützen oder flankieren lassen. *Ein Beispiel*: Die Fallminiatur b. hat Mechanismen freigelegt, mittels derer Jugendliche aus den Umlandgemeinden Berlins regressive Formen von Eigensinn in eine Essentialisierung von kultureller Differenz umgießen ('Nordish by Nature'). Was dabei ausfällt, ist die Anerkennung von 'Anderem' als notwendige Vorbedingung für eine lernoffene Profilierung des Eigenen. Damit verstärken sich kulturelle Schließungsstrategien, deren Erfahrungsuntergrund weiterhin die weitgehend ethnisch homogenisierten Sozialmilieus aus der DDR-Phase sind, welche nun verstärkt unter Suburbanisierungsdruck kommen. Diese regionalkulturelle Fallstruktur, die sich mit Rekonstruktionsergebnissen aus anderen Fallanalysen verstärken und ausdifferenzieren lässt, hält nun für die lokale und regionale Politik eines Umgangs mit jugendlichen Alltagskulturen wichtiges Orientierungswissen bereit. Um es hier bei zwei allgemeineren Politikorientierenden Hinweisen zu belassen:

- erstens müssen stärkere ethnische Mischungen gerade auch in den Umlandgemeinden befördert werden – allerdings mit Auswahlregeln, die selber die ethnische und soziale Vielfalt erhöhen und zugleich dafür Sorge tragen, dass es hier nicht zu unlegitimen Überlastungen der Lebenswelten von Menschen, die auf den unteren Etagen der Arbeits- und Wohnpyramide leben, kommt (vgl. Döbert 1999, 319);
- zweitens müssen personale und institutionelle Lernprozesse gerade in den vernetzten Jugendkulturen der Umlandgemeinden verstärkt werden, und zwar so, dass diese Lernprozesse in die Sozialmilieus rückgebettet werden, nicht über sie hinwegdriften.

Beide Punkte lassen sich im Sinne von Orientierungswissen mit Verfahren, Selbstorganisationsvorschlägen und Operationalisierungen vor Ort untersetzen. In diesem Sinne gehen unsere Forschungsergebnisse inzwischen auch in lokale Entwicklungspolitiken ein. Ziel ist es stets, Erfahrungen des Umgangs mit Fremden 'als Fremden' verstärkt zu ermöglichen und diese Fremdheitserfahrungen zugleich rückzubetten in einen lernfähigen Eigensinn des Eigenen und seiner Anschlussregeln. Nur so lassen sich auch abgeschottete Milieus unter der Randbedingung postsozialistischer Hybridbildungen wieder öffnen.

Abschließende Bemerkungen

Die kulturindustrielle Transformation des Fremden zum Pittoresken und touristisch Konsumierbaren, gewaltig verstärkt durch die elektronischen Medien und eine globalisierte Konsumkultur hat einen fast paradoxen Effekt: das *Fremde als ein Fremdes*, also als etwas zunächst fundamental Verstörendes, als etwas Geheimnisvolles auch mit einer unbekannten eigenen Bildungsgeschichte, die erst einmal irritiert zur Kenntnis genommen, dann in ihrer Strukturierung freigelegt und schließlich angeeignet sein will, verschwindet. An seine Stelle treten die globalisierten ready mades von Horrorgeschichten, Star Wars und elektronisch aufgemöbelten Gegenwelten. Die progressive *Früh-Romantik* in Deutschland dagegen war geradezu darauf versessen, Fremdes „als ein Fremdes" wahr- und ernst zu nehmen. Romantische Theorie- und Ästhetisierungstechniken begannen früh schon, gerade am Vertrautesten Fremdes herauszuschmecken, auch gerade das Nächste als ein Fernes zu verfremden ("Indem ich dem Gemeinen einen hohen Sinn, dem Gewöhnlichen ein geheimnisvolles Aussehen, dem Bekannten die Würde des Unbekannten, dem Endlichen einen unendlichen Schein gebe, so romantisiere ich". Novalis). Inzwischen läuft die Zusammenhangserfahrung des Eigenen und des Fremden genau andersherum ab: mit wachsendem technologischem Gedöns, mit 'fast perfekten' Virtualisierungsindustrien und mit minimalen Lerneffekten. Die Nostrifizierung des Fremden über den Erfahrungs-Highway der elektronischen Medien (Sprechende Dinosaurier!) ist also weit fortgeschritten. Gerade die dabei exekutierte Verharmlosung des Fremden – trotz des Schock-Arsenals der neuen Medien und der Filmindustrie etc. – scheint neben dem Mangel des alltäglichen Umgangs mit Fremden ein wichtiger medialer Erfahrungshintergrund zu sein für die brutalen rechtsradikalen Ausraster und Eskalationsschrauben ohne Stoppregeln. Vornehmlich in Regionsteilen, in denen ein weit unterdurchschnittlicher Ausländeranteil zu konstatieren ist, werden bekanntlich Ausländer um so hartnäckiger durch die Straßen gejagt (s. oben die Anmerkungen zum 'Fall des Omar Ben Noui' in Guben).

Sozialräumliche Transformationsstudien, die diesen neuen hybriden Essentialisierungen von Eigenem und Fremdem auf die Spur kommen und zugleich Handlungsoptionen entwickeln wollen, sind gezwungen, dabei ein genaues Augenmerk auf den Zusammenhang von *formellen und informellen Netzbildungen* zu legen. Der unseren Studien zugrunde liegende Milieuansatz erlaubt es, genau diese Zusammenhänge in lokal- und regionalkulturell sensibilisierter Form Ernst zu nehmen (vgl. Matthiesen 1998a). Milieuansätze sind insofern auch für die Analyse dieser neuen, politisch brisanten 'postsozialistischen' Relationen zwischen Eigenem und Fremdem eine große Hilfe, insbesondere dort, wo sie sich den dialektischen Dreitakt von embedding-, dis-embedding- und re-embedding-Prozessen bei der Suche nach neuen hybriden Relationen zu Nutze machen. Auf diese Weise haben wir gezeigt, wie die zunächst klassisch-ortskonkreten Milieus etwa des 'Umlandes' sich von Ortsbezügen lösen und wo sie neue Orte als Szenen wiedererfinden (re-embedding). Dieser dritte Takt im Reigen lokaler Lernprozesse, also die szeneartige Wiederverortung – vor dem Hintergrund neuer Hybridisierungen – wird dabei immer wichtiger. Und dieser „Rückbettungsprozess" operiert längst unter Einschluss virtueller Situierungstechniken in relationalen Räumen. Mit der fallkonkreten Rekonstruktion der Logik dieser Rückbettungsprozesse wird aber, wie oben angedeutet, zugleich Orientierungswissen über gelingende Formen regional- und lokalkultureller Entwicklungen erzeugt – unter der doppelten Rahmung durch Transformations- und Globalisierungsprozesse. Die Fallanalysen dieses Bandes wollen in diesem Sinne einen Beitrag sowohl zur Aufklärung der neuen 'hybriden' Sässigkeitsformen wie zum Orientierungswissen für neue suburbane Lernprozesse liefern.

Perspektivische Diskussionen zur Entwicklungsdynamik des Eigenen und des Fremden laufen manchmal unter anderen Titeln. Karl-Dieter Keim etwa hat in seiner Zusammenhangsanalyse von *Milieu und Moderne* (Keim 1997) mit der analytischen Trennung von zwei neuen Milieutypen: ("Milieu qua Stützstrukturen" und „Milieu qua Schwellenräume") einen wichtigen Beitrag zur Weiterentwicklung auch von sozialen Nähe/Ferne-Analysen geliefert. Weiterführend in dieser Frage ist zudem sein Vorschlag, Milieu- und Institutionenuntersuchungen zu verbinden. Dem *binären* Kontrastschema von Fremdem und Eigenem ist häufig vorgeworfen worden, schon durch die terminologische Entgegensetzung werde die eigene und die fremde Kultur essentialisiert und festgeschrieben. Statt dessen müsse darauf hingewiesen, dass die Opposition von Eigenem und Fremdem immer relativ und temporär hergestellt werde und mit Machtaspekten verknüpft sei. Die entscheidende Forschungsfrage wäre dann, wie und in welchen Situationen dieser Gegensatz konstruiert wird, wann er sich verfestigt, aber auch, wann er sich wieder öffnet, auch sich öffnen lässt. In Sinne einer 'reflexiven' Erneuerung des Territorialitätsprinzips hat Helmut Berking (1998) gerade nachdrücklich darauf hingewiesen, dass der Raum als endliches und knappes Gut in den sozialwissenschaftlichen Analysen ein erstaunliches come back feiere – auch vor dem Hintergrund der offenkundig nicht zu zügelnden Ausdehnung quantitativer wie qualitativer Raumnutzungen, der Wucherungsprozesse städtischer und regionaler Siedlungsstrukturen (s. zu Neuansätzen einer sozialwissenschaftlichen Raumforschung auch die spannenden Vorschläge von Noller 1999, 2000). Die eher wieder an Brisanz zulegende Relevanz des alten Duals von Eigenem und Fremdem zeigt sich damit noch einmal von einer anderen, gleichfalls 'raumrelevanten' Seite.

In den herkömmlichen Formen der essentialisierenden Entgegensetzung von Nähe/Ferne- sowie Heimat/Fremde scheint implizit die beschwörende Option für die 'strong ties' von 'Gemeinschaft' in der Tradition von Ferdinand Tönnies (1887) versteckt. Das legt am Ende die Frage nahe, ob wir nicht längst eher generell auf 'weak ties' und deren situationsangemesseneren Problemlösungskapazitäten setzen müssten – gerade auch, um nicht-sklerotisierende Lösungsformen für Handlungsdilemata im Umfeld hybrider Eigenheits-Fremdheits-Mischungen zu vermeiden. Die Verhältnisse im östlichen Europa zeigen allerdings, dass sich parallel zu den Modernisierungssprüngen im Institutionensystem alte Netze regenerieren, Formen von filzartigen informellen 'strong ties' neuerlich zu wuchern beginnen, über die Nähe/Ferne neu geregelt werden: Tribalismus, mafiöse Clans, Dominanzverhältnisse in den gender relations, klüngel-artige alte Netze, 'starke' Formen von Abhängigkeitsverhältnissen, die auf Identitätskonformität, auf verpflichtender Nähe und Intimität beruhen: All diese Prozesse scheinen danach gerade unter den Transformationsbedingungen des Postsozialismus wieder in diesem Sinne wichtiger, 'essentieller' zu werden. *Zu gleicher Zeit* aber breiten sich fluide, *funktionale* Netzwerke immer weiter aus, die in der Tat soziale Beziehungsstrukturen also nach dem Muster von *weak ties*, der schwachen, flexiblen, temporalisierten Beziehungsformen favorisieren und weiter in diese Richtung umstrukturieren – mit ihrer größeren Fähigkeit, diffuse Kreise von Individuen und sozialen Gruppen projektbezogen in strategische Netze einzubinden und temporär soziale Distanzen zu überbrücken. Die drei Fallminiaturen haben fallnah gezeigt, wie und wo sich in postsozialistischen Stadt-Umland-Beziehungen neue Mischungen zwischen *weak* und *strong ties* herausbilden. In deren Weichbild aber lösen sich das Eigene und das Fremde nun keinesfalls etwa spurlos auf. Sie ordnen sich vielmehr neu!

Schließlich sei kurz daran erinnert, wie das Thema des *Vertrauens* in den neuen institutionentheoretischen Ansätzen der Sozialwissenschaft und Ökonomie eine immer größere, inzwischen fast schon überdrehte Rolle spielt. Nach der gleichsam transzendental-anthropologischen Lesart, die Husserl dem Vertrauen, ja dem Vorvertrauen gegeben hat – als dem gründenden Boden für alle intentionalen Leistungen, die wir lebensweltlich hervorbringen – besetzen in den aktuellen theoretisch-empirischen Diskursen zu neuen sozialwissenschaftlichen Institutionenanalysen jetzt 'Vertrauensformen' genau diejenigen kognitiven Leerstellen, die der methodologische Individualismus und/oder rational-choice-Ansätze unbesetzt gelassen haben. Damit ist das Einbettungs- und Kontextproblem von Institutionen und von ökonomischem Handeln unabweisbar zentral geworden (Granovetter 1995: S. 481 ff.). Für beide Dimensionen von Vertrauen, also sowohl für die transzendentale (d.h. die Bedingungen der Möglichkeit von Welterfahrungen und Handlungsformen thematisierende) wie für die empirisch-interaktive Ebene gilt im Falle von 'trust' zumindest teilweise der Funktionsmodus des 'unthematischen Fungierens' (Edmund Husserl). Das heißt: Sowie wir über Vertrauen in Interaktionssystemen reflektieren und theoretisieren müssen, hat Vertrauen seinen 'Modus des Fungierens', teils auch seinen Aggregatzustand verändert. Milieus als nicht-komplett-finalisierbare Interaktionsformen spielen beim Prozess der Vertrauensbildung in lebensweltlichen Interaktionssystemen, damit auch als Unterfutter für die Bildung des Fremden und des Eigenen eine entscheidende Rolle. In ihren Netzen werden Nähe wie Ferne 'erzeugt' und typisch re-arrangiert (durch Formen des re-embedding etwa, die die teilweise dramatisch gesteigerten transformationellen dis-embedding-Formen (Restitution etc.) „aufheben" können). Dabei amalgamieren diese Milieus nicht selten und auf mancherlei Art im politischen wie im vorpolitischen Raum mit klientelistischen Formen der Interaktion: zu mafiösen Strukturen, zu rechten Jugendmilieus und lernhinderlichen Familien- oder Beziehungsclans. Lokal angemessene Politikformen benötigen mehr denn je Orientierungswissen über diese Hybridformen in den *Verflechtungsmilieus des Suburbanisierungsprozesses*. Nur so auch lassen sie sich zukunftsoffener und lernfähiger machen (vgl. Armin Nasseii 1998, S. 151 ff.; s. auch Meinhard Creydt 1999, S. 45 ff., vgl. auch die Bezüge auf bürgergesellschaftliche Selbstorganisationsformen in der Synthese dieses Bandes (Teil VIII).

Das Problemfeld „postsozialistischer Hybridbildungen" regt also an, durch das Medium von Fallrekonstruktionen hindurch suburbane Handlungsräume und die Verflechtungsprozesse in Stadtregionen neu zu denken – um sie dann auch neu zu strukturieren: etwa durch intelligentere und systematischere Verkopplungen von formellen mit informellen Lerndynamiken, von neuen Analysetechniken (zum cultural turn s. II.1) mit neuen Governance-Formen. Durch die Zunahme von Hybridbildungen im Prozess der transformationellen Moderne sind wir also gehalten, Teile unseres kategorialen Bestecks sowie die Brücken hin zu den Anwendungsbezügen der sozialwissenschaftlichen Raumforschung neu zu konstruieren. Absicht der Revue auf die internationale Globalisierungs- und Transformationsforschung sowie auf ausgewählte empirische Fallanalysen dieses Bandes war es, diesen Zusammenhang von Empirie, Theorieentwicklung und Anwendungsbezügen exemplarisch an den Paarbegriffen des Fremden wie des Eigenen, von Fremdheit und Vertrautheit zu zeigen.

VIII.
Synthese

Ulf Matthiesen

VIII. Milieuformen und Mentalitäten im engeren Verflechtungsraum von Berlin mit Brandenburg – Zwischen Innovationsdynamiken und alltagskulturellen Schließungstendenzen

Der Verflechtungsprozess Berlins mit Brandenburg zu einer europäischen Metropolregion mit eigenen Konturen und Entwicklungsoptionen, aber auch mit spezifischen Konfliktlagen und Peripherisierungsgefahren ist in vollem Gange. Die Arbeiten dieses Bandes – in Kooperation zwischen außeruniversitärer Projektforschung (IRS, Erkner) und universitärer Lehrforschung (Humboldt-Universität, Freie Universität Berlin) entstanden – schlüsseln mit unterschiedlichen methodischen Zugängen, zudem gleichzeitig auf der Mikro- wie auf der Mesoebene drei wichtige Facetten des Regionalisierungsprozesses der neuen deutschen Hauptstadt auf:

1. Einmal zeigen sie, dass und wie das lange Zeit intakte extreme Dichtegefälle von Stadt und Land zunehmend von disparitären Entwicklungsdynamiken zwischen Gewinner- und Verlierergemeinden überlagert wird – wobei der 'engere Verflechtungsraum' insgesamt gegenüber anderen brandenburgischen Regionsteilen als Gewinnerregion auftritt.
2. Ein zweites Augenmerk gilt dem Zusammenspiel unterscheidbarer, aber sich überlappender Entwicklungsebenen innerhalb dieses Regionalisierungsprozesses, also etwa der Überlagerung von
   a. 'normalen' funktionalen Verflechtungsprozessen mit
   b. postsozialistischen Transformationseffekten sowie
   c. den wachsenden Einflüssen von Europäisierungs- und Globalisierungsdynamiken (II.2, II.4, II.5, IV.2, VI.2, VII.2).
3. Das Hauptinteresse der hier vorgelegten Studien und Fallanalysen gilt aber der Untersuchung des Einflusses von Alltagskulturen, Formen der Lebensführung und sozialen Milieus auf die rasante Entwicklung der Sozialräume 'an den Rändern der deutschen Hauptstadt'. Die Fallstudien zeigen dabei ganz konkret, wie Verflechtungsmilieus und stadtregionale Kulturmuster den funktionalen Austauschbeziehungen und Interessenkonflikten zwischen 'Stadt' und 'Umland' allererst ihre ortspezifische Form sowie dem engeren Verflechtungsraum insgesamt seine inhomogene Dynamik aufprägen. Bisherige Suburbanisierungsanalysen sind dagegen ganz überwiegend in objektivistischer Manier vornehmlich den funktionalen und stofflichen „flows" zwischen Zentren und Peripherien nachgefahren. Dabei konzentrieren sie sich einmal auf den räumlich-physischen Zusammenbruch baulich-siedlungsstruktureller Dichte-Unterschiede ('urban sprawl') oder aber auf die quantitative Zunahme der Transaktions- und Mobilitätsströme ('funktionale Verflechtung'). Resultat solcher Untersuchungen sind 'objektive' Übersichten und Graphiken zur nahezu physisch gedachten Kausalität von sog. push- und pull-Faktoren, die den Suburbanisierungsprozess 'determinieren'. Kulturelle Muster, Lebensstile und Milieus als Kodierungsfolien für ökonomische, politische und soziale Raumentwicklungen und Raumbedarfe gerieten auf solche Weise kaum in den Blick. In einem *erklärungssystematischen Sinne* tauchen sie sogar völlig unter.

Für die Verflechtungszonen der Hauptstadtregion macht eine solch 'objektivistische' Verkürzung der Regionalisierungsanalysen auf die funktionalen Flows zwischen Stadt und Umland besonders wenig Sinn. Ein zentrales Resultat der hier vorgelegten Studien ist es nämlich, dass die Zunahme der funktionalen Verflechtungen von Ökonomie, Politik und Verkehr begleitet und unterfuttert wird durch 'eigensinnige' lokal- und regionalkulturelle Zwischen-Identitäten, die sowohl Entwicklungsoptionen öffnen können, nicht selten aber auch zu Schließungs- und Abschottungstendenzen führen. *Funktionale und raumkulturelle Verflechtungen folgen insofern empirisch nachweisbar unterschiedlichen, teilweise krass gegenläufigen Entwicklungslogiken.* Um dieses zentrale Ergebnis unserer Studien nochmals möglichst anschaulich zu machen: Als klassischer Begründungsfall für die Hyperdominanz funktionaler Verflechtungsdiagnosen gilt stets der Verkehrssektor. Allerdings sagt die in der Tat dramatische Zunahme des motorisierten Individualverkehr nichts über die lokal- und regionalkulturelle Kodierung dieser Verflechtungen – ob als Last oder Lust, als Menetekel oder als nachholende 'motorisierte' Freiheit. Selbst im Verkehrsbereich also werden naturalistische Kausalschlüsse von den zunehmenden funktionellen Verflechtungen aus in Richtung auf sozial- und kulturräumliche Entwicklungsmuster nicht gedeckt. Viele unserer Fallanalysen zeigen vielmehr, dass statt eines homogen verflochtenen metropolitanen 'melting pots' sich ‚vor Ort' in den Verflechtungsmilieus zunehmend eigensinnige bis fundamentalistische Differenzkodierungen zwischen 'Berlin' und 'Brandenburg' entwickeln. Orchestriert wird diese Gegenläufigkeit zwischen funktionaler und raumkultureller Verflechtung dabei durch einen 'Summton der Unzufriedenheit' (A. Vaatz) – der gleichsam als Generalbass den Transformationspfad der Hauptstadtregion insgesamt begleitet – mit seinen Kapital- und Institutionentransfers, den alltagskulturellen ‚Kolonialisierungen', mit konsumistischen Öffnungen und nicht selten eben auch über lokalkulturelle Abschottungen.

Schon der erste dramatisch misslungene Fusionsversuch zwischen Mark und Metropole von 1996 ist an einer völligen Unterschätzung dieser 'raumkulturellen' Dimension von Verflechtung gescheitert. Im besten Falle wurde das als ostdeutsche Befindlichkeit psychologisiert, insofern 'wegerklärt'. Als eigenständige Strukturdimension der Stadt-Umland-Verflechtungen jedoch kamen die eigensinnigen Lokal- und Regionalkulturen selten in den Blick. Und es ist absehbar, dass der nächste Fusionsversuch von Mark und Metropole, der spätestens Ende dieses Jahrzehnts wieder ansteht, ein zweites Mal – und jetzt vermutlich letal – scheitern wird, wenn er die Überprägnanzen und Eigenlogiken lokaler und regionaler Alltagskulturen der Metropolregion in seinen symbolisch-politischen Kampagnen nicht *systematisch* berücksichtigt. Den fallkonkreten Nachweis eines solchen *Eigensinns der Alltagskulturen und seiner Milieus im Berlin-Brandenburgischen Verflechtungsprozess* haben wir durch die empirische Rekonstruktion von kontrastiv ausgewählten Fällen geführt. Das zentrale Untersuchungsergebnis der Gegenläufigkeit funktionaler vs. alltagskultureller Verflechtung steht in direktem Gegensatz etwa zu 'nachholenden' Entwicklungsannahmen, wie sie wesentliche Aktionsformen im Bereich der länderübergreifenden politischen und ökonomischen Kooperationen der Regionalplanung oder der Kommunal- und Verkehrspolitiken etc. prägen. Das macht die politische Brisanz des Befundes einer relativen Eigenlogik der Entwicklung der Verflechtungsmilieus deutlich.

Diesen Nachweis *eines relativ eigenständigen Suburbanisierungspfades*, der wesentlich mitstrukturiert wird durch lokal sehr unterschiedlich ausgeprägte Formen der Gegenläufigkeiten zwischen funktioneller und alltagskultureller Verflechtung, haben wir nirgends blockhaft oder subsumtionslogisch aus abstrakten Phasenlogiken „der" Suburbanisierung abgeleitet. Stattdessen haben wir uns der strengen Zucht empirischer Fall- und Milieuanalysen sowie rekonstuktiver Generalisierungen unterzogen (s. V.1, VII.2). Dabei sind unterschiedliche Prozessverläufe, Krisendimensionen und Regelkreise gesondert untersucht und im Lichte eines „cultural turn" der Suburbanisierungsforschung zusammengeführt worden (II.1, II.5). Nicht

VIII. Milieuformen und Mentalitäten im engeren Verflechtungsraum

zuletzt haben wir mehrere fallgestützte Typologien entwickelt, auch um exemplarisch zu zeigen, wie sich Fallanalysen, Fallgeneralisierungen und modellhafte Typenbildungen verknüpfen und zu Orientierungswissen für neue Governanceformen der Hauptstadtentwicklung verbinden lassen. Um einige dieser hauptsächlich über Fallrekonstruktionen gewonnenen Typen noch einmal zu rekapitulieren:

a. in einer Verbindung von quantitativen Strukturdaten-Analysen mit Fallrekonstruktionen haben wir *zunächst* ein konkretes, mehrdimensionales *Phasenschema* für den Verflechtungs- und Suburbanisierungsprozess zwischen Berlin und dem brandenburgischen Umland skizziert (II.5);
b. dann wurden Typologien zu einschlägigen *lokalen Akteurskonstellationen* gebildet, die die Kodierungsmuster der faktischen Suburbanisierung wesentlich mit bestimmen (Radikale Modernisierer, Modernisierer mit posttraditionalen Ligaturen, Radikale Konsumisten, Nationalpark-DDR-Bewohner etc.);
c. zudem haben wir unterschiedliche lokale Akteursnetze typologisch-rekonstruktiv gegliedert sowie Protestformen nach dem NIMBY- und LULU-Formenkreis untersucht (vgl. V.1; s. auch die Typologie von Stadt- und Regionalplanern im Verflechtungsprozess in VI.1);
d. um die dabei entdeckten alltagskulturellen *Hybridbildungen* genauer zu untersuchen, die den *Verflechtungsprozess an den Rändern der Hauptstadt sowie die Entwicklung neuer Raumbedarfe* zunehmend mitprägen, haben wir schließlich drei Fallanalysen (VI.2, VII.1, V.4) noch einmal re-analysiert. Ziel war es, einschlägige lokale 'Hybridisationsformen' und deren Entwicklungslogiken zu rekonstruieren: zwischen 'proaktiven' lokalkulturellen Reaktionen auf Globalisierungsfolgen, postsozialistischen Schließungstendenzen und 'rechtsradikalen Hybridbildungen mit erheblichem Ansteckungspotential' (vgl. VII.2).

Neben der Entwicklung von Orientierungswissen für neue Governanceformen, neben kategorialen Klärungen und fallgestützten Typenbildungen ist es aber die Hauptabsicht dieses Bandes, *einschlägige Fallstudien* zum faktischen Verflechtungsprozess von Berlin mit Brandenburg sowie zu seinen *gespaltenen Modernisierungsformen* vorzulegen. Dazu haben wir quantitative und qualitative Methoden gemixed, zudem unterschiedliche Spielarten der 'qualitativen Sozialforschung' eingesetzt: neben ethnographischen und sozialphänomenologischen Zugängen etwa biographisch-narrativ justierte Verfahren sowie sequenzanalytisch orientierte Analysen im Kontext struktualer Hermeneutikformen. Die *Tiefenbohrungen dieser Fallstudien* sollten dabei nicht als unvergleichbare 'idiographische' Fallminiaturen mit hoher Ladung auf 'Orchideenhaftigkeit' missverstanden werden. Vielmehr zeigen sich gerade in den fallkonkret rekonstruierten Mustern auf prägnante Weise *einschlägige Strukturtypiken der disparitären Verflechtungsmilieus am Berliner Stadtrand insgesamt*. Insofern arbeiten die in diesem Band versammelten Studien gemeinsam einer *fallgestützten Theoriebildung* zu differenten Verflechtungslogiken in Suburbanisierungsprozessen und stadtregionalen Entwicklungen zu. Auch theoriestrategisch optieren wir dabei für einen dosierten *cultural turn* in der sozialwissenschaftlichen Stadt- und Raumforschung und seinen Regionalisierungsansätzen (vgl. II.1 – dort auch Anmerkungen zur Dosierungsanleitung).

Angesichts der *disparitären Dramatik* postsozialistischer Transformationsprozesse mit ihren neuen hybriden Mischungen von Schrumpfung *und* Wachstum, Abwanderung *und* Flächendehnungen, Öffnung *und* Abschottung schien es auch geboten, Vorsicht gegenüber urbanistischen Generalklauseln zu üben – etwa nach dem Schema der *'nachholenden* Moderne', der '*postfordistisch-ostfordistischen*' Stadtentwicklung oder selbst der 'kritischen' Stadtforschung. Dieses Einklammern geläufiger Generalklauseln machte genaue Fallanalysen als materielle Grundierung für einen kulturell kodierten Regionalisierungsansatz von Stadt zur ersten Methodenoption; wo immer nötig, wurden sie mit quantitativen Analysen gemixt (II.4, VI.1).

Im Schatten der anglo-amerikanischen Globalisierungs-Lokalisierungsdebatte zeigt sich der urbanistische mainstream bislang häufig eher unwillig, das 'Europa der gegenwärtigen EU' sowie die Debatten um „die" Europäische Stadt auszutauschen gegen das *reale Europa*, das inzwischen mindestens wieder bis zum Ural und nach St. Petersburg reicht. Die stärker typologisch orientierten Beiträge (etwa II.5, V.1, VII.2) zeigen dagegen mit aller wünschenswerten Deutlichkeit, dass und wie sich in der Metropolregion Berlin-Brandenburg zunehmend und ungeplant neue postsozialistisch kodierte Hybridtypen ausbilden, mit einer *pfadspezifischen Mischung aus Globalisierungs- und Transformationstendenzen*, mit regionalen wie lokalen Wiedererfindungen von 'Zwischenidentitäten', mit pfadspezifischen Verstärkungen von informellen Institutionen und Netzen, von Milieus und lokalen Entwicklungsmustern. Für diese auch politisch brisanten Hybridformen und ihre Pfadlogiken sind einschlägige Typologien und angemessene Begrifflichkeiten allererst zu entwickeln. Der Ränder der Hauptstadt-Band versteht sich auch als Beitrag in dieser eher konzeptuell-theoretischen Angelegenheit. Der Sammelband, der Arbeiten von jüngeren und älteren Milieuforschern zusammenführt, zudem in Kooperation mit Studierenden von zwei Berliner Universitäten (FU/HU) entstand, profitierte dabei in vieler Hinsicht von den Vorzügen unseres randstädtischen Beobachtungsortes: Das Erkneraner Leibniz-Institut IRS arbeit in unmittelbarer Nähe des südöstlichen Stadtrandes von Berlin, in Naturschönheit und Industriebrachen gebettet, von hohem Veränderungsdruck und sozialen Spreizungen umgeben, ans Wasser wie ans Teer gebaut.

Die direkte Nähe der Fallanalysen zu den Problemen vor Ort in den Umlandgemeinden – durch die Fälle und ihre Problemsichten hindurch – hat einen weiteren und konkreteren Vorteil: die Rekonstruktionsergebnisse können einen wichtigen Beitrag zum *Orientierungswissen* für politische und planerische Akteure in der Hauptstadtregion liefern. Gerade die 'dynamisch' sich entwickelnden Gegenläufigkeiten von funktionaler und alltagskultureller Verflechtung machen handlungsvorbereitende Umstellungen auf die ortsspezifisch sehr unterschiedlichen Entwicklungsdynamiken dieser Gegenläufigkeiten zu einer dringenden Angelegenheit – und zwar für alle Beteiligten. Im Sinne einer *Frühwarnforschung* lässt sich mit unseren Milieuanalysen etwa einkreisen, wo diese Gegenläufigkeiten die Erregungsschwelle öffentlichen Protestes erreichen können (zu NIMBY- und LULU-Protestformen s. V.1). Diese Studien zeigen darüber hinaus, wo sich derartige Gegenläufigkeiten zu veritablen Steuerungsparadoxien auswachsen (Matthiesen 2001 b). Gerade im Vorfeld einer nächsten Fusionsversuchsrunde von Berlin mit Brandenburg können derartige Fallanalysen und Typologisierungsansätze also eine wichtige Orientierungsfunktion für das politische Handeln von relevanten Akteuren übernehmen. Absicht unserer Forschungen ist es nicht zuletzt, 'proaktive' Bedingungen für *neue lernorientierte Governanceformen vor Ort* entwickeln zu helfen.

Die Fälle für unsere 'case studies' haben wir minimal/maximal kontrastierend ausgewählt; insofern sind auch sog. 'Problemfälle' angemessen vertreten. Letztere machen besonders anschaulich, wie und wo der Weg zu postsozialistisch-zivilen Formen der Öffentlichkeit in der Hauptstadtregion Berlin-Brandenburg auf gutem Weg ist oder wo dieser Weg weiter voller Schlaglöcher, Straßenunterspülungen, Umwege, road blocks und Sackgassen ist. Wenngleich der engere Verflechtungsraum Berlins mit Brandenburg sicherlich nicht zu den – in dramatische Negativspiralen verstrickten – 'Schrumpfungsregionen' Ostdeutschlands gehört, sondern im Gegenteil zunehmend selbsttragende Entwicklungsdynamiken zeitigt, werden auch hier die Verflechtungsprozesse von starken lokalen Unterschieden rhythmisiert, mit deutlichen Gewinner-Verlierer-Spreizungen. In dieser 'abgeschwächten' Form partizipiert also auch der 'engere Verflechtungsraum' an den Schrumpfungsdynamiken, die den ostdeutschen Transformationspfad insgesamt weiterhin charakterisieren. Gerade die 'Problemfälle' zeigen insofern den eigensinnigen, nicht selten ruppigen Verlauf der hauptstädtischen Regionalisierungsprozesse.

Zugleich hat es sich als zunehmend wichtig erwiesen, die in den Fällen thematisierten lokalen *Identitätsformen*, damit auch die Dimension von lokal relevanten Entwicklungsleitbildern und Handlungsnormen analytisch *wie* politisch Ernst zu nehmen. Damit wurden faktische Prozesse der Lebenswelt-bedeutsamen Normengenese thematisch – auch da, wo sie uns, wie im Fall „rechter Hybridkulturen", partout nicht behagen mögen. Gerade sie gehören danach ganz wesentlich zu einer umsetzungsorientierten Analyse transformationeller Sozialraumentwicklungen mit hinzu. Auch auf diesem Argumentationsweg lässt sich noch einmal die Notwendigkeit eines reflektierten „cultural turn" in der Stadt- und Regionalforschung belegen. Denn für ein zukunftsfähiges Zusammenspiel von nicht-institutionellen und institutionellen Lernprozessen vor Ort sowie im Verflechtungsraum werden zwei Fragen immer wichtiger: a. wie überlieferte ‚traditionale' Normen, Regeln und Praktiken vor Sklerosen bewahrt werden können, und b. wie Normenneubildungen sich so befördern lassen, dass sie der *regulativen Idee bürgergesellschaftlicher Aushandlungsprozesse und deren deliberativen Gerechtigkeitsformen pragmatisch zuarbeiten*. Blauäugigkeit ist dabei nirgendwo am Platze: Interessenkonflikte, Steuerungsparadoxien, Eigenlogiken von lokalen und regionalen Institutionen sowie von den sie einbettenden Milieus, Stärken und Schwächen von neuen 'weak ties' und alten 'starken' Beziehungsnetzen – insgesamt also eine Vielfalt von neuen und alten Unwuchten in raumrelevanten Akteursnetzen gilt es dabei, genau in den Blick zu nehmen.

Zudem operieren wir alle bekanntlich seit längerem unter der wenig gemütlichen Randbedingung 'kosmologischer Instabilität'. Eine Folge davon: Es gibt keine Großtheorien mehr, die dekretieren könnten, wo es faktisch lang geht, ja wo es optional lang gehen sollte im Falle der Entwicklung von Städten, Regionen und den Zonen 'dazwischen'. Auch hier werden deliberative Prozesse des bürgergesellschaftlichen Streits um Entwicklungsleitbilder und dafür notwendige Zwischenschritte immer wichtiger.

Dieser Band mit Fallanalysen und Fallgeneralisierungen zu Entwicklungsprozessen an den Rändern der neuen (und alten) Hauptstadt Berlin lässt absichtlich die folgende urbanistische Zentralfrage zumindest eine Strecke weit offen: Welcher Seite der doppelten Lesart der gegenwärtigen Stadtentwicklung neigt sich dieser suburbane Raum denn nun faktisch zu: der Spaltung, dem Zerfall, der eskalierenden Segregation, den fragmentierten Raumstrukturen im urban sprawl – oder aber einer Steigerung von neuen Handlungsoptionen, Netzwerk- und Clusterbildungen sowie einer stärkeren Verschränkung von Ökonomie und Kultur – etwa im Gefolge der zunehmend wissensbasierten stadtregionalen Entwicklungsdynamiken und von Lernprozessen, die lokalen Eigenaktivitäten stärken. Insgesamt optieren wir – ähnlich wie Thomas Sieverts in seiner Zwischenstadt-Diagnose – für einen *reflektierten Realismus*. Allerdings ist dieser neugierige Realismus jetzt *neu* zu justieren: auf die Bedingungen postsozialistischer Schrumpfungs- *und* Wachstumsüberlagerungen hin. Ganz offenkundig gehen in die Entscheidung für oder gegen Stadtentwicklungs- wie Suburbanisierungsmodelle immer Bewertungsfragen mit ein, die sich trivialerweise nur zum Teil direkt empirisch überprüfen lassen. Sowohl die *Verzweiflungsseite* wie die *Hoffnungsseite* der Diagnosen über die Zukunft unserer Städte und ihrer Ränder zeichnen sich durch eine teils bis zur Unkenntlichkeit gesteigerte Eindeutigkeit aus. Auch hier bedarf es in Zukunft sehr viel komplexerer Diagnose- und Erklärungsansätze, als sie etwa 'nachholende' Moderne-Konzepte oder die 'kritische' Stadtforschung gegenwärtig bereithalten. Der von uns favorisierte „cultural turn" der Stadt- und Regionalforschung (vgl. II.1) erlaubt es auch, das Problem einer 'Beobachtung der Beobachtung' ernster zu nehmen und die problemaufschlüsselnde Kraft der analytischen Kategorien, also etwa von 'objektivischen' Ansätzen der traditionellen Suburbanisierungsforschung genauer zu beobachten. Diese Methodik der Beobachtung der Beobachtung hat aber auch direkte Folgen für die Handlungs- und Umsetzungsseite sowie für das hierzu nötige Orientierungswissen: etwa durch eine perspektivische Verkopplung von reflexiven Untersuchungsdesigns mit proaktiven Governanceformen.

Der globalisierte „space of flows" (Manuel Castells 1997) schließlich, in dem zunehmend transnationale ökonomisch-finanzielle Verflechtungen mit minimaler normativer Kontrolle verkoppelt werden, zwingt dazu, gerade auch im Kontext stadtregionaler Entwicklungen *Gerechtigkeitsfragen* und die Fragen einer demokratischen Kontrolle solcher Prozesse neuerlich zentral zu stellen. Wir haben an den Fallanalysen gesehen, wie tief und ohne erwähnenswerte strukturelle Resistenz globale und Transformationseffekte in die lokalen Milieus und Mentalitätsmuster hineinreichen (vgl. VI.2, VII.2). Die von uns rekonstruierten neuen *hybriden* Kultur- und Mentalitätsstrukturen sollen insofern auch anregen, Fragen der lokalen Verantwortlichkeiten und der bürgerschaftlichen Kontrolle neu zu stellen. Die Verantwortung für Formen des 'Place Making in Fragmented Societies' (Patsy Healey 1998) wird damit zu einem zentralen Merkposten gegenwärtiger wie künftiger Entwicklungskonzepte für Stadtregionen. Nähe und Vertrautheit einerseits, Offenheit und strukturelle Neugierde andererseits müssen dabei in ein neues Verhältnis gesetzt und neuerlich ausbalanciert werden. Deutschland werden für diese Balance-Akte dabei nur teilweise zu Recht schlechtere Ausgangsbedingungen zugeschrieben, als etwa seinen Nachbarn. Auf Grund der historischen Schwäche einer laizistischen Bürgergesellschaft – heißt es häufig – sei hier mit besonderen Problemen bei der nachhaltigen Stärkung zivilgesellschaftlicher Regelungsformen zu rechnen. Die gerade auch in Ostdeutschland schnell wachsende Anzahl von Vereins-, Organisations- und Genossenschaftsformen auf der mittleren Ebene von Assoziationen und lokalen Gemeinschaften wird dabei aber viel zu leicht gewichtet. Gleichwohl stellt sich für die von uns in der Hauptstadtregion untersuchten Sozialräume die Frage nach einer *stärkeren Verankerung zivilgesellschaftlicher Modelle der Konfliktaustragung* in verschärfter Form: die lautstark verdiesseitigte, handfest-materialistische Solidarkultur vieler der von uns untersuchten Verflechtungsmilieus – mit ihrer regional- und lokal-spezifischen Mischung aus Transzendenzausfall, kritikresistenten Solidarnetzen und essentialistischen Mentalitätsformen – legt die Frage nahe, wie nachhaltig und wie krisenfest denn nun die lokalen Milieus auf dem Weg zu deliberativen Gerechtigkeitsformen und bürgergesellschaftlichen Streitformen vorangekommen sind. Daneben zeigen unsere Fallrekonstruktionen aber auch, dass Pauschalurteile hier längst nicht mehr am Platze sind. Auffällig ist neben der Vielfalt von bürgerlichen Assoziationen vielmehr das hohe Engagement lokaler Akteure und (informeller, aber lokal bedeutsamer) Akteursgruppen; auffällig sind zudem die ortsspezifischen sozialräumlichen Modernisierungspolitiken – mit neugierigen Öffnungen sowie einer hohen Ladung auf Solidarorientierungen, mit nachbarschaftlichen Hilfeleistungen und nicht-monetären Tauschringen (vgl. II.1, III.1, IV.1, V.1, V.3). Diese positiven Entwicklungen bleiben allerdings weiter flankiert von *kulturellen Abschottungstendenzen und selbstmarginalisierenden Formen „essentialistischer" Identitätskonstrukte: »Wir gegen den Rest der Welt* (- und zuvorderst gegen „die Hauptstädter")«.

Zur Einschätzung dieses widersprüchlichen Befundes halten wir es für notwendig, die strukturellen, immer auch regional- und lokal-kulturell kodierten *Hindernisse* auf dem Weg zu postsozialistischen Formen einer lokalen Bürgergesellschaft genau zu fokussieren. Unsere Fallanalysen liefern hier – wie wir meinen – wertvolle und konkrete Informationen. Zugleich regen die transformationellen Hybridbildungen von Eigenem und Fremden, die wir in den Verflechtungsgemeinden von Berlin mit Brandenburg gefunden haben an, entlang der regulativen Idee der Zivilgesellschaft normative Fragen neu zu stellen. Hier öffnet unser Befund „*lokaler Zwischenidentitäten*" neue Optionen und Entwicklungslinien. In einem ähnlichen Zusammenhang hat David Held den für Milieuforscher faszinierenden Vorschlag gemacht, neben einer Betonung des Autonomieprinzips und der Maxime von 'Empowering Rights and Obligations' das Konzept eines „*Embedded Utopianism*" weiterzuentwickeln. Gegen den häufig totalitären Gestus älterer Utopieentwürfe sowie neuerer Kritiken des suburbanen Raums käme also vieles darauf an, zwei Denk- und Handlungsbewegungen zusammenzuführen: *einerseits* eine genaue Beachtung der von uns nachgewiesenen Gegenläufigkeiten zwischen funktionalen Verflechtungen und soziokulturellen Differenzkodierungen; und *zweitens* eine Verstärkung proaktiver Analyseformen sowie die Intensivierung von normativ gehaltvollen Studien über das, was vor dem Hintergrund dieser lokal/regional unterschiedlich ausfallenden Gegenläufigkeiten sein soll und sich entwickeln kann. Die intensive Erfahrung mit den Fallanalysen dieses Bandes hat uns angeregt, das *milieunahe Konzept eines 'embedded utopianism'* als wichtige Konkretisierung für das Programm einer Verstärkung bürgergesellschaftlicher Entwicklungs- und Selbstorganisationsformen vor Ort weiterzuentwickeln – nun aber unter der Randbedingung von *postsozialistischen Hybridbildungen* (vgl. dazu den Fallanalysen- und Theoriebildung-verschränkenden Beitrag VII.2).

Ziel dieses Bandes ist es schließlich, die völlig von der Zentrumsentwicklung Berlins dominierte öffentliche Debatte um Entwicklungsoptionen der berlin-brandenburgischen Metropolregion stärker auf die Verflechtungszonen an den Rändern der Hauptstadt zu lenken. Die planerischen Entwicklungsleitbilder für diesen Zwischenraum haben bislang nirgendwo die Erregungsschwelle des öffentlichen Diskurses erreicht – mit Ausnahme des Flughafen-Ausbaus von Schönefeld – zum europäischen Luft-Drehkranz vielleicht. Zwischen den 'Varia et Curiosa' des Footwork-Journalismus aus den Verflechtungsgemeinden und den Fachdiskursen von Ressorts, Planungsakteuren und Lobbyisten hat dieser für die gesamte Metropolregion entscheidende Sozialraum also bislang kaum je das Problemniveau einer intensiven politischen Diskussion, eines öffentlichen Streits über Entwicklungsleitbilder und faktische Entwicklungsdynamiken erreicht: Anonyme Prozesse der Stadterweiterung, Selbstzwänge der funktionalen Verflechtung und die von biographischen Illusionen gespeisten Nachrichten zum Leben am Stadtrand finden nirgends zusammen, stehen weiter unvermittelt nebeneinander. Dass diese gegenläufig und disparitär sich entwickelnden Verflechtungsräume durch das Medium des öffentlichen Streits über Entwicklungsoptionen hindurch auch allererst neu „in Wert gesetzt" werden müssen, ist von der Sache her vielen klar – bleibt aber bislang politisch, planerisch und lebensweltlich folgenlos.

Die Arbeiten dieses Bandes wollen also diesen engeren Verflechtungsraum von Brandenburg mit Berlin, von Berlin mit Brandenburg aus seiner 'Anonymität' holen – ohne ihn mit biographischen oder fotografischen Illusionen gleich wieder zuzudecken. Insofern sind diese Studien auch ein Plädoyer dafür, stadtregionale Raumentwicklungen an den Rändern *öffentlich* Ernst zu nehmen, sie zu einem zentralen Thema für streitende Öffentlichkeiten zu machen. Dabei ist zugleich der Eigensinn, die Neugierde und die Findigkeit dieser neuen Verflechtungsmilieus gegen Abschottungstendenzen und Sklerolisierungsgefahren zu gewichten. Unbezweifelbar scheint, dass sich in diesem konfliktreichen sozialen Verflechtungsraum das Schicksal der Metropolregion insgesamt – wie der Ausgang der nächsten Fusionsrunde zwischen Brandenburg und Berlin entscheidet. Spätestens bei letzterer wird diese Teilregion auch als eigenständiger 'politischer Raum' aufstampfen!

IX. Literatur

Adam, Brigitte/Irmen, Eleonore: Gleichberechtigung überörtlich gesehen. In: Raumplanung 75 (1996), S. 229-233

AGePlan (1996), Beitrag auf der Grundlage eines unveröffentlichten Gutachtens im Auftrag der Berliner Senatsverwaltung für Bauen und Wohnen, Tagesspiegel, 3.2.1996

Akademie für Raumforschung und Landesplanung (ARL) (Hrsg.): Beiträge zum Problem der Suburbanisierung. Hannover: Schroedel, 1975 (Veröffentlichungen der ARL/Forschungs- und Sitzungsberichte Bd. 102).

Akademie für Raumforschung und Landesplanung (ARL) (Hrsg.): Beiträge zum Problem der Suburbanisierung (2. Teil) – Ziele und Instrumente der Planung im suburbanen Raum. Hannover: Schroedel, 1978 (Veröffentlichungen der ARL/Forschungs- und Sitzungsberichte Bd. 125).

Akademie für Raumforschung und Landesplanung (ARL) (Hrsg.): Entwicklungsprobleme großer Zentren : Referate und Diskussionsberichte anlässlich der wissenschaftlichen Plenarsitzung 1984 in Berlin. Hannover: Vincentz, 1985 (Veröffentlichungen der ARL/Forschungs- und Sitzungsberichte Bd. 61; Wissenschaftliche Plenarsitzung 23)

Alheit, Peter: Zivile Kultur. Verlust und Wiederaneignung der Moderne. Frankfurt/M.: Campus, 1994

Alisch, Monika: Frauen und Gentrification. Der Einfluss von Frauen auf die Konkurrenz um den innerstädtischen Wohnraum. Dissertation Wiesbaden: Deutscher Universitätsverlag, 1993

Amann, Klaus/Hirschauer, Stefan: Die Befremdung der eigenen Kultur. Ein Programm. In: Amann, Klaus/Hirschauer, Stefan (Hrsg.): Die Befremdung der eigenen Kultur. Zur ethnographischen Herausforderung soziologischer Empirie. Frankfurt/M.: Suhrkamp, 1997, S. 7-52

Apolinarski, Ingrid: Die Entwicklung des Gewerbegebietes Dahlwitz-Hoppegarten – Spiegelbild der Territorialplanung in der DDR. In: Gesellschaft für Deutschlandforschung. Berlin: Duncker & Humblodt, im Erscheinen

Baake, Dieter/Ferchhof Wolfgang: Jugend, Kultur und Freizeit. In: Krüger, H.-H. (Hrsg.): Handbuch der Jugendforschung. Opladen: Leske + Budrich, 1988, S. 291-326

Baecker, Dirk: Wozu Kultur? Berlin: Kulturverlag Kadmos, 2000

Bahrenberg, Gerhard: Suburbanisierung – Auflösung der Stadt in der Region? In: Krämer-Badoni, Thomas/Petrowsky, Werner (Hrsg.): Das Verschwinden der Städte. Dokumentation des 16. Bremer Wissenschaftsforums der Universität Bremen, 14.-16. November 1996. Bremen: Universität Bremen, ZWE „Arbeit und Region" 1997, S. 13-25 (Forschungsberichte Nr. 8)

Baumann, Zygmunt: Postmoderne Ethik. Hamburg: Hamburger Edition, 1995

Beck, Hansjürg: Der Zusammenstoß von Stadt und Land in einer Vorortgemeinde. Zürich: Regio Verlag, 1952 (Beiträge zur Soziologie und Sozialphilosophie Bd. 6).

Beck, Ulrich (Hrsg.) Perspektiven der Weltgesellschaft, Frankfurt am Main: Suhrkamp, 1998

Becker, Heidede/Cattaneo, Angela: Zwischen Stadt und Land – Peripherieproblematik. In: Raum greifen und Platz nehmen. Dokumentation der 1. Europäischen Planerinnentagung / hrsg. von FOPA Berlin Feministische Organisation von Planerinnen und Architektinnen. Dortmund : Ed. Ebersbach im eFeF Verlag, 1993, S. 215-222 (Frei-Räume : Streitschrift der Feministischen Organisation von Planerinnen und Architektinnen ; Sonderheft 1992/93)

Beck-Gernsheim, Elisabeth: Was kommt nach der Familie? Einblicke in neue Lebensformen. München: Beck, 1998

Berg, Frank/Nagelschmidt, Martin/Wollmann, Hellmut: Kommunaler Institutionenwandel. Regionale Fallstudien zum ostdeutschen Transformationsprozeß. Opladen: Leske + Budrich, 1996 (KSPW: Informationsprozesse 12)

Berger, Peter L./Luckmann, Thomas: Die gesellschaftliche Konstruktion der Wirklichkeit. Frankfurt/M.: Fischer, 1966

Berking, Helmuth: Lebensstile, Identitätspolitiken und Gestaltungsmacht. In: Gewerkschaftliche Monatshefte (1996)8, S. 488-493

Berking, Helmuth: „Global Flows and Local Cultures". Über die Rekonfiguration sozialer Räume im Globalisierungsprozeß. In: Berliner Journal für Soziologie 8(1998)3, S. 381-392

Berking, Helmuth: „Homes away from Home". Zum Spannungsverhältnis von Diaspora und Nationalstaat. In: Berliner Journal für Soziologie 10(2000)1, S. 49ff

Berking, Helmut/Neckel, Sighard: Außenseiter als Politiker. Rekrutierung und Identitäten neuer lokaler Eliten in einer ostdeutschen Gemeinde. In: Soziale Welt 42(1991)3, S. 283-299

Berking, Helmuth/Neckel, Sighard: Die gestörte Gemeinschaft. Machtprozesse und Konfliktpotentiale in einer ostdeutschen Gemeinde. In: Hradil Stefan (Hrsg.): Zwischen Bewusstsein und Sein. Die Vermittlung „objektiver" Lebensbedingungen und „subjektiver" Lebensweisen. Opladen: Leske + Budrich, 1992, S. 151-171

Bernhardt, Christoph: Bauplatz Groß-Berlin. Wohnungsmärkte, Terraingewerbe und Kommunalpolitik im Städtewachstum der Hochindustrialisierung (1871-1918). (Veröffentlichung der Historischen Kommission zu Berlin; Bd. 93) Berlin/New York: de Gruyter, 1998, Zugl.: Berlin, Techn. Univ., Dissertation, 1995

Bertram, Hans/Nickel, Hildegart Maria/Niedermayer, Oskar/Trommsdorff, Gisela (Hrsg.): Individuelle Entwicklung, Bildung und Berufsverläufe. Opladen: Leske + Budrich, 1996 (Berichte der Kommission für die Erforschung des sozialen und politischen Wandels in den neuen Bundesländern, Bericht 4)

Bittner, Regina: Kolonien des Eigensinns. Ethnographie einer ostdeutschen Industrieregion. Frankfurt/M., New York: Campus, 1998 (Edition Bauhaus Bd. 3)

Blaffert, Susanne/Claussen, Wiebke/Kneisel, Eckhard/Kneisel, Rainer: Strategien lokaler und regionaler Ökonomie. Beispiele und Perspektiven. In: RaumPlanung (1994)65, S. 101-104

Bögenhold, Dieter: Die Selbständigen. Zur Soziologie dezentraler Produktion. Frankfurt/M., New York: Campus, 1985

Bohler, Karl Friedrich/Jahn, Walter/Hildenbrand, Bruno/Schmitt, Reinhold: Bauernfamilien heute – sieben Fallstudien. In: Sinkewitz, P. (Hrsg.): Deutsche Landjugendakademie e.V., o.J.

Bohnsack, Ralf/Marotzki, Winfried (Hrsg.): Biographieforschung und Kulturanalyse. Opladen: Leske + Budrich, 1998

Bohnsack, Ralf/Nohl, Arndt-Michael: Adoleszenz und Migration. Empirische Zugänge einer praxeologisch fundierten Wissenssoziologie. In: Bohnsack, Ralf/Marotzki, Winfried: Biographieforschung und Kulturanalyse. Opladen: Leske + Budrich, 1998, S. 260-283

Borst, Renate: Die zweite Hälfte der Stadt. Suburbanisierung, Gentrifizierung und frauenspezifische Lebenswelten. In: Borst, Renate u.a. (Hrsg.): Das neue Gesicht der Städte. Basel, Berlin: Birkhäuser, 1990 (Stadtforschung aktuell, Bd. 29)

Bourdieu, Pierre: Zur Soziologie der symbolischen Formen. Frankfurt/M.: Suhrkamp, 1974

Bourdieu, Pierre: Die feinen Unterschiede. Kritik der gesellschaftlichen Urteilskraft. Frankfurt/M.: Suhrkamp, 1982

Bourdieu, Pierre: Physischer, sozialer und angeeigneter physischer Raum. In: Wentz, Martin (Hrsg.): Stadt-Räume. Frankfurt/M./New York, 1991, S. 25-34

Bourdieu, Pierre: Die Praxis der reflexiven Anthropologie. In: Bourdieu, Pierre/Wacquant, Loïc (Hrsg.): Reflexive Anthropologie. Frankfurt/M.: Suhrkamp, 1996, S. 251-295

Boustedt, Olaf: Gedanken und Beobachtungen zum Phänomen der Suburbanisierung. In: Beiträge zum Problem der Suburbanisierung. Hannover: Schroedel, 1975, S. 1-24 (Forschungs- und Sitzungsberichte/ Akademie für Raumforschung und Landesplanung; 102)

Boustedt, Olaf: Überlegungen zur planerischen Beeinflussung der Suburbanisierung. In: Beiträge Akademie für Raumforschung und Landesplanung (ARL) (Hrsg.): Beiträge zum Problem der Suburbanisierung (2. Teil) – Ziele und Instrumente der Planung im suburbanen Raum. Hannover: Schroedel, 1978, S. 69-84

Boustedt, Olaf/Lauschmann, Elisabeth: Grundriss der empirischen Regionalforschung. Siedlungsstrukturen. Hannover: Akademie für Raumforschung und Landesplanung, 1975. Hannover: Schroedel, 1978, S. 69-84 (Forschungs- und Sitzungsberichte/Akademie für Raumforschung und Landesplanung; 125)

Boyle, Paul J./Halfacree, Keith H.: Service Class Migration in England and Wales, 1980-1981. Identifying Gender-specific Mobility Patterns. In: Regional Studies 29(1995), S. 43-57

Breckenridge, Carol/Appadurai, Arjun: On Moving Targets. In: Public Culture 1(1989)2, S. i-iv

Breuer, Stefan: Moderner Fundamentalismus. In: Berliner Journal für Soziologie 10(2000)1, S. 5ff

Bronfen, Elisabeth/Marius, Benjamin/Steffen, Therese (Hrsg.): Hybride Kulturen. Beiträge zur anglo-amerikanischen Multikulturalismusdebatte. (Stauffenburg Discussion; Bd. 4) Tübingen: Stauffenburg, 1997

Brückner, Jürgen/Schmitt, Walter: Suburbanisierung und die Zuordnung von Wohnen und Arbeiten. Eine Untersuchung zur Entwicklung von Standortstrukturen und Verflechtungsbeziehungen in Verdichtungs-

IX. Literatur

räumen am Beispiel des östlichen Ruhrgebiets. Dortmund: Dortmunder Vertrieb für Bau- und Planungsliteratur, 1988
Brussig, Martin u.a. (Hrsg.): Kleinbetriebe in den neuen Ländern. Opladen: Leske + Budrich, 1997
Bude, Heinz: Rekonstruktion von Lebenskonstruktionen. Eine Antwort auf die Frage, was die Biographieforschung bringt? In: Kohli, Martin/Robert, Günther (Hrsg.): Biographie und soziale Wirklichkeit. Stuttgart: Metzler, 1984, S. 7-28
Bude, Heinz: Deutsche Karrieren. Lebenskonstruktionen sozialer Aufsteiger aus der Flakhelfer-Generation. Frankfurt/M. : Suhrkamp, 1987
Bude, Heinz: Die soziologische Erzählung. In: Jung, Thomas/Müller-Doohm, Stefan (Hrsg.): Wirklichkeit im Deutungsprozess. Verstehen und Methode in den Kultur- und Sozialwissenschaften. Frankfurt/M.: Suhrkamp, 1993, S. 409-429
Bude, Heinz: Lebenskonstruktion als Gegenstand der Biographieforschung. In: Jüttner, Gerd/ Thomae, Hans (Hrsg.): Biographische Methoden in den Humanwissenschaften. Weinheim: Beltz, 1998
Bürkner, Hans-Joachim/Dürrschmidt, Jörg: „Schrumpfung" zwischen Demographie und städtischer Alltagskultur. Erkner: IRS aktuell, No. 32, 2001, S. 4ff.
Büscher, W.: Kein Gott, nirgends,. In: Freitag 26. Juni 1998, Nr.16 377; S. 3
Bufalica, Andreas: Kooperation zwischen Stadt und Umland in der Region Berlin-Brandenburg. Reine Landessache? (Beiträge aus dem Fachbereich 1; H. 41) Berlin: Fachhochsch. für Verwaltung und Rechtspflege, 1995
Burdack, Joachim/Herfert, Günter: Neue Entwicklungen and der Peripherie europäischer Großstädte. Ein Überblick In: Europa Regional 6(1998)2, S. 26-44
Castells, Manuel: The Power of Identity. (Information Age: Vol. 2) Oxford: Blackwell Publishers, 1998
Champion, A.G. 1989a: Introduction: The Counterurbanization Experience. In: Champion, A.G. (ed.): Counterurbanization – The Changing Face and Nature of Population Deconcentration. London, 1989
Champion, A.G. 1989b: Conclusion: Temporary Anomaly, Long-term Trend or Transitional Phase? In: Champion, A.G. (ed.): Counterurbanization – The Changing Face and Nature of Population Deconcentration. London, 1989
Christ, Wolfgang: Von Innen nach Außen. Weimar als Exerzierfeld der Moderne. In: Prigge, Walter (Hrsg.): Peripherie ist überall. Frankfurt/M./New York: Campus, 1998, S.174-193
Creydt, Meinhardt: Das fernste nah, das nächste fern? Die gesellschaftliche Raumordnung als Brennpunkt gegenwärtiger Debatten. In: Kommune 17(1999)1, S. 45ff.
Dangschat, Jens/Herfert, Günter: Wohnsuburbanisierung im Umland von Oberzentren 1993-1995. In: IfL Leipzig (Hrsg.): Pilotband Atlas Bundesrepublik Deutschland. Leipzig, 1997, S. 58-62
Danielzyk, Rainer: Zusätzliche konzeptionelle Elemente zur Überwindung der Defizite des Regulationsansatze und integrative Perspektiven. In: Danielzyk, Rainer: Zur Neuorientierung der Regionalforschung – ein konzeptioneller Beitrag. Oldenburg: Bibliotheks- und Informationssystem der Universität Oldenburg, 1998, S. 177-259 (Wahrnehmungsgeographische Studien zur Regionalentwicklung; 17)
Davis, Mike: City of Quartz : Excavating the Future in Los Angeles. London: Verso, 1990
Dear, Michael: Understandig and Overcoming the Nimby-Syndrome. In: Journal of the American Planning Association, v58, n3 (Summer, 1992): 288. 13 S.
Der Regierende Bürgermeister von Berlin Senatskanzlei (Hrsg.): Die BerlinStudie – Strategien für die Stadt. Berlin: Regioverlag, 2000
Dicken, Peter/Forsgren, Mats/Malmberg, Anders: The Local Embeddedness of Transnational Corporations. In: Amin, Ash/Thrift, Nigel (Hrsg.): Globalization, Institutions and Regional Development in Europe. Oxford: Oxford University Press, 1994, S. 23-45
Dieser, Hartwig: Restitution: Wie funktionierte sie und was bewirkt sie? In: Häußermann, Hartmut/Neef, Rainer (Hrsg.) Stadtentwicklung in Ostdeutschland. Soziale und räumliche Tendenzen. – Opladen: Westdeutscher Verlag, 1996, S. 129ff
Döbert, Rainer: Identitätsformationen und Gesellschaftsstruktur im Schatten von Globalisierungsprozessen. An der Schwelle zur multikulturellen Identität? In: Grundmann, Matthias (Hrsg.) Konstruktivistische Sozialisationsforschung. Frankfurt/M.: Suhrkamp, 1999, S. 290-323
Dürrschmidt, Jörg: The 'Delinking' of 'Locale' and 'Milieu'. On the 'Situatedness' of 'Extended 'Milieux' in a Global Environment. In: Eade, John (Ed.) Living the Global City, London: Routledge, 1997, S. 56-72
Dürrschmidt, Jörg: Everyday Lives in the Global City. The delinking of locale and milieu. London/New York Routledge, 2000
Eckhardt, Ulrich (Hrsg.): Berliner Ring 2000. Bilder und Texte vom Wandel. Berlin: B&S Bostelmann & Siebenhaar, 2000

Eckhardt, Ulrich/Endlich, Stefanie/Höynck, Rainer (Hrsg.): Berliner Ring. Bilder und Texte. Berlin: Nicolai, 1990

Eckey, Hans-Friedrich: Das Suburbanisierungsphänomen in Hamburg und seinem Umland. In: Beiträge zum Problem der Suburbanisierung (2. Teil) – Ziele und Instrumente der Planung im suburbanen Raum. Hannover: Schroedel, 1978, S. 185-210 (Forschungs- und Sitzungsberichte/Akademie für Raumforschung und Landesplanung; 125)

Eder, Klaus: Kulturelle Identität zwischen Tradition und Utopie. Soziale Bewegungen als Ort gesellschaftlicher Lernprozesse. Frankfurt/M./New York: Campus, 2000

Elias, Norbert/Scotson, John L.: Etablierte und Außenseiter. (Suhrkamp Taschenbuch; 1882) Berlin: Suhrkamp, 1997

Engler, Wolfgang: Die zivilisatorische Lücke. Frankfurt/M.: Suhrkamp, 1992, S. 91ff.

Engler, Wolfgang: Die Ostdeutschen. Berlin: Aufbauverlag, 1999

Ernsting, Jörg-Arnold/Schröder, Andreas: Großflächiger Einzelhandel und Wohnen im Suburbanisierungsprozess des engeren Verflechtungsraumes Brandenburg-Berlin. Diplomarbeit. Berlin: Technische Universität Berlin/Institut für Stadt- und Regionalplanung, 1998

Faludi, Andreas: Critical Rationalism and Planning Methodology. London: Pior, 1986

Fassbinder, Helga: Zum Begriff der strategischen Planung . Planungsmethodischer Durchbruch oder Legitimation notgedrungener Praxis? In: Fassbinder, Helga (Hrsg.): Strategien der Stadtentwicklung in europäischen Metropolen. Berichte aus Barcelona, Berlin, Hamburg, Madrid, Rotterdam und Wien. Hamburg: Technische Universität Hamburg-Harburg, 1993, S. 9-16 (Harburger Berichte zur Stadtplanung Bd. 1)

Fischer, Frank: Bürger, Experten und Politik nach dem Nimby-Prinzip. In: Héritier, Adrienne (Hrsg.): Policy-Analyse. Kritik und Neuorientierung. Opladen: Westdt. Verlag, 1993, S. 451ff. (Politische Vierteljahresschrift; SH 24)

Fischer, Klaus: Ziele und Instrumente zur Steuerung des Suburbanisierungsprozesses. In: Beiträge zum Problem der Suburbanisierung (2. Teil) – Ziele und Instrumente der Planung im suburbanen Raum. Hannover: Schroedel, 1978, S. 97-126 (Forschungs- und Sitzungsberichte/ Akademie für Raumforschung und Landesplanung; 125)

Fishman, Robert: Bourgeois Utopias. The Rise and Fall of Suburbia. New York: Basic Books, 1987

Franz, Peter: Tendenzen der Abwanderung ins Umland ostdeutscher Großstädte am Beispiel von Halle und Leipzig. Ms. Halle: Institut für Wirtschaftsforschung Halle (IWH), 1995

Friedrichs, Jürgen: Soziologische Analyse der Bevölkerungssuburbanisierung. In: Beiträge zum Problem der Suburbanisierung. Hannover: Schroedel, 1975, S.39-80. (Forschungs- und Sitzungsberichte/Akademie für Raumforschung und Landesplanung; 102)

Friedrichs, Jürgen (1978) Steuerungsmaßnahmen und Theorie der Suburbanisierung. In: Beiträge zum Problem der Suburbanisierung (2. Teil) – Ziele und Instrumente der Planung im suburbanen Raum. Hannover: Schroedel, 1978, S. 15-34 (Forschungs- und Sitzungsberichte/ Akademie für Raumforschung und Landesplanung; 125)

Friedrichs, Jürgen: Stadtsoziologie. Opladen: Leske + Budrich, 1995

Friedrichs, Jürgen (Hrsg.): Die Städte in den 90er Jahren . Demographische, ökonomische und soziale Entwicklungen. Opladen: Westdeutscher Verlag, 1997

Friedrichs, Jürgen/von Rohr, Hans-Gottfried: Ein Konzept der Suburbanisierung. In: Beiträge zum Problem der Suburbanisierung. Hannover: Schroedel, 1975, S.25-37 (Forschungs- und Sitzungsberichte/Akademie für Raumforschung und Landesplanung; 102)

Frischmuth, Birgit/von Kadolitsch, Paul: Veränderungen im Kräftedreieck zwischen Bürgern, Rat und Verwaltung. Vom Leitbild zum konkreten Handeln: Werkstattgespräche über Handlungsoptionen. (Difu-Werkstattpapier) Berlin: Deutsches Institut für Urbanistik (Difu), September 1998

Gans, Paul: Bevölkerungsentwicklung der deutschen Großstädte (1980-1993). In: Friedrichs, Jürgen (Hrsg.): Die Städte in den 90er Jahren. Demographische, ökonomische und soziale Entwicklungen. Opladen: Westdeutscher Verlag, 1997, S. 12-36

Garreau, Noel: Edge City: Life on the New Frontier. New York (NY): Anchor Books, 1992

Garfinkel, Harold: Studies in Ethnomethodology. Englewood Cliffs: Prentice Hall, 1967

Gates, Henry L.: Das Schwarze in der schwarzen Literatur. Über das Zeichen und den Signifying Monkey. In: Diederichsen, Diedrich (Hrsg.): Yo! Hermeneutics. Berlin, Amsterdam: edition ID-Archiv, 1993, S. 177-190

Gatzweiler, Hans-Peter/Irmen, Eleonore: Die Entwicklung in den Regionen des Bundesgebietes. In: Friedrichs, Jürgen (Hrsg.): Die Städte in den 90er Jahren : Demographische, ökonomische und soziale Entwicklungen. Opladen : Westdeutscher Verlag, 1997, S. 37-66

Geertz, Clifford: Dichte Beschreibung. Beiträge zum Verstehen kultureller Systeme. Frankfurt/M.: Suhrkamp, 1983

Giddens, Anthony: Die Konstitution der Gesellschaft. Grundzüge einer Theorie der Strukturierung. Frankfurt/M./New York: Campus, 1988

Giddens, Anthony: Consequences of Modernity. Stanford: Stanford University Press, 1990

Giddens, Anthony: Konsequenzen der Moderne. Frankfurt/M.: Suhrkamp, 2. Auflage 1995

Giese, Gudrun: Klötze im Umland . Noch kein Speckgürtel, aber Speckwülste um Berlin. In: deutsche bauzeitung 128(1994)6, S. 16f.

Glaser, Barney G./Strauss, Anselm L.: Status Passage. London: Routletge, 1971

Göschel, Albrecht: Kontrast und Parallele. Kulturelle und politische Identitätsbildung von deutschen Generationen. – Stuttgart: Kohlhammer 1999, Schriften des Difu; 1991

Götz, Konrad/Jahn, Thomas/Schultz, Irmgard: Mobilitätsstile. Ein sozialökologischer Untersuchungsansatz. Frankfurt/M.: 1997 (I. Forschungsbericht „Stadtverträgliche Mobilität"; 7)

Goffman, Erving: The Presentation of Self in Everyday Life. New York: Doubleday, 1969

González, Toralf/Menzl, Marcus: Kernstadt oder Umland? Entscheidungsprozesse abwandernder Haushalte. Unveröff. Manuskript für die Jahrestagung der AG „Milieuanalyse und Raumplanung" am IRS, 1998

Gordon, Gesa: Neue Selbständige und der Umbruch lebensweltlicher Erfahrungen. Sozialphänomenologische Analysen von Aufmerksamkeitsanforderungen und -verschiebungen in Ostdeutschland. Dissertation Frankfurt/M.: Universität Frankfurt/M., 1998

Gordon, Gesa: Eröffnung von Chancen und Neugierde. Eine Untersuchung zur neuen Selbständigkeit in Ostdeutschland. (Internationale Hochschulschriften; 305) Münster/New York/München/Berlin: Waxmann, 1999

Grabher, Gernot/Stark, David (Hrsg.): Restructuring Networks in Post-Socialism. Legacies, Linkages, and Localities. Oxford: University Press, 1997

Graf,Wilhelm Friedrich: Eine Ordnungsmacht eigener Art. Theologie und Kirchenpolitik im DDR-Protestantismus. In: Kaelble, Hartmut/Kocka, Jürgen/Zwahr, Hartmut (Hrsg.): Sozialgeschichte der DDR. Stuttgart: Klett-Cotta, 1994, S. 295-321

Granovetter, Mark: The Strenght of Weak Ties. In: American Journal of Sociology (1973), vol. 78, S. 1360-1380 (14)

Granovetter, Mark: Economic Action and Social Structure. The Problem of Embeddedness. In: American Journal of Sociology (1985), vol. 91, S. 481-510

Guerrazzi, Maurizio: Grundtendenzen der suburbanen Entwicklung Berlins nach 1989. Man., Erkner: IRS, 1997

Hahn, Achim: Vom Umgang mit der „Wirklichkeit" des Städtischen. In: Mackensen, Rainer (Hrsg.): Handlung und Umwelt. Beiträge zu einer soziologischen Lokaltheorie. Opladen: Leske + Budrich, 2000, S. 25ff

Hannerz, Ulf: „Kultur" in einer vernetzten Welt. Zur Revision eines ethnologischen Begriffes, In: Kaschuba, Wolfgang (Hrsg.): Kulturen – Identitäten – Diskurse. Perspektiven Europäischer Ethnologie. Berlin: Akademie Verl., 1995, S. 64-84, S.68

Harris, Richard/Larkham (Hrsg.): Changing Suburbs. London: FN Spoon, 2000

Harris, Richard/Lewis, Robert: The geography of North American cities and suburbs, 1900-1950. A new synthesis. In: Journal of Urban History. Beverly Hills 27(2001), März 3, S. 262-292

Hatzfeld, Ulrich/Roters, Wolfgang: Zentrum – Peripherie: Was sollen wir wollen oder: Spielen auf Zeit? In: Informationen zur Raumentwicklung (1998)7/8, S. 521-535

Häußermann, Hartmut/Siebel, Walter: Neue Urbanität. Frankfurt/M.: Suhrkamp, 1987

Häußermann, Hartmut: Von der 'sozialistischen' zur 'kapitalistischen' Stadt. In: Politik und Zeitgeschichte. Beilage zur Wochenzeitung Das Parlament 12/95, S. 3-15

Häußermann, Hartmut/Neef, Rainer (Hrsg.): Stadtentwicklung in Ostdeutschland. Soziale und räumliche Tendenzen. Opladen: Westdeutscher Verlag, 1996, S. 91-113

Häußermann, Hartmut: Stadtentwicklung in Ostdeutschland. In Friedrichs, Jürgen (Hrsg.): Die Städte in den 90er Jahren. Demographische, ökonomische und soziale Entwicklungen. Opladen, Wiesbaden: Westdeutscher Verlag, 1997, S. 31-108

Healey, Patsy/Purdue, Michael/Ennis, Frank: Negotiating Development. Rationales and practice for development obligations and planning gain. London: E & FN Spon, 1995

Healey, Patsy: Discourses of Integration. Making Frameworks for Democratic Urban Planning. In: Healey, Patsy/et al. (Hrsg.): Managing Cities. The new urban context. London: Wiley, 1995, S. 251-272

Healey, Patsy: Collaborative Planning, Houndmills: Macmillan, 1997

Heinrich, Thomas: Landesplanung und kommunale Bauleitplanung. Umsetzungsmöglichkeiten des Landesentwicklungsplans für den engeren Verflechtungsraum Brandenburg-Berlin (Entwurf) im westlichen Berliner Umland. Diplomarbeit. Berlin: Technische Universität Berlin, Institut für Stadt- und Regionalplanung (ISR), 1996

Helbrecht, Ilse/Pohl, Jürgen: Pluralisierung der Lebensstile: Neue Herausforderungen für die sozialgeographische Stadtforschung. In: Geographische Zeitschrift 83(1995), S. 223-237

Held, David: Democracy and the Global Order : from modern state to cosmopolitan governance. Stanford University Press, February 1996

Herfert, Günter: Wohnsuburbanisierung in Verdichtungsräumen der neuen Bundesländer. Eine vergleichende Untersuchung im Umland von Leipzig und Schwerin. In: Europa Regional 4(1996)1, S. 32-46

Herfert, Günter: Struktur und regionale Differenziertheit der Wohnsuburbanisierung in den Großstadtregionen der neuen Länder. In: Bundesforschungsanstalt für Landeskunde und Raumordnung (BfLR) (Hrsg.): Regionalbarometer neue Länder. Dritter zusammenfassender Bericht. 1997, S.17-29 (Materialien zur Raumentwicklung Heft 83)

Herfert, Günter: Aktuelle Suburbanisierungsprozesse im Vergleich. Ostdeutschland und Westdeutschland, Ms. Für die Jahrestagung der AG „Milieuanalyse und Raumplanung" am IRS in Erkner, 1998

Héritier, Adrienne (Hrsg.): Policy-Analyse. Kritik und Neuorientierung . Opladen: Westdeutscher Verlag, 1993, S. 451ff. (Politische Vierteljahresschrift; SH 24)

Herlyn, Ulfert: Zur Aneignung von Raum im Lebensverlauf. In: Bertels, Lothar/Herlyn, Ulfert (Hrsg.): Lebenslauf und Raumerfahrung. (Biographie und Gesellschaft; Bd. 9) Opladen: Leske + Budrich, 1990, S. 7-27

Herlyn, Ulfert/Bertels, L.(Hrsg.): Stadt im Umbruch: Gotha. Wende und Wandel in Ostdeutschland. Opladen: Leske + Budrich, 1994

Hesse, Markus: Die Räume der Milieus. In: Ökologisches Wirtschaften (1999b)5-6, S. 23ff.

Hesse, Markus: Die Logik der kurzen Wege. Räumliche Mobilität und Verkehr als Gegenstand der Stadtforschung. In: Erdkunde Bd. 53. Kleve: Boss Verlag, 1999a, S. 317-330

Heuberger, Frank W./Tänzler, Dirk: Existenzgründer in Ostdeutschland. Pioniere einer neuen Wirtschaftskultur. In: Aus Politik und Zeitgeschichte. Beilage zur Wochenzeitung Das Parlament 15/96, S. 33-46

Hildenbrand, Bruno: Alltag und Krankheit, Ethnographie einer Familie. Stuttgart: Klett-Cotta, 1983

Hildenbrand, Bruno: Gewalt im städtischen Wohnquartier, Man., 221 S., in Bearbeitung (2001)

Hinrichs, Wilhelm: Wohnsuburbanisierung am Beispiel Berlin. Ein Erklärungsrahmen. (FS III 99-401 des WZB) Berlin: Wissenschaftszentrum Berlin für Sozialforschung (WZB), Januar 1999

Hirschmann, Albert O.: Abwanderung und Widerspruch. Reaktionen auf Leistungsabfall bei Unternehmungen, Organisationen und Staaten. Tübingen: J.C.B. Mohr (Paul Siebeck), 1974

Hirschmann, Albert O.: Engagement und Enttäuschung. Uber das Schwanken der Bürger zwischen Privatwohl und Gemeinwohl. Frankfurt/M.: Fischer, 1984

Hoffmann-Axthelm, Dieter: Peripherien. In: Prigge, Walter (Hrsg.):Peripherie ist überall. Frankfurt/M./New York: Campus, 1998, S.112-119.

Honer, Anne: Beschreibung einer Lebenswelt. Zur Empirie des Bodybuilding. In: Zeitschrift für Soziologie (1995)2, S. 131-139

Hradil, Stefan: Die Modernisierung des Denkens. Zukunftspotentiale und „Altlasten" in Ostdeutschland. In: Aus Politik und Zeitgeschichte. Beilage zur Wochenzeitung Das Parlament B 20/95, S. 3-15

Huinink, Johannes/Mayer, Karl U.(Hrsg.): Zwischen Kollektiv und Eigensinn. Berlin: Akademie-Verlag, 1995

Illner, Michal: Spatial Impacts of Societal Transformation in East Central Europe. In: Hradil, Stefan (Hrsg.): Differenz und Integration. Frankfurt/M./New York: Campus, 1997, S. 172-186

Industrie und Handelskammer zu Berlin (Hrsg.): Entwicklungsstrategien für Industriestandorte in der Region Berlin–Brandenburg. Von der Flächensicherung zur Standortqualifizierung. Berlin: Regioverlag Dr. Peter Ring, 1995

Institut für Regionalentwicklung und Strukturplanung (IRS) (Hrsg.): Regionales Strukturkonzept für den Verflechtungsraum Brandenburg-Berlin. Berlin: Institut für Regionalentwicklung und Strukturplanung, 1992 (Regio – Beiträge des IRS 1)

Institut für ökologische Raumentwicklung (IÖR) (Hrsg.): Entwicklungstendenzen im Umland großer Städte in den neuen Bundesländern am Anfang der 90er Jahre. Dresden: Institut für ökologische Raumentwicklung, 1993 (IÖR-Schriften Heft 1).

IX. Literatur

Ipsen, Detlev: Stadt und Land – Metamorphosen einer Beziehung. In: Stadt und Raum. Soziologische Analysen. Pfaffenweiler: Centaurus-Verlagsgesellschaft, 1992, S. 117-156

Ipsen, Detlev: „Am Rande der Städte" Madrid, Rom, Paris, Athen – zur Topographie der Lebensstile. Thesen zum Symposium des Instituts für Raumplanung, Fachbereich Raumplanung, Universität Dortmund in der Villa Vigoni vom 7.- 9.12., Man., Menaggio: o.J. (1993)

Jackson, Kenneth T.: Crabgrass Frontier. The suburbanization of the United States. New York/Oxford: Oxford University Press, 1985

Jacobs, Jane: The Death and Life of Great American Cities, 1961/1984, Harmondsworth: Penguin

Jäger, Michael: Konflikt und Planungsanalyse: Otterstedt. Ms. Erkner: IRS, 1997

Jähnke, Petra/Wolke, Manuela: Stadt-Umland-Verflechtungen – Vergleich: Berlin und Hamburg. Typoskript. Erkner: IRS, 1998

Jansen, Frank: „Hohngelächter" der Rechtsextremisten. Mehr als ein Vorfall pro Tag: Bilanz der letzten Woche / Schläge, Tritte, Gegröle / Stolpe in Sorge. In: Der Tagesspiegel (Potsdamer Tagesspiegel) vom 19.03.2001, S. 16

Jeman, Lützel/Bernstein, F.W./Waechter, F.K. (Hrsg.): Die Wahrheit über Arnold Hau. Frankfurt/M.: Verlag Bärmeier & Nikel, 1966

Joas, Hans: Die Kreativität des Handelns. Frankfurt/M.: Suhrkamp, 1992

Journal of the Amercan Planning Association vol. 59, No. I 1993 (Sonderheft zu 'NIMBY')

Kaelble, Hartmut: Die Gesellschaft der DDR im internationalen Vergleich. In: Kaelble, Hartmut/Kocka, Jürgen/Zwahr, Hartmut (Hrsg.): Sozialgeschichte der DDR. Stuttgart: Klett-Cotta, 1994, S. 559-580

Karl, Urs (unter Mitarbeit von Jörg Nothacker): Planungsanalyse. Bebauungsplanungen in der Gemeinde Grünow. Ms. Erkner: IRS, 1997

Keil, Roger: Globalisierung-Macht-Staat. Perspektiven lokalen Handelns im Zeitalter der World City. Vortrags-Ms. des Arbeitskreises Lokale Politikforschung, 20. Wiss. Kongress der DVPW in Bamberg, 13.-17. Oktober 1997: York University, Canada : Ontario, S. 1-13

Keim, Karl-Dieter: Milieu in der Stadt. Stuttgart: Kohlhammer, 1979

Keim, Karl-Dieter: Milieu und Moderne. Zum Gebrauch und Gehalt eines nachtraditionalen sozial-räumlichen Milieubegriffs. In: Berliner Journal für Soziologie (1997)3, S. 387-399

Keim, Karl-Dieter: Aktor-Netzwerke und die Konstruktion von Handlungsfähigkeit in ungleichen städtischen Lebenslagen. In: Harth, Annette/Scheller, Gitta/Tessin, Wulf (Hrsg.): Stadt und soziale Ungleichheit. Opladen: Leske + Budrich, 2000, S. 274-292

Keim, Karl-Dieter: Exposé. Forschungs- und Entwicklungsprogramm zur Regenerierung der ostdeutschen Städte. Erkner: IRS, 2001, unveröff. Man., S. 1-17

Keim, Karl-Dieter/Grymer, Herbert: Herausforderungen der lokalen Politikarena im Jahrzehnt des Umbruchs. In: Keim, Karl-Dieter (Hrsg.): Aufbruch der Städte. Räumliche Ordnung und kommunale Entwicklung in den ostdeutschen Bundesländern. Berlin: edition sigma, 1995, S. 13-53

Keim, Karl-Dieter/Matthiesen, Ulf: Globalocal. Regionale Netze und lokale Milieus im Prozess der europäischen Metropolenentwicklung. In: WGL-Journal (1998)1, S. 6 ff.

Kellner, Hansfried/Heuberger, Frank: Die Einheit der Handlung als methodologisches Problem. Überlegungen zur Adäquanz wissenschaftlicher Modellbildung in der sinnverstehenden Soziologie. In: List, Elisabeth/Srubar, Ilja/Schütz, Alfred: Neue Beiträge zur Rezeption seines Werkes. Amsterdam: Radopi, 1988, S. 257-284

Kleger, Heinz: Metropolitane Transformation durch urbane Regime. Berlin-Brandenburg auf dem Weg zu regionaler Handlungsfähigkeit. Amsterdam: GtB Fakultas, 1996 (Schriftenreihe Europäische Urbanität – Politik der Städte Bd.3)

Kleger, Heinz (Hrsg.) Gemeinsam einsam: Die Region Berlin-Brandenburg. Region – Nation – Europa, Bd. 8, Münster-Hamburg: LIT Verlag, 2001, 280 S.

Knorr Cetina, Karin: Sozialität mit Objekten – Soziale Beziehungen in post-traditionalen Wissensgesellschaften. In: Rammert, Werner (Hrsg.): Technik und Sozialtheorie. Frankfurt/M./New York: Campus, 1998, 90ff

Kooiman, Walter: Governance and Governability. Using Complexity, Dynamics and Diversity. In: Modern Governance: New Government-Society Interactions. London : Sage Publications, 1993, S. 35-48

Krau, Ingrid: Anstelle einer Zusammenfassung. In: Harlander, Tilmann (Hrsg.): Stadt im Wandel – Planung im Umbruch: Festschrift für Gerhard Fehl. Stuttgart, Berlin, Köln: Kohlhammer, 1998, S. 155-156

Kromrey, Helmut: Empirische Sozialforschung. Modelle und Methoden der Datenerhebung und Datenauswertung. Opladen: Leske + Budrich, 6. Auflage 1994

Kühn, Manfred: Schutz durch Nutzung. Regionalparke und Biosphärenreservate als Kulturlandschaften. In: Kühn, Manfred/Moss, Timothy (Hrsg.): Planungskultur und Nachhaltigkeit. Neue Steuerungs- und Planungsmodelle für eine nachhaltige Stadt- und Regionalentwicklung. Berlin: VWF Verl. für Wissenschaft und Forschung, 1. Auflage 1998 (Akademische Abhandlungen zur Raum- und Umweltforschung)

Kühn, Manfred: Regionalisierung der Stadt. Stadt-Umland-Konstrukte in Diskursen räumlicher Forschung und Planung. Ms. (unveröff.) Erkner: IRS, 2001

Kühne, Lothar: Haus und Landschaft. Aufsätze. Dresden: Verlag der Kunst Dresden, 1985

Kujath, Hans-Joachim: Strukturwandel und Strukturpolitik. Probleme in der Region Berlin/Brandenburg. In: RaumPlanung (1995)70, S. 155-162.

Kunert, Günter: Die Stadt als Museum. In: Leipziger Messe GmbH (Hrsg.): Sonderdruck zur Eröffnung der Denkmal '94. Leipzig, 1994, S. 18ff.

Lacan, Jaques: Die Familie. In: Schriften III (1980), Weinheim/Berlin: Quadriga, S. 39-100

Lake, Robert, W.: Rethinking NIMBY. In: Journal of the American Planning Association v59, n1 (Winter 1993): 87-93

Lash, Scott: Expertenwissen oder Situationsdeutung? Kultur und Institutionen im desorganisierten Kapitalismus. In: Beck, Ulrich/Giddens, Anthony/Lash, Scott: Reflexive Modernisierung. Frankfurt/Main, Suhrkamp 1996, 338-364

Läpple, Dieter: Thesen zum Verhältnis von Globalisierung und Regionalisierung. In: Krämer-Badoni, Thomas/Petrowsky, Werner (Hrsg.): Das Verschwinden der Städte. Dokumentation des 16. Bremer Wissenschaftsforums der Universität Bremen. Bremen: Universität Bremen, ZWE „Arbeit und Region", 1997, S. 107-116 (Forschungsberichte Nr. 8)

Lefebvre, Henri: The Production of Space. Oxford: Blackwell Publishers, 1991

Lepenies, Wolf: Die drei Kulturen. Soziologie zwischen Literatur und Wissenschaft. München/Wien: Hanser, 1985

Lepenies, Wolf: Benimm und Erkenntnis. Über die notwendige Rückkehr der Werte der Wissenschaften. Frankfurt/M.: Suhrkamp, 1997

Lepsius, Rainer M.: Die Institutionenordnung als Rahmenbedingung der Sozialgeschichte der DDR. In: Kaelble, Hartmut/Kocka, Jürgen/Zwahr, Helmut (Hrsg.): Sozialgeschichte der DDR. Stuttgart: Klett-Cotta, 1994, S. 17-30

Leuchtenberg, Guido: Neue Selbständige im engeren Verflechtungsraum Berlin-Brandenburg. Eine vergleichende Fallanalyse. Diplomarbeit. Berlin: Freie Universität Berlin, 1998

Lindner, Rolf: Die Wiederkehr des Regionalen. Frankfurt/M./New York: Campus, 1994

Lindner, Rolf: Stadtkultur. In: Häußermann, Hartmut (Hrsg.): Großstadt. Soziologische Stichworte. Opladen: Leske + Budrich, 1998, S. 256-262

Lindner, Rolf: Die Entdeckung der Stadtkultur. Soziologie aus der Erfahrung der Reportage. Frankfurt/M.: Suhrkamp, 1999

Lindner, Rolf: The Imaginary of the City. In: Bundesministerium für Wissenschaft und Verkehr/Internationales Forschungszentrum Kulturwissenschaften (Hrsg.): The Contemporary Study of Culture. Wien: Turia + Kant, 1999

Lüdtke, Alf: Ehre der Arbeit. Industriearbeiter und Macht der Symbole. Zur Reichweite symbolischer Orientierungen im Nationalsozialismus. In: Lüdtke, Alf: Eigen-Sinn. Fabrikalltag, Arbeitererfahrungen und Politik vom Kaiserreich bis in den Faschismus. Hamburg: PNV, 1993, S. 283-350

Luhmann, Niklas: Die Gesellschaft der Gesellschaft. Frankfurt/M.: Suhrkamp, 1998

Mackensen, Rainer: Soziologische Lokaltheorie: Einführung. In: Mackensen, Rainer (Hrsg.): Handlung und Umwelt. Beiträge zu einer soziologischen Lokaltheorie. Opladen: Leske + Budrich, 2000, S. 11ff.

Mackensen, Rainer: Lokales Handeln in Siedlungswelten. In: Mackensen, Rainer (Hrsg.): Handlung und Umwelt. Beiträge zu einer soziologischen Lokaltheorie. Opladen: Leske + Budrich, 2000, S. 227ff.

Maderthaner, Wolfgang/Musner, Lutz: Die Anarchie der Vorstadt. Das andere Wien um 1900. Frankfurt/M./New York: Campus, 1999

Marcus, George E.: Ethnography in/of the World System: The Emergence of Multi-Sited Ethnography. In: Annu. Rev. Anthropol 24, 1995 – 117

Marcuse, Peter: NIMBY'S im vollen Boot. In: Häußermann, Hartmut/Siebel, Walter (Hrsg.): New York/Frankfurt/M.: Suhrkamp, 1993

Maretzke, Steffen: Transformationsprozess im Spiegel räumlicher Entwicklungen. In: Musil, Jiri ; Strubelt, Wendelin (Hrsg.): Räumliche Auswirkungen des Transformationsprozesses in Deutschland und bei den östlichen Nachbarn. Opladen: Leske + Budrich, 1997, S. 151-183. (KSPW: Transformationsprozesse; 25)

Marshall, George : Spirit of 69. A Skinhead Bible. o.O.: S.T. Publishing, 1991

Massing, Almuth/Reich, Günter/Sperling, Eckhard: Die Mehrgenerationen-Familien-Therapie. Göttingen: Vandenhoeck & Ruprecht, 1990

Matejczyk, Anthony P.: Why Not NIMBY? Reputation, Neighbourhood Organisations and Zoning Boards in a US Midwestern City. In: Urban Studies 38(2001)3, S. 505-518

Matthiesen, Ulf: Das Dickicht der Lebenswelt und die Theorie des kommunikativen Handelns. München: Wilhelm Fink, (Übergänge Bd. 2), 2. Aufl., 1985

Matthiesen, Ulf: An den Rändern der Hauptstadt. Verflechtungsmilieus im Fusionsprozess. In: Sahner, Heinz/ Schwendtner, Stefan (Hrsg.): Gesellschaften im Umbruch. Opladen: Westdeutscher Verlag, 1995, S. 349ff.

Matthiesen, Ulf: Geld und Sport. Anmerkungen zur tendenziellen Versportung und Monetarisierung unserer kulturellen Wertetafeln. In: Winkler, Joachim/Weis, Kurt (Hrsg.): Soziologie des Sports. Opladen: Westdeutscher Verlag, 1995, S. 165-180

Matthiesen, Ulf: Lebensweltliches Hintergrundwissen. In: Wicke, Michael (Hrsg.): Konfigurationen lebensweltlicher Strukturphänomene. Opladen: Leske + Budrich, 1997a, S. 157-178

Matthiesen, Ulf: Zwischen Speckgürtel und Nationalpark DDR. In: Strubelt, Wendelin (Hrsg.): Bundesforschungsanstalt für Landeskunde und Raumordnung (BfLR), Bonn, Nachrichtenblatt zur Stadt- und Regionalsoziologie 12(1997b)1, S. 44ff.

Matthiesen, Ulf: Neue Selbständige im Verflechtungsprozess von Berlin und Brandenburg. Fallgestützte Argumentskizze zur Persistenz von regionalkulturellen Tiefenstrukturen bei gleichzeitiger Transformation der Oberflächenstruktur. In: Thomas, Michael (Hrsg.): Selbständige, Gründer, Unternehmer. Passagen und Passformen im Umbruch. Berlin: Berliner Debatte, 1997c, S. 253-261

Matthiesen, Ulf (Hrsg.): Die Räume der Milieus. Berlin: edition sigma, 1998a

Matthiesen, Ulf: Milieus in Transformation. In: Matthiesen, Ulf (Hrsg.): Die Räume der Milieus. Neue Tendenzen in der sozial- und raumwissenschaftlichen Milieuforschung sowie in der Stadt- und Raumplanung. Berlin: edition sigma, 1998b, S. 17-79

Matthiesen, Ulf: An den Rändern der deutschen Hauptstadt – Regionalkulturelle Suburbanisierungsprozesse im Märkischen Sand – zwischen 'Hightech-Kathedralen' und 'Nationalpark DDR'. In: Berliner Journal für Soziologie 8(1998c), S. 245-268

Matthiesen, Ulf: 'Gentrifizierung im Märkischen Sand' oder 'Nationalpark DDR'? Nachrichten von den Peripherien der deutschen Hauptstadt. In: Prigge, Walter (Hrsg.): Peripherie ist überall. Frankfurt/M., New York: Campus, 1998d, S. 138-151

Matthiesen, Ulf: Zur Rolle der Lokal- und Regionalkulturen als Kodierungsfolien für Suburbane Zwischenlandschaften. In: Wenzel, Jürgen/Schöbel, Sören (Hrsg.): Eingriffe in die kommunale Freiraumplanung. Berlin: TU Berlin, Institut für Landschaftsarchitektur, 2000, S. 55ff.

Matthiesen, Ulf: Transformational Pathways and Institutional Capacity Building: The Case of the German-Polish Twin City Guben/Gubin. In: Patsy Healey, Goran Cars, Ali Madanipour und Claudio de Magalhaes (Hrsg.): „Institutional Capacity, Urban Governance and the Social Life of Cities. Aldershot: Ashgate, 2001a

Matthiesen, Ulf: „Dichte Beschreibung" und Strukturrekonstruktion. Methodologische Anmerkungen zur Methodik eines sozialräumlichen Milieuansatzes. In: Deilmann, Clemens (Hrsg.): Zukunft Wohngebiet. Dresden: IÖR-Schriftenreihe, 2001b

Matthiesen, Ulf/Joerk, Christiane/Nuissl, Henning: Das Laboratorium des Verflechtungsraumes. Anmerkungen zur Diskurslage über die Berlin-Brandenburgische Metropolenregion. In: Stadtforum Journal (1995)21, S.6ff.

Mayer, Hans: Außenseiter, Suhrkamp: Frankfurt/M., 1975

Meulemann, Heiner (Hrsg.): Werte und nationale Identität im vereinten Deutschland. Erklärungsansätze der Umfrageforschung. Opladen: Leske + Budrich, 1998

Meuschel, Sigrid: Wandel durch Auflehnung. Thesen zum Verfall bürokratischer Herrschaft in der DDR. In: Berliner Journal für Soziologie 1(1991)1, S. 15-27

Miethe, Ingrid: Von der Opposition zur Position. Das Politikverständnis bürgerbewegter Frauen der DDR vor und nach der deutschen Vereinigung. In: Bertram, Hans/Kreher, Wolfgang/Müller-Hartmann, Irene (Hrsg.): Systemwechsel zwischen Projekt und Prozess. Opladen: Leske + Budrich, 1998

Ministerium für Umwelt, Naturschutz und Raumordnung Brandenburg (Hrsg.): Gutachten zum Raumordnerischen Strukturkonzept für das Land Brandenburg – Kurzfassung (Verfasser: Arbeitsgemeinschaft PROGNOS AG. Basel Berlin : ARP-Arbeitsgruppe für Regionalplanung, Berlin; Lahmeyer International GmbH, Frankfurt a. M.; WIB – Weltrauminstitut Berlin GmbH, Berlin), Potsdam: Ministerium für Umwelt, Naturschutz und Raumordnung Brandenburg, 1993

Morris, Jane Anne: Not in My Back Yard. The Handbook. San Diego, Calif.: Silvercat Publications, 1994
Mühlberg, Dietrich: Die Gleichheit wird anders begriffen. In: Tagesspiegel 24(1998-02-06)
Müller, Wolfgang/Rohr-Zänker/Ruth: Die Städte und ihr Umland. Plädoyer für einen Perspektivenwechsel. In: RaumPlanung (1997)78, S. 153-158
Musil, Jiri/Strubelt, Wendelin (Hrsg.): Räumliche Auswirkungen des Transformationsprozesses in Deutschland und bei den östlichen Nachbarn. Opladen: Leske + Budrich, 1997 (KSPW : Transformationsprozesse; 25)
Nassehi, Armin: Die „Welt"-Fremdheit der Globalisierungsdebatte. Ein Phänomenologischer Versuch. In: Soziale Welt 49(1998)2, S. 151ff.
Neckel, Sighard: Außenseiter als Politiker. Rekrutierung und Identitäten neuer lokaler Eliten in einer ostdeutschen Gemeinde. In: Soziale Welt 42(1991)3, S. 283-299
Neckel, Sighard: Das Lokale Staatsorgan. Kommunale Herrschaft im Staatssozialismus der DDR. In: Zeitschrift für Soziologie 21(1992)4, S. 252-268
Neckel, Sighard: Die ostdeutsche Doxa der Demokratie. Eine lokale Fallstudie. In: Kölner Zeitschrift für Soziologie und Sozialpsychologie 47(1995)4, S. 658-680
Neckel, Sighard: Zwischen Robert E. Park und Pierre Bourdieu: Eine dritte „Chicago School"? Soziologische Perspektiven auf neuere Entwicklungen in einer amerikanischen Forschungstradition. Habilitationsvortrag, ursprünglich erschienen in: Soziale Welt Heft 1 - 1997a
Neckel, Sighard: Etablierte und Außenseiter und das vereinigte Deutschland. Eine rekonstruktive Prozessanalyse mit Elias und Simmel. In: Berliner Journal für Soziologie 7(1997b)2, S. 205-215
Neckel, Sighard: Waldlebenstudie. Eine ostdeutsche Stadt im Wandel seit 1989. Frankfurt/M./New York: Campus, 1999
Nederveen Pieterse, Jan: Der Melange-Effekt. Globalisierung im Plural. In: Beck, Ulrich (Hrsg.): Perspektiven der Weltgesellschaft. Frankfurt/M.: Suhrkamp, 1998, S. 87-124
Neubauer, Traute: Der Suburbanisierungsprozess an der Nördlichen Badischen Bergstraße. Dissertation Heidelberg: Universität Heidelberg/Geographisches Institut 1979 (Heidelberger Geographische Arbeiten, Heft 61).
Noller: Peter: Globalisierung, Stadträume und Lebensstile. Kulturelle und lokale Repräsentationen des globalen Raums. Opladen: Leske + Budrich, 1999
Noller, Peter: Globalisierung, Raum und Gesellschaft: Elemente einer modernen Soziologie des Raumes. In: Berliner Journal für Soziologie 10(2000)1, S. 21ff
Nowossadeck, Enno: Suburbanisierungsprozesse in der Region Berlin-Brandenburg. In: Bundesforschungsanstalt für Landeskunde und Raumordnung (BfLR) (Hrsg.): Regionalbarometer neue Länder. Dritter zusammenfassender Bericht. Bonn, 1997, S. 30-33 (Materialien zur Raumentwicklung Heft 83)
Nuissl, Henning: Räumliche Entwicklungen im „Speckgürtelchen" – Planen und Bauen an den Rändern der Hauptstadt. In: RaumPlanung (1997)77, S. 109-114.
Nuissl, Henning: Erschließungsaufgaben. Die Verwendung sozialwissenschaftlichen Wissens in der räumlichen Planung.(Hrsg. vom IRS Erkner), Berlin: Ed. Sigma, 2000 Zugl.: Cottbus, Techn. Univ., Diss., 1998
Nuissl, Henning/Joerk, Christiane: Meßbarer Wandel an den Rändern der Hauptstadt. In: Raumforschung und Raumordnung 55(1997)./2, S. 91-105.
Oevermann, Ulrich et al.: Die Methodologie einer „objektiven Hermeneutik" und ihre allgemeine forschungslogische Bedeutung in den Sozialwissenschaften. In: Soeffner, Hans-Georg (Hrsg.): Interpretative Verfahren in den Sozial- und Textwissenschaften. Stuttgart: J. B. Metzler, 1979, S. 352-434
Oevermann, Ulrich: Genetischer Strukturalismus und das sozialwissenschaftliche Problem der Erklärung der Entstehung des Neuen. In: Müller-Doohm, Stefan (Hrsg.): Jenseits der Utopie. Theoriekritik der Gegenwart. Frankfurt/M.: Suhrkamp, 1991, S. 267-336
Oevermann, Ulrich: Ein Strukturmodell sozialen Raumes und seine Implikationen für die Architektur und die Raum- und Stadtplanung. Ms. (unveröff.), Frankfurt/M. 1995
Oevermann, Ulrich: Konzeptualisierung von Anwendungsmöglichkeiten und praktischen Arbeitsfeldern der objektiven Hermeneutik (Manifest der objektiven Hermeneutik). Ms. (unveröff.) 1996a
Oevermann, Ulrich: Gebildeter Fundamentalismus oder pragmatische Krisenbewältigung. Ms. (unveröff.) Frankfurt/M.: J. W. Goethe-Universität, 1996b, S. 1-65
Ott, Thomas (1997) Flächennutzungswandel im Transformationsprozess am Beispiel von Stadt und Region Erfurt. In: Musil, Jiri/Strubelt, Wendelin (Hrsg.): Räumliche Auswirkungen des Transformationsprozesses in Deutschland und bei den östlichen Nachbarn. Opladen: Leske + Budrich , 1997, S.273-298.

IX. Literatur

Paré, D. A.: Culture and Meaning. Expanding the Metaphorical Repertoire of Family Therapy. In: Family Process (1996)35
Penrose, Virginia: Orientierungsmuster des Karriereverhaltens deutscher Politikerinnen. Bielefeld: Kleine-Verlag, 1993
Poschardt, Ulf: DJ-Culture. Hamburg: Rogner und Bernhard, 1995
Prengel, Gudrun: Endogene Potentiale (Eigenkräfte und Beweglichkeiten). Ms. (unveröff.) Berlin: Humboldt-Universität zu Berlin, 1996
Prigge, Walter (Hrsg.): Peripherie ist überall. Frankfurt/M./New York: Campus, 1998 (Edition Bauhaus Bd. 1)
Prigge, Walter: Vier Fragen zur Auflösung der Städte. In: Prigge, Walter (Hrsg.): Peripherie ist überall. Frankfurt/M./New York: Campus, 1998, S. 8-12 (Edition Bauhaus Bd. 1).
Provisorischer Regionalausschuss/Planungsgruppe Potsdam (1990) Grundlagen und Zielvorstellungen für die Entwicklung der Region Berlin - 1. Bericht 5/90. Ms. Berlin.
Reichertz, Jo: „"... Als hätte jemand den Deckel vom Leben abgehoben." Abduktives Schlußfolgern bei Ch. S. Peirce und D. Hammett. In: Ars Semiotica 11(1988)3/4, S. 347-362
Rietdorf, Werner: Thesenpapier (unveröff. Arbeitspapier) zu Schrumpfungen in ostdeutschen Städten. Erkner: IRS, 2001, S. 1-13
Ritschel, Doris: Ausdifferenzierung von Milieus und Lebensstilen in Ostdeutschland. Perspektivische Trends. In: Sydow, Hubert/Schlegel, Uta/Helmke, Andreas (Hrsg.): Chancen und Risiken im Lebenslauf. Wandel in Ostdeutschland. Berlin: Akademie-Verlag, 1995, S. 223-235
Ronneberger, Klaus: Hinterland oder Speckgürtel? Zur neuen Bedeutung des suburbanen Raums. Ms. o.O., (1995)
Rosenthal, Gabriele: Erlebte und erzählte Lebensgeschichte. Gestalt und Struktur biographischer Selbstbeschreibungen. Frankfurt/M./New York: Campus, 1995
Roth, Peter: Suburbanisierung im Wohnbereich der Gemeinde Riedstadt, Kreis Groß-Gerau : Eine Analyse der allgemeinen Wandlungsprozesse und der Veränderungen im Wohnbereich durch den Prozess des sozialen Wandels. Diss. Frankfurt/M: Universität Frankfurt/Institute für Kulturgeographie und Physische Geographie (Rhein-Mainische-Forschungen, Heft 97).
Rutschky, Michael: Wie erst jetzt die DDR entsteht. Vermischte Erzählungen. In: Merkur 49(1995)9/10, S. 851-864
Sahner, Heinz: Ostdeutsche Großstädte: Bevölkerungsentwicklung, Migration und Suburbanisierung – mit besonderer Berücksichtigung der Stadt Halle und dem Saalkreis, Vortragsms., für die Herbstsitzung der Sektion Stadt- und Regionalsoziologie an der Europa-Universität Viadrina in Frankfurt/Oder, 09.11.-11.11.1995
Sahner, Heinz: Städte im Umbruch. In: Strubelt et al. (Hrsg.): Städte und Regionen. Räumliche Folgen des Transformationsprozesses. Opladen: Leske + Budrich, 1996, S.447-480 (Berichte zum sozialen und politischen Wandel in Ostdeutschland; 5)
Schäfers, Bernhard: Über einige Zusammenhänge zwischen der Entwicklung surburbaner Räume, gesellschaftlicher Prozesse und Sozialverhalten. In: Beiträge zum Problem der Suburbanisierung. Hannover: Schroedel, 1975, S.81-94. (Forschungs- und Sitzungsberichte/Akademie für Raumforschung und Landesplanung; 102)
Scharpf, Fritz W.: Games Real Actors Play. Actor-Centered Institutionalism in Policy Research. Oxford: Westview Press, 1997
Scheiner, Joachim: Die Mauer in den Köpfen – und in den Füßen? Wahrnehmungs- und Aktionsraummuster im vereinten Berlin. Berlin: Freie Universität Berlin, 1999
Scherf, Konrad: Besonderheiten des ostdeutschen Transformationsprozesses im Raum Berlin/Brandenburg. In: Musil, Jiri/Strubelt, Wendelin (Hrsg.): Räumliche Auswirkungen des Transformationsprozesses in Deutschland und bei den östlichen Nachbarn. Opladen: Leske + Budrich, 1997, S. 223-248.
Scheuch, Erwin: K./Scheuch, Ute: Cliquen, Klüngel und Karrieren. Über den Verfall der politischen Parteien – eine Studie.(rororo Aktuell 12599) Hamburg, 1992
Schlögel, Karl: Berlin-Ostbahnhof Europas. Russen und Deutsche in ihrem Jahrhundert. Berlin: Siedler, 1998
Schmidt-Eichstaedt, Gerd: Brandenburg-Berlin. Modelle künftiger Zusammenarbeit. In: Raumforschung und Raumordnung 51(1993)2, S. 111-116
Schmitz/Hatzfeld/Nadin (Hrsg.): Die Europäische Stadt als Cyber-City?, 1998, Xantener Berichte
Schumpeter, Josef A.: Unternehmer. In: Handwörterbuch der Staatswissenschaften. Bd. 8, Jena: Fischer, 1928, S. 476-487

Schumpeter, Joseph A.: Theorie der wirtschaftlichen Entwicklung. Eine Untersuchung über Unternehmergewinn, Kapital, Kredit, Zins und den Konjunkturzyklus. Berlin: Duncker & Humblot, 1964

Schütz, Alfred: Gesammelte Aufsätze Bd I. Den Haag: Nijhoff, 1971

Schütz, Alfred/Aron Gurwitsch: Briefwechsel 1939-1959 (Hrsg. Richard Grathoff), München: Wilhelm Fink Verlag, 1985

Schütz, Alfred/Luckmann, Thomas: Strukturen der Lebenswelt. Bd. 1 (Soziologische Texte; Bd. 82) Neuwied/Darmstadt: Luchterhand, 1975

Schütze, Fritz: Verlaufskurven des Erleidens als Forschungsgegenstand der interpretativen Soziologie. In: Marotzki, Winfried (Hrsg.): Erziehungswissenschaftliche Biographieforschung. Studien zur Erziehungswissenschaft und Bildungsforschung. Opladen: Leske + Budrich, 1996, S. 116-157

Schwanzer, Wolfgang: Suburbanisierung im Main-Kinzig-Kreis. Ein Beitrag zum Problem des Sozialraumwandels. Diss. Frankfurt/M.: Universität Frankfurt, Institute für Kulturgeographie und Physische Geographie, 1987 (Rhein-Mainische-Forschungen, Heft 104)

Seitz, Helmut: Quo Vadis Berlin. Eine ökonomische Analyse. In: Pohl, Rüdiger/Schneider, Helmar (Hrsg.): Wandeln oder Weichen. Halle: Institut für Wirtschaftsforschung Halle (IWH), 1997 (Sonderheft 3), S. 205-238

Selle, Klaus (unter Mitarbeit von Britta Rösener und Michael Bössing) (Hrsg.): Planung und Kommunikation. Gestaltung von Planungsprozessen in Quartier, Stadt und Landschaft: Grundlagen, Methoden und Praxiserfahrungen. Wiesbaden: Bauverlag, 1996

Selle, Klaus: Planung im Wandel. Vermittlungsaufgaben und kooperative Problemlösungen. In: DISP (1991)106, S. 34-45

Senatsverwaltung für Stadtentwicklung und Umweltschutz Berlin (Hrsg.): Räumliche Entwicklung in der Region Berlin. Berlin: Senatsverwaltung für Stadtentwicklung und Umweltschutz Berlin, 1990

Sennett, Richard: Fleisch und Stein. Der Körper und die Stadt in der westlichen Zivilisation. Berlin: Suhrkamp, 1997

Sichtermann, Barbara: Fernsehen. Berlin: Wagenbach, 1994

Sieverts, Thomas: Zwischenstadt – zwischen Ort und Welt, Raum und Zeit, Stadt und Land. Braunschweig/Wiesbaden: Vieweg, 1997 (Bauwelt Fundamente 118)

Sieverts, Thomas: Stadtkulturlandschaft. In: In: Wenzel, Jürgen/Schöbel, Sören (Hrsg.): Eingriffe in die kommunale Freiraumplanung. Berlin: TU Berlin, Institut für Landschaftsarchitektur, 2000, S. 61ff

Simmel, Georg: Soziologie. Berlin: de Gruyter, 1968

Soeffner, Hans-Georg: Die Ordnung der Rituale. Die Auslegung des Alltags. Frankfurt/M. : Suhrkamp, 1992

Soeffner, Hans-Georg: Geborgtes Charisma – Populistische Inszenierungen. In: Die Ordnung der Rituale. Die Auslegung des Alltag 2. Frankfurt/M.: Suhrkamp, 1992, S. 177-202

Soeffner, Hans-Georg: Erzwungene Ästhetik. Repräsentation, Zeremoniell und Ritual in der Politik. In: Willems, Herbert/Jurga, Martin (Hrsg.): Inszenierungsgesellschaft. Ein einführenden Handbuch. Opladen/Wiesbaden: Westdeutscher Verlag, 1998, S. 215-234

Solga, H.: Die Etablierung einer Klassengesellschaft in der DDR. In: Huinink, Johannes/ Mayer, Karl U.: Zwischen Kollektiv und Eigensinn. Berlin: Akademie-Verlag, 1995, S. 45-88

Staatskanzlei des Landes Brandenburg (Hrsg.): Staatsvertrag der Länder Berlin und Brandenburg über die Bildung eines gemeinsamen Bundeslandes (Neugliederungs-Vertrag) und Staatsvertrag der Länder Berlin und Brandenburg zur Regelung der Volksabstimmungen in den Ländern Berlin und Brandenburg über den Neugliederungs-Vertrag mit Zusammenfassung und Begründung zum Neugliederungs-Vertrag. Potsdam: Vieth + Vieth, Stand: Juli 1995

Staritz, Dieter: Geschichte der DDR 1949-1990. Frankfurt/M.: Suhrkamp, 1996

Steyer, Claus-Dieter: Im Umland gedeiht der Berlinbrandenburger. In: Der Tagesspiegel (Potsdamer Tagesspiegel) vom 19.03.2001, S. 16

Stichweh, Rudolf: Wissenschaft, Universität, Professionen. Soziologische Analyse. Frankfurt/M.: Suhrkamp, 1994

Storper, Michael: The Regional World. New York: Guilford Press, 1998

Strauss, Anselm/Corbin, Juliet: Grounded Theory.Grundlagen Qualitativer Sozialforschung. Weinheim: Psychologie Verlags Union, 1996

Strubelt, Wendelin et al. (Hrsg.): Städte und Regionen. Räumliche Folgen des Transformationsprozesses. Opladen: Leske + Budrich, 1996

Sutter, Hansjörg: Oevermanns methodologische Grundlegung rekonstruktiver Sozialwissenschaften. Das zentrale Erklärungsproblem und dessen Lösung in den forschungspraktischen Verfahren einer strukturalen Hermeneutik. In: Garz, Detlef/Kraimer, Klaus (Hrsg.): Die Welt als Text. Frankfurt/M.: Suhrkamp, 1994, S. 23-72

Tener, R.T.: Curing the „NIMBY" Cancer. Journal of Housing and Community Development, v53, n1 (Jan.-Febr. 1996), S. 6ff.

Thomas, Michael: Die Wirkungsmacht sozialer Beziehungen im deutsch-deutschen Transformationsprozess. In: Berlin: Biss-public 3(1993)11, S. 25-37

Thomas, Michael: „..., dass man noch da ist!" Schwierigkeiten bei der Suche nach einem ostdeutschen Mittelstand. In: Aus Politik und Zeitgeschichte. Beilage zur Wochenzeitung Das Parlament 15/96, S. 21-31

Thomas, Michael (Hrsg.): Selbständige, Gründer, Unternehmer. Passagen und Passformen im Umbruch. Berlin: Berliner Debatte Initial, 1997

Thomas, Michael: Vertrauen in wirtschaftlichen Transformationsprozessen – Fallstudien und Konzeptualisierungen aus regionalen Kontexten. Frankfurt/O.: Frankfurter Institut für Transformationsstudien, 2000 (F.I.T. Discussion Paper; 06/00)

Thomas, Michael/Woderich, Rudolf: Berufliche Selbständigkeit – ein innovatives Erwerbsmuster im strukturellen Wandel? In: Berlin: Berliner Debatte Initial 8(1997)5, S. 49-60

Tibbe, Heinz: Regionalmanagement im Metropolenraum Berlin-Brandenburg. In: Brandenburgische Technische Universität Cottbus (Hrsg.): Christoph Wessling, Verflechtungsstrukturen im Metropolenraum Berlin-Brandenburg.Planungen und Perspektiven für den Verflechtungsraum – Kurzfassung. Cottbus: Brandenburgische Technische Universität (BTU), 2000

Tönnies, Wilhelm: Gemeinschaft und Gesellschaft. Abhandlung des Communismus und des Socialismus als empirischer Culturformen. Leipzig: Fues's Verl. (R. Reisland), 1887

Tönnies, Ferdinand: Kommende Dinge? (Rezension von Walther Rathenau, Von kommenden Dingen). In: Die Neue Rundschau (1917)28, S. 829-388

Usbeck, Hartmut: Verlieren die Kernstädte? Konkurrenz zwischen Stadt und Umland bei der Gewerbeentwicklung am Beispiel Leipzig. In: Häussermann, Hartmut/Neef, Rainer (Hrsg.): Stadtentwicklung in Ostdeutschland. Soziale und räumliche Tendenzen. Opladen: Westdt. Verlag, 1996, S. 287-304

van Houtum, Henk: The Development of Cross-Border Economic Relations.(Dissertation Series; 40) Tilburg: Tilburg University Press, 1997

Vester, Michael/von Oertzen, Peter/Geiling, Heiko/Hermann, Thomas/Müller, Dagmar: Soziale Milieus im gesellschaftlichen Strukturwandel. Zwischen Integration und Ausgrenzung. Köln: Bund-Verlag, 1993

Vierzigmann, Gabriele/Kreher, Simone: „Zwischen den Generationen" – Familiendynamik und Familiendiskurse in biographischen Erzählungen. In: Berliner Journal für Soziologie 8(1998)1, S. 23-37

Volger, Gernot: Gewerbeparks im Berliner Umland. In: Prigge, Walter (Hrsg.):Peripherie ist überall. Frankfurt/M./New York: campus, 1998, S.158-162. (Edition Bauhaus Bd. 1).

Vollbrecht, Ralf: Rock und Pop. Versuche der Wiederverzauberung von Welt. Individualisierungstendenzen im Medienkonsum und ihre Konsequenzen für Sinnstiftung und Identitätsbildung im Jugendalter. In: Vollbrecht, Ralf/Radder, M./Sander, U. (Hrsg.): Jugendzeit – Medienzeit. Daten, Tendenzen, Analysen für eine jugendorientierte Medienerziehung. Weinheim, München: Juventa, 1988, S. 72-93

von Einem, Eberhard: Die Illusionen der Berlin-Brandenburgischen Landesplanung. In: Raumforschung und Raumordnung 51(1993)2, S. 90-102

von Krockow, Christian: Heimat. Eine Einführung in das Thema. In: Bundeszentrale für Politische Bildung (Hrsg.): Heimat (Bd. 1) Bonn, 1996, S. 56ff

Wagner, Bernd: Handbuch Rechtsextremismus. Reinbek: Rohwolt, 1994

Wagner, Bernd: Bei Erichs Enkeln gehört „rechts" zum Zeitgeist. In: Frankfurter Rundschau (06.03.1999)

Waldenfels, Bernhard: In den Netzen der Lebenswelt. Frankfurt/M.: Suhrkamp, 1985

Wardenga, Ute/Miggelbrink, Judith: Zwischen Realismus und Konstruktivismus: Regionsbegriffe in der Geographie und anderen Humanwissenschaften. In: Wollersheim, Heinz-Werner/Tzschaschel, Sabine/ Middell, Matthias (Hrsg.): Region und Identifikation. Leipzig: Leipziger Universitätsverl., 1998, S. 33-46 (Leipziger Studien zur Erforschung von regionbezogenen Identifikationsprozessen Bd. 1)

Weber, Max: Gesammelte Aufsätze zur Wissenschaftslehre. Tübingen: Mohr, 1988

Weis, Kurt: Sport als Zivilreligion? Ideologische Unterschiede und Gemeinsamkeiten in Ost und West. In: Sahner, Heinz/Schwendtner, Stefan (Hrsg.): 27. Kongress der deutschen Gesellschaft für Soziologie. Gesellschaften im Umbruch. Opladen: Westdt. Verlag, 1995, S. 492-498

Weisberg, Barbara: One city's approach to NIMBY. In: Journal of the American Planning Association v59, n1 (Winter 1993):93-97

Weiss, Günther: Heimat vor den Toren der Großstadt. Eine sozialgeographische Studie zu raumbezogener Bindung und Bewertung in Randgebieten des Verdichtungsraums am Beispiel des Umlandes von Köln. Köln: Geographisches Institut der Universität zu Köln, 1993 (Kölner Geographische Arbeiten Heft 59).

Welch Guerra, Max: Ein neuer Typ von Suburbanisierung. Siedlungsstrukturen und Stadtplanung in der tschechischen Metropole Prag. In: RaumPlanung 94, Februar 2001, S. 26-29

Weller, Jean-Marc: Le mensonge d' Ernest Cigare. Problèmes épistemologiques et méthodologiques à propos de l'identité. In: Sociologie du Travail, 1992, S. 253ff.

Wellmann, Klaus F.: Suburbanismus – Lebensform und Krankheit der amerikanischen Mittelklasse. In: Deutsche Medizinische Wochenzeitschrift 84 (1959), Nr. 45, S. 2031-2037

Welter-Enderlein, Rosmarie/Hildenbrand, Bruno: Systemische Therapie als Begegnung. Stuttgart: Klett-Cotta, 1996

Welz, Gisela: Moving Targets. Feldforschung unter Mobilitätsdruck. In: Zeitschrift für Volkskunde 94(1998), II. Halbjahresband, S. 177-194

Werbner, Pnina/Tariq Modood (Hrsg.): Debating Cultural Hybridity. Muli-cultural identities and the politics of anti-racism. London: Zed, 1997

Werlen, Benno: Sozialgeographie alltäglicher Regionalisierungen. Stuttgart: Steiner, 1997 (Globalisierung, Region und Regionalisierung Bd. 2)

Werlen, Benno: Sozialgeographie. Eine Einführung. (UTB für Wissenschaft: Uni-Taschenbücher; 1911 : Kleine Reihe) Bern/Stuttgart/Wien: Haupt, 2000

Wessling, Christoph: Verflechtungsstrukturen im Metropolenraum Berlin-Brandenburg. Planungen und Perspektiven für den Verflechtungsraum – Kurzfassung. Cottbus: Brandenburgische Technische Universität (BTU), 2000

Wießner, Reinhard: Urban Development in East Germany – specific features of urban transformation processes In: GeoJournal (1999)49, S.43-51

Willke, Helmut: Systemtheorie III: Steuerungstheorie. (UTB für Wissenschaft 1840) Jena: Fischer, 1995, S. 335f

Woderich, Rudolf: Neue Selbständige in Ostdeutschland: Akteurspotentiale und -defizite. In: Berlin: BISS public 3 (1993) 11, S. 57-67

Woderich, Rudolf: Peripherienbildung und kulturelle Identität. In: Kollmorgen, Raj/Reißig, Rolf/Weiß, Johannes(Hrsg.): Sozialer Wandel und Akteure in Ostdeutschland. Opladen: Leske + Budrich, 1996, S. 81-99

Woderich, Rudolf: Neue Selbständige in Ostdeutschland. Akteurspotentiale und –defizite. In: Kultursoziologie 6 (1997) 1, S. 135-154

Wohl, Richard R./Strauss, Anselm L.: Symbolic Representation and the Urban Milieu. In: AJS 63 (1958), S. 523-533

Wohlrab-Sahr, Monika: „Protestantische Ethik" im islamischen Gewand. Habitusreproduktion und religiöser Wandel – Das Beispiel der Konversion eines Afroamerikaners zum Islam . In: Bohnsack, Ralf/Marotzki, Winfried (Hrsg.): Biographieforschung und Kulturanalyse. Opladen: Leske + Budrich, 1998, S. 183-201

Wohnungswirtschaftlicher Strukturwandel in den neuen Bundesländern. Bericht der Kommission, Kurzfassung. Berlin: Bundesministerium für Verkehr, Bau- und Wohnungswesen (BMVBW), 10. Nov. 2000, 9 S.

Wolke, Manuela: Die Migrationsbewegungen in der Metropolenregion Berlin/Brandenburg. In: Migration in Stadtregionen der neuen Bundesländer. Erkner b. Berlin: Institut für Regionalentwicklung und Strukturplanung (IRS) (Graue Reihe, Materialien des IRS 16), 1998, S. 67-92

Wollmann, Hellmut/Jaedicke, Wolfgang/Lorenz, Sabine/Wegerich, Kai: Verwaltungspolitik in Mecklenburg-Vorpommern. Berlin: Humboldt-Universität zu Berlin, 1997 (Abschlussbericht)

Wollmann, Hellmut/Reichardt, Christoph (Hrsg.): Kommunalverwaltung im Modernisierungsschub? Basel/Boston/Berlin: Birkhäuser Verlag, 1996, (Stadtforschung aktuell, Bd. 58)

Wollmann, Hellmut: Institutionenbildung in Ostdeutschland. Neubau, Umbau und schöpferische Zerstörung. In: Kaase, Max/Eisen, Andreas/Gabriel, O. W./Niedermayer, Otto/Wollmann, Hellmut (Hrsg.): Politisches System. Berichte zum sozialen und politischen Wandel in Ostdeutschland. Opladen: Leske + Budrich, 1996, S. 141 ff.

Wood, Robert C.: Suburbia. Its people and their politics. Boston: Houghton Miffin, 5. Aufl. 1958

Zimm, Alfred (Hrsg.): Berlin (Ost) und sein Umland. Darmstadt, Gotha : Wissenschaftliche Buchgesellschaft, Haack, 1990 (3. Auflage)

X. Zu den Autorinnen und Autoren

Thomas Arndt, 1959 in Hannover geboren, studierte Soziologie als Hauptfach im Diplomstudiengang an der Freien Universität Berlin und in einem Zusatzstudium die "Qualitativen Methoden in den empirischen Sozialwissenschaften". In der vorliegenden Studie beschäftigt er sich mit den Auswirkungen der Neuansiedlung eines „global players" in einer strukturschwachen Teilregion des Berliner Speckgürtels.

Gesa Gordon, Dr. phil., geboren 1968 in Mainz, studierte Soziologie, Volkswirtschaft und Philosophie in Frankfurt am Main. Von 1994-1996 wissenschaftliche Mitarbeiterin bei Prof. Dr. Bruno Hildenbrand in Jena; von 1996 bis 1999 wissenschaftliche Mitarbeiterin bei Prof. Dr. Hansfried Kellner in Frankfurt am Main. Ihre Dissertation (1999) unternimmt den Versuch, dem Phänomen der Neugierde am Beispiel neuer Selbstständiger in Ostdeutschland näher zu kommen. Seit 1999 selbständige Managementberaterin in der Sozietät Hirzel, Leder und Partner, (Frankfurt am Main, Berlin) mit den Schwerpunkten Organisationsentwicklung und Wissensmanagement.

Christiane Joerk, geboren 1964, Diplom-Wissenschaftsorganisatorin, wissenschaftliche Mitarbeiterin im Institut für Regionalentwicklung und Strukturplanung, Erkner; Mitarbeit im Projekt „An den Rändern der Hauptstadt".

Urs Karl, geboren 1958 in Reutlingen, Soziologiestudium an der FU- Berlin. Diplomarbeit zur 'Entstehung und Entwicklung lokaler Parteien in Ostdeutschland' innerhalb des Lehrforschungsprojektes 'Waldleben' bei Prof. Dr. Sighard Neckel. Zusatzstudium 'Qualitative Methoden in der Sozialforschung' an der FU- Berlin. Zur Zeit in einer Weiterbildungsmaßnahme zum CBT-Autor bei Dr. Galwelat cimdata GmbH für Weiterbildung.

Guido Leuchtenberg, geboren 1967, Studium der Soziologie in Bamberg und Berlin, Diplom 1998. Forschungsinteressen: Stadt- und Regionalsoziologie, qualitative Methoden der Sozialforschung. Zusatzstudium „Qualitative Methoden in den Sozialwissenschaften" an der Freien Universität Berlin.

Ulf Matthiesen, PD Dr. rer. pol.; geboren 1943, seit 1994 Leiter der Abteilung III für 'Planungsgeschichte und Regionalkultur' am Institut für Regionalentwicklung und Strukturplanung, Erkner; daneben Hochschullehrer am Institut für Sozialwissenschaften, Humboldt-Universität zu Berlin. Seither Forschungen und Veröffentlichungen innerhalb der Themenfelder Stadt- und Regionalkulturen, Wissensmilieus, Grenzräume, postsozialistische Transformationen.

Henning Nuissl, Dr. rer. pol. Dipl.-Ing., Dipl.-Soz.; geboren 1965, wissenschaftlicher Mitarbeiter am Frankfurter Institut für Transformationsstudien der Europa-Universität Viadrina in Frankfurt (Oder); 1994-1999 wissenschaftlicher Mitarbeiter in der Abteilung III für 'Planungsgeschichte und Regionalkultur' am Institut für Regionalentwicklung und Strukturplanung. Dissertation zur Verwendung sozialwissenschaftlichen Wissens in der räumlichen Planung („Erschließungsaufgaben" 1998/2000).

Heike Ohlbrecht, geboren 1970, Studium der Sozialwissenschaften an der Humboldt-Universität zu Berlin, Zusatzstudium „Qualitative Methoden in der Sozialforschung" an der Freien Universität Berlin, seit 1997 wissenschaftliche Mitarbeiterin am Institut für Rehabilitationswissenschaften der Humboldt-Universität zu Berlin, Arbeitsschwerpunkte: qualitative Methoden der Sozialforschung, Familiensoziologie, Identitätstheorien

Gudrun Prengel, geboren 1942 in Schweidnitz (Schlesien). Diplom-Germanistin und Nordistin. Dr. phil. 1980, Wiss. Assistentin an der Humboldt-Universität zu Berlin, FB Sozialwissenschaften 1978-1998, 1979 Akademie der Wissenschaften, Institut für Soziologie und Sozialpolitik bis 1991, Projektleiterin 1990-1994. 1994-1996 und 1999-2001 wiss. Mitarbeiterin an der Humboldt-Universität zu Berlin. 1997 und 1998 postgraduales Studium „Qualitative Methoden in der Sozialwissenschaft" an der Freien Universität, Berlin. Diverse Arbeiten zur Stadt- und Regionalsoziologie sowie zu politikwissenschaftlichen Feldern im Umkreis 'postsozialistischer' Transformationen.

Robert Schmidt, geboren 1964, Diplom-Soziologe; Forschungsschwerpunkte Kultursoziologie und qualitative Methoden der empirischen Sozialforschung. Von 1997-2000 Doktorand im Graduiertenkolleg 'Körper-Inszenierungen' an der Freien Universität Berlin. Dissertationsprojekt zu körperlichen Vergemeinschaftungen und kulturellen Praxen im Schnittpunkt von Sport und Popkultur. Seit Oktober 2000 wissenschaftlicher Mitarbeiter im Sonderforschungsbereich 'Kulturen des Performativen' an der Freien Universität Berlin.

Christina Schumacher, Dr. phil., geboren 1967, Studium der Soziologie und Geschichte in Zürich. Im Anschluss an eine mehrjährige Forschungstätigkeit Graduiertenausbildung in qualitativen Methoden an der Freien Universität Berlin. 1998-2001 wissenschaftliche Mitarbeiterin am Institut für Soziologie der Universität Bern mit Schwerpunkt Architektur-, Wissenschafts- und Geschlechtersoziologie. Dissertation zur Vergeschlechtlichung der Architektur in Disziplin und Beruf im Rahmen des Graduiertenkollegs „Wissen-Gender-Professionalisierung" der Universitäten Bern, Basel, Genf und Zürich und eines Forschungsprogramms des Schweizerischen Nationalfonds. Seit Oktober 2001 Dozentin für Soziologie am Departement Architektur der ETH Zürich.

Bildnachweis

Fotos zu den Zwischentiteln: Michael Hughes
S. 22, 23, 24   Jörg Homuth
S. 18   Florian Profitlich
alle weiteren   IRS